G163. H.

M. L'abbé de l'Ecluse a entierement changé l'ordre des memoires de Sully, et corrigé le style. Il est vray que ces memoires dont le fond est curieux et respectable par son autenticité ainsy que par l'air de verité qui y regne, etoient d'ailleurs insupportables par le desordre avec lequel Ils etoient ecrits; Ils etoient precieusem.t conservés dans les Bibliothq.s mais bien peu de gens les avoient lus avant que M. l'abbé de l'Ecluse les eut mis à la portée de tout le monde. En rendant service au public M. l'abbé de l'Ecluse en a rendu un grand à la mem.re de M. de Sully, et c'est à la publication de ces memoires que l'on dù l'entouziasme où l'on est à present sur ce Ministre favori d'Henry IV. Les notes qui sont en grand nombre repandues dans cette Ed.on sont egalem.t bonnes et curieuses, et utiles surtout a ceux qui lisent ces memoires sans etre suffisam.t instruits de l'hist. de ce tems là.

Cette edition moderne quoique plus agreable a lire que l'ancienne ne dispense pourtant pas d'avoir celleci je l'ay in folio. aux trois VVV c'est l'edition la plus rare voyés la note que j'ay mise à la tete de cette 1ere edition

MEMOIRES
DE
SULLY.

NOUVELLE EDITION, REVUE ET CORRIGÉE.

TOME PREMIER.

MAXIMILIEN DE BETHUNE
Duc de Sulli, Grand Maître de l'Artillerie
Maréchal de France &c. Né à Rosni en 1559. Mort
en son Château de Villebon au pays Chartrain le 21 Dec.bre 1641.

Babel invenit et Sculpsit.

MEMOIRES
DE MAXIMILIEN DE BETHUNE, DUC DE SULLY,
PRINCIPAL MINISTRE DE HENRY LE GRAND,

Mis en ordre, avec des Remarques,

Par M. L. D. L. D. L.

TOME PREMIER.

A LONDRES.

M. DCC. XLVII.

PRÉFACE.

ES *Mémoires de Sully* ont toujours été mis au rang des meilleurs Livres que nous ayons. Cette verité, établie depuis long-temps par le jugement de tous nos bons Critiques & de tous les amateurs de la Litterature, me dispensera d'entrer ici dans une discussion, inutile pour ceux qui connoissent ces Mémoires.

A l'égard de ceux qui ne les ont jamais lus; il suffit, pour leur en donner une idée, de dire qu'ils comprennent l'Histoire de ce qui s'est passé depuis la Paix de 1570. jusqu'aux premiéres années de Louis XIII. c'est-à-dire, l'espace de plus de quarante années, d'un temps qui a fourni la plus abondante matiére aux Historiens de notre Monarchie; & qu'ils traitent du Règne, ou pour mieux dire, de la Vie presqu'entiere de Henry le Grand. Ils supposent à la verité quelque connoissance des Troubles précedens, qui n'y sont touchés que par occasion: mais aussi, ils en exposent

Tome I. a

toute la suite, dans le plus grand détail. Les événemens y font auſſi variés, qu'ils ſont nombreux : Guerres Etrangeres & Civiles ; interêts de Politique & de Religion ; coups d'Etat éclatans ; dénouëmens imprévus ; efforts de l'ambition ; ruſes de la Politique ; Ambaſſades ; Négociations : tout cela s'y trouve, & n'en fait encore qu'une partie.

Les Mémoires de Sully tirent un autre prix, peut-être encore plus grand, d'une infinité de Récits plus particuliers, qui ne ſont pas du reſſort d'une Hiſtoire : c'eſt l'avantage propre aux Mémoires. Ils ſouffrent la multiplicité des ſujets & toute la variété des incidens, qu'on y veut faire entrer : Et d'ailleurs, ils ne ſont point aſſujettis au joug que la néceſſité impoſe à l'Hiſtoire, de ne rien omettre de ces choſes trop générales, dont on ſent ſoi-même tout le dégoût en les écrivant.

Veut-on bien faire connoître un Prince dont on va parler ? Il faut que le Tableau de ſa Vie privée ſoit ſans ceſſe mis en regard avec celui de ſa Vie publique. Il faut le montrer au milieu de ſes Courtiſans, avec ſes Domeſtiques, dans les momens où il s'obſerve le moins : établir ſon caractère, par ſes Lettres & ſes diſcours. Les Paſſions ſe peignent mieux elles-mêmes, par une ſimple parole rapportée d'original, que par tout l'art que peut employer l'Hiſtorien. Or les Mémoires de Sully rempliſſent ſi parfaitement cette idée, par rapport à celui qui en eſt le ſujet principal, que ce n'eſt qu'après les avoir lus, que l'on connoit véritablement Henry IV. Ce qu'ils nous repréfentent de ce grand Prince, dans la bonne comme dans la mauvaife fortune ; envifagé comme Particulier, ou comme Roi ; comme Guerrier, ou comme Politique ; enfin comme Epoux, Pere, Ami, &c. eft marqué à des traits fi fenfibles, qu'on ne peut s'empêcher de s'intéreffer aux particularités de fa Vie, même les plus indifférentes. Je n'en excepte tout-au-plus que certains détails militaires, peut-être un peu trop fréquens au commencement de l'Ouvrage, & quelques autres, en petit nombre, d'un moindre agrément ; quoique d'ailleurs ces détails y foient toujours liés avec les Affaires publiques, & diverfifiés, comme tout le refte, par le rôle qu'y jouë M. le Duc de Sully.

Il en eft, pour ainfi dire, le fecond Acteur : & cette double action ne rompt point l'unité d'intérêt, s'il eft permis de fe fervir ici de cette expreffion ; parce que ce Miniftre n'y dit prefque rien fur lui-même, qui ne fe raporte ou à l'Etat, ou à la Perfonne de fon Maître. On verra fans doute avec plaifir le jugement qu'on en a porté, dès le temps où ces Mémoires ont commencé à voir le jour : l'Auteur d'un ancien Difcours, qui fe trouve dans les Manufcrits de la Bibliothèque du Roi, va nous en inftruire. » Voici *Vol. 9590.*
» certainement, dit-il, l'une des plus belles ima-
» ges de la prudence & fidelité humaines, que
» cette reddition de Comptes, laiffée au Public
» par M. le Duc de Sully, dans ces deux Volu-
» mes, touchant la qualité des confeils, & le
» nombre des grands fervices qu'il a rendus à fon

» Roi & à son Bienfacteur, soit pour la gloire
» particulière de sa personne, soit pour la prof-
» perité de son Etat. Et de vrai, ce sont deux
» choses qui se suivent, voire qui se côtoyent &
» s'entreregardent ici perpétuellement que la for-
» tune de Henry le Grand, & la vertu de son
» grand Ministre. Cetui-cy sert & oblige envers
» l'autre dans cet Ouvrage, de toutes les façons
» dont un grand Prince peut être servi & obligé
» par un sien Sujet, de sa main, de son coura-
» ge, de son épée, voire de son sang & de ses
» plaies aux occasions de valeur & discretion,
» mais en celles particulierement de Conseil &
» de Cabinet ; du plus grand sens & de la clair-
» voyance la plus pénétrante, du desintéressement
» le plus rare & de la sincerité la plus exquise,
» que les Histoires, nôtre & étrangeres, ayent ja-
» mais connuës. «

Il est assez naturel qu'on s'attende de voir de grands Capitaines, de profonds Politiques, d'habiles Ministres, sous le Regne d'un Prince tel que Henry IV. Ce qui doit surprendre, est de trouver dans une même personne ce Guerrier, ce Politique, ce sage Administrateur, cet Ami sûr & sévere, autant qu'intime Confident & Favori de son Maître : Mais ce qui doit paroître encore plus singulier, c'est de voir dans un Ouvrage, où les actions de deux hommes si rares sont rassemblées après leur mort, un grand Roi, réduit à conquérir son propre Royaume, s'occuper avec un Ministre non moins grand dans son ordre, des moyens de faire réüssir une pareille entrepri-

PREFACE.

fe ; travailler enfuite de concert, à rendre ce même Royaume non-feulement paifible, mais floriffant ; règler les Finances ; fonder le Commerce ; établir la Police ; enfin ramener l'ordre dans toutes les parties du Gouvernement.

Le Plan de cet Ouvrage embraffe donc deux Vies Illuftres, qui s'accompagnent, s'éclairciffent & s'embelliffent mutuellement ; celle d'un Roi, & celle d'un Miniftre fon Confident, à-peu-près de même âge ; conduites depuis l'enfance de l'un & de l'autre, jufqu'à la mort du premier, & au temps où le fecond fe vit éloigner du maniment des Affaires publiques.

Ajoûtons que les Mémoires de Sully font encore recommandables par des Principes d'une excellente Morale ; par des Maximes Civiles & Politiques, puifées dans le vrai ; par une infinité de vuës, de projets & de Reglemens, prefqu'en tout genre, dont ils font remplis. » Lui feul, dit le même Auteur contemporain, parlant du Duc de Sully, » certai-
» nement jufqu'aujourd'hui a découvert la jonction
» de deux chofes au Gouvernement des Etats, que
» nos Peres n'avoient pu non-feulement accorder,
» mais s'imaginer compatibles enfemble ; l'accroif-
» fement des deniers aux coffres du Roi, avec
» la décharge & le foulagement de fon Peuple.
» Qui veut voir l'idée du Sujet utile & de l'in-
» corruptible Miniftre d'Etat, il faut qu'il la vien-
» ne voir dedans ce tableau. L'Œconomique s'y
» trouve en fon jour, la Politique, en tous fes
» ufages : c'eft-à-dire, l'art de règner & faire rè-
» gner, la Science de règner comme homme,

„ & celle de règner comme Roi. La Morale y a
„ épuisé ses plus belles instructions & plus ri-
„ ches exemples : Et tout cela, soûtenu & paré
„ de la connoissance de toutes les choses, depuis
„ les plus élevées jusqu'aux méchaniques. «

Encore-une-fois, je ne vois pas que la plus sévère Critique se soit encore aujourd'hui beaucoup éloignée de ce sentiment. On n'a qu'à consulter M. l'Abbé Le-Laboureur, dans ses Additions aux Mémoires de Castelnau, *Tom.* 2. *liv.* 2. *pag.* 687. le Pere Le-Long, & une infinité d'Ecrivains modernes : Car qui est-ce qui ne cite pas avec éloge les Mémoires de Sully, comme le premier Livre Politique, qui nous ait ouvert les yeux sur le véritable degré de la puissance de ce Royaume ? On y apperçoit le germe de la plus grande partie de ce qu'ont fait les Richelieu, les Mazarin, les Colbert : on les regarde enfin comme la meilleur Ecole de l'Art de gouverner.

Je n'en dirai pas davantage sur ce sujet, pour passer à une seconde considération, que je ne puis ni ne dois dissimuler : C'est que le plaisir, que fait un Livre d'un aussi grand prix, est accompagné d'une fatigue, qui rend les Mémoires de Sully un ornement des Bibliothéques inutile pour la plûpart de ceux qui aiment la lecture : ce qu'on ne sçauroit imputer qu'à des défauts essentiels d'ordre & de stile.

En-effet, les matieres y sont dans la plus grande confusion. Ceux qui les ont rédigées, se proposent de nous y entretenir de détails Militaires, Politiques & Domestiques : mais ils ne sçavent ni les séparer, ni les rapprocher à-propos. L'éclaircissement d'un fait, les dépendances d'un récit, se trouveront quelquefois plusieurs centaines de pages après : du commencement du premier Volume, il faut souvent aller les chercher à la fin du suivant. Les Lettres de Henry IV, qui devroient être insérées dans la narration, ou sont entassées & mises à part, ou interrompent le fil d'un discours, auquel fort-souvent aucune d'elles n'a rapport. Les Maximes Morales & Politiques, y sont reléguées dans un endroit écarté, où l'on a bien de la peine à les découvrir : elles n'ont l'air que d'un Bordereau. Il n'étoit pas besoin que ces Compilateurs s'annonçassent pour de simples Commis.

Quant à la diction : on ne dira rien de trop, en avançant que presque tous les défauts de stile se trouvent réünis dans celui-cy. Il est toujours diffus ; souvent obscur, soit par la longueur énorme des phrases, soit par le peu de justesse de l'expression ; quelquefois bas & rampant, & quelquefois ridiculement enflé.

Il semble que ces deux considérations générales sur le caractère des Mémoires de Sully, auroient dû faire naître à quelqu'un de nos bons Ecrivains, la pensée de travailler à les rendre aussi agréables, qu'ils sont utiles & intéressans : d'autant-plus que ce qu'ils ont de bon, vient du fond même des choses ; & ce qu'ils ont de mauvais, de la forme sous laquelle ces choses y sont présentées. On convient en effet, qu'ils doivent être exceptés de ce petit nombre d'anciens Livres

François, auxquels on ne sçauroit toucher sans les gâter. Mais ce qui aura sans doute détourné de cette entreprise, ce sont les risques auxquels elle exposoit, de la part des Critiques un peu trop difficiles : Et j'avouë que pour oser franchir ce pas, j'ai eu besoin que mon Original m'inspirât cette complaisance intérieure, qui prévient le cœur aussi bien que l'esprit, en faveur d'un Ouvrage ; & dont l'effet est de nous aveugler sur tous les obstacles. Car enfin, pour accommoder à notre goût des Ouvrages tels que celui-cy, il faut, sans s'écarter de l'obligation où est un Traducteur de rendre éxactement le sens de son Original, se donner presque toute la liberté dont jouit un Compositeur ; puisqu'il s'agit tout-à-la-fois de traduire d'abreger, de transposer, de rédiger, &c.

Une correction purement grammaticale, qui se seroit bornée à changer dans les Mémoires de Sully les expressions absolument mauvaises, & à supprimer celles qui sont visiblement superfluës, n'auroit point suffi pour remédier au défaut qu'on y remarque dans le stile. Il n'eût été guère plus possible, sans détruire le Texte, de sauver l'autre inconvénient, qui naît de la confusion des Matieres, si l'on s'étoit contenté de rapprocher les faits dispersés, & d'arranger ceux qui sont déplacés. Il n'y a point de tentatives que je n'aye faites, pour n'être point obligé d'en venir jusqu'à décomposer, pour ainsi dire, l'Ouvrage, & le refondre en entier : mais j'ai jugé à la fin, que l'éxécution de tout autre projet seroit impossible.

Je

PREFACE.

Je suis demeuré convaincu qu'un stile aussi vicieux que l'est celui de ces Mémoires, ne méritoit en aucune maniere d'être traité avec les mêmes égards, que Comines, Montagne & Amyot : que les seuls changemens généraux, dont on convient qu'il ne peut se passer, le rendroient déja si différent de lui-même, qu'il y a peu de danger à pousser cette différence beaucoup plus loin : que ces mêmes changemens éxigeant d'ailleurs des liaisons & des transitions, qui ne peuvent se faire sans des additions considerables, d'un autre stile ; c'eut été s'exposer à laisser appercevoir au milieu de tout cet antique, je ne sçais combien de nuances de neuf qui produiroient un contraste desagréable : qu'il s'agissoit de-plus de purger l'Original, je ne dis pas simplement de quantité d'expressions, mais d'idées, très-peu naturelles ; ne fût-ce que le titre même, ridiculement singulier, *Oeconomies Royales*, *& Servitudes Loyales* : qu'il ne falloit pas moins qu'une liberté pareille à celle que j'ai prise, pour faire une plus juste distribution des matieres & des temps : enfin que cette liberté pouvoit s'allier avec l'obligation de rapporter d'original, tout ce qui dans les Mémoires de Sully perdroit à être mis dans un langage plus nouveau.

Rien sur-tout ne m'a paru si indispensable, que de ne pas laisser la parole à des Sécretaires, qui ne sçavent que louer & flater. Quoi de plus fastidieux, que de les voir à chaque ligne apostropher leur Maître, pour l'avertir qu'ils lui rappellent ce qui lui est arrivé, en convenant

PREFACE.

qu'il en est bien mieux instruit qu'eux : Cette apostrophe continuelle ne fait de tout le Livre, qu'une espece de longue Epitre Dédicatoire. Combien cette seule correction ne devoit-elle pas apporter de changement dans tout le corps de l'Ouvrage ?

J'ajoûterai que la narration, qui dans le stile historique, admet uniquement la troisieme personne, ne pouvoit ici avoir lieu : C'est ce que je n'ai pas tardé à sentir, dès-que j'ai voulu y avoir recours. Au-lieu d'un seul Acteur principal, les Memoires de Sully, comme je l'ai déja dit, en offrent deux, dont les rôles se mêlent continuellement dans le récit, où ils paroissent presque toujours à-la-fois parlant entr'eux, ou bien avec d'autres interlocuteurs. Le pronom *il*, *lui*, qui dans la narration supplée si commodément au nom propre, pouvant alors tomber sur l'un comme sur l'autre ; il en resulte une obscurité, qu'on ne peut sauver que par l'inconvénient, aussi grand, des redites & des circonlocutions. Si, pour lever cette difficulté, que tout le monde sentira, on eût intitulé l'Ouvrage, *Mémoires pour servir à l'Histoire de Henry IV*. & qu'on se fût retranché au personnage seul de ce Prince ; c'étoit enlever tout-d'un-coup une moitié des Mémoires, & une moitié, qui n'est peut-être pas la moins intéressante : car on trouve par-tout la Vie & les actions de Henry le Grand, au-lieu que celles de M. le Duc de Sully ne se rencontrent guère que dans ce Livre. Il convenoit encore moins de s'y borner à racon-

PREFACE.

ter les évenemens, qui regardent particulierement ce Miniſtre.

Il ne reſtoit donc qu'un ſeul parti à prendre : c'étoit de faire parler Sully lui-même. J'ai cédé ſans répugnance à une néceſſité, qui devoit être la ſource d'un nouvel agrément. Rien en-effet plus capable de répandre dans la narration cet interêt vif & preſſant, qui remuë ſi bien notre cœur, que d'introduire le principal Acteur d'une intrigue nous entretenant lui-même de la part qu'il y a euë : Et quel Acteur encore ! ſi l'on pouvoit parvenir à le faire parler, comme on ſe figure que parleroit aujourd'hui un tel Miniſtre, qui fût également chéri de ſon Maître, & reſpecté de tous les Ordres du Royaume.

Ce motif ſeul devroit me faire obtenir du Public l'indulgence que je lui demande, pour la ſeule véritable licence que j'aye priſe; s'il trouvoit d'ailleurs que j'euſſe ſatisfait à ce qu'elle m'impoſe. Mais comme je n'oſe m'en flater, je fonde ma juſtification ſur une preuve de fait : c'eſt que dans la plus éxacte verité M. le Duc de Sully eſt lui-même l'Auteur des Mémoires, qui portent ſon nom; puiſque les Pieces originales qui les compoſent, ſont de lui, & que les Sécretaires n'ont fait autre choſe que les coudre enſemble : Ce qui s'apperçoit facilement en certains endroits, où la plume du Miniſtre ayant été arrêtée, ſoit par le ſecret, ſoit par quelqu'autre conſideration auſſi forte; on le voit fruſtrer l'attente du Lecteur, ſur des faits, dont il eſt clair que par eux-mêmes ils n'ont pas eu la moindre connoiſſance. C'eſt donc moins un vol que je leur fais, qu'une juſte reſtitution que je dois à leur Maître. J'en ai pour garans tous nos Ecrivains, qui montrent aſſez, lorſqu'ils citent les Mémoires de Sully, qu'ils croient bien ne s'appuyer que de l'autorité ſeule de ce grand homme d'Etat. Le doute du ſeul Vittorio Siri à cet égard, eſt bien foible contre tant d'autorités.

<small>*Memor. Rec. Vol.* 1. *pag.* 29.</small>

Je ne regarde point cette diſcuſſion critique comme aſſez importante, ou aſſez amuſante, pour tranſcrire des pages entieres de nos Mémoires qui établiroient cette verité, par les paroles de Henry IV, de M. de Sully, & de ſes Sécretaires eux-mêmes. On peut, ſi on le juge à-propos, conſulter les endroits, que j'indique ici en marge. Je me contenterai d'ajoûter une conjecture, que je ſoûmets aux lumieres des Lecteurs.

<small>*Epit. des* 1. *&* 3. *T.* -2. *Tom. p.* 407. 409. 410. 434. 435. 440. 448. -3. *T. p.* 82. 83. 294. 385. *&c.*
Tom. 2. *p.* 440.</small>

Les Mémoires de Sully ſe ſont formés, premierement, des remarques que M. de Roſny commença dès ſa plus grande jeuneſſe à faire, ſur les évenemens de ſon temps, ſoit généraux, ſoit particuliers au Prince ſon Maître & à lui-même : enſuite, de ce qu'il y joignit, à la priere de ce même Prince, qui ſçut diſtinguer de bonne heure le prix d'un homme de ce caractère. M. de Roſny ne prétendit pas ſans doute en faire un Ouvrage bien ſuivi, encore-moins un corps d'Hiſtoire, mais ſeulement, un Recueil de Pièces, ſur pluſieurs des évenemens de ſon temps, qu'il augmenta de ſes propres réflexions ſur le Gouvernement. Le mot de Journal, qui y eſt employé quelque-part, ne doit

<small>*T.* 2. *p.* 448.
T. 3. *p.* 83. 385.</small>

PREFACE. xiij

donc pas être pris à la rigueur. Des Mémoires, par Pièces ainsi détachées, n'étoient pas une chose absolument nouvelle en ce temps-là. Il se peut bien faire aussi que M. de Rosny eût alors pour objet, de se préparer des matériaux pour des Mémoires plus complets, qu'il aima mieux dans la suite faire paroître sous le nom de ses Sècretaires, que sous le sien.

Ces Regiſtres si bien reliés, dont il est encore fait mention, auront été remis à quatre de ses Sècretaires, deux desquels composèrent d'abord les deux premiers Tomes, tels que nous les avons aujourd'hui. Les deux autres Sècretaires, qui sont ceux que M. de Sully prit à son service, au temps de sa retraite, travaillèrent en-même-temps au premier des deux Tomes suivans, qui comprend un espace de cinq années, depuis 1605. jusqu'à la mort de Henry IV: Et croyant leur travail imparfait, s'ils n'y en ajoûtoient pas un second, comme avoient fait leurs Confrères, ils se mirent à refeuilleter tous les papiers du Duc de Sully, & vinrent à-bout de leur entreprise. Mais j'avertis qu'il ne faut pas tout-à-fait les en croire sur le lieu de l'impression des Mémoires de Sully: Ils n'ont cherché à cet égard qu'à faire prendre le change au Public, par l'interêt qu'ils avoient que cet Ouvrage ne parût pas imprimé dans le Royaume. Guy-Patin, le Pere Le-Long, M. l'Abbé Lenglet & beaucoup d'autres sont persuadés que les deux premiers Tomes furent imprimés au Château de Sully même, & pour les deux

Epît. Limin. du 3. T. - T. 2. pag. 410.

Epît. Limin. Ibid.

b iij

derniers, c'eſt auſſi un fait connu, qu'ils n'ont paru, que lorſqu'ils furent imprimés à Paris, en 1662. par les ſoins de M. l'Abbé Le-Laboureur.

Il eſt parlé dans les Mémoires de Mademoiſelle, de certaines Lettres & autres Originaux en fort grand nombre, que le Comte de Béthune gardoit précieuſement, & qu'il montroit comme une rareté, aux Curieux qui alloient le voir. On pourroit croire que c'étoit, du-moins en partie, les minutes des Ecrits du Duc de Sully. Mais de ce qu'il ne s'eſt trouvé aucune de ces Pieces dans le Recueil immenſe de Manuſcrits, dont M. le Comte de Béthune fit préſent au feu Roi, en 1664. il faut conclurre que toutes ces minutes périrent, ayant été regardées comme inutiles, après la compoſition des Mémoires de Sully. Cependant je tiens aux Compilateurs ſi peu de compte de leur travail, que je ſouhaiterois de bon cœur de n'avoir eu comme eux que ces ſeuls Originaux. Ce qu'ils y ont mis du leur, n'y ajoûte rien d'eſſentiel, & ne ſert qu'à cacher le véritable Ouvrage de M. de Sully, qui en beaucoup d'endroits ne ſçauroit plus être diſtingué, ni ſéparé du leur; parce qu'ils n'ont pas voulu ſe borner à ranger ces Pièces originales ſuivant l'ordre des temps: qui eſt tout ce qu'ils pouvoient faire de mieux.

Je ne ſçais même s'il n'y auroit pas lieu de les ſoupçonner d'avoir ſupprimé des morceaux aſſez importans: Du-moins peut-on ſans témérité les accuſer de nous avoir fait perdre le *Traité de la Guerre*, le *Maréchal-de-Camp*, les *Inſtru-*

PREFACE.

ctions de Milice & Police, & quelques autres Ouvrages du Duc de Sully, qui ont certainement éxisté. On les cherche inutilement dans le Cabinet de M. le Duc de Sully d'aujourd'hui, malgré les soins que ce Seigneur, connu par son goût pour les Belles-Lettres, & en particulier pour les Antiquités, a pris d'y rassembler tout ce qu'il a pu recouvrer de monumens si glorieux à son illustre Maison : Ce ne sont pour la plusparṭ, que des Etats, Mémoires, &c. qui ont rapport aux differentes Charges de Maximilien, Duc de Sully, & dont la substance se retrouve d'ailleurs dans nos Mémoires. Les seules Pieces manuscrites de ce Cabinet, qui pourroient intéresser la curiosité, sont, l'Original du premier Volume des Mémoires de Sully, sur lequel sans doute a été fait l'imprimé ; & la suite d'une espèce de Roman héroïque, en quatre Volumes *in-fol.* dont les deux premiers ont été perdus. Ces Avantures, ou plustôt Histoires allégoriques de ce temps-là, sont intitulées, *Gelastide, ou les Illustres Princesses & belliqueuses Pucelles du puissant Empire de la grande Sclaramane Dolosophomorie, les Sclarazones diamantées, Percy de Rubicelle & Pyrope* : titres aussi singuliers que celui des Mémoires mêmes de Sully, & qui marquent assez que ce sont les mêmes mains qui les ont rédigées.

Peut-être aussi que la perte de ces Originaux ne doit être imputée qu'à M. le Duc de Sully lui-même ; puisque ses Secretaires non-seulement agissoient par ses ordres, mais encore travail-

Louis-Pierre-Maximilien de Béthune.

Tom. 3. *pag.* 83. & 294.

loient fous fes yeux. En ce cas, nous ferions obligés de convenir qu'un peu de vanité dans ce Miniftre, a empêché que fes Mémoires n'ayent paru fous fon nom. Il aura fenti qu'il ne pouvoit fe difpenfer de fe faire honneur à lui-même, de ce qu'il y a eu de plus brillant dans le Régne de Henry IV ; & ne voulant ni fe louer, ni perdre le fruit de ce qu'il avoit fait de louable, il aura pris le parti de faire dire par d'autres, ce que la modeftie l'auroit obligé de fupprimer.

On lui a reproché un autre défaut, qui tient, dit-on, à celui-cy ; mais qui bien éxaminé, pourroit bien n'être rien moins qu'un défaut : c'eft la maniere libre dont il parle & dont il agit avec fon Souverain. Ecoutons encore là-deffus notre ancien Differtateur : » Cette humeur, dit-il, » mêmement fi ferme & hautaine, qui oblige » fouvent fon Prince à le prévenir, pour s'ouvrir » à lui & fe déclarer : peut-être fe fût-il rendu » plus recommandable, & d'autant-plus parfait, » que moins difficile. Mais quoi ! fi l'Original » étoit de la forte, & le naturel le vouloit ainfi ; » le devoit-il flater, le devoit-il déguifer dans » la peinture ? Mais quoi ! fi ç'a été cette même » gravité ou circonfpection univerfelle, que fes » ennemis ont reproché à fa mémoire, qui a » donné tout ce grand prix à fon miniftère & » autorité ; la doit-on regretter en lui comme » une tache, & la condamner en lui comme » un manque : « En-effet, pourquoi un Miniftre, dont la droiture eft connuë, & qui ne peut être foupçonné d'aucun mauvais principe, n'auroit-il roit-il pas, foit en parlant, foit en traitant avec fon Maître le privilége de pouvoir fuivre les impreffions aufteres de la verité? La condition des Particuliers feroit donc en ce point, plus heureufe que celle des Souverains? Mais la preuve qu'à cet égard M. le Duc de Sully ne mérite aucun reproche, c'eft que ce Maître ne lui en fait point; qu'il le fouffre; c'eft trop peu dire, qu'il l'aime, qu'il le louë de cette liberté. Qu'on dife donc tout ce qu'on voudra, par éxemple, de cette fameufe Promeffe de mariage, déchirée par le Duc de Sully, entre les mains de Henry IV: je ne vois dans ce trait rien que d'admirable; & l'on ne doit pas craindre qu'il tire à conféquence.

La néceffité de prévenir le Lecteur pour moi-même, a donné lieu à ces deux remarques. Je n'ai point regardé comme indécent dans M. de Sully, de rapporter tout ce qui lui eft arrivé en ce genre avec Henry IV: Et quant aux louanges perfonnelles; en retranchant ce qui de la bouche de fes Sècretaires ne pouvoit paffer dans la fienne, j'y laiffe tout ce qu'il dit, ou qu'il fouffre qu'on lui dife d'avantageux pour lui & pour la Maifon de Béthune: J'y laiffe de-même ce qu'il avance, par le même principe de vanité, joint à fes préjugés de Religion, tantôt fur les Maifons les plus célèbres ; telle entr'autres que la Maifon d'Autriche: tantôt fur des Particuliers, auxquels il n'a pas toujours rendu juftice; comme les Ducs de Nevers & d'Epernon, Meffieurs de Villeroi, Jeannin, le Cardinal d'Ossat & autres, parmi les Catholiques; & dans le Parti Protestant, les Ducs de Rohan, de Bouillon & de La-Trémouille, Du-Plessis-Mornay, &c : enfin, touchant une Société, très-estimable par ses mœurs, & par l'utilité dont elle a été à la Religion, à l'éducation de la Jeunesse & aux Belles-lettres.

Si je m'arrête sur cet article, c'est uniquement afin qu'on voie combien je déteste toute sorte de prévention: car du-reste, je sçais bien que là-dessus je ne serai point pris à partie. Le fond du Texte Original a dû être sacré pour moi: Et comme cet Original même, que je n'ai pas prétendu anéantir par mon travail, subsistera toujours dans son entier; on en tireroit, si j'avois osé l'altérer, dequoi m'accuser à-la-fois d'infidelité & de flaterie. Tout ce que j'ai pu faire, & je proteste que c'est à la verité seule que j'ai cru l'accorder; c'est de marquer ma répugnance par de fréquens correctifs, sur lesquels seuls le Public équitable jugera de mes véritables sentimens.

Au-reste, il ne faut, ce me semble, qu'un seul mot, pour rendre sans effet la plus grande partie des imputations, que le Duc de Sully fait aux Jésuites & à plusieurs autres bons Catholiques: c'est qu'ils agissoient par un motif, & qu'il les jugeoit par un autre. Ajoûtons, que dans les circonstances où ces choses se passoient, il étoit bien difficile de ne pas se tromper dans le jugement qu'on devoit porter sur chacune des démarches des differens Acteurs. Aujourd'hui que le temps a mis en lumière les causes, les motifs & les moyens, nous, qui ne sommes plus ni entraînés par le feu de l'action, ni frappés de craintes, de desirs, d'esperances, n'avons-nous pas sur le sujet dont il s'agit, deux sentimens presque contradictoires: l'un de détester la Ligue, avec beaucoup de raison; l'autre, de juger avec quelque vraisemblance, que sans la Ligue, ce Royaume risquoit de tomber dans le plus grand de tous les malheurs, celui de perdre la vraie Religion. Si les Villeroi, les D'Ossat &c. avoient besoin de justification, voilà dans quelles sources il faut la prendre.

Un motif peu different m'a fait encore recourir à des Notes, dans les endroits où le Duc de Sully parle désavantageusement de quelques-uns des Peuples nos Voisins, entr'autres, des Espagnols & des Anglois: Je suis aussi éloigné d'applaudir à ses préventions, que d'épouser ses querelles. Ne rien appercevoir de louable dans les autres Nations, c'est aveuglement; ne pouvoir en convenir, c'est foiblesse.

Mais un article qui m'a paru plus grave encore que tous ceux-là, c'est la liberté avec laquelle l'Auteur expose quelquefois ses propres principes sur le fond même de la Religion. On se figure d'abord qu'un homme plein de sentimens, de connoissances & de bonnes qualités, ne peut être que fort-dangereux lorsqu'il lui arrive de parler de la Religion Prétendue-Réformée, à laquelle on sçait que le Duc de Sully demeura toujours très-attaché. Je l'ai pensé ainsi moi-même; mais la simple inspection de ses Mémoires, a suffi pour me détromper. Je citerai à cette occasion une derniere fois, l'Ecrivain dont j'ai déja employé le témoignage; afin de faire mieux sentir que ces Mémoires ne doivent pas faire aujourd'hui une impression, qu'ils ne faisoient pas même au temps de leur nouveauté. » Ce n'est pas, dit-il, par les conditions de sa » Créance, qu'il le faut regarder comme un mo- » delle ou original : C'est un Capitaine, c'est un » Grand-Maître d'Artillerie, c'est un Surintendant » des Finances, & un Ministre universel de tous » les grands desseins de son Prince ; mais non » pas un Chrétien, & moins encore un Catholi- » que, qui se represente dedans ses Mémoires... » Ces Livres aussi, dit-il encore, ne le represen- » tent-ils pas proprement pieux ou religieux, » puisqu'ils ne le representent pas vraîment Ca- » tholique. «

L'Auteur pouvoit ajoûter une autre raison, encore plus décisive : C'est que lorsque M. de Sully se represente comme religieux ou Catholique, pour me servir de ses termes; cet homme, dont les raisonnemens sur presque tout autre sujet, sont ordinairement solides & concluans, se montre si mauvais Théologien, que ce seul contraste suffiroit pour le réfuter. Quels aveux d'ailleurs ne lui arrache pas la force de la vérité ? Que ne dit-il point contre quelques-unes des folles décisions des Synodes Protestans, contre les brigues & les projets criminels des Chefs de ce Parti, contre l'esprit de révolte & de désobéïs-

PREFACE.

fance de tout ce Corps: Il y a quelque chose de si singulier à voir M. le Duc de Sully, tour-à-tour Calviniste & l'ennemi des Calvinistes, que j'ai cru devoir conserver tout ce qu'il dit au sujet de la Religion; de crainte que tout ce que j'aurois supprimé à cet égard, ne fût jugé, par la raison même de cette suppression, d'une toute autre importance qu'il n'est: Mais aussi j'ai jugé devoir encore moins épargner ici les correctifs, que par-tout ailleurs: & il se peut bien faire que croyant ne pouvoir assez ménager les ames timorées, j'ai encore, sans y penser, accordé quelque chose à mes premiers scrupules.

Ce qui a encore considérablement multiplié ces Notes, c'est que dans la vûë de rendre cet Ouvrage plus clair & plus complet, j'ai eu pour toutes les choses de simple agrément, la même complaisance, que pour celles de nécessité. Je n'ai pu me résoudre à passer un fait obscur, ou ébauché, sans l'éclaircir & l'achever: Ici c'est un trait qui en amène un autre, simplement amusant: là, une personne de marque, annoncée par son nom seul, m'a paru demander qu'on y joignît le nom de Baptême, le surnom, les Dignités, les Emplois, quelquefois même, l'année de la naissance & celle de la mort. Ces Notes regardent encore des erreurs de calcul, de fausses dates, des évaluations de Monnoye, &c. J'ai tâché pour cela de ne rien emprunter que de nos meilleurs Ecrivains, & de puiser tout-d'un-coup à la source: Ainsi les Mémoires de la Ligue, de L'Etoile & de Nevers; les Chronologies Novennaire &

Septennaire de Cayet, & le Mercure François; Messieurs De-Thou, Péréfixe, Matthieu, Davila, Le-Grain, D'Aubigné; les Manuscrits de la Bibliothèque du Roi, les Lettres du Cardinal d'Ossat (1) &c. sont mes garants, pour les faits; & pour tout le reste, les Livres qui pouvoient me fournir les secours dont j'ai eu besoin. Je me contente ordinairement de rapporter leurs paroles, sur le sujet dont il s'agit, sans entrer dans aucune discussion; excepté, lorsque la diversité des opinions semble l'éxiger. Cette précaution n'a pu empêcher que dans les cinq ou six premiers Livres, la marge ne fût un peu chargée, sans qu'il m'ait été possible de faire autrement; les premières années de l'Histoire de Henry IV. offrant une quantité prodigieuse de faits de toute espèce, que les Mémoires de Sully ne font souvent qu'indiquer, ou toucher très-légèrement.

Des Notes sur la Politique, la Guerre, la Finance, la Police, le Commerce, la Marine &c. auroient bien tenu leur place parmi celles-là. Je n'ai pu résister à l'envie d'y en semer quelques-unes, sur-tout dans les derniers Livres, dont le sujet les rendoit, à ce qu'il m'a paru, de quelque utilité, souvent même, de nécessité absolue.

A l'égard des Maximes & des Réflexions; le seul usage raisonnable qu'on pouvoit en faire; étoit de les disperser, en les appliquant où elles conviennent. J'ai cru devoir observer à un au-

---

(1) Je me suis servi pour ces Lettres, de l'ancienne Edition, *in-Fol.* || ainsi que de l'ancienne Edition des Mémoires de L'Etoile.

tre égard, la méthode contraire: J'ai ramaſſé tout ce qui eſt dit du Grand & fameux Deſſein de Henry IV. en differens endroits, où il me paroiſſoit couper la narration d'une maniere deſagreable; & ne trouvant de place nulle-part pour un détail ſi étendu, j'en ai formé un Livre à-part. On pourra d'abord me ſoupçonner, ſur ces derniers points, d'avoir beaucoup ajoûté à mon Original, Je prie les Lecteurs de ſuſpendre leur jugement, juſqu'à ce qu'ils l'ayent lu d'un bout à l'autre. Je ſens bien moi-même: que la néceſſité de faire une nouvelle diſtribution des Matieres, a jetté ſur ce travail un air d'indépendance, qui peut le tirer de la claſſe des Traductions ordinaires; mais non pas, le ranger parmi les Ouvrages d'invention. On s'appercevra en aſſez d'autres endroits, que ſi j'avois cru pouvoir prendre une autorité abſoluë ſur mon Original, je l'aurois ſouvent préſenté ſous un autre aſpect. Au-reſte il n'étoit pas poſſible d'indiquer tous ces renvois à la marge; & le Lecteur n'en auroit été que fatigué.

L'expédient que j'ai imaginé, pour faire uſage des Lettres qui ſont repanduës dans les Mémoires de Sully, a été de les tourner en récit, & de les joindre au fait qu'elles concernent: Par-là, je leur ai donné une utilité, qu'elles n'avoient point; & je me ſuis ménagé une reſſource pour le tiſſu hiſtorique. Lorſque j'y trouve cette réticence, ſi ordinaire à ceux qui s'écrivent ſur des choſes dont ils ſe ſont auparavant entretenus de bouche, j'y ſupplée ordinairement par une Note, quand la choſe eſt possible, ou qu'elle le mérite : Car de ce nombre presqu'infini de Lettres, soit de Henry IV. soit du Duc de Sully, la plus grande partie ne renferme que des détails peu intéressans. Je mets toutes celles de cette espèce, au nombre des inutiles, & je les retranche en entier, ou en partie : ce que je pratique aussi à l'égard des Récits trop allongés, des Remarques triviales, des Mémoires trop étendus, des Règlemens sur les Finances trop particularisés. Mais lorsque je tombe sur des Lettres, des conversations & autres Morceaux, de la premiere main, je les copie fidellement, sans prendre d'autre liberté, sinon que rencontrant un terme dont le son pourroit choquer l'oreille, je lui en substituë un autre. Je cherche à satisfaire par-là ceux qui pourroient se plaindre qu'en leur présentant des Mémoires anciens, les Personnages y parlent toujours comme s'ils étoient de notre siècle : & je juge du plaisir que doit leur faire la naïveté de l'ancien Langage, lorsqu'il est bon, par celui qu'il m'a fait à moi-même.

J'ai suivi l'ordre établi de diviser un Ouvrage historique en Livres, plustôt qu'en Chapitres. Il s'en est trouvé trente dans celui-cy ; en comptant pour un, l'exposition du Grand Projet de Henry IV. dont je viens de parler. Quelques personnes opinoient à supprimer tout-à-fait ce Projet, comme n'ayant eu aucune éxécution : Mais il m'a semblé qu'il tenoit une place trop considérable dans les Mémoires de Sully, pour que le Public pût goûter cette suppression : je me suis contenté de l'abréger.

Je

PREFACE.

Je n'ai pas jugé à-propos de m'engager au-delà de la retraite de M. de Sully : en quoi je n'ai pas suivi mon Original : Mais outre que selon mon plan, je ne voyois aucun usage à faire de Pieces, qui n'ont plus de relation avec l'un ni avec l'autre de mes deux Personnages ; il m'a semblé, en bonne critique, que ces Piéces ne méritoient pas qu'on y fît une grande attention. Je ne trouve dans le quatriéme Tome, véritablement de la main du Duc de Sully, que ce qu'il dit de la nouvelle Cour, du Conseil & de lui-même, jusqu'à sa sortie de Paris ; les Projets de Réglemens sur differens sujets ; & les Preuves du Grand Dessein de Henry IV. Pour ce qui est de l'invective sanglante contre M. de Villeroi ; des autres Morceaux appartenant au Régne de Louis XIII : en un mot, de ce qui est contenu dans les deux cens dernieres pages : tout est si visiblement d'une main différente, si déplacé, si peu de suite, & en-même-temps si froid, si frivole, que je n'ai pu le regarder que comme une compilation faite par ses Secretaires, sans aucun discernement; & dans l'unique vûë, comme ils n'en disconviennent pas eux-mêmes, de rendre ce Tome égal en grosseur au précedent. Il faut mettre tout cela au rang des Panégyriques, des Sonnets & des autres Piéces en Vers François & Latins, que le Lecteur peut aller chercher dans l'Original, s'il est touché de cette bigarrure. *Epit. Limin. du 3. Tom.*

Comme les Mémoires ne nous apprennent point ce que devint le Duc de Sully, depuis ce temps-là jusqu'à sa mort, & que le Lecteur peut avoir quelque curiofité à cet égard ; j'y fatisfais par un Supplément : On ne doit rien perdre, ni omettre, de la Vie des Grands Hommes. Ce Supplément s'eft trouvé plus complet & plus intéreffant, que d'abord je ne m'y étois attendu, au moyen de tous les éclairciffemens que M. le Duc de Sully a bien voulu me fournir.

Je me fuis fervi de l'Edition *in-fol.* comme je l'ai déja dit. Elle eft en quatre Tomes, qui forment autant de Volumes ; quoique dans quelques Bibliothèques, ils fe trouvent réunis en deux Volumes feulement : Les premier & fecond de ces quatre Tomes, imprimés à Amfterdam, c'eft-à-dire, à Sully, fans date d'année, ni nom d'Imprimeur: car celui qu'on voit en tête, eft fuppofé. C'eft la premiere de toutes les Editions des Mémoires de Sully : on l'appelle communément l'Edition aux lettres vertes, à caufe de fes VVV. & de fa Vignette, enluminés de verd : Les troifiéme & quatriéme Tomes, imprimés à Paris, avec Permiffion, chez Auguftin Courbé, en 1662. Cette Edition n'eft pas fort correcte ; mais quelques-unes des fuivantes ont été tronquées : ce qui eft encore pire : Voici toutes celles qui ont fuivi la premiére. Des deux premiers Tomes, deux Volumes *in-fol.* plus petit caractére, Rouen, 1649. Des mêmes, quatre Volumes *in-douze*, Amfterdam, 1654. Des mêmes, deux Volumes *in-fol.* Paris, Courbé, 1664. Des troifiéme & quatriéme Tomes, trois Volumes, Paris, 1664. Du tout enfemble, huit Volumes *in-douze*, Paris, 1663 ; & dans le même temps, à Rouen, fept Volumes *in-douze*. La derniére Edition eſt celle de Trevoux, en 1725. douze Volumes *in-douze*.

Ce qui me reſte à ajoûter ici, c'eſt d'aſſûrer le Public que je le reſpecte trop, pour m'être expoſé à mériter les reproches, que beaucoup de travail & d'application pouvoit me faire éviter. A l'égard de tous les autres, comme ils peuvent ſervir, ſi ce n'eſt à corriger mon Ouvrage, du-moins à me corriger moi même dans ſa ſuite ; loin de vouloir les prévenir, je le prie de ne me les point épargner. On ne me verra ni réclamer l'indulgence que l'on doit naturellement à un premier eſſai, ni chercher une excuſe dans ma ſituation : ſituation neanmoins, ſi peu favorable à ce genre de travail, que ſans le ſecours de perſonnes auſſi génereuſes que zélées pour l'avancement des Lettres, je me ſerois vu obligé de l'abandonner. Je dois cet aveu à la verité. Je me rendrois ſur-tout coupable d'une extrême-ingratitude, ſi je laiſſois ignorer ce que je dois en cette occaſion à un homme reſpectable, qui ayant eu des liaiſons intimes avec Meſſieurs les Ducs de Sully, les derniers morts, non-ſeulement m'a donné l'ideé & le goût de cet Ouvrage, mais encore m'a aidé à en tracer le Plan, & en a avancé l'éxécution, par tous les moyens que lui ont inſpiré l'amitié dont il m'honore, & la nobleſſe de ſes ſentimens.

F I N.

SOMMAIRES
DES LIVRES
CONTENUS DANS LE PREMIER VOLUME.

SOMMAIRE
DU PREMIER LIVRE.

MEMOIRES depuis l'année 1570. *jusqu'à l'année* 1580. *Etat des Affaires du Conseil de France & de celles des Calvinistes, à la Paix de* 1570. *Extraction de Rosny, & particularités sur la Maison de Béthune: Autres, sur la naissance, l'éducation & la jeunesse du Prince de Navarre. Idée du Gouvernement sous Henry II. François II. & pendant les premières années de Charles IX. Artifices de la Reine Catherine de Medicis & de son Conseil, pour perdre les Huguenots. Rosny s'attache au Roi de Navarre, & le suit à Paris. Mort de la Reine de Navarre: blessure de l'Amiral de Coligny; & autres sujets de défiance que la Cour donne aux Protestans: Dissimulation profonde de Charles IX. Massacre de la Saint-Barthelemi: détail, remarques & réflexions sur cet évenement, sur la conduite de Charles IX. & sur l'Amiral de Coligny. Comment le Roi de Navarre & Rosny échappent au Massacre. Education de Rosny. Les Calvinistes reprennent courage & rétablissent leurs Affaires. Fuite du Prince de Condé. Prison des Princes. Prise d'armes du Mardi-Gras. Mort de Charles IX. Son caractère. Henry III. revient en France, & déclare la Guerre aux Huguenots. Fuite de Monsieur, & du Roi de Navarre. La Reine-Mere les trompe par la Paix de Monsieur. La Guerre recommence. Rencontres militaires & prises de Villes: premiers faits d'armes de Rosny. Paix de* 1577. *Conférences de la Reine-Mere avec le Roi de Navarre. Autres expéditions militaires: Prise de Cahors, &c. Fautes commises par Rosny.*

SOMMAIRE
DU SECOND LIVRE.

MEMOIRES depuis 1580. juſqu'à 1587. Affaires de Flandre Les Provinces-Unies offrent leur Couronne à Monſieur : Il y paſſe ; Roſny l'y ſuit. Priſe de Câteau-Cambreſis &c. Monſieur ſurprend la Citadelle de Cambrai. Il paſſe en Angleterre : revient en Flandre : ſe rend odieux aux Flamands & aux Proteſtans, par la Trahiſon d'Anvers ; déconcertée par le Prince d'Orange. Mécontentement de Roſny contre ce Prince. Monſieur voit échouer ſes projets, & repaſſe en France. Roſny y revient auſſi, après avoir viſité la Ville de Béthune. Offres faites au Roi de Navarre, par l'Eſpagne. Roſny eſt envoyé par le Roi de Navarre à la Cour : Il va voir Monſieur. Mort de ce Prince. Second voyage & Négociation de Roſny à Paris. Son mariage ; ſes occupations domeſtiques. Origine, formation & progrés de la Ligue : Henry III. s'unit avec elle contre le Roi de Navarre. Diviſions dans le Parti Calviniſte : vûës de ſes Chefs. Roſny eſt renvoyé à Paris par le Roi de Navarre, pour obſerver les démarches de la Ligue. Angers manqué. Voyage hazardeux de Roſny. Péril du Prince de Condé. Embarras où ſe trouve le Roi de Navarre. Expéditions militaires. Négociation de Roſny pour l'alliance de deux Rois. Priſe de Talmont, de Fontenai, &c. Roſny va aſſiſter ſon Epouſe, pendant la Peſte. Entrevûës de la Reine-Mere avec le Roi de Navarre, ſans fruit. Suite des Expéditions militaires. Roſny défait un Eſcadron des Ennemis : Autres ſuccès des Calviniſtes. Perſécution déclarée contr'eux : Danger de Madame de Roſny : voyage ſecret de Roſny à Paris. Le Duc de Joyeuſe conduit une Armée en Poitou, & eſt battu par le Roi de Navarre, à Coutras : détail de cette Bataille.

SOMMAIRE
DU TROISIEME LIVRE.

MEMOIRES depuis 1587. juſqu'à 1590. Fautes au Roi de Navarre & des Proteſtans, après la Bataille de Coutras : Deſſeins ſecrets du Prince de Condé, du Comte de

d iij

Soissons & du Vicomte de Turenne, leurs Chefs. Mort du Prince de Condé : remarques sur cette mort. Journée des Barricades, & ce qui s'ensuivit : réflèxions sur cet évènement. Assassinat du Duc & du Cardinal de Guise : réflèxions & remarques à ce sujet. Mort de Catherine de Medicis. Foiblesse de Henry III. pour la Ligue. Traité d'Alliance entre les deux Rois, négocié par Rosny : mécontentement qu'on lui donne à cet égard. Entrevuë des deux Rois. Le Duc de Maïenne devant Tours : Faits d'armes des deux parts : Combat de Fosseuse, où se trouve Rosny. Mort de Madame de Rosny. Succès des Armes des deux Rois. Siége de Paris. Mort de Henry III : particularités sur cet assassinat. Henry IV. prend conseil de Rosny : Situation embarrassante où ce Prince se trouve : dispositions des différens Officiers de l'Armée Royaliste, à son égard. Surprise de Meulan par Rosny. Prises de Villes & expéditions militaires. Le Roi passe en Normandie. Détail de la Journée d'Arques, où se trouve Rosni : Escarmouches du Pollet : dangers que court Henry IV. Entreprise sur Paris. Rencontres & Siéges de Places. Digression sur ces Memoires. Siége de Meulan. Armée Espagnole en France. Rosny défend Passi. Bataille d'Ivry : particularités sur cette Bataille : grands dangers qu'y court Rosny, & blessures qu'il y reçoit : Il se fait porter à Rosny : caresses que lui fait Henry IV.

SOMMAIRE
DU QUATRIEME LIVRE.

*M*EMOIRES 1590—1592. Soulevement dans l'Armée de Henry, après la Bataille d'Ivry : dissipation des Finances, & autres causes qui l'empêchent d'en profiter. Villes prises & manquées. Prise des Fauxbourgs de Paris : Siége de cette Ville : particularités sur ce Siége : causes qui obligent Henry à le lever. Le Prince de Parme y amène une Armée. Campement & autres détails militaires : Faute commise par Henry : Il oblige le Prince de Parme à se retirer. Siége de Chartres. Aventure où Rosny court risque de la vie : Il se retire chez lui, mécontent. Succès des Armes de Henry IV. Prises de Corbie, Noyon &c. Entreprise sur Mante. Expédi-

tions du Duc de Montpenfier en Normandie. Préparatifs pour le Siége de Rouen : fautes faites à ce Siége : Animoſité mutuelle des Corps & des Officiers de l'Armée de Henry : attaques & aſſauts, & autres particularités de ce Siége. Le Prince de Parme repaſſe en France, avec une Armée. Inſolence des Seize. Henry s'avance à la rencontre du Prince de Parme. Entrepriſe où il eſt mal fecondé par le Duc de Nevers. Combat d'Aumale : particularités & remarques fur ce Combat. Henry leve le Siége de Rouen : Marches, campement, rencontres & combats, aux environs de Rouen, entre lui & le Prince de Parme : remarques fur ces Combats. Belle action du Prince de Parme, au paſſage de la Seine : L'Armée de Henry refuſe de le pourſuivre : raiſons de ce refus, & réflèxions fur ce ſujet.

SOMMAIRE
DU CINQUIEME LIVRE.

Mémoires 1592—1593. Expoſé ſuccinct de l'état des Affaires dans les Provinces de France, pendant les années 1591. & 1592. Brigues du Comte de Soiſſons : ſon caractere. Abregé de l'hiſtoire du Duc d'Epernon : ſa déſobéïſſance : ſon caractere. Differens Partis dans les Provinces Méridionales de la France : expoſé concis de ce qui s'y paſſa. Siége de Villemur. Siége d'Epernai, où le Maréchal de Biron eſt tué : ſon éloge. Mort du Prince de Parme. Roſny ſe remarie, & ſe retire mécontent : cauſes de ce mécontentement. Il intercepte les Mémoires des Négociations entre la Ligue & l'Eſpagne. Détail & éxamen de ces Pieces : Tiers-Parti formé en France : ceux qui le compoſoient, & quel étoit leur objet. Henry prend conſeil de Roſny : Circonſpection & ſage conduite de tous les deux : Entretiens entr'eux, où Roſny l'amène à ſe convertir : Henry ſonde les Proteſtans, fur cette réſolution. Conférence de Roſny avec Belozane, les deux Durets & Du-Perron. Conditions offertes par la Ligue, à Henry ; dans quel deſſein : rejettées. Etats de Paris : projet du Prince de Parme mal éxécuté : Déſunion des Chefs Catholiques dans ces Etats : leurs brigues & leurs artifices, pour ſe ſupplanter

SOMMAIRES

mutuellement : Arrêt du Parlement de Paris, & zéle de ses Membres pour l'honneur de la Couronne. Conférence de Surenne : Trêve. Sagesse & habileté de Henry à profiter des dissentions entre les Chefs de la Ligue. Conduite de Villeroi & de Jeannin. Difficulté pour la conclusion : Sages conseils donnés au Roi par Rosny. Siege de Dreux, pris par le moyen de Rosny. Henry leve tous les obstacles à sa Conversion : particularités sur son Abjuration.

SOMMAIRE
DU SIXIEME LIVRE.

MEMOIRES 1593—1594. Conduite de Henry avec le Pape, l'Espagne, la Ligue & les Huguenots, après son Abjuration. Autre Trêve. Artifices de l'Espagne. Attentat de Barriere contre la vie de Henry : Jesuites accusés & justifiés, à cet égard. Rosny commence à négocier avec l'Amiral de Villars, pour le détacher de la Ligue. Fescamp surpris par un moyen extraordinaire : Affaire pour ce Fort. Plusieurs Villes se rendent à Henry. Voyage de Rosny à Rouen : Détail de ses Négociations avec Villars : caractere de ce Gouverneur. Rosny est employé par Henry, à raccomoder le Duc de Montpensier avec le Comte de Soissons, & à rompre le Mariage de celui-cy avec Madame : Il va voir la Duchesse d'Aumale, à Anet. Suite de ses Négociations avec MM. de Villars, de Médavy & autres : Le Traité avec Vilars est conclu, après bien des obstacles. Henry est reçu dans Paris : Circonstances de cette reddition : traits de génerosité & de clémence de ce Prince. Accommodement de Villeroi. Troisieme voyage de Rosny à Rouen : Vilars en chasse les Députés de l'Espagne & de la Ligue : ceremonie avec laquelle Rouen se rend au Roi. Conditions que met Rosny aux gratifications qu'il reçoit du Roi. Villars vient trouver Henry : trait de sa génerosité. Lyon se soûmet au Roi, malgré le Duc de Nemours ; Poitiers, Cambrai & autres Villes, en font autant. Prise de La-Capelle, par les Espagnols. Commencement du Siege de Laon : Affaires qui obligent Rosny à revenir à Paris : entretien qu'il à avec le Cardinal de Bourbon. Il soûtient les Jesuites, dans leur Procès

procès contre l'Université & les Curés de Paris. Il retourne au Siège de Laon: Suite de ce Siège: travaux & fatigues de Henry. Grand Convoi des Espagnols, défait par Biron: Rosny se trouve à ce combat. Mécontentement que Biron donne au Roi. Les Espagnols tentent inutilement de jetter du secours dans Laon.

SOMMAIRE
DU SEPTIEME LIVRE.

MEMOIRES 1594—1596. Sujets de mécontentement de Henry contre le Duc de Bouillon; causes du voyage de Rosny à Sédan: entretiens qu'il a avec Bouillon; dans lesquels il pénétre ses desseins & son caractère. Prise de Laon. Expéditions militaires en differens endroits du Royaume, entre le Parti du Roi & celui de la Ligue. Desseins du Duc de Maïenne sur la Bourgogne. Mort du Cardinal de Bourbon. Mort du Surintendant D'O: son caractère. Caractère de la Duchesse de Guise. Le Duc de Guise fait son Traité avec le Roi: Apologie de Rosny sur ce Traité: services rendus à Sa Majesté, par le Duc de Guise. Caractère de Sancy: Conte d'Aliboust. Changemens dans le Conseil des Finances: Principes & réflexions sur la Finance. Henry déclare la Guerre à l'Espagne, contre le conseil de Rosny. Il est blessé par Jean Châtel: particularités sur cet attentat, & sur le bannissement des Jésuites. Motifs qui déterminent Henry à marcher en Bourgogne. Rosny se brouille avec le Conseil des Finances. Désertion du Comte de Soissons: insulte faite à Rosny par ses Officiers. Campagne en Picardie: défaite des François à Dourlens: mort de l'Amiral de Villars. Campagne en Bourgogne, glorieuse pour Henry IV. Journée de Fontaine-Françoise. Conditions sous lesquelles le Pape donne l'Absolution à Henry: examen de la conduite du Cardinal d'Ossat. Henry passe en Picardie: pertes qu'y fait la France. Complot des Grands du Royaume, déclaré au Roi par le Duc de Montpensier. Bouillon est envoyé à Londres. Jalousie & haine du Conseil des Finances contre Rosny.

Tome I.   e

SOMMAIRE
DU HUITIEME LIVRE.

Mémoires 1596—1597. Siége de La-Fère : Maladie du Roi. Entreprises militaires exécutées & manquées. Mort des Ducs de Nemours & de Nevers. Malversations dans les Finances. Rosny va trouver Henry à Amiens : ce qui lui arrive avec un astrologue : péril que court Madame de Liancourt. Voyage de Rosny à Rouen. Il est député vers Madame, pour la résoudre à épouser le Duc de Montpensier : Traitement qu'il reçoit de cette Princesse : il court risque d'être disgracié à cette occasion : il rentre dans les bonnes graces de Madame. Succès des Armes du Roi, dans differentes Provinces. Opposition des Financiers à l'entrée de Rosny dans le Conseil des Finances : irrésolutions de Henry ; qui enfin le met dans le Conseil. Traité du Duc de Maïenne avec le Roi, qu'il vient trouver à Monceaux. Rosny va visiter les Géneralités : calomnies de ses Ennemis, à cette occasion : utilité dont ce voyage est au Roi. Démêlés de Rosny avec Sancy : Il découvre les artifices & les fraudes du Conseil des Finances. Assemblée des Notables, tenuë à Rouen: Réflexions sur les Etats du Royaume : bon conseil donné à Henry par Sully : Résultat de cette Assemblée : établissement du Conseil de Raison, qu'on est obligé de supprimer. Travaux de Rosny dans les Finances.

SOMMAIRE
DU NEUVIEME LIVRE.

Mémoires de 1597—1598, Divertissemens à la Cour. Les Espagnols surprennent Amiens: Moyens imaginés par Rosny, pour reprendre cette Place. Il est mis à la tête du Conseil des Finances, en l'absence du Roi : ses travaux dans les Finances, & ses démêlés avec le Conseil. Siége d'Amiens, auquel Rosny pourvoit. Nouvelle mutinerie des Protestans pendant ce Siége, & leurs desseins. Mort de Saint-Luc. Henry promet la Grande-Maîtrise de l'Artillerie à Rosny; & la donne à D'Estrées. Rosny est fait Gouverneur de Mante. Les Espagnols essayent en vain de secourir Amiens: sa prise. Détail des Lettres de Henry, sur differens sujets. Entreprises exécutées & manquées, après le Siege d'Amiens: Négociations pour la Paix. Henry IV. passe en Bretagne: se laisse fléchir en faveur du Duc de Mercœur: liberté de Rosny sur cette faute. Séjour & services de Rosny en Bretagne. Cabales des Calvinistes, pour obtenir un Edit favorable. Audience donnée par Henry aux Ambassadeurs Anglois & Hollandois; qui ne peuvent lui persuader de continuer la Guerre. Edit de-Nantes. Conversation de Henry avec le Duc de Bouillon: Autre conversation singuliere de Henry IV. avec Rosny, sur la dissolution de son Mariage, & sur son attachement pour la Duchesse de Beaufort. Henry revient à Paris: passe en Picardie. Conclusion & céremonies de la Paix de Vervins.

SOMMAIRE
DU DIXIEME LIVRE.

MEMOIRES 1598.— 1599. Réforme faite dans les Troupes. Ordonnances sur le Bled, le Port d'armes, & autres Règlemens sur la Finance, la Police, les Ouvrages publics, &c. Question du vrai ou du faux D. Sebastien. Conférence de Boulogne entre l'Espagne & l'Angleterre, sans fruit. La Duchesse de Beaufort travaille avec ses Partisans, à se faire déclarer Reine: Fermeté avec laquelle Rosny lui résiste: il se brouille avec elle; & Henry les raccommode: Conversation de ce Prince avec sa Maitresse, sur ce sujet. Maladie de Henry. Reception du Légat à Saint-Germain. Travaux de Rosny dans la Finance: Qualités necessaires à l'Homme d'Etat: Rosny rend compte de ses biens, de son caractère, de sa maniere de vivre, &c. Etat déplorable où les Guerres avoient réduit la France. Valeur des Traités faits avec la Ligue. Arrêts rendus. Dispute de Rosny avec le Duc d'Epernon. Rosny travaille avec Henry à rectifier les abus dans la Finance: talens de ce Prince pour le Gouvernement. Faits singuliers. Exposition, examen & critique, des dispositions Testamentaires de Philippe II. L'Archiduchesse vient à Marseille. Opposition du Clergé de France au mariage de Madame avec le Duc de Bar : conduite du Cardinal d'Ossat en cette occasion : conférence entre les Catholiques & les Protestans, inutile pour la Conversion de cette Princesse : Henry fait célebrer le Mariage par l'Archevêque de Rouen : conversations plaisantes à cette occasion. Le Clergé, le Parlement, &c. s'opposent à l'enregistrement de l'Edit de Nantes ; changemens qui y sont faits : Assemblée des Protestans, & artifices du Duc de Bouillon, à ce sujet : l'Edit est enregistré. Affaire de Marthe Brossier. Charges & gratifications accordées par Henry à Rosny. Mort surprenante de la Connétable ; de la Duchesse de Beaufort : douleur qu'en ressent Henry : Rosny le console.

Fin des Sommaires du Tome premier.

MEMOIRES

Le Pere de Mr de Sully presente Son Fils age de 11 ans à Henry IV. qui en avoit 18.

MEMOIRES
DE
SULLY.

LIVRE PREMIER.

N se flatoit à la Cour de Charles IX. que les malheurs arrivés aux Réformés sous les Régnes précédens, les obligeroient de ceder enfin aux volontés du Roi, ou de sortir du Royaume. La mort du Prince (1) de Condé leur Chef, la perte de deux grandes Batailles, l'entiere dispersion de leurs

1570.

Jarnac & Moncontour.

---

(1) Louis I. Prince de Condé, Frere d'Antoine Roi de Navarre, & fils de Charles de Bourbon Duc de Vendôme. Ayant été fait prisonnier à la Bataille de Jarnac en 1569, il fut tué d'un coup de pistolet, que le Baron de Montesquiou lui tira dans la tête par derriere. Comme Montesquiou étoit Capitaine des Gardes de Monsieur, Duc d'Anjou, on ne manqua pas d'accuser ce Prince d'avoir fait assassiner le Prince de Condé.

Tome I.   A

1570. Gens-de-guerre, le peu d'apparence qu'on pût rassûrer ce foible reste de Troupes, abbatuës par une longue suite de mauvais succès; tout faisoit croire qu'ils touchoient au moment de leur ruine. (2) Un courage supérieur à tous les événemens, les soûtint dans un conjonéture si accablante. Ils rassemblerent leurs soldats épars dans toutes les Provinces, & commencerent à se rapprocher de la Bourgogne, du Bourbonnois & du Berry. Leur rendez-vous général fut indiqué à La-Charité: Vezelai & quelques autres Villes tenoient encore pour eux dans ces quartiers. Ils oserent même se promettre de répandre l'alarme jusque dans Paris, aussi-tôt qu'ils auroient reçu un secours considérable de Reîtres & de Lansquenets, qu'on leur promettoit en Allemagne.

Ce ne fut pas sans beaucoup d'inquiétude, que la Reine-Mere Catherine de Medicis apprit ces Nouvelles: mais elle s'imagina qu'il seroit facile d'empêcher cette jonction, & ensuite de dissiper des Troupes, qu'elle croyoit consternées. Elle fit marcher pour cet effet une puissante Armée (3). Strozzy, La-Châtre, Tavannes, La-Valette, & tout ce qu'il y avoit d'Officiers Géneraux en France, voulurent y servir; & le Maréchal de Cossé qui devoit y commander s'enyvroit

Artus de Cossé, Seignior de Gonnor, mort en 1582.

(2) Je prie le Lecteur de ne point perdre de vuë que c'est un Protestant qui parle dans ces Mémoires. L'état où la Religion & la Politique sont aujourd'hui en France, ne laisse point appréhender que tout ce que peut dire Monsieur de Sully, en faveur des Prétendus-Réformés, produise jamais aucun mauvais effet, ni pour l'une, ni pour l'autre. On peut même en quantité d'endroits, tirer des propres paroles de l'Auteur, des inductions très-fortes pour l'unité de Religion dans un Royaume, & pour l'avantage de la Religion Catholique sur la Prétenduë-Réformée. Voyez ce qui est dit sur ce sujet dans la Préface de cet Ouvrage.

(3) Philippe Strozzy, Seigneur d'Epernay, fils de Pierre Strozzy, Maréchal-de-France. Claude de La-Châtre, depuis Maréchal de-France. Jean de Nogaret, Pere du Duc d'Epernon. Gaspard de Saulx de Tavannes, qui fut aussi Maréchal-de-France. Il avoit été Page de François I. & étoit alors l'un des Conseillers & des Confidens de Catherine de Médicis. Son caractere se connoîtra par les traits suivants, que je rapporterai d'après l'Auteur de la Henriade, dans ses Notes, *pag.* 34. »Il couroit, dit-il, dans les ruës de » Paris la nuit de la Saint-Barthéle- » mi, criant: Saignez, saignez; la » saignée est aussi bonne au mois » d'Août qu'au mois de Mai. Son » Fils qui a écrit des Mémoires, rap- » porte que son Pere étant au lit de » la mort, fit une Confession géne- » rale de sa vie; & que le Confes- » seur lui ayant dit d'un air étonné: »'Quoi! vous ne parlez point de la » Saint-Barthélemi? Je la regarde, » répondit le Maréchal, comme une » action méritoire, qui doit effacer » mes autres péchés».

ARTUS DE COSSÉ, Briſſac, Maréchal de Fr.ce G.d Panetier, Ch.er des Ordres, Ministre d'Etat, Surintend.t des Fin.ces Gouvern.t d'Anjou, Touraine, Orléans, Orléanois, de Paris, de Metz, pays Meſsin, de Mariembourg, Mort le 15 Janvier 1582.

Paris chez Odieuvre M.d d'est. rue d'Anjou le dernier P. Cochers à gauche entrant par la R. Dauph.e F.P.

Babel invenit et Sculpsit.

LIVRE PREMIER.

de la gloire qu'il alloit acquérir, en exterminant jusqu'au dernier soldat Huguenot, & en amenant à la Reine-Mere tous les Chefs du Parti, pieds & mains liés. Il changea bientôt de sentiment. L'Armée Protestante le reçut avec intrépidité : elle fut toujours la premiere à offrir le combat; tout l'avantage lui demeura dans les escarmouches, qui furent fréquentes; & elle remporta même une espèce de victoire au choc d'Arnai-le-duc (4).

Tant d'opiniâtreté fit juger dès ce moment à la Reine-Mere, qu'il falloit avoir recours à d'autres moyens que la Guerre, pour détruire le Parti Protestant. Celui de la trahison lui parut le plus sûr. Pour avoir le temps de s'y préparer, elle écouta si favorablement les propositions d'un accommodement, que la Paix se fit à l'heure qu'on y pensoit le moins, & à des conditions tout-à-fait avantageuses pour les Huguenots. Ce fut la Paix de (5) 1570, après laquelle on goûta de part & d'autre pendant deux ans, un repos également souhaité par les deux Partis.

Mon Pere (6) se retira dans sa maison de Rosny, & s'oc-

1570.

(4) Les apparences étoient que le Maréchal de Cossé battroit l'Armée Huguenote, ou qu'il l'empêcheroit du-moins de s'approcher de Paris. Il ne fit ni l'un ni l'autre : au contraire, il fut obligé de se retirer après une escarmouche très-vive; & il se contenta depuis de côtoyer l'Ennemi. Les Calvinistes étoient commandés dans cette rencontre, par le Prince de Navarre & le Prince de Condé son Cousin-germain, âgés, l'un de seize ans, l'autre de dix-sept, & par l'Amiral de Coligny. L'Historien Pierre Matthieu a recueilli ces paroles de Henry IV. s'entretenant, depuis qu'il fut monté sur le Thrône, de ce choc d'Arnai-le-duc : » Mes » premiers exploits d'armes, disoit » ce Prince, furent à René-le-duc, » où il étoit question ou de combat- » tre ou de me retirer. Je n'avois » retraitte qu'à plus de quarante » lieués de-là; & si je demeurois à la » discretion des Paysans. En combat- » tant aussi, je courois fortune d'être » pris ou tué; parce que je n'avois » point de Canon, & les gens du » Roi en avoient : & à dix pas de » moi fut tué un Cavalier, d'un » coup de coulevrine : Mais recom- » mandant à Dieu le succès de cette » journée, il le rendit heureux & » favorable. « T. 1. L. 5 p. 327. Dans le cours de cette même année, les Huguenots gagnerent la Bataille de Luçon, & prirent Marennes, l'Isle d'Oleron, Brouage, Xaintes, &c.

(5) Ils furent remis par ce Traité de Paix en possession de plusieurs privilèges, qu'on leur avoit ôtés. Le nombre des Prêches fut augmenté; & on leur donna quatre Villes pour sûreté, La-Rochelle, Montauban, Cognac & La-Charité. On appella cette Paix, Boiteuse & mal-assise, parce qu'elle fut concluë au nom du Roi, par Biron qui étoit boiteux, & par N. de Mesmes, Seigneur de Malassise. Elle fut faite le 11 Août.

(6) François de Béthune, Baron de Rosny, mort en 1575. Il épousa en premieres noces Charlote Dauvet, Fille de Robert Dauvet, Seigneur

A ij

1570. cupa à rétablir ses affaires domestiques. Comme c'est l'Histoire de ma Vie, jointe à celle du Prince que j'ai servi, qui va faire le sujet de ces Mémoires; je dois donner un éclaircissement sur ma famille, & sur ma personne. En satisfaisant la curiosité du Public à cet égard je le prie d'être persuadé que je le fais sans affectation & sans vanité; & que je donne à la seule nécessité de dire la vérité, tout ce qu'on pourra rencontrer d'avantageux pour moi ici & dans toute la suite de ces Mémoires. Maximilien est mon nom de Baptême, & Béthune est celui de ma famille (7). Elle tire son origine, par la Maison de Coucy, de l'ancienne Maison d'Autriche, avec laquelle il ne faut pas confondre celle qui tient présentement l'Empire d'Allemagne & les Espagnes. Celle-cy ne descend que des Comtes d'Habsbourg & Quibourg (8), simples Gentilshommes il y a trois cens ans, à la solde des Villes de Strasbourg, Bâle & Zurich; & qui se seroient tenus fort honorés d'être Maîtres-d'Hôtel d'un Prince tel que le Roi de France, puisque Raoul, Chef de cette seconde Maison d'Autriche, exerça une pareille Charge chez Ottocar, Roi de

---

de Rieux, Président de la Chambre-des-Comptes, & d'Anne Briçonnet, dont il eut les Enfans qui seront nommés cy-après. Il se remaria à Marguerite de Louvigny, dont il n'eut point d'Enfans.

(7) Ces éclaircissemens sur la Maison de Béthune sont tirés, tant du corps des anciens Mémoires de Sully, que des différentes Pieces qui en font partie. Il vaut mieux en croire les habiles Généalogistes modernes, dont nous rapporterons bientôt le sentiment.

(8) L'opinion qui fait descendre la Maison d'Autriche des Comtes d'Habsbourg, autrement Thierstein, a long-temps passé pour incontestable. Des Titres de l'Abbaye de Mure ou Muri, en Suisse, mal consultés par Théodore Godefroy, & adoptés sur sa parole par les meilleurs Critiques, & même par le Pere Le-Long, ont donné cours à cette erreur. Par ces mêmes Titres mieux examinés, par les Chartres du Monastere de S. Trutpert & autres Actes, il paroît que cette Maison est originaire du Brisgaw: qu'elle sort des anciens Comtes d'Alsace: qu'elle remonte par Luitfrid, Rampert, Otpert, &c. Comtes d'Habsbourg & Landgraves d'Alsace, non-seulement jusqu'à Gontran le Riche, Comte d'Altembourg, qui vivoit au commencement du dixieme siecle, mais même jusqu'à Adelric ou Ethic I. qualifié Duc d'Allemagne, dix-huitieme Aïeul de Raoul ou Rodolphe I. au milieu du septieme siecle. Voilà du-moins ce qui paroît assez solidement établi par le nouvel Ouvrage Latin du R. P. Marquard Hergott, Bénédictin, imprimé à Vienne en 1737, en trois Vol. in-fol. & qui a pour titre, *Généalogie Diplomatique de l'Auguste Maison d'Habsbourg*, &c. Voyez aussi le sçavant & judicieux Extrait de cet Ouvrage, inséré dans le Journal des Sçavans, *Mars, Avril & Juin* 1740.

Outre cette erreur générale, nos Memoires paroissent être tombés dans deux autres erreurs particuliè-

LIVRE PREMIER.

1570.

Bohême. C'est du fils de ce Raoul, que commence proprement la nouvelle souche d'Autriche ; parce qu'il prit ce nom, en la place du sien. La Maison de Béthune, qui a donné son nom à une Ville de Flandre, & d'où sont sortis les Comtes qui anciennement ont gouverné cette Province, se fait honneur d'un Robert de Béthune (9) Avoué d'Arras, dont le Pere & le Grand-pere, portant aussi le nom de Robert, furent déclarés Protecteurs de la Province d'Artois. L'un de ces deux Robert de Béthune se signala en France, par la prise de La-Roche-vandais, forte Place sur les confins d'Auvergne, où le Rebelle Emerigot Marcel s'étoit retiré ; & l'autre, dans les Guerres de Sicile, en tuant de sa propre main le Tyran Mainfroy, en présence des deux Armées : service, qui mérita que Charles d'Anjou, concurrent de Mainfroy, lui fît épouser Catherine sa Fille. On compte un quatrième Robert de Béthune, qui gagna un Combat naval contre les Infidèles sur la Méditerrannée. Dans l'Eglise, un Jacques de Béthune, Evêque de Cambrai, au temps de la Croisade des Albigeois, & un Jean de Béthune, Abbé d'Anchin près Valenciennes, mort en 1250. en odeur de sainteté, & dont les

tes. Il est vrai qu'on ne doit pas confondre cette seconde Maison d'Autriche avec celle qui posséda l'Autriche, &c. jusqu'en 1248. que mourut Frédéric, le dernier de cette Maison, laquelle tiroit son origine des anciens Ducs de Souabe. Mais nous manquons de preuves que la Maison de Béthune ait été alliée de cette Maison de Souabe ou d'Autriche premiere : elle ne l'a été que de la seconde, par la Maison de Coucy. Le Duc de Sully pourroit bien avoir ajoûté foi à l'ancienne fable, qui tiroit la Maison d'Autriche de Sigebert, Fils de Théodebert Roi d'Austrasie ; & l'avoit appliquée, non à la seconde Maison d'Autriche, mais à la premiere ; quoique l'une soit pas plus vrai que l'autre.

Il a raison ensuite de dire que Raoul ou Rodolphe, Comte d'Habsbourg, & premier Empereur de cette Maison, avoit été Majordôme d'Ottocar, Roi de Boheme ; & qu'Albert son Fils, aussi élu Empe-

teur, est le premier de sa Maison qui ait pris le titre de Duc d'Autriche : ce qui arriva en 1274, lorsque Rodolphe eut emporté sur cet Ottocar son concurrent, les Duchés d'Autriche, Stirie, Carniole, &c. Mais il devoit en-même-temps rendre plus de justice qu'il ne fait, à l'ancienneté de cette Maison.

(9) Du-Chesne ne s'éloigne pas de ce sentiment. Il prouve que Robert, dit Faisseus, Tige de la Maison de Béthune, qui vivoit dans le dixieme siécle, descendoit d'une branche cadette des anciens Comtes de Flandre, qui eut pour son appanage la Seigneurie de la Ville de Béthune, premiere Baronnie du Comté d'Artois. Il faudroit dire seulement, selon ce sentiment, que ce fut la Ville de Béthune qui donna à cette branche le nom, qu'elle a depuis fait passer à toute la Maison de Béthune. Le titre d'Avoué étoit alors si honorable, que plusieurs Souverains se sont fait honneur de le porter.

A iij

1570.

Reliques sont révérées comme celles d'un Martyr. L'Histoire des Croisades n'a pas oublié ceux qui se distinguerent à la prise de Jérusalem, en montant les premiers sur la brèche. Antoine & Coësne de Béthune (10) marchant sur les pas de leurs Ancêtres, arborerent aussi les premiers l'étendard sur les murailles de Constantinople, lorsque Baudouin, Comte de Flandre, emporta cette Capitale sur Alexis Comnene; & Coësne en obtint le Gouvernement. Quand on a de pareils exemples domestiques, on ne sçauroit se les rappeller trop souvent, pour s'animer à les suivre. Heureux! si pendant toute ma vie, j'ai pu me comporter de maniere que tant d'hommes illustres ne dédaignent pas de me reconnoître, & que je ne rougisse pasmoi-même d'en être descendu. Dans la suite, la Maison de Béthune ne fit que croître encore en illustration. Elle s'allia (11) avec presque toutes les Maisons Souveraines de l'Europe : Elle rentra dans celle d'Autriche (12) : & pour finir par ce qui l'honore infiniment davantage, l'Auguste Maison de Bourbon (13) ne méprisa pas son alliance.

(10) Ce sont apparemment ces deux Freres, Fils de Robert V. Seigneur de Béthune, que, selon Guillaume de Tyr, Philippe d'Alsace, Comte de Flandre, proposa de marier avec les deux Filles de Baudouin, Roi de Jérusalem. Il est encore certain qu'après la mort de Pierre de Courtenay, Empereur de Constantinople, ce Coësne ou Conon de Béthune, fut déclaré Régent de l'Empire, pendant la minorité de Philippe de Courtenay, son Fils.

(11) Voyez dans A. Du-Chesne & le P. Anselme, toutes ces alliances de la Maison de Béthune avec différens Princes de la Maison de France; avec les Empereurs de Constantinople; les Comtes de Flandre, de Hainaut, de Boulogne; les Rois de Jérusalem, Ducs de Lorraine; les Rois de Castille, de Leon, d'Ecosse, d'Angleterre; les Maisons de Courtenay, de Châtillon, de Montmorency, de Melun, de Horn, &c.

(12) Par Jeanne de Coucy, qu'épousa Jean de Béthune. Il faut remarquer que toutes les fois qu'on nomme ici la Maison de Coucy, ce n'est pas véritablement la Maison de Coucy, mais celle de Guines, dont on entend parler. La branche aînée de cette Maison de Coucy, si ancienne, s'éteignit dans la personne d'Enguerrand IV. de Coucy. Enguerrand de Guines, qui avoit épousé Alix de Coucy, Fille d'une branche cadette, la fit revivre, en en prenant le nom & les Armes. Au reste cette Maison de Guines n'étoit guére moins illustre, ni moins ancienne, que celle de Coucy.

(13) Par les Maisons de Châtillon, de Néelle, de Montmorency, de Luxembourg, & en dernier lieu par la Maison de Melun. Anne de Melun, Dame de Rosny, qui épousa Jean IV. de Béthune, comptoit, dit Du-Chesne, tant du côté de Hugues de Melun son Pere, Vicomte de Gand, que de Jeanne de Horn sa Mere, plus de dix Princes du Sang Royal de France, & tous les Souverains de l'Europe.

LIVRE PREMIER.

1571.

Mais je dois aussi avouer que la branche dont je suis sorti, avoit alors beaucoup perdu de sa premiere splendeur. Cette branche est issuë d'un simple Cadet (14), & le moins riche de tous ceux qui ont porté ce nom. La branche aînée étant tombée trois fois en quenouille, tous les grands biens qu'elle possédoit dans différens endroits de l'Europe, ne passerent point aux collatéraux, mais furent portés par les filles, dans les Maisons Royales où elles entrerent. Mes Ancêtres particuliers ne laisserent pas, en se mariant avantageusement, de redonner à leur branche ce qui lui manquoit pour soûtenir dignement son nom : mais toutes ces richesses furent presqu'entierement dissipées par le mauvais ménage & la prodigalité de mon Grand-pere (15), qui ne laissa à son Fils, qui est mon Pere, que le bien d'Anne de Melun sa Femme, qu'il ne pouvoit pas lui ôter.

Pour ce qui me regarde personnellement, j'entrois dans ma onzieme année, au temps dont je parle; étant né le 13 Décembre 1560. Quoique je ne fusse que le second (16) de quatre enfans mâles qu'avoit mon Pere, les incommodités naturelles de mon Frere aîné (17) faisoient que dès-lors mon Pere me regardoit comme celui qui devoit être le Chef de sa famille ; & toutes les marques d'une complèxion forte lui parloient encore en ma faveur. Mes Parens m'éleverent dans les sentimens & la doctrine des Réformés ; & j'en ai fait constamment profession, sans que les menaces, les promesses, les différens évenemens, ni le changement même du

---

(14) Jean de Béthune, septieme Aïeul de M. le Duc de Sully, eut deux Fils, Robert & Jean. Robert ne laissa de trois mariages qu'il contracta, que des Filles. Jean est ce Cadet, dont parle ici l'Auteur : il étoit Seigneur de Locres & d'Autreche. Un autre Ancêtre de l'Auteur, nommé Matthieu de Béthune, n'eut pareillement que trois filles.

(15) Jean de Béthune, Baron de Baye. Il épousa Anne de Melun, Fille de Hugues de Melun, Vicomte de Gand, & de Jeanne d'Horn ; elle étoit Dame de Rosny Il se remaria après sa mort à Jeanne Du-Pré, simple Demoiselle. Il vendit les Seigneuries des Hautbois d'Avraincourt, Novion, Caumartin, Baye, Bannay, Taluz, Loches, Villerenard, Châtillon, Broucy, &c. *Du Chesne, ibid.*

(16) François de Béthune, Baron de Rosny, &c. eut six enfans mâles : mais l'Auteur ne compte point deux de ses Freres, Jean & Charles, morts jeunes. Les quatre autres sont Louis, Maximilien, Salomon & Philippe de Béthune : il sera parlé dans la suite de chacun d'eux.

(17) Louis : Il se noya dans un torrent, âgé de 20 ans.

1571. Roi mon protecteur, & ses plus tendres sollicitations, ayent été capables de m'y faire renoncer.

Henry (18) Roi de Navarre, qui aura la principale part dans ces Memoires, étoit de sept ans plus âgé que moi, & touchoit à sa dix-huitieme année (19) lors de la Paix de 1570. Une physionomie noble, ouverte & engageante; des manieres aisées, vives & enjouées; une adresse particuliere dans tous les exercices propres à cet âge, faisoient pencher tous les cœurs de son côté. Il commença de-bonne-heure à donner des marques (20) des grandes qualités pour la Guerre,

» (18) La Maison de Bourbon, depuis Louis IX. jusqu'à Henry IV. avoit presque toujours été négligée, & réduite à un tel degré de pauvreté, que le fameux Prince de Condé, Frere d'Antoine Roi de Navarre, & Oncle de Henry le Grand, n'avoit que six cens livres de rente de son patrimoine. » *Essay sur les Guerres Civiles*. Ces paroles de l'Auteur de la Henriade induiroient facilement en erreur, si l'on n'avertissoit pas en-même temps, sur la foi d'un Historien bien instruit, que les biens de la Maison de Bourbon étoient alors de plus de huit cens mille livres de revenu, en Terres seulement: ce qui faisoit en ce temps-là un très-riche apanage. Il est vrai qu'elle ne possédoit plus rien de l'ancien Apanage de Bourbon, ni-même de la Maison de Moncade, tige maternelle; les biens de ces deux Maisons ayant été aliénés pour l'acquisition du Vicomté de Narbonne. Des alliances très-riches & très-illustres l'avoient mise en possession de ces grands biens. *Pierre Matthieu, Histoire de Henry IV. Tom. 2. pag. 1. & 2.* Consultez aussi sur ces alliances & sur la Généalogie de la Maison de Bourbon, la *Chronologie Novennaire de Pierre Victor Cayet. Tom. 1. liv 1. fol. 237.* & nos autres Historiens.

(19) Il vint au monde le 13 Décembre 1553. à Pau en Béarn. M. de Péréfixe rapporte sur sa naissance, des particularités assez curieuses.

» Henry d'Albret, son Grand-pere, fit promettre à sa fille que dans l'enfantement elle lui chanteroit une chanson; afin, lui dit-il, que tu ne me fasses pas un enfant pleureux & rechigné. La Princesse le lui promit, & eut tant de courage, que malgré les grandes douleurs qu'elle souffroit, elle lui tint parole, & en chanta une en son langage Béarnois, aussi-tôt qu'elle l'entendit entrer dans sa chambre.... L'enfant vint au monde, sans pleurer ni crier,.... Son Grand-pere l'emporta dans sa chambre: il lui frotta ses petites levres d'une gousse d'ail, & lui fit sucer une goutte de vin dans sa coupe d'or; afin de lui rendre le tempérament plus mâle & plus vigoureux. « *Péréf. Hist. de Henry le Grand, pag. 1. Cayet, tom. 1. liv. 1. pag. 241.*

» (20) Ce jeune Prince, âgé seulement de 13 ans, eut l'esprit de remarquer les fautes du Prince de Condé & de l'Amiral de Coligny: Car il jugea fort-bien à la grande escarmouche de Loudun que si le Duc d'Anjou eût eu des Troupes prêtes pour les attaquer, il l'eût fait; & que ne le faisant pas, il étoit en mauvais état, & partant il falloit l'attaquer au plûtôt: mais on ne le fit pas, & ainsi on donna le temps à toutes ses Troupes d'arriver.... A la Journée de Jarnac, il leur remontra encore justement ment,

Guerre, qui l'ont si fort distingué parmi les autres Princes. Vigoureux & infatigable, grace à l'éducation (21) de son enfance, il ne respiroit que le travail, & paroissoit attendre impatiemment les occasions d'acquérir de la gloire. La

» ment, qu'il n'y avoit pas moyen
» de combattre; parce que les forces
» des Princes étoient éparses, & que
» celle du Prince d'Anjou étoient
» toutes jointes: mais ils s'étoient
» engagés trop avant pour pouvoir
» reculer.... Il s'écria à la Batail-
» le de Moncontour: Nous perdons
» notre avantage, & la Bataille par
» conséquent: il avoit alors seize
» ans. « *Péréf. ibid.*

(21) » Il fut élevé au Château de
» Coarasse en Bearn, situé dans les
» Rochers & dans les Montagnes...
» Henry d'Albret voulut qu'on l'ha-
» billât & qu'on le nourrit comme
» les autres enfans du pays & mê-
» me qu'on l'accoutumât à courir
» & à monter sur les Rochers....
» On dit que pour l'ordinaire on le
» nourrissoit de pain bis, de bœuf,
» de fromage & d'ail, & que bien
» souvent on le faisoit marcher nuds
» pieds & nuë tête. *Peref. ibid.*

Il fut appellé au berceau, Prince de Viane: on lui donna peu de temps après le nom de Duc de Beaumont; puis celui de Prince de Navarre. La Reine de Navarre sa mere prit un très-grand soin de son éducation, & lui donna pour précepteur La-Gaucherie, homme sçavant, mais grand Calviniste. » Ayant été présenté (en-
» core enfant) à Henry II. il lui dit:
» voulez-vous être mon fils? Le pe-
» tit Prince lui répondit en Béarnois,
» c'est celui-là qui est mon pere,
» (montrant le Roi de Navarre.) Et
» bien, voulez-vous être mon gen-
» dre? Oui bien, répondit-il. Ce
» mariage fut dès-lors arrêté... A
» Bayonne le Duc de Medina dit en
» l'envisageant, il m'est avis que ce
» Prince ou est Empereur, ou il le
» doit être. « *Chronol. Noven. de Coy't. Tom. 1. Liv. 1. pa'. 240. & suiv.* On trouve dans les Mémoires de Nevers quelques Lettres écrites en 1567 par des principaux Magistrats de Bourdeaux, qui contiennent des particularités intéressantes sur la personne du jeune Henry. » Nous avons
» ici le Prince de Béarn. Il faut
» avouer que c'est une jolie créatu-
» re. A l'âge de treize ans il a tou-
» tes les qualités de dix-huit & dix-
» neuf; il est agréable, il est civil,
» il est obligeant... Il vit avec tout
» le monde d'un air si aisé qu'on fait
» toujours la presse où il est. Il agit
» si noblement en toutes choses
» qu'on voit bien qu'il est un grand
» Prince. Il entre dans les conver-
» sations comme un fort honnête
» homme. Il parle toujours à pro-
» pos; & quand il arrive qu'on parle
» de la Cour, on remarque assez bien
» qu'il est fort bien instruit, & qu'il
» ne dit jamais rien que ce qu'il faut
» dire en la place où il est. Je haïrai
» toute ma vie la nouvelle Religion
» de nous avoir enlevé un si digne su-
» jet. « Dans une autre: » Quoiqu'il
» ait le poil un peu ardent, les Dames
» ne l'en trouvent pas moins agrea-
» ble. Il a le visage fort bien fait, le
» nez ni trop grand ni trop petit;
» les yeux fort doux, le teint brun
» mais fort uni; & tout cela est ani-
» mé d'une vivacité peu commune,
» que s'il n'est pas bien avec les Da-
» mes il y aura bien du malheur «.
Dans une autre: » Il aime ke jeu & la
» bonne chére. Quand l'argent lui
» manque il a l'adresse d'en trouver,
» & d'une maniere toute nouvelle &
» toute obligeante pour les autres
» aussi bien que pour lui: c'est-à-dire
» qu'il envoye à ceux ou à celles qu'il
» croit de ses amis une promesse écri-
» te & signée de lui, & prie qu'on
» lui envoye le billet ou la somme
» qu'il porte: jugez s'il y a maison
» où il soit refusé: On tient à beau-
» coup d'honneur d'avoir un billet
» de ce Prince, &c. « *Tom. 2. p. 586.*

1571. Couronne de France n'étant pas encore un objet auquel ses desirs pussent s'attacher, il aimoit à s'entretenir des moyens de recouvrer celle de Navarre, que l'Espagne avoit si injustement usurpée sur sa Maison ; & il comptoit pouvoir en venir à bout, en entretenant (22) des intelligences secrettes avec les Morisques en Espagne. La haine qu'il portoit à cette Puissance étoit déclarée, & ne s'est jamais démentie ; aussi étoit-elle née avec lui. Il sentit échauffer son courage au récit de la bataille de (23) Lépante, qui fut donnée dans ce temps-là, au point, qu'une pareille occasion de se signaler contre les Infidelles devint un de ses souhaits les plus ardens. Il ne perdoit que rarement de vuë les esperances vastes & flateuses que les Devins s'accordoient à lui faire concevoir ; il en voyoit le fondement dans l'affection que Charles IX. parut bientôt prendre pour lui, & qui redoubla encore plus fortement peu avant sa mort : mais tout rempli qu'il étoit de ses destinées, c'étoit en secret qu'il travailloit à les seconder ; & il ne s'en ouvroit jamais à personne, qu'à un petit nombre de confidens intimes.

Pour se former une juste idée, soit de l'état général des affaires du gouvernement de France, soit de celui du jeune Prince de Navarre en particulier & de ce qu'il pouvoit avoir à craindre ou à espérer au temps dont nous parlons, il est nécessaire d'exposer sommairement les différentes démarches du Ministère, avant & depuis la mort du Roi de Navarre (24) son pere, tué devant Rouen. Je remonterai donc jusqu'à la rupture qui ralluma la guerre entre Henry

---

(22) » Ma brebis, disoit Henry » d'Albert, a enfanté un Lion «.... Il disoit encore par un pressentiment secret, que cet enfant devoit le venger des injures que l'Espagne lui avoit faites. *Peref. ibid.*

(23) Gagnée en cette année contre les Turcs, par D. Juan d'Autriche, fils naturel de Charles-Quint, Généralissime des troupes Espagnoles & des Vénitiens.

(24) Antoine de Bourbon, mari de Jeanne d'Albret, Reine de Navarre : il s'étoit fait Catholique. M. de Thou rapporte de lui un trait, qu'on ne sçauroit mieux rendre que dans les termes de l'Auteur de la Henriade. » François de Guise, dit- » il, voulut le faire assassiner dans » la Chambre de François II. An- » toine de Navarre avoit le cœur » hardi, quoique l'esprit foible. Il » fut informé du complot, & ne » laissa pas d'entrer dans la cham- » bre où on devoit l'assassiner : S'ils » me tuënt, dit-il, à Reinsy, Gen- » tilhomme à lui, prenez ma che- » mise toute sanglante, portez-là à » mon fils & à ma femme ; ils liront » dans mon sang ce qu'ils doivent » faire pour me venger. François II. » n'osa pas se souiller de ce crime ; &

HENRY II.
LVIII.ᵉ Roy de France,
Mort à Paris, le 9 Juillet 1559.
Après 12 ans de règne.

Paris chez Odieuvre Mᵈ. d'Estampes rue d'Anjou Avec priv. du Roy.

LIVRE PREMIER.

II. & Philippe II. Roi d'Espagne. De quelque côté qu'elle ait été occasionnée, la suite n'en fut pas aussi favorable à la France, qu'elle convenoit aux vûes des deux hommes qui l'avoient conseillée. Ces deux hommes étoient le Connétable (25) de Montmorency, & le Duc de (26) Guise, qui espéroient que ces troubles leur fourniroient le moyen de se supplanter réciproquement. Ils eurent dans cette guerre de quoi s'occuper tous les deux. Le Duc de Guise passa à la tête d'une forte armée en Italie, où il ne fit rien de digne de sa réputation ; mais le Connétable fit bien plus mal encore. Il avoit pris pour lui l'emploi le plus brillant, c'étoit le commandement de l'armée de Flandre ; il perdit Saint-Quentin avec la Bataille de ce nom, où il fut fait prisonnier lui-même : déroute qui fut suivie de celle de Thermes, à Gravelines. Ces fâcheux évenemens mirent le comble aux vœux du Duc de Guise ; ils le rappellerent d'Italie pour le mettre seul à la tête du Conseil, & des Armées, avec lesquelles il acquit Calais à la France. Le Connétable ressentit vivement ce coup dans sa prison ; & pour aller défendre ses droits, à quelque prix que ce fût, il traita de la paix avec l'Espagne. Elle ne fut pas glorieuse pour le Roi son Maître ; mais elle le tira de sa captivité. Il perdit tout dans la personne du Roi Henry II. qui fut tué (27) au milieu de la pompe du mariage de sa fille avec le Roi d'Espagne, qui étoit le sceau de la paix. François II. qui lui succeda étoit jeune, foible & infir-

1571.

Paul de la Barts, Seigneur de Thermes, Maréchal de France.

» le Duc de Guise en sortant de la
» chambre, s'écria : Le pauvre Roi
» que nous avons ! «
(25) Anne, Connétable de Montmorency, blessé à la journée de Saint-Denis, le 10 Octobre 1567, dont il mourut.
(26) Claude de Lorraine, souche de la Maison de Guise en France, eut six enfans mâles, François, Duc de Guise ; Charles, Archevêque de Rheims, dit, le Cardinal de Lorraine ; Claude, Duc d'Aumale ; Louis, Cardinal de Guise ; François, Grand-Prieur ; & René, Marquis d'Elbœuf. François, l'aîné, est celui dont il est parlé ici. Il épousa Anne d'Est, &

fut tué en 1563, par Jean Poltrot de Meré, Gentilhomme Angoûmois, de trois balles empoisonnées : Poltrot impliqua dans son crime l'Amiral, le Comte de la Rochefoucault, & Théodore de Béze ; mais il varia ensuite dans ses accusations, & l'Amiral fut déclaré innocent. Voicy ses titres : Duc de Guise & d'Aumale, Prince de Joinville, Chevalier de l'Ordre du Roi, Pair, Grand-Maître, Grand-Chambellan, & Grand-Veneur de France.
(27) Frappé d'un éclat de lance à l'œil, dans un Tournois où il couroit contre le Comte de Montgommery, le 10 Juillet 1559.

B ij

1571.

me : & comme il avoit épousé la niece (28) du Duc de Guise, celui-cy parvint à son tour à conduire seul le Roi & le Royaume. Les Protestans ne pouvoient pas tomber entre les mains d'un plus cruel ennemi. Il s'occupoit de vastes projets, & méditoit les plus étranges catastrophes en France, lorsqu'il eut part lui-même aux vicissitudes de la fortune. François II. lui manqua : un mal d'oreille (29) ayant mis fin aux jours de ce Prince d'une maniere assez subite. Le Règne de Charles IX. son frere, encore enfant, fut singulier, en ce que l'autorité parut partagée à peu-près également entre la Reine-Mere, les Princes du Sang, les Guises, & le Connétable ; c'est que chacun dressoit secrettement sa partie. Le bon destin du Duc de Guise le plaça pour la seconde fois à la tête des affaires, par l'union que Catherine fit avec lui : elle fonda même sur cette union le point principal de sa Politique. On prétend que la haine qu'elle commença à montrer contre les Princes de Bourbon y eut la principale part ; & que cette aversion vint de ce que Catherine s'étant mis dans la tête, sur la foi d'un Astrologue, qu'aucun des Princes ses enfans n'auroit de lignée ; sur cette supposition, la Couronne devant passer dans la branche de Bourbon ; Elle ne put se résoudre à la voir sortir de sa famille, & la destina à la postérité qui viendroit du mariage de sa fille (30) avec le Duc de Lorraine. Quoiqu'il en soit de cette prédilection de la Reine-Mere (31), il est certain qu'elle donna la naissance & l'accroissement aux deux partis de Politique, aussi-bien que de Religion, qui commencerent dès ce moment à remplir le

(28) Marie Stuart, Reine d'Ecosse, fille de Jacques V. Roi d'Ecosse, & de Marie de Lorraine, de la Maison de Guise.

(29) L'abscès qu'il avoit dans cette partie étant venu à suppurer, il en mourut le 5 Décembre 1560. Il n'en fallut pas davantage pour faire soupçonner le poison dans cette mort.

(30) Claude de France, la seconde des trois filles qu'eut Catherine de Médicis de son mariage avec Henry II, épousa le Duc de Lorraine, & en eut des enfans.

(31) M. l'Abbé le Laboureur, dans ses additions aux Mémoires de Castelnau, donne une autre cause à la haine de Catherine contre le Roi de Navarre. Il assure avoir lu dans des Mémoires, que ce Prince étant prisonnier avec le Duc d'Alençon, ils complotterent ensemble d'étrangler de leurs mains la Reine-Mere, lorsqu'elle viendroit dans leur chambre ; qu'ils n'exécuterent pas cette résolution, parce qu'ils en eurent eux-mêmes horreur ; mais que le Roi de Navarre ne put s'en taire dans la suite : ce qui irrita au dernier point Catherine de Médicis.

Royaume de confusion, d'horreurs, & des plus affreuses misères.

1571.

Ce terrible orage parut se former, pour éclater précisément sur la tête du jeune Prince de Navarre. Le Roi de Navarre son pere venoit de mourir (32). Sa mort laissoit à la vérité un Prince & un Roi pour Chef à la Religion Réformée, en France ; mais ce Prince étoit un enfant de sept ans, en butte à tous les coups du nouveau Conseil, qui agissoit de concert avec le Pape, l'Empereur, le Roi d'Espagne, & tous les Catholiques de l'Europe. Son parti essuya en effet les plus terribles revers ; & se soûtint pourtant avec gloire, par la sage conduite de ses Chefs, & par les talens prématurés du jeune Henry, jusqu'à la conjoncture de la paix de 1570, par laquelle j'ai commencé ces Mémoires.

Il profita du repos qu'elle lui donna pour visiter ses Etats, & son Gouvernement de Guyenne; après quoi il vint se fixer dans La-Rochelle, avec la Reine de Navarre sa Mere; l'Amiral de Coligny, & les principaux Chefs du parti Protestant, à qui cette Place importante & éloignée de la Cour parut la plus avantageuse à l'intérêt de leur Religion. Cette résolution étoit très-sage, s'ils avoient sçu la suivre constamment.

Gaspard de Coligny Seigneur de Châtillon - Sur-Loing, Amiral de France.

La Reine Catherine dissimula la peine qu'elle ressentoit de leur voir prendre ce parti ; & pendant toute l'année 1571, elle ne parla que d'observer fidélement les Traités, de lier une correspondance plus étroite avec les Protestans, & de prévenir soigneusement toutes les causes qui auroient pu rallumer la guerre. Ce fut le prétexte de la députation du Maréchal du Cossé, qu'elle fit partir pour La-Rochelle, avec Malassise & la Proûtiere, Maîtres des Requêtes, ses Créatures & ses Confidens ; mais le véritable motif étoit d'observer toutes les démarches des Calvinistes, de sonder leurs esprits, & de les amener insensiblement au point d'une entiere confiance, absolument nécessaire à ses desseins. Elle n'oublia rien de son côté de tout ce qui étoit capable de la

Philippe Gourau de la Proûtiere.

---

(32) L'Auteur met la mort d'Antoine Roi de Navarre en 1560. Il se trompe, elle n'arriva qu'en 1562, par une blessure qu'il reçut au Siége de Rouen. Voyez son caractere & son éloge dans les *Mémoires de Brantome. Tom. 3. p. 242. & suiv.*

B iij

14 MEMOIRES DE SULLY,

1571.

Bernard Prevôt, Sieur de Morsan.

leur inspirer. Le Maréchal de Montmorency (33) fut envoyé à Rouen avec le Président de Morsan, pour y faire justice des excès commis contre les Huguenots. Les infractions au Traité de paix étoient sévèrement punies, & le Roi Charles l'appelloit ordinairement, son Traité, & sa Paix. Ce Prince insinuoit adroitement en toute occasion, qu'il s'étoit porté à cette paix, pour s'appuyer des Princes de son sang contre la trop grande autorité des Guises, qu'il accusoit de conspirer avec l'Espagne pour troubler le Royaume (34). La faveur de ceux-ci paroissoit tomber de jour en jour, & leurs plaintes fausses ou véritables donnoient à ce bruit toute la couleur possible. Charles ne fit pas même la moindre difficulté de s'avancer jusqu'à Blois & à Bourgueil, pour communiquer avec les Réformés, qui avoient nommé pour leurs Députés Téligny (35), gendre de l'Amiral, Briquemaut, Beauvais-la-Nocle & Cavagne; & ces quatre Députés étant ensuite venus jusques à Paris, y furent comblés de caresses & de présens.

Le Maréchal de Cossé ne manquoit pas de bien faire valoir ces apparences de sincerité. Après qu'il se fut insinué par ce moyen, il commença à entretenir plus sérieusement la Reine de Navarre du projet de marier le Prince son fils avec la Princesse Marguerite, sœur du Roi de France; il étoit chargé de promettre de la part de Charles quatre cens

(33) François de Montmorency, mort en 1579, l'aîné des enfans du Connétable Anne de Montmorency.
(34) Charles IX. haïssoit naturellement le Duc de Guise. Il lui sçut si mauvais gré d'avoir demandé en mariage la Princesse Marguerite sa sœur, qu'il dit un jour à ce sujet au Grand-Prieur de France, fils naturel de Henry II. » De ces deux épées » que tu vois, il y en a une pour te » tuer, si demain que j'irai à la chas-» se tu ne tues le Duc de Guise de » l'autre «. Cette parole fut rapportée au Duc de Guise, qui cessa ses poursuites. P. Matthieu, Liv. 6. p. 333. Le même Historien dit encore, que Charles IX. poursuivit un jour le Duc de Guise, tenant en sa main un épieu, qu'il enfonça dans la porte, au moment que celui-ci sortoit; parceque le Duc l'avoit touché en badinant d'une pique sans fer. Ibid. 376.

(35) Charles, Seigneur de Téligny en Rouergue, de Montreüil, &c. Il venoit d'épouser Louise de Coligny. Il avoit un visage si doux & si gracieux, que les premiers qu'on envoya pour le poignarder, le jour de S. Barthelemy, en furent attendris, & n'eurent pas la force d'exécuter leur coup. François Briquemaut. Jean de Lafin, appellé Beauvais-la-Nocle, pour le distinguer de Philippe de Lafin, son aîné. L'Auteur écrit, Tavannes; mais c'est Cavagne qu'il faut lire. Arnaud de Cavagne étoit un Conseiller au Parlement de Toulouse.

LIVRE PREMIER.

1571.

mille écus de dot. Il proposa pour le Prince de Condé (36) la troisieme héritiere de Cléves, parti très-considérable ; & la Comtesse d'Entremont (37) pour l'Amiral de Coligny. Comme on avoit bien jugé que celui-cy se montreroit le plus difficile de tous à persuader, le Maréchal de Cossé ajoûtoit pour ce dernier article un présent de noces de cent mille écus, que le Roi promettoit à l'Amiral, avec la concession de tous les Bénéfices dont avoit joui le Cardinal (38) son frere. Le Maréchal de Biron vint confirmer des offres si brillantes, & acheva de gagner la Reine de Navarre, en lui faisant une feinte confidence des soupçons qu'on avoit à la Cour, que Philippe II. Roi d'Espagne s'étoit défait par le poison de la Reine sa femme. Elisabeth (39) de France, faussement accusée d'un commerce de galanterie avec l'In-

Armand de Gontault de Biron, Maréchal de France.

(36) Henry I. Prince de Condé: Marie de Cléves, Marquise d'Isle, parente des Guises, & élevée auprès de la Reine de Navarre. Il n'en eut point d'enfans, & épousa après elle Charlotte Catherine de la Trimouille.

(37) Jaqueline de Montbel, fille unique de Sebastien, Comte d'Entremont, Veuve de Claude Batarnai, Sieur d'Anton, tué à la Bataille de S. Denys; elle étoit retenuë en Savoye par le Duc de Savoye; mais elle s'échappa, & vint épouser l'Amiral à la Rochelle. Il étoit veuf de Charlotte de Laval.

(38) Odet de Châtillon, Cardinal, Evêque de Bauvais, Abbé de S. Benoît sur Loire, &c. Il fut fait Cardinal à seize ans ; & quoique le Pape Pie IV. l'eût dégradé de cette dignité, il se maria publiquement avec l'habit de Cardinal à Elizabeth de Hauteville, Demoiselle Normande, qu'il fit appeller Comtesse de Bauvais, & assister aux cérémonies publiques. En 1564 le Parlement de Paris lui fit son procès par contumace pour crime de Leze-Majesté. Il venoit de mourir au commencement de l'année 1571, à Southampton en Angleterre, où il étoit allé pendant la guerre soutenir les intérêts des Calvinistes auprès de la Reine Elizabeth ; & où il étoit employé depuis la paix, par le Roi, à traiter le mariage du Duc d'Alençon avec cette Princesse. Il est certain, quoique d'Aubigné n'en dise rien, qu'il fut empoisonné par son Valet de Chambre, avec une pomme, comme il se disposoit à repasser en France, où il avoit été rappellé par l'Amiral son frere. *Hist. de M. de Thou, liv. 50.*

D'Aubigné ajoûte que l'Amiral fut en effet mis en possession d'une grande partie de ces Bénéfices, & qu'il eut la jouissance de tous pendant un an ; & que Charles IX. lui donna encore depuis cent mille francs pour les employer en meubles à sa maison de Châtillon. *Hist. d'Aubigné. tom. 2. liv. 1. ch. 1.*

(39) Fille aînée de Henry II. & de Catherine de Médicis. La plupart de nos Historiens françois sont de ce sentiment. Les Espagnols attribuent sa mort aux saignées, & aux médecines que les Médecins, ne sçachant pas qu'elle étoit grosse, lui firent prendre. Elle mourut en 1568 peu de temps après. D. Carlos, Prince d'Espagne, que Philippe II. son pere avoit fait mourir pareillement de mort violente.

1571.

Guillaume de Nassau, Prince d'Orange.

fant Dom Carlos. Il lui dit en éxigeant le secret, qu'on étoit résolu d'en tirer vengeance, en portant la guerre en Flandre & dans l'Artois, dont on redemanderoit la restitution au Roi d'Espagne, comme étant anciens fiefs de la Couronne, aussi-bien que celle de la Navarre; & qu'on alloit commencer par secourir Mons que le Prince d'Orange venoit d'enlever aux Espagnols. Il ajoûta, pour porter le dernier coup, que le Roi avoit jetté les yeux sur l'Amiral, pour conduire son armée, avec le titre de Vice-Roi dans les Pays-Bas; & dans ce moment on lui remit effectivement la nomination des Officiers Généraux qu'il voudroit employer sous lui, comme on lui avoit déféré peu auparavant celle des Commissaires de la paix. Le bruit de cette expédition dans les Pays-Bas alla si avant, qu'il est certain que le Grand-Seigneur fit offrir ses galéres avec des troupes au Roi de France, pour faire diversion, & en faciliter la conquête. On fit du côté de la Reine d'Angleterre tout ce qu'on devoit faire en cette occasion. Montmorency y fut envoyé en Ambassade. Sa commission portoit de ne rien oublier pour gagner cette Princesse, & la disposer à se choisir pour époux l'un des Princes freres du Roi; mariage qui devoit, disoit-on, cimenter également l'union des deux Religions & des deux Puissances.

Ce procédé, qui paroissoit si rempli de franchise, devoit pourtant être suspect par son propre excès; & néanmoins il fit son effet. Les discours des Courtisans n'y contribuerent pas peu. L'envie de respirer l'air d'une Cour où regnoient les plaisirs, & de jouir des honneurs qu'on y voyoit préparés, servit plus que tout le reste à lever les scrupules. Beauvais(40), Boursaut, & Francourt furent les premiers qui se laisserent persuader, & ils se firent après une espèce de point d'honneur de persuader les autres. On avoit déja jetté quelques propos sur un voyage de Paris; ces trois personnes appuyerent fortement sur ce dessein, & firent connoître à la Reine de Navarre, qu'un refus en cette occasion, outre qu'il seroit offensant pour le Roi, pourroit lui faire perdre à elle-même le fruit de la plus favorable de toutes les conjonctures.

On

---

(40) N... Beauvais, Gouverneur du Prince de Navarre.
Gervais Barbier, Sieur de Francour, Chancelier du Roi de Navarre.

(41) En

MICHEL de L'HOSPITAL,
Chancelier de France.
Né à Aigueperse, en Auvergne en 1503. Mort à Vignay
près d'Estampes le 13 Mars 1573.

Paris chez Odieuvre, m.d d'Estampes, quai de l'Ecole vis-a-vis la Samaritaine à belle Image. C.P.R.

LIVRE PREMIER.

1571.

On se défia d'abord ; on balança pendant quelques mois ; on se rendit sur la fin de 1571. On fit les préparatifs pour ce voyage au commencement de 1572, & le temps du départ fut enfin arrêté pour le mois de Mai suivant.

Il semble que les Huguenots affecterent de tenir les yeux fermés, pour ne pas voir mille circonstances, qui devoient les faire douter de la vérité de tant de riches promesses. Le Roi & la Reine ne pouvoient si bien dissimuler, qu'ils ne se laissassent quelquefois pénétrer. On apprit que Charles avoit dit à Catherine : *hé bien, ne joué-je pas bien mon rolle ?* A quoi elle avoit répondu : *fort bien, mon fils, mais il faut continuer jusqu'à la fin.* Il avoit aussi transpiré quelque chose du résultat des Conférences de Baïonne (41) entre les Cours de France & d'Espagne. Le Roi de Navarre avoit été fort-mal reçu dans son Gouvernement de Guyenne. Bordeaux lui avoit fermé ses portes ; & le Marquis de Vilars, qui y commandoit l'Armée Royale, n'avoit voulu ni retirer ses troupes, ni leur laisser recevoir l'ordre du Prince. On n'ignoroit pas dans La-Rochelle que le Roi tenoit actuellement sur toute cette côte une Armée Navale, qu'on supposoit être destinée pour la Hollande. Les Bourgeois avoient de plus découvert les artifices dont Strozzy (42,) La-Garde, Lansac & Landereau s'étoient servi, pour gagner la garde de leurs portes & s'emparer de leur Ville. Enfin tandis qu'on se louoit si fort de l'exactitude à maintenir le Traité de paix dans toute sa force, il n'étoit que trop facile de découvrir

Honorat, bâtard de Savoye, Marquis de Vilars.

---

(41) En 1564, la Reine-Mere, après avoir parcouru une grande partie du Royaume, s'avança jusqu'à Baïonne, où elle eut plusieurs conférences secrettes avec le Duc d'Albe, qui y avoit accompagné la Reine d'Espagne. Il y a assez d'apparence qu'il y fut question d'une alliance entre le Pape, la France, & la Maison d'Autriche, & des moyens d'abattre le parti Protestant ; mais il n'y en a aucune, & encore moins de preuve, qu'on y ait formé le dessein du massacre de la Saint-Barthelemy, qui ne s'éxécuta que sept ans après. Matthieu rapporte à ce sujet, que le Prince de Navarre, alors encore enfant, & que Catherine de Médicis avoit presque continuellement à ses côtés, entendit quelque chose du complot d'exterminer tous les Chefs du Parti Protestant, qu'il en avertit la Reine sa mere, & celle-cy le Prince de Condé & l'Amiral ; & que ce fut le ressentiment qu'ils en eurent qui les porta à l'entreprise de Meaux. *Hist. de Fr. tom. 1. pag. 283.*

(42) Philippe Strozzy ; le Baron de La-Garde, dit le Capitaine Polin ; Lansac le jeune, frere de Louis de Lusignan de Saint-Gelais Sieur de Lansac ; & Charles Rouhault, Sieur du Landereau, qui conduisoient cette flotte.

Tome I.

1572. une infinité de violences contre les Réformés, que la Cour avoit autorisées ou dissimulées. Le Chancelier de l'Hôpital (43) ayant voulu faire justice des aggresseurs à Rouen, Dieppe, Orange, &c. ce motif joint au refus de sceller la révocation d'un Edit de pacification, l'avoit fait éxiler de la Cour (44). Sans tout cela, il devoit, ce semble, suffire aux Huguenots de la connoissance qu'ils avoient du caractère de Catherine, & de celui de son fils. Pouvoient-ils se flater que ce Prince naturellement emporté & vindicatif oublieroit l'attentat de Maux (45), l'invasion d'Orleans, Rouen, Bourges, Lyon &c; le Havre livré aux Anglois par les Huguenots; les Etrangers introduits dans le cœur du Royaume; tant de combats, tant de sang répandu? L'interêt d'Etat, ce grand nom si familier aux Souverains, parce qu'il prête si souvent le masque de la bonne politique à leurs ressentimens personnels & à leurs autres passions, ne leur permet guéres de laisser impunies de pareilles entreprises de la part de leurs sujets. Pour Catherine, elle avoit persisté jusqu'à ce moment à leur imputer la mort de son mari; ce qu'elle ne pouvoit leur pardonner, non plus que d'avoir traité d'Ante-Christs ceux de la Maison de Médicis. Il n'y avoit pas moins d'imprudence de se fier aux Parisiens, dont l'animosité & la fureur contre les Huguenots venoient encore d'éclater dans l'affaire de la Croix de Gâtine (46).

(43) Michel de L'Hôpital, Chancelier de France; les Sceaux lui furent ôtés, & donnés à Jean de Morvilliers. Il mourut en 1573.

(44) Je supprime deux raisons tirées des Canons des Conciles de Constance & de Trente, d'où l'Auteur infére que le Pape, les Evêques &c. ne se croyoient pas obligés de garder la parole donnée aux Hérétiques. M. Fleury, & nos plus sçavans Critiques Ecclésiastiques ont pleinement justifié la conduite du premier de ces Conciles à l'égard de Jean Hus & de Jerôme de Prague, & la bonne foi du second avec les Protestans.

(45) En 1567 le Prince de Condé & l'Amiral de Coligny formerent le dessein de se rendre maîtres de la personne du Roi Charles IX. à Meaux, où il étoit alors, & d'où la Reine-Mere le fit partir la nuit pour le ramener à Paris. Ils l'auroient éxecuté, sans trois mille Suisses, qui arrivérent fort à propos, & couvrirent si bien le Roi pendant cette marche, que l'armée Calviniste n'osa les attaquer. *Voyez les Historiens.*

(46) Voici ce fait, suivant ce qui en est rapporté dans M. de Thou, L. 50 *sur l'année* 1571. Philippe Gâtine, riche Marchand de la rue S. Denis, ayant été convaincu quelques années auparavant d'avoir fait servir sa maison de Prêche aux Huguenots, le Parlement de Paris le condamna à être pendu (ou brûlé) le 30 Juillet. En la place de la maison qui fut démolie, on éleva une pyramide en for-

LIVRE PREMIER. 19

Mon pere étoit si vivement frappé de ces motifs, qu'il 1572. se montra incrédule aux premiers avis qu'il reçut du voyage de la Cour de Navarre à Paris. Persuadé que le calme présent ne seroit pas de longue durée, il se hâtoit d'en profiter, pour se mettre en état d'aller au plûtôt s'enfermer avec tous ses effets dans la Rochelle, lorsque tout le monde ne parloit que d'en sortir. Il en fut bientôt plus particuliérement informé par la Reine de Navarre elle-même, qui lui demanda de venir la joindre sur son passage à Vendôme. Il se disposa à partir; & voulant me mener avec lui, il me fit venir, quelques jours avant celui de son départ, dans sa chambre, où sans autres témoins que La-Durandiere mon Précepteur, il me dit : » Maximilien, puisque la coûtume ne me permet pas » de vous faire le principal héritier de mes biens, je veux » en récompense essayer de vous enrichir de vertus, par le » moyen desquelles, comme on m'a prédit, j'espére que vous » serez un jour quelque chose. Préparez-vous donc à suppor- » ter avec courage toutes les traverses & les difficultés que » vous rencontrerez dans le monde; & en les surmontant » généreusement, acquerez-vous l'estime des gens d'honneur, » particuliérement celle du maître à qui je veux vous don- » ner, & au service duquel je vous recommande de vivre & » mourir. Quand je serai sur mon départ pour aller à Ven- » dôme trouver la Reine de Navarre & M. le Prince son » fils, disposez-vous à venir avec moi, & vous préparez par » une harangue à lui offrir votre service, lorsque je lui pré- » senterai votre personne. « Je le suivis en effet à Vendôme (47). Il y trouva une sécurité générale, & un air d'alégresse

me de Croix, qui s'appella depuis la Croix de Gâtine. Avec l'Edit de pacification de 1570, les Calvinistes obtinrent que cette Croix seroit enlevée; ce qui s'exécuta enfin, mais avec de si grands soulevemens de la populace, que le Conseil fut obligé d'y envoyer le Duc de Montmorency avec des troupes. Félibien, dans le *second Tome de son Histoire de la Ville de Paris*, dit, que cette Croix fut replantée à l'entrée du Cimetière des Innocens, après qu'on en eut ôté une plaque d'airain sur laquelle étoit gravé l'Arrêt du Parlement. On l'y voit encore aujourd'hui. Et Sauval, *Tome 2. liv. 8. des Antiquités de Paris*, marque l'endroit de cette maison dans la rue S. Denis, vis-à-vis la rue des Lombards, où il reste en effet un enfoncement qui pouvoit être le sol de la maison de Gâtine.

(47) François de Béthune, pere de l'Auteur, suivit le Prince de Condé à la bataille de Jarnac, & y fut fait prisonnier. On lui fit son procès, comme ayant porté les armes contre Sa Majesté, & on saisit ses biens. Mais on les lui restitua à la paix. *Du-Chesne*.

C ij

1572. sur tous les visages, qu'il n'osa combattre en public. Mais toutes les fois qu'il eut occasion d'entretenir en particulier, soit la Reine ou les Princes, soit l'Amiral, les Comtes Ludovic (48) & de La-Rochefoucaut, & les autres Seigneurs Religionnaires, il leur disoit fort-librement, qu'il étoit surpris qu'on eût sitôt oublié des sujets de crainte si bien fondés : Que de la part d'un ennemi reconcilié l'excès des caresses & des promesses n'est pas moins suspect, & est beaucoup plus dangereux que celui des menaces & d'une haine déclarée : Que c'étoit encore risquer beaucoup que d'exposer aux attraits de la plus voluptueuse Cour du monde un jeune Prince, peu en garde contre les plaisirs : Qu'au-lieu de songer à une alliance aussi malheureuse que celle de ce Prince avec une Princesse, qui faisoit profession d'une Religion contraire, il eût été bien plus à propos de travailler à le marier avec la Reine d'Angleterre, qui pouvoit lui servir si utilement à recouvrer la Couronne de Navarre, & peut-être, suivant les conjonctures, celle de France. Il avoit sur ce mariage un pressentiment si fort, qu'il dit plusieurs fois que, si ces noces se faisoient à Paris, il prévoyoit que *les livrées en seroient bien vermeilles*; c'est le terme dont il se servit. Un conseil si prudent ne fut pris que pour un effet de foiblesse & de timidité. Mon pere ne voulant pas affecter de paroître seul plus sage que tant de personnes plus éclairées, s'exposa contre son sentiment à suivre le torrent, & ne demanda que le temps de se mettre en état de paroître avec l'éclat qu'exigeoit son rang, dans une Cour, où tout étoit superbe. Pour cela il reprit le chemin de Rosny. Mais auparavant il me présenta au Prince de Navarre, en présence de la Reine sa mere; & lui fit en mon nom des protestations d'un attachement inviolable, que je confirmai avec beaucoup d'assûrance, en mettant un genou en terre. Ce Prince me releva aussitôt; & après m'avoir embrassé deux fois, il eut la bonté de louer le zèle de toute ma maison pour lui, & me promit sa protection avec cet air engageant qui lui étoit naturel : promesse, que je regardai alors comme

---

(48) Ou Louis de Nassau, frere de Guillaume, Prince d'Orange. François, Comte de La-Rochefoucaut, & Prince de Marsillac, tué à la Saint-Barthélemy.

LIVRE PREMIER.

un pur effet de sa bonté, mais que j'ai vû s'accomplir depuis au-delà de mes espérances & de mon mérite. Je ne retournai point à Rosny avec mon pere ; je pris à la suite de la Reine de Navarre le chemin de Paris. Dès que j'y fus arrivé, ma jeunesse me faisant sentir combien j'avois besoin d'instruction, je m'attachai à l'étude, sans cesser pour cela de faire la cour au Prince mon Maître. Je vins demeurer avec un Gouverneur & un Valet de chambre, loin de la Cour, dans le quartier de Paris où sont presque tous les Colléges, jusqu'à la catastrophe sanglante qui arriva peu de temps après.

On ne peut rien ajoûter à l'accueil gracieux, & aux bons traitemens, que reçurent du Roi & de la Reine-Mere, la Reine de Navarre, les Princes ses enfans, & leurs principaux serviteurs. Charles IX. ne se lassoit point de louer la probité & les vertus du Comte de la Rochefoucaut, de Téligny, Resnel, (49) Beau-disner, Piles, Pluviaut, Colombieres, Grammont, Duras, Bouchavannes, Gamache, mon pere, & autres Seigneurs Protestans. En parlant à l'Amiral, il ne l'appelloit que, *mon pere*. Il voulut se charger de le raccommoder avec les Princes de Guise ; & lui accorda la grace de Villandry, (50) qu'il avoit refusée à sa propre mere & à ses freres, pour une offense regardée comme irremissible. Lorsque l'Amiral fut blessé, le Roi, à la premiere nouvelle qu'il en reçut, éclata en menaces & en blasphêmes ; & protesta qu'il feroit chercher l'assassin (51) jusques dans les recoins les plus cachés des hôtels des Guises. Il voulut qu'à son exemple, toute la Cour rendît visite au blessé. Les

1572.

(49) Antoine de Clermont, Marquis de Resnel ; Galiot de Crussol, Sieur de Beaudisner, frere du Duc d'Uzès ; Armand de Clermont, Baron de Piles, en Périgord ; N... de Rochefort, Sieur de Pluviaut Claveau, Gentilhomme Poitevin ; François de Bricqueville de Colombieres ; Antoine de Grammont, Vicomte d'Aster ; Jean de Durefort, Vicomte de Duras ; Bayancort, Sieur de Bouchavanes ; Nicolas Rouhaut, Sieur de Gamache.

(50) » Villandry jouant avec le » Roi, avoit été si téméraire que » d'offenser Sa Majesté même, d'où » s'étoit ensuivi contre lui un Arrêt » de mort. « *Davila, liv.* 5. Voyez ce fait particularisé dans d'Aubigné. *Tom.* 2 *liv.* 1. *ch.* 2.

(51) Il s'appelloit Nicolas de Louvicis, Sieur de Maurevert en Brie : » faudra-t'il, dit Charles IX. en jet- » tant sa raquette de colere, » que » j'aye tous les jours de nouvelles » affaires, & ne serai-je jamais en » repos ? « Bien des personnes douterent si ces menaces & tout cet emportement de Charles IX. n'étoient pas sincères ; & si ce Prince, qui d'abord parut entrer dans tous les desseins de la Reine sa mere, ne se laissa

C iij

1572. Guises ayant demandé à ce Prince qu'il daignât écouter leur justification, en furent très-mal reçus; & l'Ambassadeur d'Espagne fut si maltraité à cette occasion, qu'il prit le parti de se retirer. Le Pape Pie V. ne fut pas à couvert des emportemens de Charles, pour le refus qu'il fit de la dispense nécessaire au mariage de Henry avec Marguerite,

point gagner à la fin par l'Amiral de Coligny dans ces entretiens particuliers, où celui-cy ne cessoit de lui représenter les effets du mauvais gouvernement de cette Princesse, & de l'exhorter à se soustraire à sa dépendance. Les Mémoires d'Etat de Villeroi, *tom.* 2. *pag.* 55. *& 66.* & plusieurs autres Ecrits de ce temps-là, en donnent des preuves de fait si fortes, qu'on est bien embarrassé à décider sur cette question. S'il en faut croire les Mémoires de Tavannes, Charles IX. étoit si peu d'accord avec sa Mere, que Catherine ne vit plus d'autre moyen de conserver l'autorité qu'elle étoit sur le point de perdre, qu'en faisant assassiner l'Amiral; & cet Ecrivain prétend que ce fut à l'insçu de Charles IX. que Maurevé fut aposté pour faire ce coup. D'un autre côté, l'Historien Matthieu se croit bien fondé à soutenir, *t.* 1. *l.* 6. que Charles IX. joua l'Amiral depuis le commencement jusqu'à la fin. Il rapporte de quelle maniere ce Prince, voyant l'opposition de quelques-uns de ses Conseillers au dessein d'exterminer les Huguenots, leur fit voir avec chaleur que le Royaume étoit perdu, si ce dessein ne s'exécutoit pas, & dans la nuit même; parce que passé cette nuit, il ne seroit plus temps d'arrêter les projets des Rebelles, dont il disoit être bien instruit: à quoi il ajouta que tous ceux qui n'approuveroient pas sa résolution n'étoient pas de ses serviteurs. Mais comment cet Historien ne s'est-il pas apperçu, que peu de pages après cet exposé, c'est-à-dire à la page 369. *ibid.* il détruit lui-même toutes ses preuves en rapportant un discours que Henry III. étant en Pologne tint à Miron son Médecin. En voicy un abregé, car il est trop long pour l'inférer ici en entier. Henry III. qui n'étoit alors que Duc d'Anjou, étant entré, quelques jours avant la Saint-Barthélemy, dans la chambre du Roi son frere, s'apperçut que ce Prince le regardoit avec des yeux si pleins de colere, & d'un air si furieux qu'appréhendant l'effet de cet emportement il regagna doucement la porte, & alla porter l'allarme à la Reine-Mere. Celle-cy n'étant que trop disposée à le croire, par ce qui lui étoit arrivé à elle-même, conclut à se défaire sur le champ de Coligny. Maurevert ayant manqué son coup en partie, puisqu'il ne fit que blesser l'Amiral au bras, la Reine-Mere & le Duc d'Anjou, qui ne purent détourner le Roi d'aller rendre visite au blessé, jugerent à propos de l'y accompagner; & sous prétexte de ménager les forces de l'Amiral, ils interrompoient autant qu'ils pouvoient la conversation secrette que ces deux personnes avoient ensemble; pendant laquelle Catherine, qui n'étoit entourée que de Calvinistes, vit qu'ils se parloient à l'oreille, & la regardoient de temps en temps de fort-mauvais œil. Elle compta cette aventure pour le plus grand danger qu'elle eût couru de sa vie. En s'en retournant elle pressa si fort le Roi de lui dire de quoi il avoit été question entre lui & Coligny, que ce Prince ne put s'empêcher de le lui donner à entendre, en lui disant, avec ses juremens ordinaires, qu'elle gâtoit toutes ses affaires, ou autres paroles semblables. Catherine plus allarmée encore qu'auparavant, eut recours à un artifice qui lui réussit. Elle représenta si fortement à son fils, qu'il

dont les préparatifs se faisoient avec une extrême magnificence. Le Roi poussa ses égards pour ce Prince, jusqu'à le dispenser d'entrer dans l'Eglise de Notre-Dame : (52) Il fut

1572.

étoit prêt à tomber dans le piége qu'elle supposoit que l'Amiral lui tendoit ; qu'il étoit à la veille d'être livré aux Huguenots , joint aux Etrangers, sans avoir rien à espérer de ses sujets Catholiques, que le chagrin d'être trahis avoit portés à se choisir un autre Chef; & elle fut si bien secondée des autres Conseillers, excepté du seul Maréchal de Retz, que Charles IX. saisi lui-même d'appréhension , & passant d'une extrêmité à l'autre , fut le premier à opiner , & même à presser qu'on tuât non-seulement l'Amiral, mais encore tous les Huguenots , afin, disoit-il , qu'il n'en restât pas un seul qui pût le lui reprocher. C'est à quoi on travailla aussi-tôt le reste du jour, le soir, & toute la nuit. Au point du jour , Charles IX. la Reine-Mere,& le Duc d'Anjou sortirent sur le portail du Louvre ; & entendant le premier coup de pistolet, la frayeur & le remords les prirent. Le Roi envoya un ordre au Duc de Guise de tout suspendre : mais le Duc de Guise répondit , que cet ordre venoit trop tard : & eux-mêmes s'étant peu-à-peu rassûrés , donnerent les mains à tout ce qui se passa ensuite.

Il me semble qu'on peut concilier ces différens sentimens , & conserver aux preuves alléguées de part & d'autre toute leur force, en disant : Que Charles IX. qui véritablement n'avoit appellé l'Amiral à Paris que pour le perdre avec tous les Huguenots , se laissa ébranler par ses discours : Qu'il revint, & peut-être plus d'une fois , à embrasser tour-à-tour les deux partis opposés qu'on lui proposoit : & que tous ces discours d'un & d'autre côté le jettoient dans une irrésolution , dont il ne sortit que par l'effet d'une fougue , dont Catherine sçut habilement profiter. La sécurité de Coligny venoit de ce qu'il sentoit, à n'en pouvoir douter,

que ses raisons frappoient droit au cœur de ce Prince. Sans cela, il est impossible que Charles IX. en eût imposé si long-temps à un homme de l'habileté de cet Amiral. Un jeune Roi de vingt-trois ans , & jusqu'à ce moment toujours en tutelle, n'est point capable de la finesse dont on veut lui faire honneur. Mais ce jeune Prince, on ne peut en disconvenir , portoit déja la dissimulation au plus haut point. Les secrets de son Conseil , & ceux de l'Amiral , dont il ne s'ouvrit jamais à aucun des deux côtés , quelque pressé qu'il en fût , en font une preuve sans replique.

(52) » La résolution du Roi, dit
» le Grain, fut que le mariage seroit
» célébré d'une façon qui ne tiendroit de l'une ni de l'autre Religion : de la Calviniste , parceque
» les promesses seroient reçues par
» un Prêtre, qui seroit M. le Cardinal de Bourbon : & de la Romaine;
» parceque ces promesses seroient
» reçues sans les cérémonies Sacramentales de l'Eglise . . . Il fut
» dressé un grand échafaud au Parvis devant la porte & principale
» entrée de l'Eglise de Paris, le Lundi 18 Août 1572, sur lequel furent
» fiancés & épousés en un même
» jour , & par un seul Acte, Trèshaut &c . . . Ce fait l'Epouse se retira au Prêche (je crois qu'il faut
» lire , au porche) & l'Epoufée entra dans le Temple pour oüir la
» Sainte Messe, suivant les articles
» du traité de mariage ; & de-là se
» rendirent tous deux au festin apprêté en la grande Salle du Palais &c. « *Batiste le Grain , Décade du Roi Henry le Grand , l.* 2. Charles IX. donna à sa sœur trois cens mille écus en dot ; & la Reine de Navarre ceda au Prince son fils en faveur de ce mariage , la haute & basse Comté d'Armagnac &c. P. *Matthieu. tom.* 1. *liv.* 6.

1572.

Charles de Bourbon, Cardinal, Oncle d'Henry IV.

encore difpenfé d'obferver toutes les cérémonies Romaines. Le Cardinal de Bourbon ayant fait des remontrances fur cette tolérance, qui lui parut exceffive, il fut renvoyé avec une dure réprimande. Ce fut toute autre chofe encore, lorfque la Reine de Navarre mourut ; toute la Cour en parut vivement touchée, & on y prit le grand deüil.

Enfin ce n'eft point donner à toute cette conduite de Catherine & de fon fils un nom trop fort, que de l'appeller un prodige prefqu'incroyable de diffimulation ; puifqu'elle fit tomber dans le piége un homme auffi avifé que l'Amiral de Coligny, malgré mille circonftances, qui fembloient concourir d'un autre côté à lui faire fentir le danger qui s'approchoit. Car on difoit hautement que Genlis & La-Nouë, (53) envoyés au fecours du Prince d'Orange, avoient été défaits par la connivence de la Cour de France, laquelle, dans l'incertitude du fuccès de l'objet principal de fa diffimulation, ne s'accommodoit pas de tous les effets qu'elle eût pu produire. On étoit encore inftruit des Conférences, que la Reine & les principaux Miniftres avoient avec le Cardinal Aléxandrin, neveu de Pie V. & avec les Guifes ; ces derniers ayant été découverts deux fois s'entretenans mafqués avec le Roi, la Reine-Mere, le Duc de Retz, & le Chancelier (54) de Birague : il n'en falloit pas davantage pour montrer ce qu'on devoit penfer de leur difgrace prétenduë. On crut appercevoir dans la mort de la Reine de Navarre (55) des indices affez clairs d'empoifonnement. Il paffoit

Albert de Gondy, Duc de Retz, Maréchal de France.

---

(53) Jean d'Angeft d'Ivoy, de l'ancienne Maifon de Genlis ; François de La-Nouë, Gentilhomme le plus renommé qu'il y eût alors parmi les Proteftans, eftimé même des Catholiques. L'Amiral, en parlant de ce malheur à Charles IX. l'imputoit au peu de fecret qu'on gardoit dans le Confeil. Charles IX. fit demander au Duc d'Albe par Claude Mondoucet, fon Réfident dans les Pays-Bas, les Gentilshommes François Proteftans, qui avoient été faits prifonniers. *De Thou 1572. liv. 51.*

(54) René de Birague, Milanois, Evêque de Lavaur, enfuite Cardinal ; il n'étoit alors que Garde-des-Sceaux, & ne fut fait Chancelier que l'année fuivante, après la mort du Chancelier de L'Hôpital. *Voyez fon eloge dans les Négociations de Busbeq, Aug. Gisl. Buslequii Epist. 29.* On difoit de lui, qu'il étoit Cardinal fans titre, Chancelier fans Sceaux, & Prêtre fans Bénéfice.

(55) Elle étoit logée chez Charles Gaillart, Evêque de Chartres homme fort-fufpect de Calvinifme. Elle y fut prife d'une fièvre continuë très-violente, quelques jours après fon retour de Blois, où elle avoit fuivi la Cour, & mourut le cinquieme

JEANNE D'ALBRET.
Reine de Navarre,
Morte à Paris, le 8 juin 1572. Agée de 44 ans.

passoit pour constant, que le coup dont l'Amiral fut blessé, lui avoit été tiré de la maison de Villemur, Précepteur des Guises; & que l'assassin avoit été rencontré fuyant sur un cheval de l'Ecurie du Roi. Les Gardes mêmes que Charles (56) mit près de l'Amiral, après ce coup, sous prétexte d'assûrer sa personne, étoient la plûpart ses ennemis déclarés. Il n'étoit pas moins incontestable que tous les Bourgeois de Paris s'étoient fournis d'armes, qu'ils gardoient dans leurs maisons par ordre du Roi.

1572.

Les plus clairvoyans d'entre les Huguenots se rendirent à des preuves si claires, quitterent la Cour, & même Paris, où du moins se logerent dans les fauxbourgs. De ce nombre furent MM. de Langoiran, (57) de Frontenay, le Vidame

me jour de sa maladie. Il y a une grande diversité d'opinions sur le genre de sa mort. Les Mémoires de L'Etoile, D'Aubigné, & tous les Calvinistes décident pour le poison, qui fut donné à cette Princesse, disent-ils, par un Florentin, nommé René, Parfumeur de la Reine-Mere, dans une paire de gants. De-Serrés donne à entendre que les Médecins qui ouvrirent son corps, avoient ordre de ne point toucher au cerveau, où s'étoit attaché le poison. Mais ils sont tous fortement contredits par le Grain, qui veut avec beaucoup d'autres, qu'elle soit morte de pleurésie, pour s'être échauffée aux préparatifs des noces de son fils; à quoi se joignit le dépit de ce qu'on l'obligeat à tendre devant sa maison, au passage du Saint-Sacrement, le jour de la Fête-Dieu : par La-Popeliniere, qui leve tout soupçon de poison : par Péréfixe : par De-Thou, qui assûre que Charles IX. ordonna que la tête de cette Princesse fût ouverte comme le reste du corps; & que si les Médecins ne le firent point, c'est qu'ils trouverent la véritable cause de sa mort dans un abcès, qu'elle avoit au-dedans du corps. C'est aussi le sentiment de l'Historien Matthieu.

(56) Tout cela est vrai, & prouve que ce guet-appens se fit par ordre de la Reine-Mere, mais non pas, par celui du Roi. On ne sçauroit bien dire quelle fut sa véritable intention, en faisant ce coup : si elle ne chercha simplement qu'à se défaire d'un homme, qui prenoit trop d'empire sur l'esprit du Roi, & capable de faire échouer le dessein d'exterminer tous les Huguenots : si, supposé que l'Amiral fût mort du coup, elle auroit borné sa vengeance à cette seule mort; ou, si elle s'attendoit que le bruit de cet assassinat, en excitant dans Paris une révolte parmi les Calvinistes, lui fourniroit une occasion qu'elle cherchoit de faire faire main basse sur eux, ayant dressé à partie pour cela. On proposa dans le Conseil secret plusieurs moyens de faire naître un sujet de se attaquer; entr'autres, celui d'une espèce de Camp, ou attaque d'un Fort artificiel, construit dans le Louvre, où l'on tourneroit contre les Réformés la feinte en réalité. Enfin on s'en tint à celui de les passer au fil de l'épée dans une nuit.

L'Amiral étoit logé dans la ruë Betisy, dans une Auberge, qui est aujourd'hui l'Hôtel S. Pierre; & l'on y montre encore la chambre où il fut tué.

(57) N... De Montferrand, Baron de Langoiran. Jean de Rohan, Sieur de Frontenay. Jean de Ferrie-

de Chartres, de Loncaunay, de Rabodanges, Du-Breüil, de Segur, de Sey, Du-Touchet, Des-Hayes, de Saint-Gelais, de Chouppes, de Beauvais, de Grandrie, de Saint Eftienne, d'Arnes, de Boiffec, & plufieurs autres Gentilshommes, tant de Normandie que de Poitou. Heureufement mon pere fut un de ceux à qui une fage défiance fauva la vie. Lorfqu'on les preffoit de s'approcher de la Cour, ils répondoient : Qu'ils trouvoient que l'air des Fauxbourgs étoit meilleur à leur fanté, & celui des champs encore davantage. Quand ils eurent appris que l'Evêque de Valence, qui avoit pénétré le fecret en prenant congé du Roi pour fon Ambaffade de Pologne, avoit eu l'indifcrétion de le révéler à quelques-uns de fes amis; & qu'on avoit intercepté des Lettres écrites à Rome par le Cardinal (58) de Pellevé, dans lefquelles il dévoiloit tout ce myftére au Cardinal de Lorraine; ce fut alors que ces Meffieurs redoublerent leurs inftances auprès du Roi de Navarre, pour l'engager à fortir de Paris, ou du moins, pour leur permettre de fe retirer chez eux. Ce Prince oppofa à leurs avis celui que lui donnoient une infinité d'autres perfonnes, & même dans le Corps Proteftant; car, où ne fe trouve-t-il point des traîtres? On l'avertit de s'en défier; on lui marqua les noms de tous ceux qui avoient été gagnés par la Reine-Mere pour le

Jean de Montluc, Evêque de Valence.

res, Vicomte ou Vidame de Chartres. N... de Loncaunay, Gentilhomme de Normandie, tué à la journée d'Yvry, âgé de 70 ans. N... de Rabodanges. On voit dans les Mff. de la Bibliotéque du Roi, *vol. cotté* 8699. *pag.* 31. l'Original d'une Lettre de Charles IX. à M. de Rabodanges, datée du 6 Mai 1566, de S. Maur, qui commence ainfi : " M. de Rabodanges, Je fçai le de- " voir grand que vous avez fait à " l'occafion de la commiffion que " je vous ai cy-devant baillée pour " faire punir les voleurs & brigands " de votre Comté &c. N... de Ségur de Pardaillan. N... Du-Touchet, Gentilhomme de Normandie près de Domfront. N...Des-Hayes Gafque. Guy de Lufignan de Saint-Gelais fils de Louis, Sieur de Lanfac. Pierre de Chouppes. Jean de La-Fin, Sieur de Beauvais La-Nocle. Pierre de Grandrie, Maître-d'Hôtel ordinaire du Roi &c. Toutes ces perfonnes preffant l'Amiral de fortir de Paris, il leur répondit : " Si je " fais cela, il faut que je montre ou " ma peur ou ma défiance; mon " honneur feroit offenfé en l'un & le " Roi en l'autre; je ferois contraint " de retourner à la guerre Civile, " & j'aime mieux mourir que de re- " voir les miféres que j'ai vû & les " maux que j'ai endurés " *Matth.* t. 1. *l.* 6. *p.* 343.

(58) Nicolas De Pellevé, Cardinal, Archevêque de Rheims, paffionné ligueur. Charles, Cardinal de Lorraine.

GASPARD DE COLIGNI
Amiral de France.
Né le 16. Fev. 1516. Mort a Paris le 24 Août 1572.

Paris chez Odieuvre M.d'Estampes quai de l'Ecole vis à vis la Samaritaine à belle Image.
C.P.R.

LIVRE PREMIER.

tromper: Il n'écouta rien. L'Amiral (59) ne se montra pas moins incrédule; son mauvais destin commença par l'aveugler pour le perdre. Heureux, s'il eût eu la prudence du Maréchal de Montmorency, qu'on ne put jamais tirer de Chantilly; quoique le Roi le conviât incessamment de venir partager la faveur de l'Amiral, & demeurer près de sa personne, pour l'aider de ses conseils.

Si je cherchois à augmenter l'horreur qu'on a généralement conçuë d'une action (60) aussi barbare que le fut celle du 24 Août 1572, trop connuë sous le nom de Mas-

---

(59) On a dit de l'Amiral de Coligny, que tout ce qu'il a fait de beau en sa vie a été contre son Dieu, sa Religion, son Roi & sa Patrie. Quel dommage qu'il n'ait pas songé à employer plus utilement ses talens! Car tous les Historiens conviennent que c'étoit un des plus grands hommes d'Etat & de Guerre qui ayent jamais paru. On a cru que c'est par l'effet des conseils qu'il donna au Prince d'Orange, que les Pays-Bas se soulèverent contre l'Espagne, soûtinrent la guerre dix ans durant, & formèrent le plan d'une République, qui a eu du moins une partie de son effet: mais on croit aussi avec assez d'apparence, qu'il auroit tenté la même chose en France. Il est grièvement chargé par les Mémoires de Villeroi, *tom* 4. *p.* 322. 340. Il se défendit toujours fortement, sur-tout dans son Testament, d'avoir songé à attenter à la personne du Roi. Voyez son éloge & le but de sa politique dans *Brantome*, *tom.* 3. *De Thou*, & les autres Historiens.

(60) Ce que dit M. de Sully du massacre ne doit point paroître trop fort. » Action éxécrable, s'écrie Péréfixe, qui n'avoit jamais eu, & » n'aura, s'il plaît à Dieu, jamais » de semblable. « Le Pape Pie V. en fut affligé jusqu'à en répandre des larmes: mais Grégoire XIII. qui prit sa place, en fit rendre publiquement à Rome des Actions de graces à Dieu, & envoya un Légat en féliciter Charles IX. & l'exhorter à continuer. Voicy en peu de mots comment la chose se passa. Toutes les mesures ayant été prises, le son des cloches de Saint-Germain l'Auxerrois pour Matines, fut le signal pour commencer le massacre. L'Amiral de Coligny fut poignardé le premier au milieu de ses domestiques, par Besmes, Gentilhomme François, domestique du Duc de Guise, & autres; le Duc & le Chevalier de Guise se tenans dans la cour. Le Cadavre fut jetté par la fenêtre; on lui coupa la tête qui fut portée à la Reine-Mere, avec le coffre de ses papiers, parmi lesquels on trouva, dit-on, les Mémoires de son temps qu'il composoit. On lui fit toutes les indignités imaginables; enfin on le porta au gibet de Montfaucon, d'où le Maréchal de Montmorency le fit détacher la nuit, & inhumer à Chantilly. Toute la maison de Guise étoit personnellement animée contre l'Amiral, depuis l'assassinat de Claude Duc de Guise par Poltrot de Meré, dont elle le croyoit l'auteur; & dont, pour dire vrai, l'Amiral ne s'étoit jamais bien lavé, quelque chose qu'il eût pu faire. Si toute cette boucherie, n'est, comme bien des gens en sont persuadés, que l'effet du ressentiment des Guises, qui la conseillerent à la Reine-Mere dans la vuë de venger leur propre querelle, on peut dire que jamais particulier n'a tiré une vengeance aussi cruelle d'une offense. On fit ensuite main-basse sur tous les domestiques de l'A-

D ij

1572.

1572. sacre de la Saint-Barthelemy, je m'étendrois en cet endroit sur le nombre, la qualité, les vertus & les talens de ceux qui furent inhumainement massacrés en cette horrible journée, tant dans Paris, que dans tout le reste du Royaume. Je marquerois du moins une partie des opprobres, des traitemens ignominieux, & des inventions odieuses de la Cruauté, qui chercha, en donnant la mort, à porter mille coups aussi sensibles que la mort même aux malheureux qui en furent les victimes. J'ai encore entre les mains les Piéces qui font foi des instances que fit la Cour de France dans les Cours voisines, d'imiter son exemple contre les Réformés, ou du moins de refuser un asyle à tous ces infortunés. Mais je préfére l'honneur de la Nation au plaisir malin, que certaines personnes pourroient tirer d'un détail, dans lequel ils trouveroient les noms de ceux qui oublièrent l'humanité, au point de tremper leurs mains dans le sang de leurs concitoyens, & de leurs propres parens. Je voudrois même ensevelir pour jamais, s'il étoit possible, la mémoire d'un jour, que la vengeance Divine fit payer à la France par vingt-six années consécutives de desastres, de carnage & d'horreur;

miral; & en même temps les émissaires du Roi commencerent le carnage dans tous les quartiers de la Ville. Les plus distingués des Calvinistes qui y perdirent la vie, furent, François de La-Rochefoucault, qui ayant joué une partie de la nuit avec le Roi, & se voyant saisi dans son lit par des gens masqués, crut que c'étoit le Roi & ses Courtisans qui venoient le fouetter par jeu : Antoine de Clermont, Marquis de Resnel, tué par son propre parent Louis de Clermont de Bussy d'Amboise, avec lequel il étoit en procès pour le Marquisat de Resnel : Charles de Quellenec, Baron du Pont en Bretagne, dont le corps mort fut l'objet de la curiosité des Dames de la Cour, parcequ'il avoit alors un procès à soûtenir avec sa femme, Catherine de Parthenay, fille & héritiere de Jean de Soubize : François Nonpar de Caumont, couché au milieu de ses deux fils, dont l'un fut poignardé à ses côtés, & le second échappa blessé, en contrefaisant le mort, & se cachant sous le corps de son pere & de son frere : Téligny, gendre de l'Amiral : Charles de Beaumanoir de Lavardin : Antoine de Marafin, Sieur de Guerchy, Beaudisner, Pluviaut, Berny, Du-Briou, Gouverneur du Marquis de Conty : Beauvais, Gouverneur du Roi de Navarre : Colombieres : Francourt, &c. Le Comte de Montgommery fut poursuivi par le Duc de Guise jusqu'à Montfort-L'Amaury. Le Roi pardonna aux Vicomtes de Grammont & de Duras, à Gamache & à Bouchavanes. On épargna les trois freres du Maréchal de Montmorency, dans la crainte qu'il ne vengeât leur mort. Voyez les Historiens & autres Ecrivains. Lisez aussi la belle description du massacre de la Saint-Barthelemy qu'a fait M. de Voltaire dans sa Henriade. *Chant 2.*

car on ne peut s'empêcher d'en juger ainsi, lorsqu'on songe à tout ce qui s'est passé depuis ce moment fatal jusqu'à la paix de 1598. C'est encore à regret que je m'arrête sur ce qui regarde le Prince qui fait le sujet de ces Mémoires, & sur ce qui me touche moi-même.

1572.

Je m'étois couché la veille de bonne heure ; je me sentis réveiller sur les trois heures après minuit par le son de toutes les cloches, & par les cris confus de la populace. Saint-Julien mon Gouverneur sortit précipitamment avec mon Valet de chambre, pour en sçavoir la cause ; & je n'ai jamais entendu parler depuis de ces deux hommes, qui furent sans doute immolés des premiers à la fureur publique. Je demeurai seul à m'habiller dans ma chambre, où je vis entrer au bout de quelques momens mon hôte, pâle & consterné. Il étoit de la Religion, & ayant entendu de quoi il s'agissoit, il avoit pris le parti d'aller à la Messe, pour sauver sa vie, & garantir sa maison du pillage : il venoit pour me persuader d'en faire autant, & m'emmener avec lui. Je ne jugeai point à propos de le suivre. Je résolus d'essayer à gagner le Collége de Bourgogne, où je faisois mes études, malgré la distance de la maison où je demeurois à ce Collége ; ce qui rendoit ce dessein assez périlleux. Je me revêtis de ma robe d'écolier, & prenant une grosse paire d'heures sous mon bras, je descendis. Je fus saisi d'horreur en entrant dans la ruë, de voir des furieux qui couroient de toutes parts, & enfonçoient les maisons, en criant : *Tuë, tuë, massacre les Huguenots* ; & le sang que je voyois répandre sous mes yeux redoubloit ma frayeur. Je tombai au milieu d'un Corps-de-Garde, qui m'arrêta. Je fus questionné ; on commençoit à me maltraiter, lorsque le Livre que je portois fut apperçû heureusement pour moi, & me servit de passeport. Je retombai deux autres fois dans le même danger, dont je me tirai avec le même bonheur. Enfin j'arrivai au Collége de Bourgogne. Un péril bien plus grand encore m'y attendoit. Le Portier m'ayant deux fois refusé l'entrée, je demeurois au milieu de la ruë, à la merci des furieux, dont le nombre ne faisoit qu'augmenter, & qui cherchoient évidemment leur proie, lorsque je m'avisai de demander le Principal de ce College, nommé La-Faye, homme de bien,

& qui m'aimoit tendrement. Le Portier gagné par quelques petites pieces d'argent que je lui mis dans la main, ne me refusa pas de le faire venir. Cet honnête homme me fit entrer dans sa chambre, où deux Prêtres inhumains, à qui j'entendois faire mention des Vêpres Siciliennes, essayerent de m'arracher de ses mains pour me mettre en piéces, disant que l'ordre étoit de tuer jusqu'aux enfans à la mammelle. Tout ce qu'il put faire, fut de me conduire très-secrettement dans un cabinet écarté, où il m'enferma sous la clef. J'y demeurai trois jours entiers, incertain de mon sort, & ne recevant de secours que d'un domestique de cet homme charitable, qui venoit de temps en temps m'apporter de quoi vivre. Au bout de ce terme, la défense de tuer & de piller ayant enfin été publiée, je fus tiré de ma cellule; & presqu'aussitôt je vis entrer dans le Collége Ferriere & La-Viéville, deux Archers de la Garde, créatures de mon pere. Ils venoient sçavoir ce que j'étois devenu, & étoient armés, sans doute pour m'arracher de force par-tout où ils me trouveroient : ils firent sçavoir mon avanture à mon pere, duquel je reçus une Lettre huit jours après. Il m'y témoignoit combien il avoit été alarmé à mon sujet : Que son avis étoit pourtant que je demeurasse dans Paris, puisqu'il n'étoit plus libre au Prince que je servois d'en sortir : Mais que pour ne pas m'exposer à un danger évident, je devois me résoudre à faire ce qu'avoit fait le Prince lui-même, c'est-à-dire, à aller à la Messe.

Le Roi de Navarre n'avoit point en effet trouvé d'autre moyen de sauver sa vie : Il fut réveillé avec le Prince de Condé deux heures avant le jour, par une multitude d'Archers de la Garde, qui entrerent effrontément dans la chambre du Louvre où ils couchoient, & leur ordonnerent avec insolence de s'habiller, & de venir trouver le Roi. On leur défendit de prendre leurs épées ; & en sortant ils virent massacrer devant eux sans aucun respect une partie de leurs Gentilshommes (61). Charles les attendoit, & les reçut avec

---

(61) Jacques de Ségur, Baron de Pardaillan, Gascon : Armand de Clermont, Baron de Piles, Périgordin &c. Gaston de Levis, Sieur de Leyran, se réfugia sous le lit de la Reine de Navarre, qui lui sauva la vie. On envoya à Châtillon pour se saisir de François de Châtillon,

un visage & des yeux où la fureur étoit peinte. Il leur commanda avec les juremens & les blasphêmes qui lui étoient familiers, de quitter la Religion, qu'ils n'avoient prise, disoit-ils, que pour servir de prétexte à leur rebellion. L'état où l'on réduisoit ces Princes (62) n'ayant pu les empêcher de témoigner la peine qu'ils auroient à obéir, la colere du Roi devint excessive. Il leur dit d'un ton altéré & plein d'emportement : » Qu'il ne prétendoit plus être contredit » dans ses sentimens par ses Sujets : Qu'ils eussent à appren- » dre aux autres par leur exemple à le révérer comme étant » l'image de Dieu, & n'être plus les ennemis des images de » sa Mere. «

Il finit par leur déclarer, que si de ce pas ils n'alloient à la Messe, il alloit les faire traiter comme criminels de Leze-Majesté Divine & Humaine. Le ton dont ces paroles furent prononcées ne permettant pas à ces Princes de douter qu'elles ne fussent sinceres, ils plierent sous la violence, & firent ce qu'on exigeoit d'eux. On obligea encore Henry d'envoyer dans ses Etats un Edit, par lequel il défendoit l'exercice de toute autre Religion que de la Religion Romaine. Si cette soumission les garantit de la mort, du reste il n'en fut guére mieux traité. Il essuya mille caprices & mille hauteurs de la Cour. Libre par intervalles, il fut le plus souvent étroitement resserré, & traité en criminel. Quelquefois on permettoit à ses domestiques de l'approcher & de le servir ; puis tout-d'un-coup on nous défendoit de paroître.

Alors j'employois ce loisir le plus utilement qu'il m'étoit possible. Il ne fut plus question pour moi depuis ce temps-là de Langues sçavantes, ni de tout ce qu'on appelle les Etudes. Cette application que mon pere m'avoit tou-

1572.

fils de l'Amiral, & de Guy de Laval, fils de D'Andelot, mais ils s'étoient sauvés, & avoient passé à Genève. Armand de Gontault de Biron échapa en se fortifiant dans l'Arsenal.

(62) » Comme il (Henry) alloit » trouver le Roi, Catherine donna » ordre qu'on le fît passer par dessous » les voûtes entre des Gardes qui » étoient en haye, & en posture de

» le massacrer. Il tressaillit de peur, » & recula deux ou trois pas en ar- » riere ; toutefois Nançai-la-Châtre, » Capitaine des Gardes du Corps, » le rassûra, lui jurant qu'il n'auroit » point de mal. Il fallut donc, quoi- » qu'il ne se fiât pas trop à ses paro- » les, qu'il passât au travers des ca- » rabines & des hallebardes. » Peref. hist. de Henry le Gr. 1. P.

1572. jours fortement recommandée, me devint impoſſible, dès qu'une fois je me fus approché de la Cour. Je me défis avec regret d'un excellent Précepteur, que mon pere avoit mis auprès de moi : il demanda lui-même à ſe retirer, voyant qu'il m'étoit inutile. De ſes mains, je paſſai dans celles d'un nommé Chrétien, que le Roi de Navarre entretenoit auprès de lui, & auquel il enjoignit de m'apprendre les Mathématiques & l'Hiſtoire : deux Sciences qui me conſolerent bientôt de celles auxquelles je renonçois, parce que je me ſentis pour elles cet attrait, que j'ai toujours conſervé depuis. Le reſte de mon temps fut employé à apprendre à bien lire & à bien écrire, & à me former aux éxercices propres à donner la bonne grace du corps. C'eſt dans ces Principes, en y joignant une attention bien plus grande encore à former les mœurs, que conſiſtoit la méthode de faire élever la jeuneſſe, qu'on ſçait être particuliere au Roi de Navarre, parce qu'il avoit été lui-même élevé ainſi. Je la ſuivis juſqu'à l'âge de ſeize ans que la conjoncture des temps nous ayant jettés lui & moi dans le tumulte des armes, ſans pouvoir preſque eſpérer d'en ſortir, à ces éxercices il fallut faire ſucceder ceux qui ne concernent que la guerre, en commençant par celui de tirer de l'arquebuſe ; & renoncer à tous les autres. Tout ce que peut faire alors un jeune homme, eſt de faire profiter ſon cœur de ce qu'il eſt obligé d'ôter à ſon eſprit : car juſques dans l'embarras, & au milieu du bruit des armes, il ſe préſente à qui ſçait les chercher, des Ecoles excellentes de vertu & de politeſſe. Mais malheureux, & pour toute ſa vie, celui qui engagé dans une profeſſion ſi fatale à la jeuneſſe, manque de force, ou de volonté, pour réſiſter au mauvais éxemple. S'il a le bonheur de ſe préſerver de tout vice honteux, comment s'inſtruira & ſe fortifiera-t'il dans ces Principes, que la ſageſſe dicte à l'homme privé, comme au Prince : Que la vertu doit ſi bien tourner en habitude par la pratique, qu'aucune action vertueuſe ne ſoit jamais trouvée pénible ; & que réduit à la néceſſité de tout ſauver par un crime, ou de tout perdre par une bonne action, le cœur ne connoiſſe pas même ce combat intérieur, que ſe livrent le penchant & le devoir.

Charles ne tarda pas à reſſentir de violens remords de l'action

Massacre des Huguenots fait à Paris le 24 Aoust 1572 Jour de St Barthelemi au moins de dix mille d'entre eux, entr'autres de Gaspar de Coligni Amiral de France, et de plus de 500. Seigneurs ou Gentilshommes.

Se trouve à Paris chez Odieuvre, rue Dauphin près la rue Dauphine.

LIVRE PREMIER. 33

1572

l'action barbare, pour laquelle on lui avoit fait prêter son nom, & son autorité. Dès le soir du 24 Août, on s'apperçut qu'il fremissoit malgré lui, au récit de mille traits de cruauté, dont chacun venoit se faire honneur en sa présence. De tous ceux qui approchoient ce Prince, il n'y avoit personne qui eût tant de part à sa confiance, qu'Ambroise Paré. Cet homme, qui n'étoit que son Chirurgien, avoit pris avec lui une si grande familiarité, quoiqu'il fût Huguenot, que ce Prince lui ayant dit, le jour du Massacre, que c'étoit à cette heure qu'il falloit que tout le monde se fît Catholique ; Paré lui répondit sans s'étonner : » Par la lumiere de Dieu, » Sire, je crois qu'il vous souvient m'avoir promis de ne me » commander jamais quatre choses, sçavoir, de rentrer dans » le ventre de ma mere, de me trouver à un jour de bataille, » de quitter votre service, & d'aller à la Messe. « Le Roi le prit à part, & s'ouvrit à lui sur le trouble dont il se sentoit agité ; » Ambroise, lui dit-il, je ne sçais ce qui m'est sur- » venu depuis deux ou trois jours ; mais je me trouve l'esprit » & le corps tout aussi émus, aussi-bien veillant que dormant, » que si j'avois la fièvre. Il me » semble à tout moment, aussi-bien veillant que dormant, » que ces corps massacrés se présentent à moi, les faces hi- » deuses, & couvertes de sang : je voudrois bien qu'on n'y » eût pas compris les imbéciles & les innocens. « L'ordre qui fut publié le jour suivant de faire cesser la tuerie, fut le fruit de cette conversation. Le Roi crut même qu'il y alloit de son honneur de tout désavouer publiquement, comme il fit par les Lettres Patentes, qu'il envoya dans les Provinces. Il y rejettoit tout sur les Guises, & vouloit faire passer le Massacre pour un effet de leur haine contre l'Amiral. Les Lettres particulieres qu'il écrivit à ce sujet en Angleterre, en Allemagne, en Suisse ; & aux autres Etats voisins étoient conçues dans les mêmes termes.

Sans doute que la Reine-Mere & son Conseil firent comprendre au Roi la conséquence d'un désaveu si formel. Du moins au bout de huit jours, il changea si bien de langage & de sentiment, qu'il alla tenir son lit de Justice au Parlement, pour y faire enregistrer d'autres Lettres Patentes, dont le contenu étoit ; Qu'il ne s'étoit rien fait le 24 Août

Tome I. E

1572. que de son ordre exprès, (63) & pour punir les Huguenots, à chacun desquels, j'entends des principaux, on imputoit un crime capital; afin de donner, s'il étoit possible, à une boucherie détestable le nom & la couleur d'une éxécution de justice. Ces Lettres furent adressées aux Gouverneurs des Provinces, avec ordre de les faire publier, & de poursuivre le reste des prétendus coupables. Je dois ici une mention honorable aux Comtes de Tende (64) & de Charny, à Messieurs de Mandelot, de Gordes, de Saint-Heran & de Carouge, qui refuserent hautement d'éxécuter un pareil ordre dans leurs Gouvernemens. Le Vicomte d'Ortez, Gouverneur de Baïonne, eut assez de fermeté pour répondre à Charles, qui lui en avoit écrit de sa propre main, qu'il ne devoit sur ce point attendre aucune obéïssance.

On fait monter à soixante-dix mille le nombre des Protestans massacrés pendant huit jours dans tout le Royaume: & ce coup accablant porta si vivement la terreur dans le par-

---

(63) Il est certain de plus, que pendant le massacre, on le vit ayant à la main une carabine, qu'on dit qu'il déchargea sur les Calvinistes qui s'enfuyoient. Le dernier Maréchal de Tessé avoit connu dans sa jeunesse un vieillard de quatre-vingt-dix ans, lequel avoit été Page de Charles IX. & lui avoit dit plusieurs fois, qu'il avoit chargé lui-même cette carabine. Il est encore constant, que ce Prince alla avec sa Cour voir le corps de l'Amiral pendu par les pieds avec une chaîne de fer au gibet de Montfaucon; & qu'un des courtisans ayant dit, qu'il sentoit mauvais, Charles IX. répondit comme Vitellius : *le corps d'un ennemi mort sent toujours bon.* Je rapporte ces deux Anecdotes d'après l'Auteur de la Henriade dans ses notes, p. 32. & 37.

(64) Claude de Savoye Comte de Tende, sauva la vie aux Protestans en Dauphiné, & dit en recevant la Lettre du Roi, que ce ne pouvoit pas là être l'ordre de Sa Majesté. Eleonor de Chabot, Comte de Charny, Lieutenant Général en Bourgogne : il n'y eut qu'un seul Calviniste tué à Dijon. François de Mandelot, Gouverneur de Lyon : il eut dessein de sauver les Réformés, qui furent néanmoins tous massacrés dans les prisons où il les avoit fait assembler; M. de Thou dit qu'il feignit seulement de l'ignorer. Bertrand de Simiane, Sieur de Gordes, homme fort estimé. N... de S. Heran de Montmorin, Gouverneur d'Auvergne : Il dit qu'il n'obeïroit point, si le Roi n'étoit présent en personne. Tanneguy Le-Veneur, Lieutenant Général en Normandie, homme plein de probité & d'humanité; il fit tout ce qu'il put pour les garantir à Rouen, il n'en fut pas le maître. N... Vicomte d'Ortès, Gouverneur de toute cette frontiere. Voicy sa réponse au Roi : » Sire, » j'ai communiqué le commande-» ment de Votre Majesté à ses fideli » les habitans, & gens de guerre de » la Garnison; je n'y ai trouvé que » bons citoyens, & braves soldats; » mais pas un bourreau &c. « *De Thou. liv.* 52 & 53. *d'Aubigné, tom.* 2. *liv.* 1. &c.

BLAISE DE MONLUC
Maréchal de France.
Mort à Estillac, en Agenois, en 1557. agé de 77 ans.
Paris chez Odieuvre, Md d'Estampes quai de l'Ecole, vis à vis la Samaritaine à la belle Image. CPR

ti, qu'il se crut lui-même éteint, & qu'on n'y parloit plus que de se soûmettre, ou de fuir dans les pays Étrangers. Un coup de vigueur inesperé rompit encore une fois cette résolution. Un Gentilhome Réformé, nommé Renier, (65) échapé par une espèce de miracle des mains du Sieur de Vezins son plus cruel ennemi, se sauva avec le Vicomte de Gourdon, & 80 chevaux, & vint à Montauban. Il trouva cette Ville si consternée, & si peu en état de se défendre contre les troupes de Montluc qui s'approchoient, qu'ayant osé conseiller de tenir bon, il courut risque d'être livré lui-même à Montluc ; ce qui l'obligea de se retirer précipitamment. En s'éloignant de Montauban, cette petite troupe tomba sur un parti de 450 chevaux de l'armée de Montluc ; & cherchant à périr glorieusement, elle fit des actions de valeur si prodigieuses, qu'elle tailla en pieces ce parti. Renier retourna annoncer cette bonne nouvelle à Montauban ; il y fut obéi cette fois, & les portes furent fermées à Montluc. Cette résistance, & la résolution de Montauban se communiquant de proche en proche, trente Villes suivirent son exemple, & se conduisirent de maniere que les Protestans, ce qu'on n'auroit jamais osé penser, obligerent les Catholiques à se tenir eux-mêmes sur la défensive.

Ceux-ci avoient dabord tourné toutes leurs forces contre La-Rochelle & Sancerre, qu'ils avoient investies, profitant de la terreur génerale. Ces entreprises ne réussirent pas. Sancerre après avoir souffert toutes les horreurs d'une famine, dont on ne trouve point d'exemples dans les Histoires, fit une espece de traité avec ses assiégeans. Pour La-Rochelle, elle rendit inutiles tous (66) les efforts du Duc

1572.

Blaise de Montluc, Maréchal de France.

---

(65) Il y a erreur dans les Mémoires de Sully en cet endroit : ce fut Vezins lui-même, homme d'un caractere farouche, mais pourtant très-honnête homme, qui sauva la vie à Renier, dont il étoit l'ennemi depuis long-temps, & dont il ne cessa pas pour cela de l'être. Voyez cette Histoire singuliere dans M. de Thou, *liv.* 52.

(66) Le Maréchal de Montluc dans les Commentaires trouve qu'on fit de grandes fautes à ce Siège ; d'y avoir envoyé trop peu de monde ; d'avoir trop hazardé, & mal à propos dans les assauts, d'avoir laissé entrer des vivres dans la Place par la Mer : Il croit pourtant qu'on l'eût prise à la fin. Il conseilla à la Reine-Mere, dès le temps qu'elle alla à Baïonne, de se mettre en possession de cette Ville. Ce conseil s'il avoit été suivi auroit épargné à la France bien des hommes & de l'argent.

1572.

Henry, Frere de Charles IX. & depuis Roi de France.

d'Anjou, qui étoit venu l'assiéger en personne ; & la nomination au Trône de Pologne vint fort-à-propos, pour sauver l'honneur de ce Prince. Par un autre Traité, dans lequel Nîmes & Montauban furent comprises, La-Rochelle se maintint dans tous ses droits ; & ces Villes furent les seules qui conserverent en leur entier les avantages des derniers Édits.

Le temps amena encore d'autres conjonctures favorables aux Calvinistes. De tous ses Enfans, la Reine-Mere n'avoit de véritable tendresse que pour le seul Duc d'Anjou. Le départ de ce Prince pour la Pologne lui causoit autant d'affliction, qu'elle donnoit de joie à ses deux autres Freres, le Roi Charles & le Duc d'Alençon. Ce dernier, devenu Duc d'Anjou par l'éloignement de son Frere, commença à former de grandes esperances pour la Couronne de France, lorsqu'il vit que la foible santé de Charles, qui n'avoit point d'Enfans, s'étoit enfin changée en une maladie mortelle. L'opposition qu'il crut s'appercevoir que la Reine sa Mere mettoit à son dessein, acheva de l'éloigner d'elle. Cette Princesse, en donnant sa confiance à un petit nombre d'Etrangers de basse naissance, qui gouvernoient ses Finances, avoit rendu la plus grande partie des Seigneurs presqu'aussi mécontens que le Duc d'Alençon : il fomenta sous main leur révolte, & les porta à s'appuyer du secours des Protestans, dont ils partageoient la disgrace. Pour parer ce coup, en satisfaisant tout-ensemble le Duc d'Anjou & sa tendresse pour le Roi de Pologne, la Reine-Mere songea bien à la verité dès ce moment à marier le premier de ces Princes avec la Reine d'Angleterre, & à lui faire obtenir la Souveraineté des Pays-Bas : mais son mécontentement avoit déja produit son effet.

Charles entra par un autre motif, dans le ressentiment de son Frere contre la Reine leur Mere. La langueur dont il se sentoit attaqué, ayant commencé dès Vitry, où il accompagna le Roi de Pologne, en apparence pour lui faire honneur, mais en effet pour goûter le plaisir de le voir sortir de

---

Voyez le détail des Siéges de La-Rochelle & de Sancerre dans *d'Aubigné*, tom. 2. liv. 1. *La-Popeliniere* ; liv. 33. *Matth.* t. 1. l. 6. p. 340. *& suiv.* & autres Historiens

LIVRE PREMIER. 37

son Royaume; l'état où il se vit réduit en peu de temps, fit naître dans son esprit mille soupçons contre Catherine, & fit que s'unissant d'intérêt avec les Réformés, il commença à leur marquer beaucoup de bonne volonté. Elle parut principalement en ce qu'il leur permit, malgré l'opposition de la Reine-Mere, d'envoyer des Députés proposer leurs griefs & leurs demandes à la Cour. Ces Députés en rencontrerent d'autres, qui venoient de la part des Provinces Catholiques, excitées par les Seigneurs mécontens à demander la suppression de certains nouveaux Impôts, & une diminution pour dix ans sur les anciens; & ils se joignirent à eux. Le Cahier dans lequel étoient exprimées leurs demandes, n'étoit signé à la verité que de quatre ou cinq Gentils-hommes : mais les termes dans lesquels il étoit conçu, marquant une fermeté inébranlable dans un Parti, qui sembloit tirer de nouvelles forces de ses pertes mêmes, la Reine-Mere en conçut un violent dépit. Le Roi lui refusa alors son autorité; & tout ce qu'elle put faire, fut d'user de remises jusqu'à la mort de ce Prince, qu'on voyoit bien n'être pas éloignée.

1573.

Les Réformés pénétrerent son intention; & pour n'être pas prévenus, ils parurent tout-d'un-coup en armes. C'est ce qu'on appela la Prise d'Armes du Mardi-Gras, parce qu'en ce jour-là ils se saisirent de plusieurs (67) Villes. Montgommery repassa d'Angleterre en Normandie, où il se fortifia. La Reine-Mere étoit alors avec toute la Cour à Saint-Germain-en-Laye. Elle songea du-moins à faire ensorte que les Princes ne lui échapassent point : ce qui ne l'embarrassoit pas médiocrement, à-cause des entreprises qu'on faisoit chaque jour, pour les tirer de ses mains. Guitry (68) & Buhy s'approcherent un jour de Saint-Germain, à main armée, & penserent les enlever. L'alarme fut grande : mais les Conjurés n'ayant pas bien assûré leur coup, Catherine eut le temps de s'enfuir avec les Princes à Paris, où elle fit couper la tête

1574.

Gabriel, Comte de Montgommery, le même qui avoit blessé Henry II.

---

(67) Fontenay, Lusignan, Melle, Pons, Tonnay-Charente, Talmont, Rochefort, Oriol, Livron, Orange, & autres Places en Poitou, en Languedoc, en Dauphiné &c.
(68) Jean de Chaumont, Marquis de Quitry, ou Guitry. Pierre de Mornay, Seigneur de Buhy, Frere de Du-Plessis-Mornay. Voyez le détail de cette entreprise dans la *Vie de Du-Plessis-Mornay, liv.* 1. *pag.* 26.

E iij

1574.

à Coconnas (69) & à La-Mole, auteurs du complot, & emprisonner les Maréchaux de Montmorency, & de Cossé. Après cela elle donna des Gardes au Roi de Navarre, & au Duc d'Anjou. Elle envoya aussi des Soldats à Amiens, pour arrêter & amener le Prince de Condé, qui y étoit soigneusement observé. Il en fut averti, se déguisa, & trompant ses surveillans, il s'enfuit heureusement, lui troisieme, en Allemagne, où il fut déclaré en arrivant Généralissime des troupes de la Religion en France.

La Reine-Mere ne balança pas à faire marcher contre les Huguenots toutes ses forces, divisées en trois armées. Matignon (70) conduisit la premiere en Normandie, où Montgommery n'ayant que trois ou quatre Places (71) assez peu considérables, fut bientôt défait, & obligé de se rendre entre les mains de ce Maréchal, qui le fit conduire à Paris, où il eut la tête tranchée. La seconde, sous M. le Duc de (72) Montpensier, alla investir Fontenay, & ensuite Lusignan, qu'il prit malgré la belle défense du Vicomte de Rohan. Le Prince (73) Dauphin, qui commandoit la troisieme, prit aussi quelques petites Places en Dauphiné, & s'étant attaché à Livron, il en leva honteusement le siége. Tout fut suspendu, & une partie des Généraux rapellés à la Cour, à l'oc-

(69) Joseph Boniface de La-Mole. Annibal, Comte de Coconnas, Piémontois » L'amour & la jalousie » firent perir La-Mole & Coconnas, » aimés de deux grandes Princesses « (la Reine de Navarre & la Duchesse de Nevers). *Mem. de Nevers, tom.* 1. *p.* 75.

(70) Jacques de Matignon, Maréchal de France, mort en 1597. Ce Seigneur merite toutes les louanges que M. de Thou lui donne, par ses grandes qualités, surtout par son attachement inviolable à la personne du Roi, qualité peu commune en ce temps-là. *De Thou, liv.* 66.

(71) Carentan, Valogne, Saint-Lo, Donfront: il fut pris dans cette derniere, se battant en desesperé. Il me semble qu'on ne sçauroit prendre de Juge moins suspect que d'Aubigné, qui étoit zelé Calviniste, dans la question de la prétenduë parole donnée au Comte par ce Maréchal. » La Place renduë, dit-il, avec » assurance de la vie à tous, hormis » au Comte, qui n'eut que des pro- » messes captieuses, comme, de n'ê- » tre mis en autres mains que celles » du Roi: j'assure cela, quoiqu'on » ait écrit autrement; il n'y a eu que » trop de perfidies en France sans en » inventer. « &c. *tom.* 2. *liv.* 2. *chap.* 7. Montgommery reçut la mort en héros. *De Thou, ibid. Brant. &c.*

(72) François de Bourbon. Cette branche de Montpensier sort d'un Louis de Bourbon, second Fils de Jean II. de Bourbon.

(73) C'est le nom que portoit François de Bourbon, Fils de M. le Duc de Montpensier. *Mém. de Brant. tom.* 3. *p.* 301.

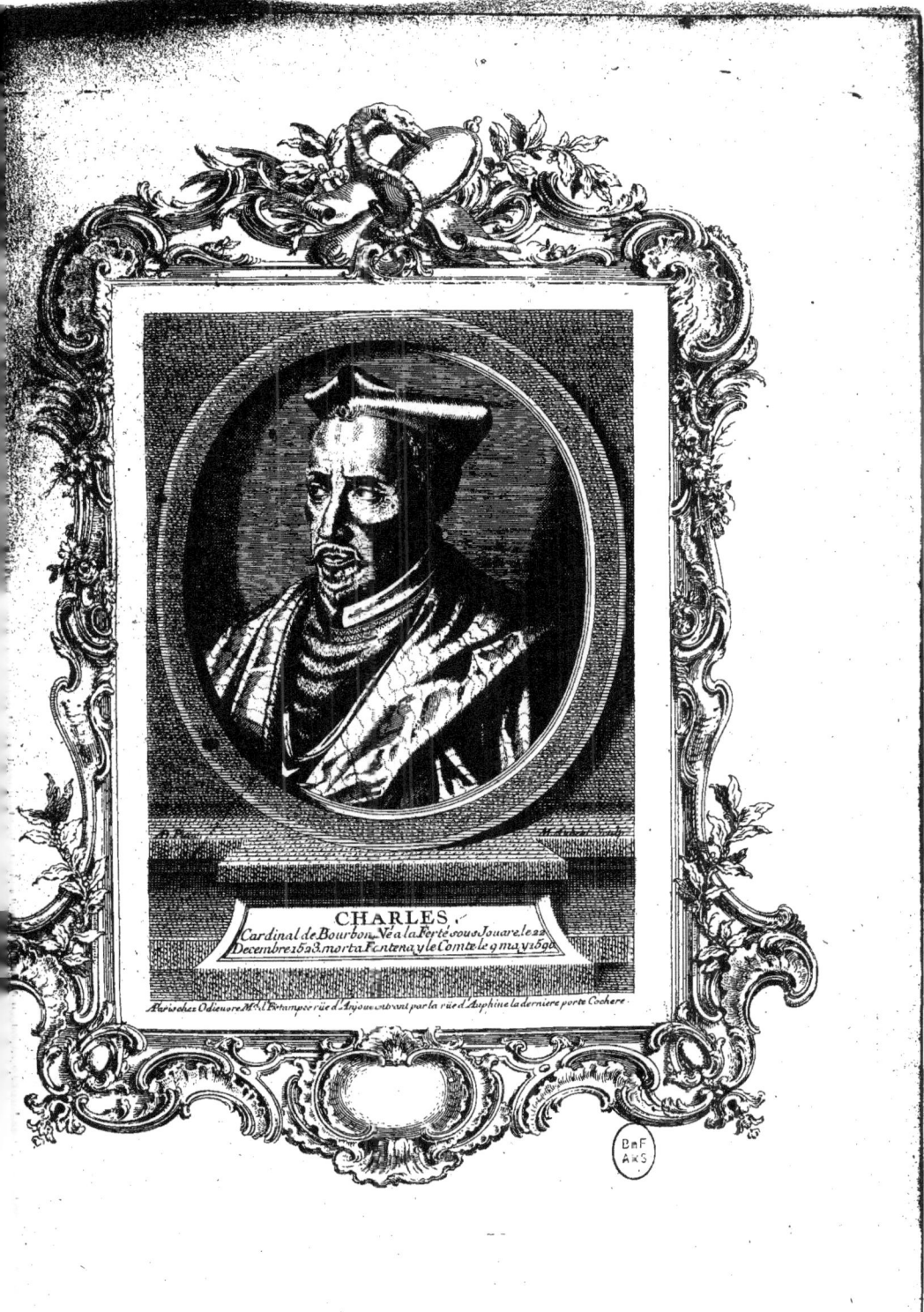

CHARLES
Cardinal de Bourbon, Né a la Ferté sous Jouare, le 22
Decembre 1523. mort a Fontenay le Comte le 9 may 1590.

A Paris chez Odieuvre Md. d'Estampes rüe d'Anjou, vis a vis par la rüe d'Auphine la derniere porte Cochere.

casion de la mort du Roi, qui arriva le jour de la Pentecôte de cette année. Ce Prince mourut au Château de Vincennes, dans les douleurs les plus aiguës, & baigné dans son sang. En cet état, le malheureux jour de la Saint-Barthelemy fut sans cesse présent à son esprit. Il marqua par ses transports & par ses larmes le regret (74) qu'il en ressentoit. Le Cardinal (75) de Lorraine mourut aussi cette même année en terre Papale, la surveille de Noël, jour remarquable par une des plus effroyables tempêtes qu'on ait jamais vuës.

Le Roi de Pologne fut averti en treize jours de la mort du Roi son frere, & dès la nuit suivante il se déroba de la Cour, & s'enfuit. Il visita en passant l'Empereur Maximilien, & le Duc Charles de Savoye; & prit sa route (76) par Venise. On lui donna dans tous ces endroits le conseil également sage & conforme à ses intérêts, d'accorder aux Réformés la paix & le libre exercice de leur Religion ; mais il en profita si peu, qu'il rompit d'abord en arrivant en France, la trève qu'on avoit accordée aux Huguenots pour trois mois & la changea, à la sollicitation de Catherine, en une

1574

(74) » Il envoya chercher le Roi » de Navarre, auquel seul il avoit re- » connu de l'honneur & de la foi, & » lui recommanda très-affectueuse- » ment sa femme & sa fille. « *Peref. ibid.* Il dit en mourant, qu'il étoit bien aise de ne point laisser d'enfans, qui auroient été trop jeunes pour gouverner dans des temps aussi difficiles. Montluc, De-Thou, & presque tous les Historiens conviennent, que s'il avoit vécu, il eût été un fort grand Roi. Il avoit beaucoup de courage, de prudence, d'éloquence, de pénétration, d'œconomie, de sobriété : Il aimoit les Sçavans & les belles Lettres, mais il étoit colere & grand jureur. Il n'avoit pas encore vingt-cinq ans : on lui trouva plusieurs meurtrissures dans le corps. *De Thou, ibid.* Cependant, il n'y a pas de preuves, quoi qu'en dise l'Auteur de la Légende de D. Claude de Guise, qu'il ait été empoisonné. La cause de sa mort vint des exercices violens qu'il faisoit, ou de la grande quantité de bile qui lui rendoit souvent les yeux tout jaunes. Il avoit la taille haute, mais peu droite, les épaules courbées, les jambes foibles & menuës, le visage pâle, les yeux hagards, & la physionomie farouche. Voyez *P. Matthieu, tom.* I. *à la fin du sixieme Livre.* Et la vie de ce Prince, que Papire Masson a écrite en Latin.

(75) Charles, Cardinal de Lorraine, Archevêque de Reims. Voyez son caractere dans le *troisieme tome des Mém. de Brant.* » Il mourut en Avi- » gnon, dit-il, empoisonné, si nous » voulons croire la Légende de Saint » Nicaise. « *p.* 138. & très-chrétiennement, au rapport de Matthieu, qui fait son éloge, *tom.* I. *liv.* 7. *p.* 407.

(76) Consultez *Matthieu, tom.* I. *au commencement du septieme Livre,* sur la sortie de Henry III. de Pologne, & sur les particularités de son Voyage.

1574.

déclaration de guerre contre tout le parti Proteſtant; auquel s'étoit joint tout fraîchement grand nombre de Catholiques, par affection pour le Maréchal de (77) Damville, irrité de la priſon de ſon frere. Le Roi alla en perſonne mettre le ſiége pour la ſeconde fois devant Livron, qu'il fut auſſi obligé de lever; ne remportant que la honte de voir & d'entendre en ſe retirant, les femmes, & juſqu'aux enfans ? lui inſulter du haut des murs, & accabler la Reine-Mere des traits les plus ſatyriques, & les plus offenſans. De ce moment, il commença à ſe montrer ſi prodigieuſement different de ce qu'il avoit été, Duc d'Anjou, qu'on peut dire que ſa fuite honteuſe à Avignon fut l'époque de ſon ignominie, des malheurs de ſon Royaume, & des ſiens propres, Dans le voyage de Réims, qu'il fit auſſitôt après, pour ſe faire ſacrer, il devint amoureux d'une des filles du Comte (78) de Vaudemont & l'épouſa.

1575.

Ce fut un bonheur pour lui, que pendant tout ce temps le Duc d'Anjou ſe trouvât étroitement reſſerré; mais après le ſacre de Henry, ce Prince, qui avoit encore une fois quitté ſon nom pour prendre celui de *Monſieur*, jouït, auſſi-bien que le Roi de Navarre, d'un peu plus de liberté, qu'on retranchoit, ou augmentoit, ſuivant les nouvelles qu'on recevoit de leur correſpondance avec les ennemis de la Reine-Mere (79). Un autre ſoin de Catherine étoit de travailler à déſunir ces deux Princes; ce qu'elle faiſoit, en leur promettant à tous deux ſéparément la Lieutenance Générale des Armées de France; & en mettant en œuvre ces moyens qui manquerent ſi rarement de lui réüſſir, je veux dire, les intrigues

(77) Henry de Montmorency, Duc de Damville, ſecond Fils du Connétable, Anne de Montmorency.

(78) Louiſe de Lorraine, fille de Nicolas Duc de Mercœur, Comte de Vaudemont, & de Marguerite d'Egmond ſa premiere femme. Matthieu donne de grands éloges à la vertu de cette Princeſſe, & à ſa tendreſſe pour ſon mari, *t. 2. l. 3. p. 438.*

(79) Henry III. haïſſoit fort Monſieur, par lequel il s'imaginoit avoir été empoiſonné; & il voulut engager le Roi de Navarre à tuer ce Prince: Henry eut horreur de cette propoſition. Dans une maladie qu'eut alors Henry III. & qui ne venoit que d'un mal dans l'oreille, Henry IV. dit un jour au Duc de Guiſe qu'il aimoit : *Notre homme eſt bien mal.* Le Duc de Guiſe répondit à la premiere fois: *Ce ne ſera rien*; à la ſeconde *Il y faut penſer*; à la troiſieme fois, il lui dit enfin : *Je vous entends, Monſieur*; & frappant le pommeau de ſon épée: *voilà*, ajoûta-t'il, *qui eſt à votre ſervice, tom. 1, liv. 7, p. 418. Matthieu.*

(80) Ils

trigues de galanterie, & les rivalités. Elle ne put si bien faire, que Monsieur ne lui échapât à la fin ; il trompa ses Gardes, & s'enfuit en se travestissant, le 17 Septembre au soir. Il n'eut pas si-tôt gagné Dreux, qu'il se vit bientôt une Cour nombreuse, & un parti puissant. Le Prince de Condé avoit travaillé si efficacement en Allemagne, que le Prince Casimir se trouva prêt à entrer en France, avec une forte armée. Catherine eut recours à un autre manège : Elle chercha à regagner Monsieur par les offres les plus spécieuses ; elle le poursuivit de Ville en Ville, toujours suivie de ce cortège de filles galantes, sur lesquelles elle comptoit encore davantage. Enfin (80) elle fit si bien, qu'il tomba à la fin dans le piége qu'elle lui tendoit.

Le Roi de Navarre, qui avoit donné de bonne foi dans le paneau de la Lieutenance Générale, crut qu'elle ne pouvoit plus lui manquer, & se rejouït d'abord d'être enfin défait de Monsieur, qu'il regardoit toujours comme son rival. Mesdames de Carnavalet & de Sauves le tirérent d'erreur, & lui firent comprendre que si quelqu'un des deux devoit prétendre à cette belle Charge, c'étoit Monsieur, qui pouvoit en faire le prix de son raccommodement ; mais que dans la verité Catherine les jouoit tous deux, & que pour lui il ne devoit plus s'attendre qu'à une captivité encore plus dure. Ce Prince ouvrit les yeux, & s'appliquant tout entier à recouvrer sa liberté, il en trouva le moyen, un jour de Fevrier qu'il étoit à la chasse vers Senlis. (81) Il sçut écarter ses Gardes, & vint d'une traitte passer la Seine à Poissy, gagna Château-Neuf en Timerais, maison à lui, suivi seulement d'une trentaine de chevaux, prit quelqu'argent de ses Fermiers, & arriva à Alençon, dont le Sieur de Hertray s'étoit saisi en son nom. Il s'y aboucha avec Monsieur & le P. de Condé, qui convinrent d'unir toutes leurs forces. D'Alençon le Roi de Navarre passa à Tours, où il ne fut pas plustôt arrivé, qu'il reprit publiquement l'exercice de la Religion Protestante. Je fus de ceux qui accompagnerent ce Prince dans

---

(80) Ils s'aboucherent à Champigny-sur-Vede, maison appartenant à M. le Duc de Montpensier, sur les confins de la Touraine.

(81) Voyez ce détail dans *d'Aubigné*, tom. 2. liv. chap. 18. *Matthieu*, tom. 1. liv. 7. p. 420. &c.

1576.

Selon d'autres, trente-cinq mille seulement.

sa fuite, & dans tout ce voyage. Il me renvoya de Tours avec Fervaques (82) redemander à la Cour de France la Princesse sa sœur. Elle nous fut accordée; & dès la seconde journée, cette Princesse reprenant aussi sa Religion, se trouva au Prêche à Châteaudun, & rejoignit le Roi, qui l'attendoit à Parthenay.

Les trois Princes, après la jonction de leurs troupes, se trouverent à la tête de plus de cinquante mille hommes effectifs, & firent à leur tour trembler Catherine. Tout sembloit annoncer une guerre des plus sanglantes. Je me jettai dans l'Infanterie, simple volontaire, en attendant l'occasion d'un emploi plus convenable; & je fis mon essai d'Armes aux environs de Tours, où il y eut plusieurs rencontres entre des détachemens de partis différens. Le Roi de Navarre ayant appris que je m'y comportois avec plus de témérité que de courage, me fit appeller, & me dit : » Rosny, » ce n'est pas-là où je veux que vous hazardiez votre vie; je » loue votre courage, mais je desire vous le faire employer » en une meilleure occasion. « Cette occasion ne se trouva pas si proche que nous le croyons tous, parce que Catherine, qui ne se trouvoit pas la plus forte, eut recours à son manège ordinaire. Elle parla de paix, elle offrit plus qu'on ne croyoit pouvoir demander; les promesses ne coûtoient rien à cette artificieuse Princesse : enfin elle eut l'adresse de faire mettre bas les armes aux Princes, & la paix fut arrêtée & signée trois mois après (89.) C'est ce qu'on appella la Paix de Monsieur, parce qu'outre que l'objet principal de Catherine en la faisant étoit de gagner ce Prince, il fut si bien la dupe de ses finesses, qu'à la fin il la souhaita, & la sollicita lui-même plus ardemment que personne. Il faut convenir qu'elle fut des plus avantageuses; cependant les Princes ne

---

(82). Guillaume de Hautemer, Comte de Grancey, Seigneur de Fervaques &c. Maréchal de France, & Lieutenant Général en Normandie, mort en 1613. âgé de soixante-quinze ans. Madame Catherine de Bourbon, depuis Duchesse de Bar.

(83) Par l'Edit de soixante-trois articles, passé au Couvent de Beaulieu, près de Loches en Touraine, entre la Reine mere & les Princes.

On y rétablit la mémoire de l'Amiral de Coligny & des autres Chefs Protestans: on y accorde les Chambres mi-parties dans les Principaux Parlemens, & plusieurs Villes de sûreté, &c. Monsieur se fit donner en particulier un riche appanage; & le Prince Casimir, une somme considérable en argent & en pierreries *De Thou, d'Aubigné &c.*

LIVRE PREMIER.

1576.

firent jamais de faute plus irréparable, que lorſqu'ils y donnerent les mains. Monſieur y en ajouta bientôt une ſeconde, & auſſi capitale lorſqu'agiſſant contre ſon propre intérêt il ſe ſépara des Réformés (84) : par ce contretemps, il perdit, tant du côté de la France que de l'Angleterre, les occaſions de devenir peut-être un des plus puiſſans Princes de l'Europe. Ainſi tout ſe tourna encore au gré de la Reine-Mere, qui n'avoit en vûe, en faiſant cette paix, que la déſunion de ſes ennemis.

Henry voyant la paix faite ſe retira à La-Rochelle, dont les habitans, excepté qu'ils ne lui préſenterent point le Dais, lui rendirent tous les honneurs qu'ils auroient pu faire au Roi. Ils ne firent pas un acueil ſi gracieux à tous les Catholiques, qui étoient à la ſuite du Prince. Ils refuſerent l'entrée de leur Ville à Caumont, depuis Duc d'Epernon (85), & à tous ceux qu'on put convaincre d'avoir enſanglanté leurs épées le 24 Août. Le ſéjour du Roi de Navarre en cette Ville ne fut pas long. A peine ouvrit-il la bouche pour demander l'accompliſſement du Traité, qu'il dut ſentir toute la grandeur de ſa faute. Catherine nia avoir rien promis aux Huguenots, qui furent obligés de reprendre les armes, avant même que l'année fût finie. Je quittai mon premier poſte, M. de Lavardin mon parent, qui m'affectionnoit beaucoup, m'ayant fait prendre l'Enſeigne de ſa Compagnie Colonelle. Je fus nommé pour défendre Périgueux, & enſuite Villeneuve en Agenois, menacée de ſiége. Le Roi de Navarre ſe propoſa des entrepriſes conſidérables, mais l'occaſion en étoit perduë. La plus grande partie des troupes ſur leſquelles il avoit compté, lui manquerent alors ; & le reſte ſe trouva ſi mauvais, qu'à peine put-il faire deux entrepriſes, l'une ſur La-Réole, & l'autre ſur Saint-Macary, dont encore la ſeconde manqua. Favas qui conduiſoit celle de La-Réole, me mit à la tête de cinquante ſoldats, qui y entrerent ſans preſqu'aucun danger. Je demandai la même commiſſion à Lan-

Jean de Beaumanoir de Lavardin, ou Laverdin, Maréchal de France.

Jean Favas, dit, le Capitaine Favas.

(84) Pour parler plus juſte, Monſieur ſacrifia en cette occaſion le Roi de Navarre & les Huguenots à ſes intérêts, ou à ſa politique. C'eſt dans les *Mém. de Nevers*, tom. 1. p. 90. & ſuiv. qu'il faut voir toutes les démarches faites de part & d'autre au ſujet de ce Traité.

(85) Jean-Louis de Nogaret de la Valette, Duc d'Epernon ; il en ſera parlé dans la ſuite.

F ij

1576. goiran, qui conduisoit l'entreprise sur Saint-Macary. Il nous l'accorda à Béthune mon cousin & à moi ; mais Favas nous retint dans la seconde troupe : Ce que je rapporte, comme l'exemple du premier bonheur marqué que j'aye eu à la guerre ; car les habitans de Saint-Macary, qui avoient eu connoissance de notre dessein, nous tromperent si bien, qu'il ne revint pas un homme de la premiere troupe, qui osa y entrer.

Je courus un danger plus réel au siége de Ville-Franche en Périgord, que fit ensuite Lavardin. Etant monté à l'assaut avec mon Drapeau, je fus renversé par le choc des piques & des hallebardes dans le fossé, où je demeurai enfoncé dans la bouë, & embarrassé par mon Drapeau, de maniere que sans le secours de mon Valet de Chambre, nommé La-Trape, & de quelques soldats qui m'aiderent à remonter, j'y aurois péri infailliblement. La Ville ayant été forcée, tandis qu'elle parlementoit ; elle fut entierement pillée ; j'y gagnai pour ma part une bourse de mille écus en or, qu'un vieillard, poursuivi par cinq ou six Soldats, me donna pour lui sauver la vie. Le nom de Ville-Franche me rappelle une avanture singuliere, arrivée à-peu-près dans ce temps-là. Les Bourgeois de cette Ville ayant formé le complot de se saisir par surprise de Montpazier, autre petite Ville voisine ; ils choisirent pour cette exécution la même nuit, que ceux de Montpazier, sans en rien sçavoir, avoient aussi prise pour essayer de s'emparer de Ville-Franche. Le hazard fit encore qu'ayant pris un chemin différent, les deux troupes ne se rencontrerent point. Tout fut exécuté avec d'autant moins d'obstacles, que de part & d'autre les murs étoient demeurés sans défense. On pilla, on se gorgea de butin, tout le monde se crut heureux ; jusqu'à ce que le jour ayant paru, les deux Villes connurent leur méprise. La composition fut que chacun s'en retourneroit chez soi, & que tout seroit remis en son premier état. Voilà une image de la guerre, comme elle se faisoit en ce temps-là : elle ne consistoit guere qu'à se saisir subtilement, ou d'emblée, des Villes & des Châteaux ennemis ; ce qui ne se passoit pourtant pas sans des combats, souvent très-sanglans.

Je ne dissimulerai point que le Roi de Navarre étoit fort

Bourg en Périgord, sur les confins du Quercy.

LIVRE PREMIER.

1576.

mal servi. Son Armée étoit presqu'également composée de Catholiques & de Réformés; & il disoit quelquefois, qu'il avoit plus d'obligation aux premiers, parce qu'ils le servoient sans intérêt, & par pur attachement à sa personne. Mais c'étoit ce mêlange même, qui nuisoit à ses affaires. Messieurs de Turenne, de Montgommery, de Guitry, de Lusignan, de Favas, de Parcaillan, & autres principaux Protestans, avoient une aversion invincible pour Messieurs de Lavardin, de Micssens, de Grammont, de Duras, de Sainte-Colombe, de Roquelaure, de Bogole, de Podins, & autres Officiers Catholiques. Elle se manifesta, entr'autres occasions, à mon sujet. Dans une querelle que j'eus avec Frontenac, cet Officier m'ayant traité de jeune homme, ajoûta avec mépris, que si on me tordoit le nez, il en sortiroit du lait; je lui répondis, que je me trouvois assez fort, pour lui tirer le sang du sien avec mon épée. Cette querelle éclata; & ce qu'il y eut de bien singulier, c'est que quoique mon aggresseur fût Catholique & moi Protestant, le Vicomte de Turenne s'offrit à lui contre moi, avec ses Réformés : ce que M. de Lavardin ayant sçu, il me fit offre de son secours, & de celui des Catholiques ses amis. La haine que le Vicomte avoit conçuë contre moi, provenoit d'un démêlé survenu entre lui & Langoiran, où j'avois pris le parti de ce dernier, auquel j'avois obligation. M. de Turenne prétendoit que Langoiran devoit recevoir l'ordre de lui, comme de son Général, par-tout où ils se trouveroient concourir ensemble. Langoiran, qui se croyoit d'aussi bonne Maison que Turenne, se moqua de ses prétentions; & ajoûtant quelques traits de raillerie, il parla de M. de Turenne, comme d'un bigot, qui n'avoit passé chez les Réformés, que parceque Bussy (86) l'avoit supplanté dans la faveur de Monsieur. Lorsque tout fut calmé, on me conseilla de rechercher le Vicomte de Turenne, & j'y consentis; mais il répondit si mal à mes avances, que je m'en tins là, & nous demeurâmes plus froids qu'auparavant.

Louis de Lusignan de S. Gelais.

Henry d'Albret, Baron de Miossens.

Antoine de Buade de Frontenac.

Henry de La-Tour, Vicomte de Turenne, ensuite Duc de Bouillon.

---

(86) Louis de Clermont de Bussy-d'Amboise, fort-renommé pour sa bonne-mine & sa bravoure : il fut tué peu de temps après, dans un rendez-vous de galanterie avec la Dame de Montforeau, par le mari, aidé de ses domestiques.

1576.

En Agenois, sur la Garonne.

De cette animosité de Parti naissoit une opposition dans les Conseils du Roi de Navarre, qui fit échouer une partie de ses desseins, & en particulier, celui sur Marmande. Lavardin l'ayant attaquée contre l'avis de La-Noue, & même contre celui du Roi, il fit avancer plusieurs Gros de cent Arquebusiers chacun, pour s'emparer des chemins creux & autres endroits avantageux, peu distans des murs de cette Ville. Il m'en donna un à conduire, avec lequel je vins me poster à deux cens pas de la Place. J'y étois à peine, que je fus assailli par un détachement des Assiégés, trois fois superieur au mien. Je me retranchai, & me défendis long-temps, à la faveur de quelques maisons ; jusqu'à ce que le Roi de Navarre, qui vit le danger auquel nous étions exposés, accourut couvert d'une simple cuirasse, combattit tout le jour, & nous donna à tous le temps de nous saisir de ces postes. Mais cela nous servit peu, n'ayant pas assez de monde pour faire l'enceinte de la Ville de tous côtés ; & ce Prince auroit eu le chagrin de ne s'être approché que pour lever honteusement le siége, si l'arrivée du Maréchal de Biron, avec des propositions d'accommodement, ne lui eût fourni un prétexte honnête de retirer ses troupes.

On ne put convenir que d'une Trêve, pendant laquelle le Roi de Navarre alla en Béarn voir la Princesse sa sœur, ou plûtôt la jeune Tignonville (87), dont il étoit amoureux. Il me permit de l'accompagner. Je laissai mon équipage de guerre, & j'en pris un conforme au personnage que nous allions jouer. J'avois remis mon Enseigne à M. de Lavardin, qui en gratifia le jeune Béthune mon cousin. Mes œconomies pendant trois ou quatre ans, jointes aux profits militaires, m'avoient fait un profit si considérable, que je me vis en état d'entretenir à ma solde plusieurs Gentilshommes, avec lesquels je ne m'attachai plus qu'à la seule personne du Roi. Comme je n'avois pas envie de décheoir de cet état, je mis un ordre si reglé dans mon domestique, & dans ma Compagnie, que le Roi de Navarre, attentif à la

(87) Cette Demoiselle étoit fille de Madame de Tignonville, Gouvernante de Madame, sœur du Roi de Navarre ; on l'appelloit ordinairement dans cette Cour, Mademoiselle Navarre : elle épousa dans la suite le Baron de Pangeas.

conduite de ses moindres Officiers, m'avoua dans la suite que je devois la meilleure partie de l'estime dont il m'honora, à la sage œconomie qu'il avoit remarquée dans cet arrangement. Ma grande jeunesse étoit la seule chose qui pouvoit le rendre extraordinaire ; mais j'ai senti de bonne heure de quelle utilité il est de mettre de l'ordre dans l'intérieur de sa Maison. Cette disposition, forme à ce qu'il me semble, un préjugé avantageux, & pour l'homme de Guerre, & pour l'homme d'Etat.

Il ne fut question pendant tout le temps de notre séjour en Béarn, que de réjouissances & de galanterie. Le goût de Madame, sœur du Roi, pour ces divertissemens nous étoit d'une ressource inépuisable. J'appris auprès de cette Princesse le métier de Courtisan, dans lequel j'étois fort neuf. Elle eut la bonté de me mettre de toutes ses parties ; & je me souviens qu'elle voulut bien m'apprendre elle-même le pas d'un Ballet, qui fut exécuté avec beaucoup de magnificence.

Comme la Trêve étoit prête d'expirer, le Roi de Navarre apprit que la Ville d'Eause, soulevée par des mutins, avoit refusé de laisser entrer la Garnison qu'il y envoyoit. Il nous ordonna de nous rendre, les armes cachées sous nos habits de Chasse, dans un endroit de la campagne, où il nous attendroit lui-même. Il arriva aux portes de cette Ville, avant qu'on eût pu être averti de sa marche ; & y entra sans obstacle, à la tête de quinze ou seize, qui le suivoient de plus près que le reste de la troupe : Ce que les mutins ayant apperçu, ils crierent qu'on abaissât promptement la herse, qui s'abatit en effet presque sur la croupe du cheval de Béthune & du mien, & nous separa du gros, qui demeura hors la Ville. En même temps les rebelles sonnerent le Tocsin ; & s'étant armés en diligence, une troupe de cinquante soldats vint fondre sur nous. Nous distinguâmes parmi eux trois ou quatre voix, qui crioient : » Tirez à cette » jupe d'écarlate, & à ce panache blanc, car c'est le Roi de » Navarre. « Ce Prince se tournant vers nous : » Mes Amis, » dit-il, mes Compagnons, c'est ici qu'il faut montrer du » courage & de la résolution ; car c'est-là que dépend » notre salut ; que chacun donc me suive, & fasse comme

1576.

Ville dans L'Armagnac.

» moi, fans tirer le coup de piſtolet, qu'il ne porte « En achevant ces mots, il mit le piſtolet à la main, & marcha fièrement vers les mutins, qui ne purent ſoûtenir cet effort, & furent diſſipés d'abord. Trois ou quatre autres pelotons ſemblables ſe preſenterent enſuite, & furent enfoncés de même. Mais les ennemis s'étant raſſemblés plus de deux cens, & nos forces diminuant, le danger devint extrême. Le Roi ſe retira vers un portail, qui facilitoit ſa défenſe, & y tint ferme. Il eut la préſence d'eſprit d'ordonner à deux de nous de monter dans le Clocher, pour faire ſigne à ceux des nôtres, qui étoient demeurés dans la Campagne, de ſe hâter, & d'enfoncer la porte : ce qu'ils commencerent à faire avec d'autant moins de peine, qu'heureuſement le pont n'avoit point été levé. Ceux des Bourgeois qui étoient portés pour le Roi, mais qui avoient été obligés de céder aux volontés des ſéditieux, voyant les ſoldats prêts à entrer dans la Ville, attaquerent de leur côté les mutins par derriere. Ils ſe défendirent bien ; juſqu'à ce que la porte ayant été forcée, & la Ville s'empliſſant de ſoldats, ils alloient tous être paſſés au fil de l'épée, & la Ville même abandonnée au pillage ; ſi les principaux habitans, ayant leurs Conſuls à leur tête, ne fuſſent venus ſe jetter aux pieds du Roi, qui ſe laiſſa fléchir, & ſe contenta pour toute punition, de faire pendre quatre de ceux qui avoient tiré au panache blanc.

Ville du Comté D'Armagnac.

Le Roi de Navarre (88) laiſſa Béthune Gouverneur dans Eauſe, & s'avança en diligence vers Mirande, ſur l'avis qu'il reçut que Saint-Criq, Gentilhomme Catholique de ſon parti, s'en étoit emparé ; mais que n'ayant pas aſſez de monde pour la garder, il avoit été obligé de ſe retirer dans une Tour, où il étoit aſſiégé, & fort-vivement preſſé par les Bourgeois, joints à la garniſon de la Place. En effet, quelque diligence que fît le Roi, il ne put prévenir le malheur de cet Officier, qui venoit d'être forcé & brûlé avec toute ſa troupe, lorſque le Roi de Navarre ſe préſenta devant Mirande. Les habitans qui vouloient le faire tomber

dans

---

(88) Voyez toutes ces petites expeditions militaires dans d'Aubigné, l. 3. t. 2.

(89) Saint

dans le même piége, eurent soin de cacher ce qui étoit arrivé; & commencerent à sonner les fanfares, comme eût pu faire Saint-Criq, pour témoigner sa joie du secours qu'on lui amenoit. Un soldat Huguenot de la Ville vit le danger dans lequel le Roi de Navarre alloit se précipiter, & où nous aurions tous péri infailliblement avec lui, vû la trop grande disproportion des forces. Il passa par dessus la muraille, & vint nous avertir de l'embûche qu'on nous dressoit; après quoi le Roi ne songea plus qu'à faire retraite. Comme il s'étoit extrêmement avancé, les habitans de Mirande, qui s'apperçurent dans le moment que leur dessein avoit été éventé, sortirent, & l'attaquerent dans sa retraite. Nous nous trouvâmes, le jeune Béthune & moi, engagés si avant, que nous fûmes enveloppés. Nous nous battimes en desesperés, qui veulent du moins vendre chérement leur vie; mais il auroit fallu succomber, l'extrême lassitude nous permettant à peine de soûtenir nos armes: heureusement pour nous, Lesignan & Béthune l'aîné, envoyés par le Roi de Navarre à notre secours, firent une charge si rude, que nos attaquans plierent, & nous donnerent moyen de nous retirer. Le Sieur D'Yvetot, Gentilhomme Normand, & La-Trape, mon Valet de chambre, me furent d'un grand secours en cette occasion. Le Roi de Navarre voyant le jour baisser, fit cesser le combat, & se retira à Jegun, où deux jours après, les troupes Royales, ayant à leur tête l'Amiral de Vilars, parurent en armes, attirées par le bruit de l'attaque de Mirande. Il y auroit eu de la témérité à les attaquer. Nous nous tînmes renfermés, & nous tâchâmes seulement de les engager à entreprendre de nous forcer, ce qu'ils n'oserent tenter. Les deux Armées furent en présence jusqu'à la nuit. Un combat singulier de six contre six fut proposé entre Messieurs de Lavardin & de La-Devese: mais comme nous disputions à qui le sort tomberoit, le Roi d'un côté, & le Marquis de Vilars de l'autre, vinrent faire retirer leurs troupes, à l'entrée de la nuit.

Quelque temps après, le Roi de Navarre allant de Leictoure à Montauban, ordonna au Comte de Meilles & à moi donner avec vingt-cinq chevaux sur un gros d'Arquebusiers, que les habitans de Beaumont avoient posté dans les

1576.

Fréderic de Foix-de-Candalle.
Beaumont de Lomagne, en Armagnac.

1576. vignes & les chemins creux, sur notre passage. Nous les menâmes battant jusqu'aux portes de la Ville, d'où il sortit environ cent soldats à leurs secours, dont une partie demeura sur la place, & l'autre se noya dans les fossés. Le Roi, qui vit que le rempart commençoit à se couvrir de soldats, ne jugea pas à propos d'aller plus avant, & continua sa route. A son retour, il voulut éviter de passer sous cette Ville, & prit plus bas, par un endroit qu'on nomme, si je m'en souviens, Saint-Nicolas (89) près le Mas de Verdun. Nous en étions à peine éloignés d'une lieuë, que nous entendîmes un bruit de tambours, & que nous découvrîmes un Parti de trois cens Arquebusiers, qui marchoient assez mal en ordre sous cinq Enseignes. On tint Conseil. Les uns opinoient, que sans avoir égard à la superiorité des Ennemis, nous les attaquassions; & les autres en dissuadoient. Le Roi de Navarre n'ayant envie que de les tâter, fit avancer cinquante chevaux; & pendant ce temps-là il nous rangea sur une ligne, ayant derriere nous nos Domestiques: ce qui presenta aux Ennemis un front, qui leur cacha notre petit nombre. La blancheur éclatante de nos armes leur en imposa: ils s'enfuirent à travers les buissons, où nous les poursuivimes; jusqu'à ce que rencontrant une Eglise, ils s'y barricaderent.

Cette Eglise étoit grande, solidement bâtie, & pourvuë de vivres, parcequ'elle étoit la retraite ordinaire des Paysans; & il y en avoit un grand nombre en ce moment. Le Roi de Navarre entreprit de les y forcer, & envoya chercher des soldats & des travailleurs à Montauban, Lectoure & autres Villes voisines se doutant bien que Beaumont, Mirande & les autres Villes du Parti Catholique, enverroient de leur côté au-plustôt un puissant secours aux Assiegés, si on leur en donnoit le temps. En attendant, nous nous mimes tous à sapper cette Eglise, aidés de nos Valets. La partie du Chœur me tomba en partage. En douze heures j'y fis une ouverture, quoique le mur fût fort-épais, & d'une pierre extrêmement dure. Ensuite, par le moyen d'un échafaud élevé à la hauteur du trou, je fis jetter dans l'Eglise

(89) Saint-Nicolas de la Grave : Le Mas de Verdun, ou Mas-Garnier, Ville de l'Armagnac.

quantité de grenades. Les Affiegés manquoient d'eau, & 1577.
paîtriffoient leur farine avec du vin ; & ce qui les incommodoit encore davantage, c'eft qu'ils n'avoient ni Chirurgiens, ni linges, ni remedes pour les bleffures que faifoient les grenades, qu'on commença à leur jetter de toutes parts. Ils capitulerent donc, voyant un puiffant renfort qui arrivoit de Montauban au Roi de Navarre. Ce Prince s'étoit contenté d'ordonner qu'on pendît fept ou huit des plus mutins, mais il fut obligé de les abandonner tous à la fureur des habitans de Montauban, qui venoient les arracher jufqu'entre nos bras, & les poignardoient fans miféricorde. On connut le motif dont ils étoient animés, aux reproches qu'ils firent à ces fcélerats, d'avoir fait fervir à la débauche la plus outrée fix femmes & filles qu'ils avoient enlevées, & de les avoir enfuite fait mourir, en les rempliffant de poudre-à-canon, à laquelle ils mirent le feu : Horrible excès de brutalité & de cruauté !

Les Etats qui fe tenoient alors à Blois, députerent vers le Roi de Navarre l'Archevêque de Vienne (90), M. le Duc de Montpenfier & Richelieu, que ce Prince nous envoya Béthune & moi recevoir jufqu'à Bergerac. Ils étoient chargés d'exhorter le Roi de Navarre à embraffer la Religion Catholique, que les Etats avoient déclaré devoir être maintenuë feule dans le Royaume. Cette entrevuë, qui avoit produit une fufpenfion d'Armes, n'ayant point eu d'autre effet ; les Députés s'en retournerent, & les hoftilités recommencerent. L'Amiral de (91) Villars fit quelques tentatives fur Caftel-Jaloux & fur Nérac ; mais il trouva par-tout le Roi de Navarre, qui déconcerta fes deffeins. Ce Prince s'expofoit comme le moindre foldat, & fit devant Nérac un coup d'une extrême hardieffe, lorfqu'un gros de Cavalerie

Caftel-Jaloux, ou Caftel-Geloux, près d'Auch.

En Guyenne, Capitale du Duché d'Albret.

---

(90) Les trois Députés envoyés par les Etats au Roi de Navarre, font Pierre de Villars, Archevêque de Vienne, pour le Clergé : André de Bourbon, Sieur de Rubenpré, pour la Nobleffe : & Ménager, Général des Finances de Touraine, pour le Tiers-Etat. Il y a donc faute ici. Confultez *De-Thou, d'Aubigné, &c.* Voyez auffi le détail de la tenuë des Etats de Blois dans. *Matthieu, tom. 1. liv. 7. pag. 438.* & fur-tout dans les *Mémoires de Nevers, tom. 1. pag. 166. & fuiv.*

(91) Honorat de Savoie, Marquis de Villars : Quoiqu'il eût été fait Amiral par le Roi, du vivant de l'Amiral de Coligny, il n'eut véritablement cette Charge qu'après fa mort.

1577.

s'étant détaché pour venir le furprendre, il le repouſſa preſque ſeul. Nos prieres ne furent point capables de l'engager à prendre plus de ſoin de ſa vie ; & ſon éxemple nous animoit à notre tour, de maniere que nous nous avançames cette même journée douze ou quinze, pour faire le coup de piſtolet, juſqu'à la portée de l'Armée Catholique. Le Roi qui le remarqua, dit à Béthune : » Allez à votre Couſin le Baron » de Roſny : il eſt étourdi comme un hanneton ; retirez-le » de là, & les autres auſſi : Car l'Ennemi nous voyant reti- » rer, leur fera ſans doute une ſi rude charge, qu'ils ſeront » tous pris ou tués. « J'obéis à l'ordre ; & ce Prince qui vit mon cheval bleſſé à l'épaule, me reprocha ma témérité, avec une colere qui n'avoit rien que d'obligeant. Il ſe propoſa encore cette journée un combat de quatre contre quatre ; mais il n'eut point lieu, l'Amiral ayant fait donner le ſignal de la retraite.

Ville & Port en Saintonge.

Le coup le plus important pour le Roi eût été ſans doute d'empêcher la priſe de Brouage, aſſiégé par le Duc de Maïenne (92). Il s'y achemina, laiſſant le Vicomte de Turenne pour y conduire ſes troupes ; mais outre que celui-cy ne put arriver aſſez promptement pour ſecourir cette Ville ; l'entrevuë du Roi de Navarre avec le Prince de Condé à Pons ayant achevé d'aigrir leur eſprit, au point que le Prince de Condé voulut ſe battre avec le Vicomte de Turenne, qu'il accuſoit d'être la cauſe de cette méſintelligence ; le bien public ſouffrit de cette déſunion. Le Prince de Condé ſe ſépara bientôt ouvertement du Roi de Navarre.

En Saintonge.

La Paix qui ſuivit des évenemens ſi peu favorables aux Réformés, fut uniquement l'ouvrage d'Henry III. qui voulut donner cette mortification aux Guiſes. La guerre ne convenoit plus, ni à ſon inclination, qui le portoit tout entier vers un genre de vie ſingulierement varié (93) de dévotion & de volupté, ni à ſes deſſeins qui tendoient tous à abaiſſer les Princes de Lorraine, devenus trop puiſſans par la

---

(92) Charles de Lorraine, Duc de Maïenne, ſecond Fils de François de Lorraine, Duc de Guiſe : Il fut Général de la Ligue.

(93) Il n'y a rien, diſoit Sixte V. au Cardinal de Joyeuſe, que votre Roi n'ait fait & ne faſſe pour être Moine, ni que je n'aye fait moi pour ne l'être point. Il eut juſqu'à cent cinquante Valets de la Chambre, *Miniſtros cubicularios*, dit Busbeq, Epiſt. 31.

Ligue. Quoique cette Paix (94) ne fût pas auſſi favorable aux Huguenots que celle de Monſieur ils furent plus fidelles à en obſerver les clauſes que les Catholiques, qui ſe ſaiſirent en pleine paix d'Agen & de Villeneuve, dont il fut impoſſible de ſe faire rendre juſtice. L'effet d'une paix ſi mal obſervée fut une inaction pleine de ſoupçons, qui reſſembloit bien plus à une longue ſuſpenſion d'Armes, qu'à une véritable Paix. Ainſi ſe paſſa le reſte de cette année, & une partie de la ſuivante.

<small>1577.

Villeneuve, en Agenois, ſur le Lot.</small>

Soit que la Reine-Mere voulût travailler efficacement à pacifier l'Etat, ou qu'elle eût des deſſeins cachés qui l'obligeoient de rechercher le Roi de Navarre, elle quitta Paris avec toute ſa Cour; & faiſant le tour des Provinces, elle s'aboucha avec ce Prince à la Réole & à Auch; & paſſa même un aſſez long-temps avec lui à pluſieurs repriſes, ſoit à Nerac (95), à Coutras, au Fleix, ſoit en d'autres endroits: Car l'année 1578 & une partie de 1579 ſe conſumerent en allées & venuës, & en plaintes réciproques ſur l'inéxecution des Traités, qu'on enfraignoit de part & d'autre ſans beaucoup de ſcrupule. Le mêlange de deux Cours qui ne

<small>Fleix, en Perigord.</small>

---

(94) Par le Traité qui fut fait à Bergerac, entre le Roi de Navarre & le Maréchal de Biron, & par l'Edit qui s'enſuivit dans les derniers jours de Septembre, le nombre des Prêches fut diminué; l'exercice de la Religion Prétenduë-Réformée défendu à dix lieuës autour de Paris; les cimetieres des Calviniſtes ôtés dans cette Ville; la liberté des mariages révoquée; les Chambres miparties ſupprimées à Paris, Rouen, Dijon, & Rennes, &c. Le Roi Henry III. l'appelloit ſon Traité. Il ne fut fidellement obſervé ni d'une ni d'autre part : les Catholiques ſe plaignoient de leur côté, que c'étoit les Calviniſtes qui en avoient été les infracteurs. *Mém. de Nevers, ibid.*

(95) » Il y eut, dit le Grain, à Nérac conférence entr'elle & le Roi » de Navarre ſon Gendre, en laquelle quelques articles furent » éclaircis, & non pas tous; car la » bonne Dame vouloit toujours te» nir ſon geneſt d'Eſpagne par la » bride tant qu'elle pourroit; néan» moins elle carreſſa fort ce Gendre » en cette conférence, en laquelle il » y eut entr'eux pluſieurs propos » gaillards... La Reine-Mere, dit-il » encore ailleurs, lui fit une infinité » de careſſes (à Saint Bris) juſqu'à » le chatouiller par les côtés. Lui » s'aviſant du deſſein de cette Dame, » qui étoit de tâter s'il étoit couvert, » tire les boutons de ſon pourpoint, » & lui montrant ſa poitrine nuë, » Voyez, dit-il, Madame, je ne » ſers perſonne à couvert. Et comme » elle le conjura de ne plus faire la » cour aux Maires de la Rochelle, » diſant que c'étoit faire tort à ſa » Grandeur, de ſe ſoûmettre ainſi à » une populace, de laquelle il pou» voit être ſouvent éconduit : J'y » fais, ce dit-il, ce que je veux » rien que ce que je dois. » *B. le Grain. Déc. d'Henry le Grand, liv. 3. & 4.* Henry IV. y devint amoureux des Demoiſelles d'Agelle & Foſſeuſe.

1578.

cédoient en rien l'une à l'autre du côté de la galanterie, produisit l'effet qu'on en devoit attendre. On se livra aux plaisirs, aux festins, Ballets & Fêtes galantes : mais pendant que l'amour étoit devenu l'affaire la plus sérieuse de tous les Courtisans, Catherine ne s'occupoit que de sa politique. Pour cette fois elle ne réüssit point. Elle réconcilia à la verité le Roi de Navarre avec sa femme ; alors très-mécontente des procedés du Roi Henry III. son frere à son égard ; mais elle ne put, ni ramener ce Prince à Paris, ni le porter par aucun motif à lui remettre les Places de sûreté : ce qui étoit son grand objet. De cette bigarrure de politique & de galanterie, il y auroit de quoi grossir considérablement ces Mémoires. Mais j'avouë qu'à l'égard du premier de ces deux articles, ma jeunesse, & d'autres soins plus conformes à mon âge, ne me permirent pas d'y entrer. Pour la galanterie, outre que j'en ai perdu le souvenir, il me semble que ce détail frivole d'intrigues figureroit assez mal icy. Envie de plaire & de se supplanter, voilà au fond à quoi tout se réduit. Je n'omettrai pas de même quelques avantures qui ont rapport à la guerre.

La Reine-Mere auroit pu convenir avec le Roi de Navarre d'une trève, qui auroit eu lieu par tout le Royaume, jusqu'à ce qu'elle se fût séparée de ce Prince. Mais soit qu'à la faveur de la guerre elle crût qu'il lui seroit facile de se saisir par surprise & par artifice, de plusieurs Villes, ou qu'elle trouvât cette voie plus propre pour parvenir à ses fins ; elle n'étoit pas fâchée qu'on oubliât de part & d'autre qu'on étoit en paix, & qu'on traitât ensemble sur le pied de guerre. On étoit seulement demeuré d'accord, qu'il y auroit trève par tout où seroit la Cour ; & les limites ne s'étendoient pas plus loin ordinairement qu'à une lieuë & demie ou deux lieuës de l'endroit, où la Reine & les Princes faisoient leur résidence : ce qui causoit un contraste tout-à-fait nouveau. Ici on se combloit de politesses, & on se parloit avec la derniere familiarité. Se rencontroit-on hors de là, on se battoit à outrance. Les deux Cours étant à Auch, un jour qu'il se donnoit un Bal, on vint donner avis au Roi de Navarre, que le Gouverneur de La-Réole, qui étoit un vieux Gentilhomme, jusque-là zelé Huguenot, emporté par son amour pour une des filles de la Reine-Mere, avoit trahi son devoir, & livré sa place aux Catholiques. Le Roi de Navarre, qui ne voulut pas différer plus long-temps à s'en venger, me fit avertir secrettement avec trois ou quatre autres de sortir de la salle du Bal, & de le joindre dans la campagne, les armes cachées à l'ordinaire sous les habits de chasse. Nous mîmes de la partie le plus de gens que nous pûmes, prenant bien garde cependant que le Bal ne s'en trouvât pas dérangé ; & nous nous rendîmes près du Roi, avec lequel nous marchâmes toute la nuit, & arrivâmes le matin à portes ouvrantes à Fleurence, dont nous nous saisîmes sans aucun obstacle. La Reine-Mere, qui auroit juré que le Roi de Navarre avoit couché à Auch, fut bien surprise le lendemain matin en apprenant cette expédition, & prit le parti d'en rire la première.» Je vois bien, dit-elle, que » c'est la revenche de La-Réole, & que le Roi de Navarre a » voulu faire chou pour chou : mais le mien est mieux pommé. «

Il arriva depuis une avanture toute pareille, la Cour étant à Coutras. Le Roi de Navarre ayant résolu de se saisir de Saint-Emilion, nous envoya passer la nuit à Sainte Foi, qui n'étoit point comprise dans la trève : d'où nous marchâmes vers Saint-Emilion, avec un petard en forme de Saucisson, que nous attachâmes par deux embrasures à une grosse Tour. Le Fracas de cette machine fut si grand, que le bruit s'en fit entendre jusqu'à Coutras. La Tour fut entr'ouverte, de maniere qu'elle donnoit passage à deux hommes de front, & la Ville fut prise par ce moyen. La Reine-Mere se fâcha, & dit hautement qu'elle ne pouvoit regarder ce coup que comme une insulte méditée, Saint-Emilion étant dans les bornes de la trève. La distance de Coutras à cette Ville étoit telle, qu'elle rendoit le cas douteux : mais le Roi de Navarre, qui sçavoit que peu de jours auparavant, les Bourgeois de Saint-Emilion avoient dépouillé un Marchand de la Religion, que Catherine avoit déclaré de bonne prise, ne fit que rappeller ce fait, & on ne parla plus de rien. Souvent il arrivoit que les deux Cours se séparoient, lorsqu'il s'étoit passé quelque chose qui donnoit à l'une des deux un sujet un peu fort de mécontentement ; mais on se rappro-

1572.

Sur la Garonne, en Bazadois.
Nommé Ussac.

En Guyenne proche Libourne.
Sur la Dordogne, en Agenois.

1579.

choit bientôt par l'interêt des plaisirs, qui sans cela auroient langui. Le Roi de Navarre mena la Cour de la Reine-Mere dans la Province de Foix, où entr'autres divertissemens, il voulut lui donner celui de la chasse aux Ours. On en fit peur aux Dames, & leur délicatesse ne s'accommoda pas de ce spectacle, en effet, il y eut tel de ces animaux, qui démembra des chevaux ; d'autres, qui forcerent jusqu'à dix Suisses & dix Fusiliers. Un dernier blessé de plusieurs coups, & acculé sur le haut d'une Roche, se précipita avec sept ou huit Chasseurs, qu'il tenoit embrassés & les écrasa.

Enfin la Reine-Mere se sépara du Roi de Navarre ; & continuant sa route par le Languedoc, la Provence & le Dauphiné, où elle vit le Duc de Savoie, elle revint à Paris, laissant tout sur le même pied qu'elle l'avoit trouvé ; je veux dire, d'une paix qui ne fit qu'augmenter encore la défiance & les soupçons. Mais ce qu'elle n'oublia pas, fut de débaucher au Roi de Navarre une partie de ses Officiers Catholiques. Lavardin, Grammont, (96) & Duras furent de ce nombre. Un autre fruit de sa présence fut d'avoir si parfaitement brouillé M. le Prince avec le Vicomte de Turenne, qu'il le fit appeller en duel. Turenne ne se trouva sur le pré, qu'après avoir fait toutes les soûmissions qu'il devoit à la qualité de ce Prince. Ce combat n'eut rien de funeste. Le Vicomte de Turenne reçut plusieurs coups dans un second, qui lui fut proposé par Duras (97) & Rosan. On dit dans ce temps-là,

(96) Philibert de Grammont : Jean de Durfort.

(97) Les deux freres Durfort de Duras, & Durfort de Rosan, se battirent contre le Vicomte de Turenne, & Jean de Gontaut de Biron, Baron de Salignac son second, à Agen sur la Place du Gravier. Quoique les deux freres fussent maillés, ils eurent du désavantage ; le Vicomte permit à Rosan de se relever, & Salignac à Duras de changer d'épée. Dans ce moment, neuf ou dix hommes armés fondirent sur le Vicomte, & le laissèrent sur la place percé de vingt-deux coups, dont pourtant il ne mourut pas : il eut même la générosité d'intercéder auprès de la Reine-Mere pour les Duras. Le Maréchal de Damville, appellé Maréchal de Montmorency, depuis la mort de son frere, arrivée en ce temps-là, consulté sur cette action, décida avec plusieurs autres, que sans plus exposer sa vie, toutes les voies de se venger étoient permises au Vicomte de Turenne contre ses Adversaires, *Mémoires du Duc de Bouillon : Sa Vie par Marsolier. De-Thou.* Brantôme dans le dixieme Tome de ses Mémoires, *touchant les Duels*, p. 114. paroît douter que ce duel se soit passé de la maniere dont il vient d'être rapporté, vû la réputation d'honneur & de valeur où étoient les deux freres.

(98) Voyez

LIVRE PREMIER.

1580.

temps-là, qu'ils n'avoient obligation de l'avantage qu'ils avoient eu en cette occasion sur Turenne, qu'à une finesse peu permise.

Après le départ de la Reine-Mere, la Cour de Navarre vint à Montauban, & de-là à Nérac, où l'on demeura quelque temps dans l'incertitude, s'il n'étoit pas plus à propos de recommencer tout de bon la guerre. Cette Cour n'étant pas moins voluptueuse que celle de France, il ne fut encore question que de plaisirs & de galanterie.

On ne balança plus à reprendre les armes, sitôt qu'on eut appris que les Catholiques s'étoient emparés par surprise de la Ville de Figeac, & tenoient le Château assiégé. Le Vicomte de Turenne, que le Roi de Navarre chargea de faire lever ce siége, me dit en partant » Monsieur, hé bien, » serez-vous des nôtres ? Ouï, Monsieur, lui répondis-je, je » serai toujours des vôtres, quand ce sera pour le service du » Roi, & en tout temps quand vous m'aimerez. « Les Catholiques surpris de la diligence des Réformés, abandonnerent Figeac. Les armes ayant été reprises de la part des Huguenots, ils firent plus de quarante entreprises, dont trois (98) seulement réüssirent ; celles sur La-Fère en Picardie, sur Montagu en Poitou, & sur Cahors. Je ne parlerai que de cette derniere, parce que c'est la seule à laquelle j'assistai, & que de toutes les attaques de Villes par le petard & la sappe, il n'y en a point de si remarquable.

Ville du Quercy, sur les confins de l'Auvergne.

Cahors est une Ville fort peuplée, vaste & environnée d'eau par trois côtés. Vesins (99) en étoit Gouverneur, & avoit à ses ordres plus de deux mille hommes, outre cent Cavaliers bien montés, & la Bourgeoisie qu'il faisoit tenir sous les armes. Il étoit sur ses gardes, comme un homme qui s'attend à être attaqué : ce qu'on reconnut par un billet trouvé dans sa cassette, sur lequel il avoit mis de sa main ce peu de mots : *Nargue pour les Huguenots*. Le Roi de Navarre,

La riviere de Lot en arrose les murs.

---

(98) Voyez toutes ces expéditions particularisées dans d'*Aubigné*, tom. 2. liv. 4.

(99) Le même dont il est parlé au commencement de ce Livre. On croit que s'il n'avoit pas été tué dans l'attaque, en chemise, à la tête des siens, le Roi de Navarre n'eût pu se rendre maître de la Place.

Tome I. H

dont la petite armée étoit encore affoiblie par l'absence de Chouppes, & qui n'avoit pu s'ouvrir un passage par le petard & la sappe, ne désespera pas d'emporter cette Ville. Il renforça sa troupe de tout ce qu'il trouva de gens de guerre dans Montauban, Négrepelisse, Saint-Antonin, Cajare & Senevières : Ce qui ne lui donna en tout qu'environ quinze cens hommes, avec lesquels il sortit de Montauban, & arriva à minuit à un quart de lieuë de Cahors. Il nous fit arrêter dans un plant de Noyers, où couloit une fontaine, l'eau servit à nous désalterer. Nous étions dans le mois de Juin ; il faisoit un fort grand chaud, & un tonnerre violent, mais sans pluie. Ce fut en cet endroit que le Roi de Navarre disposa l'ordre de la marche, & de toute l'attaque. Deux Petardiers du Vicomte de Gourdon, principal auteur de l'entreprise, secondés de dix soldats des plus déterminés des Gardes du Prince, marcherent avant nous, comme devant nous ouvrir un passage dans la Ville. Ils étoient suivis de près par vingt autres Fantassins, & trente Cavaliers, aussi des Gardes du Roi, conduits par Saint-Martin leur Capitaine. Quarante Gentilshommes commandés par Roquelaure, & soixante soldats de la Garde composérent un autre corps, & marcherent ensuite : J'étois de cette brigade. Le Roi de Navarre à la tête de deux cens hommes, partagés en quatre bandes, venoit après nous. Le reste de sa petite armée, qui composoit un gros de mille à douze cens Arquebusiers, en six pelotons, fermoit la marche.

Il y avoit trois portes à forcer, qu'on se hâta de renverser avec le petard ; après lequel on employoit la hache, les ouvertures se trouvant si étroites, que les premiers qui y entrerent, ne purent le faire qu'en rampant sur le ventre. Au bruit du petard, quarante hommes armés, & environ deux cens Arquebusiers presque nuds accoururent pour disputer l'entrée, pendant que les Cloches sonnant l'alarme avertissoient tout le monde de se mettre en défense. En un moment les maisons furent couvertes de gens, qui renversoient de grosses pieces de bois, les tuiles & les pierres, avec des cris redoublés de *charge*, *tuë* : nous comprîmes qu'on

marginalia:
1580.
Villes de Quercy.
N...de Terride, Vicomte de Gourdon.
Charles le Clerc de Saint Martin : il y fut tué.
Antoine de Roquelaure.

s'étoit disposé de longue main à nous bien recevoir. Il fallut donc dès l'abord essuyer un choc, qui dura plus d'un quart-d'heure, & ne fut pas le moins terrible. J'y fus renversé par terre, d'une grosse pierre qui fut jettée par une fenêtre, & je me relevai à l'aide du Sieur de La-Bertichere, & de La-Trape. Nous avancions fort peu, parce qu'en la place des pelotons que nous mettions hors de combat, il en succédoit d'autres frais dans le même moment ; ensorte qu'avant que d'avoir pu gagner la grande place, nous avions déja livré plus de douze combats. Mes cuissarts s'étant détachés dans la mêlée, je fus blessé à la cuisse gauche. Arrivés à la Place, nous trouvâmes des barricades qu'il fallut renverser avec une peine infinie, & exposés aux décharges continuelles de l'artillerie qu'on avoit mise en batterie. Le Roi ne cessa point d'être à la tête pendant toutes ces attaques. Il y rompit deux pertuisannes, & ses armes y furent marquées de plusieurs coups de feu & de main. Nous en avions déja assez fait pour une belle victoire ; mais à voir tout ce qui restoit à faire, on pouvoit dire que nous n'avions pas encore commencé. La Ville étant d'une fort grande enceinte, & pleine d'un si grand nombre de soldats, qu'en comparaison d'eux nous n'étions qu'une poignée ; à chaque carrefour, c'étoit un combat à essuyer ; à chaque maison de pierre, une escalade à faire : le terrein étoit si bien défendu, que le Roi de Navarre ayant sans cesse besoin de tout son monde, nous n'avions pas le temps de respirer.

On aura de la peine à croire qu'il se passa cinq jours & cinq nuits entieres dans ce violent éxercice. Pendant tout ce temps-là aucun de nous n'osa, ni quitter ses armes pour un seul instant, ni s'écarter, ni prendre de nourriture que les armes à la main, ni goûter aucun repos, si ce n'est en s'appuyant tout debout contre les boutiques pour quelques momens. A la fatigue, à l'épuisement, au poids des armes, & à l'excessive chaleur se joignoient les blessures, qui achevoient de nous ôter ce qui nous restoit de forces. Il n'y avoit personne qui n'eût les pieds si écorchés, & si pleins de sang, qu'il nous étoit impossible de nous soutenir. Les Bourgeois

1580.

qui ne souffroient aucune de nos incommodités, & qui s'appercevoient de plus en plus de notre petit nombre, loin de parler de se rendre, ne songeoient qu'à faire durer le combat jusqu'à l'arrivée d'un secours, qu'on leur disoit être fort proche. Ils poussoient de grands cris, & s'animoient par notre opiniâtreté. Quelque peu qu'ils se défendissent, ils en faisoient toujours assez pour nous obliger à nous tenir sur nos gardes : ce qui étoit achever de nous accabler. Dans cette extrémité, les principaux Officiers s'approcherent du Roi, & lui conseillerent de rassembler le plus qu'il pourroit de gens autour de sa Personne, & de s'ouvrir une retraite. Ils redoublerent leurs instances, sur le bruit qui se répandit, & qui étoit vrai, que le secours attendu par les habitans venoit d'arriver du côté de La Barre ; & qu'il seroit dans la Ville, sitôt qu'il auroit eu le temps de percer le mur. Mais ce brave Prince que rien ne pouvoit abattre, ni faire trembler, surmontant la douleur qu'il ressentoit de ses blessures, se tourna vers eux avec un visage riant, & un air d'assurance qui en inspiroit aux plus foibles, & se contenta de leur répondre :
» Il est dit là-haut ce qui doit être fait de moi en cette occa-
» sion. Souvenez-vous que ma retraite hors cette Ville sans
» l'avoir asûrée au parti, sera la retraite de ma vie hors de
» ce corps : Il y va trop de mon honneur d'en user autre-
» ment. Ainsi qu'on ne me parle plus que de combattre, de
» vaincre, ou de mourir. «

Pierre de Chouppes.

Ranimés par les paroles & l'exemple d'un si brave Chef, nous recommençâmes à faire de nouveaux efforts ; mais il y a toute apparence que nous aurions tous succombé enfin, sans l'arrivée de Chouppes, que le Roi avoit eu la précaution de mander avant l'attaque. Il apprit le danger du Roi, & il se fit un passage dans la Ville avec cinq ou six cens Arquebusiers & cent chevaux, en marchant sur le ventre aux ennemis qui voulurent lui boucher le passage. Sitôt qu'il se fut joint à nous, nous marchâmes ensemble vers La-Barre, par où le secours ennemi s'efforçoit d'entrer. Tout ce quartier qui tenoit encore fut forcé ; & quand nous nous fûmes rendus maîtres des Tours & des Parapets, il ne nous fut pas dif-

LIVRE PREMIER. 61

ficile d'obliger les ennemis du dehors à abandonner leur entreprise, & à se retirer : après quoi les habitans ne se trouvant pas les plus forts, ils mirent les armes bas. La Ville fut entierement pillée : ma bonne fortune fit tomber entre mes mains une petite boête de fer, où je trouvai quatre mille écus en or. Dans le détail d'une action si chaude, si longue, & si glorieuse au jeune Prince (100) qui la conduisoit, je suis obligé de supprimer quantité de circonstances, & d'actions particulieres, soit du Roi, soit des Officiers, qui paroîtroient presque des fables.

Le Roi de Navarre s'en retourna à Montauban, après avoir laissé Cabrieres (101) Gouverneur dans Cahors. Il défit encore deux ou trois troupes de l'armée du Maréchal de Biron, qui fut obligé de la tenir enfermée dans Marmande. Pour en être plus à portée, le Roi de Navarre vint loger à Tonneins, d'où s'ensuivit une infinité de petites attaques ; les soldats du Maréchal de Biron faisant tous les jours des courses sur le pays ennemi. Henry fit un jour avancer Lésignan à la tête de vingt-cinq Gentilshommes des mieux montés, du nombre desquels j'étois, usqu'aux portes de Marmande, comme pour faire un défi : ce qui n'étoit que trop ordinaire. Il nous fit suivre par cent Arquebusiers, qui mirent ventre à terre sur le bord d'un ruisseau, à quelque distance de nous ; & il se tint lui-même dans un petit bois un peu éloigné, avec trois cens chevaux, & les deux compagnies de ses Gardes. Notre ordre étoit de faire simplement le coup de pistolet, de chercher à prendre quelques soldats que nous trouverions hors des murs, & de nous retirer vers le gros d'Arquebusiers, d'abord qu'on commenceroit à nous poursuivre : Ce que nous exécutâmes aussitôt que nous eûmes vu cent chevaux sortir de la place pour venir à nous ; quoique ces Cavaliers nous criassent d'une maniere assez insultante de les

1580.

En Agenois, sur la Garonne.

(100) D'autres Historiens conviennent que cette attaque dura cinq jours entiers, & que Henry IV. y eut un grand nombre de soldats blessés, & soixante-dix seulement de tués. M. de Thou la rapporte un peu différemment : mais nos Mémoires sont plus croyables sur ce fait.
(101) Consultez d'Aubigné *tom. 2. liv. 4.* sur ces expéditions.

H iij

1580.

attendre. Un Officier de notre troupe, nommé Quasy, qui s'entendit défier nommément, ne put s'empêcher de tourner bride vers celui qui lui faisoit ce défi; le renversa mort; y perdit lui-même son cheval; & regagnoit le gros de sa brigade à pied, lorsqu'il fut attaqué par le parti ennemi entier, irrité de la mort de leur camarade. Nous marchâmes à son secours, & il y eut bientôt une mêlée des plus chaudes; pendant laquelle un de nos Valets saisi de frayeur, s'enfuit, & porta l'alarme au Roi de Navarre, en lui disant, que nous & les Arquebusiers avions été tous passés au fil de l'épée: ce qui étoit sans aucun fondement. Au contraire, après quelques momens de combat, les ennemis ayant apperçu les Arquebusiers, qui sortoient de leur embuscade pour venir nous seconder, craignirent quelque surprise; & croyant que toute l'armée leur alloit tomber sur le corps, ils se retirerent dans la Ville. On eut bien de la peine à arrêter le courage d'Henry, qui vouloit fondre sur l'armée ennemie pour nous venger, & périr glorieusement. Mais on lui fit de si fortes instances de se retirer, qu'il prit enfin ce parti à regret. Son étonnement fut grand, lorsqu'il nous vit revenir; & sa douleur le fut encore davantage d'avoir ajoûté foi à des Conseillers trop timides; sur-tout lorsqu'il vit Lésignan se plaindre avec beaucoup d'aigreur d'avoir été abandonné en cette occasion. Pour moi, j'y perdis un cheval, qui fut tué sous moi.

Des nouvelles bien plus fâcheuses ajoûterent beaucoup au chagrin du Roi de Navarre. Le Prince de Condé non content de lui avoir débauché une partie de ses troupes, & de s'être séparé de son parti d'une maniere éclatante, avoit attiré dans le sien quelques Villes du Dauphiné & de Languedoc, qu'il ôtoit à Henry pour s'en composer une Souveraineté. Il avoit engagé au Prince Casimir Aiguesmortes & Pécais, pour sûreté du secours que ce Prince lui promettoit. Et en dernier lieu il venoit de s'emparer de La-Fère (102) en Picardie, dont la perte ne pouvoit être regardée

Villes du Languedoc.

(102) Elle fut reprise incontinent par le Maréchal de Matignon. On trouve dans les Mémoires de la Ligue une Lettre de la Reine Catherine au Prince de Condé, par laquelle elle le remercie d'avoir pris les armes contre la Cour.

du Roi de Navarre d'un œil indifférent. Ce Prince dont l'armée étoit déja si inférieure à celle des Catholiques, fut encore obligé de la démembrer. Il fit partir le Vicomte de Turenne, qui déconcerta tous les projets du Prince de Condé : Pour lui, il ne put plus tenir la Campagne devant le Maréchal de Biron ; & il se renferma dans Nérac, où étoient les Dames & toute la Cour de Navarre, toujours brillante malgré le mauvais état des affaires du Roi.

Cette retraite donna encore une autre face à cette guerre, sans qu'on pût l'appeller guerre de campagne, ni de Siége, elle étoit l'une & l'autre ensemble. Biron jugeant que le siége de cette Place, étoit une entreprise au-dessus de ses forces, ne cherchoit qu'à y jetter l'alarme en tenant ses troupes aux environs ; & le Roi de Navarre bloqué dans cette Ville, ne laissoit pas de se répandre de temps en temps dans la campagne. Les portes de la Ville ayant été fermées par son ordre, sa Cavalerie lui devint inutile ; & notre seule ressource fut de nous attrouper, & de faire des sorties par les guichets qu'on tenoit ouverts, pour aller attaquer des détachemens séparés de l'armée des Royalistes, quelquefois à la barbe de l'armée entière. Je repris mon premier métier de Fantassin ; & me mêlant avec le reste des Officiers, je me trouvai à plusieurs de ces bravades, dans lesquelles il n'y a ni honneur ni gloire à acquerir : aussi étoient-elles sévérement condamnées par le Roi de Navarre. On lui vint dire un jour, que je venois d'être blessé & pris par un parti ennemi. Malgré sa colére, il fit partir Des-Champs & Dominge pour me dégager, s'il en étoit temps encore ; & il me défendit expressément de sortir de la Ville sans son ordre, en me donnant les noms de téméraire & de présomptueux, que j'avoue que je ne méritois que trop : car il y a de la folie & de l'extravagance à se précipiter dans un danger, dont on ne peut sortir que par miracle. Le Maréchal de Biron fit démonstration d'assiéger Nérac ; mais tout se réduisit à quelques coups de main, dont les Dames furent quelquefois spectatrices de dessus les remparts, où le Général ennemi, sans respect pour

1580.

Dans le pays de Foix.

elles fit tirer cinq ou six volées de canon (103) à coup perdu.

Le Roi de Navarre ne laissa pas pourtant de se saisir de Monségur. Le Capitaine Milon enferma cinq cens livres de poudre dans une saucisse, qu'il trouva moyen d'introduire dans un égout, qui aboutissoit au fossé de la place entre les deux principales portes. Le bout de la saucisse par lequel on devoit mettre le feu, demeura caché dans les herbes. Tout étant disposé pour faire jouer cette machine, le Roi nous permit d'en aller voir l'effet, qui fut merveilleux. L'une des deux portes fut jettée au milieu de la Ville, & l'autre cinquante pas avant dans la campagne. Toutes les voûtes furent ruinées, & le mur ayant laissé un passage à trois hommes de front, la Ville fut prise. Les ennemis paroissant déterminés à la reprendre, le Roi m'ordonna de m'enfermer dedans avec quarante Gentilshommes. Nous ne songeâmes qu'à bien fortifier la Place de palissades & de retranchemens, qui pussent nous tenir lieu de ceux que la poudre avoit ruinés : ce que nous fîmes sans interruption, malgré la Coqueluche, espèce de (104) maladie courante, dont nous fûmes tous fort incommodés, & moi plus que tous les autres. Nous mîmes enfin la Place en état de n'avoir rien à craindre des ennemis : après quoi je retournai vers le Roi de Navarre, qui voulut m'apprendre en cette occasion, par les caresses dont il me combla, à faire une juste différence entre les actions militaires que le devoir autorise, & celles où l'on n'écoute qu'un mouvement fougueux & bouillant. Je voyois avec plaisir que le cœur de ce Prince de jour en jour se déclaroit en ma faveur ; & qu'il donnoit à un penchant naturel ce qu'il croyoit n'accorder qu'à la seule recommandation ;

(103) Un coup de Canon donna contre une des portes de la Ville, derriere laquelle étoit la Reine de Navarre. Elle fit ôter à la Paix le Gouvernement de Guyenne à ce Maréchal.

(104) Elle prenoit dans les reins, la tête, & sur-tout la poitrine : la saignée & la purgation étoient mortelles dans cette maladie. De Thou remarque encore, que ce mal fut comme l'avant-coureur d'une peste, qui emporta quarante mille hommes dans Paris, *liv.* 73.

LIVRE PREMIER.

dation, que lui avoit faite en mourant la Reine sa mere, de ma personne & de ma fortune. Il récompensa quelques services legers que je lui avois rendus cette année, par une charge de Conseiller de Navarre, & de Chambellan ordinaire, avec deux mille livres d'appointement : il n'y en avoit point en ce temps-là de plus considérables ; & je n'avois que dix-neuf ans. Mais le feu de la jeunesse me fit commettre une faute, qui devoit me faire perdre pour toujours les bonnes graces de ce Prince.

Je soupois avec Beauvais fils du Gouverneur du Roi de Navarre, & un Officier nommé Usseau, qui prirent querelle ensemble, & résolus de se battre, me prièrent de leur en faciliter les moyens, & de tenir leur dessein secret. Au lieu d'aller incontinent en avertir le Roi, dont toute l'attention étoit d'empêcher ces combats, qu'un faux point d'honneur rendoit en ce temps-là si communs, j'eus l'imprudence de leur promettre l'un & l'autre ; & ayant inutilement essayé de les raccommoder, je les menai moi-même sur le pré, où ils se firent chacun une dangereuse blessure. Le Roi de Navarre qui aimoit Beauvais, fut extrêmement irrité de la part que j'avois à cette affaire ; & m'ayant envoyé chercher, il me dit avec indignation, que je tranchois du Souverain jusques dans sa Cour, & que s'il me rendoit justice, je méritois qu'il me fît couper la tête. J'aurois effacé ma faute par un simple aveu ; j'y en joignis une seconde plus grande. Piqué de la menace du Prince, je lui répondis étourdiment, que je n'étois ni son sujet, ni son vassal. Je menaçai à mon tour de quitter son service ; & ce Prince n'ayant répondu à mon insolence que par un juste mépris, j'allois en ce moment me séparer, & peut-être pour toujours, de la personne de ce bon Prince, si les Princesses n'eussent entrepris de faire ma paix auprès du Roi, qui écouta l'amitié qu'il avoit pour moi, & se contenta de me faire sentir la grandeur de ma faute, en me recevant pendant quelque temps avec beaucoup de froideur. Enfin lorsqu'il se fut convaincu que le regret que je lui témoignois étoit sincère, il reprit pour moi ses premiers sentimens. Ce trait de bonté me faisant

Tome I. I

1580. connoître combien ce Prince si doux méritoit d'être servi, je m'attachai plus fortement à lui ; & je résolus de cet instant de n'avoir jamais d'autre Maître. Mais je m'en vis éloigner pour quelque temps, par une promesse assez imprudente, que j'avois faite au Duc d'Alençon.

Fin du Premier Livre.

MEMOIRES
DE
SULLY.

✧✦✧✦✧✦✧✦✧✦✧✦✧✦✧✦✧✦✧✦✧✦✧✦✧✦✧✦✧✦✧

LIVRE SECOND.

A Reine-Mere fertile en projets pour la grandeur de sa Maison (1), & plus encore pour ses desseins particuliers, ayant perdu l'espérance de marier le dernier de ses fils avec la Reine d'Angleterre, avoit tourné toutes ses vuës vers la Flandre, dont elle avoit entrepris de le rendre

1580.

(1) On trouve à ce sujet dans M. de Thou, *liv.* 96. qu'avant que le Duc d'Anjou fût appellé à la Couronne de Pologne, Catherine qui vouloit d'une maniere ou d'une autre le faire Souverain, avoit envoyé François de Noailles demander au Grand-Seigneur, qui étoit alors Selim, le Royaume d'Alger pour ce Prince : On devoit y joindre la Sardaigne, obtenue de l'Espagne en échange de la Navarre, dont on lui assûroit la possession ; & on eût donné au Roy de Navarre pour équivalent de ses droits sur ce Royaume, d'autres biens en France.

I ij

1580. Souverain. Elle avoit fait au commencement plusieurs tentatives inutiles auprès des Flamands qui croyant pouvoir appaiser le ressentiment de l'Espagne (2), en se donnant pour maître du moins un Prince de la Maison d'Autriche, déférerent cet honneur à l'Archiduc Mathias, malgré la puissante brigue de Catherine. L'Archiduc étoit un Prince foible, absolument destitué des qualités nécessaires à un Souverain, sur tout en cette occasion, où il s'agissoit de payer de sa personne. On conçut du mépris pour lui ; & il acheva de se rendre odieux à la Noblesse, en préférant hautement à tous les Seigneurs le Prince d'Orange, qu'il déclara Lieutenant Général de ses Armées. Les Flamands dégoûtés de ce nouveau Maître, ne songérent plus qu'à s'en défaire. Ils jettérent les yeux sur Monsieur, comme sur un Prince capable de les soutenir par lui-même, & par la puissante protection de la France.

Guillaume de Nassau, Prince d'Orange.

Il étoit à Coutras lorsque les Députés des Provinces-Unies vinrent lui faire leur offre. Il l'accepta avec joye ; & il ne différa de passer dans les Pays-Bas, que jusqu'à ce qu'il pût y paroître avec un cortège convenable à sa naissance. Dans cette vue, il commença à solliciter fortement tout ce qu'il y avoit de Seigneurs & de Gentils-hommes distingués à la suite du Roy de Navarre. La plûpart des Catholiques s'attachérent à lui ; & l'espérance d'une paix solide & durable, dont la Reine Mere avoit soin d'entretenir les Protestans, fit aussi que plusieurs de ceux-ci lui promirent de le suivre. Fervaques & La-Rochepot, tous deux mes parens, s'engagérent avec lui, & pour me mettre de la partie, ils me représentérent qu'après le malheur qui venoit de m'arriver de perdre mon pere, je devois prendre le soin de recueillir la succession du Vicomte (3) de Gand, qui m'avoit déshérité pour cause de Religion ; & de chercher à rentrer en possession de plusieurs autres biens, que ma famille pouvoit prétendre en Flandre, & que la protection du nouveau Souverain pouvoit seule me

Antoine de Silly, sieur de La-Rochepot.

(2) La révolte des Provinces-Unies contre l'Espagne, dont on verra toutes les suites dans ces Mémoires, paroit avoir commencé par un soulèvement, & une confédération qui s'y firent en l'an 1566, dont l'objet étoit d'empêcher l'établissement de l'Inquisition dans tout ce pays *Mss. de la Bibl. du Roi, Vol. cotté 9981.*

(3) Hugues de Melun, Vicomte de Gand, grand-pere maternel de M. de Sully.

procurer. A ces motifs ils ajoûterent, de la part de Monsieur, une promesse de douze mille écus pour me mettre en équipage. Je me rendis à leurs sollicitations, & je donnai ma parole. Il se passa depuis par les differentes conjonctures, un espace de temps assez considérable, avant que Monsieur pût aller en Flandre. Enfin tous les obstacles ayant été levés (4), & les Flamands redoublant leurs instances, ce Prince nous fit ressouvenir de notre engagement, & nous manda de nous rendre auprès de lui.

J'allai prendre congé du Roi de Navarre, & j'eus avec ce Prince, sur mon départ & sur le sujet de mon voyage, une longue conversation, à laquelle je n'ai jamais pensé depuis, sans être pénétré des sentimens de générosité & d'affection qu'il me témoigna; & sans admirer la pénétration de son esprit & la justesse de ses conjectures. » C'est à ce coup, me » dit-il, aussi-tôt que je lui eus parlé de le quitter, » que » nous allons vous perdre tout-à-fait; vous allez devenir » Flamand & Papiste. « Je l'assurai que je ne serois ni l'un ni l'autre : mais que j'aurois un reproche éternel à me faire, si faute de cultiver mes parens, & pour éviter un peu de peine, je me voyois frustré des grands biens qui pouvoient me revenir des Maisons de Béthune, de Melun & de Horn (5): Que ce motif seul me portoit à suivre Monsieur, & seulement pour un temps; après lequel je lui jurois que rien ne seroit plus capable de m'empêcher de suivre mon inclination, en m'attachant à sa seule personne : Et que pour peu qu'il eût besoin de moi, je quitterois la Flandre à son premier ordre. Ensuite il m'entretint des prédictions qui lui avoient été faites, qu'il seroit un jour Roi de France; & je lui dis à mon tour, qu'on m'avoit prédit une grande fortune : J'ai eu long-temps le foible d'ajoûter quelque foi à ces prétenduës prophéties. Pour le Roi de Navarre, qui croyoit que la Religion doit

(4) Par la Paix concluë au Fleix, Château sur la Dordogne, entre le Roi de Navarre & le Duc d'Anjou. Les Protestans auxquels la derniere guerre n'avoit pas été favorable, y consentirent sans peine : le Duc d'Anjou la souhaitoit ardemment pour l'éxécution de ses desseins dans les Pays-Bas. Elle se fit au mois de Novembre : les articles en demeurerent secrets, & apparemment furent peu importans : les Villes de sûreté resterent aux Calvinistes par une prolongation de six ans.

(5) Anne de Melun, mere de l'Auteur, étoit fille de Hugues, Vicomte de Gand, & de Jeanne d'Horn.

1580. nous inspirer du mépris pour tous ces *méchans pronostiqueurs*, c'est ainsi qu'il les appelloit, il avoit au-dedans de lui-même un oracle bien plus sûr ; c'est une connoissance parfaite du caractère & de la personne de Monsieur, & une sagacité qui lui dévoiloit presque l'avenir. » Il me trompera, dit-il, s'il » remplit jamais l'attente qu'on conçoit de lui ; il a si peu de » courage, le cœur si double & si malin, le corps si mal bâti, » si peu de graces dans son maintien, tant d'inhabileté à » toutes sortes d'éxercices, que je ne sçaurois me persuader » qu'il fasse jamais rien de grand. «

Le Roi de Navarre avoit eu le temps de connoître à fond ce Prince, lorsqu'ils étoient retenus prisonniers ensemble. Sa mémoire lui rappellant en ce moment une infinité de traits, qui lui donnoient lieu de conjecturer qu'infailliblement il échoüeroit dans un dessein si noble & si hazardeux ; il me raconta qu'il étoit arrivé à Monsieur de heurter contre le pilier en courant la bague, & en maniant son cheval de se laisser tomber si lourdement, que son Ecuyer ne put lui sauver la honte d'une chute si mal adroite, qu'en coupant promptement & subtilement les rênes de son cheval : Qu'il ne réüssissoit pas mieux à la danse, à la chasse, & à tous les autres éxercices : & qu'au lieu de se rendre justice sur ces défauts naturels, & de les effacer en quelque maniere par beaucoup de modestie & d'ingénuité, sa haine s'allumoit d'abord secrettement contre tous ceux qui étoient plus favorisés que lui de la nature. Le Roi de Navarre étoit en état d'en rendre de bons témoignages ; la préférence que les Dames lui donnoient en tout sur le frere du Roi, ses rivalités avec ce Prince au sujet de Madame (6) de Sauves, d'autres démêlés de Cour semblables, l'avoient rendu l'objet de la jalousie de Monsieur. Toutes ces particularités

---

(6) N... de Beaune de Samblançay, mariée à Simon de Fizes, Baron de Sauves, Conseiller d'État, & premier Secretaire des Commandemens, mort le 27. Novembre 1579. Elle a rendu ce nom fort connu par ses galanteries : elle se remaria en secondes nôces au Marquis de Noirmoûtier. « Un soir, dit l'Historien Matthieu que le Duc d'Alen- » çon étoit auprès d'elle, le Roi de » Navarre lui dressa un tour de page, » de sorte qu'en se retirant, il heur- » ta quelque chose si rudement, » qu'il en eut l'œil tout meurtri. Le » lendemain, de loin que le Roi de » Navarre le rencontra, il s'écria : » Eh ! qu'est cela, mon Dieu : à l'œil ! » à l'œil ! quel accident ! Le Duc lui » répondit brusquement : Ce n'est

LIVRE SECOND. 71

dont il m'entretint, peu confidérables en foi, ont cessé de me paroître telles, lorsque j'ai songé que toutes les vuës du Roi de Navarre avoient été parfaitement justifiées par l'événement. Il finit par me dire qu'il s'appercevoit bien, que Catherine avoit un dessein formé d'exterminer le parti Protestant, & que dans peu il auroit besoin de ses fidelles serviteurs. Il m'embrassa en achevant ces paroles, & me souhaita un voyage plus heureux qu'il ne devoit l'être pour notre Chef. Je tombai à ses genoux, & je lui protestai en lui baisant la main, que j'étois prêt de verser tout mon sang pour lui. J'allai aussi saluer les Reines; ensuite je pris la poste, & me rendis à Rosny.

J'envoyai à Paris Maignan mon Ecuyer, m'acheter des chevaux. Je n'en ai point eu depuis de pareils à deux qui me furent amenés : L'un étoit un cheval d'Espagne noir, qui n'avoit pour toute marque qu'une tache blanche à la fesse droite : le second étoit un cheval de Sardaigne, à qui la nature avoit donné l'instinct de défendre celui qui le montoit; il rouloit les yeux, & se jettoit la bouche béante sur l'ennemi, qu'il ne quittoit qu'après l'avoir terrassé. Comme une partie des Domaines de Monsieur s'étendoit aux environs de Rosny, je trouvai l'occasion de profiter de l'offre que ce Prince m'avoit faite, dans un reste de bois dont je lui demandai à traiter à mon profit : ce qui me produisit une somme de quarante mille francs, avec laquelle je mis en quinze jours toute ma troupe en pied. Elle étoit composée de plus de quatre-vingt Gentilshommes, dont quelques-uns me suivoient volontairement, & les autres recevoient de moi une pension de deux cens livres au plus. Avec ce cortége j'allai joindre Monsieur, qui nous attendoit dans son Château de La Fère en Tartenois, d'où, après quelques chasses de Daims, nous marchâmes vers Saint-Quentin, lorsque toutes ses troupes furent assemblées.

1580.

Le Prince de Parme étoit avec toute son armée aux environs de Cambrai, qu'il tenoit bloqué. C'étoit une occasion

Alexandre Farnese, Duc de Parme.

» rien ; peu de chose vous étonne.
» L'autre continuë de le plaindre :
» le Duc piqué d'ailleurs, s'avance,
» & feignant de ne penser qu'à rire,
» lui dit à l'oreille : quiconque dira
» que je l'ai pris où vous pensez, je
» le ferai mentir. Souvray & Du-
» Guast les empêcherent de se bat-
» tre. « *Tom. 1. liv. 7. p.* 409.

à tous les braves de notre armée de se signaler ; & chacun souhaitoit de commander le premier parti qu'on enverroit à la découverte. Cet honneur m'échut par l'ordre que Fervaques, Grand-Maréchal des Logis, mon parent & mon ami, avoit mis dans l'armée ; mais il me fut inutile. Je revins sans avoir fait aucun prisonnier ; il ne sortit personne des Lignes des Assiégeans, quoique j'en passasse assez près pour essuyer plusieurs décharges. Le Vicomte de Turenne en sentit une sécrette joie, parce que j'avois refusé l'offre qu'il m'avoit faite de se joindre à moi, si je voulois attendre jusqu'au lendemain. Il prit cent Gentilshommes d'élite, avec lesquels il s'avança vers Cambrai, se flatant de ne pas faire une démarche inutile. L'effet n'y répondit pas. Cette belle troupe eut le malheur d'être défaite par quatre-vingt ou cent hommes de la Compagnie de M. de Roubais, (7) de la Maison de Melun, qui servoit dans l'armée ennemie : dix ou douze des nôtres furent faits prisonniers ; entr'autres, (8) Ventadour & le Vicomte de Turenne lui-même.

Monsieur s'avançoit cependant, dans l'intention de livrer bataille au Général ennemi. Mais celui-ci s'étoit posté si avantageusement, qu'on n'entreprit pas de le forcer ; & dès la nuit suivante il leva le Blocus, & se retira vers Valenciennes, sans perdre un soldat, & laissant encore derriere lui les passages si bien gardés, qu'il ne craignoit pas d'être joint. Monsieur entra dans Cambrai, & fut reçu avec magnificence par le Gouverneur, qui étoit d'Inchy. Câteau-Cambrésis refusa de se rendre, & fut emporté d'assaut. Monsieur qui vouloit dans ce commencement donner des marques de douceur, qui le fissent aimer, défendit sous de très-grandes peines les violences contre le sexe, qui sont les malheureux droits de la guerre ; & craignant que ces ordres ne fussent pas plus capables

(7) Robert de Melun, Marquis de Roubais. Le dessein du Vicomte de Turenne, étoit de se jetter dans Cambrai. Voyez ses Mémoires, p. 311. & suiv. Il y marque, qu'il aima mieux se rendre prisonnier du Prince de Robecque, Général de la Cavalerie Espagnole, que du Roi d'Espagne ; ce qui fit durer sa prison deux ans & dix mois, parce que l'Espagne appréhenda qu'après que Robecque auroit touché la rançon du Vicomte, qui fut de cinquante-trois mille écus, il ne quittât son service.

(8) Anne de Levis, depuis Duc de Ventadour, Chevalier des Ordres du Roi, Gouverneur du Limosin, & Lieutenant Général en Languedoc, mort en 1622,

(9) On

LIVRE SECOND. 73

1581.

bles de mettre un frein à la brutalité du soldat, que la peste dont ce Fort étoit infecté ; il donna les Eglises pour asyle, & y mit des sauve-gardes. Une jeune fille fort belle, vint se jetter entre mes bras, comme je me promenois dans les ruës, & me tenoit serré, en me conjurant de la garantir de quelques soldats, qui s'étoient cachés, disoit-elle, lorsqu'ils m'avoient apperçu. Je la rassûrai, & m'offris de la conduire dans la premiere Eglise. Elle me répondit, qu'elle s'y étoit présentée ; mais qu'on n'avoit pas voulu la recevoir, parce qu'on sçavoit qu'elle avoit la peste. Je devins froid comme un marbre à cette déclaration ; & la colère me redonnant des forces, je repoussai d'entre mes bras cette fille, qui m'exposoit à la mort, lorsqu'elle avoit une raison de se faire respecter, qui me paroissoit sans réplique ; & je m'enfuis, m'attendant à tout moment d'être saisi de la peste.

Monsieur ayant attaqué les passages d'Arleux (9) & de l'Ecluse, j'y fis quelques prisonniers que je renvoyai sans rançon, lorsque je sçus qu'ils appartenoient au Marquis de Roubais mon cousin. Roubais qui n'ignoroit pas les droits que j'avois sur les biens du Vicomte de Gand, qu'il avoit usurpés, reçut mal cette générosité. »Pardieu, dit-il, ces civilités sont »belles & bonnes, mais s'il étoit pris, il porte sa rançon avec »lui. « Ce malheur, que j'avois lieu de craindre, me seroit pourtant arrivé deux jours après à l'attaque d'une Chaussée, si Sesseval n'eût fait à propos une charge, qui me tira d'un fort grand danger.

Le Prince de Parme ayant séparé son armée dans les Pays-Bas, Monsieur revint à Cambrai, où il usa envers d'Inchy d'une perfidie bien peu digne d'un grand Prince, dont toutes les paroles doivent être si inviolables, qu'on n'ait pas seulement la pensée de le soupçonner sur le chapitre de la bonne foi. Il se pria à dîner chez ce Gouverneur, qui fit une dépense excessive pour le recevoir dans la Citadelle d'une maniere convenable à son rang. Il nous invita plus de soixante à faire compagnie au Prince, qu'il traita avec autant de grandeur que de magnificence. On lui vint dire pendant le repas, qu'il se présentoit des Gardes de Monsieur pour entrer. D'In-

---

(9) On peut voir le détail de toute cette expédition de Monsieur en Flandre dans plusieurs Historiens, qu'il seroit trop long de nommer.

Tome I. K

chy auroit cru manquer à une partie essentielle à sa réception, s'il les avoit renvoyés. Il donna ordre qu'on laissât entrer tout ce qui viendroit de la part de Monsieur, qui étoit, disoit-il, le seul Maître dans le Château. Il disoit plus vrai qu'il ne pensoit. Après ceux-cy il en vint d'autres, & encore d'autres ; jusqu'à ce que la partie se trouvant la plus forte, ces Gardes de Monsieur désarmèrent ceux de M. d'Inchy, & se saisirent du Château. Tout cet arrangement étoit de l'invention de Monsieur, qui comptoit de la part de ce Gouverneur sur une sincèrité, que lui-même ne connoissoit pas. Lorsque d'Inchy ne put plus douter de son malheur, il fit des plaintes amères à Monsieur, qui pour toute réponse le paya d'un rire insultant sur son accent Picard, & le fit sortir du Château, qu'il donna à (10) Balagny. Il crut avoir assez dédommagé d'Inchy, par le don de la Ville & du Duché de Château-Thierry. Mais ce Gentilhomme, qui vit la différence de ce qu'on lui donnoit avec ce qu'on lui ôtoit, se livra au désespoir, & chercha la mort, qu'il trouva peu après dans une escarmouche.

Ensuite Monsieur repassa en France, malgré les prières des Habitans du Pays, qui l'assûroient qu'après la prise de cinq ou six Places, les seules qui fussent de quelque conséquence, toute la Flandre se rendroit à lui : C'étoit pour se préparer au voyage d'Angleterre, qu'il fit en effet très-peu de temps après. Toutes les Histoires ont parlé de la réception que lui fit la Reine (11) Elisabeth, & de l'espéce d'engagement qu'il contracta avec elle. Je n'en dirai rien, quoique j'aye été de ce voyage.

1582.
Fort sur l'Escaut.

D'Angleterre Monsieur repassa en Zélande, flaté de mille agréables espérances. Il vint à Lillo, puis à Anvers, où il fut couronné Duc de Brabant par le Prince d'Orange, assisté du

(10) Jean de Montluc, fils naturel de Jean de Montluc Evêque de Valence ; il en sera parlé dans la suite.

(11) On sçait que la Reine d'Angleterre laissa de cette maniere une partie des Princes de l'Europe se flater de l'espérance de l'épouser ; & qu'elle n'en vint jamais jusqu'à la conclusion, soit par politique, soit par des raisons purement naturelles : c'est une question qui n'est pas encore décidée. Monsieur y passa l'Hiver de 1581, & repassa en Flandre au Printems de 1582. Voyez le détail de ce Voyage, & celui de toutes les Négociations pour ce mariage, fort au long dans les Mémoires de Nevers, tom. 1. p. 474. 603.

Prince Dauphin, & de toute la Noblesse du Pays, qui faisoit éclater sa joie en mille manières. Cette affection des Flamands pour Monsieur eut un terme bien court. Le Prince d'Orange, le seul qui fût encore plus aimé que lui du Peuple, ayant été manqué d'un coup de pistolet (12) dans sa chambre à Anvers; la populace qui crut ne pouvoir accuser de ce coup que les François, se souleva, & vouloit faire main-basse sur eux : Monsieur ne trouva de sûreté, qu'en se réfugiant chez le blessé. Lorsque la véritable cause de cet (13) assassinat eut été découverte, il n'y eut point d'excuses ni de satisfactions que les Bourgeois ne fissent à Monsieur, de l'injustice de leurs soupçons, & de la révolte qu'ils avoient causée. Mais cet outrage étoit demeuré trop fortement imprimé dans le cœur de Monsieur. Il se promit bien à lui-même, qu'il s'en vengeroit d'une manière éclatante. Le Prince d'Orange n'étoit pas un homme qu'on trompât aisément : Dès ce moment il commença à être sur ses gardes, parce qu'il lut dans le cœur du Prince son ressentiment, & la haine envenimée qu'il portoit à tous les Protestans en général.

Pour moi j'en avois déja eu personnellement des preuves, qui jointes aux autres sujets de plaintes que me donna Monsieur, me dégoûtèrent totalement de son service. Je m'étois au commencement attaché uniquement à sa personne, & pour lui plaire je n'épargnois ni soins ni dépense. Je crus pouvoir lui parler de mes prétentions à la succession du Vicomte de Gand, qu'il dépendoit de lui de me faire tomber. Il fit le froid à cette proposition; il usa de remises; & enfin prenant son parti un jour que je redoublois mes instances, il me dit tout-à-fait cavalièrement, qu'il ne pouvoit pas en gratifier deux personnes à la fois, & que le Prince d'Epinoy (14) mon cousin avoit obtenu sans peine, ce qui me coû-

1582.
François de Bourbon, fils du Duc de Montpensier.

(12) Le 18 Mars 1582, par Jean de Jaureguy, Basque de nation; le coup lui perça la machoire de part en part. Le meurtrier fut tué par les gens du Prince d'Orange qui vinrent au bruit, dans le temps qu'il tiroit un poignard pour l'achever. *Chron. Piaseski.*

(13) On connut par les papiers qu'il avoit dans ses poches, qu'il étoit Espagnol ; ce qui appaisa le peuple prêt à faire main-basse sur les François. *Mém. d'Aubery du Maurier.* Le peuple crioit dans les ruës : » Voici des nôces de Paris : Allons tuer » ces massacreurs. « *Matthieu. tom. I. l. 7. à la fin.*

(14) Robert de Melun, Prince d'Epinoy, fils du Marquis de Richebourg.

1583.

toit tant d'assiduités. Il y avoit dans cette réponse quelque chose de bien plus piquant que le refus : j'en fus vivement frappé ; & peu de jours après je sçus au juste quelle part ses Officiers Protestans & moi avions dans son cœur, lorsque je lui entendis dire publiquement, qu'il venoit de chasser de son Conseil d'Avantigny, le dernier des Huguenots à qui il confieroit ses secrets, & que cela le mettoit fort à son aise.

Dès-lors je songai à quitter ce Prince ingrat ; & en attendant l'occasion de repasser en France, je m'attachai au Prince d'Orange, dans lequel je trouvai tout ce qui manquoit à Monsieur. Je me souviens que peu de jours avant la trahison d'Anvers, étant chez ce Prince avec Sainte-Aldegonde, & un Ministre nommé Viliers ; il nous dit, en parlant de Monsieur, & des Catholiques qui le gouvernoient : » Ces gens » ont des desseins pernicieux, & pour eux & pour nous, où, » à mon avis, ils ne trouveront pas leur compte. Je vous prie, » Monsieur, ajoûta-t'il en se tournant vers moi, de ne vous » pas éloigner de mon logis. « Il pensoit juste : & sa diligence achevant ce que sa prévoyance avoit commencé, Monsieur eut la double honte d'une (15) trahison manquée. Ayant fait assembler son armée dans la Plaine, il sortit d'Anvers un jour du mois de Février, sous prétexte d'en faire la revuë ; & ordonna à ses soldats de rentrer dans la Ville par les portes qu'il avoit à sa disposition, & de s'en rendre les maîtres à main armée. En effet tous ces soldats se jetterent dans Anvers, comme dans une Ville emportée d'assaut, en criant, *Tuë, tuë, Ville gagnée, vive la Messe*: mais le triomphe fut de courte durée. Le Prince d'Orange qui veilloit sur toutes les démarches de Monsieur, donna si bon ordre par-tout, ou plustôt fit si bien exécuter ceux qu'il y avoit mis de longue main, que les soldats de Monsieur furent repoussés, taillés en piéces, ou précipités presque tous : Car la frayeur s'étant mise parmi eux, ceux qui ne purent sortir par les por-

Philippe Marnix, Sieur de Sainte-Aldegonde.

---

(15) On tentoit au même temps par ordre de Monsieur la même chose sur les principales Villes de Flandre : le projet réüssit sur Dunkerque, Dixmude, & Dendermonde, & manqua sur Bruges, Ostende, Nieuport &c. *De Thou, liv. 77.* M. le Duc de Montpensier & le Maréchal de Biron, firent inutilement tous leurs efforts pour détourner Monsieur de cette entreprise. *Matthieu, ibid.*

tes, que la grande quantité de cadavres avoit bouchées, se jettèrent du haut des murailles.

J'étois monté à cheval sur les deux heures après midi, pour aller joindre Monsieur dans la campagne. Je n'étois pas encore sorti de la Ville, lorsque j'entendis les premiers cris des aggresseurs, & que presqu'aussitôt après je rencontrai le Prince d'Orange, qui me dit, & à quelques Gentilshommes François de la Religion qui étoient avec moi, de nous retirer chez lui. Comme François, il n'y avoit que du danger à courir pour nous dans la Ville en ce moment ; comme Huguenots, il n'y en avoit pas moins de la part de l'armée Françoise, si elle fût demeurée en possession de la Ville. Nous suivîmes son conseil, & nous ne le revîmes qu'après qu'il eût rétabli parfaitement le calme dans la Ville. Tous les soins qu'il se donna pour appaiser les Flamands, & pour leur faire oublier une démarche si inexcusable, sont autant de preuves qu'il ne se porta qu'à regret, & à son corps défendant, à une action qu'aucun François ne désaprouva. Il ne tint pas à lui que le parti Protestant en Flandre ne se raccommodât avec Monsieur : Et pour nous, après avoir sçu que notre intention étoit de joindre ce Prince, il nous mit tous en état de le faire sans risque.

Nous le trouvâmes fort embarrassé dans les environs de Malines, dont les habitans en lâchant leurs écluses avoient fait un grand marais. Il y périt bien quatre ou cinq mille hommes de son armée, & autant de chevaux, de faim & de froid, dans une saison aussi rigoureuse. Monsieur ne laissa pas de demeurer encore cinq ou six mois en Flandre, depuis cette funeste entreprise ; mais son armée avoit été si considérablement diminuée, le reste étoit si délabré, les Villes étoient si bien sur leurs gardes ; & pour comble de malheur le Prince de Parme revenoit si supérieur, que Monsieur fut enfin obligé de repasser en France, avec M. le Duc de Montpensier & le Maréchal de Biron, ne laissant de lui dans tout les Pays-Bas que la mémoire d'un nom justement détesté. Malheur à tout Prince assez imprudent, pour ne se pouvoir cacher sa haine contre ceux dont le service lui devient nécessaire. Mais disons tout d'un coup à l'avantage de la vertu, qu'elle est, tout bien considéré, ce qui assûre de la manière la plus in-

K iij

1583. faillible, le succès aux grandes entreprises. La sagesse, l'équité, la bonne discipline, l'ordre, le courage, le bonheur, toutes choses qui s'engendrent dans l'ordre qu'elles sont marquées icy ; voilà tout l'enchaînement des actions des hommes véritablement grands. La marche de ceux qui se parent injustement de ce beau nom, n'offre au contraire que témérité & opiniâtreté, compagnes de l'aveugle ambition, qu'yvresse de leur puissance, vaine confiance en leurs talens, présomption de leur bonne fortune : tous effets de la flaterie, qui pour l'ordinaire ne subjugue si impérieusement personne que ces prétendus Héros, qui se croient nés pour subjuguer tout le monde.

Je ne voulus pas quitter la Flandre sans voir les lieux qui avoient donné naissance à mes ancêtres. Je pris un passeport du Comte de Barlaymont, & je vins à la Bassée chez Madame de Mastin ma tante. Elle me reçut comme un neveu qu'elle avoit deshérité, parce qu'il ne croit ni en Dieu, ni en ses Saints, & qu'il n'adore que le Diable : C'est l'idée que le Pere Silvestre, Cordelier, grand Prédicateur & Directeur de cette Dame, avoit jugé à propos de lui donner de tout Protestant, & elle le croyoit sur sa parole. Elle me mena voir une Abbaye qu'elle avoit fondée, & en me montrant les tombeaux de quelques-uns de mes aïeux, qu'elle y avoit fait placer, elle prit de-là occasion de me parler de ma Croyance. Si je fus surpris de lui entendre débiter les rêveries que le Pere Silvestre lui avoit mises dans la tête, elle ne le fut pas moins, lorsque pour la détromper je lui récitai le Symbole, & toutes les prieres qui nous sont communes avec les Catholiques Romains. Les sentimens de la nature se réveillierent dans l'esprit de cette Dame avec ceux de sa raison : elle n'avoit manqué à mon égard que par sa grande simplicité. Elle m'embrassa les larmes aux yeux ; & me promit que non-seulement elle m'assûreroit tous ses biens, mais encore qu'elle me feroit rendre ceux du Vicomte de Gand. Elle parloit sincèrement : sans doute que le Pere Silvestre trouva des raisons encore meilleures, pour détourner l'effet de ses bonnes intentions ; car rien de tout ce qu'elle m'avoit promis ne s'éxécuta.

J'avois sur-tout une envie particuliére de voir la Ville de

Claude de Barlaymont, Sieur de Hautepenne.

LIVRE SECOND. 79

Béthune, Patrie & ancien domaine de mes ancêtres, qui y possédérent long-temps des biens considérables. La trahison dont Monsieur avoit usé avec la Ville d'Anvers, tenoit en soupçon toutes les autres Villes des Pays-Bas. On ne me laissa entrer dans Béthune, qu'après que j'eus montré mon passeport, déclaré mon nom, & fait voir que je venois ce chez Madame de Mastin : ce qui produisit un effet auquel je ne m'attendois pas. Je prenois le chemin de l'hôtellerie où pend pour enseigne l'Ecu de la Maison de Béthune, lorsque je vis venir à moi un peloton de gens armés, qui me causa quelque appréhension. C'étoit les Bourgeois de la Ville, qui pleins de respect pour le sang de leurs anciens Seigneurs, n'avoient pas plustôt sçu qui j'étois, qu'ils avoient jugé à propos de me faire tous les honneurs possibles, & m'apportoient un présent en vin, en pâtisserie & en confitures. Je ne partis de cette Ville qu'après l'avoir visitée exactement, & avoir examiné avec un secret plaisir tous les Monumens publics & particuliers, qui conservent à la postérité la mémoire des bienfaits de mes peres pour cette Ville, & celle de sa reconnoissance.

La Flandre n'ayant plus rien qui m'arrêtât, je revins en France, prenant le droit chemin de Rosny, où je ne fis presque que passer. Je me remis en marche pour la Guyenne, plein de joie de rejoindre après une si longue absence le Roi de Navarre. Ce Prince me reçut d'une maniére qui ne me permit pas de douter qu'il ne fût sensible à mon retour. Il voulut que je lui contasse toutes mes avantures, & celle de Monsieur. » Eh bien ! me dit-il ensuite, n'est-ce pas-là l'ac-
» complissement de tout ce que je vous dis de ce Prince à
» Coutras? Mais le Vicomte de Turenne que je dissuadai au-
» tant qu'il me fut possible de le suivre, y a encore plus mal
» fait ses affaires que vous. «

L'expédition de Monsieur dans les Pays-Bas avoit irrité l'Espagne, au point de lui faire songer à rechercher l'amitié du Roi de Navarre, & de lui offrir ses secours pour recommencer la guerre contre les Royalistes de France. Il en reçut la proposition à Hagemau, où il étoit allé voir la Comtesse (16) de Guiche, Car il étoit alors dans le fort de sa

1583.

Dans l'Evêché d'Aire, en Gascogne.

(16) Diane ou Corisande Dandoins, Vicomtesse de Louvigny &c.

passion pour cette Dame. La défiance qu'avoit Henry de tout ce qui lui venoit d'Espagne, & sa haine naturelle pour cette Cour, l'empêchérent d'y ajoûter foi. Je ne voudrois pas être caution de la sincèrité des Espagnols, toutes les fois qu'ils firent faire à ce Prince des offres par Bernardin de Mandoce, le Chevalier Moreau & Calderon, en différens temps. Je crois pourtant qu'il y a eu des momens, où le Roi d'Espagne agit de bonne foi avec le Roi de Navarre, (17) & celui-cy pourroit être du nombre. Quoiqu'il en soit, le Roi de Navarre n'y répondit point, & ne s'en servit que pour convaincre le Roi & la Reine-Mere de la pureté de ses intentions. Il m'envoya à Paris les informer de cette démarche de l'Espagne.

On ne parloit presque plus au Roi. Ce Prince retiré à Vincennes, étoit inaccessible à tout autre qu'à ses Mignons, & aux Ministres de ses plaisirs. Je crus pouvoir trouver le moyen de l'aborder par la Reine de Navarre; car cette Princesse, dont l'humeur ne pouvoit sympathiser avec celle du Roi son mari, l'avoit encore quitté (18) pour retourner à la Cour de France. Mais Madame de Béthune m'apprit qu'elle n'étoit pas en meilleure intelligence avec la Reine sa mere, & le Roi son frere. J'eus recours à Madame de Sauves, qui me ménagea une audience de Catherine. La chose lui

parut

Epouse & ensuite Veuve de Philibert, Comte de Grammont. Il est marqué dans les Observations sur les amours du Grand Alcandre, que cette Dame envoyoit à Henry IV. des levées de vingt-trois & vingt-quatre mille Gascons, qu'elle faisoit à ses dépens. On y voit aussi qu'elle eut un fils nommé Antonin, que ce Prince offrit de reconnoître pour sien; mais que ce jeune homme répondit, qu'il aimoit mieux être Gentilhomme que Bâtard de Roi. *Journal du règne d'Henry III. pag.* 270.

(17) Ce qui porte à le croire, c'est qu'à cette Lettre du Roi d'Espagne, présentée au Roi de Navarre par le Chevalier Moreau, ou le Commandeur Morrée, comme l'appelle *Davila, liv.* 11. fut jointe une offre de cinquante mille écus par mois, faite par le même Chevalier au Vicomte de Chaux sur la frontiere de Béarn, pour l'entretien de l'armée du Roi de Navarre, s'il vouloit faire la guerre à la France. *Mém. de la Ligue, tom.* 5.

(18) Depuis ce temps-là ils vécurent toujours séparés l'un de l'autre, malgré les reproches que faisoit quelquefois Henry III. au Roi de Navarre sur ce sujet, & sur quelques autres dont parle L'Etoile. Un jour que ce dernier avoit reçu quelques Lettres du Roi assez piquantes. ,, Le ,, Roi, dit-il, par toutes ses Lettres ,, me fait beaucoup d'honneur; par ,, les premieres, il m'appelle C.. ,, & par les dernieres, fils de P... "

(19) Monsieur

parut de conséquence ; elle en parla au Roi ; il y eut un commencement de négociation entamé : j'obtins même de la main de Sa Majesté une Lettre de créance pour le Roi de Navarre. Mais quel fond peut-on faire sur les résolutions d'une Cour, où il semble qu'on ne prît jamais le bon parti, qu'on ne s'en repentît aussitôt. La Reine-Mere jugea à propos de ne se servir de cette confidence du Roi de Navarre, que pour renouer plus étroitement avec l'Espagne : Comme ce Prince le reconnut par les reproches, que lui fit faire le Roi d'Espagne, d'avoir trahi son secret.

Une suite de ce raccommodement avec l'Espagne, fut que le Roi reçut si mal Monsieur à son retour de Flandre, que ce Prince se retira accablé de chagrin à Château-Thierry. Comme je me trouvois oisif chez moi, où je m'étois retiré après avoir vu échouer ma Députation, un mouvement de curiosité me porta à aller voir Monsieur à Château-Thierry. Je crus que sa mauvaise fortune l'auroit peut-être rendu plus sage : Elle l'avoit seulement rendu moins orgueilleux. Il me reçut avec tant de caresses, que jugeant qu'elles ne pouvoient venir que d'un fond d'intérêt, j'en conclus d'abord qu'il avoit encore en tête de grands desseins ; & je n'en doutai plus lorsque j'entendis les offres magnifiques que me fit de la part de ce Prince Aurilly, qui m'avoit procuré l'honneur de lui baiser la main. Au travers des projets (19) dont Monsieur s'enyvroit, je découvris au fond de son cœur une mélancolie, & une amertume secrette qui le dévoroit, & dont rien ne pouvoit le distraire : C'étoit le commencement de cette langueur, qui quelque temps après arrêta par sa mort (20) ses projets ambitieux.

(19) Monsieur prenoit les titres de Fils de France, par la grace de Dieu, Duc de Lauthier, de Brabant, de Luxembourg, de Gueldres, d'Alençon, d'Anjou, de Touraine, de Berry, d'Evreux, & de Château-Thierry ; Comte de Flandre, de Hollande, de Zélande, de Zulphen, du Maine, du Perche, de Mante, Meulan, & Beaufort ; Marquis du Saint Empire ; Seigneur de Frise & de Malines ; Défenseur de la liberté Belgique : Il fut nommé Hercule au Baptême, & on changea ce nom en celui de François, à la Confirmation.

(20) Presqu'aucun Historien ne doute qu'il ne soit mort empoisonné ; le sang lui coula par tous les pores, comme s'il eût eu toutes les veines rompuës. *De Thou liv.* 78. » Ce fut, disent les Mémoires de » Nevers, pour avoir couché avec » la... qui lui fit sentir un bouquet » empoisonné. « *Ibid. p.* 163. *Busbeq. Epist.* 33. 35.

1583. De retour à Paris, je reçus un ordre du Roi de Navarre de me rendre auprès de lui, pour des affaires importantes. Il s'agissoit de déconcerter, s'il étoit possible, toutes les entreprises de la Ligue, dont cet habile Prince avoit d'abord saisi le grand objet. Il avoit besoin d'un homme de confiance à la Cour, qui en étudiât tous les mouvemens : c'étoit pour me charger de cet emploi qu'il m'avoit fait revenir. Il me communiqua ses réflexions ; me donna toutes les instructions dont j'avois besoin ; & m'embrassant plusieurs fois lorsque j'allois prendre congé de lui, il me dit : » Mon ami, souve-
» nez-vous de la principale partie d'un grand courage & d'un
» homme de bien, c'est de se rendre inviolable en sa paro-
» le ; je ne manquerai jamais à celle que je vous ai donnée. «
Je n'eus point besoin de chercher de prétexte, qui autorisât ce second voyage que je faisois à Paris. La faveur où j'avois laissé mes deux (21) jeunes freres à la Cour y donnoit assez de vraisemblance. Ils commençoient à donner de la jalousie aux Mignons. Le Roi les mettoit déja de ses parties de dévotion ; c'étoit un pas pour arriver bientôt à la plus grande familiarité. Cependant j'appris en arrivant qu'ils étoient disgraciés : Je n'en sçus la raison que long-temps après ; & elle est du nombre des choses (22) qu'il est bon de couvrir du silence. Cela ne m'empêcha pas de commencer ma nouvelle fonction à Paris & à la Cour ; je donnois des avis éxacts au Roi de Navarre de tout ce qui s'y passoit, afin que ce Prince pût prendre les mesures les plus convenables à l'état de ses affaires.

Engagé dans ce nouveau genre de vie, qui m'obligeoit par la nature même des occupations dont j'étois chargé, à fréquenter la Cour, à me mêler dans les Compagnies les plus brillantes de la Ville, à prendre part à leurs plaisirs, à leurs amusemens, à leur oisiveté ; dans la fleur & la force de mon âge ; on entendra sans étonnement que je payai à l'Amour

(21) Salomon & Philippe de Bethune. Le premier s'appelloit comme son aîné ; le Baron de Rosny, & fut Gouverneur de Mante : le second a formé la branche des Comtes de Selles & de Chârost. En s'attachant au parti & à la personne du Roi, ils avoient tous deux abjuré la Religion Protestante, dans laquelle ils avoient été élevés.
(22) Ceux qui sont curieux de le sçavoir, n'ont qu'à consulter le chapitre 7. de la Confession de Sancy.

le tribut ordinaire. Je devins éperduëment amoureux de la fille du Président de Saint-Mesmin, une des plus belles personnes de France. Je me livrai d'abord à une passion, dont les commencemens sont si delicieux : Et lorsque je voulus la combattre ensuite par la réflexion que cette alliance ne me convenoit point, je trouvai cette réflexion bien foible contre les égards qu'avoit pour moi toute cette famille, contre l'amitié d'un pere respectable, & plus encore contre les charmes d'une Maîtresse qui méritoit d'être aimée. J'aurois eu bien de la peine à rompre seul cette chaîne. La-Fond (23) me proposa pour faire diversion de voir Mademoiselle de Courtenay, (24) dont il souhaitoit que je fisse la recherche, comme d'un parti qui me convenoit mieux à tous égards. Je la vis, & j'approuvai intérieurement ce choix ; mais Mademoiselle de Saint-Mesmin détruisoit bientôt toutes ces sages réflexions.

Je vins un jour coucher à Nogent-sur-Seine, ayant avec moi ce même La-Fond, & quelques autres personnes. Le hazard y avoit conduit singulièrement Mademoiselle de Saint-Mesmin, & Mademoiselle de Courtenay : ce que j'appris en mettant pied à terre dans l'Hôtellerie. La conjoncture étoit des plus délicates ; & je jugeai qu'il n'y avoit pas moyen d'en sortir qu'en rompant pour toujours avec celle des deux Demoiselles, à laquelle je refuserois mes soins & ma premiere visite : Il n'y a ni ménagement ni adresse qui puisse en pareil cas satisfaire deux femmes à la fois. La jeune sœur de la Saint-Mesmin descendit en ce moment, & me trouva rêveur comme un homme qui cherche à accorder la raison avec l'amour. Elle s'en apperçut ; & mon embarras donnant un beau champ à la vivacité de son esprit, elle alloit m'entraîner aux pieds de sa sœur, lorsque La-Fond s'approchant de mon oreille : » Tournez à droite, Monsieur, » me dit-il, vous trouverez des biens, une extraction Roya- » le, & bien autant de beauté lorsqu'elle sera en âge de per- » fection. « Ces deux mots lâchés à propos rappellerent ma raison, & fixerent mon irrésolution. Je convins que La-Fond me donnoit un bon conseil ; & que la seule différence pour

(23) La Fond étoit son Valet-de-Chambre; il en sera encore parlé.
(24) Anne de Courtenay, fille puînée de François de Courtenay, Seigneur de Bontin.

1584. la beauté entre Mademoiselle de Courtenay & sa Rivale, étoit que l'une tenoit du côté des charmes ; ce que l'autre ne promettoit que dans un ou deux ans au plus tard. Je m'excusai d'aller voir Mademoiselle de Saint-Mesmin : ce qui m'attira de grands reproches ; mais je soutins l'assaut ; & de ce pas je me rendis à l'appartement de Mademoiselle de Courtenay, à qui l'on fit valoir ce sacrifice au delà de son prix. Elle me sçut gré de la préférence ; je m'en applaudis moi-même, lorsque j'eus consideré plus attentivement ma nouvelle Maîtresse, & que quelques visites de plus m'eurent fait connoître son caractère. Elle agréa mes soins, & peu de temps après cette avanture je l'épousai (25).

Ce qu'on doit de tendresse à une épouse aimable me retint chez moi à Rosny pendant cette année 1584 entiere dans les occupations, les exercices & les divertissemens de la Campagne : Autre genre de vie qui ne m'étoit pas moins nouveau. Pour tous ceux à qui la vie de la Cour & celle de la Guerre ont passé en habitude, la Campagne est ordinairement une occasion de dépenser doublement. Mais elle fournit bien des ressources à qui sçait qu'une bonne œconomie peut suppléer aux grandes richesses. Le goût des beaux chevaux, que je n'avois cultivé que par le seul plaisir, trouva utilement sa place dans cette œconomie domestique. J'entretenois des Écuyers qui alloient me chercher des chevaux dans les Pays étrangers, où ils étoient à vil prix. Je les envoyois vendre en Gascogne à la Cour du Roi de Navarre, où je ne manquois pas d'en tirer de fort-grosses sommes. Je me souviens d'avoir vendu entr'autres au Vicomte de Chartres, six cens écus, un cheval rouan, fleur de pêcher, qui ne m'en avoit coûté que quarante. La tapisserie des travaux d'Hercule qui pare la salle de Sully, me vient de M. de Nemours de La-Garnache, qui me paya en cette monnoie un fort-beau cheval d'Espagne, que je lui avois vendu douze cens écus.

Sur la fin de l'année, (26) une Lettre du Roi de Navarre

(25) Guy de Bethune fils d'Alpin de Bethune, bisaïeul de M. de Rosny, avoit aussi épousé une Françoise de Courtenay Bontin.

(26) La Paix n'ayant été rompuë que l'année suivante, les Mémoires de celle-cy, comme des précédentes, nous apprennent peu de choses

me tira de cette vie oisive. Il me mandoit que le temps qu'il avoit prévû étoit arrivé, où il avoit besoin de ses serviteurs : Que l'Etat & la Religion étoient menacés du dernier malheur, si l'on ne travailloit promptement à le détourner ; & qu'il alloit avoir incessamment sur les bras une guerre des plus rudes. Je me disposai incontinent à aller trouver ce Prince, emportant avec moi, autant pour ses besoins que pour les miens, quarante-huit mille francs d'une vente de bois de haute fûtaie, que je fis à cette intention.

1584.

En effet c'est dans cette année qu'éclaterent les hardies entreprises de la Ligue (27) : & l'on ne pense point sans frémir, qu'en moins de quatre ans il fondit sur le Roi de Na-

1585.

du Roi de Navarre. Le-Grain rapporte l'avanture qui lui arriva avec le Capitaine Michau, qui avoit feint de quitter le service de l'Espagne, & de passer à celui de ce Prince, pour trouver les moyens de le tuer en trahison. » Un jour, dit-il, chassant » ès Forêts d'Aillas, il avise à ses talons le Capitaine Michau, bien » monté, ayant une couple de pisto» lets à canon bandés & amorcés : » Roi seul, & mal assisté, comme » c'est l'ordinaire des Chasseurs de » s'écarter... Le Roi le voyant ap» procher, lui dit, d'une façon hardie & assûrée : Capitaine Michau, » mets pied à terre, je veux essayer » ton cheval, s'il est si bon que tu » dis. Le Capitaine Michau obéit, » & met pied à terre. Le Roi monte » sur son cheval, & prenant les deux » pistolets : Veux-tu, ce dit-il, tuer » quelqu'un ? On m'a dit que tu » veux me tuer ; mais je te puis » maintenant tuer toi-même si je » veux : & disant cela, tira les deux » pistolets en l'air, lui commandant » de le suivre. Le Capitaine s'étant » fort excusé, prend congé deux jours » après, & oncques depuis ne parut. « *Décade d'Henry le Grand l. 8.* Busbeq qui résidoit alors à Paris, en qualité d'Ambassadeur de l'Empereur Rodolphe II. nous assure encore dans ses Lettres, qu'un homme aposté (il ne marque pas par qui)

empoisonna en ce temps-là le Roi de Navarre ; mais que ce Prince n'en souffrit aucun mal ; soit par la force de son tempérament, soit par la foiblesse du poison : Que ce même homme le manqua ensuite d'un coup de pistolet ; & qu'ayant été pris & appliqué à la question, on connut par les démarches que fit Henry III. en cette occasion, qu'il n'avoit aucune part à cet assassinat. *Epist.* 46.

(27) La première démarche qui fit connoître les desseins de la Ligue, fut une association des Princes, Prélats & Gentilshommes de Picardie, assemblés à Peronne, pour se dispenser d'obéir à l'Edit de soixante-trois articles, rendu en 1576, en faveur des Protestans. Le Manifeste qui y fut dressé, servit comme de modelle à toutes les autres Provinces, & même aux Etats de Blois, qui furent convoqués à la fin de cette même année ; & dont les résolutions mirent Henry III. dans la nécessité de se déclarer Chef des Catholiques contre les Huguenots, pour ne pas laisser prendre cette place au Duc de Guise. Dans le commencement, on ne parloit simplement que de maintenir la seule Religion Catholique dans le Royaume : mais on y mêla dans la suite la question de la succession à la Couronne, & on y fit entrer le Pape & le Roi d'Espagne. Voyez la formule de ces associations,

L iij

1585.

varre dix Armées Royales, lorsque le danger qui menaçoit également les deux Rois, se fut tourné contre lui seul, par la foiblesse d'Henry III. qui prit la loi de ses propres ennemis, & conduisit lui-même la main qui cherchoit à renverser son autorité.

Henry III. voyant que la Ligue arboroit publiquement l'étendard de la révolte, se réveilla un peu de la léthargie où il étoit plongé; & jugea à propos de faire partir le Duc

dans le *Vol. coté* 8826. *des MSS. de la Bibliot. du Roi*, *p.* 160. La Confédération de la Noblesse de Normandie, avec serment de conserver la Religion en France, & la Couronne dans la Maison de Valois se voit, *V.* 8832. *p.* 5. Tout ce Volume est encore rempli de Mémoires, concernant la Ligue, & les premiers Etats de Blois. Voyez outre cela le Traité de la Ligue avec le Roi d'Espagne, passé au Château de Joinville, & signé des Parties respectives, & plusieurs autres Piéces sur le même sujet, *Vol.* 8866. On trouve aussi ces mêmes Piéces en tout ou en partie, avec des circonstances curieuses sur ce sujet, dans differens Auteurs, tels que *les Mémoires de Nevers*, *tom. L. Les Mémoires de la Ligue*, *tom. I. Les Mémoires d'Etat de Villeroi*, *tom.* 2. *De Thou*, *liv.* 63. & 81. *D'Aub. tom* 2. *liv.* 3, *chap.* 3. *Matth. tom.* 1. *liv.* 7. & 8. *Le Novennaire de Cayet*, *tom.* 1. *au commencement*, & autres.

Bien des personnes veulent que l'origine de la Ligue soit beaucoup plus ancienne, & qu'elle ait pris naissance dans le Concile de Trente par les soins du Cardinal de Lorraine l'Oncle ; pendant que de son côté le Duc François de Guise en formoit aussi le plan en France : mais que la mort de celui-ci en suspendit l'effet. On prétend encore, que D. Juan d'Autriche, passant par la France pour se rendre en Flandre, en concerta le projet avec le Duc de Guise : le Collège du Forteret a passé pour avoir été le berceau de la Ligue. C'étoit, dit-on, un Avocat nommé David, qui en porta les Mémoires à Rome ; & ces Mémoires qu'on lit encore dans le *premier Tome des Mémoires de la Ligue*, interceptés par les Huguenots, furent ce qui leur en donna la premiere certitude. Quelques personnes ont douté si cet Avocat, qui mourut en allant à Rome, ou selon d'autres, en revenant, n'agissoit point auprès du Pape de son mouvement, & selon ses propres idées ; ce qui n'a guére de vrai-semblance. Pour Henry III. il mérite assûrément tous les reproches que lui fait icy le Duc de Sully. Il avoit des preuves évidentes du dessein des ennemis de l'autorité Royale, lui qui, en rompant l'Edit de Pacification de 1577, dit hautement ces paroles : » J'ai grand peur » qu'en voulant perdre le Prêche, » nous ne hazardions fort la Messe. « On assûre que tous les secrets de la Ligue lui avoient été découverts par un Gentilhomme nommé la Rochette, qui en étoit chargé, & qui se laissa prendre exprès, afin de pouvoir tout révéler sans risque. Enfin il est encore certain qu'en 1584, & 85, que le Duc de Guise commença à faire lever l'étendard au Parti ; il étoit encore si foible, qu'il ne pouvoit compter au plus que sur quatre mille hommes d'Infanterie, & mille chevaux. Aussi Beauvais-Nangis (& c'est Nangis lui-même qui le dit dans ses Mémoires) lui demandant un jour ce qu'il prétendoit faire si le Roi venoit l'attaquer : « Me retirer, » lui répondit le Duc, au plus vîte » en Allemagne, en attendant une » occasion plus favorable. «

LIVRE SECOND. 87

de Joyeuſe (28), pour l'oppoſer en Normandie au Duc d'Elbœuf qui y tenoit une armée, dont la Ligue s'étoit ſervie à
extorquer le fameux Edit de Juillet (29), par lequel il étoit
ordonné à tout Huguenot d'aller à la Meſſe, ou de ſortir du
Royaume dans ſix mois. Joyeuſe qui avoit mes deux freres
dans ſon armée, paſſa par Roſny, & m'engagea ſans peine
à aller avec lui : En attaquant la Ligue on entroit dans les
véritables intérêts du Roi de Navarre. Je lui fis la meilleure
réception qu'il me fut poſſible : mais rien ne le charma tant
que la beauté de mes chevaux. Lavardin prit auſſi ſon chemin par Roſny, & alla loger à l'extremité du Bourg. Chicot (30) qui voulut donner carriere à ſon humeur enjouée
aux dépens de Lavardin, qu'il n'appelloit que *la folle*, lui

1585.
Claude de Lorraine.

(28) Anne Duc de Joyeuſe, l'aîné des ſept fils de Guillaume de
Joyeuſe.

(29) Ce Traité eſt celui de Nemours, qui fut le triomphe de la Ligue & la honte d'Henry III. Henry
IV. dit au Marquis de la Force, en
préſence de Matthieu qui le rapporte *liv.* 8. qu'au moment qu'il apprit
cette indigne foibleſſe d'Henry III.
ſa mouſtache blanchit tout d'un
coup du côté où il tenoit ſon viſage
appuyé ſur ſa main. Sixte V. lui-
même en parut indigné ; & par la
même Bulle du 5 Septembre 1585,
par laquelle il excommunioit ceux
qui donneroient du ſecours aux Huguenots, il excommunia auſſi tous
ceux qui entreprendroient contre le
Roi & le Royaume. Il prévit dès-
lors tous les malheurs qui alloient
arriver à la France, Voyez ces articles de Nemours, & les démarches
de la Ligue, ſoit en France, ſoit à
Rome dans le 1. tom. *des Mém. de Nevers*, p. 661. & ſuiv.

(30) » Chicot étoit un Gaſcon,
» brave, riche, & bouffon : il bleſſa
» à la cuiſſe Henry de Lorraine,
» Comté de Chaligny, (pendant le
» Siège de Rouen) & l'ayant fait
» Priſonnier, le préſenta au Roi
» Henry IV. en lui diſant : tien,
» voilà ce que je te donne. Le Com-
» te fâché de ſe voir pris par un fou,
» lui donna du pommeau de ſon épée
» ſur la tête, & il mourut du coup.
» Il diſoit au Roi tout ce qu'il vou-
» loit, ſans que Sa Majeſté le trou-
» vât mauvais. Quand le Duc de
» Parme vint en France, Chicot dit
» au Roi devant tout le monde :
» Monſieur mon ami, je vois bien
» que tout ce que tu fais, ne te ſer-
» vira de rien, ſi tu ne te fais, ou
» contrefais Catholique. Une autre-
» fois : De moi je tiens tout aſſuré
» que tu donnerois en un beſoin les
» Papiſtes & Huguenots aux proto-
» notaires de Lucifer, & que tu
» fuſſes paiſible Roi de France, auſſi-
» bien dit-on que vous autres Rois,
» n'avez de Religion qu'en appa-
» rence. Je ne m'ébahis pas, dit-il
» encore à Sa Majeſté, s'il y a tant
» de gens qui abbayent après être
» Rois ; le métier en eſt bon : car en
» travaillant une heure de jour, il y
» a moyen de vivre le reſte de la ſe-
» maine, & ſe paſſer de ſes voiſins :
» mais pour Dieu, Monſieur mon
» ami, gardez-vous de tomber entre
» les mains des Ligueurs ; car vous
» pourriez tomber entre celles de
» tel, qui vous pendroit comme
» une andouille, & puis feroit écrire
» ſur votre potence : à l'Ecu de Fran-
» ce & de Navarre, céans bon logis,
» pour y reſter. « *Mém. pour l'Hiſt. de
France*, tom. 2. p. 72.

1585. envoya dire avec myſtére que ce diable d'Huguenot, c'étoit moi dont il voûloit parler, avoit retenu priſonnier le *Sourdaut* ; autre ſurnom qu'il donnoit au Duc de Joyeuſe. Lavardin ſans ſonger que ſon entrepriſe eût été très-inutile, quand elle n'auroit pas été ridicule, s'arma promptement avec tous ſes domeſtiques ; & vint faire une bravade devant ma maiſon, où les railleries de toute la compagnie ne lui furent pas épargnées.

On ne croira pas aiſément ce que je vais dire. A peine étions-nous partis tous enſemble, qu'en arrivant à Verneuil le Duc de Joyeuſe reçoit un paquet de la Cour, par lequel on lui fait ſçavoir que le Roi a fait la paix avec la Ligue ; & que ſon intention eſt qu'il mene contre le Roi de Navarre, l'armée qui n'étoit partie que depuis deux jours ſeulement pour le ſoutenir contre la Ligue (31). Joyeuſe me l'apprit, en me diſant : »Hé bien, M. le Baron de Roſny, c'eſt à ce » coup que j'aurai vos beaux chevaux à bon marché ; car la » guerre eſt déclarée contre ceux de la Religion : Mais je » m'aſſûre que vous ne ſerez pas ſi ſot que d'aller trouver le » Roi de Navarre, & vous embarquer dans un parti qui ſera » infailliblement ruiné, & vous feroit perdre votre belle » terre de Roſny. « Le Duc de Joyeuſe auroit pu parler encore long-temps ſans que je l'euſſe interrompu. Je connoiſſois aſſez la Cour, pour que rien dût me ſurprendre de ſa part. Mais je penſois avec étonnement, par combien de traverſes la fortune ſe plaiſoit à faire paſſer le Roi de Navarre, avant qu'il arrivât à la grandeur qu'elle lui deſtinoit : car j'en étois toujours intérieurement perſuadé ; & les prédictions de La-Broſſe ne me ſortoient point de l'eſprit. Auſſi toute ma réponſe à Joyeuſe ne roula que là-deſſus ; & après cela

---

(31) Les Ligueurs aſſemblés à Châlons y obligerent le Roi, qui s'en excuſa ſecrettement au Roi de Navarre ſur la néceſſité. Ce Prince & la Reine ſa mere ſe laiſſerent effrayer mal-à-propos, par les menaces de la Ligue, dont on leur éxagera les forces, quoi qu'il fût très-facile de la détruire dans ces commencemens. On manqua encore dans le Conſeil l'occaſion de réünir les Pays-Bas à la Couronne, en renvoyant ſans réponſe les Députés de ces Provinces, qui étoient venus offrir au Roi cette Souveraineté, s'il vouloit faire marcher ſes Troupes de ce côté-là ; & qui paroiſſoient ſouhaiter ardemment qu'il l'acceptât. Voilà deux grandes fautes à la fois. *De-Thou*, *liv.* 81.

(32) L'Hiſtorien

LIVRE SECOND. 89

1585.

cela je le quittai brufquement. L'écart dut lui paroître un peu fort; & j'ai fçu qu'il avoit dit à ceux qui étoient à côté de lui: » Voilà un maître fou ! mais il pourroit bien s'abufer » avec fon Sorcier. «

Je revins chez moi, d'où je repartis incontinent, après avoir pris quelques nouvelles mefures conformes au changement fubit qui venoit d'arriver, & je paffai promptement en Guyenne, où étoit le Roi de Navarre. Je demeurai près de lui pendant quatre ou cinq mois, qu'il employa à fe préparer contre l'orage. Il me mena à Montauban, où il fe tenoit de fréquentes Conférences entre les Proteftans, fur le parti qu'on devoit prendre dans cette conjoncture. Le malheur eft que dans une occafion où il y alloit de tout pour les Réformés, ils n'entendoient pas affez leur véritable intérêt, pour fe tenir du moins parfaitement unis, & pour concourir de bonne foi dans les mêmes vûës. Une partie des principaux Chefs fongeoient dès ce temps-là, pluftôt à leur aggrandiffement particulier qu'à celui du Roi; fans faire réflexion que leur fortune tenoit fi bien à la fienne, qu'il étoit impoffible qu'il réüffiffent, s'il échouoit. Chacun fe bâtiffoit à lui-même fa fortune hors du plan général. Dans une Conférence plus particuliere qui fut tenuë à S. Paul de Lamiate, on donna audience à un Miniftre Docteur, envoyé de l'Electeur Palatin, nommé Butrick, où parut avec plus d'éclat cette défunion des efprits. Le Vicomte de Turenne y donna les premieres marques de cet efprit inquiet, double & ambitieux, qui formoit fon caractére. Il avoit projetté, de concert avec ce Butrick, un nouveau fyftême (32) de Gouvernement, dans lequel ils avoient entraîné Meffieurs de Conftans, d'Aubigné, de Saint Germain-Beaupré, de Saint Germain-de-Clan, de Brèzolles, & autres. Ils vouloient faire de la France Calvinifte une efpéce d'Etat Républiquain, fous la protection de l'Electeur Palatin, qui tiendroit

---

(32) L'Hiftorien qui nous a donné la vie du Duc de Bouillon, ne difconvient pas que ce ne fût là l'objet de ce Seigneur Calvinifte. Il étoit très-habile politique, tres-ambitieux, très-paffionné pour la qualité de Chef des Calviniftes de France, & très-capable de remplir cette place: Voilà tout ce qu'on peut dire, en adouciffant les termes un peu trop forts, dont M. de Sully fe fert fréquemment dans ces Memoires, lorfqu'il parle du Duc de Boüillon.

Tome I. M

1585.

en son nom cinq ou six Lieutenans dans les différentes Provinces.

En examinant ce Projet, on conviendra aisément que le Roi de Navarre étoit quitte de toute reconnoissance envers ces Messieurs ; puisque par ce plan on confondoit tous les Princes du Sang avec les Officiers du Parti Religionnaire, & qu'on les réduisoit à la qualité de simples Lieutenans d'un petit Prince Etranger. Ce n'est pas là la seule fois que le Roi de Navarre a trouvé des ennemis secrets dans son Conseil, parmi ses créatures & ses serviteurs en apparence les plus zélés, parmi ses amis mêmes & ses parens. Il faut s'attendre à tout de la part des hommes. Ils ne tiennent pour la plufpart à leurs devoirs, à la société, à la pureté, que par leurs espérances & leurs succès, non par les bienfaits, la bonne foi & la vertu. Mais comment ces habiles politiques prétendoient ils maintenir l'union & la concorde dans leur prétenduë République ? eux qui lui donnoient tant de têtes, & de têtes aussi indépendantes les unes des autres, que peu soûmises à un Protecteur foible pour se faire obéïr. On apperçoit d'abord quel est leur objet : Ils vouloient devenir chacun dans leur district autant de Souverains ; & ils ne voyoient pas que par-là ils n'auroient fait que se livrer les uns les autres à la discrétion de la Ligue & de l'Espagne, qui les auroient détruits facilement, en les attaquant séparément.

Ces menées des principaux Officiers du Parti Réformé avec l'Etranger, qui se faisoient d'une maniére assez cachée, n'empêcherent pas heureusement que le meilleur parti ne prévalût dans les Assemblées. Le Duc de Montmorency (33) opina, que dans le danger présent tout le monde se tînt uni, & se mît efficacement sur la défensive. J'insistai dans tous les Conseils sur la nécessité de reconnoître l'autorité d'un Chef unique, & de ne pas dissiper le pouvoir à force de le partager. Au sortir de l'un de ces Conseils, le Roi de Navarre me tira à quartier, & me dit : » M. le Baron de Ros» ny, ce n'est pas tout que de bien dire ; il faut encore mieux » faire. N'êtes-vous pas résolu que nous mourions ensem» ble ? Il n'est plus temps d'être bon ménager ; il faut que

(33) C'est Henry, Maréchal de Damville, devenu Duc de Montmorency.

» tous les gens d'honneur, & ceux qui ont de la conscience, » employent la moitié de leurs biens pour sauver l'autre ; je » m'assûre que vous serez des premiers à m'assister : Aussi je » vous promets que si j'ai jamais bonne fortune, vous y par- » ticiperez. Non, non, Sire, lui répondis-je, je ne veux » point que nous mourions ensemble, mais que nous vivions, » & que nous cassions la tête à tous nos ennemis : mon bon » ménage n'y nuira pas. J'ai encore pour cent mille francs » de bois à vendre, que j'employerai à cela ; vous m'en don- » nerez un jour davantage, lorsque vous serez bien riche. » Cela arrivera ; j'ai eu un Précepteur qui avoit le diable au » corps qui me l'a prédit. Le Roi de Navarre ne put s'em- pêcher de rire de cette saillie. « Or bien, mon ami, me dit- » il, en m'embrassant étroitement, retournez-vous-en chez » vous ; faites diligence, & me venez retrouver au pluſtôt » avec le plus de vos amis que vous pourrez ; & n'oubliez » pas vos bois de haute fûtaie. « Il me communiqua ensuite le dessein qu'il avoit d'approcher la guerre de Paris, ou du moins de la Loire : c'étoit en effet le seul moyen de réussir. Il m'apprit qu'il avoit pratiqué quelques intelligences dans Angers ; mais qu'il craignoit que le Prince de Condé par sa précipitation n'y mît plus d'obstacle que les Catholiques. La suite fera voir s'il pensoit juste. Il me promit de m'ins- truire de tout ce qui se passeroit, & me congédia après mille témoignages d'affection que je n'oublierai jamais.

J'arrivai à Bergerac presqu'au même moment qu'y arri- voient aussi le Cardinal de Léroncourt, (34) MM. de Sillery & de Poigny, députés de la Cour vers le Roi de Navarre, pour lui faire une derniere représentation sur la nécessité de se soûmettre aux volontés du Roi, & de changer de Reli- gion (35). Poigny vint me trouver le lendemain ; & en m'ex-

(34) Philippe de Lénoncourt, Cardinal & Archevêque de Rheims. Nicolas Brulart, Marquis de Sillery, depuis Chancelier. Jean d'Angen- nes, Seigneur de Poigny.

(35) On lit dans les Memoires de la Vie de J. A. De-Thou, liv. 3. une conversation de Michel de Monta- gne avec ce Président, qu'on ne sera pas fâché de voir ici. » Comme ils » s'entretenoient, dit l'Auteur, des » causes des troubles, Montagne lui » dit (à ce Président) qu'il avoit ſer- » vi de médiateur entre le Roi de » Navarre & le Duc de Guise, lors- » que ces deux Princes étoient à la » Cour : Que ce dernier avoit fait » toutes les avances par ses soins, ses » services, & par ses assiduités, pour » gagner l'amitié du Roi de Navar-

posant le sujet de sa commission, il me demanda ce que je pensois sur le but de son voyage. Je l'assûrai qu'il prenoit une peine inutile; & qu'il falloit autre chose que des paroles auprès du Roi de Navarre, dans une occasion où la Religion, l'Etat & l'autorité Royale étoient en si grand danger. Il haussa les épaules, soupira de ma réponse, & au lieu de repliquer : » Je crois me dit-il, qu'une Messe est de difficile » conquête en cette Ville. « Je l'y conduisis moi-même avec les autres Députés ; tâchant à leur persuader par cette liberté qu'on donnoit aux Catholiques dans une Ville dont les Réformés étoient les maîtres, que ceux-cy n'étoient pas les véritables ennemis du Roi.

Il arriva de cette Députation ce que j'avois prédit aux Députés. Pour moi, je continuai mon voyage à Paris, où en arrivant je trouvai qu'on ne parloit que de ruiner de fond en comble le Roi de Navarre, & d'exterminer les Huguenots. Tout s'y passoit au gré de la Ligue, qui commandoit souverainement depuis la honteuse démarche du Roi ; & il falloit que tout ce qui restoit de bons François se cachassent pour gémir des malheurs, que la foiblesse du Roi attiroit sur le Royaume. Ce fut vers ceux-là que je me tournai, & j'eus quelques conférences avec MM. de Rambouillet, (36) de Montbazon l'aîné, d'Aumont, de La-Rocheguion,

» re : mais qu'ayant reconnu qu'il le » jouoit, & qu'après toutes ses démarches, n'ayant trouvé en lui » qu'un ennemi implacable, il avoit » eu recours à la guerre, comme à la » derniere ressource, qui pût défendre l'honneur de sa Maison : Que » l'aigreur de ces deux esprits étoit » le principe d'une guerre, qu'on » voyoit aujourd'hui si allumée : » Que la mort seule de l'un ou de » l'autre pouvoit la faire finir : Que » le Duc, ni ceux de sa Maison ne se » croiroient jamais en sûreté, tant » que le Roi de Navarre vivroit : » Que celui-cy de son côté étoit » persuadé, qu'il ne pourroit faire » valoir son droit à la succession » à la Couronne pendant la vie » du Duc. Pour la Religion, ajoûtat-t-il dont tous les deux font » parade, c'est un beau prétexte » pour se faire suivre par ceux de son » Parti : mais la Religion ne les touche ni l'un ni l'autre ; la crainte » d'être abandonné des Protestans » empêche seule le Roi de Navarre » de rentrer dans la Religion de ses » Peres ; & le Duc ne s'éloigneroit » point de la Confession d'Ausbourg, » que son Oncle Charles Cardinal » de Lorraine lui a fait goûter s'il » pouvoit la suivre sans préjudicier » à ses intérêts ; Que c'étoient-là les » sentimens qu'il avoit reconnus dans » ces Princes, lorsqu'il se mêloit de » leurs affaires. «

(36) Nicolas d'Angennes, Marquis de Rambouillet. Louis de Rohan, fait Duc de Montbazon en 1588. Jean d'Aumont, Maréchal de France. N.....de Silly, Comte de

des-Arpentis, & quelques autres : Ils me donnerent assûrance, que si une fois le Roi paroissoit aux environs de la Loire, il verroit bien-tôt marcher à sa suite un nombre considérable de bons François. Je les affermis autant que je pus dans ces bonnes (37) résolutions ; & après avoir acheté ces chevaux à Paris, je me hâtai d'amasser les sommes d'argent que j'avois promises au Roi.

J'appris par le bruit public ce qui venoit d'arriver à Angers. Pour en être informé, il faut reprendre la chose d'un peu plus haut. Brissac qui étoit Gouverneur du Château de cette Ville, y avoit mis en son absence un Lieutenant nommé le Capitaine Grec, avec vingt soldats, sur lesquels il comptoit. Deux de ces soldats qui avoient été de la Religion, se laisserent gagner par le Roi de Navarre & le Prince de Condé, & n'attendirent que l'occasion favorable de lui livrer le Château, qui emportoit la reddition de la Ville. Lorsqu'on apprit à Angers que Henry III. s'unissoit avec le Roi de Navarre contre la Ligue, il se forma un troisième parti, conduit par Du-Hallot (38), qui rechercha Rochemorte & Fresne ; c'est ainsi que s'appelloient les deux soldats. La chose n'ayant pas demeuré long-temps en cette situation, les deux soldats, pressés par le Prince de Condé, surprirent le Capitaine Grec, & le tuerent avec quelques-uns de ses soldats : après quoi ils se saisirent du Château, sans que Du-Hallot, qui n'étoit point au fait du changement arrivé à la Cour, s'en mît en peine : au contraire, il contint le peuple, en représentant que c'étoit par ordre du Roi que les deux soldats avoient agi ; & il demeura dans son erreur jusqu'à ce que s'étant présenté pour entrer dans le Château, il éprouva lui-même la perfidie de Rochemorte & de Fresne ; sa méprise lui fit perdre (39) la vie sur une rouë. Jusques-là tout alloit bien pour le parti du Roi de Navarre & du Prince de Condé ; mais ils eurent aussi leurs

Charles de Cossé, Comte de Brissac.

1585.

la Rocheguion. Louis du Bois, Seigneur des-Arpentis, Maître de la Garderobe du Roi, Gouverneur de Touraine.

(37) Il est parlé dans M. De-Thou, liv. 82. de cette négociation de M. de Rosny auprès d'Henry III.

(38) Michel Bourrouge Du-Hallot. Louis Bouchereau de Rochemorte. Leon de Fresne.

(39) Le Roi craignoit si fort la Ligue, qu'il désavoua hautement l'entreprise de Du-Hallot.

1585. revers. Rochemorte s'étant laissé attirer au delà du pont par les Catholiques qui tenoient le Château investi, s'apperçoit qu'on ne cherche qu'à surprendre la Place, & à le prendre lui-même. Il veut rentrer. Dans ce tumulte, ceux du dedans ne songent qu'à lever promptement le pont. Rochemorte s'attache aux chaînes, qui lui échapent. Il tombe dans le fossé, où un Cerf qu'on y nourrissoit acheve de le mettre en piéces. Il ne restoit plus que Fresne. Deux jours après, comme il étoit endormi sur le parapet du mur, où il se croyoit fort en sûreté, un coup de carabine tiré de l'autre côté de la Riviere, c'est-à-dire, de plus de cinq cens pas, le renverse mort : Après quoi les Catholiques chassent le reste des Huguenots de la Ville & du Château, avec la même facilité qu'ils s'en étoient emparés. Tout cela ne seroit point arrivé, si le Roi de Navarre avoit conduit seul l'entreprise; parce qu'il n'auroit fait agir les deux Conjurés, que lorsqu'il auroit été à portée de les appuyer avec toute son armée.

Cette entreprise si mal concertée produisit plus d'un mal. Le Prince de Condé étant occupé à assiéger Brouage, lorsqu'on lui vint annoncer que son parti avoit surpris Angers, il ne balança pas à quitter le siége, pour venir seconder ses Créatures; & étant arrivé trop tard, il manqua l'un & l'autre. Elle fut cause de plus, que toutes les troupes Catholiques, qui étoient encore dispersées & dans l'inaction, se rassemblerent aux environs d'Angers : Ce qui acheva d'ôter tous les moyens de s'en resaisir, précipita les actions de la Campagne, & mit le Prince de Condé lui-même, comme on le verra bientôt dans un danger dont il n'échappa que par un insigne bonheur.

Après ce premier acte d'hostilité de la part des Réformés, je jugeai qu'on ne les menageroit plus; & je me trouvai dans un fort grand embarras. Si je voyois du risque en demeurant à Rosny, la campagne étant couverte de Royalistes; je n'en trouvois pas moins à vouloir pénétrer jusqu'où étoit le Roi de Navarre. Je pris pourtant ce parti, persuadé qu'il n'avoit jamais eu plus besoin de secours que dans la conjoncture présente; & que si je n'avois reçu aucunes Nouvelles de sa part, comme il me l'avoit promis, la seule difficulté de les faire passer au travers d'une armée ennemie en étoit la cause. Messieurs de Mouy (40), de Feuquieres, & de Morinville à qui je fis part de ma résolution, la trouverent trop hazardeuse, & refuserent de s'embarquer avec moi. Je ne laissai pas de me mettre en chemin, avec six Gentilshommes pour toute escorte, & mes domestiques, dont deux portoient dans un porte-manteau chacun six mille écus en or.

Je vins coucher à Nonancourt, & la seconde journée à Châteaudun. Jusques-là il ne m'arriva aucune mauvaise rencontre ; parceque quoique tout fût plein de soldats Catholiques, on s'imagina par-tout que j'allois joindre aussi-bien qu'eux le gros de l'armée du Duc de Joyeuse, avec qui, me dit un soldat nommé la Mothepotain, il faisoit fort bon. Je délogeai de Châteaudun avant le jour, craignant les éclaircissemens ; & je vins à Vendôme, où ne voulant pas être reconnu par Bénehart (41), je fis passer Boisbreuil, l'un des Gentilshommes de ma suite, pour le maître de la troupe, & je montai avec les Domestiques sur un des porte-malles. On fit plusieurs questions au plus apparent de la compagnie : il répondit juste ; & on nous laissa passer. Nous traversâmes toute la Ville, afin de venir loger dans le Faubourg le plus reculé. Bénehart qui nous prit pour des Catholiques, comme nous l'en assûrions, nous envoya dire fort obligeamment qu'il nous conseilloit de rentrer dans la Ville ; parceque l'armée de M. le Prince, qui avoit été repoussée de devant Angers, étant dispersée par toute la campagne, & faisant des courses jusqu'aux portes de la Ville, cela rendoit le séjour du Fauxbourg dangereux. Nous aurions regardé comme un grand bonheur ce qu'il nous représentoit comme un malheur : Mais il falloit bien se donner de garde d'en rien témoigner. Le prétendu Maître de l'équipage feignant d'ajoûter foi à cet avis, cria qu'on eût à recharger promptement les malles, & à rentrer dans la Ville : Ce fut à moi, qui faisois le domestique, à ✶ mettre sous-main tant d'empêchement, que la nuit vint. Le tumulte causé par l'embar-

Dans le Perche.
Dans le pays Chartrain.

1585.

---

(40) Isaac Vaudré ou Vaudray, Sieur de Mouy. N... de Pas-Feuquieres.

(41) Jacques de Maillé de Bénehart, Gouverneur de Vendôme.

1585.

ras de tous ceux qui délogeoient, car tout le monde en avoit reçu l'ordre, servit à couvrir notre feinte. Nous fîmes à la fin comme les autres, mais après que nos chevaux se furent repus & délassés : La nuit étant à demi-passée, nous remontâmes à cheval ; mais au lieu de rentrer dans la Ville, nous enfilâmes une ruë détournée que j'avois fait reconnoître, & qui nous mit dans la campagne, du côté où je croyois que pouvoit être l'armée du Prince de Condé.

Le mal étoit que la feinte qui nous avoit si bien réüssi jusques-là, pouvoit causer notre perte, par l'impossibilité de connoître assez promptement de quel parti étoient ceux que nous rencontrerions : il y alloit de la vie pour une pareille méprise. Mais n'y ayant à cela aucun reméde, nous continuâmes notre marche avec assez d'inquiétude ; & nous crûmes que nous ne devions rien changer à notre réponse ordinaire. En effet, la premiere troupe que nous rencontrâmes fut la Compagnie de Chevaux-Legers de Falandre. Au *Qui vive*, nous répondîmes, *Vive le Roi* ; & Falandre qui n'examina pas la chose plus à fond, nous conseilla de nous joindre à lui, dans la crainte de rencontrer la petite armée du Prince de Condé, qu'il nous assûra n'être pas éloignée, & dont nous pouvions, si nous ne le croyons pas, tirer de plus grandes lumieres de deux ou trois Compagnies d'Argoulets (42) qui venoient, disoit-il, après lui. Ces dernieres paroles nous fournirent un prétexte pour éluder son embarrassante civilité. Nous feignîmes d'avoir des raisons pour ne pas suivre la même route que lui, & d'attendre à prendre nos mesures sur la réponse que nous feroient ces Argoulets. Intérieurement nous n'appréhendions pas moins cette autre rencontre ; mais nous nous y disposâmes, comptant sur le bonheur d'échapper encore à la faveur du déguisement. Nous ne manquâmes pas au *Qui vive* que nous fit la premiere Compagnie qui se présenta, de répondre avec beaucoup d'assûrance, *Vive le Roi* ; persuadés que nous
avions

---

(42) Ainsi appellés des Arcs, dont ils furent d'abord armés ; ils servoient à pied & à cheval, comme font aujourd'hui les Dragons. Lorsque les Arquebuses furent devenuës en usage, on les appella, Arquebusiers à cheval ; & ce dernier nom est employé plus communément dans ces Memoires.

CLAUDE DE LA TREMOUILLE.
Duc de Thouars.
Mort a Thouars le 25. 8.bre 1604. agé de 38. ans.

LIVRE SECOND.

avions en tête ces Argoulets Royalistes qu'on nous avoit annoncés. Nous nous trouvâmes fort-mal d'avoir raisonné si juste. Les Argoulets ayant apperçu de loin des troupes du Prince de Condé, s'étoient écartés du chemin, & s'étoient jettés dans le bois; au lieu d'eux, c'étoient quatre Compagnies du Prince à qui nous avions affaire : Ce que nous comprîmes sans peine, voyant que toute la troupe fondoit sur nous, en nous couchant en jouë, & nous crioit de nous rendre. Je distinguai fort-bien en ce moment trois Capitaines de ma connoissance, dont il ne m'eût pas été difficile en toute autre situation de me faire reconnoître ; mais je fis réflexion que dans ces sortes de rencontres, la premiere parole, le premier mouvement que l'on fait pour s'expliquer, sont ordinairement pris pour un refus de se rendre, & suivis d'une décharge à bout portant. Au lieu donc de me nommer & d'appeller ces Officiers, je fis la démonstration d'un homme qui se rend prisonnier : Je descendis, laissai prendre mes chevaux, & marchai à la suite, jusqu'à ce que je fusse proche de Messieurs de Clermont & de Saint-Gelais, que je surpris fort en les embrassant. Ils me firent rendre mon équipage, & jusqu'aux malles où étoit mon or.

George de Clermont d'Amboise, Marquis de Galerande.

Le Prince de Condé suivoit de près ces quatre Compagnies. Il ne pouvoit croire ce qu'il voyoit, tant il trouvoit mon entreprise hardie. Nous couchâmes dans cet endroit, après avoir soupé très-frugalement dans des écuelles de bois : Et lorsque le moment de nous séparer fut arrivé, ce Prince qui étoit si mal accompagné, qu'il n'étoit nullement en état de tenir contre une armée Royale, ou même contre un détachement un peu fort, & dans un canton où on le cherchoit de toutes parts, voulut m'engager à le recevoir dans ma troupe comme un simple Gentilhomme. Il étoit trop connu ; c'eût été le perdre, & me perdre avec lui : je le priai de m'en dispenser. Je fis le même compliment au Duc de La Trémouille ; & je ne me chargeai que de Messieurs de Fors, Du-Plessis, de Vérac & d'Oradour. Le Prince de Condé resta extrêmement embarrassé ; & trouvant encore plus de risque à demeurer au milieu de ses douze cens chevaux, qu'à marcher à petit bruit, il les par-

Claude, Duc de La-Trémouille.

Tome I. N

tagea tous en pelotons, dont le plus confidérable n'étoit que de vingt Cavaliers; leur fit prendre de petites routes détournées; & marchant lui-même par de femblables chemins, il échappa lui douziéme à la pourfuite de fes ennemis, avec un bonheur dont on voit peu d'exemples.

Le mien ne fut guères moins grand. Aux rufes dont je m'étois fervi, j'en joignis une autre qui fit merveille. Je pris le nom d'un de mes freres, après avoir coupé ma barbe & mes mouftaches pour paroître plus jeune : ce qui ne me déguifoit pas fi bien, que je n'entendiffe dire à mes côtés par tout où je paffois, que je reffemblois parfaitement à mon frere le Huguenot. Pour éluder les queftions qu'on pouvoit me faire, je prenois le ton d'un zélé Ligueur. Je répandois le bruit de la défaite de M. le Prince, & de la déroute des Proteftans par le Duc de Joyeufe. Je vins de cette maniere coucher à Château-Renaud. La grande difficulté étoit de paffer la Loire : J'en ferois venu difficilement à bout fans M. des-Arpentis, qui me rendit en cette occafion un vrai fervice d'ami. M. de Montbazon m'en rendit un autre : Il m'envoya, comme je mettois pied à terre à Montbazon, du vin & des poires de Bon-chrétien; & je reçus tant d'autres bons traitemens de fa part, que quoique connu dans cet endroit, je cédai à la priere qu'il me fit d'y féjourner trois jours : Nous en avions befoin, nos chevaux commençant à être fatigués. La mort en enlevant peu de temps après M. de Montbazon (43), m'a privé des occafions de montrer ma gratitude à un homme, dont tous les fentimens fe portoient au bien de l'Etat.

A la faveur de mon nouveau déguifement, je traverfai Châtelleraud & Poitiers. Je rencontrai à Ville-fagnan un Régiment Suiffe, qui fe rendoit à l'armée du Maréchal de Matignon. Je tirai parti de cette rencontre : les Suiffes prirent pour bon tout ce que je voulus leur dire, parce que j'eus foins de leur donner à déjeûner tous les matins; & à la fin je crois que j'aurois pu compter fur eux, même fous mon nom véritable. Je fis quatre journées de chemin avec ces Suiffes, & ne m'en féparai que le plus tard que je pus. Je les avois à peine quittés, que je fus reconnu par Puiferret,

marginalia: En Touraine

marginalia: Sur les confins de Poitou & de Saintonge.

(43) Il fut tué à la journée d'Arques.

au passage de la Riviere à Saint-Marsaud. Il s'avança avec sa Compagnie jusques sur le bord de la riviere : heureusement j'étois déja sur l'autre bord ; & ayant de l'avance, je gagnai la maison de M. de Neufvy (44). A Marton je descendis à mon ordinaire dans le Fauxbourg, & aussi-tôt, je ne sçais par quel pressentiment, je rentrai dans la Ville. J'appris le lendemain, que pendant la nuit on avoit fait sauter avec un petard la porte de l'écurie, où l'on croyoit qu'étoient mes chevaux. Je faisois sur cet accident mes réflexions, sans que cela m'empêchât de donner les ordres du départ, lorsque je fus abordé par un inconnu, qui me dit : » Monsieur, » je ne veux point m'informer qui vous êtes ; mais si vous » êtes Huguenot, & que vous partiez d'ici, vous êtes per- » du : Il y a une embuscade à cinq mille pas d'ici de cin- » quante Cavaliers bien armés, qui à mon avis vous atten- » dent. « Je remerciai cet homme de bonne volonté, sans paroître troublé de ce qu'il m'avoit dit. Je lui répondis froidement, que quoique je ne fusse point Huguenot, il me sembloit toujours dangereux de tomber dans une embuscade. Je rentrai dans mon Auberge, où prétextant qu'un de mes plus beaux chevaux avoit été encloué, je les fis desseller tous. Pour m'éclaircir de la vérité de ce que je venois d'entendre, je fis déguiser en paysan Perigordin un de mes valets, qui en imitoit parfaitement le jargon ; & après l'avoir instruit de ce qu'il avoit à faire, je le fis avancer dans la campagne, du côté où l'on m'avoit dit qu'étoit postée l'embuscade.

Il rencontra ces cinquante Cavaliers, à qui il apprit, en répondant aux questions qu'ils lui faisoient sur les nouvelles de la Ville, que mon départ étoit différé au lendemain. Il les suivit jusqu'à un Bourg à deux lieuës de là, où ils se retirerent bien fâchés d'avoir manqué leur coup, & dans la résolution de se rendre le lendemain au même endroit ; & il revint aussi-tôt sur ses pas me faire son rapport. Je pris ce moment pour partir : j'arrivai après quelques autres petites avantures semblables chez M. de Longa, & de cet en-

1585. Village en Saintonge.

En Angoumois.

(44) Le cadet, qui s'appelloit Bertrand de Melet de Fayoles de Neufvy : car Magdelaine de Melet de Fayoles, Sieur de Neufvy, son aîné, étoit dans le parti de la Ligue.

1586.

droit à Bérgerac, où étoit le Roi de Navarre. Ce Prince avec qui rien de tout ce qu'on faisoit pour lui n'étoit jamais perdu, me tint long-temps embrassé; & se montra sensible à tous les risques que mon attachement pour lui m'avoit fait essuyer. Il voulut sçavoir jusqu'aux moindres particularités de mon voyage, & principalement la rencontre que j'avois faite du Prince de Condé, & le pas glissant où je l'avois laissé.

Rien ne peut exprimer l'embarras où ce Prince se trouvoit alors; sans troupes, sans argent, sans secours, il voyoit marcher contre lui trois puissantes Armées. Celles du Duc de Maïenne & de Joyeuse, s'avançoient à grandes journées; & actuellement il avoit en tête celle du Maréchal de Matignon. Les quarante mille francs que j'avois apportés vinrent fort à propos pour ce Prince, qui n'en auroit pas pû trouver autant dans toute sa Cour. Nous marchâmes du côté de Castillon & de Montségur, que Matignon faisoit mine de vouloir assièger. Il se rabattit tout d'un coup sur Castets: ce qui nous obligea à tourner de ce côté. Après une longue marche, & par un très-grand froid, car c'étoit au mois de Février, nous y arrivâmes assez à temps pour faire lever ce Siége.

Villes de Gascogne, dans l'Evêché d'Aire.

Mais lorsqu'on apprit que l'Armée du Duc de Maïenne étoit proche, ce fut alors qu'on n'imagina plus de moyens de pouvoir résister à l'effort de deux Armées si supérieures; & l'épouvante fut extrême. On ne sçavoit de quel côté se tourner, ni quel parti prendre. L'un opinoit que le Prince se retirât dans le fond du Languedoc: l'autre, plus loin encore: un troisieme vouloit qu'il passât en Angleterre, d'où après s'être assûré d'un puissant secours, il iroit se mettre à la tête de celui qu'on lui faisoit espérer d'Allemagne. Tous convenoient en un point, que le Prince devoit s'éloigner de la Guyenne. Je vis avec regret qu'un sentiment, qui alloit mettre en France le parti Protestant sans remède étoit prêt de prévaloir; & le Roi de Navarre m'ayant demandé le mien, je représentai: Que l'extrémité n'étoit pas assez pressante, pour laisser les choses ainsi à l'abandon: Qu'il seroit assez temps d'en venir là, lorsqu'on auroit encore essayé de faire tête par-tout: Ce qui ne me paroissoit pas absolu-

LIVRE SECOND.

1586.

ment impossible, et laissant, par exemple, le Vicomte de Turenne sur la défensive en Guyenne avec un petit corps de Troupes, tel qu'on pourroit le rassembler ; tandis que le Duc de Montmorency faisant la même chose en Languedoc, & Lesdiguières en Dauphiné, le Roi se réserveroit La-Rochelle & les environs à conserver ; jusqu'à ce que les Troupes Etrangeres, qui ne pouvoient tarder beaucoup à arriver, eussent mis des deux côtés un peu d'égalité. Le Roi de Navarre goûta cet avis, & déclara qu'il le suivroit : » Mais, ajouta-t-il, le Duc de Maïenne n'est pas si mauvais » garçon, qu'il ne me permette de me promener encore » quelque temps dans la Guyenne. « Il donna donc quelques ordres avant que de s'acheminer vers La-Rochelle ; & fit en Béarn un voyage, que la conjoncture présente rendoit indispensable.

Il n'y fut que huit jours : & pendant cet intervalle les deux Armées Catholiques s'étant jointes, & ayant saisi tous les passages par lesquels on croyoit que le Roi de Navarre pouvoit se rendre en Poitou, il se vit sur le point de ne pouvoir sortir de Nérac. Dans cette fâcheuse conjoncture, ce Prince résolut de tout tenter pour s'assûrer un passage (45). Il partit de Nérac suivi de deux cens Chevaux, avec lesquels il marcha vers Castel-Geloux : mais au lieu d'aller jusques-là, il sépara toute sa troupe à moitié chemin ; ne garda que ceux de nous qu'il trouva les mieux montés, & au nombre de vingt seulement, avec pareil nombre de ses Gardes ; marqua à tout le reste Sainte-Foi pour rendez-vous : puis tournant tout court, il prit un chemin au milieu des bois & des bruyeres, qu'il connoissoit pour y avoir été souvent à la chasse, & arriva à Caumont, où il dormit trois heures. Nous passâmes la riviere après soleil couché, & marchâmes toute la nuit au travers des Quartiers ennemis, & jusque sur les fossés de Marmande : Après quoi faisant encore un détour par La-Sauvetat, nous arrivâmes deux heures avant le jour à Sainte-Foi, où se rendirent aussi par différens endroits tous ses gens, qu'il avoit séparés en petis pe-

Ville de la Principauté d'Albret.

Ville de Guyenne, sur la Dordogne.

Autre Ville de la Guyenne.

(45) Voyez ce passage du Roi de Navarre, & toutes les expéditions militaires de part & d'autre dans d'Aubigné, tom. 3. Matthieu, tom. 1. liv. 18. Cayet, liv. 1. & autres Historiens.

1586.

Ville de Périgord, sur la Vézere.

lotons, sans la moindre perte, pas même du bagage. Le Duc de Maïenne piqué de se voir ainsi trompé dans ses espérances, alla décharger sa colère sur Montignac-le-Comte, où le Capitaine Roux & le Sergent More firent une si belle défense contre toute cette Armée, qu'elle ne pût les obliger à se rendre, qu'en leur accordant les conditions les plus honorables.

Ville du Bazadois, sur la Dordogne.

Ce Géneral trouva moins de résistance dans Sainte-Bazeille. Le Gouverneur de cette petite Place étoit Despueilles allié à la Maison de Courtenay, & réputé très-brave homme: ce qui me fit naître l'envie de m'y enfermer avec lui, contre l'avis de plusieurs de mes parens & amis, qui sans doute le connoissoient mieux que moi. Le Roi de Navarre me refusa long-temps la permission que je lui demandois; enfin vaincu par mon importunité, il me donna trente hommes, avec lesquels je me jettai dans Sainte-Bazeille. Je trouvai que la place étoit par elle-même fort-mauvaise: sans remparts; n'ayant que des maisons de bouë, que le canon traversoit de part en part. Cependant on auroit pu y tenir du moins quelque temps: Mais la peur saisit Despueilles; il n'écouta aucun de nos avis; & la tête lui tourna au point, qu'il alla se remettre lui-même entre les mains des ennemis, qui traiterent la Ville comme ils jugerent à propos. Le Roi de Navarre qui n'apprit d'abord cette nouvelle que fort-confusément, s'en prit à nous tous. Lorsqu'il fut instruit de la vérité, toute sa colère se tourna contre Despueilles. Ce qui le fâcha le plus, c'est que ce lâche Gouverneur s'étant présenté devant lui pour se disculper, avança fort-imprudemment, que quand le Prince lui-même y auroit été, il n'auroit pas pu agir autrement. Le Roi de Navarre le fit mettre aux arrêts, d'où il sortit au bout de huit jours à notre sollicitation.

Sur la Dordogne.
Forestan de Béthune.

Le Roi de Navarre n'abandonna la campagne qu'à la dernière extrémité, & après avoir disputé le terrein pied à pied: En se retirant, il jetta ce qui lui restoit de monde dans Monségur, Castillon & Sainte-Foi. Je lui prêtai encore six mille livres pour fortifier Mont-flanquin, où commandoit Béthune. Enfin craignant quelque évenement fâcheux du côté de La-Rochelle, il laissa le Vicomte de Turenne avec

LIVRE SECOND.

quelques Troupes en Guyenne, & prit le chemin de cette Ville par Pons & Saint-Jean d'Angély.

Il y avoit des momens où Henry III. indigné du personnage honteux que la Ligue lui faisoit jouer, auroit fort souhaité de trouver quelque moyen de s'en venger (46) : Mais il eût voulu le faire sans rien risquer ; & rejettoit toujours par ce motif la pensée qui lui vint plusieurs fois d'appeller le Roi de Navarre, & de s'unir avec lui. Les Députés des quatre Cantons Suisses Catholiques étant arrivés à Paris, pour traiter du secours qu'on avoit demandé quelque temps auparavant à cette République, le Roi qui se trouva dans un moment de dépit contre la Ligue, jugea à propos d'y faire servir ces Suisses ; lesquels avec les Troupes dont il pouvoit particulièrement disposer, & celles qui dépendoient du Roi de Navarre, auroient fait un Corps capable de mettre la Ligue à la raison. Il écrivit au Roi de Navarre, pour lui faire sçavoir ses nouveaux desseins ; & lui demanda un homme de confiance, avec lequel il pût conférer sur toute cette affaire, & en particulier sur l'emploi qu'on feroit de ces Suisses. Un passe-port en blanc étoit joint à la Lettre ; le Roi le remplit de mon nom, & me fit partir sans différer.

J'arrivai à Saint-Maur où étoit pour lors la Cour ; & j'allai descendre chez Villeroi, avec lequel je dînai, & passai le reste de la journée. Le lendemain il me présenta au Roi. Je me souviendrai toujours de l'attitude & de l'attirail bizarre où je trouvai ce Prince dans son cabinet. Il avoit l'épée au côté, une cape sur les épaules, une petite toque sur la tête, un panier plein de petits chiens pendu à son cou par un large ruban ; & il se tenoit si immobile, qu'en nous parlant il ne remua ni tête, ni pieds, ni mains. Il commença par laisser évaporer toute sa bile contre la Ligue, dont il me fit juger à son emportement qu'il avoit reçu quelque nouvel affront ; & traita de son union avec le Roi de Navarre, comme d'une chose dont il sentoit toute l'utilité : Mais un reste de crainte lui faisoit toujours ajoûter,

1586.

Villes de la Saintonge.

---

(46) C'est dans ces momens qu'il disoit, comme le rapporte L'Etoile : *De inimicis meis vindicabo inimicos meos ;* voulant parler des Ligueurs & des Huguenots.

qu'il la regardoit comme impossible, tant que le Roi de Navarre persisteroit à ne vouloir point changer de Religion. Je pris la parole, & je répondis au Roi; Qu'inutilement on proposeroit cet expédient au Roi de Navarre; pa.ce qu'en le suivant il agiroit contre sa conscience : mais que quand il seroit capable de le faire, cela ne produiroit pas ce que Sa Majesté en esperoit; parce que le mobile qui remuoit la Ligue n'étoit ni l'amour du bien public, ni celui de la Religion : Qu'il arriveroit donc que par cette action précipitée le Roi de Navarre perdroit tous les secours qu'il pouvoit espérer des Réformés, sans que pour cela il détachât un seul homme de la Ligue : Qu'au contraire tant de foiblesse ne feroit qu'accroître l'orgueil de leurs ennemis communs. Le Roi répliqua; & je persistai toujours à soutenir que le Roi de Navarre, en embrassant le moyen proposé, ne lui apporteroit que sa seule personne : au lieu qu'en lui tendant les bras dans l'état où il étoit, & sans éxiger le sacrifice de sa Religion, on fortifioit le parti du Roi d'un Corps puissant dans l'Etat. Je parlai dans les mêmes termes à la Reine-Mere; & je sentis que l'un & l'autre demeuroient d'accord de la force de mes raisons, mais que la crainte du changement que pouvoit produire leur union avec un Prince de la Religion, étoit tout ce qui les retenoit. Je ne désesperai pas de les amener jusqu'à frapper ce grand coup; & par la maniere non-seulement gracieuse, mais encore franche & ouverte, dont Leurs Majestés agirent avec moi, j'eus lieu de me flater d'y réüssir.

Je les laissai dans ces bonnes dispositions, pour aller conférer à Paris avec les Députés Suisses. Je n'eus pas tant de peine à les amener à mon but; il ne me coûta qu'un peu de dépense en bonne chere, & sur-tout en vin : Moyennant quoi ils promirent sans restriction un secours de vingt mille Suisses, dont quatre mille seulement resteroient en Dauphiné, & les seize autres mille seroient employés pour le service & au gré des deux Rois. Le Roi me confirma encore par MM. de Lénoncort, de Poigny & Brulart, qu'il n'avoit point changé de sentiment, & qu'il desiroit passionnément l'union. Le Roi de Navarre ne la souhaitoit pas moins fortement. Dans les Dépêches que je recevois de lui

presque

LIVRE SECOND.

presque tous les jours, il m'exhortoit à mettre tout en œu- 1586.
vre pour la faire réüssir, & même à sacrifier pour cela quelque chose de son intérêt.

De retour à Saint-Maur, & après avoir rendu compte
au Roi de mon voyage, je mis sur le tapis la question de
l'emploi qu'on devoit faire des seize mille Suisses, & de la
route qu'on leur feroit tenir. Le Roi demanda qu'il pût les
faire passer dans les environs de Paris, & même s'en servir
s'il en avoit besoin contre la Ligue. Je sentis l'inconvenient
qui pouvoit naître de cet arrangement ; & je ne me relâchai
sur cet article, qu'après en voir reçu un commandement
exprès du Roi de Navarre, qui ne jugea pas que pour si
peu on dût manquer l'accommodement. On verra bientôt
si cet article étoit aussi frivole qu'on l'imaginoit, & ce qui
arriva de cette mauvaise complaisance.

Le Traité ayant été fait entre les deux Rois sous les conditions qu'on vient de voir, je ne songeai plus qu'à quitter
la Cour. Je laissai seulement Marsilliere à Paris, sous ombre
de poursuivre la négociation entamée : mais il ne m'avoit
suivi que pour passer en Allemagne à la premiere occasion
favorable, par le moyen de MM. de Clairvant & de Guitry ; *Claude-An-*
afin d'y faciliter l'envoi d'un corps de troupes Allemandes, *toine de Vien-*
que les Protestans de ces Pays avoient promis au Roi de Na- *ne, Sieur de*
varre. Marsilliere éxecuta heureusement ce dessein : Pour *Clairvant.*
moi, après avoir demeuré huit jours seulement à Rosny avec
mon épouse, je rejoignis le Roi de Navarre, très-satisfait
du succès de ma commission.

Ce Prince ne put se résoudre à demeurer resserré & inutile dans La-Rochelle. Il fit tant qu'il obtint des Roche-
lois douze cens Fantassins, deux cens Chevaux & trois Canons, qu'il donna au Duc de La-Trémouille pour aller prendre Talmont, qu'il ne pouvoit souffrir entre les mains des
Ennemis. Je suivis le Duc de La-Trémouille, avec Mignon- *Ville du Bas-*
ville, Fouquerolles, Bois-Du-Lys & quelques autres Offi- *Poitou.*
ciers ; & on me remit le soin de l'Artillerie. Nous saisîmes
d'emblée le Bourg, qui est sans fortifications, & nous attaquâmes aussi-tôt le Château. Les murs en étoient assez bons,
mais sans nuls ouvrages extérieurs. Maroniere qui en étoit
Gouverneur, quoiqu'il ne s'attendît pas à être attaqué,

Tome I. O

1586.
Jean de Sour-
ches, Sieur de
Malicorne.

comptoit sur un prompt secours, que Malicorne s'étoit engagé à lui amener: ce qui nous détermina à presser vivement la Place. Le trajet de Talmont à La-Rochelle par mer n'est que de six heures de chemin : Je m'embarquai pour aller chercher de la poudre, dont je n'avois pas une assez grande provision, & pour avertir le Roi de Navarre que nous réussirions difficilement avec le peu de monde que nous avions. Ce Prince leva promptement aux environs de La-Rochelle deux mille hommes, qu'il mit sur trois Vaisseaux. Nous nous vîmes pendant deux jours en danger de périr : Enfin nous arrivâmes à Talmont ; les trois Vaisseaux y mouillèrent l'un après l'autre ; & les Assiègés apprenant que le Roi de Navarre conduisoit l'attaque en personne, se rendirent entre ses mains.

Dans le Haut
Poitou, sur
La-Boutonne.

C'étoit faute d'argent que Malicorne n'avoit point amené de secours au Gouverneur de Talmont. Le Roi de Navarre se voyant délivré de cette crainte, mena ses troupes attaquer Chizai. Fayolle qui y commandoit, se défendit parfaitement ; & ne laissa pas inutile une Coulevrine, qui étoit la seule Piéce d'Artillerie qu'il eût dans sa Place : Il ne se rendit qu'après qu'il se vit manquer de tout. Je remarque comme une chose singulière, que Madame ayant envoyé son Maître d'Hôtel porter un Billet au Roi son frere ; un boulet de cette Coulevrine entra dans le corps du cheval par le fondement, & ressortit par le poitrail, sans renverser le cheval, qui demeura debout plus d'un demi-quart d'heure.

Un autre coup d'arquebuse causa un malheur bien plus grand. Un Gentilhomme chargé verbalement d'affaires importantes, s'étant approché du Roi de Navarre ; à peine avoit-il prononcé qu'il venoit d'Heidelberg de la part de MM. de Clairvant & de Guitry, que sans lui laisser le temps d'en dire davantage, une balle lui donna dans la tête, & le renversa mort aux pieds de ce Prince. Cet Officier venoit l'avertir que les Reîtres & les autres Troupes Protestantes d'Allemagne étoient prêtes à entrer en France, & lui demander par quel endroit il jugeoit à propos qu'on les fît marcher. Les uns vouloient qu'on les fît entrer par la Lorraine, où la Ligue avoit le plus de pouvoir : les autres soutenoient qu'il falloit qu'ils prissent leur route par le Bourbonnois, de là par le Berri & le Poitou, en côtoyant la Loire : Messieurs de Montmorency & de Châtillon opinoient pour les engager en Languedoc & le long du Rhône. On n'a jamais vu un si grand partage de sentimens : Et le malheur voulut que le plus mauvais de tous l'emportât, c'est-à-dire, l'avis de les faire entrer dans la Beauce ; sans doute parce que le Roi de France ne vouloit pas les éloigner de lui, afin de pouvoir s'en servir au besoin contre la Ligue, ou du moins pour lui donner de l'ombrage. Le Roi de Navarre ne l'auroit apparemment pas souffert ; mais l'accident qu'on vient de voir fit qu'il ne fut pas même instruit de toutes ces contestations.

1586.
François de Coligny, fils de l'Amiral.

Ce Prince prit avec le même bonheur Sanzay, ensuite Saint-Maixant. Le bruit de cinq ou six Canons, dont l'usage avoit été fort rare jusques-là dans les Siéges, produisit cet effet. Il profita de sa bonne fortune ; & lorsqu'il se vit renforcé de deux cens chevaux, & de quinze cens hommes que lui amenerent le Prince de Condé & le Comte de (47) La-Rochefoucault, qu'il venoit de faire Colonel Général de son Infanterie ; il crut pouvoir entreprendre le Siége de Fontenai, la seconde place de Poitou ; quoiqu'il n'ignorât pas qu'il y avoit dans cette Place un brave Gouverneur avec une forte garnison. Ce Gouverneur nommé La-Roussiere voulut défendre non-seulement la Ville, mais encore le Fauxbourg Des-Loges, plus grand & plus riche que la Ville même, & revêtu par dehors d'un large fossé, auquel il joignit de fortes barricades, qui fermoient l'entrée de ce Fauxbourg. Le Roi de Navarre fit attaquer la tête du Fauxbourg, dans une nuit fort noire, par La-Rochefoucault à la tête de quarante Gentilshommes. Je me joignis avec MM. de Dangeau, de Vaubrot, d'Avantigny, de Challandeau, de Feuquieres, de Brasseuses, Le-Chêne & deux ou trois autres ; & nous nous attachâmes à un côté des barricades, pour les renverser ou pour les franchir, la pique à la main & les pistolets à la ceinture. Nous fûmes repoussés trois fois. Vaubrot, Avantigny & moi ; nous entraînâmes sur nous en retombant cinq ou six barriques pleines de fumier, sous

Autres Villes du Haut-Poitou.

Fontenai-le-Comte, capitale du Bas Poitou.

Louis de Courcillon de Dangeau.

(47) François de la Rochefoucault, Prince de Marsillac, fils de || celui qui avoit été tué à la Saint-Barthelemy ; il fut tué en 1591.

lesquelles nous pensâmes demeurer engagés ; mais ceux qui étoient à côté de nous ayant forcé en ce moment leurs barricades, nous nous relevâmes à la faveur de cet effort ; & les Ennemis nous voyant les maîtres de la Barricade ne songerent plus qu'à se retirer, après y avoir mis le feu, de peur qu'en les poursuivant de trop près nous n'entrassions pêle-mêle avec eux dans la Ville.

  Nous nous logeâmes tous dans les plus belles maisons du Fauxbourg, où nous trouvâmes en même temps la commodité & l'abondance. La seule incommodité que nous recevions venoit de la Mousqueterie de la Place, qui de dessus la terrasse de la grande porte enfiloit toute la ruë, & rendoit l'entrée de la maison du Roi & des nôtres fort périlleuse : Avec cela les Batteries des Remparts dominant sur les avenuës de ce Fauxbourg, rien ne pouvoit y entrer qu'en essuyant de continuelles décharges. Un jour que je traversois la ruë pour entrer de ma maison dans celle du Roi, qui étoit la plus belle de tout le Fauxbourg, une balle vint s'applatir contre mon casque, dans le moment que Liberge mon Valet de chambre venoit pour me l'attacher: Je fis aussi-tôt tendre une corde dans le travers de la ruë ; & par le moyen de draps que j'y attachai, je dérobai du moins aux Assiégés la vuë des allans & venans. Ensuite on s'appliqua sans relâche à la tranchée & à la sappe. Le Roi de Navarre s'y donna des peines incroyables ; & conduisit lui-même les Mineurs, dès qu'une fois il eut pris toutes les précautions contre les secours qui pouvoient arriver du dehors. Les ponts, les passages & toutes les routes qui conduisoient à la Ville, furent exactement gardés & très-avant dans la campagne. Une nuit que j'étois de garde avec vingt Cavaliers à un gué de la Riviere, j'entendis au loin un bruit de chevaux & de ferremens, qui ne me laissa point douter que je ne dusse bientôt être attaqué. Ce bruit cessa quelques instans, puis recommença avec plus de force, & se fit entendre si proche que je me mis sur la défensive. Je laissai approcher la troupe, afin de tirer à bout portant ; mais prêt à faire ma décharge, je m'apperçus que ce qui m'avoit donné une alarme si chaude, n'étoit qu'une harde de chevaux & de jumens, qui erroient dans toute cette

Plaine, & venoient chercher l'eau de la riviere. Je fus le premier à rire de cette avanture; mais intérieurement je me fçus fort bon gré d'avoir ordonné à celui que j'envoyois chercher du secours, de ne partir qu'après que le combat feroit engagé.

Mon principal emploi à ce Siége fut de conduire l'Artillerie. La sappe se trouva enfin poussée si avant, qu'on pouvoit entendre de dedans les logemens des Mineurs, la voix des soldats qui gardoient les parapets: Et ce fut le Roi de Navarre qui s'en apperçut le premier. Il parla & se fit connoître aux Assiégés, qui demeurerent si surpris quand il se fut nommé à eux du fond de ces soûterrains, qu'ils demanderent à capituler. Les propositions ne s'en firent point autrement que par cette étrange voie; les Articles en furent dressés, ou pluftôt dictés par le Roi de Navarre: La sûreté de sa parole étoit si connuë des Assiégés, qu'ils ne voulurent point d'écrit. Ils n'eurent pas lieu de s'en répentir: Le Roi de Navarre charmé de la noblesse de ce procédé, accorda tous les honneurs à la Garnison, & préserva la Ville du pillage. Une femme de la Ville, qui avoit fait tuer un porc gras le jour que la Capitulation fut faite, apprenant que la Garnison s'étoit renduë, imagina un plaisant stratagême pour dérober sa proie à l'avidité du soldat. Elle fit cacher son mari; & enveloppant dans des linceuls l'animal mort, à l'aide de quelques amies, elle le mit dans une bière, & attira par ses cris tous les voisins. L'appareil lugubre d'un cercueil les instruisit du sujet qu'avoit la prétenduë veuve de se lamenter de la sorte. Les Prêtres y furent trompés comme les autres: il en vint un qui conduisit le convoi au travers des Fauxbourgs dans un Cimetiere hors la Ville, avec la permission du Roi de Navarre. Les Cérémonies achevées & la nuit venuë, des gens postés par cette femme vinrent déterrer le mort, & se disposoient à le reporter dans la Ville; mais ils furent apperçus par quelques soldats qui entreprirent de les chasser, & ayant découvert la vérité, se saisirent de la proie. On juge bien qu'ils ne garderent point le secret: Ce n'en étoit plus un dans la Ville; un Prêtre à qui cette femme, pressée par les remords de sa conscience, s'en

1586.

Charles Echalard, Sieur de La-Boulaye.

étoit ouverte, avoit déja répandu par-tout cette avanture. Le Roi de Navarre, laissant le Sieur de La-Boulaye Gouverneur dans cette Place, alla se saisir de l'Abbaye de Maillezais, dont il trouva la situation si avantageuse, qu'il fit le dessein d'en former une Place régulière : Il m'en fit tirer le Plan, & la donna à garder à Davailles, parent de La-Boulaye. Ses Troupes se saisirent encore de Mauléon ; ensuite du Château de La-Garnache, d'où M. de Genevois (48) chassa sa propre mere : Elle se retira à Beauvois, petite Ville sur la côte de la Mer, où son fils la poursuivit encore ; mais pour cette fois il tomba lui-même entre ses mains, & elle le fit à son tour prisonnier de guerre.

Autres Places dans le Bas Poitou.

Je ne me trouvai point à ces Siéges. Les tristes nouvelles que je reçus de Rosny m'obligerent à y faire un voyage. J'avois obtenu pendant mon séjour à Saint-Maur une sauvegarde pour mon Château & mes biens de Rosny, & tous les passe-ports nécessaires pour m'y rendre toutes les fois que je le jugerois à propos : ce qui me tranquillisoit par rapport à mon Epouse, dans un temps où toutes les violences étoient autorisées contre les Protestans. J'appris que ce Bourg venoit d'être presque totalement dépeuplé par la peste. Ma Femme y avoit perdu la plus grande partie de ses Domestiques ; & la peur l'avoit fait enfuir dans la forêt voisine, où elle avoit passé deux jours & deux nuits dans son carrosse. Elle étoit alors réfugiée dans le Château de Huet appartenant à Madame de Campagnac ma Tante, qui n'en est pas fort-éloigné. La joie qu'elle ressentit de me sçavoir si proche d'elle, ceda à la frayeur du danger que je courois, en venant me mêler avec des pestiférés ; & elle crut m'obliger à m'en retourner, en faisant fermer sur moi les portes du Château. Elle avoit trop besoin de se-

(48) D'Aubigné explique mieux ceci, *tom.* 3. *liv.* 1. *chap.* 10. " La " Dame de La-Garnache, dit-il, " sœur du Duc de Rohan, tenoit la " Ville de La-Garnache, & le Châ- " teau de Beauvois sur mer en neu- " tralité. Son fils nommé le Prince " de Genevois, pour sa prétention " du mariage de sa mere avec le Duc " de Nemours, s'étant saisi de La- " Garnache, par l'intelligence des " domestiques... entreprit aussi sur " Beauvois... mais il se trouva pri- " sonnier de sa mere. La cadence de " tout cela fut que le Roi de Navarre " se mêlant de sa liberté, l'obtint, " & par même moyen la Place " &c. "

LIVRE SECOND.

cours & de consolation, pour être abandonnée en cet état. J'entrai malgré sa résistance; & je demeurai un mois dans cette maison, n'ayant avec moi que deux Gentilshommes & deux Domestiques, & respirant en liberté l'air de la campagne; parce que le bruit de la peste écarta de chez moi tous les importuns. Je ne passai pas ce temps inutilement pour le Roi de Navarre. Je pressai le payement de vingt-quatre mille livres que mes Marchands de bois me devoient encore. La persécution qui étoit ouverte contre tous les Religionnaires, me mettoit à leur merci; & dans la crainte qu'ils ne fissent confisquer cet argent avec tous mes biens au profit de la Ligue, je fus obligé de me contenter de dix mille livres.

Lorsque la contagion eut cessé, je ramenai mon Epouse à Rosny, après avoir pris les précautions nécessaires pour purifier la maison; & je les quittai, sur le bruit que le Duc de Joyeuse, dont la démarche avoit été lente jusques-là, & les opérations peu considérables s'avançoit à grandes journées pour chasser le Roi de Navarre du Poitou. Ce Prince venoit de manquer Niort & Parthenai; & dans l'impuissance où il se voyoit de conserver toutes ses Places contre des forces si supérieures, il en fit démanteler & raser la plus grande partie; & ne conserva que Fontenai, Talmont, Maillezais & Saint-Maixant, en se retirant dans La-Rochelle, où je trouvai qu'il étoit rentré.

Toutes ces Places sont en Poitou.

Le Traité d'alliance entre les deux Rois, dont il a été fait mention plus haut, sembloit promettre toute autre chose; & l'on est sans doute impatient d'en apprendre le succès. Il n'en étoit déja plus question; un moment avoit tout renversé. Le procédé de la Cour a certainement quelque chose de bien singulier. Ce seroit un mystère absolument incompréhensible, si l'on ne sçavoit dans quelles variations est capable de se jetter un Prince livré à l'irrésolution, à la timidité & à la paresse. En matiere d'Etat rien n'est pire que cet esprit d'indécision. Il ne faut, dans les conjonctures difficiles, tout abandonner ni tout refuser au hazard; mais après avoir choisi un but par des réflexions sages & froides, il faut que toutes les démarches qu'on fait

1586.

tendent à y parvenir. On ne sçauroit encore trop acheter, ni trop preſſer une Paix néceſſaire : Mais ce qu'il faut éviter le plus ſoigneuſement dans les circonſtances critiques, c'eſt de tenir les eſprits du peuple en ſuſpens entre la paix & la guerre. Ce n'étoit pas par de telles Maximes que ſe conduiſoit le Conſeil de Catherine. Si l'on y prenoit un parti, ce n'étoit que pour le moment, & jamais pour la fin ; & c'étoit toujours d'une maniere ſi timide, qu'on ne remèdioit au préſent même que très-imparfaitement. Le défaut de tous les eſprits qui n'ont jamais embraſſé que de petites & de frivoles intrigues, & en général de tous ceux qui ont plus de vivacité que de jugement, eſt de ſe repréſenter ce qui eſt proche, de maniere à s'en laiſſer éblouïr, & de ne voir ce qui eſt loin qu'au travers d'un nuage. Quelques momens, quelques jours, voilà ce qui compoſe pour eux l'avenir.

A ce défaut de ne pouvoir jamais ſe décider, le Roi ou pluſtôt la Reine-Mere en joignoit un autre qui y met le comble (49) ; c'eſt l'uſage de je ne ſçais quelle petite diſſimulation affectée, ou pluſtôt une étude miſérable de duplicité & de déception, ſans laquelle elle s'imaginoit qu'il ne peut y avoir de Politique. Le premier de ces défauts nous cachant le mal qui nous menace, & l'autre liant les mains à ceux qui pourroient nous aider à le prévenir ; que peut-on attendre, ſinon d'en être accablé tôt ou tard ? Et c'eſt ce qui arriva à Henry III. pour n'avoir pû ſe réſoudre à employer le remède qui lui étoit offert ; je veux dire, la jonction des Troupes du Roi de Navarre avec les ſiennes ; afin de pouſſer vivement les ennemis de ſon autorité. Il fallut pour l'y engager, car il y vint à la fin, qu'il ſe vît dans une extrémité, qui pouvoit être auſſi fatale au nom Royal, que honteuſe à la mémoire de ce Prince.

Catherine eut recours à ſes fineſſes ordinaires ; & crut avoir beaucoup fait, parce qu'elle fit beaucoup de pas. Elle alla

---

(49) On a ſoûtenu que l'intérêt de la bonne Religion n'entroit pour rien dans la Politique de cette Reine: Témoin cette parole, qu'on lui entendit dire, lorſqu'elle crut la Bataille de Dreux perduë : *Hé bien, nous prierons Dieu en François.*

(50) » La

LIVRE SECOND. 113

1586.

alla en Poitou, & s'aboucha plusieurs fois avec le Roi de Navarre (50) à Coignac, à Saint-Brix & à Saint-Maixant: Elle chercha tantôt à le séduire, tantôt à le faire trembler à la vuë des forces considerables qui alloient fondre sur lui, & dont elle avoit, disoit-elle, jusqu'icy suspendu les coups. Enfin elle n'oublia rien de ce qu'elle crut capable de l'engager à changer de Religion. On peut bien croire qu'elle ne voyoit qu'à regret la Ligue en état d'opprimer le Roi de Navarre, parce que son interêt n'étoit pas que cela arrivât. Mais quelle sûreté donnoit-elle à ce Prince de la démarche téméraire & hors de saison où elle vouloit l'engager ? Et n'avoit-il pas lieu de croire que sa proposition d'abjurer sa Religion, qu'elle mettoit sans cesse en avant, n'étoit au fond qu'un piége adroit pour le priver du secours des Protestans, lui faire contre-mander les troupes qui lui venoient d'Allemagne, l'attirer à la Cour, le perdre, & après lui tous ses Partisans. J'ai particulierement des preuves qui justifient cette pensée. Cherchant à éclaircir mes soupçons par une autre voie que celle des Conférences, auxquelles j'assistois avec le Roi ; j'en liai de particulieres par son ordre avec Mesdames d'Uzès & de Sauves, qui connoissoient mieux que personne l'interieur de Catherine ; & qui m'aimoient au point de ne me nommer jamais autrement que leur fils. Pour mieux sçavoir ce qu'elles pensoient, je feignis d'être assuré de ce que je ne faisois que conjecturer ; & je me plaignis de ce que la Reine-Mere cherchoit par toutes sortes de moyens à sacrifier le Roi de Navarre à la Ligue. Ces deux Dames m'avouerent confidemment, qu'elles croyoient que la Religion ne servoit que de prétexte à Catherine ; & que les choses étoient au point, que le Roi

(50) » La Reine lui demandant » ce qu'il vouloit, il lui répondit, » en regardant les filles qu'elle avoit » amenées ; Il n'y a rien là que je » veuille, Madame. « Peref. Hist. Henry le Gr. Matthieu y ajoûte, que Catherine le pressant de faire quelque ouverture : » Madame, lui dit-» il, il n'y a point ici d'ouverture » pour moi. « Tom. 1. liv. 8. p. 518. Cette entrevuë de Saint-Brix se fit le 25 Septembre. » A Saint-Brix, un

» jour allant à la chasse, & voulant » montrer que son cheval étoit plus » vif que deux très-beaux chevaux » appartenans à Bellièvre, une bande » de cochons derriere une haie, fit » peur à son cheval, qui se renversa » sur lui. Il demeura sans connoissance, jettant le sang par le nez & » par la bouche : on l'enleva comme » mort au Château. Cependant deux » ou trois jours après il n'y parut » pas. « Mém. de Nev. 15. tom. 2. p. 588.

Tome I.   P

1587.   de Navarre ne devoit plus songer à en sortir que les armes à la main. Elles m'assûrerent ensuite qu'elles ne voyoient qu'avec beaucoup de chagrin cette mauvaise volonté du Conseil à l'égard du Prince: Et j'ai toujours cru que dans une Cour, où après la galanterie on s'étudioit principalement au mensonge, ces paroles étoient pourtant sincères.

Quelles que fussent les intentions de la Reine-Mere (51), elle s'en retourna sans avoir rien obtenu ; & Joyeuse vint prendre sa place avec une Armée. C'étoit un second mystere que la conduite d'une Armée, donnée à Joyeuse. Etoit-ce pour mortifier les Chefs de la Ligue qui pouvoient y prétendre, ou même pour les détruire tout-à-fait, si le nouveau Général eût réüssi ? Etoit-ce au contraire ses liaisons découvertes avec la Ligue, qui avoient porté le Roi à lui donner une place, où il se tenoit assûré que cet ingrat périroit, ou du moins échoüeroit ? Etoit-ce simplement pour éloigner un Favori, à qui un nouveau venu avoit fait perdre les bonnes graces du Roi ? car souvent c'est une pure bagatelle, un rien, qui produit les effets qu'on veut toujours attribuer aux motifs les plus graves. N'étoit-ce point plûtôt pour relever l'éclat de sa faveur par le poste le plus honorable ? Tel étoit l'esprit de la Cour, que les conjectures même les plus opposées trouvoient à s'appuyer sur d'égales vrai-semblances. Une chose pourtant qui semble déterminer en faveur de la derniere, c'est que l'Armée de Joyeuse étoit composée des principales forces du Royaume ; qu'elle étoit sur-tout remplie d'une Noblesse d'élite, & abondamment pourvuë de tout ce qui pouvoit la rendre victorieuse.

Le Roi de Navarre s'attacha principalement à mettre Saint-Maixant en état de défense : Il y fit un voyage si précipitamment, que succombant au sommeil & à la fatigue, il fut obligé en s'en revenant à La-Rochelle de se jetter dans une

---

(51) » Après un long entretien, » comme la Reine-Mere lui deman- » da, si la peine qu'elle avoit prise » ne produiroit aucun fruit, elle qui » ne souhaitoit que le repos, il lui » répondit : Madame, je n'en suis » pas cause ; ce n'est pas moi qui » vous empêche de coucher dans » votre lit ; c'est vous qui m'em- » pêchez de coucher dans le mien : » la peine que vous prenez vous » plait, & vous nourrit ; le repos est » le plus grand ennemi de votre » vie « *Peref.* 1. *Part.*

LIVRE SECOND.

charrette à bœufs, où il dormit comme dans le meilleur lit. Afin de ne pas consumer les vivres de Saint-Maixant, il avoit ordonné aux deux Régimens de Charbonnieres & Des-Bories, nommés pour le défendre, de se poster à La-Motte Saint-Eloi, en attendant l'arrivée de l'Ennemi. Tout cela ne put empêcher ni la prise de cette derniere Place & de son Château, ni celle de Saint-Maixant, de Maillezais & de plusieurs autres, non plus que la défaite de quelques Compagnies, entr'autres de celle de Despueilles qui fut emportée presqu'à la vue de La-Rochelle. La maniere cruelle dont se comportoient les Vainqueurs, rendoit ces malheurs encore plus sensibles. Tout ce qu'on pouvoit faire pour s'en venger, étoit de tomber sur les Traîneurs ou sur les Maraudeurs, pendant les marches de cette Armée.

1587.

Gabriel Prevôt de Charbonnieres.
N... Des-Bories.

Un jour que le Duc de Joyeuse la ramenoit de Saintes à Niort, j'allai me poster avec cinquante Chevaux dans la forêt de Bénon sur le grand chemin, cherchant l'occasion de faire quelque coup de main. Un soldat monté par mon ordre au haut d'un arbre, pour observer l'ordre & les mouvemens de l'Armée Ennemie, nous dit qu'il voyoit un Détachement s'avancer à quelque intervalle des premiers Bataillons. Ceux qui m'accompagnoient vouloient qu'on fondît sur ce Détachement, qu'on pourroit peut-être enlever avant qu'il fût secouru. Cette proposition n'étoit pas de mon goût : Je me souvins de la Maxime du Roi de Navarre, qu'on réüssit rarement en attaquant un Parti à la tête de toute une Armée ; & je retins l'ardeur de ma troupe, qui brûloit d'envie d'en venir aux mains. Nous vîmes donc passer ce Détachement, & après lui toute l'Armée, dont nous pouvions facilement compter les Bataillons. Les derniers rangs marchoient si serrés, que je jugeai moi-même qu'il n'y avoit aucun coup à faire : Mais comme nous étions prêts de nous retirer, notre Sentinelle nous annonça deux petits Escadrons de cinquante ou soixante Chevaux, qui marchoient fort éloignés l'un de l'autre. Je voulois encore qu'on laissât passer le premier : Il n'y eut pas moyen pour cette fois de contenir la troupe. Nous fondîmes sur les premiers, & nous les enfonçâmes ; douze ou quinze resterent sur la place ; nous en fîmes autant de prison-

P ij

1587.

Bourg, au pays d'Aunis.

En Touraine.

niers, & le reste se sauva comme il put. Mais quel regret n'eus-je point de n'avoir pas suivi mon opinion, lorsque je sçus que cette seconde troupe étoit composée de cinquante des principaux Officiers de l'Armée Catholique, ayant à leur tête le Duc de Joyeuse lui-même, qui s'étoit arrêté à faire collation à Surgeres. Lorsque je rendis compte de cette action au Roi de Navarre, il me dit en riant, qu'il voyoit bien que j'avois voulu épargner l'Escadron du Duc de Joyeuse, en faveur de mes deux freres qui étoient avec lui. L'un d'eux ayant eu envie de voir La-Rochelle je lui obtins un passe-port, & le conduisis par-tout. J'eus moi-même occasion de faire un tour à Niort, où étoit l'Armée des Ennemis, pour convenir d'un combat proposé entre les soldats Albanois de la Compagnie du Capitaine Mercure, & pareil nombre d'Ecossois de celle d'Ouïmes; mais le Duc de Joyeuse ne permit pas qu'il s'exécutât.

Je trouvai ce Général sombre & inquiet: Je devinai si bien le sujet de ses déplaisirs, que m'ayant dit qu'il étoit sur le point d'aller jusqu'à Montresor, je ne balançai point à lui répondre d'un air à augmenter ses soupçons, qu'il pourroit bien aller de-là jusqu'à la Cour. Il se tourna à cette parole vers mon Frere, comme l'accusant d'avoir révelé ce qui s'y passoit. Lorsqu'il sçut qu'il n'en étoit rien, il s'imagina que sa disgrace étoit certaine: puisque le bruit en étoit parvenu jusqu'à La-Rochelle; & je crois que cette pensée acheva de le déterminer à aller détruire par sa présence les cabales de ses envieux. Il n'en témoigna rien: au contraire il reprit la parole froidement, & me dit que je me laissois tromper par mon trop de discernement. Il chercha à me persuader qu'il n'avoit aucune intention de revoir Paris. Je me tins si assûré du contraire, que je revins promptement prendre avec le Roi de Navarre les mesures nécessaires pour profiter d'une absence, qui alloit laisser l'Armée Catholique sans Chefs: car je ne doutai point qu'une partie des Officiers Généraux ne fussent aussi du voyage. Effectivement Joyeuse ne fut pas plustôt parti, que toute son Armée, déja assez mal disciplinée, vêcut sans regle & sans commandement.

Le Roi de Navarre, qui avoit assemblé secrettement douze

LIVRE SECOND.

1587.

cens hommes tirés de ses Garnisons, tomba si à propos sur les Compagnies de Vic, de Bellemaniere, du Marquis de Resnel, de Ronsoy & de Pienne ; & sur celle du Duc de Joyeuse même, qu'il en trouva une partie au lit & & l'autre à table, & les tailla en pieces. Il donna plus d'une fois l'alarme à toute l'Armée qui étoit demeurée sous les ordres de Lavardin: Il la suivit jusqu'à La-Haye en Touraine ; & trouva moyen de la tenir comme assiegée pendant quatre ou cinq jours. S'il avoit eu en cette occasion des forces suffisantes pour pouvoir garder son poste plus long-temps, je crois que la faim la lui auroit entierement livrée. Les soldats se répandant dans les Villages, & s'exposant à tout pour avoir des vivres, nous passions la Riviere, & les surprenions à tous momens.

Sur les confins du Poitou.

Dans ce peu de temps il y en eut plus de six cens pris ou tués. Je donnai avec six Chevaux seulement dans un Village plein de soldats : Ils étoient si accoûtumés à être vaincus, que je fis saisir leurs armes qui étoient sur les lits & les tables, & éteindre leur mèche ; sans qu'ils se missent en devoir de nous repousser, quoiqu'ils fussent au nombre de quarante, que j'amenai tous au Roi de Navarre : ils prirent parti dans ses Troupes.

Il y avoit long-temps que M. le Comte de Soissons (52), mécontent de la Cour, faisoit esperer au Roi de Navarre qu'il passeroit dans son Parti, & que ce Prince n'oublioit rien pour l'entretenir dans cette disposition. La négligence de l'Armée Catholique fournissant une occasion telle que l'un & l'autre l'attendoient, M. le Comte de Soissons s'achemina vers la Loire ; & le Roi de Navarre envoya toutes ses Troupes aux Rosiers, pour faciliter à ce Prince le passage de la Riviere. Elles lui servirent encore à se saisir du bagage du Duc de Mercœur. Le grand convoi qui l'escortoit, fut attaqué sur la Levée si à l'improviste, qu'il fut défait sans rendre de combat, & le bagage qui étoit des plus riches entierement pillé : Ma part du butin monta à deux mille écus. Mes

---

(52) Charles de Bourbon, quatrieme fils de Louis I. Prince de Condé, tué à Jarnac; & frere d'Henry I. Prince de Condé, de François, Prince de Conty, & du jeune Cardinal Charles de Bourbon, mais d'une autre mere, Françoise d'Orleans de Longueville.

P iij

1587. freres n'étoient plus dans cette Armée ; je leur avois obtenu un passe-port pour sortir de La-Haye.

Ce service ne demeura pas sans recompense : Ils m'en firent avoir un de la Cour pour me rendre à Paris, où un besoin pressant m'appelloit. On étoit alors dans le fort des violences exercées contre les Religionnaires. De quelque côté qu'ils se tournassent, ils ne voyoient que des abymes ouverts. Dans les campagnes où tout le monde se faisoit soldat pour piller, leurs maisons, n'étoient pas capables de les garantir contre la fureur de leurs persecuteurs. Ils étoient exposés dans Paris & dans les grandes Villes aux recherches rigoureuses, que le zèle de la Religion inspiroit, & que l'envie de profiter de leurs dépouilles ne faisoit que trop cruellement éxécuter. Les Princes se verront souvent sujets à de pareils malheurs, les plus grands qui puissent arriver à un Royaume, tant qu'ils ne connoîtront pas jusqu'où s'étendent leurs droits (53) & leurs devoirs à cet égard. Ils ne sçauroient sévir trop rigoureusement contre toute espèce d'action qui blesse la nature, la societé, ou les Loix. Une Religion capable d'autoriser ces actions, devient necessairement l'objet de la rigueur de leur justice ; & c'est même par cet endroit seul,

---

(53) Il est vrai qu'il n'est pas démontré que la Religion oblige les Souverains à persécuter ceux qui font profession d'une autre Croyance : mais cela n'empêche pas que les Maximes que le Duc de Sully établit ici ne soient fort dangereuses ; en ce qu'elles semblent décharger les Rois de l'indispensable obligation où ils sont de veiller au maintien de la bonne Religion : Obligation qui emporte celle de tenir la main à en faire exactement observer le culte & toutes les Pratiques extérieures, & qui n'est pas moins conforme aux principes d'une sage Politique, qu'à ceux de la Religion ; une funeste experience ne nous ayant que trop fait connoître qu'on doit faire beaucoup plus de fond sur l'attention à prévenir absolument toutes les disputes en matiere de Religion, que sur le silence qu'on peut imposer lorsqu'une fois elles se sont élevées. Comment d'ailleurs M. de Sully, après l'aveu qu'il fait si souvent dans ses Mémoires de l'esprit de révolte & d'indépendance, qui conduisoit toutes les démarches du parti Calviniste en France, n'a-t'il pas senti que selon ses propres Maximes, ce Corps meritoit de subir toute la rigueur des Loix ? Cet endroit justifie bien, ce me semble, ce que j'ai dit dans la Préface de cet Ouvrage, qu'il est plus à propos de ne rien dissimuler des sentimens de l'Auteur en fait de Théologie, que de les supprimer. On ne comprend point ce qu'il a voulu dire ici, au sujet de la Charité : l'obscurité est ordinairement une preuve de la fausseté des principes, & de la foiblesse des raisons.

que la Religion est soûmise au pouvoir des Têtes Couronnées : Mais leur ressort ne s'étend point sur l'intérieur des consciences. Dans le Précepte de la Charité par rapport à Dieu, dont les differens sens forment les differentes Religions, le souverain Maître se réserve tout ce qui ne sort point de la spéculation, & abandonne aux Princes ce qui tend à en détruire la pratique commune. L'ignorance ou le mépris de cette Maxime faisoient mener aux Réformés une vie malheureuse. Ceux qui avoient d'assez grands biens pour vivre dans Paris, prenoient ce parti comme le moins dangereux encore, par la facilité de pouvoir demeurer ignoré dans une Ville si confuse & si tumultueuse.

Mon Epouse s'y étoit retirée il y avoit quelque temps, avec la précaution de prendre un nom supposé ; & elle joignoit aux malheurs communs celui d'être fort avancée dans une grossesse, pendant laquelle elle manqua de toutes ses commodités. Lorsque je jugeai qu'elle touchoit à son terme, la crainte de tout ce qui pouvoit lui arriver en cet état, fut ce qui me porta à faire un voyage à Paris. Je trouvai qu'elle venoit de donner le jour à un enfant mâle, à qui je donnai pour Parrein le Sieur de Rueres prisonnier en la Conciergerie, & qui fut levé des Fonts au Prêche par un Bourgeois nommé Chaufaille & sa femme : Car le Prêche & les Assemblées des Protestans ne laissoient pas de se tenir : malgré les informations sévères qu'on faisoit contr'eux. Il y eut en ce temps-là plusieurs femmes brûlées pour ce sujet : Je courus moi-même les plus grands hazards ; & je n'évitai que par un bonheur surprenant de n'être pas reconnu. Enfin les Espions ayant encore été multipliés dans tous les endroits de la Ville, & les recherches se faisant avec un soin qui ne laissoit rien échaper ; je ne crus pas pouvoir demeurer plus long-temps dans Paris sans un péril évident. J'en sortis seul & déguisé ; je m'enfuis à Villepreux, d'où je gagnai Rosny par un chemin détourné.

Le Duc de Joyeuse avoit été reçu dans Paris avec des acclamations & des louanges, qui devoient le faire rougir secrettement de ne les avoir pas mieux meritées. Aussi ne l'empêcherent-elles pas de ressentir vivement la déroute de

1587. son Armée; dont il fut bientôt informé. Il chercha tous les moyens de réparer cette perte : ce qui ne lui fut pas bien difficile, dans les dispositions où étoit le Roi à son égard. Son arrivée avoit dissipé toutes les menées de ses jaloux; & le foible que Henry avoit pour lui, ayant porté sa faveur (54) au plus haut point, on ne lui refusa rien : Tous les Courtisans s'attacherent à lui; & il reprit le chemin de la Guyenne, avec la fleur de la Noblesse Françoise, pendant que plusieurs autres Corps de Troupes se rassembloient séparément au rendez-vous qu'il leur avoit marqué.

Ces differentes marches de gens de guerre ayant rendu les chemins peu sûrs, je ne trouvai point de moyen de repasser à La-Rochelle, qu'en rajustant la date de mon passeport, qui étoit expiré. Avec cette supercherie, j'arrivai sans aucun accident auprès du Roi de Navarre, que je trouvai occupé à prévenir l'orage terrible qu'il voyoit prêt à fondre sur lui. Il ramassa tout ce qu'il put trouver de soldats dans le Poitou, l'Anjou, la Touraine & le Berry. Il manda au Prince de Condé, au Comte de Soissons, à MM. de Turenne, de La-Trémouille & de La-Rochefoucaut, de lui amener tout ce qu'ils avoient de Gens de guerre avec eux. Il s'en falloit beaucoup que tous ces secours égalassent ses forces à celles du Duc de Joyeuse : ils ne le mettoient tout au plus qu'en état de s'ouvrir un chemin par la Guyenne, le Languedoc & le Lyonnois, vers la source de la Loire, où il comptoit pouvoir rencontrer les Troupes auxiliaires d'Allemagne. Ce fut à cette jonction qu'il s'appliqua uniquement, tandis que Joyeuse n'avoit pas encore toutes les Troupes qui devoient le joindre. Ce Prince s'avança donc avec son Armée vers Montlieu, Montguyon & La-Roche-Chalais (55) toujours observé & côtoyé par le Général Ennemi; qui ayant pénétré son

---

(54) " Dans son Ambassade à Rome il avoit été traité comme frere " du Roi. Il avoit un cœur digne de " sa grande fortune. Un jour ayant " fait attendre trop long-temps les " deux Sécretaires d'Etat dans l'An-" ti-chambre du Roi, il leur en fit " ses excuses, leur abandonnant un " don de cent mille écus que le " Roi venoit de lui faire. " *Notes sur la Henriade.*

(55) Villes sur les confins de la Saintonge, de la Guyenne & du Perigord, ainsi que Chalais & Aubeterre.

(55) Coutras,

son deſſein, crut ne devoir point attendre l'arrivée du Ma- 1587.
réchal de Matignon, ni celle de pluſieurs autres Régimens
qui approchoient, de peur de laiſſer échaper une occaſion, que
peut-être il ne pourroit plus recouvrer. Il étoit déja, avec ce
qu'il avoit de monde, ſi ſupérieur au Roi de Navarre, qu'on
ne pouvoit accuſer ce conſeil de témerité : Et le Prince qui ne
hazardoit jamais une action d'éclat, que forcé par la neceſſité,
au lieu de chercher à engager le combat, ne ſongeoit qu'à
mettre la Riviere entr'eux deux ; afin de continuer ſa marche
ſans obſtacle, & de gagner la Dordogne, ſur laquelle il avoit
d'aſſez bonnes Places pour arrêter la pourſuite des Ennemis.

Dans ces diſpoſitions de part & d'autre, le Roi de Navarre arriva au paſſage de Chalais & d'Aubeterre. Le poſte
de (56) Coutras lui parut important pour favoriſer ce paſſage :
Il ne le parut pas moins à Joyeuſe pour l'empêcher. Il envoya
Lavardin s'en emparer ; mais La-Trémouille plus diligent le
prévint, & s'y maintint après une eſcarmouche aſſez vive.
Moyennant l'avantage de ce poſte, le Roi de Navarre crut
pouvoir tenter le paſſage, & y fit travailler toute la nuit. Il
ſe réſerva le ſoin de faire paſſer les Gens de guerre ; & me
donna conjointement avec Clermont, Bois-Du-Lys & Mignonville, celui du Bagage & particulierement de l'Artillerie. Comme il étoit néceſſaire d'uſer d'une extrême diligence,
nous nous mîmes incontinent à travailler, ayant de l'eau juſqu'aux genoux. Une moitié étoit déja ſur l'autre bord, lorſque
les batteurs d'eſtrade que le Roi de Navarre avoit envoyés
pendant cette nuit à la découverte, arriverent avec quelques
priſonniers qu'ils avoient faits ; & apprirent que Joyeuſe,
réſolu de tout entreprendre pour forcer le Roi de Navarre
au combat, avoit fait battre aux champs à dix heures du
ſoir, & qu'il alloit ſe trouver en preſence au plus tard ſur les
ſept ou huit heures du matin.

Cette Nouvelle fit juger au Roi de Navarre que notre travail étoit non ſeulement inutile, mais encore fort-dangereux ; parceque l'Armée Ennemie le trouvant occupé à ce
paſſage, il ne pouvoit éviter l'entiere défaite de cette partie
de la ſienne, qui ſeroit reſtée en deçà de la Riviere, où elle

---

(56) Coutras, Ville de Guyenne, au confluent des Rivieres de Lille
auſſi ſur les confins du Périgord, & de Droume.

1587.

ne pourroit plus recevoir de secours de celle qui seroit au delà. Il donna donc ordre qu'on fît repasser promptement tout ce qui étoit de l'autre côté; & en doublant notre peine, il nous ôta encore (57) Mignonville, dont il avoit besoin. Quoiqu'il nous vît extrêmement foibles pour le travail qu'il nous donnoit, il ne laissa pas de me montrer une éminence, sur laquelle il auroit bien souhaité que son Artillerie fût placée ; mais comme n'osant espérer que nous eussions le temps de gagner jusques-là. En effet, on découvroit deja la tête de l'Armée ennemie. Heureusement Joyeuse, qui sans doute ne connoissoit pas assez bien le terrein, ou se laissoit trop emporter à son ardeur, avoit donné ordre de placer son Artillerie en un endroit si bas, qu'il vit dans la suite qu'elle lui seroit inutile, & la fit changer de place : ce qui nous donna un espace de temps, dont nous sçûmes profiter pour asseoir la nôtre. Il faut dire même que quelque chose que fit ce Général, il ne tira presqu'aucun service de son Artillerie ; & ce fut sans doute une des principales causes de la perte de la Bataille : Ce qui montre que rien n'est plus nécessaire à un Général d'Armée, que la justesse de ce premier coup d'œil qui abrège les voies, & prévient la confusion. Je n'ai point connu de Généraux qui l'eussent aussi bon que le Roi (58) de Navarre.

Le (59) Combat étoit deja engagé, lorsque notre Artillerie, qui ne consistoit pourtant qu'en trois Pieces de Canon,

---

(57) Mignonville, qui fut tué bien-tôt après devant Nonancour, lorsque Henry IV. força cette Ville, étoit Maréchal de Camp, & excellent Officier. Henry avoit dan son armée un grand nombre de ces Officiers subalternes d'un mérite & d'un talent peu communs. Tels étoient Mongommery, Bellezuns, Montausier, Vaudoré, Des-Ageaux, Favas, dont les Historiens font mention avec éloge en parlant de cette Bataille.

(58) Le Grain lui fait tenir cette Harangue militaire à ses soldats : » Mes amis, voici une curée qui se » présente, bien autre que les bu-» tins passés : c'est un nouveau marié » qui a encore l'argent de son ma-» riage en ses coffres ; toute l'élite » des Courtisans est avec lui. « *Déc. d'Henry le Gr. liv.* 4.

(59) Il commença le 20 Octobre à neuf heures du matin ; il étoit fini à dix. La Victoire fut complette : il demeura sur la place cinq mille morts des Ennemis, & cinq cens prisonniers : il n'y eut qu'un fort petit nombre de soldats tués dans l'Armée du Roi de Navarre, & pas un prisonnier de distinction. *De-Thou, liv.* 87. *Mém. de Du-Plessis, liv.* 1. *D'aubigné, tom.* 3. *liv.* 1. *Matthieu, tom.* 1. *liv.* 8. *p* 533. Le P. Daniel dans son Histoire de France, *tom.* 9. *in* 4°. fait une description tout-à-fait juste de la Bataille de Coutras. J'aurois bien souhaité pouvoir en transcrire ici l'article entier.

LIVRE SECOND.

se trouva établie ; & il étoit temps de s'en servir. Le Quartier de M. de Turenne, dont les troupes firent fort mal, & celui de La-Trémouille avoient été forcés dans le premier choc : ce qui avoit commencé à porter le desordre dans le reste de l'Armée. les Catholiques crioient : *Victoire* ; & il s'en falloit peu qu'ils ne fussent victorieux en effet. Mais en ce même moment notre Artillerie commença à faire un feu (60) si terrible, que chaque coup enlevoit douze, quinze, & quelquefois jusqu'à vingt-cinq hommes. Elle arrêta d'abord l'impétuosité des Ennemis ; & les incommoda si fort, que pour se mettre à couvert ils s'écarterent, & n'offrirent qu'un Corps mal-joint & mal-soûtenu aux efforts du Roi de Navarre, du Prince de Condé, & du Comte de Soissons, qui étoient accourus à la tête de trois Escadrons. Ces trois Princes (61) y firent des prodiges de valeur. Ils renverserent tout ce qui se presenta à leur rencontre, & passerent sur le ventre aux Vainqueurs. Leurs armes y furent martelées de coups. En un moment tout changea, & la mort (62) du Général Catholique acheva de donner aux Protestans une Victoire complette.

Si-tôt que je vis l'Ennemi prendre la fuite, j'abandonnai le Canon comme inutile ; je me fis donner mon cheval que Bois-breuil tenoit derriere l'Artillerie, & je courus apprendre des Nouvelles de mes freres. J'eus la consolation de sçavoir qu'il n'en étoit resté aucun des deux dans le Combat. Je rencontrai le Roi de Navarre, occupé à dissiper les (63)

(60) » Le premier coup d'Artillerie, dit Le Grain, emporta sept » Capitaines du Régiment de Picardie, le meilleur & le plus aguerri » de l'Armée du Duc. « *liv*. 4.

(61) » Je ne vous dirai rien autre » chose, leur dit le Roi de Navarre, » sinon, que vous êtes de la Maison » de Bourbon, & vive Dieu, je vous » montrerai que je suis votre aîné... » Sa valeur brilla ce jour-là pardessus » celle de tous les autres : il avoit » mis sur son casque un bouquet de » plumes blanches pour se faire remarquer... Quelques-uns se mettant devant lui, à dessein de défendre & couvrir sa personne ; il » leur cria : A-quartier, je vous prie,

» ne m'offusquez pas, je veux paroître. Il enfonça les premiers » rangs des ennemis, fit des prisonniers de sa main, & en vint jusqu'à » colleter un nommé Château-Regnard, Cornette d'une Compagnie de Gens-d'Armes, lui disant : » rends-toi Philistin. « *Peref. ibid.*

(62) Tué de sang froid par La-Mothe Saint-Heray ; d'autres disent par deux Capitaines d'Infanterie, nommés Bordeaux & Descentiers.

(63) » Quelqu'un ayant vû les » fuyards qui faisoient alte, lui vint » dire, que l'Armée du Maréchal de » Matignon paroissoit. Il reçut cette » nouvelle comme un nouveau sujet » de gloire, & se tournant brave-

Q ij

1587. fuyards, & à achever sa victoire, qu'il ne tint assûrée que quand il ne vit plus rien qui pût lui tenir tête. Le corps de Joyeuse & celui de Saint-Sauveur (64) son frere furent retirés du milieu d'un tas de cadavres, & portés dans une Salle du Château de Coutras, où ils demeurerent sur une table, couverts seulement d'un mechant linceul qu'on jetta sur eux. (65)

» ment vers ses gens: allons, dit-il, » mes amis, ce sera ce qu'on n'a ja- » mais vu, deux Batailles en un » jour. « *Peref. ibid.*

(64) Claude de Joyeuse, le plus jeune des sept fils de Guillaume, Duc de Joyeuse.

(65) Voici une Anecdote, dont je ne garantis pas la vérité, mais qu'on ne sera pourtant pas fâché de voir. Je la trouve dans les Mémoires d'Amelot de La-Houssaye, *tom* 2. *p.* 443. qui la rapporte, comme tirée de l'Histoire des Seigneurs d'Enghien, par Colins, où cet Auteur parle ainsi : » Le Roi de Navarre » remporta la victoire, au grand » contentement du Roi de France, » lequel avoit secrette correspon- » dance avec le Victorieux, par l'en- » tremise fidelle du Marquis de Ros- » ny de la Maison de Béthune, pré- » sentement Duc de Sully, qui de- » meuroit inconnu à Paris. « Cet Auteur paroît avoir eu connoissance des Négociations secretes du Duc de Sully avec Henry III. qu'on a rapportées plus haut : Mais en quoi il se trompe, c'est que ces négociations n'avoient point eu leur effet : que le Duc de Joyeuse n'avoit rien perdu de sa faveur auprès de ce Prince ; du moins si nous en croyons M. de Sully, qui devoit être mieux au fait qu'un autre : enfin que Sully n'étoit plus à Paris, puisqu'il se trouva à la Bataille ; & que même le dernier voyage qu'il y avoit fait quelque-temps auparavant, n'avoit pour objet que de voir & de secourir son Epouse.

Fin du Second Livre.

MEMOIRES
DE
SULLY.

LIVRE TROISIEME.

L est également vrai qu'on pouvoit tirer de grands avantages pour le Parti Protestant de la Victoire de Coutras, & qu'on n'en retira aucun. Je suis assez sincère pour convenir que le Roy de Navarre ne fit pas en cette occasion tout ce qu'il pouvoit faire. Si avec une Armée Victorieuse & maîtresse de la Campagne, on se fût avancé à la rencontre des Secours Etrangers, rien n'en auroit pu empêcher la jonction ; & le Parti devenoit après ce coup important, du moins égal aux Catholiques. On a beau dire, on ne connoît jamais tout le prix du moment ; les plus habiles y sont trompés. Mais ce que très-peu de personnes (1) sçavent, c'est

1587.

---

(1) Nos meilleurs Historiens conviennent également de ces deux choses ; que le Roi de Navarre ne sçut pas profiter de sa Victoire ; & qu'il ne tint pas tout-à-fait à lui. D'Aubigné est presque le seul qui disculpe tous les Officiers du Prince, & n'accuse que lui seul, *tome 3. liv. 1. chap. 15.*

1587. que les vuës intéressées, & les desseins ambitieux de quelques-uns des Chefs de l'Armée victorieuse, furent les principales causes qui arracherent des mains du Roi de Navarre les fruits de sa Victoire.

Claude, Duc de La-Trémouille. Le Prince de Condé séduit par les conseils de La-Trémouille, crut enfin avoir trouvé le moment d'executer le hardi projet qu'il minutoit depuis long-temps, de démembrer de la Couronne de France, l'Anjou, le Poitou, le Pays d'Aunis, la Saintonge & l'Angoumois, pour s'en composer une Principauté indépendante. Dans cette vûë, il se hâta de retirer tout ce qu'il avoit amené de Troupes à l'Armée générale; & tourna toutes ses pensées à se rendre maître de Saintes & de Brouage, qu'il s'imagina pouvoir emporter sans peine dans la premiere alarme: Après quoi il ne voyoit rien qui pût lui resister; Car l'ambition ressemble à cet oiseau de la Fable, qui a l'aile forte, & une faim insatiable (2).

(2) Le Duc de Sully ne s'accorde point ici avec d'Aubigné, Du-Plessis-Mornay, & l'Auteur de la Vie du Duc de Bouillon. Il se peut bien faire qu'il ait eu de meilleurs Mémoires qu'eux tous, par rapport aux vûës qu'il attribué en cette occasion au Prince & au Duc, mais je crains bien aussi qu'il n'y ait un peu de prévention ou de passion de sa part. Je ne vois point de juge plus capable de décider cette question, que M. De-Thou. En parlant des suites de la bataille de Coutras, il dit: Que le Conseil ayant été assemblé pour voir ce qu'il étoit à propos qu'on fît, l'avis du Prince de Condé fut, qu'on allât au devant des Troupes Etrangeres le long de la Loire, & qu'on leur assûrât un passage sur cette Riviere, en se saisissant de Saumur: Que ce conseil ne fut point suivi pour des raisons qu'il rapporte, & qui sont fort-mauvaises: Qu'il fut seulement arrêté, que le Prince de Condé iroit, avec ce qu'on pourroit lui donner de Troupes, joindre l'Armée Allemande vers la source de la Loire, en prenant son chemin par le fond de l'Angoumois & du Limosin: Que le Roi de Navarre de son côté se voyant abandonné de la meilleure partie de la Noblesse de Poitou & de Saintonge, avoit marché vers Sainte-Foi en Agenois, d'où il avoit pris la route de Pau; laissant la conduite de sa petite armée au Vicomte de Turenne: Que le Vicomte, pour ne pas laisser ces soldats inutiles, avoit assiégé Sarlat en Périgord, à dessein de le mettre du moins à contribution, s'il ne pouvoit le prendre. Voilà ce que dit De-Thou. Et l'on peut y ajoûter une circonstance très-essentielle, & en même temps très-vraie, puisque ni le Duc de Bouillon, ni ses Apologistes ne peuvent s'empêcher d'en convenir; qui est, que ce fut le Vicomte lui-même qui fit rejetter le sage conseil du Prince de Condé. Il s'en suivroit de tout cela, que le Prince de Condé n'est point coupable de ce dont on l'accuse ici; d'autant plus que d'Aubigné ajoûte, que ce fut sur la promesse que lui fit le Roi de Navarre d'aller le joindre au plustôt,

LIVRE TROISIEME.

1587.

Le Vicomte de Turenne, avec des desseins tout pareils sur le Limosin & le Périgord, où il possedoit déja de grands biens, tint la même conduite; & se faisant suivre des Troupes qui recevoient ses ordres, & qui faisoient seules le tiers de l'Armée, il les mena faire le Siege de Sarlat; en les flatant que cette expedition alloit enrichir jusqu'au moindre soldat. Il justifia parfaitement le proverbe, Que les grands prometteurs tiennent le moins: Il reçut devant cette bicoque un échec, qui auroit dû le convaincre une bonne fois de la vanité de ses prétentions. Le Vicomte eut le malheur de n'être plaint de personne, & du Roi de Navarre encore moins, parce qu'il n'avoit rien fait que contre son avis.

Le Comte de Soissons cachoit plus finement ses desseins: Cependant il est vrai que son nouvel attachement au Roi de Navarre n'avoit rien de plus sincère, & ne lui étoit dicté que par son interêt seul. Il avoit sçu gagner le cœur de Madame Catherine, Sœur du Roi; & il n'entretenoit ce Prince que de la passion qu'il avoit de s'unir encore plus étroitement avec lui par un mariage: Mais ce dessein en cachoit un autre trop honteux pour le laisser appercevoir. Il prétendoit se faire subroger par ce mariage dans tous les droits du Roi de Navarre: Et comme il ne voyoit aucune apparence que ce Prince, ayant pour ennemis déclarés le Pape, l'Espagne & les Catholiques de France, pût jamais venir à bout de ses entreprises, il comptoit s'enrichir de ses dépouilles, & y gagner du-moins qu'il s'avança dans l'Angoumois, où il l'attendit long-temps inutilement: Sans pourtant que cela puisse justifier le Prince d'avoir eu d'ailleurs les vuës d'indépendance dont aucune Histoire n'a douté.

Pour le Vicomte de Turenne, quoiqu'il n'ait paru agir en cette occasion qu'en conséquence de la résolution d'un Conseil général, il semble qu'on n'en est pas moins autorisé à tout penser à son désavantage. Et ce n'est pas raisonner conséquemment, que de convenir d'une part, comme fait Marsolier, que son ambition lui faisoit former des projets criminels; & de trouver mauvais d'une autre, qu'on rapporte à ces projets toutes ses démarches. C'est détruire l'idée qu'il veut nous donner du Duc de Bouillon, comme du plus grand Politique de son temps. La Religion blâme ces jugemens qu'on porte sur l'intérieur: mais les loix de l'Histoire les souffrent; & les conjectures politiques sont souvent réduites à ce seul fondement.

Quant à ce qui est dit dans ce même endroit contre M. le Comte de Soissons; il est & sera encore appuyé dans la suite sur des preuves, qui ne laissent rien à répliquer. *De-Thou. liv.* 87. *Mém. Du-Plessis, liv.* I. *d'Aubigné, tom.* 3. *liv. chap.* 15. *Marsolier, Histoire d'Henry, Duc de Bouillon, tom.* I. *liv.* 3.

1587. les grands biens qui compofoient l'appanage de la Maifon d'Albret : en deçà de la Loire. Avec une pareille intention, il n'eut garde de lui aider de fes confeils, ni de fa main, à pouffer plus loin fa derniere Victoire. Au contraire, il prit ce moment pour lui faire de fi fortes inftances de le mener en Bearn voir la Princeffe, que ce Prince, qui fe voyoit d'ailleurs plus abandonné que s'il avoit perdu lui-même la Bataille, crut que la reconnoiffance du fecours que lui avoit donné M. le Comte, l'obligeoit à lui accorder cette fatisfaction. Il étoit entraîné lui-même de ce côté, (& le Comte de Soiffons ne l'ignoroit pas,) par une paffion, qui a toujours été le foible de ce Prince: L'amour le rappelloit aux pieds de la Comteffe de Guiche, pour y dépofer les Drapeaux pris fur l'Ennemi, qu'il avoit fait mettre à part pour cet ufage.

Ils prirent donc enfemble le chemin de Bearn. Ce voyage fait ainfi à contre-temps, ne produifit pas heureufement tout le mal qu'on avoit lieu de craindre : Il fervit du-moins au Roi de Navarre à connoître plus particuliérement celui qu'il étoit fur le point de fe donner pour Beau-frere. M. le Comte de Soiffons ne put fi bien diffimuler, que le Roi ne devinât une partie de fes fentimens; & une Lettre qu'il reçut de Paris acheva de les lui dévoiler. On lui apprenoit: Que M. le Comte n'avoit fait cette démarche auprès de lui qu'à l'inftigation des Ecclefiaftiques, qui avoient imaginé cet artifice pour lui ravir tous fes biens: Que le Comte leur avoit juré qu'auffi-tôt qu'il auroit époufé Madame, il l'emmeneroit à Paris, & abandonneroit le parti de fon bienfaiteur; & qu'on prendroit alors des mefures pour achever le refte. Cette Lettre que le Roi de Navarre reçut au retour de la chaffe, & prêt à tomber dans le piége qu'on lui tendoit, lui donna une averfion pour le Comte, que rien n'a jamais pu effacer. Il rompit avec lui, & regretta, mais trop tard, de s'être abandonné à fon confeil.

Je n'eus pas le chagrin d'être témoin de toutes ces réfolutions prifes après la Bataille de Coutras, & auxquelles je me ferois inutilement oppofé. Quelques jours après le Combat, avant que des réflexions fi peu fenfées euffent empoifonné tous les efprits, le Roi de Navarre me prit à quartier dans un jardin, & me demanda mon avis fur la fituation où cette

action

LIVRE TROISIEME.

1587.

action avoit mis les affaires. Je lui répondis : Qu'il falloit sans perdre de temps marcher avec toutes ses forces vers la source de la Loire, pour y recevoir le secours Etranger ; ou, ce qui revenoit au même, lui en faciliter le passage, en s'emparant de toutes les Villes qui sont en deçà de cette Riviere ; & qui, à la réserve de Poitiers & d'Angoulême qu'on pouvoit laisser, ne me paroissoient pas difficiles à prendre. Par là ce Prince s'assûroit du moins à tout évenement des plus belles & des meilleures Provinces, dont on n'auroit pu le chasser qu'avec des forces & un temps considérables.

Le Roi de Navarre préfera cet avis, & me parut être dans l'intention de le suivre de point en point. Il me dit qu'il venoit d'envoyer Montglat vers l'Armée Etrangere ; & que ne pouvant aller lui-même se mettre à la tête, il auroit fort souhaité que M. le Prince de (3) Conty se fût chargé de cet emploi : il venoit de recevoir des Lettres de ce Prince, par lesquelles il lui faisoit offre de sa personne. Le prétexte d'aller joindre les restes de l'Armée Royale, pouvoit servir à M. le Prince de Conty, à se rendre sans risque jusqu'à l'Armée Auxiliaire. Le Roi me chargea de porter le Prince à faire cette démarche, & me commanda de ne pas l'abandonner.

Louis de Harlai, Sieur de Montglas.

Je partis de l'Armée, chargé pour tout écrit d'une Lettre de trois lignes : J'envoyai mon équipage à Pons ; & je passai dans le Maine, où je croyois trouver M. le Prince de Conty, à la faveur des connoissances que j'avois avec les Gouverneurs des Places du passage. J'appris en arrivant, que le Prince de Conty étoit parti de lui-même deux jours auparavant ; & qu'il n'avoit pu tenir sa marche si secrete, qu'on ne se fût apperçu qu'il étoit d'intelligence avec les Etrangers : ce qui avoit fait détacher après lui plusieurs Partis, qui remplissoient encore les chemins. Je fus donc obligé de faire un circuit pour chercher à le rejoindre, & de prendre par Rosny ; d'où étant venu à Neaufle, ce fut en arrivant dans ce Bourg, que j'appris : Que les Allemands engagés sans ordre & sans guide au milieu de Provinces inconnuës, arrêtés par de grosses Rivieres, & sans cesse harcelés par les Troupes de la Ligue,

---

(3) François de Bourbon, Prince de Conty, second Fils de Louis I. Prince de Condé, & d'Eléonore de Roye : Il mourut en 1614, sans enfans de ses deux Mariages.

1587.

avoient enfin été totalement défaits à Auneau : (4) Que les Suisses, pour éviter un semblable malheur, avoient pris parti, au nombre de douze mille, dans les Troupes de la Ligue, Que le Roi de Navarre étoit en Bearn; ses Troupes dans l'inaction, & dispersées de tous côtés.

Ces tristes Nouvelles abregeant mon voyage, & rendant ma commission inutile, il ne me resta plus rien à faire que de tourner bride & de regagner Rosny; où tandis que je déplorois dans le cœur les effets d'une si mauvaise conduite, je feignois pour ma sûreté de prendre part aux réjouissances publiques, qui suivirent la défaite d'Auneau. Je visitai mes biens de Normandie, en attendant les remedes que le temps & le retour du Roi de Navarre pouvoient apporter à nos malheurs : Et lorsque je fus informé que ce Prince étoit revenu de Bearn, j'allai le trouver à Bergerac, où la Nouvelle de la prise de Castillon le consola un peu parmi tant de sujets d'affliction. Il en avoit coûté un million au Duc de Maïenne pour faire le Siege de cette Place, que le Vicomte de Turenne reprit pour moins de deux écus.

1588.
Sur la Dordogne.

Par le moyen d'une échelle de corde.

Nous y fûmes encore informés peu de temps après, de deux évenemens bien capables de changer la face des affaires. L'un est la mort du Prince de (5) Condé. Une fin aussi promte &

---

(4) Voyez ce détail dans *De-Thou*, liv. 87. *d'Aubigné*, tom. 3. liv. 1. *Matthieu*, tom. 1. liv. 8. p. 537. *La Chronol. Novennaire*, tom. 1. fol. 39. & sur-tout les *Mémoires de la Ligue*, tom. 1. où il est marqué : Que dans le temps que cette Armée étoit campée près de la Riviere d'Yonne, Montglat vint de la part du Roi de Navarre dire au Chef de s'acheminer par la source de la Loire, où il iroit se mettre à leur tête; mais qu'ils ne jugerent pas à propos de le faire. Les Chefs étoient le Baron d'Onau ou de Dona, Guitry, Clervant, Beauvais La-Nocle, &c : S'ils avoient suivi cet ordre, le Roi de Navarre, alors de retour de Bearn, auroit eu le temps de les joindre avec ses Troupes; & l'Armée n'eût pas été défaite. Davila liv. 8. rapporte la réponse que fit le Duc de Guise au Duc de Maïenne, qui trouvoit bien du risque à attaquer un Ennemi si supérieur en nombre. » Ceux, » dit-il, qui ne sont pas d'humeur de » combattre, peuvent demeurer ici : » ce que je ne résoudrai pas en un » quart d'heure, je ne le résoudrois » pas en toute ma vie. »

(5) » Quoiqu'il y eût une secrete » jalousie entre le Prince de Condé » & le Roi de Navarre, ce Roi ressentit cette perte avec une extrême » douleur; & s'étant enfermé dans » son Cabinet avec le Comte de Soissons, il fut oui en jetter les hauts » cris, & dire, qu'il avoit perdu son » bras droit. « *Peref. Hist. d'Henry le Gr.* I. *Part.* Ce Prince s'appelloit Henry, & étoit fils de Louis de Bourbon, premier Prince de Condé. Il n'eut point d'enfans de sa premiere femme, après laquelle il épousa Charlotte-Catherine de La-Trémouille,

aussi tragique, l'emprisonnement de quelques personnes qui l'approchoient de plus près, & le supplice d'un de ses Domestiques (6) qui fut tiré à quatre chevaux, ne laisserent aucun lieu de douter qu'il ne fût mort de poison. La Nouvelle des Barricades (7), & de la sortie du Roi hors Paris, suivit celle-cy de près ; & fut répanduë par le Courrier, qui

1588.

Le Jeudi 12 Mai.

qu'il laissa grosse de trois mois. C'est une erreur grossiere, & qui n'a cours que parmi le peuple, que Henry de Condé, deuxieme du nom, est venu au monde treize mois après la mort de son pere. Il nâquit le premier Septembre suivant.

(6) Ce Domestique s'appelloit Brillant. Un de ses Pages fut exécuté en effigie. La Princesse de Condé elle-même fut comprise dans cette accusation : René Cumont, Lieutenant-particulier de Saint-Jean, commença contr'elle une procédure, que la naissance d'Henry II. Prince de Condé fit surseoir. Après six ans de prison, la Princesse présenta Requête au Parlement de Paris, qui évoqua cette affaire à son Tribunal, & déchargea Charlotte-Catherine de La-Trémouille du crime dont on avoit voulu la rendre complice. Le Prince de Condé mourut à Saint-Jean d'Angely, le 5 Mars 1588, âgé de trente-cinq ans. *De-Thou, liv.* 90. Morisot dit, je ne sçais pas sur quelle autorité, que la mort du Prince de Condé peut être attribuée à une blessure qu'il avoit reçuë dans le côté, d'un coup de lance, à la Bataille de Coutras. *Henr. Magn. cap.* 12. *p.* 27.

(7) Je n'en ferai point ici le détail, qui seroit trop long, & qu'on trouve d'ailleurs dans une infinité de Livres. Il suffit de dire : Que Henry III. pour prévenir les pernicieux desseins de la Ligue, ayant fait entrer dans Paris environ six mille hommes de Troupes, Suisses pour la plus grande partie, & les ayant répandus dans différens Quartiers de la Ville ; le peuple se souleva, ameuté par quelques-uns des Chefs de la Ligue ; se barricada dans les ruës ; repoussa les soldats ; désarma les Suisses ; défit les Gardes de Sa Majesté ; poussa les barricades jusqu'à cinquante pas du Louvre &c. Que Henry III. prêt à se voir assiégé dans le Louvre, & ne voulant pas s'exposer à la violence d'un peuple furieux, sortit secretement par les Tuileries, & le Fauxbourg Montmartre, d'où il gagna Chartres : Qu'ensuite la chose tourna en négociation entre la Reine-Mere, & le Duc de Guise ; & que l'entiere décision fut remise aux Etats de Blois.

Je remarque après d'Aubigné, que ce fut un grand bonheur pour Henry III. que ses Troupes fussent saisies & maintenuës en possession du Fauxbourg Saint-Honoré, & des derrieres des Tuileries ; & que personne du côté de la Ligue ne songea à s'emparer d'abord de ces Quartiers. Ceux qui gardoient la porte de Nesle tirerent de loin sur la troupe du Roi, & voyant venir le Bac des Tuileries, où ils croyoient que pouvoit être ce Prince, ils couperent le cable. *Chronol. Novenn. tom.* I.

Henry III. de son côté fit une faute encore plus grande, en défendant à Grillon, Colonel des Gardes Françoises, de s'emparer de la Place Maubert, & du Quartier de l'Université ; & en empêchant ses soldats de charger la populace, qu'une démarche plus ferme, faite à propos, auroit peut-être contenuë dans le devoir. Le Duc de Guise attendit six jours entiers à Soissons, n'osant venir à Paris contre l'ordre du Roi, que Bellièvre lui signifia dans deux Lettres, qu'il lui envoya l'une après l'autre par la Poste. Ce fut encore une faute, comme le remarque l'Historien Matthieu, *t.* I. *l.* 8. de n'avoir pas fait porter ces Lettres au Duc de Guise par un Exprès : Car le Duc imagina qu'il

R ij

1588. étoit chargé d'aller l'annoncer au Duc d'Epernon. Voilà à quelle scène honteuse se vit exposé un Roi, qui ne sçut ni prévenir, ni étouffer, ni diviser les factions ; qui s'amusa à pouvoit éluder cet ordre, en niant qu'il eût reçu ces Lettres ; comme il fit en effet chez la Reine, la veille des Barricades, en présence du Roi & de Bellièvre, à qui il protesta avec de grands sermens, qu'elles ne lui avoient pas été rendues. Cette faute ne fut pas commise par négligence ; mais parce qu'on ne trouva pas seulement vingt-cinq écus à l'Epargne, pour payer le voyage d'un Courrier.

Le Duc d'Epernon conseilla à Henry III. de faire assassiner par ses Gardes le Duc de Guise, lorsqu'il vint au Louvre : & ce Prince voulut, dit-on, y engager la Guesle & Villequier, qui l'en dissuaderent. On dit encore que le jour même des Barricades, Alphonse d'Ornano se fit fort de lui apporter la tête du Duc de Guise, s'il vouloit le laisser agir. On jugea enfin que le Roi n'avoit pas pris à beaucoup près toutes les précautions qu'il devoit prendre ; instruit comme il l'étoit des projets de la Ligue ; ayant manqué lui-même à être pris en allant à Vincennes, & venant d'éprouver par ce qui s'étoit passé à la détention de La-Morliere, fameux Ligueur, que le peuple n'attendoit qu'une occasion de l'insulter. Le Conseil du Roi s'étoit sans comparaison mieux comporté dans cette affaire de La-Morliere, qu'il ne fit le jour des Barricades. *Mém. de la Ligue, tom. 5. Satyr. Ménipp.*

Il y auroit ici une grande Question à agiter, sur laquelle je ne sçaurois pourtant beaucoup m'étendre ; sçavoir, quel étoit le but du Duc de Guise dans cette entreprise. On a soûtenu sur cela, comme sur toute autre matiere, le Pour & le Contre. Ceux qui veulent, qu'il eut eu dessein de pousser ou de laisser le peuple pousser les choses à l'extrême, de se saisir de la personne du Roi, en un mot, de se mettre la Couronne sur la tête ; s'appuient sur des Pieces importantes, sur lesquelles je suis obligé de renvoyer le Lecteur au *premier Tome des Mémoires de la Ligue, & au Volume de la Bibliothéque du Roi, cotté* 8866. Les principales sont : Une Lettre que lui écrivit la Duchesse de Lorraine après la Victoire d'Auneau ; dans laquelle elle l'avertit, qu'il ait à saisir l'occasion présente de se faire déclarer Roi &c : La Lettre écrite par le Duc lui-même le lendemain des Barricades au Gouverneur d'Orléans, où on lit ces paroles : » J'ai défait les Suisses, » taillé en pieces une partie des Gar- » des du Roi, & tiens le Louvre in- » vesti de si près, que je rendrai bon » compte de ce qui est dedans. Cette » Victoire est si grande, qu'il en sera » mémoire à jamais &c. « Plusieurs autres Lettres, où il est parlé peu respectueusement du Roi, & avec le dernier mépris des Princes du Sang. On joint à cela la douleur que témoigna le Duc de Guise, & le reproche qu'il fit à la Reine-Mere, de ce que pendant qu'elle l'amusoit par des pourparlers, sa proie lui échapoit : Enfin les Ecrits qui furent répandus par son ordre, dit-on, dans lesquels étoit établi le prétendu droit de la Maison de Lorraine à la Couronne : Sans parler d'une infinité d'autres Pieces, qui, à vrai dire, ne sont qu'autant de Libelles satyriques ; où l'on reproche au Duc François de Guise, d'avoir cherché à faire valoir des droits chimériques sur l'Anjou & la Provence ; & au Cardinal son frere, d'avoir voulu se rendre Souverain de Metz, sous la protection de l'Empereur : projet dont la vigilance de Salcede empêcha l'éxécution, mais qu'il paya de sa tête ; & d'avoir traité de la Religion avec le Roi d'Espagne au Concile de Trente, sans la participation du Roi son Maître. La plûpart de ces Ecrits sont aujourd'hui entre les mains de tout le monde.

conjecturer lorsqu'il falloit agir ; qui ne fit aucun usage ni de la prudence, ni de la fermeté; qui même ne connut jamais ni ceux auxquels il commandoit, ni ceux qui l'approchoient de plus près. Les Révolutions qui arrivent dans les grands Etats, ne sont point un effet du hazard, ni du caprice des peuples. Rien ne révolte les Grands d'un Royaume comme un Gouvernement foible & dérangé : Pour la populace, ce n'est jamais par envie d'attaquer qu'elle se soûlève, mais par impatience de souffrir.

On justifie le Duc de Guise par toutes les raisons qu'il déduit lui-même dans une Lettre, ou espèce de Manifeste, qu'il écrivit le même jour 13 Mai : Il y expose : Que le peuple de Paris s'étoit échauffé de lui-même, sur le bruit qui s'étoit répandu, que le Roi alloit remplir la Ville d'Etrangers, pour faire main-basse sur les Bourgeois : Qu'au lieu de le soutenir, il s'étoit donné mille mouvemens jusqu'à deux heures après minuit pour le calmer : Qu'il avoit sauvé les Suisses, & empêché le massacre : Qu'il avoit conjuré les séditieux de respecter l'autorité Royale, bien loin d'oser attenter à la personne du Roi, « que j'eusse pû, dit-i', mille fois » arrêter, si je l'avois voulu &c. « Ajoûtez à ces raisons, qu'en traitant avec la Reine-Mere, il n'éxigea rien autre chose, sinon qu'on détruisit le Parti Protestant, & qu'on mît à couvert la Religion : Et qu'en tout cela, ce ne fut jamais en son nom qu'il parla, mais en celui du Cardinal de Bourbon, dont il soûtenoit les intérêts contre ceux du Roi de Navarre, & des autres Prince du Sang.

Je ne trouve de bien prouvé contre le Duc de Guise, que le dessein de se mettre sur le Trône après la mort d'Henry III. & celle du Cardinal de Bourbon : & c'est beaucoup. Mais où est l'ambitieux, qui en sa place eût résisté aux suggestions du Pape, du Roi d'Espagne, & d'une grande partie de l'Europe, qui conspiroient pour son élevation ?

Le jugement que porta le Duc de Parme sur cet évenement, (*Davila, liv. 9.*) c'est que » le Duc de Guise » avoit fait trop de semblant, & frap- » pé trop peu : Qu'il se devoit souve- » nir, que qui met l'épée à la main » contre son Prince, en doit à l'in- » stant jetter le fourreau. « Sixte V. en en recevant la Nouvelle, s'écria : » O le téméraire Duc, & le lâche » Roi ! Le Sieur de Stafford, Ambassadeur Anglois, (je rapporte ce trait avec les paroles de Le-Grain), *liv. 4.* » ayant été conseillé de pren- » dre un sauf-conduit du Duc de Gui- » se : Je ne veux, dit-il, d'autre ass û- » rance que le Droit des Gens & la » protection du Roi, vers lequel je » suis envoyé, & duquel vous & lui, » (le Duc de Guise) êtes serviteurs » & sujets. « Le Premier Président de Harlay répondit avec la même fermeté au Duc de Guise : Qu'en l'absence du Roi il iroit prendre les ordres de la Reine-Mere.

Une Piece qui mérite d'être luë sur les différentes démarches de la Ligue & du Conseil avant & le jour des Barricades, est celle qui a pour Titre : *Procès-verbal de Nicolas Poulain, Lieutenant de la Prévôté de l'Isle de France, sur la Ligue, depuis 1585. jusqu'en 1588.* Ce Nicolas Poulain, qui favorisoit secrettement le parti du Roi, donna souvent dans toute cette affaire de très-bons conseils ; mais qui ne furent point suivis. On trouve ce morceau secret d'Histoire dans le 1. *tom. du Journal du Regne d'Henry III. pag. 132. & suiv.*

1588.

Le souvenir des mauvais procedés du Roi Henry III. ne tint pas un moment dans le cœur du Roi de Navarre, contre le juste ressentiment d'un outrage aussi sanglant que celui qui venoit d'être fait à son Sang, & qui réjaillissoit en quelque maniere sur toutes les Têtes couronnées. Il en marqua sa douleur dans son Conseil; & l'avis de défendre & de secourir le Roi de France ayant été embrassé tout d'une voix, il fit partir sur le champ son Sécretaire, pour assûrer ce Prince qu'il pouvoit disposer de sa personne & de ses soldats.

Le Comte de Soissons livré à de perpetuelles chimères, regarda cet évenement comme un coup de la fortune, qui en le délivrant de tous ses Rivaux, alloit le rendre tout-puissant dans le Conseil & à la Cour d'Henry III. Changeant donc incontinent de batterie, il résolut d'aller s'offrir à ce Prince; & pour donner plus de relief à son action, il voulut paroître devant le Roi, suivi d'un grand nombre de Créatures, qu'il chercha dans la Cour du Roi de Navarre & parmi ses plus affectionnés Serviteurs, dont il ne se fit point de scrupule de tenter la fidélité. Le Roi de Navarre sentit comme il le devoit l'indignité de ce procédé : mais dissimulant son ressentiment, & faisant réflexion qu'il étoit de son intérêt d'avoir une personne de confiance auprès du Comte, tant pour éclairer ses démarches, que pour étudier le nouveau système qu'on alloit suivre à la Cour; il m'ordonna de prêter l'oreille aux discours de ce Prince, & de feindre pour lui un zèle que je ne ressentois point. Le Comte de Soissons se laissa tromper facilement, & s'applaudit de m'avoir gagné. La distinction avec laquelle il me traita me fit des envieux : Je partis avec lui, après avoir reçu secretement les instructions du Roi de Navarre, & concerté avec lui tout ce que le bien de son service éxigeoit que je fisse en cette occasion.

M. le Comte ne m'entretint pendant toute la route que de la faveur, de l'éclat & des honneurs qui l'attendoient à la Cour. Il ne croyoit pas que le Roi de Navarre pût seulement avoir la pensée d'entrer en concurrence avec lui. Dans tous les traits qui lui échappoient, d'une vanité & d'un orgueil insupportables, il se mêloit, sans qu'il s'en apperçût, un levain de fiel & d'aigreur contre le Roi de Navarre, qui marquoit toute l'averſion & l'antipathie qu'il ſentoit pour lui. Je ne pouvois me réſoudre ni à flater ſes penchans, ni à applaudir à ſes folles idées. Je ne lui répondois autre choſe, ſinon que je prévoyois, que la déſunion de la Famille Royale, déja cauſe de tant de maux, mettroit enfin la France au pouvoir de la Maiſon d'Autriche, après qu'elle les auroit détruits l'un par l'autre. Un diſcours plus flateur auroit été plus du goût de ce Prince ; mais le mien ne laiſſoit pas de renfermer une marque d'attachement ſolide, dont il ne pouvoit s'empêcher de me ſçavoir bon gré.

Nous arrivâmes à Nogent-le-Rotrou, & enſuite à Mante, où étoit le Roi. Nous le trouvâmes livré à toute l'agitation que donne le plus violent reſſentiment, & pénétré de confuſion de l'affront qu'il venoit d'eſſuyer ; mais avec cela ſi incapable de profiter de ſes revers, (8) que dans ce moment même il donna au Duc d'Epernon la Charge d'Amiral, & tout-à-la-fois le Gouvernement de Normandie, vacant par la mort du Maréchal de Joyeuſe. Le Comte de Soiſſons en fut ſi mal reçu, qu'il ne tint qu'à lui de ſentir le ridicule de ſes grands projets. Le Roi m'adreſſa enſuite la parole, & me demanda ſi j'avois quitté le Roi de Navarre. Je me démêlai de cette queſtion embarraſſante, en lui diſant, que je ne comptois point m'être ſéparé de ce Prince, pour être venu offrir mes ſervices à Sa Majeſté ; parce que je me tenois aſſûré que le Roi de Navarre, dont les intérêts n'avoient plus rien de différent des ſiens, viendroit dans peu en faire autant. Je ſentis que mon diſcours ne déplut point au Roi : Il n'en laiſſa rien appercevoir ; parce qu'il étoit

---

(8) On croit qu'avec beaucoup de fermeté & de bonne conduite, Henry III. auroit encore pû alors rétablir ſes affaires. Il eſt certain que les Pariſiens conſternés de ſa ſortie de Paris, lui envoyerent des Députés à Charttes, pour le ſupplier avec toutes ſortes de ſoumiſſions de revenir dans cette Ville. Pour rendre cette Députation plus touchante, ils firent marcher en Proceſſion les Capucins, qui entrerent dans la Cathédrale, portant les inſtrumens de la Paſſion, & criant, Miſéricorde. Le Roi les reçut avec l'air de Majeſté & d'autorité qui convenoit en cette occaſion. Il careſſa beaucoup les Députés du Parlement, qui n'avoit trempé en rien dans l'affaire des Barricades : il menaça les autres de ne jamais remettre le pied dans Paris, & d'en ôter tous les Corps & les Cours Souveraines : Menace qui allarma ſi fort les Pariſiens, que le Duc de Guiſe eut beſoin de toute ſon adreſſe & de tout ſon crédit pour les raſſûrer.

1588.

environné & soigneusement observé par des personnes, sur le visage desquelles il lut aussi-bien que moi la peine que leur faisoit mon discours. La foiblesse de ce Prince avoit quelque chose d'incompréhensible. Ses véritables Ennemis ne pouvoient pas lui être cachés, après la manière sanglante dont ils venoient de lever le masque. Il feignit encore de ne pas les connoître : il se livra de nouveau à la Reine-Mere, (9) & par elle à ses persécuteurs, avec lesquels elle le raccommoda. Pourvû cependant que cette derniere démarche ne fût point dans ce Prince un trait de la plus profonde dissimulation : Car le coup hardi (10) qu'il fit aux Etats de Blois, laisse la liberté de croire qu'il ne perdit pas un

(9) Dans la Lettre circulaire que Henry III. envoya dans les Provinces, après l'action des Barricades, & qui commence ainsi: " Chers & Bien-» amés, Vous aurez comme nous » estimons, entendu les raisons qui » nous ont mû, de partir de ma Vil-» le de Paris le 13 de ce mois &c , » ce Prince parle moins en Roi qu'en Suppliant : Il se défend d'avoir voulu faire entrer une Garnison Etrangere dans Paris, & douté de la fidelité des Parisiens : Il donne une fausse & mauvaise couleur à son évasion : Il temoigne qu'il est prêt à commencer la guerre contre les Huguenots, à la tête de la Ligue. *Mss. de la Bibl. Royale, n.* 8866, 8891.

L'Auteur veut encore parler des Conférences que la Reine-Mere eut, par ordre de ce Prince, avec le Cardinal de Bourbon & le Duc de Guise, où furent aussi admis, comme je le trouve dans le *Vol.* 8906. *Mss. de la Bibl. Royale*, les Sieurs de Lansac, de Lénoncourt, Des-Chateillers, & Miron, premier Médecin de Sa Majesté, qui avoit déja été employé à porter des paroles de part & d'autre le jour des Barricades. Ces Conférences se tinrent à Châlons, à Sarry, Maison appartenante à l'Evêque de Châlons, à Nemours &c. La Ligue y fit des demandes exhorbitantes : comme, l'abolition totale de la Religion Prétenduë Réformée, & la privation d'emploi de tous les Officiers Calvinistes, quand même ils abjureroient ; la publication du Concile de Trente ; l'Inquisition &c : Et elle obtint enfin presque tout ce qu'elle demanda, par l'Edit du 21 Juillet, qui fut donné en conséquence. *Mém. de la Ligue, tom.* I. *Mém. de Nevers, tom.* I. *Matth. tom.* I. *liv.* 8. *Chronol. Novenn. tom.* I. & autres.

(10) La mort des deux Freres, le Duc & le Cardinal de Guise, que ce Prince fit tuer dans ses appartemens, & par ses Gardes, la sur-veille de Noël, à Blois, où se tenoient les Etats. Voyez cette execution dans les mêmes Historiens, avec le détail des Opérations & des Brigues, qui se firent des deux parts aux Etats de Blois. Le Cardinal de Bourbon fut détenu prisonnier : Les autres freres du Duc de Guise prirent la fuite.

Le Duc de Guise périt comme avoit fait l'Amiral de Coligny ; la présomption les empêcha de voir tous deux le danger dont ils étoient menacés. Le Duc ne voulut croire aucun des avis qui lui furent donnés : On dit que la Marquise de Noirmoûtier, cette même Dame qui avoit fait tant de bruit sous le nom de Madame de Sauves, vint exprès passer la nuit avec lui ; & qu'elle ne put par raisons, ni par prieres, l'empêcher d'aller le lendemain au Conseil.

Quelques-uns

un moment de vuë sa vengeance. Et si l'on peut porter un jugement sur cette Assemblée, il y a toute apparence que chacun y avoit un objet caché, vers lequel il marchoit par des

Quelques-uns ont voulu justifier cette action d'Henry III. entr'autres le Cardinal de Joyeuse, dans un long Mémoire qu'il envoya sur ce sujet de Rome, où il étoit alors. *Mém. d'Etat de Villeroy, tom.* 2. *p.* 175.) Mais les plus judicieux de nos Historiens, & ceux même qui ont poussé le plus loin les droits de l'autorité Royale, l'ont tous détestée. » Les circonstan- » ces odieuses du meurtre des Guises, » dit Péréfix, l'ont fait paroître hor- » rible, même aux yeux des Hugue- » nots, qui disoient que cela ressem- » bloit fort au massacre de la Saint- » Barthelemy. « D'un autre côté, on ne sçauroit nier qu'il ne restoit que ce seul moyen à Henry III. de conserver la Couronne dans sa Maison, peut-être même sur sa propre tête: Car c'est un sentiment dépourvû de toute vrai-semblance que celui qu'on trouve dans les Mémoires de Villeroy, *tom.* 1. *pag.* 25: Que sans cela, ce Prince pouvoit se rendre maître des Délibérations des Etats à Blois, & y faire suivre ses volontés.

Dans cette alternative, on ne peut que déplorer les effets de la mauvaise conduite d'un Prince, qui se met dans une semblable nécessité. Il va bien-tôt lui-même assûrer par un dernier exemple cette vérité, Que qui frappe du couteau, périt par le couteau.

Le Duc de Guise étoit cher aux Catholiques, & principalement au peuple, presque jusqu'à l'adoration. Ils ne l'appelloient que *Notre Grand* : Il avoit à la joüe gauche au-dessous de l'œil, une balafre qui ne le rendoit que plus respectable; parce qu'il l'avoit reçuë en combattant contre les Huguenots à la Journée de Château-Thierry, d'un coup de pistolet que lui tira un Reitre. Il étoit au contraire si fort haï dans sa famille, qu'il traitoit avec une hauteur & une dureté insupportables, qu'on assure que ses Parens, & jusqu'à ses propres Freres, dans la crainte de tomber entre les mains d'un Tyran, furent ceux qui firent donner à Henry III. dans les Etats de Blois, les plus sûrs avis sur ses démarches, & sur ses desseins: Avis qui étoient suspects à ce Prince, comme ceux qui étoient donnés au Duc de Guise par plusieurs des Courtisans, sur la résolution violente du Roi, l'étoient à ce Duc; parce qu'ils s'imaginoient tous les deux qu'on ne cherchoit par-là qu'à leur faire quitter la partie, & rompre les Etats de Blois, où chacun d'eux s'attendoit bien à trouver son compte. Henry III. n'eut d'abord dessein que d'arrêter le Duc de Guise: mais il y trouva tant de danger, & encore davantage à le garder, qu'il se détermina à le faire poignarder. Les deux Cadavres furent consumés dans de la chaux vive, les os brûlés dans une Salle basse du Château, & les cendres jettées au vent.

Celui qui gagna le plus à cet assassinat, fut sans contredit le Roi de Navarre, qui n'y avoit aucune part. Il y a toute apparence que tant que le Duc de Guise eût vécu: tous les chemins au Trône lui auroient été fermés. On assure même qu'il y avoit alors de grands projets formés entre la France & l'Espagne, non-seulement pour exterminer le Parti Calviniste, mais même pour détrôner Elisabeth, dont la Catastrophe des Barricades, suivie de la mort du Duc de Guise, étoit seule capable d'empêcher l'éxecution. Le Roi de Navarre ne laissa pas de plaindre le Duc de Guise, sans blâmer Henry III. » J'avois, dit-il, toujours bien » prévû & dit, que Messieurs de » Guise n'étoient pas capables de re- » muer l'entreprise qu'ils avoient mi- » se en leurs entendemens, & en ve- » nir à bout sans le péril de leurs » vies. « *Cayet tom.* 1. *fol.* 114. Bien

Tome I. S

1589. voies, que la réussite découvrit dans les uns, & qui font demeurées cachées de la part de ceux qui y succombérent.

La mort de Catherine ayant suivi de peu de jours (11) l'assassinat du Duc de Guise, Henry III. ne s'en trouva pas plus libre de suivre le penchant qui le portoit à s'unir au Roi de Navarre. La Ligue n'étoit pas éteinte avec le Duc de Guise. Il avoit à calmer le peuple ; à regagner les Grands ; à appaiser le Pape ; à contenir l'Espagne ; à ménager tous les Catholiques, très-disposés à prendre ombrage de sa Religion après cette éxecution. Henry, suivant le caractère des gens foibles, se grossit encore tous ces objets. Il espéra de ramener tout par la douceur : il exposa son droit & ses raisons ; & fit force Déclarations pour se justifier : C'étoit uniquement par les armes qu'il falloit agir contre un Parti, que le respect dû

d'autres personnes pensoient sur cela comme Henry IV. » Maudit soit le » Lorrain, dit Hubert De-Vins, dans » les Mémoires de Castelnau : A-t'il » bien si peu de jugement, qu'il puisse » croire, qu'un Roi à qui il a voulu » ôter la Couronne, en dissimulant, » ne dissimule pas envers lui pour lui » ôter la vie ? « « Puisqu'ils sont si » près l'un de l'autre, dit aussi Madame de Fourbin, sœur de De-» Vins, nous apprendrons au premier jour, que l'un ou l'autre aura » tué son compagnon. «

Les Evénemens tragiques de l'Année 1588. ont paru à quelques-uns vérifier la prédiction de Regiomontanus & de quelques autres Astrologues, Que cette année seroit l'Année Climatérique du Monde. Je n'y trouve qu'une nouvelle confirmation de la folie de cette prétenduë Science.

(11) Dans l'esprit de ceux qui ont donné tant de louanges à cette Princesse, il suffit apparemment, pour mériter le nom de Politique, de sçavoir tout ramener à soi, & se maintenir en possession de l'autorité. Mais quand on songe que cette habileté prétenduë, qui ne consista pourtant qu'à employer des moyens lâches, & de méprisables artifices, réduisit enfin les choses au point, que ni Elle, ni personne, ne sçurent plus y apporter de reméde ; on ne balance point à dire que Catherine ne compensa pas même les défauts infinis qu'elle avoit, par la qualité de Politique. Aussi croit-on que les suites funestes qu'elle vit qu'alloit avoir le meurtre des Guises, dont elle n'avoit point été participante ; les reproches du Cardinal de Bourbon ; l'horreur de la conjoncture présente ; & peut-être les remords de sa conscience, eurent beaucoup de part à sa mort, arrivée le 5 Janvier 1585. On cessa d'en parler, dès qu'elle fut morte. *De-Thou. liv.* 94. Le dernier conseil qu'elle donna à son Fils, fut de cesser la persécution contre les Calvinistes, & d'établir en France une entiere liberté sur la Religion. *Chron. Novenn. tom. 1. fol.* 132. On doit tenir Brantôme pour très-suspect, dans tout ce que sa prévention lui fait dire à l'avantage de cette Reine. *tom.* 7. *de ses Mém. pag.* 31. *& suiv.* Varillas n'est pas plus croyable, lorsqu'il dit, qu'elle mourut du regret que lui causa la mort du Duc qu'elle aimoit beaucoup. Siri la louë en Etranger mal-instruit des affaires de notre Cour en ce temps là ; comme n'étant venu en France que long-temps après la mort de cette Reine. *Memor. Recon. di Vittorio Siri. Vol.* 1. *pag.* 26.

LIVRE TROISIEME.

1589.

à l'autorité Royale ne touchoit plus ; & au lieu d'accroître l'audace du menu peuple, aussi insolent dans la puissance que rampant dans l'obéissance, par une modération qui ne pouvoit être imputé qu'à la foiblesse ; c'étoit à ce Prince à se déclarer hautement aggresseur, & à chercher sa vengeance en Roi. S'il eût pris ce parti, conjointement avec le Roi de Navarre, peut-être ne se seroit-il pas vû enlever Orléans, avec une infinité d'autres (12) Places, & réduit enfin aux seules Villes de Blois, Beaugency, Amboise, Tours & Saumur.

Je fus témoin de tous ces événemens ; ou bien je les appris à Rosny, où je me retirai, comme dans un endroit où j'étois à portée de remarquer tout ce qui se passoit à la Cour. Je n'en sortis que quand je jugeai qu'il étoit temps d'aller en instruire le Roi de Navarre. Il n'avoit pas été médiocrement embarrassé lui-même pendant tout ce temps-là, à démêler & à renverser les desseins du Vicomte de Turenne, qui se mettant en la place du Prince de Condé, continuoit pour lui-même tous ses projets ; & pour en parler juste, tenoit à l'égard du Roi de Navarre la même conduite, que le Duc de Guise à l'égard d'Henry III. Il avoit déclaré hautement dans une Assemblée des Protestans à La-Rochelle, que la France ne pouvoit éviter dans la conjoncture présente de voir démembrer sa Monarchie ; & il donnoit assez à entendre qu'il ne s'oublieroit pas dans ce démembrement. Le Roi de Navarre s'en plaignit dans ces mêmes Assemblées ; & pour s'attacher encore plus fortement les Réformés, il joignit les actions aux paroles : Il se saisit de La-Garnache ; & prit Niort par escalade, après un sanglant combat. *En Poitou.* C'est au retour de cette expedition qu'il tomba dangereusement malade (13) à La-Mothe-Frêlon.

Je pris mon chemin par Blois, pour tirer mes dernieres

---

(12) » C'est une bouffée, disoit » Henry III. parlant de ces Villes, » qui a jetté par terre un jeu de Car- » tes. «

(13) Il étoit parti dans le mois de Janvier de Saint-Hermine en Bas-Poitou, pour aller secourir la Garnache, assiégée par le Duc de Nevers : Du-Plessis-Mornay conduisoit sa troupe ; & lui marchoit à pied en chassant. Il s'échauffa ; & fut saisi d'un mal de côté avec fiévre, qui l'obligea de s'arrêter dans la premiere maison qui se rencontra, chez un Gentilhomme nommé La-Mothe-Frêlon. Du-Plessis prit sur lui de le faire saigner : ce qui le guérit. *Vie de Du-Plessis-Mornay. liv. 1. pag. 125.*

S ij

1589.

Nicolas d'An-
gennes.

conjectures, sur la situation où je trouverois la Cour. Quoique je prisse toutes les précautions pour n'être connu de
personne, le Marquis de Rambouillet me vit passer dans la
ruë, caché dans mon manteau ; me reconnut ; & me fit
suivre, pour sçavoir l'endroit où j'étois descendu. M. de
Rambouillet étoit un homme droit, qui alloit toujours au
bien de l'Etat sans aucunes considérations d'intérêt. Il crut
devoir se servir de cette rencontre pour faire un dernier effort
sur l'esprit du Roi, & l'engager enfin à se jetter entre les bras
du Roi de Navarre. Il trouva ce Prince dans toutes les dispositions où il le souhaitoit : Et le Roi consentit d'autant plus
volontiers à se servir de moi en cette occasion, qu'il se souvint que je lui avois déja été député à ce sujet.

Rambouillet étant venu me chercher par son ordre, nous
concertâmes ensemble tout ce qu'il y avoit à faire en cette
occurrence : après quoi il me présenta à Sa Majesté, qui me
confirma son intention de sa propre bouche. Après toutes les
paroles qu'on avoit données au Roi de Navarre sans aucun
effet, je crus devoir demander au Roi une Lettre de Créance pour ce Prince : Il me la refusa, dans la crainte qu'elle
ne tombât entre les mains du (14) Nonce Morosini, ou du
Duc de Nevers ; auxquels il m'avoua qu'avec toute sa bonne volonté pour moi, il ne pourroit pas s'empêcher de me
livrer, si je venois à être découvert dans Blois. Il fallut donc
se passer de Lettre. Je demandai ensuite pour la sûreté du
Roi de Navarre, lorsqu'il se seroit avancé au milieu d'un
Pays plein de ses ennemis, une Ville qui lui donnât un libre
passage sur la Loire : ce qui me fut encore refusé par le même motif. Je ne pouvois attribuer ces refus à aucune mauvaise intention de Sa Majesté, mais uniquement à la crainte
qu'Elle avoit de ces deux hommes, dont elle s'étoit renduë

(14) Jean-François Morosini, Evêque de Brescé. Louis de Gonzague,
Duc de Nevers. Sixte-Quint venoit
de publier contre Henry III. une Bulle d'Excommunication, dont ce Prince mettoit tout en œuvre pour se faire relever. On a dit que ce Pape, aussi
propre à gouverner un grand Royaume qu'à conduire l'Eglise, approuvoit secrettement la justice que le
Roi de France s'étoit faite du Duc
de Guise ; mais qu'il ne lui pardonna pas d'y avoir enveloppé un Cardinal. Voyez dans *les Mém. d'Etat de
Villeroi*. 2. 175. les Lettres du Cardinal de Joyeuse déja citées plus haut.
Sixte V. prédit que la Ligue mettroit
Henry III. dans la nécessité de rechercher l'assistance du Roi de Navarre & des Huguenots.

volontairement dépendante. Je ne crus pas pourtant que sans ce dernier article sur-tout, le Roi de Navarre dût s'avancer jusqu'à Blois avec ses Troupes : mais la difficulté fut en quelque maniere levée par Brigneux, Gouverneur de Beaugency, que j'allai voir avant de partir. Cet Officier me prévint : Après m'avoir dit qu'il voyoit avec beaucoup de chagrin, que le Roi tenoit une conduite qui le feroit infailliblement dépouiller de cette Place, comme de toutes les autres; il m'offrit de la remettre ou à moi, ou à Rebours, ou à tel autre Officier que le Roi de Navarre voudroit y mettre; aimant mieux perdre sa Place, & suivre ce Prince, simple Volontaire, que de demeurer dans Beaugency, où l'on n'écoutoit pas ses conseils.

1589.

Après cette assûrance, je repassai promptement auprès du Roi de Navarre. Ce Prince m'écouta attentivement. Il ne pouvoit se défaire de la défiance que le passé lui avoit inspirée : Il me demanda plusieurs fois d'un ton inquiet, & en se grattant la tête, si le Roi agiroit cette fois sincèrement. Je l'en assûrai, & j'y joignis le témoignage de Rambouillet. » Je ne veux donc pas, reprit ce Prince, prendre ses Villes, » pendant qu'il traite de bonne foi avec moi « Il venoit de prendre ce jour même Châtelleraud : » Retournez, conti- » nua-t'il, lui porter mes Lettres, car je ne crains ni Moro- » sini ni Nevers. « Il me fit apporter dans le moment même à déjeûner dans son Cabinet, & je repris la poste pour Blois.

En Poitou.

Le Roi qui ne doutoit pas que la réponse du Roi de Navarre ne fût telle qu'il la demandoit, s'étoit avancé par impatience jusqu'à Montrichard, avec toute sa Suite. Je trouvai tous les logemens de ce petit endroit pris, ou marqués ; & comme j'y arrivai fort-tard, je crus que j'allois être obligé de passer la nuit dans la rue. Heureusement Maignan me découvrit le logement du Marquis de Rambouillet, qui me fit donner celui qui avoit été destiné à un de mes Freres, alors à Tours. J'allai à minuit trouver le Roi, qui m'attendoit dans le galetas du Château. Il approuva & signa tout, jusqu'au passage sur la Loire ; & voulut que je repartisse la nuit même. Le bruit d'un Traité entre les deux Rois, étoit déja répandu dans Châtelleraud, lorsque j'y arrivai ; & il y étoit si passion-

1589. nément defiré, que je reçus mille bénedictions dès que je parus.

Le Roi de Navarre n'y étoit déja plus. Ce Prince qui ne comptoit guére que fur fon épée, ayant fçu que la Ligue étoit entrée dans Argenton par intelligence, y marcha en diligence; & y arriva fi à propos, qu'il en délogea les Troupes de la Ligue, avant qu'elles euffent reçu le fecours qui devoit les y maintenir. Il y mit pour Gouverneur Beaupré, après que j'eus vifité le Château, & fait un état des munitions de la Place.

Dans le Haut Poitou.

La fatigue de tant de voyages faits fi précipitamment, fit qu'au retour je fus faifi d'une fièvre continuë, qui me tint au lit douze jours entiers. Du-Pleffis fçut bien fe prévaloir de cet accident, pour m'enlever l'honneur d'un Traité qu'il n'eut que la peine de dreffer, & auquel le Marquis de Rambouillet (15) avoit eu beaucoup plus de part que lui. Ce Traité fut paffé au Pleffis-lez-Tours, au grand contentement des deux Rois. Saumur fut la Place de fûreté dont on convint : Et Du-Pleffis ne manqua pas de s'en faire donner le Gouvernement, comme une récompenfe naturelle de celui à qui on avoit obligation du Traité. Ce procédé me parut fi peu regulier, que je ne pus m'empêcher de me plaindre affez hautement de lui, & du Roi de Navarre même, qui favorifoit un autre du fruit de ma peine. Le Comte de Soiffons qui ne s'accommodoit jamais ni de l'interêt général, ni de la joie publique, fe fervit de cette occafion pour effayer de m'entraîner dans fes nouveaux deffeins : & d'un autre côté, mes deux Freres me firent les plus fortes inftances de m'attacher au Parti du Roi. Je rejettai fort-loin cette penfée; & ma fidelité pour mon Prince fe foûtint dans cette épreuve, qui ne laiffoit pas d'être féduifante. Lorfque je fais réflexion que l'emploi de Gouverneur de Saumur m'auroit obligé d'y faire une continuelle réfidence, & m'auroit par conféquent éloigné de la perfonne du Prince pour toujours; je trouve que ce qui me paroiffoit alors un paffe-droit, étoit pluftôt une faveur dont je devois le remercier,

Philippe Mornay, Sieur du Pleffis Marly.

(15) Il eft jufte d'avertir que ces faits font rapportés d'une maniere très-différente dans la Vie de Du-Pleffis-Mornay *l.* 1. *p.* 131. Refte à fçavoir auquel des deux Ecrivains on doit ajoûter plus de foi.

LIVRE TROISIEME. 143

1589.

Il ne restoit plus rien à faire aux deux Rois, que de s'aboucher, afin de concerter leurs entreprises. Pour cela le Roi de Navarre prit le chemin du Plessis-lez-Tours. Combattu par un reste de défiance (16) dont il avoit de la peine à se défaire, je me souviens qu'il s'arrêta près d'un Moulin, à deux lieues de ce Château; & qu'il voulut encore sçavoir ce que chacun des Gentilshommes qui composoient sa Suite, pensoit sur la démarche qu'il faisoit. J'étois de cette Troupe; & le souvenir de ce que j'appellois une injustice me tenoit dans le silence. Le Roi de Navarre se tournant vers moi : » Vous ne » dites mot, me dit-il ; que vous en semble ? » Je lui répondis en peu de mots : Que quoique le pas qu'il faisoit ne fût peut-être pas sans danger, parce que le Roi avoit l'avantage du nombre sur lui ; je croyois que c'étoit ici une de ces occasions où il falloit donner quelque chose au hazard, & se contenter de prendre d'ailleurs toutes les précautions que la prudence peut suggérer. Ce Prince réfléchit encore quelques momens; ensuite se tournant vers nous : » Allons, (17) allons, nous » dit-il, la résolution en est prise, il n'y faut plus penser. «

Le Roi s'étoit avancé dans la campagne au-devant du Roi de Navarre; & la joie d'une union si désirée y avoit aussi attiré un concours de peuple si prodigieux, que les deux Rois furent plus d'un demi-quart d'heure à cinquante pas l'un de l'autre sans pouvoir s'approcher. Ils s'embrasserent avec une satisfaction égale (18), & prirent ensemble le chemin de Tours, où le Roi de Navarre ne coucha pourtant qu'une nuit; il s'en retourna à son Quartier à Maillé : Pour moi je

---

(16) » Ses vieux Capitaines Hu- » guenots craignoient, disoient-ils, « qu'en un temps où une trahison » étoit si nécessaire à Henry III. pour » se retirer du labyrinthe, où l'action » de Blois l'avoit jetté, (il avoit » été excommunié par Sixte V.) il » ne voulût acheter son Absolution » au prix de la vie du Roi de Navar- » re. « *Peref. ibid.* Ce Prince avoit souvent dit lui-même, à ce que rapporte De-Thou, que jamais il ne lui arriveroit d'entrer dans le Cabinet du Roi, qu'au milieu de deux Armées rangées en haie.

(17) Il écrivit en ces termes à Du-Plessis Mornay : » Monsieur Du- » Plessis, la glace est rompuë, nou » fars nombre d'avertissemens, que » si j'y allois, j'étois mort; j'ai passé » l'eau en me recommandant à Dieu » &c. «

(18) Au Pont de la Motte, à un quart de lieuë de Tours : » Courage, » Monseigneur, dit Henry IV. à » Henry III. deux Henrys valent » mieux qu'un Carolus. « *Matthieu, tom. 1. p. 752* : Le Duc de Mayenne s'appelloit Charles.

1589.

Abbaye proche Tours.

demeurai à Tours, où je fus retenu par le grand nombre de mes Parens & de mes Amis que j'y trouvai ; & je pris un logement dans le Fauxbourg Saint-Symphorien.

Le Duc de Maïenne armé pour venger la mort du Duc de Guise, & pour soûtenir l'intérêt de la Ligue, n'avoit pas dessein de nous y laisser tranquilles. Il marcha vers cette Ville avec toute son Armée. Le Roi qui étoit allé se promener à Marmoûtier, sans armes, & suivi seulement de vingt Chevaux, manqua de bien peu à être pris, & fut obligé de regagner Tours avec précipitation. Les Fauxbourgs n'ayant pour tous Retranchemens, que de mechantes barricades construites à la hâte par six ou sept Régimens Royalistes qui les défendoient, je quittai le Fauxbourg Saint Symphorien, & fis transporter tout mon équipage dans la Ville. Ma précaution fut taxée de timidité par les Officiers ; mais elle ne tarda pas à être justifiée. Le Duc de Maïenne attaqua le Fauxbourg. On l'arrêta quelques momens à la faveur de cinq ou six maisons sur le haut de la Colline, où l'on s'étoit posté ; il fallut bien-tôt les abandonner, pour se retrancher derriere les barricades : comme on s'attendoit à les voir bien-tôt insulter, chacun profita de cet intervalle pour aller manger un morceau à la hâte.

Je trouvai le Roi à la porte de la Ville, qui m'y fit rentrer, en me disant qu'inutilement on s'opiniâtreroit à défendre les Fauxbourgs. En effet les barricades ne tinrent pas devant le Canon des Ennemis ; elles furent forcées tout d'abord : Et comme on n'y étoit point soûtenu par un fossé, la retraite dans la Ville se fit si à découvert, & avec tant de confusion, que je me suis toujours étonné que les Ennemis n'ayent pas tué ou pris tout ce qu'il y avoit de soldats dans les Fauxbourgs ; & même qu'ils ne soient pas entrés avec eux dans la Ville : deux Pieces de Canon leur suffisoient pour cela. J'apperçus toute cette déroute du Couvent des Jacobins, qui donne sur les murailles de la Ville ; & craignant que le mal ne devînt encore plus grand, j'accourus avec mes Freres à la porte par où tout le monde entroit si confusément. A la faveur de quelques petits retranchemens que nous fîmes faire, nous diminuâmes le danger : avec un peu de temps & d'ordre tout

entra ;

entra ; & l'on ne fongea plus qu'à terraffer la porte, & à y faire bonne garde. *1589.*

Perfonne ne doutant plus que la Ville ne fût affiegée en forme, je me joignis avec Châtillon & quelques autres : & nous allâmes prier le Roi de nous confier la défenfe de quelque Pofte important : Il nous donna les (19) Ifles, où nous fîmes travailler fans interruption depuis ce moment jufqu'au lendemain matin, que le Roi vint lui-même vifiter notre ouvrage, & en m'adreffant la parole donna beaucoup de louanges à notre diligence. Elle fut inutile : A la premiere Nouvelle de ce qui fe paffoit, le Roi de Navarre accourut avec fes Troupes, & parut devant la Ville au bout de trois heures. Le Duc de Maïenne ne l'attendit pas : il fe retira après avoir fait le dégât dans les Fauxbourgs, & aux environs. Un fervice de cette importance donna de grandes efperances de l'alliance des deux Princes, & fit regarder à ceux de Tours le Roi de Navarre (20) comme leur Liberateur.

Les deux Rois pafferent huit ou dix jours enfemble : après quoi on fe fépara pour l'expédition qui avoit été projettée fur la Ville de Poitiers. Pendant qu'on y travailloit, le Roi de Navarre me commanda avec trois cens Chevaux, & pareil nombre d'Arquebufiers qu'on fit auffi monter à cheval, pour contenir Chartres, dont on découvrit que Maintenon travailloit fourdement à s'emparer au nom de la Ligue. Je fis provifion d'échelles, de petards & autres inftrumens ; & nous vinmes d'une traite à Bonneval, fans avoir rien mangé de tout le jour. Quelques prifonniers que nous fîmes fur un Détachement de vingt-cinq Maîtres, nous apprirent qu'il y avoit en campagne un Parti de quatre cens Chevaux ennemis, ayant à leur tête Broffe (21) Saveufe ; & que (22) Reclainville qui conduifoit les vingt-cinq Maîtres, nous avoit pris pour la Troupe de cent ou cent vingt Chevaux, avec laquelle

Louis d'Angennes, Seigneur de Maintenon.
Bourg, fur les confins du Perche.

(19) Lifez l'Ifle : Ce Quartier qui n'eft habité que par des Bateliers & par la plus vile populace, eft de grande conféquence pour la défenfe de Tours.
(20) Henry IV. loua hautement la conduite d'Henry III. qui montra beaucoup de valeur en cette occafion. *Mém. de Nevers, tom. 2. p. 589.*
(21) Charles de Tiercelin & Anne fon frere : l'aîné fe nommoit Saveufe ; & le Cadet, De-Broffe.
(22) Louis d'Alonville, Sieur de Reclainville, ou l'Arclainville, Commandant dans Chartres pour le Duc de Maïenne.

Tome I.   T

1589.
N... de Montgommery de Lorges.

Lorges venoit de surprendre Châteaudun : Ce qui nous fit juger que ce Parti de quatre cens Chevaux chercheroit à nous joindre ; & nous avions la même envie de notre côté. Nous laissâmes nos Arquebusiers suivre doucement le chemin de Chartres ; & prenant par les côteaux pour pouvoir atteindre l'Escadron ennemi, nous nous rencontrâmes au haut d'une Colline, que chaque Troupe avoit montée de son côté ; de maniere que nous ne pûmes nous voir, que lorsque nous fûmes à deux cens pas les uns des autres.

Le 18 May.

On en vint aux mains sans délibérer ; & ce fut avec tant de furie, que dans le premier instant quarante des nôtres furent renversés par terre. J'étois de ce nombre avec M M. de (23) Châtillon de Mouy, de Montbazon, d'Avantigny & de Pressaigny ; heureusement je n'étois point blessé : Mon cheval qui n'avoit que la mâchoire fracassée d'un coup de lance, se releva ; & je me retrouvai dessus. Peutêtre n'y a t'il jamais eu une action dans ce genre de Combat plus chaude, plus opiniâtre, ni plus meurtriere. Nous retournâmes quatre ou cinq fois à la charge, les ennemis se ralliant aussi-tôt qu'ils avoient été enfoncés. J'y eus deux épées cassées ; & j'eus recours à deux grands pistolets chargés de carreaux d'acier, qui ne trouverent aucunes armes qu'ils ne perçassent de part en part. Nos adversaires nous laisserent enfin le champ de Bataille, voyant qu'ils avoient perdu deux cens des leurs.

Nous n'étions guere en état de goûter le fruit de notre Victoire, à cause des blessures & de l'épuisement qui nous rendoient comme immobiles. Un peu de repos étoit tout ce que nous desirions ; lorsqu'il survint une pluie violente, qui se mêlant avec notre sueur, nous inonda en moins de rien, parce que nous portions nos armes à crud : Et pour comble de disgrace, nous apprîmes que nous étions suivis de près par le Duc de Maïenne. Le Conseil ayant été assemblé dans cette accablante situation, il fut résolu que malgré l'état où nous étions, nous marcherions toute la nuit pour tâcher de regagner Beaugency : Nous y arrivâmes tellement excédés de lassitude & de soif, que les forces me manquant, je ne pus faire autre chose que me laisser tomber sur un lit, où il fut

(23) François de Châtillon, fils de l'Amiral, Chef de la Troupe. || Isaac Vaudré de Mouy. Louis de Rohan, Duc de Montbazon.

LIVRE TROISIEME. 147

impossible de me réveiller pour prendre quelque nourriture. 1589.

Le bruit de ce Combat s'étant répandu, le Roi de Navarre vint nous visiter à Beaugency, & loua infiniment notre action. On lui amena Saveuse, qui étoit du nombre des prisonniers. Ce Prince également porté à caresser les braves gens, & à plaindre les malheureux, chercha à le consoler par toutes sortes de louanges & de bons traitemens. Mais Saveuse ayant sçu qu'un grand nombre de ses Parens, & presque tous ses amis avoient péri dans le Combat; cette douleur, jointe à la honte d'avoir été vaincu, & aux blessures considerables qu'il avoit reçuës, le jetta dans un tel desespoir qu'il devint furieux: Il mourut dans l'ardeur d'une fièvre frénetique, sans vouloir souffrir qu'on mît le premier appareil sur ses plaies. Le Roi de Navarre nous fit prendre le chemin de Châteaudun, où huit jours de repos nous firent oublier le passé.

J'étois prêt à en partir, lorsque je vis arriver un Courrier, qui m'apprit que mon Epouse étoit malade à l'extremité. Je volai à Rosny, avec Dortoman, premier Medecin du Roi de Navarre, à qui ce Prince ordonna de m'accompagner. Tout tenoit pour la Ligue en ce Canton ; & un de mes (24) Freres qui s'étoit emparé de ma maison, celle-là même où mon Epouse étoit malade, eut la cruauté de lever le Pont, & de m'en refuser l'entrée. Je me sentis pénetré jusqu'au fond du cœur d'un sentiment si denaturé ; & je jurai d'entrer, ou de périr. Je me disposois en effet à forcer ma propre maison ; & l'échelle étoit déja appliquée contre le mur ; lorsque mon Frere, qui ne s'attendoit peut-être pas à tant d'intrépidité, me fit ouvrir la porte.

La seule consolation que j'eus fut de voir encore mon Epouse vivante, & de recevoir ses derniers embrassemens : Tous les remedes furent inutiles : Elle expira au bout de quatre jours. J'avouë que la perte d'une Epouse si chère, & dont la vie avoit été si cruellement traversée, ferma mon cœur à tout autre sentiment pendant un mois entier. J'écoutois avec insensibilité les progrès des Armes des deux Rois, qui en tout autre temps m'auroient enflammé d'un desir si violent d'y prendre quelque part : Car c'est pendant ce temps-

Nicolas Dortoman, natif d'Arnheim.

(24) C'est sans doute l'aîné qui se faisoit appeller le Baron de Rosny.

T ij

1589.

là que se firent les Siéges de Gergeau, Pluviers, Estampes, Chartres, (25) Poissy, Pontoise, l'Isle-Adam, Beaumont & Creil. Il n'y avoit point de Bicoque qui ne se fît honneur d'arrêter son Roi : il ne trouvoit par-tout que révolte & désobéïssance. Il comprit alors quel bien c'étoit pour lui, que le secours du Roi de Navarre. Pour ce Prince, il prodiguoit sa vie comme s'il en eût été las. On étoit sûr de le voir à la tête des soldats, par-tout où il y avoit du danger. Dans un de ces Combats fréquents qu'il eut à soûtenir, au moment que pour se reposer il s'appuyoit sur Charbonniere, un coup de feu ôta la vie à ce Maître-de-Camp.

Gabriel Prevô:.

Je me réveillai comme d'un profond sommeil, lorsque j'entendis dire (26) que les deux Rois tenoient Paris assiègé. Je m'arrachai d'un lieu où tout me rappelloit à ma douleur; & je courus rejoindre l'Armée. Il me sembloit que je soulageois l'amertume dont je sentois que mon cœur étoit encore plein, en m'exposant témerairement dans toutes les escarmouches; & elles étoient alors plus fréquentes que jamais, sur-tout dans cette plaine, qu'on appelle le Pré aux Clercs. Le Roi de Navarre s'en apperçut; & remarquant que Maignan mon Ecuyer, qu'il avertit plusieurs fois de venir me retirer du danger, n'osoit le faire, il le chargea simplement de me dire qu'il vouloit que je vinsse lui parler.

Il avoit à peine proferé les premieres paroles, qu'il fut interrompu par l'arrivée d'un Gentilhomme, qui s'approcha de son oreille, lui dit un mot, & le quitta aussi-tôt. Le Roi de Navarre frappé de ce qu'il venoit d'entendre, me rappella dans le moment; & m'apprit que le Roi venoit d'être dangereusement blessé d'un (27) coup de couteau. Il avoit autour de lui vingt-cinq Gentilshommes, avec lesquels il

(25) Villes aux environs de Paris, dans l'Isle de France, la Beauce & l'Orleanois : Voyez ce detail dans les Historiens.

(26) S'il faut en croire Matthieu *tom 2. p. 3.* ces deux Rois n'étoient pas fort contens l'un de l'autre. Henry III. ne pouvoit cacher sa jalousie contre Henry IV. qui, bien loin de songer à regner, n'attendoit pour se retirer que le moment où il auroit rétabli le Roi sur son Thrône.

(27) Par Jacques Clement, Moine Jacobin, natif de Sorbonne, Village en Bourgogne : Il fut introduit par La-Guesle, Procureur Général, dans la Chambre du Roi, comme ayant à lui rendre une Lettre de grande conséquence. Dans le moment où ce Prince qui caressoit volontiers les Moines, se relevoit de dessus sa chaise percée sur laquelle il étoit, ayant déja lu une partie de la Lettre; l'assassin le frap-

prit à toute bride le chemin de Saint-Cloud, où étoit le Quartier du Roi. Il trouva en entrant dans l'appartement de ce Prince, qu'il venoit de rendre sans douleur ni sang, le lavement qu'on lui avoit fait prendre. Il s'approcha du lit de Sa Majesté avec toute l'inquiétude que peut causer l'amitié la plus vive. Le blessé le rassûra de sa propre bouche, en lui disant qu'il croyoit que sa blessure n'auroit aucune

pa dans le ventre, & y laissa le couteau, que le Roi retira, & en donna un coup dans le front du Jacobin qui fut tué dans le moment par les Gentils-hommes de la Chambre. Son corps fut brûlé, & les cendres jettées dans la Seine. Les Historiens n'ont pas oublié de remarquer, comme une chose dont on ne doutoit point alors, que Henry III. fut tué dans la même maison, & s'il faut les en croire, dans la même chambre, dans la même place, & le même mois, où dix-sept ans auparavant ce Prince avoit assisté au Conseil, dans lequel fut résolu le massacre de la Saint-Barthelemy: Et il semble que M. Bayle y ait ajoûté foi. Mais aujourd'hui la fausseté de cette Anecdote est démontrée: cette maison n'étant pas encore bâtie du temps de la Saint-Barthelemy. Henry III. mourut la nuit du deux au trois Août, âgé de trente-huit ans. » Jacques Clement étant déja à Saint-Cloud, quelques personnes qui se défioient de lui, l'épièrent pendant la nuit: ils le trouverent dormant d'un profond sommeil, son Breviaire auprès de lui, ouvert à l'article de Judith... Il jeûna, se confessa, & communia, avant de partir pour aller assassiner le Roi... Il fut loué à Rome, dans la Chaire où l'on auroit dû prononcer l'Oraison funèbre de Henry III: On mit son portrait à Paris sur les Autels avec l'Eucharistie. Le Cardinal de Retz rapporte que le jour des Barricades, sous la minorité de Louis XIV. il vit un Hausse-col, sur lequel étoit gravé ce Moine, avec ces mots: Saint-Jacques Clement. « Notes sur la Henriade. » Le Roi de Navarre, » dit Victor Gayet, Cronol. Nov. t. 1. » fol. 223. » s'étant mis de genoux, les » yeux pleins de chaudes larmes, & » le cœur de gros sanglots, ne lui » put dire un seul mot, & ayant » pris les mains du Roi les baisa. Sa » Majesté voyant qu'il ne lui pou- » voit rien répondre à cause de ses » larmes, l'embrassa par la tête, & » l'ayant baisé lui donna sa bénédi- » ction... Le couteau étoit empoi- » sonné, sans quoi il ne seroit pas » mort, la blessure n'étant pas pro- » fonde, & n'ayant pas offensé les » intestins. f. 217. Bourgoin, Prieur » des Jacobins, fut tiré à quatre » chevaux: On ne put arracher de » lui que ces paroles: *Nous avons bien* » *fait ce que nous avons pu, & non pas ce* » *que nous avons voulu*: Ce qui a fait » croire que Henry IV. devoit aussi » être assassiné en même temps: Le » Sieur de Rougemont fut arrêté, » comme accusé d'avoir voulu faire » le coup. f. 228. Il mourut dans ces sentimens tout-à-fait Chrétiens: » Il » pardonna à ses ennemis, & même » à Clement: dit l'Historien Matthieu. Voyez plus en détail sa mort dans les Historiens. Son caractère se connoît assez par tout ce qui en a été dit dans ces Mémoires. Il fut nommé au Baptême Edouard-Alexandre, par Edouard VI. Roi d'Angleterre, & par Antoine Roi de Navarre; mais Catherine lui fit prendre dans la suite le nom de son Pere.

On a dit que dix-sept ou dix-huit personnes, qui avoient ramassé des cendres de Clement dispersées par le vent, s'étant mises dans un bateau avec ces cendres, le bateau fut englouti dans la Seine avec toute sa charge.

suite fâcheuse, & que Dieu lui prolongeroit la vie, pour le mettre en état de lui donner de nouvelles preuves de son affection. Le Roi de Navarre perdit une partie de son appréhension, par la maniere dont le malade prononça ces paroles; & ne voyant d'ailleurs aucun symptome mortel, il le laissa prendre du repos, sortit de sa chambre, & retourna à Meudon, où étoit son Quartier.

Mon appartement étoit au pied de ce Château, chez un nommé Sauvat, où je me retirai pour souper, après avoir accompagné le Roi de Navarre jusqu'à ce qu'il fût descendu de cheval. Je venois de me mettre à table, lorsque je vis entrer Feret son Sécrétaire, qui me dit : » Monsieur, » le Roi de Navarre, & peut-être le Roi de France, vous » mande dans l'instant. « Je tressaillis à ce discours; & sans m'arrêter, je montai au Château avec lui. Il me dit pendant le chemin, que Dortoman venoit de faire sçavoir au Roi de Navarre par un Exprès, que s'il vouloit trouver le Roi en vie, il n'avoit pas un moment à perdre.

Je montai droit à l'appartement du Prince, où pendant qu'on nous selloit des chevaux, il me fit l'honneur de me consulter sur la Conjoncture présente. Les différentes réflexions dont mon esprit se remplit en ce moment, me tinrent quelque temps dans le silence. Le Roi n'étoit pas moins agité. Ce n'étoit plus ni la réüssite d'une petite Négociation, ni le succès d'un Combat, ni un petit Royaume tel que la Navarre, dont il s'agissoit : c'étoit la plus belle Monarchie de l'Europe. Mais combien d'obstacles à surmonter pour y parvenir ? Et par quels travaux ne falloit-il pas l'acheter ? Tous ceux que le Roi de Navarre avoit soufferts jusqu'à ce moment, pouvoient en comparaison être comptés pour rien. Comment abatre un Parti si puissant & si accrédité, qu'il avoit fait trembler un Roi affermi sur le Trône, & l'avoit presque réduit à en descendre ? Cette difficulté déja si grande, se montroit comme insurmontable, quand on y joignoit la réflexion, Que la mort du Roi alloit détacher de la personne du Roi de Navarre la plus grande & la principale partie de ses forces. Il ne pouvoit compter ni sur les Princes du Sang, ni sur les Grands : Et telle étoit sa situation qu'ayant besoin du secours de tout le monde; il ne pou-

LIVRE TROISIEME.

1589.

voit se fier à personne. Je tremblois lorsqu'il me venoit en pensée, que peut-être une Nouvelle si surprenante & si imprévuë alloit produire une Révolution, qui laisseroit le Roi de Navarre avec une poignée de fidèles Serviteurs, à la merci de ses anciens Ennemis, & dans un Pays où toutes les ressources lui manquoient.

Malgré cela, tout le monde conviendra qu'il n'y avoit qu'un conseil unique à donner, & un unique parti à suivre pour le Roi de Navarre : celui de profiter de l'occasion, avec toutes les précautions, qui sont ordinairement ce qui la rend ou bonne ou mauvaise. En effet ; sans vouloir juger l'avenir, qui dépend de trop de choses, encore moins prétendre l'assujettir à notre précipitation : dans les grandes & pénibles entreprises, il ne faut que s'attacher à vaincre les obstacles l'un après l'autre ; & ne point se rebuter, parce qu'ils sont grands, & en grand nombre. On ne doit jamais désespérer de ce qui a été possible à quelqu'un : Et combien de choses auxquelles on attache l'idée d'impossibles, deviendroient faciles à qui sçauroit tirer parti du temps, des occasions, des fautes d'autrui, des momens heureux, des différentes dispositions, & d'une infinité d'autres circonstances !

La réponse que je fis au Roi fut selon ces Maximes : Il ne pensoit pas différemment lui-même. Nous convînmes donc, qu'au lieu de regagner les Provinces éloignées, ce Prince resteroit au milieu de l'Armée Royale pour y faire valoir ses droits ; & que nous irions de ce pas à Saint-Cloud, mais bien armés, à tout évenement ; en observant pourtant de tenir cachées nos armes extraordinaires, afin de ne pas jetter nous-mêmes la terreur & le soupçon. En entrant dans Saint-Cloud, on nous dit que le Roi se portoit mieux ; & on nous fit mettre bas nos épées. Le Roi de Navarre s'avançoit vers le Château, & je le suivois, lorsque tout d'un coup nous entendîmes un homme s'écrier : » Ah mon Dieu ! nous sommes perdus. « Le Roi de Navarre fit venir cet homme, qui continuoit en disant : » Ah ! le Roi est mort : « Et lui fit plusieurs questions, auxquelles il satisfit par un récit de la mort du Roi, trop circonstancié pour que nous en pussions douter. Henry en fut encore plus assûré, lorsqu'après avoir avancé quelques pas, il vit la Garde Ecossoise qui vint se

1589.

jetter à ses pieds ; en lui disant : » Ah ! Sire, vous êtes pré-» sentement notre Roi & notre Maître : » Et quelques instans après, MM. de (28) Biron, de Bellegarde, d'O, de Châteauvieux, de Dampierre & plusieurs autres firent la même chose.

Le Roi de Navarre sentit qu'il étoit dans un de ces momens critiques, dont le bon ou le mauvais emploi pouvoit décider de son sort pour tout le reste de sa vie. Sans se laisser éblouir par la vuë du Trône où cet instant le plaçoit ; ni se laisser abatre par le découragement, ou par une douleur inutile ; il commença à donner tranquilement des ordres, pour tenir tout dans le devoir, & prévenir les soulevemens. Il se tourna vers moi ; & avec cet air de familiarité dont il entretenoit ceux qu'il connoissoit lui être affectionnés, il me dit d'aller au Quartier du Maréchal d'Aumont (29) ; d'y semer parmi les Troupes la Nouvelle de la mort du Roi, avec tout le ménagement nécessaire pour se les attacher d'avantage ; de faire parler par ce Maréchal aux Gardes-Françoises, afin d'engager leurs Officiers à venir lui présenter leurs hommages l'après-midi, & de porter la Noblesse à faire la même chose. Le Roi ajoûta, que j'eusse l'œil sur mes propres Quartiers, pour les contenir dans l'obéïssance. Il songea encore à s'appuyer de toutes les Puissances Etrangères, sur le secours desquelles il crut pouvoir compter : Il écrivit ou députa en Allemagne, en Angleterre, en Flandre, aux Suisses & à la République de Venise, pour leur faire part du nouvel Evènement, & pour les instruire du droit qu'il lui donnoit à la Couronne de France.

Dans l'Isle de France.

Je lui représentai qu'une des choses qui sembloit presser davantage, étoit de tâcher de s'emparer de Meulan, Place d'une très-grande importance en cette occasion, & dont on connoissoit le Gouverneur, nommé Saint-Marc, pour être passionné Ligueur dans le cœur. Je lui expliquai en peu de mots comment l'exécution m'en paroissoit assez facile ; & le

---

(28) Armand de Gontaut, Maréchal de Biron. Roger de Saint-Larry de Bellegarde, Grand-Ecuyer de France. François D'O, Gouverneur de Paris, & Sur-Intendant des Finances. Joachim de Châteauvieux.
(29) Jean, Duc d'Aumont, Maréchal de France.
(30) L'Auteur

LIVRE TROISIEME.

le Roi l'ayant approuvé, j'allai à Meulan demander à conférer avec Saint-Marc, sur des choses que je disois être de grande conséquence pour lui. Il sortit ; & tandis que je l'amusois d'une feinte confidence, le Maréchal d'Aumont se présenta avec des troupes pour passer sur le Pont ; & profitant d'un premier moment de surprise pour se faire passage jusques dans le Château, il s'en rendit le maître, & nous en chassâmes le trop crédule Saint-Marc.

1589.

Le Roi m'offrit ce Gouvernement, que plusieurs considérations m'empêcherent d'accepter. Une partie de ce que le Roi avoit appréhendé étoit arrivé. Il avoit été impossible d'arrêter auprès de lui ni le Duc d'Epernon, (30) ni quantité d'autres Catholiques mal intentionés, sur-tout ceux qui devoient leur fortune au feu Roi. Leur désertion le réduisoit presqu'aux seules Troupes qu'il avoit amenées, & le mettoit dans l'impuissance de continuer le Siége de Paris, ni même de tenir dans les environs. Les Puissances Etrangéres, ou ne lui rendoient que de belles paroles, ou ne lui offroient que des secours qui n'apportoient pas un remède à des maux actuels. Il alloit être obligé de se retirer vers le centre du Royaume ; & il avoit déja répandu parmi les Gens de guerre, sans pourtant leur en découvrir le vrai

---

(30) L'Auteur de sa Vie donne de si mauvaises raisons de cette retraite, qu'on voit bien que rien ne peut le disculper. Il parut en cette occasion qu'outre le Parti Protestant, on en pouvoit encore compter trois différens parmi les seuls Catholiques : Le premier de ceux qui abandonnerent Henry IV. après la mort d'Henry III. Le second, de ceux qui n'ayant pu obtenir de ce Prince qu'il déclarât dans le moment même qu'il embrassoit la Religion Catholique, resterent auprès de lui, mais sans affection ni véritable attachement. Le nombre en étoit très-grand : Les Principaux étoient les Ducs de Longueville & de Nevers, D'O, qui avoit porté la parole au nom de tous, & une infinité d'autres : Et le troisieme, de ceux qui parlerent hautement de servir le Roi, dit D'Aubigné, sans si & sans car. Ceux-là étoient en fort-petit nombre, les Maréchaux D'Aumont & de Biron, Givry &c. Henry IV. fut extrêmement embarrassé de cette brusque proposition que lui firent les Catholiques, & de la déclaration qu'ils y joignirent, qu'ils alloient se retirer, s'il ne leur donnoit cette satisfaction. Il leur répondit avec fermeté, qu'il ne lui seroit jamais reproché d'avoir fait une pareille démarche par la seule contrainte : & il leur demanda six mois pour y penser. Voyez à ce sujet les Historiens, & sur-tout *D'Aubigné, tom. 3. liv. 2. ch. 23.* Les services que le Maréchal de Biron rendit en cette occasion à Henry IV. furent si importans, qu'ils ont fait dire que c'étoit lui qui l'avoit fait Roi : Et on ajoûte que ce Maréchal le reprocha un jour à Henry IV. en se servant de ces mêmes termes, *Mém. de Brantôme t. 3. p. 356.*

Tome I. V

1589.

En Beauvaisis.

Ville de Normandie.

motif, le bruit d'un voyage qu'il étoit sur le point de faire à Tours. Cette retraite n'importoit pas moins à la conservation de sa personne, qu'à l'état de ses affaires. Mille dangers le menaçoient aux environs d'une Ville, où le Roi son prédécesseur tout Catholique qu'il étoit, & ayant sous ses ordres une Armée puissante, n'avoit pû éviter une fin tragique. On y prenoit en ce moment les derniéres résolutions pour se défaire de ce Prince : Et il y a dequoi frémir, lorsqu'on songe que ces conseils cruels se tenoient au milieu même de son Armée, & que ses assassins étoient peut-être à ses côtés. Dans une conjoncture si embarrassante, on ne pouvoit mettre dans Meulan qu'un homme qui eût actuellement un Régiment prêt, avec lequel il pût défendre une Place, dont la Ligue, devenuë insolente par la mort du Roi, dévoroit la conquête : Je n'en avois point, ni assez de temps pour en composer un. Ce Gouvernement fut donné à Bellengreville (31).

En se retirant le Roi prit Clermont, & quelques autres petites Places. Le peu de monde qu'il avoit avec lui, l'empêcha de faire des entreprises plus considérables ; & cette même raison me fit aussi manquer Louviers, sur laquelle j'avois un dessein, qui suivant toutes les apparences auroit réussi. Je l'expliquai au Roi en lui demandant des forces pour l'exécuter : Il ne put me donner que la Compagnie de ses Chevaux-Legers, que conduisoit d'Arambure ; ce qui n'étoit pas suffisant : mais il m'assura que je serois joint à Louviers par un Régiment de douze cens hommes, qui étoit alors à Nogent ; & il écrivit à ce sujet à Couronneau, Colonel de ce Régiment.

Je vins dans cette espérance devant Louviers, où j'attendis inutilement le secours qui m'avoit été promis. La Riviére d'Eure qui coule dans les fossés de Louviers ayant été détournée, laissoit à sec un grand Aqueduc qui porte l'eau dans la Ville. Je l'avois remarqué ; & c'est par cet endroit que je comptois y entrer : Mais comme il n'étoit pas vraisemblable que MM. d'Aumale (23), de La-Londe, de

(31) Joachim de Berengueville, mieux que Bellengreville.
(32) Charles de Lorraine, Duc d'Aumale. N... Bigars de La-Londe, Maire de la Ville de Rouen, François de Fontaine-Martel, Gouver-

LIVRE TROISIÈME.

Fontaine-Martel, de Médavy, de Contenant, & plusieurs autres Officiers de la Ligue, dont cette Ville étoit pleine, se rendroient ou se laisseroient prendre sans coup férir; je crus qu'il y auroit de la témérité à entreprendre de les y forcer avec une poignée de monde. Je me contentai donc pour la justification de ce que j'avois avancé, de faire entrer plusieurs personnes dans cet Acueduc, dont il ne s'agissoit que d'élargir l'entrée, en faisant sauter avec le petard la grille qui le fermoit; ils penetrerent jusques dans la Ville, & en resortirent à plusieurs reprises sans être apperçûs; ce qui les convainquit que l'entreprise ne manquoit que faute de monde.

Je retournai par Pont-de-l'Arche trouver le Roi à Ecoüy, d'où il espéroit passer incessamment en Touraine : mais il trouva tant de bonne volonté dans les Normands, que sur leurs offres il résolut de faire le Siége important de Rouen. Pendant qu'on faisoit les préparatifs pour cette expédition, nous prîmes Gournay, Neuf-Châtel, la Ville d'Eu, le Tréport & Darnetal, où le Roi reçut avis que le Duc de Maïenne le cherchoit pour le combattre. Je fus commandé avec cinquante Chevaux pour aller reconnoître l'Armée de ce Général, que je trouvai aux environs de Mante, & répanduë sur mes Terres. J'allai me poster dans ma Forêt, d'où je fis mes observations. Je rapportai au Roi que l'Armée de la Ligue étoit de vingt-cinq mille hommes de pied éffectifs, & de huit mille Chevaux. Le Roi qui n'avoit à opposer à une Armée si formidable qu'un petit Camp-volant, ne voulut négliger aucune précaution. Il avoit déja fait sonder le Commandeur de (33) Chastes pour sçavoir si ce Gouverneur seroit d'humeur, en cas d'inconvénient, de le recevoir dans Dieppe; & il avoit eu tout sujet d'être content de sa réponse : Il voulut s'assurer par lui-même des dispositions de ce Commandeur, & alla conférer avec lui, Il en revint extrêmement satisfait, & voyant qu'il pouvoit compter sur une Place de retraite aussi sûre que Dieppe (34),

1589.

Dans la Haute Normandie.

neur de Neufchâtel. Charles-François de Rouxel de Médavy. Thimoléon de Bauves de Contenant.
(33) Aimat de Chastes, Commandeur de Saint-Lazare, Gouverneur de Dieppe.
(34) On a dit que dans l'extrémité où Henry IV. se vit réduit sous les

1589.

Dans le pays de Caux.

Ou, Martin-Eglise.

il en craignit moins de tenir la campagne devant l'Ennemi, & résolu de lui faire tête jusqu'à la derniere extrémité, il vint se poster devant Arques.

Au bout de la Chaussée d'Arques regne un long Côteau tournoyant, couvert de Bois taillis. Au-dessous est un espace de terre labourable, au milieu duquel passe le grand chemin qui conduit à Arques, ayant des deux côtés deux haies épaisses : Plus bas encore à main gauche, au-dessous de ce terrein labouré, est une espéce de grand marais, ou terre fangeuse : Un Village nommé Martinglise borne le Côteau, environ à une demie-lieue de la Chaussée. C'est dans ce Village & aux environs qu'étoit campée l'Armée entiere du Duc de Maïenne.

Le Roi vit bien qu'on pouvoit le taxer de témérité, d'entreprendre de résister à une Armée de plus de trente mille hommes, n'en ayant guères plus de trois mille. Mais outre que difficilement il eût pu trouver un endroit plus favorable à son petit nombre, & qu'il ne laissoit pas d'y avoir du danger à reculer ; il crut que la foiblesse de son Parti demandoit dans ces commencemens un coup éclatant. Il n'omit rien de tout ce qui peut en quelque maniere compenser le nombre. Il fit couper de profondes Tranchées, le bas de la Chaussée, & le dessus aussi-bien que le dessous du grand chemin. Il posta douze cens Suisses sur les côtés de ce chemin. Il mit six cens Lansquenets pour défendre les Tranchées supérieures ; & en plaça mille ou douze cens autres dans une Chapelle, qui se trouvoit dans le milieu des Tranchées inférieures & supérieures : C'étoit tout ce qu'il avoit d'Infanterie. Il partagea sa Cavalerie, qui ne montoit en tout qu'à six cens hommes, en deux parties égales. Il en prit une moitié, avec laquelle il se mit entre le Bois & le chemin, & fit descendre l'autre, séparée par pelotons, entre le chemin & le Marais, pour en remplir en quelque sorte l'intervalle. Il ne se coucha point toute cette nuit, pendant laquelle il craignoit que les Ennemis ne se ren-

murailles de cette Ville, il fut sur le point de se retirer en Angleterre ; & que ce fut le Maréchal de Biron qui l'en détourna, en lui conseillant de tenir bon à Arques. Il disoit avant la Journée d'Arques, qu'il étoit Roi sans Royaume, Mari sans femme, & guerrier sans argent.

LIVRE TROISIEME. 157

1589.

diſſent maîtres de la Chauſſée : Il y fit la garde lui-même. Le matin il ſe fit apporter de quoi manger dans une foſſe, où il appella ſes principaux Officiers pour déjeûner avec lui ; Il comptoit avoir peut-être après cela quelques momens pour ſe repoſer, lorſque les Gardes vinrent lui annoncer que l'Armée de la Ligue marchoit à lui en ordre de Bataille.

A cette Nouvelle, il fit avancer dans le Bois le Vicomte de Chartres, Palcheux, Braſſeuſe, Avantigny & trois ou quatres autres, pour y faire quelques priſonniers. Ils revinrent preſqu'auſſi-tôt, ramenant le Comte de (35) Belin, qu'ils avoient pris. Le Roi a la à ſa rencontre, & l'embraſſa en ſouriant. Celui-cy qui cherchoit par tout des yeux une Armée, & qui ne voyoit preſque perſonne, ne lui repondoit qu'en marquant ſa ſurpriſe de voir ſi peu de ſoldats autour du Roi. »Vous ne les voyez pas tous, lui dit le Roi » avec la même gaieté : car vous n'y comptez pas Dieu & le » bon droit qui m'aſſiſtent.« Tout accoutumé que j'étois à voir ce Prince, je ne pouvois me laſſer d'admirer ſon viſage ſerein & tranquile, où dans une occaſion d'autant plus déſeſpérante, qu'elle laiſſoit tout le temps de la réflexion, paroiſſoit à la fois un air de ſang froid & d'une ſage ardeur, qui ſembloit aux ſoldats avoir quelque choſe au-deſſus de l'humanité, & leur inſpiroit à leur tour toute l'intrépidité de leur Chef.

Le Duc de Maïenne fit d'abord attaquer les Tranchées ſupérieures par un Eſcadron de ſes Lanſquenets, qui parurent refuſer de ſe battre, parce qu'ils n'avoient en tête que des Lanſquenets comme eux : Ils feignirent même de ſe rendre ; & les nôtres furent ſi bien la dupe de cette tromperie, qu'ils le laiſſerent avancer, & gagner la Tranchée, d'où ils chaſſerent enſuite les nôtres ; & de ce poſte avantageux ils nous incommoderent extrêmement. Je perdis bientôt de vuë tout ce qui ſe fit du côté du Bois ; parce que celui du Marais où j'étois avec dix de mes Gens, fut attaqué en ce moment par un Eſcadron de huit ou neuf cens Chevaux. A l'approche de cette Troupe ſi ſupérieure, nous

---

(35) François de Faudoas d'Averton de Serillac, Comte de Belin, || Soû-gouverneur de Paris pour le Duc de Maïenne.

1589.

nous réünîmes environ cent-cinquante Chevaux, & nous la repoussâmes jusqu'au tournant du Vallon ; où ayant rencontré quatre autres Escadrons, nous fûmes obligés de revenir sur nos pas ; jusqu'à ce que trouvant à notre tour le Comte d'Auvergne, (36) qui amenoit à notre secours les autres cent cinquante Chevaux, nous remenâmes battant pour la seconde fois les Escadrons Ennemis. Ce manège ne pouvoit pas durer long-temps : Trois cens Chevaux de l'Armée Ennemie s'étant encore joints aux premiers, nous fûmes obligés de plier ; & nous regagnâmes en désordre la Chapelle, où par bonheur nos Gens de pied qui l'occupoient, arrêtèrent court cette Cavalerie, & engagerent un combat, où (37) Sagonne & quelques autres Officiers furent tués.

Le Duc de Maïenne ayant commandé tout le reste de ses Lansquenets pour attaquer la Chapelle, nous cedâmes enfin ce poste ; & accablés par le nombre, nous abandonnâmes de même les endroits creux du chemin, & tout le chemin même. C'étoit-là un commencement de déroute ; Les suites en auroient été à craindre, si nous n'eussions pas rencontré heureusement le Bataillon des Suisses, qui soutint le choc, & nous donna le temps de nous rallier, & de nous remettre en état de combattre. Il ne pouvoit m'arriver personnellement rien de plus à propos : Mon cheval tom-

(36) Charles de Valois, Fils naturel de Charles IX. Il en sera parlé dans la suite. C'est sur la relation de ce Comte, depuis Duc d'Angoulême, que le Pere Daniel nous a donné dans son Histoire de France, tom. 9. une description de ce Combat, à laquelle on ne peut rien ajouter : elle n'est que légèrement differente de nos Memoires. Voyez aussi *P. Matthieu*, tom. 2. pag. 14. *& suiv.* *Cayet*, tom. 1. liv. 2. fol. 263. *& suiv.* *Les Memoires de Nevers*, tom. 2. p. 597. *La Relation du Médecin Du-Chesne &c.* Ce Combat se donna le Mercredi 20 Septembre à dix heures du matin, & finit à onze : Il fut précédé de plusieurs tentatives que fit le Duc de Maïenne cinq jours auparavant, pour s'emparer de Dieppe, qu'on appella les Escarmouches du Pollet.

» Mon Compere, dit Henry IV. à » Arreguer, Colonel du Régiment » de Soleure, je viens mourir ou » acquerir de l'honneur avec vous, » Il rechassa les Lansquenets traîtres » &c. « *Le Grain, Liv.* 5. Mon Pere, dit » encore ce Prince au Colonel Galati, gardez moi ici une Pique, car » je veux combattre à la tête de votre » Bataillon. « *Matthieu, ibid.* p. 14, Après le Combat, il écrivit à Grillon en ces termes : » Pends-toi, brave » Grillon, nous avons combattu à » Arques, & tu n'y étois pas. Adieu, » brave Grillon, je vous aime à tort » & à travers. «

(37) Jean Babou, Comte de Sagonne : Les Comtes de Montbazon & de Roussy, (Louis de Rohan, Josias de La-Rochefoucaut) y perdirent aussi la vie.

LIVRE TROISIEME.

1589.

ba mort en ce moment de ses blessures, & j'en remontai un frais. Pour vaincre la brave résistance de nos Suisses, les Ennemis jugerent à propos de faire prendre à cinq cens Chevaux le chemin le long du Marais. Ils nous auroient pris en queuë, & enveloppé facilement avec les Suisses, & le reste des Combattans : mais de bonne fortune ces chevaux s'étant trop approchés du Marais, ils demeurerent engagés dans la fange ; & ceux qui les montoient s'en tirerent avec assez de peine, en y laissant leurs lances.

Le combat s'étant encore soutenu quelque temps en cet état, c'est-à-dire, tant que nos forces purent y suffire, la lassitude commença à nous surmonter. De notre côté c'étoient toujours les mêmes personnes qui agissoient ; au lieu que nos Ennemis se renouvelloient & se multiplioient à chaque moment. Une grande partie de notre Brigade étoit desarmée & démontée. Dans cette extrémité, je fus député de toute la Troupe pour aller représenter au Roi notre situation, & lui demander du renfort. Je rencontrai ce Prince qui passoit dans notre Quartier : » Mon ami, me dit-il, » je n'ai personne à vous envoyer ; mais pour cela, il ne faut » pas perdre courage : « En effet il n'étoit pas lui-même en meilleur état que nous. Il se tourna pourtant vers M. le Grand, & lui dit de me suivre avec tout ce qu'il pourroit ramasser au dessus du chemin. Je retournai vers les miens, & leur annonçai avec une joie apparente un secours sur lequel je ne comptois guères. Chacun se ranima ; & l'on peut dire qu'en ce moment il se fit des coups de valeur incroyables : Couverts d'un brouillard fort épais, qui nous déroboit nos ennemis, nous ne connoissions qu'une très-petite partie du danger. Ce brouillard étant venu à se dissiper, les rayons du Soleil nous montrerent aux ennemis ; & nous firent découvrir toute leur Armée, qui venoit pour nous accabler : Elle étoit déja si proche, que personne ne se flata de pouvoir seulement gagner le bout de la Chaussée, qui eût été un dernier retranchement, & ne songea plus qu'à mourir en vendant cherement sa vie.

Notre salut vint de ce que nous avions regardé comme notre plus grand malheur. Le Canon du Château d'Arques étoit devenu inutile par l'épaisseur du brouillard : Dès qu'il

Roger de Saint-Sarry de Bellegarde.

1589.

put voir l'Ennemi, il fit une décharge si juste, & d'un effet si terrible, quoique nous n'y eussions que quatre seules Pièces de Canon, que les Ennemis en furent troublés. Quatre autres volées ayant succedé assez rapidement, l'Armée ennemie qu'il perçoit toute entiere, ne put supporter ce feu, & se retira en désordre sur le flanc du Vallon; derriere lequel se perdit, quelques momens après, toute cette épouvantable multitude, étonnée sans doute de la grandeur de la perte qu'elle avoit faite, & rebutée par une résistance à laquelle le Duc de Maïenne ne s'étoit point attendu.

Le Roi après une action qui le couvroit de gloire, se retira à Arques. De-là il vint à Dieppe, toujours harcelé par les Ennemis, & dans des Escarmouches continuelles, dont je supprime le détail, comme n'ayant rien d'assez intéressant après celui de la Journée d'Arques. Cependant le Roi se trouva exposé à un péril plus évident, dans l'une de ces rencontres, où se croyant loin des Ennemis, & s'exerçant avec nous dans une prairie à une espéce de Jeu Militaire, il essuya une décharge de deux cens Fusiliers, qui s'étoient mis en embuscade le ventre à terre entre deux haies, à deux cens pas au plus de l'endroit où nous étions.

Le Saut de l'Allemand.

Il est certain que tout autre que Henry auroit été infailliblement accablé, avant que d'avoir reçu les secours qu'on lui préparoit : Mais par sa valeur (38) & son habileté à disputer le terrein, il donna le temps à quatre mille Anglois & Ecossois, que lui envoyoit la Reine Elisabeth, de passer la Mer; & ce renfort fut bien-tôt suivi d'un plus grand, que lui amenerent MM. le Comte de Soissons, & Henry d'Orleans, Duc de Longueville, d'Aumont, & de Biron. Il ne courut tant de dangers à Dieppe, que par la faute du Comte de Soissons, qui s'amusoit à disputer sur le Commandement, au lieu de voler au secours du Roi.

Maïenne

(38) » Sixte V. pronostiqua que » le Béarnois auroit le dessus, puis- » qu'il n'étoit pas plus long-temps » au lit que le Duc de Maïenne étoit » à table... le Duc de Maïenne étoit » extrêmement lent : S'il n'y va pas » d'un autre façon, dit le Roi, je » suis asstûré de le battre toujours à la » campagne. « *Peref: ibid.* 2. *Part.*

Le même Pape appliqua à Henry IV. après la journée d'Arques, ces paroles : *Super aspidem & basiliscum ambulabis, & conculcabis leonem, & draconem :* Entendant par l'Aspic, le Duc de Maïenne; par le Basilic, le Duc de Savoie ; le Roi d'Espagne, par le Lion ; & lui-même, par le Dragon.

(39) Henry

LIVRE TROISIEME.

1589.

Maïenne n'osa attendre la jonction de toutes ces Troupes : Il disparut avec son Armée, & le laissa maître de la Campagne. Henry ne parla plus alors de tenir la Normandie ; il reprit le chemin de Paris, qu'il n'avoit quitté qu'à regret. Il vint passer à Meulan & à Poissy ; & me détacha en cet endroit avec M. le Duc de (39) Montpensier, pour aller essayer de faire réüssir une intelligence qu'il pratiquoit depuis long-temps dans Vernon, ou s'emparer de cette Ville à la faveur de l'épouvante que son approche y auroit causée. Nous trouvâmes l'un & l'autre sans apparence. M. de Montpensier retourna en Normandie, & moi je rejoignis le Roi à Villepreux. *Ces Villes sont sur la Seine.*

Son dessein étoit de jetter l'alarme dans Paris, de l'insulter même, & suivant qu'il y verroit jour, de tenter de s'en rendre maître. Il avoit pris la précaution d'envoyer rompre le Pont de Sainte-Maixance, par où le Duc de Maïenne pouvoit secourir cette grande Ville : car ce Général, alarmé de la marche du Roi, s'étoit aussi approché de Paris par le côté opposé, pour ne pas rencontrer le Roi. Ce Prince donna donc les ordres nécessaires pour que tous les Fauxbourgs fussent attaqués en même temps : Celui de Saint-Germain tomba en partage à MM. d'Aumont & de Châtillon, & à moi. Aussi-tôt que le signal eut été donné, nous fondîmes sur ce Fauxbourg ; & n'ayant en tête qu'une multitude immense à la vérité, mais confuse & effrayée, nous enveloppâmes deux troupes considérables de soldats dans l'enclos de la Foire Saint-Germain ; & là dans une espace de moins de deux cens pas, nous en couchâmes sur la place en un moment plus de quatre cens : Je ne tuois qu'à contre-cœur des gens que la peur rendoit plus morts que vifs. Les ayant mis hors d'état de nous résister, nous passâmes plus avant, & vînmes jusqu'à la porte de Nesle. Quinze ou vingt de nous entrerent même dans la Ville, & vinrent fort-près du Pont-Neuf : Mais voyant que nous n'étions pas suivis des nôtres, nous retournâmes sur nos pas. La rai- *Sur la Riviere d'Oise.*

(39) Henry de Bourbon-Montpensier, Prince du Sang, Fils unique de François, & de Renée d'Anjou ; pour-lors âgé de vingt-sept ans. Henry III. lui avoit ôté sans aucune raison le Gouvernement de Bretagne, pour le donner au Duc de Mercœur : il eut bien sujet de s'en repentir.

1589.

son de cet abandon, fut un ordre du Roi qui leur vint de cesser l'attaque. Celui qu'il avoit envoyé rompre le Pont (40) de Sainte-Maixance, s'étoit si mal acquitté de cette fonction, que le Duc de Maïenne, parut avec toute son Armée à la vuë de Paris, presqu'au moment que nous y entrions nous-mêmes.

Le Roi jugea que par-là son entreprise devenoit impossible ; & que quand même nous nous serions emparés de la Ville (ce qui fût infailliblement arrivé, du moins de notre côté) une Armée ainsi dispersée dans une Ville de l'étenduë de Paris, auroit couru risque d'y être accablé; ayant en même temps à soumettre un peuple innombrable au dedans, & à se défendre au dehors contre une Armée qui y seroit entrée après nous, ou qui nous y auroit assiégés. C'est ainsi que l'ardeur que ce Prince portoit dans les Combats, ne l'emportoit jamais au point de l'empêcher de prendre conseil de la prudence. Il crut avoir assez fait, que d'avoir jetté l'épouvante dans le cœur de cette Ville qui osoit le mépriser, & lui avoir fait connoître ce qu'elle avoit à craindre de lui. Une partie des Fauxbourgs fut pillée : Nos Soldats ne sortirent point de celui de Saint-Germain (41), qu'ils n'eussent enlevé tout ce qu'ils trouverent propre à l'être. J'y gagnai bien trois mille écus ; & tous mes Gens y firent un butin très-considérable.

Dans la Beauce.

Deux jours après cette expédition le Roi alla se saisir d'Estampes ; & reprenant son premier dessein de se montrer

---

(40) De-Thou marque que ce Pont avoit été confié à la garde de Guillaume de Montmorency, Sieur de Thoré ; mais qu'il ne pût le défendre, étant demeuré malade à Senlis, liv. 97. Cette attaque se fit le jour de la Toussaint, sur un avis que Jacques Corbinelly, Gentil-homme Florentin, donna à Henry IV. par ces trois mots : *Venez, venez, venez*, écrits sur un petit rouleau de papier, que le porteur tenoit dans sa bouche, enfermé dans un tuyau de plume: Elle manqua faute de Canon pour enfoncer les portes. *Matthieu*, tom. 2. liv. 1. p. 17. *Cayet*, tom. 1. p. 170.

(41) ” Les Sieurs de Châtillon ” & La-Nouë, dit Le Grain, *liv. 5.* ” assaillirent les Fauxbourgs de Saint- ” Germain, de Bussy, & de Nesle ; ” qui étoient les plus beaux & les ” plus riches ; & où il devoit y avoir ” plus de résistance, tant à cause des ” bonnes Maisons qui sont au Faux- ” bourg Saint-Germain, qui vaut ” autant que la deuxieme Ville de ” France qu'à cause de l'Abbaye ” Saint-Germain qui étoit fortifiée. ” Châtillon montra qu'il se souve- ” noit de la journée de Saint-Barthe- ” lemy, & voulut par des Matines ” contraires expier le meurtre, & ” appaiser les Manes de l'Amiral son ” pere. «

dans le cœur du Royaume, du moins avec une partie de ses Troupes, il s'achemina vers Tours, & prit en fort peu de temps quantité de petites Villes de la Touraine (42), de l'Anjou, du Maine, & de la Basse-Normandie. Il laissa quelques Troupes au Maréchal de Biron, qui s'empara d'Evreux sans Canon. Je chassai les Catholiques de devant Anfreville : Le Roi m'avoit donné tout le Pays des environs de Mante & de Rosny à conserver, avec un petit Corps de Troupes, avec lequel je faillis prendre le Duc d'Aumale en passant par Rosny : Je me joignis ensuite au Maréchal de Biron, pour le Siége d'Evreux. Je ne puis circonstancier davantage des actions si peu considérables : il en faut même supprimer tout-à-fait la plus grande partie, parcequ'il n'est ni possible, ni à propos de s'étendre sur des faits si legers.

Je préviens donc le Public, afin qu'il ne s'attende à voir détailler dans ces Mémoires que les évenemens de quelque considération ; & ceux-là seulement dont j'ai été témoin, ou qui sont arrivés au Roi lui-même. Si j'y en joins quelques autres, ce ne sera que ceux dont je puis garantir la certitude, par la fidélité des Mémoires qui m'en sont tombés entre les mains : Pour tous les autres, c'est assez de les indiquer ; afin que le Lecteur puisse constater de lui-même l'état & les affaires de Henry le Grand dans les différentes années. L'envie de soulager ma mémoire me fit au commencement jetter sur le papier quelques traits qui m'avoient frappé, & en particulier les discours que le Roi m'avoit tenus, ou que je lui avois entendu tenir, soit sur la Guerre, soit sur la Politique, où je voyois qu'il y avoit infiniment à profiter pour moi. Ce Prince qui s'en apperçut, parce que je lui rappellois quelquefois mot pour mot ce qui étoit sorti de sa bouche, m'ordonna de mettre quelque ordre dans mon travail, & de l'étendre. J'y trouvois de grandes difficultés ; celle qui me venoit de mon stile n'étoit qu'une des moindres ;

1590.

---

(42) Alençon, Le Mans, Château-Briant, Sablé, Château-Gontier, Maïenne, Laval, Argentan, Falaise, Lisieux, Baïeux, Pont-au-de-mer, Pont-l'Evêque, Honfleur, le Havre-de-Grace, Donfront &c. De-

Thou, liv. 97. d'Aubigné, tom. 3. liv. 3. chap. 4. &c. Voyez aussi les Memoires de la Ligue, & les Relations particulieres de ces expeditions, imprimées en ce temps-là.

1590.

Mais sur le commandement réïteré de Sa Majesté, & sur la promesse qu'elle me fit de le corriger de sa main, je repris & continuai ce travail plus assidûment. Voilà ce qui a donné naissance à ces Mémoires. Je reviens à mon sujet.

Dans l'Isle de France.

L'Armée de la Ligue s'attacha de son côté à Pontoise, qu'elle prit : après quoi elle alla mettre le Siége devant Meulan. Comme je jugeai cette Place d'une extrême importance pour le Roi, je cherchai tous les moyens d'y faire tenir de la poudre, (43) & d'y faire entrer quelqu'un de confiance, qui exhortât les Assiégés à tenir bon jusqu'à l'arrivée d'un prochain secours : ce que j'exécutai en y faisant passer un homme à la nage. J'envoyai en même temps avertir le Roi de ce qui se passoit, & lui demander du secours. Sur mes instances redoublées, ce Prince se détermina à y venir lui-même ; mais avec beaucoup de chagrin de s'éloigner d'autres endroits, où sa présence n'étoit pas moins nécessaire. « Par votre importunité, je m'achemine au se- » cours de Meulan ; c'est ainsi qu'il m'en écrivit : S'il m'en » arrive inconvénient, je vous le reprocherai à jamais. « Il étoit ce me semble assez difficile qu'il ne lui en arrivât pas ; ce Prince ayant laissé toute son Infanterie devant Honfleur, & n'amenant avec lui qu'un Escadron si modique, qu'il ne pouvoit pas le soutenir contre une Armée entiere qui pressoit Meulan, & qui lui tomberoit sur les bras, si-tôt qu'on y auroit appris qu'il étoit si mal accompagné.

Dans le Perche.
Sur la Riviere d'Eure, Evêché d'Evreux.

C'est ce que je pris la liberté de lui représenter. Effectivement il ne fut pas plustôt parti de Verneuil pour gagner Ivry, qu'étant allé à la découverte, je vis que l'Armée entiere de la Ligue, instruite sans doute de sa marche, venoit droit à lui. Il fut obligé de tourner bride, & de regagner Verneuil : Il n'étoit pas ordinaire à ce Prince de reculer devant ses Ennemis ; aussi ne le fit-il pas sans beaucoup de dépit. Il m'accusa dans ce premier mouvement de colère de l'avoir exposé à cet affront, & de m'être moins soucié de sa réputation, que du soin de préserver mes Terres du pillage, en l'y appellant. Il m'étoit facile de me justifier ; & ce Prince qui comprit l'importance d'une Place telle que Meu-

---

(43) Le Duc de Sully est nommé avec distinction dans le détail de ce || Siege, par *M. De-Thou, liv. 98. & P. Matthieu, tom. 2. p. 22.*

lan, donna ordre à son Armée de venir le joindre : ce qui fit l'effet que je m'en étois promis. Les Ennemis voyant l'Armée en marche, commencerent à retirer leur Canon en-deça de la Riviere ; & sans lever entierement le Siége, ils en abandonnerent le soin pour veiller à n'être pas surpris.

1590.

Après que j'eus fait ce rapport au Roi, ce Prince jugea à propos de précipiter sa marche, pour éviter tout inconvénient qui eût pu lui faire perdre Meulan ; & il me donna les Coureurs de son Armée, afin que je pusse, en attendant son arrivée, inquiéter toujours les Assiégeans. Il vint peu après, & entra dans le Fort, où voulant observer l'Armée Ennemie, il (44) monta avec quelques-uns de nous dans le Clocher. Les Assiégeans ayant pointé en ce moment une Batterie contre ce Clocher, ils en ruinerent si bien le dégré, que lui & nous nous fûmes obligés d'en descendre à l'aide d'une corde & d'un bâton passé entre nos jambes. Le Roi fit dresser en cet endroit quatre Piéces de Canon, pour leur rendre la pareille ; & ce fut encore contre mon sentiment, parce que je prévoyois que les Ennemis les auroient bientôt démontées : ce qui arriva effectivement, avant qu'on eut pu en tirer le moindre service : Et les Assiégeans y firent de plus un si grand feu tout le jour, qu'il fallut attendre que la nuit fût venuë pour retirer ces quatre Piéces. Les Ennemis qui avoient mis la Riviere entre le Roi & eux, firent encore un effort terrible sur le Pont qui est par de là ; mais aussi ce fut le dernier : Le Roi étant venu se poster aux Orgreux, ils eurent peur d'être coupés, & décamperent tout-à-fait.

Le Marquis d'Alegre réussit mieux à se saisir de Roüen pour la Ligue : J'en reçus la nouvelle à Rosny. Le Roi qui auroit tout tenté pour empêcher cette prise, se mit incontinent en marche vers Rouen ; mais il apprit en arrivant à Gaillon que le mal étoit sans reméde. En échange il alla assiéger Dreux, après m'avoir mis en garnison dans Passy. Le Duc de Maïenne qui venoit d'être renforcé de toute l'Armée des Espagnols, passa la Riviere, & se répandit aux environs de Mante & de Rosny, résolu de faire lever ce Siége.

Christophe d'Allegre, Gouverneur de Gisors.

Dans l'Evêché d'Evreux.

(44) » Comme Henry IV. montoit » au clocher de Saint-Nicaise, un ‖ » boulet de Canon lui passa entre les » jambes « *Matth. ibid.* 24.

L'Avant-garde de cette Armée, que conduisoit un de mes Parens, & qui portoit mon nom, eut ordre du Général de se saisir chemin faisant de Passy : Je donnai avis de son approche au Roi, qui pour toute réponse me laissa le maître de faire tout ce que je voudrois. Je résolus de me défendre; & quoique M. de Rosny m'écrivît lui-même, pour me représenter qu'il y avoit de la témérité à me laisser forcer dans une Place qui n'avoit pas même de murailles, & me fît offrir des conditions très-avantageuses, (45) il ne put rien gagner sur moi. Je le remerciai de sa fausse politesse ; & je me mis dès la nuit même à faire creuser un fossé, qui mît du moins la Garnison à couvert. Heureusement l'Ennemie n'avoit pas dessein de perdre du temps à une prise si médiocre, & n'avoit voulu s'en emparer qu'en passant. Le lendemain le bruit des Bagages me fit comprendre que l'Armée avoit poursuivi sa route : ce qui me tira d'une grande inquiétude. Pendant cette nuit que je passai toute entiere dehors à fortifier Passy, je crus voir distinctement deux Armées en l'air (46) qui en venoient aux mains. Je ne sçais si c'est réalité, ou illusion; mais cet objet me demeura si avant dans l'esprit, que je ne fus nullement surpris à la lecture d'une Lettre, que je reçus le lendemain du Roi. Il me man-

(45) P. Matthieu parle de ce fait précisément comme nos Mémoires : Il rapporte même la réponse du Duc de Sully dans les propres termes dont il se servit. » Voilà le Roi qui » est prêt à donner la Bataille : Dî- » tes au Duc de Maïenne qu'il pen- » se à la gagner, & puis je penserai » si je me dois perdre « La seule différence dans les deux recits, est que cet Officier Ennemi, qui est nommé ici Rosny, & parent du Baron de Rosny, est, selon Matthieu, le Baron de Rosne, qui étoit en effet l'un des Officiers généraux de la Ligue. Cependant il paroîtra comme impossible à ceux qui liront cette particularité dans les Memoires de Sully, que l'erreur soit de leur côté. Confrontez les deux Ecrivains, œconomies Royales, &c. Tom. 1. pag. 71. & l'Histoire de Matthieu, tom. 2. liv. 1. pag. 25.

(46) Davila qui remarque aussi ce Phénomene, liv. 11. le décrit en cette maniere : » Les Tonnerres, les » Foudres & les Eclairs s'entre-mê- » lans aux ténebres, les rendirent » encore plus effroyables qu'elles » n'étoient; & il tomba tout-à-coup » de si grosses ravines de pluie, que » toute l'armée en fut en alarme... » Ce qui augmenta la frayeur, ce » fut une prodigieuse apparition qui » se fit au Ciel, incontinent qu'il » eut cessé de pleuvoir : Car alors » durant le bruit des Tonnerres qui » épouvantoient les plus hardis, fu- » rent remarquées manifestement » deux grosses Armées qui s'entre- » choquerent quelque-temps, puis » se couvrant d'un épais nuage, dis- » parurent aux yeux des regardans, » qui ne purent voir l'effet de ce » combat «

LIVRE TROISIEME.

doit, Que l'Armée du Duc de Maïenne jointe aux Espagnols, s'étoit approchée à dessein de lui livrer bataille : Qu'il s'étoit attendu au Combat dès la veille du jour qu'il m'écrivoit ; mais que tout ce jour s'étoit passé à escarmoucher, à se loger & prendre ses avantages ; & que l'Action générale avoit été remise au lendemain. La Lettre finissoit par ces mots : » Je vous conjure donc de venir, & d'amener tout ce » que vous pourrez, sur-tout votre Compagnie, & les deux » Compagnies d'Arquebusiers à Cheval de Badet & de Ja-» mes, que je vous ai laissées ; car je les connois, & m'en » veux servir. «

Je compris que sans une très-grande diligence, j'arriverois trop tard pour le Combat avec ces Compagnies, dont je voyois que le Roi avoit un extrême besoin, étant de beaucoup inférieur en nombre aux Ennemis. Je ne perdis pas un moment ; & je fus assez heureux pour arriver une heure & demie avant qu'on commençât. Le Roi m'ordonna de faire passer ma Compagnie à l'Aile droite, où étoit son Escadron, dans lequel il fit entrer ; & de faire mettre pied à terre aux deux Compagnies d'Arquebusiers, dont il envoya les chevaux parmi le bagage, ayant dessein de s'en servir comme d'Enfans perdus. Après cet ordre, il me dit de le suivre pour voir la disposition des deux Armées ; afin, ajoûta-t-il, que je pûsse apprendre mon métier. Il ne fut pas pluſtôt arrivé à la tête de son Escadron (47), qu'on sonna la Charge.

Je n'entreprendrai rien ici contre les droits des Historiens. Je leur laisse à particulariser toute cette Action, pour me renfermer dans ce que j'ai vû moi-même : Je crois qu'il

---

(47) » Il dit à son Escadron : Mes » Compagnons, si vous courez au-» jourd'hui ma fortune, je cours aussi » la vôtre : Je veux vaincre ou mou-» rir avec vous. Gardez-bien vos » rangs, je vous prie ; si la chaleur » du combat vous les fait quitter, » pensez aussi-tôt au ralliment, c'est » le gain de la Bataille ; vous le ferez » entre ces trois arbres que vous » voyez là-haut à main droite ; & si » vous perdez vos Enseignes, Cornettes ou Guidons, ne perdez » point de vuë mon Panache blanc, » vous le trouverez toujours au che-» min de l'Honneur & de la Vic-» toire. « Peref. ibid. 2. Part. » On le » perdit de vuë dans la mêlée, où il » se trouva seul avec douze ou treize » au milieu des Ennemis ... Il tua » de sa main l'Ecuyer du Comte » d'Egmont. Il faut jouer du pisto-» let, dit-il à sa troupe ... Plus ce » gens, plus de gloire. « Matthieu, tom. 2. liv. 1. p. 26. & suiv.

1590.

suffira de dire ; que les principales causes qui firent triompher en cette occasion le petit nombre du plus grand, furent la valeur du Maréchal d'Aumont, qui empêcha l'entiere défaite des Chevaux-Legers ; la différence infinie entre la maniere dont notre Artillerie & celle des Ennemis furent servies ; & plus que tout cela, les talens singuliers du Roi, qui ne se montroient jamais si parfaitement qu'en un jour de Combat, dans l'Ordonnance des Troupes, le ralliment, la discipline, la prompte & entiere obéïssance.

Il est constant que le Duc de Maïenne & le Comte d'Egmont, qui étoient à la tête des Espagnols, s'imaginoient que si le Roi osoit les attendre, la Victoire étoit assurée pour eux ; s'il cédoit ou reculoit devant eux, comme ils s'y attendoient, ils ne comptoient pas moins que de le forcer, en quelqu'endroit qu'il se retirât, & de faire finir ainsi la guerre d'un seul coup. Que doit-il arriver dans ces dispositions ? Je ne touche point à la personne des Généraux, qui vaut seule plusieurs milliers d'hommes. Du côté du plus fort, on ne prend point les précautions qu'on prendroit contre un ennemi de même force : Et de l'autre, on ne forme point la résolution de se défendre contre une Armée plus nombreuse, sans être déterminé aussi à montrer une valeur & une adresse, qui suppléent à ce qui manque du côté du nombre. La surprise que donne un courage qui s'anime par la gloire & par les difficultés, sert encore le petit nombre, contre le grand : par-là tout redevient en quelque sorte égal.

L'Escadron (48) du Roi où j'étois eut à soutenir le Comte d'Egmont, qui vint l'attaquer avec le sien & un second de mille

---

(48) Voyez sur cette Action, De-Thou, liv. 98. d'Aubigné, tom. 3. liv. 3. chap. 3. Le-Grain, liv 5. Les Mémoires de la Ligue. P. Matthieu, idem. La Chronol. Novenn. de Cayet, tom. 2. fol. 327. La Relation imprimée en 1590. & autres. M. De-Thou & Cayet remarquent, que l'Artillerie de Henry IV avoit déja fait neuf décharges, que celle du Duc de Maïenne n'avoit pas encore commencé à tirer. On blâma encore le Duc de Maïenne d'avoir disposé son Armée en Croissant, comme l'étoit celle du Roi de Navarre : au lieu qu'étant supérieur en nombre ; il devoit lui donner la forme d'un triangle. Selon Matthieu, Henry IV. fit aussi une grande faute, de n'avoir pas donné avant le Combat sur la Cavalerie Légère, commandée par Du-Terrail ; & sur le Gros du Duc de Maïenne, qui s'étant trop avancé, fut obligé de faire une demi-lieue en retraite. Il paroît qu'il

LIVRE TROISIEME. 169

1590.

mille ou douze cens Reîtres. Il eſt vrai que les Reîtres, qui étoient de même Religion que nos ſoldats, tirerent preſque tous en l'air : mais pour le Comte d'Egmont, il lui faut rendre la juſtice, qu'il s'y prit en homme qui veut vaincre. Il nous chargea avec une telle furie, que malgré la déſertion des Reîtres, après un feu terrible & une mêlée d'un gros quart-d'heure qui couvrit la terre de morts, la gauche de notre Eſcadron prit la fuite, & la droite fut enfoncée & plia. Au premier choc, mon cheval bleſſé dans les naſeaux, & d'un ſecond coup au cou, qui alloit reſſortir au défaut de la ſelle, s'abattit d'un troiſiéme qui lui emportoit deux pieds de la peau, & à moi un morceau du gras de la jambe. Je reçus un autre coup dans la main : Un coup de piſtolet me fit une troiſiéme bleſſure plus conſidérable : la balle perça la hanche, & ſortit par le bas ventre. J'aurois péri indubitablement, ſi mon Ecuyer ne fût accouru à mon ſecours, & ne m'eût amené un autre cheval ſur lequel je remontai, quoiqu'avec beaucoup de peine : Cette affection attira pluſieurs coups au pauvre Maignan, & penſa lui coûter la vie.

A une ſeconde charge, mon cheval fut encore tué ; & dans le même moment je reçus un coup de piſtolet dans la cuiſſe, & un coup d'épée dans la tête. Je demeurai ſur la place, où avec la connoiſſance je perdis toute la ſuite de l'Action, dont l'avantage du Comte d'Egmont ne m'avoit fait augurer rien de bon pour nous : Et très-certainement le Roi étoit battu, ſi l'on ſe fût comporté de même dans tout le reſte de l'Armée ennemie. Tout ce que je ſçais, c'eſt qu'ayant repris mes ſens après un aſſez long eſpace de temps, je ne vis près de moi ni Ennemis, ni aucun de mes Domeſtiques, que la frayeur

qu'il n'y eut guére que la Cavalerie qui ſe battit : Et ſi l'on en croit LeGrain, douze cens Chevaux défirent une Armée de vingt mille hommes. Mais il y a ici un peu d'exagération : L'Armée du Roi étoit compoſée d'environ deux mille hommes de Cavalerie, & ſix ou ſept mille d'Infanterie ; & celle de la Ligue, d'environ cinq mille Chevaux, & huit mille Fantaſſins. Le Comte d'Egmont s'étoit vanté, que ſon Eſcadron ſeul ſuffiſoit pour vaincre l'armée Royale ; Il fut tué dans la mêlée. Il étoit fils de L'Amoral d'Egmont, décapité à Bruxelles avec le Comte de Horne. On rapporte de lui, que celui qui le harangua, lorſqu'il vint à Paris, ayant mêlé dans ſon diſcours les louanges de L'Amoral ſon Pere, il répondit : » Ne parlez pas » de lui ; il méritoit la mort, c'étoit » un rebelle. «

Tome I.   Y

1590. ou le désordre avoit dispersés : Autre augure qui ne me paroissoit pas plus favorable.

Je me retirai sans casque, & presque sans armure : la mienne avoit été mise en piéces. En cet état, je vis accourir vers moi un Cavalier des Ennemis, qui en vouloit à ma vie. Je me trouvai de bonne fortune proche d'un Poirier, sous lequel je me traînai ; & avec un peu de mouvement dont j'étois encore capable, je me servis si bien des branches qui étoient extrêmement basses, que j'évitai les atteintes de mon adversaire, & ne me laissai point joindre : Las de tourner autour de l'Arbre, il me quitta enfin. Feuquieres n'eut pas le même bonheur : je le vis tuer en ce moment sous mes yeux. La-Rocheforêt qui a depuis été à moi, étant venu à passer en ce moment, je lui demandai un petit bidet qu'il menoit, pour lequel je lui donnai sur le champ trente écus : J'ai toujours cru que dans ces sortes d'occasions il est à propos de porter quelque argent sur soi.

Je cherchois ainsi monté à apprendre des Nouvelles de la Bataille, que je croyois perduë ; lorsque je vis venir droit à moi sept des Ennemis, dont l'un portoit la Cornette-Blanche de la Compagnie du Duc de Maïenne : Nouveau danger ; dont je ne jugeai pas pour cette fois pouvoir échapper. On cria, Qui vive ; & je me nommai, prêt à me rendre prisonnier. Quelle fut ma surprise, quand je vis qu'au lieu de m'attaquer, quatre de ces personnes me prierent de les recevoir eux-mêmes pour mes Prisonniers, & de leur sauver la vie ; & qu'ils se rangeoient autour de moi, paroissant charmés de m'avoir rencontré : Je les laissois faire : Il me paroissoit si singulier, que quatre hommes sains & bien armés vinssent se rendre à un homme désarmé, tout couvert de sang, pouvant à grand peine se soutenir, & monté sur un très-méchant Bidet ; que j'étois tenté de prendre tout ce que je voyois pour une illusion, ou pour l'effet de mes blessures. Je fus bien-tôt éclairci. Mes Prisonniers, puisqu'ils vouloient l'être, se firent connoître pour MM. de (49) La-

---

(49) Jean de Vivonne, Sieur de La-Châtaigneraie. Charles de Beausoncle, Sieur de Sigogne, Cornette de la Compagnie du Duc de Maïenne. Les Historiens ont parlé des prisonniers que fit M. de Rosny dans cette rencontre, & des blessures qu'il y reçut au nombre de sept...

LIVRE TROISIEME. 171

Châtaigneraie, de Sigogne, de Chanteloup & d'Aufreville: Ils m'apprirent que le Duc de Maïenne avoit perdu la Bataille ; & qu'en ce moment le Roi étoit à la pourſuite des vaincus : ce qui les obligeoit à ſe rendre, de peur de tomber en de pires mains, leurs chevaux étant hors d'état de les tirer du danger : Et Sigogne me préſenta en même temps en ſigne de reddition la Cornette-Blanche. Les trois autres de cette Troupe, qui étoient le Duc de Nemours, le Chevalier d'Aumale & Trémont, ne parlerent point de ſe rendre : Je voulus les convaincre par de bonnes raiſons qu'ils devoient le faire ; mais je ne les perſuadai pas. Après m'avoir recommandé leurs quatre Camarades, voyant avancer vers eux un Gros de Victorieux, ils donnerent des deux, & me firent voir que leurs chevaux étoient encore aſſez vigoureux pour les dérober à leurs ennemis.

1590.

Charles de Savoie, Duc de Nemours.

Je m'avançai avec mes Priſonniers vers un Bataillon de Suiſſes ; & rencontrant un des grands Pages du Roi, je le chargeai de la Cornette, qui étoit un fardeau trop lourd pour moi. Je vis alors plus clairement les marques de notre Victoire ; la campagne pleine de fuyards Ligueux & Eſpagnols ; & l'Armée victorieuſe du (50) Roi pourſuivant & diſſipant des reſtes de plus grands Corps, qui ſe diſperſſoient & ſe raſſembloient. Les Suiſſes des deux Armées s'étant trouvés en préſence les uns des autres, ſe morguoient, les piques baiſſées ſans donner un ſeul coup, ni faire aucun mouvement.

On crut pendant quelque temps que Henry IV. avoit été tué. Ce qui occaſionna apparemment ce faux bruit, c'eſt qu'on vit le Marquis de Neſle, qui étoit habillé ce jour-là comme le Roi, enveloppé par les Ennemis, recevoir pluſieurs bleſſures, dont il mourut. *Matthieu, ibid.*

(50) » Le Roi fit crier : Sauvez les » François, & main baſſe ſur l'E-» tranger. « *Peref. ibid. Part 2.* Henry, dit l'Auteur de la Henriade, » fut » redevable de la Victoire à la ſupe-» riorité de ſes connoiſſances, & de » ſa valeur : Mais il avoua que » Maïenne avoit rempli tous les de-» voirs d'un grand Général : Il n'a » péché, dit-il, que dans la cauſe » qu'il ſoûtenoit. « Le Duc de Maïenne auroit été pris, s'il n'avoit pas eu la précaution en fuyant de faire rompre le Pont d'Ivry ; Mais il mit à la boucherie par là les Reîtres & les Lanſquenets, dont il demeura douze cens ſur la place : pareil nombre d'Infanterie Françoiſe, & mille Cavaliers : Quelques-uns font monter la perte beaucoup plus haut. Il n'y demeura des Royaliſtes que cinq cens hommes, & environ vingt Gentilshommes. Cette Bataille ſe donna entre Dreux & Nonancourt, aux Villages de Saint-André & de Foucrainville.

Y ij

1590.

La vuë de la Cornette-Blanche semée de Fleurs-de-lys noires, connuës de tout le monde pour être celle des Guises, qui la portoient telle en mémoire & par horreur de l'assassinat de Blois, étoit un objet qui attiroit tout le monde, comme à une proie également riche & honorable. Les casaques de mes Prisonniers, qui étoient de velours noir, couvertes de Croix d'argent, brilloient de loin dans la campagne. Les premiers qui accoururent pour s'en saisir, furent MM. de Chambrai, de l'Archant, du Rollet, de Crevecœur, de Palcheux & de Brasseuse, auxquels se joignit le Comte de Torigny. Je m'avançai vers eux; & ne comptant pas qu'on pût me reconnoître à mon visage, que le sang & la poussiere avoient entierement défiguré, je me nommai. Le Comte de Torigny n'eût pas plustôt reconnu La-Châtaigneraie qui étoit son Parent, que jugeant à l'état où il me voyoit, que je ne pouvois pas préserver mes Prisonniers d'insulte, il me pria de lui remettre celui-là, dont il me répondoit : Je le lui accordai avec plaisir, en le voyant pourtant partir à regret. Ce que Torigny faisoit par un principe d'amitié, eut en effet une suite bien funeste pour le malheureux Châtaigneraie. Il fut apperçu au bout de quelques momens par trois hommes de la Compagnie d'O, qui avoient été des Gardes du Roi Henry III. Ces trois hommes ne l'eurent pas plustôt reconnu, qu'ils le tirerent à bout portant, & le renverserent mort, en lui disant : » Ah » Mordieu ! traitre à ton Prince, tu t'es réjoui du meurtre » de ton Roi, & a porté l'écharpe verte de sa mort. « Je pouvois faire payer au Comte de Torigny la rançon de ce Prisonnier ; & plusieurs me le conseilloient : Mais je ne voulus pas ajoûter ce sujet de douleur à celle qu'il ressentoit de la mort d'un homme, que j'avois moi-même connu particuliérement.

Je ne fus pas long-temps sans voir autour de moi beaucoup de gens rassemblés, dont il n'y en avoit pas un qui n'enviât ma bonne fortune. D'Andelot (51) arriva après les autres ; & perçant la foule, il apperçut Sigogne & le Page qui portoit la Cornette. Il se disposoit à s'en saisir,

---

(51) Charles de Coligny, Marquis d'Andelot, l'un des fils de l'Amiral de Coligny.

croyant que son bon destin lui gardoit cette proie ; lorsqu'un bruit qui se répandit que les Ennemis se rallioient, l'obligea à partir brusquement : Je n'eus pas le temps de le tirer de son erreur, parce qu'après avoir dit au Page de lui conserver cette Cornette, il s'éloigna comme un trait. La Nouvelle se trouva fausse, & n'avoit d'autre fondement que l'arrivée de deux cens Picards que MM. d'Humieres, de (52) Mouy & de La-Boissiere amenoient au Duc de Maïenne.

Débarrassé de la foule, & ayant besoin de secours, surtout pour ma blessure à la hanche, par laquelle je perdois beaucoup de sang, je gagnai avec ma prise la tête du Régiment de Vignoles, qui s'étoit fait admirer dans le Combat. Là ne craignant plus de surprise, je fis venir un Chirurgien pour bander ma plaie : & je demandai du vin pour prévenir l'évanouissement que je sentois approcher. Après avoir repris des forces, je gagnai Anet, dont le Concierge me donna un appartement, où je fis mettre le premier appareil à mes plaies, en présence du Maréchal de Biron, qui y passa quelques momens après mon arrivée, & se fit apporter de quoi faire collation dans ma chambre : Il conduisoit le Corps de réserve qu'il commandoit, au Roi, qui sans s'arrêter après sa Victoire, avoit passé la Riviere d'Eure à la suite des Ennemis ; & prit enfin, comme on me le rapporta, la route de Rosny ; où il coucha cette même nuit. (53)

1590.

Bertrand de Vignoles.

(52) Charles d'Humieres. Le Vol. des Mss. de la Bib. du Roi, cotté 8930. n'est plein que de ses belles actions. Charles, Marquis de Mouy, ou Moy. Christophe de Lanoy de La-Boissiere, Gouverneur de Corbie.

(53) « Le soir comme il soupoit » au Château de Rosny, ayant été » averti que le Maréchal d'Aumont » venoit lui rendre compte de ce » qu'il avoit fait, il se leva pour al- » ler au devant de lui ; l'ayant étroi- » tement embrassé, il le convia à » souper, & le fit asseoir à sa Table, » avec ces obligeantes paroles : Qu'il » étoit bien raisonnable qu'il fût au » festin, puisqu'il l'avoit si bien ser- » vi à ses noces. « Peref. ibid. 2. Part. M. de Perefixe rapporte encore au même endroit un autre trait qui fa t honneur au Roi. » Il se souvint que » la veille de la Bataille, il avoit » maltraité de paroles le Colonel » Theodoric Schomberg, qui lui » avoit demandé de l'argent ; & qu'il » lui avoit dit en colere, que ce » n'étoit pas le fait d'un homme » d'honneur de demander de l'ar- » gent quand il faut prendre les or- » dres pour combattre. Il alla le trou- » ver après qu'il eut rangé ses Trou- » pes , & lui dit : Colonel , nous » voici dans l'occasion : il se peut » faire que j'y demeurerai ; il n'est » pas juste que j'emporte l'honneur

1590.

D'Andelot arriva à Anet, après que le Maréchal de Biron en fut parti. Plein de ressentiment de ce que je lui avois enlevé sa prise, il le croyoit ainsi, il entra dans ma chambre accompagné de cinq ou six hommes cuirassés, & me demanda une explication, d'un air également fier & insultant ; ou pluſtôt il chercha à s'en faire raison lui-même : Car appercevant la Cornette-Blanche qu'on avoit mise au chevet de mon lit, à côté de celle de ma Compagnie, il voulut s'en mettre en possession par force, & sans faire attention à ce que je lui disois. Je changeai promptement de ton ; & les paroles s'échaufferent de part & d'autre : Je ne pouvois rien de plus, en l'état où j'étois : mais comme il parloit avec menace & emportement, ce bruit attira dans la chambre quinze ou vingt de mes Cavaliers Armés, dont la vuë arrêta la fougue de d'Andelot : Il sortit en faisant commandement à Sigogne de le suivre : celui-cy le refusa & chercha inutilement à lui faire comprendre l'injustice de sa prétention.

Dès le lendemain matin je me fis transporter par eau à Passy, pour me rendre de là à Rosny, afin de me faire guérir. En arrivant à Passy, j'appris qu'une partie des soldats de ma suite, mes Valets, avec tout mon Bagage, s'y étoient retirés ; ne sçachant ce que j'étois devenu, & intimidés par un faux bruit qui s'étoit répandu, que le Roi avoit perdu la Bataille. Ils apprehendoient les reproches que je pouvois leur faire, & se tenoient cachés : Je les fis chercher ; mais ils eurent tant de honte de s'être montrés si lâches, qu'ils se sauverent la nuit suivante à pied, sans que j'aye jamais pu sçavoir ce qu'ils étoient devenus. Ils laisserent avec tous mes Bagages quatre chevaux à eux, que je fis vendre à l'encan, & dont je distribuai l'argent à ceux de leurs Camarades qui étoient blessés.

» d'un brave Gentilhomme comme » vous : Je déclare donc que je vous » reconnois pour un homme de bien, » & incapable de faire aucune lâ- » cheté. Cela dit, il l'embrassa cordialement. Alors le Colonel, ayant » de tendresse la larme à l'œil, lui » répondit : Ah ! Sire, me rendant » l'honneur que vous m'aviez ôté, » vous m'ôtez la vie ; car j'en serois » indigne, si je ne la mettois aujour- » d'hui pour votre service : Si j'en » avois mille, je les voudrois toutes » répandre à vos pieds. De-fait il fut » tué en cette occasion. « *Ibid.*

Le Maréchal de Biron qui avoit beaucoup contribué à la Victoire, à la tête du Corps de réserve, dit à Henry IV : » Sire, vous avez fait ce » que devoit faire Biron, & Biron » ce que devoit faire le Roi. «

Comme j'étois hors d'état de pouvoir souffrir le cheval, je me fis faire à la hâte une espèce de Brancard avec des branches d'arbres encore couvertes de leurs écorces, & des cercles de tonneau ; & je pris par Beurons, pour éviter les montées & descentes de la Rougevoie & de Châtillon. Maignan, garçon plein de gaieté & d'imagination, jugea à propos de donner à cette marche l'air d'un petit triomphe. Deux de mes Palefreniers étoient à la tête du Cortege, menant en main deux de mes plus beaux chevaux. Ils étoient suivis de mes Pages ; dont l'un montoit mon cheval, celui-là même qui ayant été blessé de trois coups dans le Combat, & terrassé d'un quatrieme, s'étoit relevé sans selle, & avoit été heureusement reconnu, courant dans le champ de Bataille, par trois de mes Arquebusiers : Ce Page portoit ma Cuirasse, & la Cornette du Duc de Maïenne. L'autre portoit mes Bracelets & mon Casque, le tout si faussé & si martelé, qu'il étoit impossible de s'en servir. Mon Ecuyer, auteur de cette plaisante idée, marchoit après, la tête bandée, & un bras en écharpe. Suivoit mon Valet de chambre Moreines, vêtu de ma Casaque de velours orangé à clinquant d'argent, monté sur ma haquenée Angloise, & tenant à sa main comme un trophée un paquet d'éclats de mes pistolets, de tronçons de mes épées, & de lambeaux de mes panaches. Ensuite marchoit la litiere où j'étois couché, couverte seulement d'un drap, sur lequel on avoit attaché les casaques de velours ras noir de mes Prisonniers, avec leurs panaches, & des pieces de leurs pistolets & de leurs épées, aux quatre coins. Ces prisonniers suivoient ma litiere, & précedoient le reste de mes Domestiques ; derriere lesquels étoit rangée en ordre ma Compagnie de Gendarmes. La marche étoit fermée par les deux Compagnies d'Arquebusiers de James & de Badet. Elles étoient si maltraitées, qu'on n'y voyoit que des têtes bandées & des bras en écharpe : Une partie de ces braves soldats étoient même obligés de se faire porter.

En arrivant sur le côteau de Beurons, nous apperçûmes toute la Plaine couverte de chevaux & de chiens ; & le Roi lui-même, qui après un leger repas s'en retournoit de Rosny à Mante, en chassant dans ma Garenne. Ce spectacle parut le réjouir : il en trouva l'ordonnance heureuse ; & rit de la vanité de Maignan, qui avoit l'honneur d'être connu de ce Prince, depuis que son pere, fort-brave homme, s'en étoit fait remarquer à la prise d'Eause. Le Roi s'approcha de mon brancard, & ne dédaigna pas à la vuë de toute sa Suite de descendre à tous les témoignages de sensibilité, qu'un ami, s'il m'est permis de me servir de ce terme, pourroit rendre à son ami. Ne pouvant me jetter à ses pieds pour lui en marquer ma reconnoissance, je l'assûrai comme je pus que je souffrirois avec plaisir mille fois davantage pour son service. Il s'étoit fait instruire de tous les hazards que j'avois courus dans le Combat : Il me demanda avec une inquiétude obligeante, si toutes mes plaies étoient de nature à pouvoir espérer d'en guérir, du moins sans être mutilé de quelque partie du corps : ce qu'il regardoit presque comme impossible, sçachant que j'avois été renversé, froissé & foulé aux pieds des chevaux. Quand il sçut que je n'avois rien à craindre, il se jetta à mon cou ; & se tournant vers les Princes & les Grands qui le suivoient, il dit hautement qu'il m'honoroit du titre de vrai & franc Chevalier : titre qu'il regardoit, disoit-il, comme bien supérieur à celui de Chevalier de ses Ordres. Il craignit de m'exposer à parler trop ; & finit cet entretien si aimable par sa protestation ordinaire, que je participerois à tous les biens que le Ciel lui enverroit : Et sans me laisser le temps de lui répondre, il s'éloigna en me disant : » Adieu, mon Ami, portez-vous bien, & soyez sûr » que vous avez un bon Maître. « On voit des Princes qui sont capables de retour & de gratitude : mais qu'il est rare que ce sentiment augmente, ou même qu'il se conserve dans la bonne fortune !

Fin du Troisieme Livre.

MEMOIRES
DE
SULLY.

✦✦✦✦✦✦✦✦✦✦✦✦✦✦✦✦✦✦✦✦✦✦✦✦✦✦✦✦✦

LIVRE QUATRIEME.

E même jour que le Roi gagna la Bataille d'I- 1590.
vry, son Parti remporta aussi une Victoire en
Auvergne (1) où Randan commandoit les Troupes de la Ligue : Mais il semble que la Fortune,
en donnant à ce Prince des succès qui suffisoient
à le mettre en possession de plusieurs Couronnes, se plût en
même temps à faire naître des circonstances qui en empê-
choient l'effet, & ne lui laissoient de ses Victoires que la
seule gloire d'avoir vaincu. Après la bataille d'Ivry, la terreur & la consternation étoient si grandes dans tout le Parti
de la Ligue, que le Roi attentif cette fois à profiter de tous
ses avantages, sembloit ne pouvoir manquer d'en retirer de
fort grands. Il ne s'attendoit pas à se les voir ravir par la mu-

(1) A Issoire. Voyez-en le détail ‖ Jean-Louis de La-Rochefoucaut,
dans *Cayer*, *ibid.* 329. *De-Thou* &c. ‖ Comte de Randan.

1590.

tinerie générale de son Armée: Les Suisses sur-tout refuserent nettement de faire un seul pas en avant, qu'ils n'eussent été payés auparavant des sommes que le Roi leur devoit.

Ce Prince n'avoit alors ni argent, ni moyens prompts d'en recouvrer: Il vint à Mante, pour en demander au Sur-Intendant des Finances. Cet homme qui en secret haïssoit mortellement le Roi, & ne voyoit ses succès qu'avec chagrin, se plaisoit à augmenter son embarras, & n'avoit que la même réponse à faire à toutes ses instances. Dans ce temps de confusion où les deniers Royaux étoient en proie au premier occupant, les Finances étoient fort-difficiles à conduire; & les revenus du Roi suffisoient à peine à l'avidité des Financiers, qui ne fait que s'accroître ordinairement par la misère publique. Une autorité absoluë, qui seule eût pu y mettre un frein, manquoit à Henry; & il manquoit encore davantage des moyens de les convaincre de malversation, parce qu'il n'avoit en ce temps-là aucune teinture, même la plus legere, des affaires de Finance. Il entra pourtant comme malgré lui dans un détail qui lui devenoit nécessaire; & il obligea (2) D'O de lui remettre certaines sommes, qu'il ne fut pas difficile de lui faire voir qu'il avoit touchées, dont il se servit pour appaiser le soûlevement de ses soldats: Mais pendant ce temps-là il se passa du-moins quinze jours, pendant lesquels le Roi ne put sortir de Mante, ni par conséquent profiter de sa Victoire.

Je me souviens d'avoir entendu dire à ce Prince, qu'il se voyoit en ce moment pour la premiere fois de sa vie, en situation de pouvoir convertir ses desirs en desseins. » J'ai » eu souvent des desirs, disoit-il; mais je n'ai pas encore » trouvé la saison de former des desseins. « Il prenoit ce dernier terme dans la signification que tout homme sage doit lui donner, pour un projet dont la prudence & la réflexion assûrent la réüssite: En ce sens, il est vrai que chacun peut souhaiter ce que bon lui semble, sans nuire à personne: mais il n'y a que les fous qui se jettent dans des desseins sans facilité ni apparence de les effectuer.

(2) François D'O, Seigneur D'O, de Maillebois, de Fresne, Maître de la Garderobe de Henry III. premier Gentilhomme de la Chambre, Sur-Intendant des Finances, Gouverneur de Paris & Isle de France. Il en sera encore parlé dans la suite.

Pendant le séjour du Roi à Mante, d'Andelot alla lui porter ses plaintes contre moi; & ce Prince se donna la peine de venir à Rosny pour nous entendre tous deux. D'Andelot y fut généralement blâmé; & les railleries qu'il eut à essuyer des principaux Officiers sur sa ridicule prétention, lui demeurerent si avant dans le cœur, qu'elles le firent passer dans le Parti de la Ligue. Il me parut qu'on ne me rendit pas la même justice sur le Gouvernement de Mante, dont la prise fut presque le seul fruit de la Bataille d'Ivry. Le Roi à qui j'avois demandé cette Place, en gratifia les Catholiques à (3) mon préjudice; & je ne pus m'empêcher de faire éclater mes plaintes. J'avouë à ma confusion, que si j'avois fait une réflexion sérieuse sur la situation où étoit alors le Roi, prêt à être abandonné à chaque moment des Etrangers faute de payement, & de ce qu'il avoit de Catholiques, qui n'attendoient que l'occasion du mécontentement le plus leger pour s'éloigner de lui; je n'aurois point dû murmurer de ce qu'il accordoit à un Catholique peu affectionné à sa personne, ce qu'il refusoit à un fidelle Serviteur: Il y avoit plus de grandeur à se contenter de l'amitié de ce Prince sans effets, qu'à en recevoir des faveurs, qu'il étoit obligé d'accorder à la Politique & à la nécessité des temps.

Tous les obstacles ayant été levés, le Roi s'avança avec ses Troupes, prit Dreux, & marcha vers Sens, qu'il comptoit devoir se rendre par une intelligence pratiquée au dedans de la Ville. Comme elle manqua, Henry qui ne voulut pas s'être avancé inutilement jusques-là, & à qui on rapporta d'ailleurs que la Place étoit dépourvuë de munitions, en entreprit le Siege. Il ne tarda pas à se trouver lui-même, par la malice de ses ennemis secrets, dans une disette générale de tout ce qui lui étoit nécessaire pour achever cette entreprise; & il fut obligé de l'abandonner. Pour en effacer la honte, il publia qu'il ne levoit ce Siege que pour aller investir Paris même; & il en prit la route par Corbeil, Meulan, Lagny & Saint-Denis, dont il s'empara chemin faisant. *Villes de l'Isle de France.*

Je ne me trouvai à aucun de ces Sièges; & mes blessures n'étoient même encore qu'à demi guéries, lorsque j'appris que le Roi étoit devant Paris. Je ne pus tenir contre l'en-

(3) Ce Gouvernement fut donné au jeune frere de M. de Rosny.

vie de voir cette expédition : Je partis, portant mon bras en écharpe, & ne me soûtenant qu'à l'aide de deux potences. Le Roi ne se souvenant plus de mes plaintes, me reçut avec sa bonté ordinaire, & m'ordonna de ne pas m'éloigner de sa personne. Il me communiqua le dessein qu'il avoit formé sur Paris, dont il résolut d'emporter dans le même temps tous les Fauxbourgs; afin d'ôter à la Ville tous les moyens de subsistance qu'elle en tiroit, comme fruits, légumes, &c. Il sépara son Armée en dix petits Corps, pour les égaler au nombre des Fauxbourgs qu'il avoit à forcer ; & ayant choisi le temps de la nuit pour l'éxécution, il se retira sur la Montagne de Montmartre, pour être à portée de donner du secours à ceux qui en auroient besoin. Il se plaça dans l'Abbaye, où il fut suivi non-seulement des blessés, qui ne pouvoient partager la gloire de cette nuit, mais encore de tous les Vieillards, & des Gens de Robe & de Plume. Il me donna place à la fenêtre par laquelle il regardoit l'action ; & il s'entretint pendant qu'elle dura avec Du-Plessis, (4) Rusé, de Fresne, d'Alibour & moi.

L'attaque commença à minuit par un bruit effroyable d'Artillerie ; auquel la Ville répondant de son côté, il n'y a personne qui n'eût jugé que cette Ville immense alloit périr par le feu, où par une infinité de mines allumées dans ses entrailles. Il n'y a peut être jamais eu de spectacle plus capable d'inspirer de l'horreur. D'épais tourbillons de fumée au travers desquels perçoient par intervalles, des étincelles où de longues traînées de flammes, couvroient toute la surface de cette espece de Monde, qui par la vicissitude des ombres & de la lumiere, paroissoit plongé dans de noires ténebres, où enseveli dans une mer de feu. Le fracas de l'Artillerie, le bruit des armes & les cris des Combattans, ajoûtoient à cet objet tout ce qu'on peut imaginer d'effrayant ; & l'horreur naturelle de la nuit le redoubloit encore. Cette scène dura deux heures entieres, & finit par la réduction de tous les Fauxbourgs, sans en excepter celui de Saint-Antoine ; quoique par sa grande étenduë on

(4) Du-Plessis Mornay, Martin Rusé, Sieur de Beaulieu, & Pierre Forget, Sieur de Fresne, Secretaires de Sa Majesté. Alibour Médecin du Roi.

LIVRE QUATRIEME. 181

eût été obligé d'en commencer l'attaque de fort-loin. On bloqua les portes de la Ville ; en sorte que rien ne pouvant plus y entrer sans la permission de ceux qui les gardoient, le Peuple se vit bien-tôt réduit à un excès de misère & de famine, dont je ne puis encore m'empêcher de frémir.

On me permettra de passer rapidement sur cet endroit : je ne trouve aucun plaisir à m'étendre sur un objet si affreux. Le Roi naturellement compatissant en fut touché. Il ne put soutenir l'idée de voir cette Ville dont la Providence lui destinoit l'empire, devenir un vaste Cimetière : Il donna les mains secrettement à tout ce qu'il crut pouvoir la soulager, & ferma les yeux sur tous les secours de vivres que ses Officiers & soldats y faisoient entrer fréquemment, soit par compassion pour des parens & des amis, soit en vuë de faire acheter ce secours bien cher aux Bourgeois. Il crut sans doute que par cette conduite il gagneroit à la fin le cœur des Parisiens. Il se trompa : on jouit de ses bienfaits, sans cesser de le regarder comme l'auteur de la misère publique ; & lorsque le Prince de Parme fut arrivé, on insulta celui qui ne levoit le Siége, que parce qu'il s'étoit montré trop sensible (5) aux malheurs des Assiégés.

1590.

(5) M. de Perefixe, Cayet, & plusieurs autres sont aussi du sentiment qu'il ne tint qu'au Roi d'emporter Paris de vive force, & qu'il résista plusieurs fois aux cris & aux instances que lui en firent ses soldats, sur-tout les Huguenots ; parce qu'il s'apperçut qu'ils cherchoient cette occasion de se venger du massacre de la Saint-Barthelemy, en mettant tout à feu & à sang dans Paris.

« M. de Nemours, dit Perefixe, » faisant sortir de Paris les bouches » inutiles, le Conseil du Roi s'op- » posa qu'on leur accordât passage : » Mais le Roi ayant appris à quelle » horrible nécessité ces misérables » étoient réduits, il ordonna qu'on » les laissât sortir : Je ne m'étonne » pas, dit-il, si les Chefs de la Li- » gue, & si les Espagnols ont si peu » de compassion de ces pauvres gens- » là, ils n'en sont que les tyrans ; » mais pour moi qui suis leur Pere » & leur Roi, je ne puis pas enten- » dre le récit de ces calamités sans » en être touché jusqu'au fond de l'a- » me, & sans desirer ardemment d'y » apporter remede. » *Peref. 2. Part.*

Le Cardinal de Gondy, Evêque de Paris ayant été député pendant ce Siege, pour faire à Henry IV. des propositions de Paix : » Je ne suis » point dissimulé, leur dit-il, je dis » rondement & sans feintise ce que » j'ai sur le cœur... Je veux la » Paix, je la desire : Pour avoir une » Bataille, je donnerois un doigt ; & » pour la Paix générale, deux. J'ai- » me ma Ville de Paris, c'est ma fille » aînée, j'en suis jaloux ; je lui veux » faire du bien, plus de graces & de » miséricordes qu'elle n'en deman- » de : Mais je veux qu'elle m'en sça- » che gré, & non au Duc de Maïen- » ne, ni au Roi d'Espagne. « Il

Z ij

Pour justifier une action aussi blâmée en soi par les Gens du métier qu'elle sera louée dans son principe par les Cœurs pleins d'humanité, le Roi fit courir le bruit qu'il ne levoit le Siége de Paris que pour aller à la rencontre du Prince de Parme (6), & pour terminer par une Action décisive une guerre déja trop longue. Il prit toutes les précautions nécessaires quand on a à faire retraite devant une Ville aussi peuplée que Paris. Il ordonna que tout le monde se tînt prêt pour un signal général ; afin que tous les Fauxbourgs se trouvant évacués au même moment, il n'y restât personne à la merci de la populace. Cette retraite demandoit beaucoup de sagesse & de conduite ; elle fut faite heureusement le 1 ou 2 de Septembre de cette année, & l'Armée entiere arriva au rendez-vous commun sans aucun inconvénient.

Bourg, entre Paris & Meaux.

Le Roi (7) sçachant que le Prince de Parme étoit aux environs de Meaux, se posta entre cette Ville & Paris, & fit avancer sa Cavalerie Legere jusques à Claye ; où les

---

faut ajoûter, que Henry IV. s'attendoit que les Parisiens composeroient avec lui avant l'arrivée du Duc de Parme. L'extremité où cette Ville se vit réduite fait en même temps horreur & compassion. Trente mille personnes moururent de faim dans l'espace d'un mois. Des meres s'y nourrirent de la chair de leurs enfans. On déterra par le conseil de l'Ambassadeur d'Espagne les corps morts, & on se servit de leurs os broyés pour composer une espece de pâte : Ce mets détestable coûta la vie à la plûpart de ceux qui en mangerent : Voyez ce détail dans les Historiens, & en particulier dans le 2. *Tome des Mem. d'Etat de Villeroy, page* 358. *& suiv.* Lisez aussi sur ce sujet les beaux Vers de la Henriade. *Chant dixieme.* Les Parisiens eurent la principale obligation de leur salut au Duc de Nemours, dont la belle défense a reçu de grandes louanges de nos Ecrivains. Le peuple le secondoit avec un acharnement dans lequel il y avoit plus de fureur que de courage. On y vit un Régiment de Prê-tres & de Religieux, Capucins, Feuillans, Chartreux &c. grotesquement armés par-dessus leur froc : Ce mal-adroit Régiment voulant saluer le Légat, tua son Sécretaire à ses côtés : Les Religieux de Sainte Genevieve, de Saint Victor, les Bénédictins, les Celestins, & quelques autres Ordres, ne voulurent point entrer dans cette mascarade militaire. *Cayet, Chronol. Novenn. ibid.* 360.

(6) Alexandre Farnese, Duc de Parme & de Plaisance, fils d'Octavio Farnese, & de Marguerite d'Autriche fille naturelle de Charles-Quint : Il épousa Marie de Portugal, dont il eut Ranucio Farnese, Duc de Parme, & Odoard Farnese, Cardinal.

(7) M. De-Thou dit que Henry IV. fut obligé de feindre, non de lever le Siege de Paris, mais de s'avancer au-devant du Prince de Parme, pour lui livrer le Combat ; de peur que ses soldats, que la seule esperance du Sac de Paris arrêtoit auprès de lui, ne l'abandonnassent. *Liv.* 99.

LIVRE QUATRIEME.

deux Camps se trouverent si près l'un de l'autre, qu'il y eut une infinité d'Escarmouches des plus vives. Sur les représentations du Maréchal de Biron, le Roi préféra à ce poste celui de Chelle, & s'en approcha contre son propre avis, parce qu'on jugea ce poste plus avantageux, & en même temps plus propre à fermer au Géneral Ennemi le chemin de Paris, sur lequel on avoit encore quelques vues; & où l'on continuoit à entretenir des intelligences que le Prince de Parme auroit fait manquer s'il y fût entré, & qui manquerent bien sans cela. Le Roi vint donc occuper une hauteur, qui, ne présentant par un de ses côtés qu'un Vallon profond & un Marais, ôtoit tout moyen d'agir par cet endroit. Aussi le Prince de Parme ne l'eut pas plustôt apperçu, qu'il vint de son côté camper sur la hauteur à l'opposite. Son dessein & son intérêt n'étant pas de hazarder une Bataille, mais de nous tenir en échec; ce Camp lui étoit merveilleusement propre : il y étoit à couvert de toute insulte, & hors de la portée du Canon. Le Roi reconnut la faute où trop de complaisance l'avoit engagé, lorsqu'en trois ou quatre jours qu'on demeura dans cette position, il vit prendre Lagny sous ses yeux sans pouvoir l'empêcher (8).

Cet évenement, joint à la levée du Siége de Paris, lui causa un chagrin sensible; parce qu'il sentit qu'on pouvoit en conclurre que son Ennemi lui étoit supérieur en capacité : ce que ce Prince regardoit comme une chose d'extrême importance en guerre. Ce qui le fâchoit davantage, c'est qu'il n'y avoit personne de plus porté à croire, & même à répandre ces bruits désavantageux, que les Catholiques de sa propre Armée : On ne sçauroit faire un grand fond sur

Ville entre Paris & Meaux.

Ville de Brie, sur la Marne.

---

(8) Le Duc de Sully est plus sincère que la plupart des Historiens, qui ne conviennent pas que Henry IV. ait fait une faute en cette occasion. Ils ne s'accordent pas entr'eux sur la levée du Siége de Paris, ni sur tous ces differens campemens. Les Memoires de Villeroi parlent comme ceux de Sully; & attribuent à la faute d'avoir préféré le poste de Chelles à celui de Claye, l'honneur que remporta le Duc de Parme d'avoir fait lever le Siège de Paris, sans être obligé à en venir à un Combat, d'avoir pris Lagny &c. t. 1. p. 190. t. 2. p. 466. Voyez aussi sur toutes ces Expéditions *Matthieu ibid.* 53. & *suiv.* & les autres Historiens. Le Prince de Parme voulut voir Paris & y entra incognito : » J'ai reconnu, dit- » il, au Duc de Maïenne, que le » Roi de Navarre use plus de bottes » que de souliers; & qu'on le ruine- » ra plustôt par dilaiemens & tem- » porisemens que par la force « *Chrono. Nov. de Cayet ibid.* 390.

le bras de ceux dont la désobéïssance de ses soldats, & la disette d'argent qu'il souffroit, étoient l'ouvrage des mêmes personnes ; & il en conclut que leur disposition à son égard étoit un mal incurable, & qui s'aigrissoit également par ce qui lui arrivoit d'heureux & de malheureux. Telle est en effet l'antipathie dont la Religion est le principe ; & dans la suite le Roi en fit mille tristes expériences.

Il prit un parti sage, & le seul qui lui restoit. Il ne s'opiniâtra plus dans le dessein de vouloir prendre Paris, que tant de choses concouroient à faire échouer. Il quitta son Camp de Chelles, où il pouvoit risquer beaucoup avec une Armée si peu liée d'intérêt avec son Chef ; & abandonnant même tout-à-fait ces Quartiers ; il se retira vers la Riviere d'Oise, & s'établit à Creil, où sans cesser de tenir le Prince de Parme en haleine, il le laissa lentement se consumer de lui-même. Pendant tout ce temps-là il ne fit plus de mouvement que pour ne pas laisser son Armée se perdre dans l'oisiveté : il lui fit faire le Siége de Clermont, & l'entretint par de fréquens Détachemens. Il fit placer ma Compagnie aux environs de Mante, pour tenir en respect tout le pays Chartrain, & une partie de l'Isle de France. J'obtins de demeurer près de sa Personne, quoique je ne fusse pas en état de lui rendre de grands services : Ma plaie de la hanche ne me permettoit point de me tenir à cheval, que malaisément & de travers ; & celle du coude m'ôtoit l'usage d'une de mes mains.

Ce que le Roi avoit prévu arriva. Le Prince de Parme fit d'abord sonner fort-haut l'avantage de se voir le maître de la Campagne : & pour en profiter, il s'attacha à prendre Corbeil. Le Roi avoit pourvu cette Place, aussi-bien que toutes les autres Villes Royalistes, de tout ce qui étoit nécessaire pour soutenir long-temps le Siége. Le Général Ennemi ne s'y attendoit pas, & fut fort-étonné lorsqu'il vit Rigaut, Gouverneur de Corbeil, faire une si ferme résistance, qu'il désespera long-temps de la vaincre. Il y crut son honneur engagé ; & à la fin il en vint à bout : Mais ce fut à cet exploit unique que se termina sa Campagne : il l'avoit acheté trop cher pour en entreprendre un second au même prix : Ne pouvant rien sur l'Armée du Roi, non plus que

LIVRE QUATRIEME.

1590.

que sur ses Villes, il ne vit rien de mieux à faire que de reprendre le chemin des Pays-Bas, au grand regret de la Ligue, qui se sentoit extrêmement soulagée par sa présence.

Il jugea en Géneral habile que le Roi qui avoit, pour ainsi dire, fermé les yeux sur toutes ses démarches, les ouvriroit sur sa retraite; & qu'elle ne se passeroit pas aussi tranquilement que tout le reste. Il ne se trompa pas : Mais il se conduisit avec tant de prudence, qu'on peut dire qu'il prévint le dernier malheur, qui seroit peut-être arrivé à tout autre. Il ne put pourtant si bien faire, que le Roi par une infinité d'attaques & de petits combats, ne lui enlevât des Quartiers quelquefois tous entiers, & ne le mît à deux doigts de sa ruine. La plus considérable de ces petites actions fut au passage de la Riviere d'Aîne : C'est en cette occasion que le Baron de (9) Biron se trouva engagé si avant au milieu des Bataillons Ennemis, que si le Roi qui y accourut en personne avec tout autant que nous étions auprès de lui, n'eût pas fait un puissant effort pour l'en retirer, il y auroit perdu la vie, ou du moins la liberté.

Je me portois assez bien pour garder mon rang avec les autres dans toute cette marche, qui fut la plus excellente école où un homme de guerre pût apprendre son métier. Elle ne justifia pas moins la conduite que le Roi avoit tenuë jusqu'à ce moment, qu'elle lui fit d'honneur par la maniere dont il l'éxecuta. En retranchant seulement le terme d'ignominie & de honte, que les Courtisans empressés à plaire à ce Prince, attachoient assez injustement, ce me semble, à la retraite du Prince de Parme; il est vrai que la maniere dont le Roi sçut rendre inutile une Armée qui se promettoit la conquête de toute la France; sa hardiesse à attaquer un Ennemi puissant, qui ne se retire pas par foiblesse; & son habileté à saisir tous ses avantages, furent un sujet d'admiration pour les personnes consommées dans l'Art, & frapperent également les yeux des ignorans (10). Aussi cette conduite du Roi fit-elle reprendre courage à ses Par-

---

(9) Charles de Gontaut, fils du Maréchal.

(10) » Henry IV. dit P. Matthieu » poursuivant le Duc de Parme, pa- » tit à la dérobée d'Attichy, & alla » voir pour la premiere fois la belle » Gabrielle à Cœuvres: il se conten- » ta de prendre du pain & du beurre » à la porte, pour ne pas donner de » soupçon au Pere; puis remonta à

Tome I.   A a

1591, tisans. Plusieurs Villes se soumirent : Quelques Catholiques passerent dans son Parti ; entr'autres le Duc de Nevers, qui vint lui amener toutes ses Troupes, soit qu'il commençât à le craindre, où qu'il fût dégoûté de la Ligue.

Ce n'étoit pas de pareils Alliés que je souhaitois au Roi. Je trouvois qu'il achetoit assez cher par ses déférences le secours d'un homme, qui à la vérité pouvoit lui être de quelques utilité ; mais qui pour en dire ma pensée, ne faisoit que grossir le nombre des ennemis secrets du (11) Roi dans le Conseil. C'est ainsi que j'appelle tous ces Catholiques intéressés qui y tenoient le haut bout, & se croyoient en droit de faire la loi à Henry. Pendant le séjour que fit ce Prince aux environs de Mante, je me saisis de Gisors au moyen d'une intelligence, qu'un Gentilhomme de ma Compagnie, nommé de Fourges, y lia avec son Pere, qui étoit dans la Place. Je crus qu'on ne me refuseroit pas cette fois le Gouvernement de cette Ville. Il en arriva comme de tous les autres : MM. de Nevers, d'O & autres Catholiques mirent en usage ces bas artifices, qui leur faisoient obtenir toutes les graces qui ne devoient être que la récompense des services ; & firent donner cette Place à un homme de leur Religion.

Ville du Vexin.

J'étois trop sincère pour cacher ma pensée sur cette injustice : Je choisis pour m'en expliquer au Roi, un moment où tous ces Messieurs assemblés pussent entendre ce que je lui dis ; & je ne cachai rien de ce que j'avois dans le cœur. Ce Prince bien plus habile Politique que moi, ne fit pas semblant d'être touché de mes invectives contre le Parti Catholique ; quoiqu'il convînt sècrettement que je n'avois pas tort. Il ne fit que me répondre froidement : » Je vois » bien que vous êtes en colère à cette heure : Nous en par-

» cheval, en disant qu'il alloit vers » l'Ennemi, & que bien-tôt la Belle » entendroit ce qu'il auroit fait pour » l'amour d'elle. « *Tom.* 2. *p.* 59.

(11) Par toutes les Lettres du Duc de Nevers à Henry III. & de Henry III. à lui, qu'on voit à la fin du 1. T. des Mém. qui portent son nom, il paroît que le Duc de Nevers servit utilement ce Prince contre la Ligue, mais sans aucune affection pour le Roi de Navarre. Et lorsqu'il se fut attaché à celui-ci, leurs Lettres réciproques montrent que Nevers ne rendit pas de moindres services à Henry IV. mais que dans la vérité il mettoit ces services à un assez haut prix, & que Henry IV. eut beaucoup à souffrir de ses caprices, de sa jalousie, & de sa mauvaise humeur.

LIVRE QUATRIEME.

» lerons une autre fois. Il le faut laisser dire, ajoûta-t'il, après » que je me fus retiré : Il est d'humeur prompte, & a même » quelqu'espèce de raison ; néanmoins il ne fera jamais rien » de méchant & de honteux : car il est homme de bien, & » aime l'honneur. « Dans ce premier moment de dépit, je laissai ma Compagnie à conduire à mon Lieutenant ; & je m'en allai faire un tour dans la Vallée d'Aillant & à Combrailles sur les biens de ma Femme, n'ayant avec moi que six Gentilhommes avec mes Domestiques. Je ne m'attendois pas à faire dans ce voyage aucunes fonctions militaires. Pendant que j'étois à Bontin, le Comte de (12) Tonnerre m'engagea à seconder une entreprise qu'il faisoit sur Joigny. Il s'agissoit de rompre avec le petard une Poterne qui ne s'ouvroit plus depuis long-temps, & d'entrer par-là dans la Ville. Tonnerre avoit pour cela deux cens Arquebusiers qu'il avoit ramassés à la hâte. Ils le suivirent environ trois cens pas dans la Ville : mais en cet endroit leur Conducteur ayant reçu un coup d'Arquebuse qui le jetta par terre, la peur commença à les saisir ; & ils se retirerent vers la Poterne au plus vîte, emmenant le blessé qu'ils avoient retiré. Leur péril ou seulement leur peur redoublant, ils eurent la lâcheté de le laisser sur le pavé à trente pas de la Poterne, où il alloit être mis en pieces par les Bourgeois, si je ne fusse accouru promptement à son secours avec vingt hommes seulement : car quelque chose que je pusse faire, il fut impossible de faire tourner tête à ces méchans soldats. Je ne laissai pas de dégager Tonnerre, qui prit le chemin de Gien dont il étoit Gouverneur, pendant que je ramassois sa belle Troupe ; & moi je repris celui de Bontin.

Le souvenir des bontés du Roi pour moi, & un penchant invincible me rentraînerent vers lui. Je le trouvai occupé au Siége de (13) Chartres, dont la prise fut duë principa-

1591.

Sur les confins de la Champane & de l'Orléanois.

En Champagne, sur l'Yonne.

Ville de l'Orléanois sur la Loire.

---

(12) François Henry, Comte de Clermont & de Tonnerre.
(13) » Le Magistrat (de cette Vil- » le) lui fit une longue harangue... » & ayant dit qu'il reconnoissoit » que la Ville étoit assujettie au Roi » par le droit Divin, & par le droit » Humain, le Roi s'impatienta, » &

» dit en l'interrompant & pouffant » son cheval pour entrer : Ajoûtez » aussi, par le droit Canon. « *Hist. de France du Pere de Châlons*, tom. 3. p 227. Ce Siege fut long & meurtrier. *Voyez* Matthieu, Tom. 2. p. 63. Cayet, tom. 2. p. 415. & autres Historiens.

A a ij

lement à la valeur & à l'adreſſe de (14) Châtillon. Je ne m'y trouvai point : j'en fus empêché par une avanture que je dois compter parmi les plus périlleuſes que j'aye courües en ma vie ; fans que l'intention des Auteurs ni même leurs noms m'ayent jamais été connus.

Au ſortir d'un aſſaut que Châtillon fit donner au Corps de la Place, par le moyen d'un Pont d'une ſtructure nouvelle & très-ingénieuſe, le Roi qui remarqua que je n'avois rien perdu de ma premiere ardeur pour ſon ſervice, m'appella, & m'ordonna de faire venir ma Compagnie devant Chartres. Je fus obligé de l'aller chercher moi-même, pour prendre en même temps les fonds néceſſaires à ſon entretien. A trois lieuës de Mante vers le Bourg de Touvery, je vis venir dans la campagne une Brigade de vingt Chevaux, que je fis reconnoître par Tilly. J'avançai ſans crainte & ſans précaution, après qu'il m'eut rapporté que ces Cavaliers portoient des écharpes blanches : Pour eux, continuant leur chemin comme s'ils ne nous euſſent pas ſeulement remarqués, ils entrerent dans le Bois, d'où ſuivant le cours du chemin qu'ils avoient pris, je ne devois pas m'attendre à les voir ſortir. Je marchois avec Tilly, La-Poterie & La-Ruë avant le reſte de ma Troupe, qui conſiſtoit en ſix autres Gentilshommes & quatre Valets qui ſuivoient à quelque diſtance, & diſperſés. Ces Cavaliers ou Brigands, je ne ſçais quel nom leur donner, qui connoiſſoient parfaitement la Forêt, avoient ſi bien pris leurs meſures, qu'ils ſe rencontrerent tête à tête avec nous, à l'endroit où notre chemin croiſoit le leur au ſortir de la Forêt. Les deux premiers ôterent leur chapeau, lorſqu'au Qui vive nous répondîmes, Vive le Roi : mais en même temps profitant de notre confiance, ils firent ſur nous une décharge preſqu'à bout portant ; & je me vis particulierement couché en joüe par trois

(14) François de Coligny, fils de l'Amiral, & Amiral de Guyenne : Il mourut cette même année 1591. dans ſon Château de Louve, âgé ſeulement de trente ans, laiſſant de Marguerite d'Ailly de Péquigny, trois enfans mâles. Ce fut une grande perte pour le Parti Calviniſte : Car on croit que s'il eût vécu, il auroit ſurpaſſé ſon Pere même. *De-Thou*, *liv.* 102. Trois fils de d'Andelot, frere de l'Amiral, étoient auſſi morts en même temps en l'année 1586 : On les nommoit Laval, Sailly, & Rieux : Ils étoient fils de François de Coligny, & de Claude de Rieux, unique héritiere de la Maiſon de Laval. *Liv.* 85.

des plus avancés. Aucun de nous n'en devoit naturellement réchaper : mais sans doute la précipitation, la peur, ou la mauvaise conscience fit trembler la main à ces scélerats. Des trois coups tirés sur moi, il n'y en eut qu'un qui porta : il me perça la lévre, & sortit à la nuque du cou. Il me parut que La-Poterie & Tilly reçurent les deux autres dans leurs habits. La-Ruë fut le seul qui fut porté par terre.

Le reste de ma Troupe accourut au bruit, & m'environna en criant : Vive Rosny. Nous chargeâmes tous ensemble nos Aggresseurs, qui en tirant quelques coups gagnerent un Village couvert de haies, où nous les perdîmes. On continua seulement à nous tirer de dedans ces maisons quelques arquebusades, qui me couvrirent le visage de menu plomb. Cette circonstance me fit juger que nos adversaires étoient en Pays de connoissance; que tout ce Village étoit plein de Gens armés; & qu'on ne cherchoit peut-être qu'à nous engager à approcher. Après avoir crié plusieurs fois à ces traîtres de tourner tête, & d'accepter un défi ; voyant qu'ils n'en faisoient rien, je crus que le plus sage étoit de les laisser, de songer à faire panser mes blessures, sur-tout celle du cou, qui étoit la plus considérable, & par laquelle je perdois beaucoup de sang. Je gagnai Touvery, où je fis mettre le premier appareil chez M. d'Auteuil : de-là je me retirai à Mante, où je fus six semaines entieres entre les mains des Chirurgiens. Pendant cet espace de temps, l'Armée du Roi se saisit non-seulement de Chartres, mais encore de Corbie. Parabere conduisit ce Siége en l'absence du Roi, que sa nouvelle passion pour Mademoiselle (13) d'Estrées attachoit à Saint-Quentin (16).

N. de Combault, d'Auteuil.

Le Siége de Noyon suivit celui de Corbie. Il n'y en a

(15) Il en sera beaucoup parlé cy-après. Elle s'appelloit Gabrielle, & étoit fille de Jean-Antoine d'Estrées, & de Françoise Babou de La Bourdaisiere : elle porta successivement les noms de, la Belle Gabrielle, Madame de Liancourt, la Marquise de Monceaux, & la Duchesse de Beaufort.

(16) C'est à cette année, & au sejour d'Henry IV. à Saint-Quentin, qu'il faut rapporter la Lettre sans date de ce prince à M. de Rosny, qu'on voit dans les *Mss. de la Bibliot. du Roi*. Tous les termes de cette Lettre s'accordent avec le texte de nos Mémoires : la voici. » Toutes les » nouvelles que j'ai de Mante sont » que vous êtes harrassé & amaigri à » force de travailler. Si vous avez » envie de vous rafraichir & r'en-» graisser, je suis d'avis que vous » vous en veniez ici ; cependant que » votre frere sera par-delà, qui nous

aucun dont j'eusse plus souhaité de donner un détail circonstancié, si j'en avois été témoin : Il s'y fit de la part des Assiégés mille belles actions. Le Duc de Maïenne qui vit que cette Place étoit d'une grande importance pour la Ligue, donna ordre au Duc (17) d'Aumale Lieutenant-Général, qui étoit alors à Ham avec une partie des forces du Parti, de ne rien épargner pour secourir cette Place, en attendant qu'il pût s'en approcher lui-même. D'Aumale essaya d'y faire entrer du secours par deux fois ; mais La Chantelerie & Tremblecourt qui le conduisoient, furent taillés en piéces l'un après l'autre. Le Vicomte de (18) Tavanes Maréchal-de-Camp crut être plus heureux, & se présenta avec quatre cens Arquebusiers. Ils tomberent sur un Parti de cinquante ou soixante Chevaux des nôtres, qui après le Qui vive, les chargerent avec intrépidité, & leur firent prendre la fuite. Les Chefs qui voulurent résister furent tous blessés & faits prisonniers avec Tavannes leur Chef. D'Aumale se flata d'enlever à son tour deux Quartiers de Chevaux-Legers, qu'il avoit fait reconnoître par Bellanglise : mais il les trouva à cheval qui alloient à la rencontre du Roi ; & les ayant encore attaqués, ces Chevaux-Legers malgré la grande supériorité de leur Ennemi, se défendirent si

» dira des nouvelles de notre Siege » de devant Chartres, &c. « Les differens endroits de ces Mémoires où il est parlé de la part que Henry IV. donnoit à M. de Rosny dans tous ses Conseils, & notamment celui de sa Conversion qu'on verra bien-tôt, portent à juger que ce Prince a toujours eu une confiance particuliere en lui. J'ai rapporté la Lettre cy-dessus, pour faire voir par un témoignage étranger que ce jugement n'est pas mal fondé, & que le Duc de Sully n'en impose point par vanité à ses Lecteurs. Les Historiens n'ont commencé à parler de ce Ministre, que quand il a commencé lui-même à jouer un rôle public : Il n'en paroît pas moins vrai que fort long-temps auparavant il a été l'ame de toutes les Actions & de tous les Conseils d'Henry le Grand. On feroit aisément remonter ce temps jusqu'à celui de sa jeunesse : ou pour mieux dire, ce qu'on voit ici des actions de M. de Sully, composé une Vie où l'on ne voit point de jeunesse : C'est l'avantage qu'on est obligé d'accorder aux esprits nés graves & sérieux, sur les esprits vifs & pleins de feu.

(17) Charles de Lorraine, Duc d'Aumale, fils de Claude, tué devant La-Rochelle en 1573. lequel étoit le troisieme des fils de Claude de Lorraine, d'où sont sortis toutes les branches de Lorraine en France : Pour celle d'Aumale, elle fut éteinte bientôt après.

(18) Jean de Saulx, Vicomte de Tavannes, l'un des Maréchaux de la Ligue. Voyez le détail des Sieges de Noyon, de Pierrefont, & de toutes ces expéditions dans les Historiens cy-dessus, *année* 1591.

LIVRE QUATRIEME.

bien & si long-temps, que le Baron de Biron, MM. de La-Hargerie & de La-Boissiere eurent le temps de venir à leur secours : après quoi ces deux Troupes jointes ensemble défirent le Détachement entier de d'Aumale, qui n'étoit pas moins que de cinq cens Chevaux, & autant d'Arquebusiers à cheval : Peu arriverent à Ham sans blessures ; & il y en eut un grand nombre de faits prisonniers.

Le Duc de Maïenne arrivant à Ham dans le même moment que ces restes délabrés se retiroient, fut témoin de sa perte, & protesta hautement qu'il laveroit cette honte par la levée du Siége de Noyon ou par une Bataille. Il ramassa toutes ses forces : il se fit amener par le Baron de (19) Rosne les Troupes Espagnoles que le Prince d'Ascoli commandoit en Champagne ; & se trouvant à la tête de neuf cens hommes d'Infanterie & de deux cens de Cavalerie, il s'approcha de Noyon. Il oublia son serment, lorsqu'il vit qu'il avoit affaire à des Gens qui sembloient ne s'être pas même apperçus de son arrivée. Le Commandant de Noyon eut beau lui représenter par un Gentilhomme, à qui le Roi donna passage dans son Armée, qu'il s'étoit engagé à rendre la Place dans six jours, s'il n'étoit secouru : Le Duc de Maïenne, le Prince d'Ascoli & le Duc d'Aumale laisserent prendre Noyon à leur barbe. Ce Commandant méritoit assûrement d'être mieux secondé : Il s'appelloit Rieux. De simple soldat, il étoit devenu Gouverneur de Pierrefond par sa bravoure & son génie : Sur le bruit de l'attaque de Noyon, il avoit trouvé le moyen de s'y jetter avec cinquante Chevaux & autant d'Arquebusiers, de rassûrer cette Ville, où tout étoit dans l'abatement & la consternation, & d'y tenir jusqu'à la derniere extrémité.

Le Duc de Maïenne voyant que son Armée lui étoit inutile, la renvoya dans ses Quartiers, & s'achemina lentement vers Paris. Il pratiquoit depuis long-temps une intelligence dans Mante : il crut qu'il étoit temps d'en venir à l'éxécution. Il rassembla secrettement les Garnisons de Paris, de Dreux & de Pontoise ; & se présenta tout d'un coup devant cette Ville à la portée du mousquet, avant le jour. Mon

1591.

Louis D'Ognies de La-Hargerie, Comte de Chaune.

Autre Ville sur la Somme.

---

(19) Chrétien de Savigny, Baron de Rosne, au Duché de Bar.

1591.

Aux confins de l'Isle de France & de la Normandie.

Frere (20) en étoit Gouverneur; & j'y étois moi-même alors, parce que ma blessure ne me permettoit pas encore de tenir la campagne. Je fus averti de l'arrivée des Ennemis; & j'accourus sur les Remparts, la tête bandée, assez à temps pour faire sur les Attaquans quelques décharges, qui les empêcherent de continuer leur dessein.

Le Duc de Maïenne ne réüssit pas mieux pour Houdan, où il fit jetter l'alarme en passant : Mon autre Frere qui s'y trouva avec son Régiment & quelques Compagnies, le reçut de maniere qu'il se retira avec honte.

Ce qui venoit de se passer devant Mante, joint aux avis que reçut mon Frere, ne nous permettant plus de douter que les Ennemis n'eussent quelque correspondance dans la Ville; après que nous eûmes conféré ensemble sur ce qu'il y avoit à faire en cette occasion, voici ce qui me sembla le plus expédient. J'avois encore à ma solde six de ces braves soldats qui avoient servi d'Enfans-perdus à la Journée d'Ivry, & à qui je donnois outre leur paye huit livres par mois. Ils étoient alors dans la Garnison de mon Frere, auquel je n'avois pû les refuser; & je pouvois faire fond sur leur fidelité. De concert avec nous deux, ils feignirent d'être mécontens du Gouverneur de Mante, & se présenterent pour entrer dans la Garnison de Pontoise, où ils furent reçus à bras ouverts. Ils n'y furent pas plustôt, qu'ils proposerent à d'Alincourt (21) de le rendre maître de Mante, par les liaisons qu'ils avoient conservées, disoient-ils, dans cette Place. Pour en convaincre ce Gouverneur, ils lui demanderent quatre soldats qu'ils firent entrer encore par ma connivence dans Mante; & leur faisant faire connoissance avec quelques Bourgeois propres à entrer dans toutes sortes de factions, en peu de temps leurs conventions furent faites, & le jour pris pour livrer Mante à la Ligue. Ces quatre soldats trouverent par-tout une facilité, qui lui fit regarder le succès comme infaillible : & il ne voulut pas

qu'un

---

(20) Salomon de Bethune, nommé le Baron de Rosny, puîné de l'Auteur; & le troisieme des quatre freres dont il est parlé dans le commencement de ces Mémoires.

(21) Charles de Neufville, Marquis d'Alincourt, fils de Nicolas de Neufville de Villeroi, Sécretaire d'Etat. Il en sera encore parlé dans la suite.

(22) Ce

LIVRE QUATRIEME.

1591.

qu'un autre que lui-même en eût l'honneur. Mes soldats m'informerent éxactement de tout ce qui se tramoit à Pontoise, & de la joie qu'y causoit une entreprise si bien concertée. Le Conseil général de la Ligue ayant à la tête le Cardinal (22) de Bourbon, résidoit en cette Ville.

Cependant je prenois mes mesures de loin, afin qu'il ne parût aucune affectation dans ma conduite. Je fis coucher sans que personne y prît garde, des matelats de poudre sur le Rempart où se devoit faire l'escalade. Je fis fermer toutes les maisons qui aboutissoient sur ce côté. J'introduisis dans la Place en différens petits pelotons, ce qu'il y avoit de meilleurs soldats dans les Garnisons de Nogent, de Vernon & de Meulan. Cela fait, je crus devoir envoyer à Compiegne informer le Roi de tout : & ce fut ce qui ruina notre projet. Ce Prince ne put résister à l'envie de recevoir lui-même le Duc de Maïenne dans Mante ; & il crut avoir pris une précaution suffisante pour ne point nuire au projet, s'il attendoit à entrer dans Mante, que la nuit même où il devoit s'éxecuter fût venuë, & s'il ne menoit que cinquante Chevaux & autant de Valets. Pour moi je fus si persuadé en le voyant arriver, que toutes les mesures alloient être rompuës, que je ne pus m'empêcher de lui reprocher avec quelque colère de venir ainsi détruire notre ouvrage, & peut-être mettre le couteau dans la gorge aux quatre soldats qui l'avoient conduit, à cause des indices qu'on pouvoit tirer contre eux. Le Roi m'assura que rien de ce que je craignois n'arriveroit, & alla souper chez le Gouverneur, où fatigué de la longue traite, il se jetta sur un lit, tout habillé & en grosses bottes.

(22) Ce n'est pas le vieux Cardinal Charles de Bourbon, fils de Charles de Bourbon, Duc de Vendôme, & Frere d'Antoine Roi de Navarre ; qui avoit été proclamé Roi par la Ligue : Il étoit mort de la pierre dès l'année précédente à Fontenai en Poitou, où Henry IV. l'avoit fait transferer de Chinon, âgé de soixante-sept ans : Prince d'autant plus à plaindre, que le Trône sur lequel on l'obligea de monter n'avoit point d'appas pour lui. Il ne put cacher la joie qu'il ressentit de la Victoire que Henry IV. remporta à » Coutras, & n'accepta la Cou- » ronne, dit Cayet, que pour la con- » server à ce Prince qu'il aimoit. » *Chron. Nov. t. 1. l. 2. p. 357.* Celui dont il est parlé icy est le Cardinal son neveu, appellé Charles comme lui, fils de Louis I. Prince de Condé, tué à Jarnac, & frere du Prince de Condé mort à S. Jean d'Angely, du Prince de Conti & du Comte de Soissons. Il en sera parlé dans la suite.

Tome I. Bb

1591.

La nuit se passa & le jour vint sans qu'il parût d'Ennemis. Je les avois attendus en veillant sur les Remparts toute la nuit avec un de mes Freres, pendant que l'autre étoit demeuré près de la personne du Roi. J'allai me reposer, jusqu'à ce que Bellengreville, que j'avois chargé d'observer au-dehors les mouvemens des Ennemis, vint me trouver, & m'apprit que le Duc de Maïenne, sur l'avis qu'il avoit reçu qu'il étoit arrivé le soir dans Mante des Gens de guerre conduits par le Roi lui-même, avoit jugé que son dessein étoit découvert, & s'étoit retiré après s'être avancé jusqu'à Bourgenville. Il assura la même chose au Roi à qui je le menai, & produisit pour preuve de la vérité de son rapport deux Charettes chargées d'échelles de cordes, & d'autres instrumens semblables que les Ligueurs s'imaginant déja voir le Roi à leurs trousses, avoient abandonnées dans la campagne pour se retirer plus promptement : La chose devint publique, & sans retour, parce que les soldats qui de part & d'autre s'échapperent ne purent se taire.

Dans la Haute Normandie.

Le Roi réüssit mieux à l'égard de Louviers. Cette Ville tenoit à ses gages un (23) Prêtre, qui du plus haut Clocher d'où il ne sortoit point, faisoit le guet avec beaucoup d'exactitude : Dès qu'il voyoit paroître quelqu'un dans la campagne, n'y eût-il qu'une personne seule, il mettoit une certaine cloche en branle, & attachoit en-dehors du même côté une grande banderolle. On ne désespera pas de tenter sa fidelité ; & deux cens Ecus au Soleil avec la promesse d'un Bénéfice de trois mille livres de revenu le corrompirent. Il restoit à gagner quelqu'un de la Garnison : Le Sieur Du-Rollet s'en chargea, & n'y réüssit pas moins bien. Il s'adressa à un Caporal & à deux Soldats, qui accoûtumerent aisément le reste de la Garnison à leur confier la garde d'une des portes, & à les y laisser seuls. Tout étant ainsi conclu, le Roi se présenta devant Louviers à onze heures du soir : personne ne sonna au Clocher, ni ne remua dans la Garnison. Du-Rollet entra & fit ouvrir la porte, par laquelle le Roi vint sans la moindre résistance jusque dans le centre de la Ville. Fontaine-Martel fit quelques efforts inu-

Le 5 Juin.

(23) Ce Prêtre s'appelloit Jean de La-Tour.

tiles pour rassembler la Garnison : Pour les Bourgeois, ils ne s'occuperent que du soin de cacher leurs Femmes & leurs Filles. La Ville, dont la principale richesse consiste dans ses Magazins de Toiles & de Cuirs fut entierement pillée. J'avois avec moi un Gentilhomme, nommé Beaugrard, qui étoit de Louviers même : Il nous fut d'un grand secours pour déterrer toutes les caches où étoient ces sortes de Marchandises ; il en fit amasser une quantité prodigieuse, dont le produit partagé revint pour moi à trois mille livres. Le Roi donna Louviers à garder à Du-Rollet.

Le même bonheur accompagna M. le Duc de Montpensier dans toutes les entreprises qu'il fit en (24) Normandie. Il n'en falloit pas moins que tous ces succès pour consoler le Roi de la Nouvelle qu'il reçut, que le Duc de Guise (25) qu'il devoit regarder comme son principal ennemi, s'étoit évadé du Château de Tours, où il étoit retenu prisonnier depuis le massacre de Blois. Il revint à son premier dessein de tout tenter pour s'emparer de Rouen. Assûré des secours & de la bonne volonté de presque toutes les Villes de Normandie, il quitta Mante dont il faisoit depuis quelque temps le lieu de son séjour & une petite Ca-

---

(24) Dans la Basse-Normandie Falaize, Baïeux, Argentan, Lizieux &c. tenoient pour la Ligue : Caën Alençon, Séez, Ecouché &c. pour le Roi. L'action la plus considérable fut celle qui se passa dès la fin d'Avril 1589, dans la campagne d'Argentan du côté de Pierrefitte, Villers & Commeaux, où M. le Duc de Montpensier tailla en pieces les Ligueurs de ces Cantons, qu'on appelloit les Gautiers, au nombre de cinq à six mille. Ils avoient à leur tête le Comte de Brissac, Pierrecourt, Louchan, le Baron d'Echaufour, le Baron de Tubeuf & autres. Il en demeura trois mille sur la place : on en fit mille prisonniers ; le reste se sauva dans Argentan. Commeaux qui aujourd'hui est à peine un Village, donna beaucoup de peine pour le forcer. Dans la suite M. le Duc de Montpensier extermina enfin ce Parti, & réduisit plusieurs des Villes rebelles : Il fut bien secondé par MM. le Comte de Torigny, d'Emeri, de Loncaunai, de Beuvron, de Viques, de Bacqueville, L'Archant, & autres. Voyez ces Expéditions dans le 3e. tome des *Mémoires de la Ligue*.

(25) Charles de Lorraine, fils d'Henry Duc de Guise, tué à Blois, & de Catherine de Cleves : il étoit né en 1571 : « L'évasion de M. de » Guise ruinera la Ligue, « disoit Henry IV. au rapport de Le-Grain. Le Valet de chambre du Duc ayant trouvé le moyen d'amuser Rouvrai & ses Gardes à jouer ou à boire, le descendit en plein midi de la plus haute fenêtre du Château avec une corde, dont il se servit ensuite pour descendre lui-même : Il passa dans un petit bateau de l'autre côté de la Riviere, ou deux chevaux l'attendoient, &c. *Matthieu tom.* 2. *p.* 81. *Cayet t.* 2. *l.* 3. *p.* 465. &c.

1591. pitale où résidoit sa Cour & son Conseil ; & fit défiler des Troupes vers cette Ville. Pendant qu'on achevoit les préparatifs pour cet important Siége, Henry fit un voyage secret à Compiegne, dont l'amour étoit le véritable motif; quoiqu'il voulût persuader qu'il n'en avoit point d'autre que d'envoyer en Allemagne faire une levée de Reîtres. Le Vicomte de Turenne se chargea de ce soin, par reconnoissance de ce que le Roi avoit fait réüssir & honoré de sa présence son mariage avec Mademoiselle de (26) Sedan, fille & unique héritiere du feu Duc de Bouillon, qui fut fait dans cette année. Je ne fus pas fâché de mon côté que cette retraite me laissât jouir encore quelque temps à Mante de la compagnie de Madame de Châteaupers, que le hazard m'avoit fait connoître il y avoit peu de temps; & à laquelle je me sentois attacher de plus en plus par une inclination si forte, qu'elle me fit penser à un second mariage.

Le Roi avoit défendu expressément le commerce & le transport des Marchandises, & de toutes sortes de vivres dans Paris & Rouen, comme étant des Villes déclarées rebelles : mais en cela comme en toute autre chose il étoit fort mal obéï. Les Gouverneurs des passages, sur-tout le long de la Seine, gagnés par les sommes immenses que leur facilité leur produisoit, accordoient presque publiquement les passe-ports nécessaires aux Marchands & aux conducteurs des Bateaux. De Fourges, le même dont j'ai eu occasion de parler, vint m'avertir un jour qu'un grand Bateau, dont la charge étoit estimée cinquante mille écus en or avoit remonté la Riviere vers Paris il y avoit peu de jours;

---

(26) Charlotte de la Mark, fille de Robert de la Mark, Prince Souverain de Sedan, & de Françoise de Bourbon-Montpensier ; devenuë héritiere de cette Principauté par la mort de son Frere, Guillaume Robert de la Mark, Duc de Bouillon, arrivée à Genéve en 1488 ; Il défendit par son testament que sa Sœur épousât un Catholique. Cette disposition ; l'amitié du Roi pour le Vicomte de Turenne ; l'envie d'ôter Mademoiselle de Bouillon aux Ducs de Lorraine, de Montpensier & de Nevers, qui la demandoient pour leurs fils ; la Politique, qui conseilloit de donner un voisin ambitieux au Duc de Lorraine ; peut-être aussi l'idée que ce mariage détourneroit le Vicomte de se faire Chef des Calvinistes en France, en l'en éloignant lui-même : Voilà les motifs qui déterminerent Henry IV. à faire épouser à M. de Turenne l'heritiere de Sedan.

& qu'un autre petit Bateau devoit au bout d'un certain temps en rapporter à Rouen la valeur en argent: ce qu'il fçavoit, parce que c'étoit fon propre Pere qui devoit conduire ce Bateau. Je le fis si bien obferver au retour, qu'il tomba entre mes mains. Je vis avec furprife qu'il portoit un paffe-port de Berengueville & de mon Frere, l'un Gouverneur de Meulan, & l'autre de Mante: mais ils n'eurent garde de m'en parler: Et fans leur en rien marquer non plus, je fis amener moi-même le Bateau à Mante avec fon conducteur. J'ouvris deux gros Ballots, dans lefquels je m'attendois à trouver les cinquante mille écus en Efpèces: N'y voyant que quelques pièces de fil d'or & d'argent, & de foie d'Efpagne, je menaçai le maître du Bateau de le faire mettre au cachot. Le vieux de Fourges me préfenta à cette menace pour trente-fix mille écus de Lettres de Change, & voulut me perfuader que c'étoit tout le produit de la vente. Comme il fe défendoit avec beaucoup d'action, le poids de l'or qu'il avoit fur lui rompit fes poches; il en tomba une fi grande quantité, que le plancher fut couvert à l'inftant d'écus (27) au Soleil: peut-être fongeoit-il à détourner cette fomme à fon profit, ou ne la croyoit nulle-part auffi fûrement que fur lui-même. On peut imaginer quelle fut fa confufion: Après m'en être diverti quelque temps, en l'obligeant à faire encore quelques tours dans la chambre, je le fis fouiller, & on lui trouva fept mille écus en or coufus dans fes habits. J'en avois fort-grand befoin en attendant la vente de mes bleds de Boutin, & de mes bois & foins de Rofny. Le Roi me fit don de cette fomme, & prit un plaifir fingulier au récit de l'avanture du pauvre de Fourges. Il n'en fut pas de même de Berengueville & de mon Frere, qui m'en fçurent très-mauvais gré. Je viens au Siége de Rouen.

Le Roi ne s'étoit point encore vu à la tête de forces fi confidérables. Il lui étoit arrivé quatre mille Anglois, conduits par Roger Williams, & l'on attendoit encore dans

1591.

(27) Monnoie d'or de ce temps-là Elle fut fabriquée pour la premiere fois fous le Regne de Louis XI. & ainfi appellée, parce qu'au deffus de la couronne il y avoit un Soleil. Ces Ecus d'or étoient alors de foixante-douze & demi au Marc, & valoient jufqu'à foixante-quatre fols. Le-Blanc, Traité Hiftorique des Monnoies de France, pag. IX. de l'Introduction; & pag. 372.

1591.

peu de ce Pays un second renfort, qui débarqua pendant le Siége sous l'ordre du Comte (28) d'Essex, Ministre & Favori de la Reine Elisabeth. Les Provinces-Unies, outre les deux Régimens qu'elles entretenoient à ce Prince, avoient fait marcher vers les Côtes de Normandie une Flotte de cinquante Voiles bien équipée, & portant deux mille cinq cens soldats, que commandoit le Comte Philippe de Nassau. Le Duc de Bouillon, c'est ainsi qu'on appella le Vicomte de Turenne depuis son mariage, avoit si bien négocié en Allemagne, qu'il en avoit ramené cinq ou six mille Reîtres, outre quelques Compagnies de Lansquenets, ayant à leur tête le Prince d'Anhalt. Ces secours étrangers joints aux six mille Suisses à la solde du Roi, aux différens renforts qui vinrent de plusieurs endroits, sur-tout de la Normandie, & aux Troupes soit Catholiques soit Protestantes que le Roi avoit en sa disposition, composoient une Armée de quarante mille hommes. Caën & les autres principales Villes de la Province se chargerent de fournir tous les vivres & provisions nécessaires pour un Siége, qui ne pouvoit manquer d'être fort-long, tant par la bonté de la Place, que par la force de la Garnison. Le Marquis de Villars (29), connu par sa capacité & sa bravoure, s'y étoit renfermé avec le fils du Duc de Maïenne, dans la disposition de s'enterrer sous ses ruines. En effet, depuis le jour où nous arrivâmes devant cette Ville, jusqu'à l'arrivée du Prince de Parme qui obligea d'en lever le Siége, il se passa presque six mois, & qui pis est, six mois d'hiver : car elle fut investie les premiers jours d'Octobre, & on l'abandonna le 10 Mars suivant, après des efforts de la part des Assiégeans & une résistance de celle des Assiégés, dont je rapporterai quelques circonstances.

Les Troupes assiégeantes furent placées en différens Quartiers. Celui du Roi étoit Darnetal, & celui de ma Compagnie Fresne l'Esplen; où j'allois rarement; le Roi m'ayant

---

(28) Robert d'Evreux, Comte d'Essex, Favori de la Reine d'Angleterre. Voyez la Lettre de remerciment que Henry IV. écrivit à Elisabeth. *Mém. de Villeroi. t. 4. p. 249.*

(29) André de Brancas-Villars, de l'ancienne Maison de Brancatio, originaire de Naples : Il ne faut pas la confondre avec celle des Marquis de Vilars, sortie d'Honoré, Bâtard de Savoie.

LIVRE QUATRIEME.

1591.

fait l'honneur de me donner un logement dans le sien, où je songeai à m'arranger, comme devant y faire un long séjour. Je ne quittai presque point sa Personne, ou celle du Maréchal de Biron. Il parut d'abord une telle émulation parmi les Officiers pour être employés, qu'afin d'éviter toutes discussions, le Roi regla le temps & la durée du service de chacun d'eux ; & déclara qu'il releveroit lui-même la Tranchée de quatre jours l'un, avec les Gentilshommes qui se tenoient près de sa Personne, & qui étoient au nombre de deux ou trois cens. J'avois brigué auparavant un poste dans l'Artillerie, pour laquelle mon penchant étoit si fort, que je me soûmettois à servir non-seulement sous le Maréchal de Biron, mais encore sous MM. de La-Guiche (30), de Borne, & de Fayolles : Mais Biron qui ne m'aimoit pas, gagna ces Officiers Généraux, & me fit donner l'exclusion : dont j'eus lieu dans la suite d'être fort-content, les Pieces qui devoient m'écheoir étant tombées au pouvoir des Ennemis.

Le motif de la haine de ce Maréchal contre moi venoit de ce que dans le Conseil où l'on agita de quel côté se feroit l'attaque de la Place, Biron ayant opiné qu'on attaquât le Château, je ne craignis point de soûtenir qu'il falloit au contraire s'attacher d'abord à la Ville, qui entraîneroit à la fin la reddition du Fort de Sainte-Catherine. Cette question fut long-temps le sujet de toutes les conversations à la table comme au Conseil ; & Biron n'oublia pas le terme dont je me servois ordinairement. *Ville prise, Château rendu.* En effet, je ne comprenois pas comment un homme aussi expérimenté que l'étoit le Maréchal, pouvoit décider pour l'attaque du Château ; lequel, sans parler du Commandant & de la Garnison, qui n'étoient pas un homme ni une Garnison ordinaires, ni de ses excellentes fortifications, avoit cela de particulier par la nature du lieu, qu'en l'attaquant par dehors, on ne pouvoit s'y présenter qu'avec la moitié moins de monde que les Assiégés n'en pouvoient opposer pour le défendre : ce qui est tout le contraire des Villes de Guerre.

(30) Philibert de La-Guiche. Jean de Durfort de Born. Bertrand de Melet de Fayolles.

1591.

Cependant l'avis du Maréchal de Biron l'emporta; parce que son autorité & la dépendance à laquelle il avoit accoûtumé les autres Officiers Généraux, captiverent tous les suffrages. Sans doute que ce Maréchal se flatant que rien ne pouvoit résister à une si forte Armée, embrassoit le Parti qu'il crut le plus glorieux & le plus propre à abréger les voies ; & qu'en se rangeant à cet avis, le Roi qui étoit bien déterminé à ne se point ménager, (31) eut aussi cette pensée : Car je regarde comme une pure calomnie semée par les ennemis du Maréchal de Biron, le bruit qui couroit sourdement dans l'Armée, que ce Maréchal ayant demandé au Roi le Gouvernement de Rouen, & ce Prince le lui ayant refusé, parce qu'il l'avoit promis à (32) Du-Hallot sur la recommandation de M. de Montpensier ; il ne cherchoit qu'à traverser sous-main cette entreprise, & donnoit par envie un conseil qu'il sçavoit devoir rendre inutiles tous les efforts qu'on feroit devant cette Place. Ce qui est plus positif, c'est que ces contestations éternelles avec le Duc de Bouillon faillirent plus d'une fois à tout perdre ; parce que celui-cy s'en vengeoit sur le Roi, en jettant dans la mutinerie les Reîtres & les Allemands qu'il avoit amenés. On dressa donc les Batteries vis à-vis le Fort; & on se contenta pour garder le bas de la Riviere, d'y mettre quelques Compagnies de Lansquenets, qui ayant eu du pire dans quelques sorties qui furent faites de ce côté-là, céderent ce poste aux Hollandois plus accoûtumés qu'eux à la manœuvre d'un Siége. En effet ceux-cy s'y maintinrent, & empêcherent les sorties par cet endroit. Le Roi ne tarda

pas

---

(31) Peut-être aussi comptoit-on faire sauter le Fort de Sainte-Catherine par la Mine : mais elle fut éventée par les Assiegés. *Mém. de la Ligue, tom. 5.* Les Ecrivains qui ont soûtenu le sentiment du Maréchal de Biron contre celui du Duc de Sully, sur l'endroit par où l'on devoit commencer l'attaque, prétendent qu'il étoit fort-difficile, & en même temps très-dangereux pour l'Armée d'Henry IV. de laisser derriere soi le Fort de Sainte-Catherine ; la Montagne étant sur-tout aussi proche de la Ville qu'elle l'est. Voyez sur les opérations de ce Siege. *P. Matthieu, t. 2. p. 96. & suiv. Cayet Chron. Nov, tom. 2. liv. 4.* qui est de l'opinion du Duc de Sully contre le Maréchal de Biron, & autres Historiens.

(32) François de Montmorency-Du-Hallot, Lieutenant-Général pour le Roi en Normandie. Il fut blessé au Siege de Rouen ; & depuis tué par le Marquis d'Alègre.

(33) Sixte-

LIVRE QUATRIEME.

1591.

pas à voir qu'il entamoit un ouvrage d'une extrême difficulté ; mais il crut qu'il n'y a rien dont un travail opiniâtre ne puisse venir à bout. Villars ne se contenta pas de défendre les dedans : Il sortit du Château, & fit couper sur le panchant de la Colline qui est vis-à-vis le Fort, une longue & profonde Tranchée qui y communiquoit par un bout, où il fit avancer la nuit une Garde de six ou sept cens hommes.

Comme ce nouvel Ouvrage s'étendoit fort-avant dans la campagne, & que non-seulement il incommodoit les Assiégeans dans les attaques qu'ils donnoient au Château, mais encore qu'il les exposoit à être pris par derriere, pendant qu'ils avoient en tête la Garnison du dedans ; le Roi résolut de s'en saisir, & de le rendre inutile. Il choisit la nuit qu'il étoit de Tranchée avec ses trois cens Gentilshommes, armés de toutes pieces : Outre les armes ordinaires, il nous fit prendre à tous une hallebarde à la main, & des pistolets à la ceinture ; & il joignit à cette Troupe quatre cens Mousquetaires ou Piquiers. Ce fut à minuit, par un froid excessif du mois de Décembre, que nous attaquâmes cette Tranchée par plusieurs endroits. Pendant une demi-heure l'Action fut opiniâtrée avec une égale animosité de part & d'autre. Nous fîmes des efforts considérables pour gagner le bord ; & les Assiégés nous repoussèrent plusieurs fois. J'y fus renversé deux fois, ma hallebarde cassée, mes armes détachées ou mises en pièces : Maignan que j'avois obtenu la permission de mener avec moi, me releva, rajusta mes armes, & me donna sa hallebarde. Enfin la Tranchée fut emportée de vive force ; & nous la nettoyâmes de plus de cinquante morts ou mourans des Ennemis, que nous jettâmes dans le précipice de la Colline. Cette Tranchée étoit vuë à découvert par le Canon du Fort ; mais le Roi avoit eu la précaution de faire apporter quantité de Gabions, de Barriques & de piéces de bois, qui couvrirent les Anglois auxquels il la donna à garder.

Villars ne s'étoit point attendu à voir ainsi emporter en si peu de temps son Ouvrage extérieur. Lorsqu'il l'eut appris, & que c'étoit le Roi en personne qui avoit conduit l'entreprise : »Pardieu, dit-il, ce Prince par sa valeur mé-

Tome I   C c

»rite mille Couronnes. Je suis fâché que par une meilleure
»croyance il ne nous donne autant d'envie de lui en ac-
»querir de nouvelles, que par celle qu'il tient il nous don-
»ne sujet de lui disputer la sienne : Mais il ne sera pas dit
»que j'aye manqué à tenter de ma personne, ce qu'un grand
»Roi a éxécuté de la sienne. « En effet, il se mit à la tête
de quatre cens hommes armés, comme on lui dit que l'a-
voient été ceux du Roi ; & prenant aussi huit cens Piquiers
choisis sur tout son nombre, il attaqua les Anglois, & les
délogea de la Tranchée. Le Roi se sentit piqué de la vanité
de Villars ; & résolu de n'en pas démordre, il se disposa à
une seconde tentative. Les Anglois qui appréhendoient un
reproche qu'ils n'avoient pas assûrément mérité, prièrent
le Roi de mettre de sa Troupe cent Gentilshommes Anglois, & que tous les Gens de pied dont il se feroit accompagner, fussent pareillement Anglois. Ils demanderent encore qu'on leur donnât la pointe de l'attaque ; & ils s'y comporterent de façon que malgré la résistance des Assiégés, qui
avoient doublé leur monde, la Tranchée fut regagnée une
seconde fois : Ils s'y maintinrent dans la suite, & ôterent aux
Assiégés l'envie de s'en approcher.

Par ce qui venoit d'arriver pour un simple fossé, il étoit
aisé de juger de l'évenement d'un Siége, dont cette attaque
n'étoit qu'une ébauche : Aussi le Roi comprit que malgré ses
soins & les peines infinies qu'il se donnoit, il lui seroit fort
difficile de réüssir. Le destin de la France conservoit seul ce
Prince dans des occasions, où il s'exposoit quelquefois jusqu'à nous faire désesperer de sa vie. C'est sur quoi je trouvai
l'occasion de lui porter la plainte commune, le lendemain
même de la reprise de la Tranchée, qu'il me tira à part en
présence des Catholiques & de tous les Courtisans, pour
m'entretenir sur l'état présent de ses affaires. » Je ne puis
»faire autrement, mon Ami, répondit ce Prince, si-tôt
»que j'eus commencé à lui faire mes représentations : car
»puisque c'est pour ma gloire & pour ma Couronne que je
»combats, ma vie & toute autre chose ne me doit sembler
»rien au prix. «

Il est vrai que la situation du Roi étoit telle, qu'il n'étoit
pas obligé d'en faire moins, pour persuader au public que

LIVRE QUATRIEME.

1591.

si ce Siége échouoit, ce n'étoit point par sa faute ; & qu'il falloit des coups de valeur aussi éclatans, pour lui faire éviter la honte qui lui seroit demeurée d'une entreprise, que la moitié de son Armée craignoit presqu'autant de voir réussir que les Ennemis mêmes : Ce sont ces mêmes Catholiques dont j'ai parlé plus haut, qui non contens de l'avoir obligé à entamer le Siége par un endroit qui rendoit la prise de la Place impossible, lui laissoient encore prendre toute la peine ; ne lui obéïssoient qu'à regret & à demi ; faisoient naître obstacles sur obstacles ; & disoient hautement qu'il n'avoit rien à attendre d'eux, tant qu'il seroit d'une Religion différente de la leur.

C'est pour m'ouvrir son cœur sur tant de sujets d'inquiétude & de chagrin, qu'il avoit voulu m'entretenir ; & je ne lui dis rien en ce moment qu'il ne sçut aussi-bien que moi : tant ses ennemis domestiques s'embarrassoient peu de cacher leurs sentimens. Il me dit qu'il s'appercevoit depuis quelque temps, qu'il étoit menacé d'un malheur bien plus grand encore ; c'étoit de voir déserter tout ce qu'il y avoit de Catholiques dans son Armée : » Ce qui entraîneroit, ce » sont les propres paroles de ce Prince, la ruine de l'Etat & » celle de la Maison de Bourbon ; parce que s'ils en venoient » une fois à cet éclat avec lui, ils ne choisiroient plus après » cela pour Roi un Prince de cette Maison. « Il ajoûta que cette désobéïssance étoit un mal sans remède, & qu'il étoit obligé de dissimuler. Il me fit remarquer que dans le moment même qu'il me parloit, MM. de Nevers, de Longueville, de La-Guiche, d'O & de Châteauvieux, jaloux de ce qu'il entretenoit si familiérement un Huguenot, nous observoient malignement d'un coin de la salle, où ils se parloient sans cesse à l'oreille ; que pour cette raison il falloit nous séparer ; & qu'il alloit être obligé de leur dire que notre entretien n'avoit roulé que sur une Négociation avec le Marquis de Villars, dont le Roi me communiqua en effet l'idée dans cette même conversation.

Il n'eût pu arriver rien de plus avantageux au Roi, que de faire finir l'affaire du Siége de Rouen par un Traité avec Villars, dont l'effet eût été de le dégager de la Ligue, & de le mettre dans son Parti. Ce Prince le souhaitoit passionnément, moins encore pour l'honneur de son entreprise, que pour l'avantage de s'attacher un homme tel que ce Gouverneur. Il avoit imaginé que la chose pouvoit s'exécuter par le moyen de La-Font, pour lequel Villars avoit une grande considération, quoiqu'il ne fut que son Maître d'Hôtel. Le Roi n'ignoroit pas que Villars avoit reçu ce Domestique à son service au sortir de chez moi ; & que La-Font m'avoit obligation de sa faveur auprès de son nouveau Maître, par les témoignages que j'avois donnés de sa probité. La pensée m'en étoit venuë avant l'ouverture que le Roi m'en fit alors. J'avois fait plus ; j'avois trouvé le moyen de faire parler à La-Font : Et sa réponse que je redis au Roi, avoit été : Que pour le temps présent il ne voyoit aucune apparence à ce que je lui proposois : Qu'il se croyoit même obligé, dans la crainte de faire entrer son Maître en soupçon de sa fidélité, de n'avoir aucun commerce avec moi ; loin de consentir à me voir, comme je le lui proposois : Que tout ce qu'il pouvoit faire, étoit d'observer si M. de Villars ne prendroit point d'autres sentimens à l'égard du Roi, de l'y confirmer autant qu'il pourroit si cela arrivoit, & de me promettre de m'en instruire.

Henry n'y songea plus : Mais avant que de nous séparer, il me demanda mon avis sur ce qu'il avoit à faire par rapport au Siége, & aussi par rapport au Prince de Parme, qu'on venoit d'apprendre qui avoit passé la Somme, pour joindre ses Troupes avec celles du Duc de Maïenne. Le Roi ne doutoit point que ce ne fût dans l'intention de venir droit à Rouen ; & encore moins, que Villars ne tînt facilement jusqu'à son arrivée. Je répondis au Roi, que je voyois deux choses à faire, sur lesquelles c'étoit à lui à se déterminer : La premiere, de changer totalement l'ordre & le lieu de l'attaque, de la transporter du côté de la Ville, & de faire de si puissans efforts, qu'on pût s'en être rendu maître quand les Ennemis paroîtroient : La seconde, que sans perdre de temps on allât attaquer le Prince de Parme, pour lui faire repasser la Somme, & continuer ensuite le Siége sans crainte.

Le Roi s'en tint à ce dernier avis : Mais comme en le suivant il n'avoit pas envie de lever le Siége, de peur que le Prince de Parme, qui peut-être n'avoit que cela en vûë,

LIVRE QUATRIEME.

1592.

n'évitât ensuite le combat; il me dit qu'il iroit le chercher avec sept ou huit mille Chevaux, qui aussi-bien lui étoient inutiles à ce Siege; & qu'il comptoit avec cette Cavalerie l'entamer, ou s'il étoit faux qu'il eût encore passé la Somme, lui en disputer le passage. Il me quitta en me disant que j'allasse me disposer à le suivre avec quinze ou vingt Cavaliers seulement, choisis sur toute ma Compagnie.

De retour de Fresne-l'Esplan au bout de deux jours, j'appris en arrivant à Darnetal, que Villars avoit fait une sortie à la tête de cent Chevaux, avec lesquels il avoit passé sur le ventre à la Garde; & qu'il auroit fait un plus grand désordre, si le Roi ne fût accouru armé de sa seule Cuirasse, avec le Baron de Biron, un Officier Anglois dont le nom m'a échappé, Grillon, & quelques autres qu'il avoit trouvés sous sa main: Que ces trois Messieurs sur-tout s'y étoient couverts de gloire: Grillon y eut le bras fracassé d'un coup d'Arquebuse. Pour le Roi, engagé dans un pas assez semblable à ce qu'on rapporte d'Alexandre le Grand dans la Ville des Oxidraques, il s'en tira avec la même présence d'esprit & la même intrepidité: si ce n'est que l'exemple a bien l'air d'une fable; au lieu que l'action de Henry eut pour témoins deux Armées entieres.

Louis Berton de Crillon ou Grillon.

Le Prince de Parme occupoit avec toute son Armée les bords de la Somme; & content de s'être assûré de cette Riviere, il ne faisoit presqu'aucun mouvement; parce qu'outre que le Gouverneur de Rouen lui avoit fait sçavoir qu'il pouvoit se passer encore fort-long-temps de son secours, comme il avoit dessein de faire un coup d'éclat, il attendoit l'arrivée de Sfendrate qui lui amenoit les Troupes du Pape Gregoire XIV. (33) son Oncle, & celles du Duc de Maïenne, qui pourtant ne vint pas si-tôt. Il avoit été obligé de prendre le chemin de Paris avec ses meilleures Troupes, pour punir l'insolence des Seize, qui abusant du pouvoir qu'on leur laissoit prendre, avoit osé attacher au Gibet le Président Brisson (34) & quelques autres Conseillers

---

(33) Sixte-Quint étoit mort au mois d'Août en 1590: Henry IV. en apprenant sa mort, dit: «Voilà un tour de la Politique Espagnole, » j'ai perdu un Pape qui étoit tout à » moi. «

(34) Barnabé Brisson, Claude Larcher, & Jean Tardif, Sieur Du

1592.

aussi respectables par leur vertu que par leur âge ; & auroient sans doute été plus loin, si le Duc qui craignoit peut-être pour lui-même un caprice de ces séditieux (35), ne les eût punis de la peine du Talion : Mais comme il avoit quelques mesures à garder en faisant cet Acte de justice, il ne joignit pas le Prince de Parme aussi promptement qu'il l'avoit cru.

Le Roi jugea en apprenant cette disposition, qu'il ne devoit pas tarder à se mettre en marche. Il laissa le soin de continuer le Siége au Maréchal de Biron, qu'il n'affoiblit que de sept ou huit mille Chevaux, consistant en trois à quatre mille Cavaliers François, autant de Reîtres, & mille Arquebusiers à cheval ; à la tête desquels il partit de Darnetal, & prit son chemin vers la Somme. Il passa le premier jour par Boissiere, & Neuf-Châtel, le second, par Blangy, Londiniere, Longueville, Senerpont & Gamache : Le troisiéme, il s'avança vers Folleville avec un simple Détachement ; laissant derriere lui le gros de sa Cavalerie à conduire au Duc de Nevers.

Nous rencontrâmes un Parti considérable, que conduisoient MM. de Rosne (36), de Balagny, de Vitry, le Baron

Ru, Conseillers au Parlement. « Catastrophe indigne d'un si docte & si excellent homme, dit Mezerai, en parlant du Président Brisson, mais ordinaire à ceux qui pensent nager entre deux Partis! » C'est que le Parlement ayant été transféré par le Roi à Tours, Brisson fut le seul des six Présidens qui resta à Paris : La Ligue lui fit même exercer les fonctions de Premier Président ; & c'est lui qui aida à dégrader le Roi Henry III. suivant la remarque du Duc de Nevers, qui regarde sa mort comme une punition de son ingratitude ; Henry III. lui ayant donné en pur don sa Charge de Président. Au reste c'étoit un des grands hommes qui ayent été dans la Robe. Le Duc de Maïenne vengea sa mort ; en faisant pendre dans une Salle-basse du Louvre quatre des Seize, Louchard, Ameline, Aimonet, & Anroux. *Voyez les H. st. rt. n*.

(35) L'un des Seize, nommé Normand, dit un jour dans la chambre du Duc de Maïenne : » Ceux qui » l'ont fait, pourront bien le dé- » faire « Hamilton, Curé de Saint-Côme, furieux Ligueur, vint lui-même prendre le Conseiller Tardif dans sa maison, ayant avec lui des Prêtres qui servoient d'Archers.

(36) Christian ou Chrétien de Savigny, Baron de Rosne : Jean de Montluc de Balagny : Louis de l'Hôpital, Sieur de Vitry : Claude de La-Châtre : Antoine de Saint-Pol : Valentin de Pardieu, Sieur de La-Mothe, Gouverneur de Valenciennes. Ce dernier étoit François, du Pays de Beauvaisis : mais il servit toute sa vie dans les Armées Espagnoles, & fut tué en 1595. au Siege de Dourlans, à la tête de l'Artillerie Espagnole, fort regretté des Espagnols ; Le Roi d'Espagne venoit de le créer Comte d'Exelbeke. Voyez sa mort & son éloge dans *M. De-Thou, liv.* 112.

de La-Châtre, Saint-Pol, La-Mothe & autres, qui s'étoient avancés sans doute à même intention que nous, pour reconnoître la situation & les forces de l'Ennemi. Le Roi commanda pour aller les attaquer, le Baron de Biron, MM. de Lavardin (37), de Givry, de Saint-Geran, de Marivaut, de Chanlivaut, La-Curée, d'Arambures, avec quelques autres, qui furent repoussés & fort maltraités : Une partie furent portés par terre ; & de ce nombre fut Lavardin. Henry courut les dégager avec trois cens Chevaux : Et croyant que ce choc pourroit être suivi d'une Action plus sérieuse, du moins entre la Cavalerie des deux Armées, ce qu'il souhaitoit fort ; il envoya avertir Nevers de doubler le pas. Mais le Prince de Parme qui avoit un dessein tout contraire, retint ses Escadrons, qui s'étoient retirés d'eux-mêmes lorsqu'ils avoient apperçu les nôtres s'avancer : Et le Roi qui ne vit plus aucune apparence de rien entreprendre sur eux, au milieu de tant de Bataillons, & la nuit étant déja fort proche, se contenta de côtoyer & de resserrer le plus qu'il put cette Armée, en venant coucher à Breteuil (38) ; où sa Cavalerie, de peur de surprise, fut obligée de se tenir extrêmement serrée : Il y en eut même une partie qui coucha au Piquet, quoique la terre fût couverte de neige.

L'ardeur avec laquelle le Roi alloit se présenter à un Ennemi de beaucoup supérieur, réveilla notre crainte sur les dangers auxquels il exposoit sa Personne, & nous porta à lui en représenter fortement les conséquences : Mais ce Prince qui ne connoissoit plus aucun des ménagemens que nous lui proposions, dès qu'il s'agissoit de la gloire, ne changea pas de conduite. Il se contenta d'ordonner à trente de nous qu'il désigna, de ne point abandonner ses côtés en quel-

---

(37) Anne d'Anglure, Baron de Givry : Cet Officier avoit la réputation d'être également versé dans la guerre, & dans les Belles Lettres. Claude de l'Isle-Marivaut. René-Viau, Seigneur de Chanlivaut. N. Filhet de La-Curée. C'étoit un des hommes de confiance du Roi, qui ne l'appelloit que, Curé : Il fit des merveilles à Ivry, & en une infinité d'autres occasions. Le Tome 8919 des Mss. de la Bibliot. Royale, est tout rempli de traits de son intrépidité. Nous aurons peut-être occasion d'en parler encore dans la suite. Il mourut dans une rencontre au Siege de Montauban. Jean, Seigneur d'Arambure.

(38) Ce Bourg & une partie des endroits cy-dessus nommés sont en Picardie, & les autres dans le Pays de Caux.

1592.

que occasion que ce pût être : Emploi fort-honorable à la vérité, mais dont le péril diminuoit un peu l'envie. Avec cette précaution qui n'étoit rien moins que suffisante, il ne fit que se livrer encore davantage.

En Beauvaisis.

Il apprit que le Duc de Guise, qui commandoit l'Avantgarde du Prince de Parme, s'étoit mis à la tête de son Escadron pour faciliter le logement de cette Infanterie dans un gros Bourg nommé Bures; & il résolut d'enlever cet Escadron: ce qu'il éxécuta avec la derniere vigueur, à la tête de douze cens Chevaux & mille Arquebusiers à cheval. Il demeura un grand nombre des Ennemis sur la place: Le reste prit la fuite. La Cornette-Verte du Duc de Guise fut prise, & tout le bagage pillé. Henry qui auroit voulu qu'aucun de ces Cavaliers ne lui eût échappé, & principalement leur Colonel, envoya promptement dire au Duc (39) de Nevers de s'avancer en toute diligence à Bully, afin de se saisir du chemin par lequel il conjecturoit que le Duc de Guise & les fuyards se retireroient vers l'Armée, & de les faire tous prisonniers. J'eus ordre de soûtenir le Duc de Nevers avec soixante Chevaux : J'obéïs avec répugnance, me doutant bien que cette affaire mise en de pareilles mains auroit une fin peu digne de son commencement.

Le Duc de Nevers de tous les hommes le plus lent, commença par envoyer choisir les passages les plus favorables, s'achemina vers Bully au petit pas, les mains & le nez dans son manchon, & toute sa personne bien empaquetéé dans son carrosse. Il n'eut pas lieu pour cette fois de se louer de ce grand flegme : il tarda si long-temps à arriver, qu'il donna le temps au Prince de Parme, bien plus éveillé que lui, de jetter dans Bully un Régiment de quinze ou seize cens hommes, à qui il fit faire une si prompte diligence, qu'ils y arriverent à l'entrée de la nuit. Pour le Duc de Nevers, le Soleil levant du lendemain le trouva enfin sur le haut de la Montagne au pied de laquelle est situé Bully, précédé de ses

Courriers,

(39) Louis de Gonzague de Mantoué, Duc de Nevers par son mariage avec Henriette de Clèves, Duchesse de Nevers. Quoique l'Auteur en parle presque toujours désavantageusement, il a fait d'assez belles actions pour mériter une place parmi les Grands Hommes de guerre de ce temps-là. Voyez sa vie & son éloge dans *les Vies des Hommes Illustres de Brant. tom. 3. pag. 259, & suiv.*

LIVRE QUATRIEME.

Couriers, qu'il avoit doublés ce jour-là par excès de précaution contre une Ennemi qui fuyoit : Les premiers, au nombre de cinquante, marchoient deux ou trois mille pas devant lui ; & les seconds, au nombre de cent, précédoient son Carrosse de quelques pas. Mais par malheur, avec toute sa prévoyance il avoit oublié à s'assûrer de ce passage, & même à y faire tenir un seul soldat en garde. Il commença à descendre la Montagne tranquilement, & plus tranquilement sans doute que s'il eût sçu quelles gens il alloit trouver dans Bully. Ses premiers Coureurs étant entrés dans le Bourg, furent assez surpris d'y voir si bonne compagnie : Mais comme le froid avoit obligé ces soldats de se désarmer, & de jetter bas leurs piques, pour se ranger autour d'un grand feu qu'ils avoient allumé ; ces cinquante Coureurs eurent le temps de se sauver en donnant des deux : ce qu'ils firent, non pas du côté où étoit leur Maitre, mais en traversant le Bourg à toutes jambes, & sortant par l'extrémité opposée ; sans s'embarrasser de ce que pourroit devenir le Duc de Nevers, qui étoit pour lors enfoncé avec son Carrosse dans l'endroit le plus profond d'une descente également escarpée, rude & tortueuse. Ce fut en cet endroit que Nevers entendant les coups de fusil que le Régiment Ennemi lâcha après ses premiers Coureurs ; & les seconds étant venus faire leur rapport avec un air si consterné qu'il en fut glacé d'effroi ; il résolut de se diligenter pour cette fois : Il jetta manchon & fourrures, non sans crier bien des fois, *Diantre*, ni sans quereller ses Valets, qui ne venoient pas assez promptement pour lui aider à mettre pied à terre. Tout cela ne dégageoit pas le Carrosse, qu'il falloit enfin faire remonter à reculons jusqu'au haut de la Montagne ; où le Duc s'en servit encore à regagner un peu plus vîte que le pas l'endroit où il avoit couché la veille. C'est ainsi que nous secondâmes le Roi en cette occasion : Exploit risible, où le danger n'égala pas la peur à beaucoup près ; puisqu'on n'y perdit pas un seul homme.

Le Prince de Parme connoissant par ce coup important à quel Ennemi il avoit affaire, n'osa plus dans la suite tenir son Avant-garde séparée de l'Armée ; & redoubla si fort de défiance, voyant que le Roi ne le quittoit presque point

Tome I.   D d

1592. de vûë, que c'est-là sans doute la cause qui l'empêcha de profiter autant qu'il pouvoit le faire de la rencontre d'Aumale : Action singulièrement hardie de la part du Roi, & qui mérite bien qu'on s'y arrête.

Quelques jours après celle dont il vient d'être fait mention, le Roi en côtoyant le Prince de Parme à une grande distance, s'étoit avancé avec six mille Chevaux vers Aumale. Givry qu'il avoit envoyé à la tête de quelques Maîtres prendre langue, vint lui rapporter que l'Armée Ennemie s'avançoit droit à lui dans la Plaine, & en bon ordre, apparemment pour le forcer à reculer, & à l'entamer dans la retraite. Le Roi assembla son Conseil ; & trouvant qu'il avoit trop & trop peu de monde, comme il disoit, il résolut de faire reprendre à toute cette Cavalerie le chemin d'Ophy, Blangy & Neuf-châtel ; de garder avec lui quatre cens Cavaliers seulement, & cinq cens Arquebusiers aussi à cheval ; & de s'avancer avec cette Troupe dans la Plaine, pour reconnoître exactement l'état & le nombre de l'Armée Ennemie, & en voltigeant autour d'elle en enlever ou défaire quelqu'Escadron.

En Normandie sur les confins de Picardie.

Il monta le Côteau d'Aumale avec ses neuf cens Chevaux, & marcha deux lieuës sans rien appercevoir ; jusqu'à ce que le temps étant devenu fort-clair, d'extrêmement sombre qu'il étoit, il vit revenir une seconde fois Givry, qui lui donna un entier éclaircissement sur tout ce qu'il vouloit sçavoir de cette Armée. Elle étoit si proche, qu'on entendoit les Trompettes & les Tambours : Mais Henry voulut la voir par lui même. Il en fit une revuë exacte, & trouva qu'elle étoit de dix-sept ou dix-huit mille hommes d'Infanterie, avec une Cavalerie de sept ou huit mille hommes, qui marchoient fort-serrés, la Cavalerie au milieu des Bataillons, & le tout flanqué de Chariots & de Bagages, qui en rendoient l'approche impossible. Il se trouva encore trop fort de monde, vû cette situation de l'Ennemi : Il ne retint que cent Cavaliers en tout avec lui ; & ordonna aux huit cens autres de repasser la Chaussée & le Bourg d'Aumale. Il ordonna encore aux trois cens Chevaux de son Escadron de s'arrêter sur le penchant de la Montagne, pour être à portée de le secourir, s'il arrivoit qu'il en eût besoin ; & aux cinq cens Arquebufiers, qu'il donna à conduire à Lavardin, de fe pofter dans les foffés, les haies & les rideaux qui bordent l'entrée du Bourg ; d'où ils pouvoient incommoder ceux des Ennemis qui s'avanceroient trop : Et pour lui, non-feulement il attendit l'Armée avec fes cent Chevaux, mais encore il alla au-devant.

Nous nous regardâmes tous dans ce moment, étonnés au dernier point d'un parti, où nous ne voyons qu'une témérité qui fembloit livrer la Perfonne du Roi à une mort affûrée. Perfonne n'ofant parler, & ne pouvant fe taire, je fus enfin choifi & député au nom de tous, pour repréfenter au Roi à quoi il s'expofoit, & tâcher de lui faire changer de réfolution : ce que j'éxécutai, en ménageant les termes autant qu'il me fut poffible. » Voilà un difcours de gens qui » ont peur, me dit ce Prince : je n'euffe jamais attendu ce- » la de vous autres. » Je priai le Roi de ne pas nous faire l'injustice d'avoir cette penfée d'aucun de nous : Je lui dis que la feule chofe que nous lui demandions étoit de nous donner tels ordres qu'il lui plairoit, pourvû qu'il fe retirât. Ce Prince m'a depuis avoué, que fenfiblement touché de ces paroles, il fe repentit de ce qu'il venoit de me dire. Il me répondit que je ne lui difois rien de notre fidélité, qu'il n'en crut encore davantage : » Mais, ajoûta-t'il froidement & avec un air qui me fit comprendre qu'il étoit inutile de lui en parler davantage, » croyez auffi que je ne fuis pas fi » étourdi que vous l'imaginez, que je crains autant pour ma » peau qu'un autre ; & que je me retirerai fi à propos, qu'il » n'arrivera aucun inconvénient.«

Le Prince de Parme ne pouvoit regarder cette manœuvre fi hardie que comme un piége qu'on lui tendoit, pour attirer fa Cavalerie en rafe campagne, où elle trouveroit celle du Roi, qu'il fuppofoit être cachée & fupérieure à la fienne. Il fe douta même long-temps que toute l'Armée du Roi pouvoit n'être pas fort-loin ; & n'ayant aucun deffein de compromettre la fienne, il ne quittoit point fon pofte, qui étoit le centre de fon Armée, où il étoit monté fur un chariot découvert, fans armes ni bottes, & occupé à donner des ordres pour reprimer l'ardeur du Soldat, qui fouffroit impatiemment de voir cent hommes en infulter trente mille. Cependant quand il se fut assûré par le rapport de ses Chevaux-Légers & de ses Carabins, qu'il n'avoit pour le moment que cent chevaux en tête, & que la Cavalerie, si elle y étoit, ne pouvoit être qu'au-delà du Vallon, il crut qu'il n'y avoit aucun risque à nous attaquer; & il le fit si brusquement, & par tant d'endroits, que nous fûmes poussés & rechassés jusqu'au Vallon. C'est en cet endroit que nos Arquebusiers avoient dû se poster. En arrivant, le Roi leur cria, *Charge*; après nous avoir avertis auparavant de ne point charger: C'étoit afin que les ennemis soupçonnant en cet endroit une embuscade, s'arrêtassent; & en effet ils s'arrêterent tout court: mais voyant que ce cri n'étoit suivi que de cinquante ou soixante coups que nous tirâmes, ils revinrent avec plus d'opiniâtreté.

Nos Arquebusiers saisis de peur, ou voulant peut-être choisir un terrein plus avantageux, s'étoient retirés beaucoup plus bas que l'endroit qui leur avoit été marqué; & ils furent la principale cause du malheur qui arriva. Les Escadrons Ennemis encouragés par le peu de résistance qu'ils trouvoient, poussèrent leur pointe; & nous ne pûmes empêcher qu'ils ne se mêlassent parmi nous. Nous voilà réduits à nous battre contre cette multitude au pistolet, & même à l'épée, & dans un danger que l'on imagine facilement : Il ne pouvoit à mon avis être plus grand; puisque de cent nous étions déja réduits à quarante. Henry voyant que personne ne venoit lui aider à se tirer de ce mauvais pas, prit le parti de la retraite, presque aussi périlleuse en cette occasion que la défense; parce que nous avions un Pont à passer, & que ce Pont étoit assez éloigné. Ce Prince se mit avec un sang-froid admirable à la queue de sa Troupe; & la fit défiler vers le Pont d'Aumale, qu'elle passa sans confusion, par l'ordre qu'il y mit : Il ne passa que le dernier, & tint ferme contre l'Ennemi, jusqu'à ce qu'il n'y eût pas un seul de nous en-deçà du Pont. Il reçut dans ce moment un coup de feu dans les reins : & c'est un insigne bonheur qu'il n'ait reçu que celui-là. Ce coup ne l'empêcha pas de combattre encore au-delà du Pont, en gagnant toujours le Côteau; où les quatre cens Chevaux qu'il y avoit envoyé firent si bonne contenance, que le Prince de Parme plus persuadé que jamais qu'on cherchoit à l'attirer au combat, défendit aux siens de s'avancer, & les fit tous revenir à Aumale.

1592.

Le Roi de son côté gagna Neuf-châtel, où sa blessure l'obligea de se mettre au lit. La consternation qu'elle répandoit sur nos visages cessa, lorsque les Chirurgiens eurent assûré qu'elle n'étoit pas considérable. Il nous fit approcher de son lit, & s'entretint familièrement avec nous des dangers de cette journée : Sur quoi j'observe comme quelque chose de singulier, que de tout ce que nous étions dans la Chambre du Roi, il n'y eut pas deux personnes qui pussent s'accorder (40) sur le récit des circonstances plus particulières de l'Action. Elle se passa en gros de la manière dont je l'ai rapportée : j'en ai supprimé tout ce que j'ai trouvé de douteux. Telle qu'elle est, on peut être sûr qu'il y aura fort peu de Vies de (41) Rois qui en offrent autant. La trop grande prudence du Prince de Parme lui nuisit en cette occasion, & l'empêcha de passer au fil de l'épée tout cet Escadron, c'est-à-dire de finir la guerre ce jour-là par la mort ou par la prise du Roi : l'un ou l'autre étoit inévitable. Mais il étoit déterminé à ne rien commencer que le Duc de Maïenne ne l'eût joint, n'étant nullement d'humeur à porter seul tous les inconvéniens d'une Guerre, dont celui-cy retireroit tous les fruits.

Il ne pouvoit comprendre la cause du retardement de ce Chef de la Ligue. Les soupçons qu'il en conçut lui firent

(40) Il n'y a presque point de Combats ni de Batailles, dont on ne puisse en dire autant. Quoiqu'il y ait un assez grand nombre d'Ecrivains, & même contemporains, qui ayent traité des actions militaires contenuës dans ces Memoires ; je n'en trouve pas deux qui conviennent parfaitement entr'eux dans ces descriptions. D'Aubigné dans celle de la rencontre d'Aumale, ne parle pas même de la blessure du Roi, qui est la seule qu'il ait reçuë en sa vie. Matthieu, *ibid.* *pag.* 100. & nos meilleurs Historiens, ne diffèrent qu'en fort peu de chose de nos Mémoires.

(41) » Henry ayant envoyé demander au Prince de Parme ce » qu'il lui sembloit de cette retraite ; » il répondit, qu'en effet elle étoit » fort-belle : mais que pour lui, il » ne se mettoit jamais en lieu, d'où » il fût contraint de se retirer « *Peref.* *ibid.* 2. *Part.*

C'est en cette occasion que Du-Plessis-Mornay écrivit cette belle Lettre au Roi. » Sire, vous avez » assez fait Alexandre, il est temps » que vous soyez Auguste. C'est à » nous à mourir pour vous, & c'est » là notre gloire : A vous, Sire, de » vivre pour la France ; & j'ose vous » dire que ce vous est devoir, &c. « *Notes sur la Henriade.*

changer tout-d'un-coup la marche de son Armée, & reprendre le chemin de la Somme : Action excusable dans un Etranger, qui se trouve au milieu d'un pays, où il ne fait pas la guerre pour lui-même. Henry qui sans envisager ce qu'il y avoit de glorieux pour lui dans son dernier Combat, l'appelloit simplement, *l'erreur d'Aumale*, & cherchoit à réparer cette erreur si héroïque, ne put se résoudre à laisser retirer tranquilement le Général Espagnol. Il remit à un autre temps la guérison de sa blessure ; & remontant à cheval, il ne cessa de le harceler ; bien fâché de ne pouvoir en faire davantage : Mais il avoit à faire à un Général rusé, qui, quelque chose qu'il pût faire, ne lui présenta jamais qu'un front d'Infanterie qu'on ne pouvoit ouvrir ; & se conduisit avec tant de sagesse, qu'il fut impossible de l'entamer, même dans le passage de la Riviere. Le Roi le quitta enfin à Pontdormy, revint à Neuf-châtel, & alla se faire guérir de sa blessure chez M. de Claire, où je fus reçu comme Ami & comme Parent. Je n'y gardai qu'un Valet de Chambre, un Page & un Laquais : Je renvoyai tout le reste de mon équipage dans mon Quartier devant Roüen.

Le succès du Siége y devenoit douteux de plus en plus. Le Roi reçut à Claire un Courrier par lequel il apprit : Que Villars avoit fait dans une nuit, à la tête de deux cens Piquiers & de trois ou quatre cens hommes-d'armes, une furieuse sortie du côté de Darnetal : Qu'il avoit taillé en piéces les Lansquenets : Qu'il avoit pénétré jusqu'au Quartier du Roi, où il s'étoit emparé de six Piéces de canon, & de toutes les poudres : Qu'ensuite poussant sa pointe, il s'étoit rabatu sur la Tranchée, qu'il avoit attaquée par les derrieres, y avoit tué trois ou quatre cens hommes, & mis le reste en fuite : Enfin, qu'il ne s'étoit retiré qu'après avoir nettoyé & comblé presque tous les Ouvrages des Assiégeans.

Une Nouvelle si triste rappella incontinent le Roi devant Rouen. Il y fut convaincu que tout le mal n'étoit arrivé que par la faute du Maréchal de Biron : Mais quoiqu'il le jugeât irréparable, & qu'il en sçût fort-mauvais gré à ce Commandant, (42) il se donna bien de garde d'en laisser

---

(42) Rien ne marque mieux combien Henry IV. se croyoit obligé d'a-

LIVRE QUATRIEME.

1592.

rien paroître. La haine naturelle des Catholiques de son Parti contre les Protestans avoit saisi cette occasion d'insulter au Maréchal de Biron, qui étoit regardé après le Roi comme le principal appui des Huguenots. Les Catholiques disoient hautement, Que le Ciel ne favoriseroit jamais le Parti d'Henry, tant qu'il seroit attaché à l'héresie : discours bien sensé, après toutes les prospérités dont ce Prince avoit été comblé jusqu'à ce moment : Qu'ils s'exposoient eux-mêmes à la malédiction Divine, en faisant société avec ce Corps reprouvé. De-là leur zèle s'animant, ils en étoient venus jusqu'à projetter d'exhumer tous les Huguenots, qui avoient été enterrés sans distinction avec les Catholiques, & de laisser leurs cadavres en proie aux Corbeaux. Deux choses empêcherent l'éxécution de ce dessein, aussi contraire à la Religion même qu'à la nature ; la difficulté de pouvoir reconnoître tous ces corps ; & la crainte que les Protestans qui composoient les deux tiers de l'Armée, ne crussent leur honneur interressé à venger sur tous les Catholiques vivans un outrage, que le zèle de la Religion fait marcher avant tous les autres.

Le Roi qui apperçut toutes ces dispositions d'un & d'autre côté, au lieu de blâmer personne, & de laisser paroître un mécontentement qui n'eût fait que donner des forces au déchaînement public, affecta de dire devant tout le monde que le mal n'étoit pas aussi grand qu'on se le figuroit : En effet quelque grand qu'il fût, il s'en falloit bien qu'il parût aussi considérable à ce Prince, que l'eût été une division, qui sans un extrême ménagement de sa part, pouvoit lui enlever tous les Catholiques de son Armée, ou à la premiere occasion en mettre les deux moitiés aux mains l'une contre l'autre. Il étoit bien dur à ce Prince au milieu

---

voir d'égards & de complaisance pour le Maréchal de Biron, que ce que dit ce Prince au jeune Châtillon dans une occasion où celui-cy ouvrit un fort-bon avis, mais contraire à celui de ce Maréchal : « Les Oisons » veulent mener paître les Oies. » Quand vous aurez la barbe blan- » che, peut-être en sçaurez-vous » quelque chose ; mais à cette heure » je ne trouve pas bon que vous en » parliez si hardiment : Cela n'est » bon qu'à mon Pere que voici, a ou- » ta Henry, en montrant Biron qui » avoit menacé de se retirer. Il faut, » poursuivit-il, en lui tendant les » bras, que tous tant que nous som- » mes, allions à son Ecole. « *Matthieu*, tom. 2. p. 16.

1592.

de tant & de si sensibles chagrins, d'être obligé de les renfermer tous dans son cœur, & de mettre de lâches condescendances en la place d'un commandement absolu : Mais il n'ignoroit pas que le ton d'autorité, qui est en possession d'assujettir tous les hommes, lorsqu'il vient d'un homme connu par ses talens supérieurs, ne peut rien sur des cœurs que la Religion anime & désunit.

Il comprit encore parfaitement qu'il ne lui restoit plus rien à faire, après le malheur causé par une si mauvaise conduite, que de lever le Siége de Rouen ; & il ne s'occupa qu'à en chercher un prétexte plausible, pour ne pas réveiller en ce moment les dissensions publiques. Il n'apprit donc qu'avec beaucoup de joie que le Prince de Parme, renforcé des Troupes du Duc de Maïenne & de Sfondrate, revenoit sur ses pas à grandes journées pour lui donner bataille. Cette occasion lui parut favorable pour diminuer la honte de lever le Siége, & pour porter contre l'Ennemi commun la fureur des deux Partis qui déchiroient son Armée.

Ville dans le Pays de Caux.

Pour se donner le temps d'abandonner ses Lignes sans confusion, & de regler l'ordre de sa marche, il envoya Givry se jetter dans Neuf-châtel, qu'il falloit que l'Ennemi emportât avant que d'approcher de Rouen. Cette Place quoiqu'assez forte ne tint pas à-beaucoup-près aussi long-temps qu'il l'avoit espéré ; & il est assez difficile de dire à qui en fut la faute : Elle fut rejettée toute entière sur Palcheux, qui moins puissant & plus mal soûtenu que Givry (43) quoiqu'ancien Officier & distingué par ses actions & ses blessures, essuya tout l'orage, & fut mis aux arrêts à Dieppe assez injustement à ce que je crois. Les parens & les amis que la Garnison de Neuf-châtel avoit dans l'Armée de la Ligue, me paroissent être la véritable cause du peu de résistance de cette Place, qui se rendit dès la mi-Mars. Le Roi remédia à ce contre-temps par ses soins & sa diligence : Il retira toutes ses Troupes de devant Rouen, sans recevoir le moindre

---

(43) "Neuf-châtel pouvoit être forcé dans une heure," dit P. Matthieu ; qui néanmoins blâme avec le Duc de Sully, Givry de l'avoir renduë avec si peu de résistance, *Tom.* 2. *pag.* 102.

(44) Ce

LIVRE QUATRIEME.

moindre échec (44) ; & se mettant à leur tête, il s'avança sans perdre de temps du côté par lequel il sçavoit que le Prince de Parme s'approchoit de cette Ville.

Etant arrivé dans une Plaine par où l'Armée Ennemie devoit passer, il l'y attendit ; & dès qu'elle parut, il envoya offrir le Combat au Prince de Parme. Celui cy parut l'accepter avec joie, quoiqu'intérieurement il en fût fort-éloigné. Il craignoit de se compromettre avec un Général tel qu'il connoissoit Henry, & s'exposer au sort d'une Bataille la réputation du plus habile Homme de guerre de l'Europe, qu'une longue suite de belles actions lui avoit acquise parmi ses partisans. Comme il se trouvoit en situation de pouvoir être forcé au combat, il eut recours pour l'éviter à une manœuvre des plus adroites. Il fit avancer ce qu'il connoissoit de meilleures Troupes parmi tous ses Bataillons, & en composa un front de Bataille, derriere lequel il retint, comme sans dessein, toute sa Cavalerie. A la faveur de ce front d'Infanterie ordonné comme il a coûtume de l'être pour une Action, & qui sembloit n'en attendre que le signal, toute cette Cavalerie, le reste des Gens de pied & le Bagage, entrerent dans les défilés qui servoient d'issue au Camp des Ennemis ; & couverts par des Collines & des Rideaux, dont le Prince de Parme sçut merveilleusement tirer parti, ils se virent bientôt hors de la portée de l'Armée du Roi, où l'on ignoroit tout ce qui se passoit à la queuë de ce Camp. Ce front d'Infanterie qui n'avoit que de la surface & point de profondeur, prenant la même route après tous les autres, au bout de vingt-quatre heures tout se trouva éclipsé ; sans qu'il fût possible, à cause du terrein coupé de détroits & de gorges de montagnes, de troubler l'Ennemi dans sa retraite, ni d'entamer son Arriere-garde.

Le Prince de Parme se sçut fort-bon gré d'être ainsi arrivé sans la moindre perte jusqu'aux portes de Rouen. Il sçavoit bien qu'il n'y avoit personne assez hardi pour entre-

---

(44) Ce Siege coûta beaucoup de monde au Roi : On disoit en ce temps-là qu'il n'y avoit perdu pas moins de trois mille hommes, & les Assiegés seulement cent vingt. Le Comte d'Essex y fit proposer à l'A- miral de Villars de se battre en duel avec lui ; & Villars lui fit réponse, que sa qualité de Gouverneur de la Place le lui défendoit. *Voyez la Chien. Novenn. & Mezerai.*

1592.

Saint-Valery, en Picardie.

prendre de le forcer sous les murs de cette Ville. Son dessein étoit d'y séjourner environ six semaines, qui étoient un temps suffisant pour faire rafraîchir son Armée ; ensuite de regagner la Somme par Neuf-châtel, Aumale, Saint-Valery, & Pontdormy : bornant toutes les expéditions de sa Campagne à l'avantage d'avoir mis cette Capitale & les Villes qui tenoient pour la Ligue, en état de n'avoir rien à appréhender de l'Armée du Roi. Henry pénétra les desseins de ce Général ; & cessant de s'opiniâtrer à faire tête à une Armée si bien postée, il laissa le Prince de Parme jouir de son triomphe, & lui tendit un autre piége. Il licentia toute son Armée, comme si elle lui fût devenuë inutile, ou qu'il y fût contraint par la nécessité. Il en sépara une partie dans Arques, Dieppe, Gournai, Andely, Gisors, Magny & autres endroits plus éloignés. Une autre partie eut Mante, Meulan & les environs pour ses Quartiers : Il dispersa le reste autour de Pont-de-l'Arche, (45) Evreux, Passy, Vernon, Conches & Breteuil ; & vint lui-même se placer à Louviers. L'apparence justifioit cette conduite : il lui eût été impossible de faire subsister long-temps une Armée aussi nombreuse, en la tenant rassemblée : Mais par la disposition de ces Quartiers, sur-tout des derniers où il avoit distribué tout ce qu'il avoit de meilleures Troupes, & moyennant la promesse qu'il avoit tirée des Officiers de se rendre à Pont-de-l'Arche au premier ordre, il lui étoit facile de réünir toute son Armée en peu de temps ; & il comptoit que la sécurité que son éloignement donneroit au Général Espagnol, lui fourniroit quelque moyen de le surprendre, du moins dans sa retraite.

En effet, le Prince de Parme qui craignoit que Rouen environné de tant de Gens de guerre, ne se vît bientôt affamé ; & à qui on représenta qu'il n'y avoit aucun danger de se mettre au large, fit avancer une partie de ses Troupes vers Ponteaudemer : D'Hacqueville (46) lui livra assez lâchement cette Ville ; & le Roi parut ne s'en mettre nullement en peine. Il feignit encore d'ignorer que l'Ennemi en vou-

(45) Toutes ces Villes, ainsi que les endroits cy-dessus nommés, sont dans la Haute Normandie.

(46) N. de Vieuxpont, Sieur d'Hacqueville, fut gagné, dit-on, par une somme d'argent.

LIVRE QUATRIEME.

loit à Caudebec, qui incommodoit fort la Ville de Rouen; & négligeant de donner du secours à La-Garde qui en étoit Gouverneur, il laissa prendre cette Place. Il vit avec un extrême plaisir qu'après ces deux Conquêtes, l'Ennemi attiré par la commodité des Logemens & des Vivres, s'étendit le long de la Seine au-dessous de Rouen aussi loin qu'il put le faire. Ce n'est pas que le Général Espagnol ne soupçonnât quelque dessein secret dans une inaction, dont il avoit toujours trouvé Henry fort-éloigné; & sans doute que s'il avoit été le seul Chef de cette Armée, il ne se seroit pas tant hazardé. Mais il s'en rapporta aux assûrances que lui donna son Collégue le Duc de Maïenne, alors retenu malade dans Rouen, qu'il ne pouvoit lui en arriver aucun mal; le supposant mieux informé que lui de la disposition & de l'intérieur du pays.

Le Roi voyant que l'Ennemi sembloit venir de lui-même au-devant de ses desseins, résolut aussi d'en avancer l'éxécution. En moins de huit jours il rassembla vingt mille hommes de pied, & huit mille Chevaux, avec lesquels s'avançant sans perdre de temps par Varicarville & Fontaine-le-bourg, il boucha tous les passages entre Rouen & Caudebec; & commença par se venger assez pleinement de la prise de cette Place, & de celle de Ponteaudemer, en coupant aux Troupes qui y étoient toute communication avec le gros de l'Armée; ce qui les mettoit à sa discrétion. Ensuite il vint en personne, avec dix mille Fantassins & trois mille Cavaliers, attaquer sans délai l'Avant-garde des Ennemis, commandée par le Duc de Guise. L'étonnement où une arrivée si brusque jetta cette Troupe, lui en rendit la défaite facile: Le Duc de Guise fut forcé dans le premier choc, & obligé de regagner précipitamment le gros des Bataillons; laissant avec une grande quantité de morts, tout le Bagage qui étoit considérable au pouvoir du Vainqueur.

Le Prince de Parme frappé à cette Nouvelle comme d'un coup de foudre, donna tous ses soins à assûrer ses autres Quartiers: ce qu'il fit en logeant le Duc de Guise à Yvetot, & en rapprochant du Camp retranché qu'il occupoit, ses Troupes dispersées. Il eût bien voulu pouvoir les y faire entrer toutes: Mais comme ce Camp étoit trop

1592.
Sur la Seine, au-dessous de Rouen.

1592. petit pour les contenir, il leur ordonna du moins de ne point s'en écarter, de garder exactement leurs postes, & de se tenir fort-serrées. Après cette précaution qu'il ne crut pas suffisante; pour épauler tous ces Logemens répandus autour du Camp, il posta trois mille hommes dans un Bois qui les bornoit: Il fit fortifier & border de Retranchemens ce Bois, avec une ligne de communication qui le joignoit avec le Camp. La derniere démarche du Roi l'avoit rendu extrêmement redoutable au Prince de Parme : mais celui-cy crut lui échapper avec beaucoup de prévoyance, & moyennant une grande attention à se porter par-tout où sa présence seroit nécessaire. Il se trompa encore. Dès le lendemain le Roi donna ordre au Baron de Biron d'attaquer le Bois avec huit mille hommes d'Infanterie, Anglois, Hollandois & Allemands en nombre égal ; pour les animer par l'émulation ; & les fit soûtenir par six cens Cavaliers armés de toutes pièces. L'attaque dura trois heures, au bout desquelles le Bois fut emporté. Ceux qui le défendoient se voyant forcés, gagnerent en désordre le Camp fortifié, ayant perdu plus de huit cens des leurs. Leur fuite mit à découvert la plus grande partie des Logemens, sur-tout celui d'Yvetot, où le Prince de Parme avoit cru renfermer comme en un lieu d'asyle le Duc de Guise, avec cette même Avant-garde qui avoit déja été si mal-menée.

Henry, comme s'il en eût voulu personnellement au Duc de Guise, se hâta d'aller reconnoître le Qartier d'Yvetot; & jugeant aux cris de boute-selle & d'alarme qu'il y entendit, qu'on n'y étoit pas bien rassûré, il fondit sur ce Quartier avec quatre cens Mousquetaires ou Piquiers & mille Fantassins armés d'hallebardes & de pistolets ; l'attaquant par plusieurs côtés à la fois. Le Prince de Parme qui ne s'étoit point attendu à des exécutions si rapides, vit le moment où toute son Avant-garde alloit être passée au fil de l'épée ; & ne prenant plus conseil que de la nécessité, il y accourut lui-même, & soûtint avec vigueur l'effort de nos armes, jusqu'à ce que les Toupes de tout ce Quartier eussent gagné le Camp retranché. Il y perdit sept ou huit cens hommes, presque tous soldats. Le plus grand malheur fut que dans le temps qu'il payoit ainsi de sa personne, en hom-

LIVRE QUATRIEME. 221

me qui sçait aussi bien se battre que commander, il reçut dans le bras un coup fort dangereux. (47)

1592.

La nuit étoit arrivée pendant cette Action. Le Roi au lieu de songer à se reposer après une journée si bien remplie, l'employa toute entiere à se préparer de plus grands avantages. Jugeant donc que l'Armée Ennemie, nombreuse à la vérité & couverte de Retranchemens, mais déja effrayée & à demi-vaincuë, étoit si serrée dans son Camp, que le nombre lui nuisoit plus qu'il ne pouvoit lui servir; il ne balança pas à entreprendre de l'y forcer. Cette promptitude avec laquelle agissoit ce Prince, étoit en lui outre l'effet de la nature, le fruit de la lecture, & en particulier des Vies de César & de Scipion, qu'il étudioit de préférence à tous les Conquérans de l'Antiquité. Il fait avancer toute la nuit six Piéces de canon, qu'il pointe sur le Retranchement du Camp, afin qu'au point du jour on puisse s'en servir. Il visite son Armée, & y tient tout en état, pour qu'elle se trouve à cette heure rassemblée à la même place & en ordre de Bataille. Ses ordres s'é-

---

(47) Le peu de fond qu'on doit faire sur la justesse des détails militaires que nous font les Historiens, paroît sur-tout en celui-cy, dans lequel je remarque une infinité de contradictions entr'eux sur les Campemens, le nombre & la date des Rencontres. L'Auteur de ces Memoires rapporte toutes ces expéditions d'une maniere si serrée, qu'il semble ne donner que trois ou quatre jours à des exécutions, qui n'ont pu se faire, & ne se sont faites qu'en trois semaines. On peut le justifier en ce qu'il n'a voulu que donner une simple idée de cette Campagne. D'Aubigné, soit qu'il ait ignoré les faits, ou qu'il n'ait pas eu dessein de les particulariser, donne lieu à la même méprise que nos Memoires. *Tome 3. liv. 3. chap. 15.* C'est dans De-Thou, Davila, Matthieu, Cayet, & les Memoires de la Ligue, sur l'année 1592, qu'il faut les chercher : quoique, comme je viens de le dire, leur naration differe en une infinité de choses. Selon les Mémoires de la Ligue, auxquels j'ajoûterois le plus de foi, le Roi défit le Duc de Guise le 28 Avril, & un autre Corps de troupes, le premier Mai; attaqua les Retranchemens devant le Camp fortifié, le cinq; & commença le dix dès cinq heures du matin, la grande attaque où le Duc de Parme fut blessé. *Tom. 5.* M. De-Thou veut que ce soit à la prise de Caudebec que le Prince de Parme ait reçu cette blessure, & ne lui fait passer la Seine que le 22 Mai. *Liv.* 103. Cayet est du même sentiment, *tom. 2. liv. 4. pag. 82. & suiv.* Matthieu reproche à Henry IV. de n'avoir pas fait le Duc de Maïenne prisonnier au choc d'Yvetot; & avec aussi peu de fondement, d'avoir évité une Bataille décisive, *page* 109. Quelques autres taxent de plus grande faute encore, d'avoir ignoré les préparatifs que faisoit le Duc de Parme pour passer la Riviere, & de n'avoir sçu l'empêcher.

Ee iij

xécutent de point en point ; & les succès précédens donnent à toutes ses paroles une autorité qui rend dociles les plus mutins.

Ici je ne puis refuser toutes mes louanges au Prince de Parme pour une action, qui ne sçauroit à mon sens être jamais assez admirée. Son Camp étoit entre Rouen & Caudebec, à quelque distance de la Seine, sur laquelle il n'y a aucun Pont dans tout cet intervalle : le lendemain matin il ne se trouva plus rien dans ce Camp. Toutes ces Troupes qui y étoient, pour ainsi dire, entassées les unes sur les autres ; celles qui étoient dans Caudebec ; & généralement tout ce qu'il avoit de Gens de guerre répandus aux environs, se trouva transporté au-delà de la Riviere. Est-ce une fable ou une illusion ? A peine le Roi & toute son Armée pouvoient-ils en croire leurs yeux.

Le Prince de Parme avoit pressenti la résolution du Roi de l'attaquer le lendemain dans son Camp ; & il ne doutoit nullement, après tout ce qui venoit de se passer dans la journée, qu'il n'y fût forcé, & toute son Armée livrée à la merci du Victorieux. Vûë inutile, & seulement désespérante pour tout autre, à qui la prudence n'auroit pas ménagé de longue-main quelque ressource. Mais quelque chose que lui eût dit le Duc de Maïenne, il ne se livra pas si bien à cette sécurité qu'on vouloit lui donner, qu'il ne prît des mesures pour se tirer d'un mauvais pas, s'il arrivoit qu'il s'y trouvât engagé quelque jour dans un Pays d'aussi peu de ressource que les bords de la Seine au-dessous de Rouen : Ces mesures avoient été d'amasser secrettement aux environs de Caudebec tout ce qu'il put trouver de Bateaux. C'est à cette précaution, dont si peu de Généraux auroient été capables, que le Prince de Parme dut le salut de ses Troupes, la conservation de sa gloire, de sa réputation, & peut-être de sa vie. Il fit remonter toute la nuit la Riviere à ces Bateaux ; & malgré la confusion de son Camp, & sa blessure, il donna de si bons ordres, que la nuit même il en fut construit un Pont, sur lequel il fit passer avant le jour toute son Armée & le Bagage. C'est de quoi l'on fut plus particulièrement informé le lendemain dans Caudebec, qui se rendit aux premiéres approches. Un grand Homme de guerre est celui qu'on voit se comporter dans le Combat, comme s'il étoit persuadé de vaincre, & prévoir tout avant l'Action, comme s'il étoit assûré d'être vaincu.

Il n'y eut de la part du Roi que le seul premier moment donné à la surprise : Tous les autres furent employés à prendre de promptes mesures, pour enlever au Général Espagnol une partie des fruits de son adresse. Après que ce Prince se fut assûré de pouvoir réüssir, il tint le Conseil de Guerre; & y proposa de mener toute l'Armée passer la Riviere à Pont-de-l'Arche, ou à Vernon, & de s'attacher sans perdre de temps à poursuivre les Ennemis. Quelques-uns de nous, en fort-petit nombre à la vérité, appuyerent ce sentiment comme il méritoit de l'être : S'il avoit été suivi, peut-être que cette Campagne auroit été la derniere de la Guerre. Mais on diroit que le Prince de Parme, après avoir fait plus qu'il paroissoit ne pouvoir faire humainement, avoit obligé la Fortune à se mettre de la partie. Sur la proposition de faire prendre à l'Armée la route de Pont-de-l'Arche, il se fit un cri dans le Conseil, & une espèce de soûlevement général, comme si le Roi eût proposé la chose du monde la plus déraisonnable. Les Catholiques, les Protestans, les Etrangers, tous sembloient chercher à l'envi des difficultés à opposer. On s'écria, que l'Armée du Prince de Parme étant en pays uni, pouvoit arriver aux Portes de Paris (48) dans quatre ou cinq jours; au lieu qu'il s'en passeroit du moins autant, avant que nous pussions seulement avoir gagné Pont-de-l'Arche. On représenta que tout ce trajet, étant coupé de forêts, de montagnes, de gorges & de défilés, l'Armée ne pourroit arriver au rendez-vous que par petits pelotons; & que quand même elle seroit à temps de joindre celle de la Ligue, la fatigue d'une course si pénible lui ôteroit les moyens de l'attaquer. Enfin il ne tint pas à toute cette multitude qu'on ne regardât comme ridicule & chimérique une idée aussi sensée.

Le Roi plus irrité de l'intention de ceux qui lui parloient de la sorte que de leurs discours mêmes, ne put s'empêcher

1592.

(48) M. De-Thou convient que le Roi pouvoit arrêter cette Armée, en envoyant de la Cavalerie lui fermer le passage à Pont-de l'Arche. | C'est bien injustement, comme on le voit ici, qu'on veut mettre cette faute sur le compte de Henry IV.

de repliquer avec quelque aigreur, que tous ces obstacles n'étoient insurmontables que pour ceux à qui le découragement & la crainte du travail les faisoit paroître tels. Il fit voir clairement : Qu'on pouvoit être dans deux jours à Pont-de-l'Arche, & à Vernon dans quatre : Qu'en attendant, on pouvoit toujours détacher quatre ou cinq cens Chevaux, pour retarder le Prince de Parme dans sa marche : Qu'il seroit assez arrêté d'ailleurs par quantité d'obstacles qu'il rencontreroit, ne fût-ce qu'au passage de la Riviere d'Eure ; Louviers, Passy, Maintenon, Nogent-le-Roi & Chartres étant capables de l'obliger à prendre un long détour : Qu'il n'y avoit de Pont ouvert aux Ennemis que ceux d'Aquigny, de Cocherel, de Serify & deux ou trois autres, qui les éloigneroient de leur route : Qu'il n'étoit pas même impossible de faire rompre ou brûler une partie des Ponts, avant que les Ennemis y fussent arrivés.

Ces raisons rendoient la chose non pas simplement plausible, mais palpable : Et en refusant de s'y rendre, on peut avancer que tous les Officiers Généraux résistoient à la raison avec pleine connoissance. Sur quoi il vient naturellement deux choses à l'esprit : La premiere, comment il a pu arriver qu'un Prince, qui ne se servit pour toutes ses Expéditions que de Troupes mercénaires, ramassées çà & là, de Pays, de Mœurs, de Religion & d'intérêts différens, souvent en petit nombre, & toujours prêtes à se mutiner, ait pu éxécuter ce qu'on voit dans son Histoire : La seconde, jusqu'où ce même Prince seroit allé, si au lieu de ces Troupes, il avoit eu sous ses ordres un nombre considérable de soldats dociles, unis, disciplinés, constamment attachés à sa personne, & prêts à se sacrifier pour lui ; tels en un mot, que les avoient ces Conquérans qu'on a si fort éxaltés. Si l'on ne fait pas cette réflexion toutes les fois qu'elle se présente, c'est qu'il faudroit la faire à chaque page : Et d'ailleurs personne n'ignore que l'on jugeroit bien mal du mérite & des talens par le succès, si l'on ne jugeoit en même temps du succès par les obstacles.

On a de la peine à concevoir la raison de l'opiniâtreté invincible que témoignerent en cette occasion les Officiers Généraux de l'Armée du Roi, à résister à un avis si sage,

LIVRE QUATRIEME.

1592.

Il ne faut point la chercher ailleurs que dans cette même disposition des esprits que je viens de marquer. Si l'on excepte un petit nombre de Protestans François, dont la fidélité étoit à l'épreuve, & tout au-plus les Troupes Angloises qui sembloient agir de bonne-foi ; tout le reste de l'Armée du Roi, Réformés, Catholiques & Etrangers, le servoient sans affection, souvent à regret; & souhaitoient peut-être plus qu'ils ne craignoient de le voir souffrir quelque perte considérable. Malgré cette mauvaise disposition à l'égard de leur Chef, il y avoit des occasions où toutes ces personnes se trouvoient comme forcés de le seconder, & de faire leur devoir : telles avoient été l'attaque du Duc de Guise, l'Escarmouche du Bois, & le Combat qui la suivit : telle auroit été l'attaque du Camp du Prince de Parme, s'il nous y avoit attendus : Parce que dans ces momens, la rapidité de toutes les Opérations que le Roi sçavoit enchaîner les unes aux autres, ne laissoit ni à leur courage une fois échauffé le temps de se refroidir, ni à leur esprit celui de revenir à sa premiere façon de penser : Outre que la conduite d'un petit nombre de braves gens est seule capable de porter par-tout l'émulation, & d'entraîner toute une Armée, quand une fois elle a les armes à la main. Mais aussi cet étourdissement & cette chaleur une fois passés, les premieres idées se réveilloient plus fortement ; & elles étoient d'autant plus capables de gâter tous ces esprits, qu'elles leur faisoient sentir qu'ils venoient de faire en ce moment tout le contraire de ce qu'ils auroient voulu faire.

Cette mauvaise réflexion occupoit malheureusement les Chefs de l'Armée Royale, lorsque le Roi y mit en avant de poursuivre le Prince de Parme. Les Catholiques qui avoient déclaré publiquement, il y avoit fort-peu de temps, que si le Roi après un certain terme qu'on lui prescrivoit, n'abjuroit pas le Calvinisme, ils étoient résolus de retirer les secours qu'ils lui donnoient, & de se réünir avec le reste de la France pour y établir un Roi de leur Religion ; les Catholiques, dis-je, n'avoient garde de goûter un avis, qui en rendant le Roi maître de ses Ennemis, le mettoit conséquemment en état de leur donner à eux-mêmes la loi, au lieu de la recevoir d'eux.

Tome I. F f

1592.

Les Huguenots qui craignoient d'autant plus ce changement de Religion, que les Catholiques s'attachoient à en faire valoir la nécessité, prenoient ombrage de tout; & se regardoient toujours comme étant sur le point d'être sacrifiés, tant que le Roi ne leur sacrifieroit pas lui-même l'intérêt qui lui faisoit rechercher les Catholiques. Dans la crainte qu'en exterminant la Ligue ils n'eussent travaillé pour les Catholiques contr'eux-mêmes, ils s'accommodoient mieux d'un état, qui en laissant du moins la balance égale, les rendoit nécessaires : Et s'il falloit qu'un jour le Roi fut enlevé à leur Religion, ils vouloient que cela n'arrivât du-moins, qu'après qu'ils auroient pris de justes mesures pour se faire craindre & des Catholiques, & de celui qu'ils se seroient donné pour Maître. Ces précautions étoient de se faire céder un si grand nombre de Villes, d'obtenir des Edits si favorables, & de prendre tant d'autres assûrances, que le Roi tout Catholique qu'il eût été, trouvât sa politique & son intérêt à les ménager. C'est vers ce but que le Duc de Bouillon, principal moteur des démarches du Parti, dirigeoit toutes ses vûës, & à quoi il faisoit servir les cinq ou six cens Reîtres dont il disposoit. On les voyoit au moindre sujet de mécontentement, ou plustôt au premier caprice, éclater en murmures, & menacer, comme ils firent alors, de repasser en Allemagne. Le Roi ayant à se comporter de maniere qu'il contentât également des Partis si opposés, étoit très-embarrassé à étouffer toutes ces semences de division. Il auroit voulu ne jamais en venir à une rupture ouverte, ou tout-au-moins ne franchir ce pas, que quand il en auroit écarté tout le danger. Cet embarras le réduisoit à des condescendances & à des ménagemens très-préjudiciables à l'état de ses affaires.

Il n'y a point de labyrinthe pareil à cette explication d'intérêts, qui divisoit les différens Partis dont étoit composée l'Armée du Roi : je n'en ai encore touché que la moindre partie. Les Catholiques, outre leur objet commun, avoient chacun leur intérêt particulier, qui étoit de faire acheter fort-cher à Henry leur service personnel : Et il ne falloit pas croire que sans cette satisfaction ils acheminassent les choses à une conclusion générale. L'intérêt des Calvinistes François n'étoit pas non-plus en tout le même que celui des Réformés Etrangers. Il y avoit des momens où les Anglois, les seuls qui se tinssent unis, convenoient entr'eux que dans tous les dangers qu'ils couroient, ils se piquoient d'une générosité, qui de quelque maniere que les choses tournassent, ne pouvoit jamais leur rien produire. En ces momens ils se regardoient comme des insensés, qui s'immolent en pure perte pour servir des passions étrangères, & demandoient à se retirer ; comme ils firent en cette occasion, où ils refuserent nettement de s'engager au-delà de la Seine, ne trouvant ni sûreté ni ressource dans un Pays trop éloigné de la Mer : Pour les aigrir davantage, & pour fortifier leurs défiances, les Catholiques saisissoient ces momens, pour leur faire regarder l'abjuration du Roi comme un point nécessaire.

A l'égard des autres Etrangers qui n'agissoient qu'autant qu'ils étoient payés, D'O & ces mêmes Catholiques avoient un secret également court & infaillible, & ils s'en servoient fréquemment ; c'étoit de faire que le Roi manquât d'argent. Quand on demanda aux Suisses & aux Reîtres s'ils n'étoient pas disposés à poursuivre le Prince de Parme, ils ne répondirent qu'en demandant leur paye, & en protestant que si on ne la leur délivroit pas à l'heure même, ils ne passeroient la Riviere que pour retourner chez eux, ou s'engager avec la Ligue.

Il n'y avoit pas jusqu'aux Espagnols, ennemis si déclarés du Roi, qui ne fissent aussi leur brigue, & ne se mêlassent des affaires de ce Prince. Ils lui firent proposer dans ce même temps non-seulement de retirer leurs Troupes, mais encore de les lui prêter contre la Ligue même, en un mot de lui mettre la Couronne sur la tête, pourvû qu'il consentît à leur céder à perpétuité la Bourgogne & la Bretagne. Pour aider le Roi à vaincre les scrupules qu'il eût pu avoir sur une pareille liberalité, ils lui rappelloient l'exemple de François I. qui leur avoit abandonné, disoient-ils, dans un cas bien moins pressant (49) la Souveraineté de la Flandre & de l'Ar-

(49) Par le Traité passé pendant la prison de ce Prince à Madrid, le 25 Février 1526. François I. y renonçoit de plus aux Duchés de Bourgogne & de Milan, au Royaume de Naples &c : Mais ce Traité

tois; & celui de Henry II. qui avoit cédé à l'Espagne plus de Villes (50) qu'il n'y en a dans ces deux Provinces. Le Roi avoit tout lieu de croire qu'une Négociation si fort à contre-temps, étoit une finesse Espagnole dans le goût de celle d'Hagemau, qui ne tendoit qu'à brouiller davantage les cartes, & à le rendre suspect aux Catholiques & aux Protestans tout ensemble : Mais quand elle auroit été fort-sincère, il avoit une raison incomparablement plus forte de ne s'y pas prêter ; c'étoit un fond de haine implacable contre l'Espagne & la Maison d'Autriche.

Enfin la Ligue elle-même entroit pour quelque chose dans les resolutions qui se prenoient dans le Conseil du Roi. Villeroi, Jeannin, Zamet & quelques autres firent offrir de la part de la Ligue à Henry, de le placer sur le trône moyennant certaines conditions. Il est difficile de décider quel étoit le motif de cette démarche ; dégoût de la hauteur & du faste des Espagnols ; artifice pour en obtenir de nouveaux secours ; ou dessein d'aliéner du Roi les Huguenots. La seule marque à laquelle on puisse conjecturer qu'ils agissoient sincèrement, est la dureté des conditions qu'ils proposoient. J'aurai bientôt occasion de m'étendre sur ce projet.

Le moindre effet de ce cahos de vûës & d'intérêts, étoit de répandre sur les affaires une obscurité impénétrable, & dans les Esprits la défiance & la jalousie : Et il est étonnant qu'après cela les Catholiques & les Protestans ayent pu vivre ensemble dans le même Camp, sans exposer le Roi à les voir à chaque instant en venir aux mains, & s'égorger les uns les autres. Ceux qui cherchent dans un Prince ce que l'on appelle de la Politique, trouveront ici une ample matière de louer la prudence du Roi à tenir unies tant de choses inaliables, & son discernement à pénétrer ceux qui agissoient de bonne-foi avec lui : Car un dernier

fut déclaré nul par les Etats du Royaume, assemblés à Cognac.

(50) Par le Traité de Câteau-Cambresis en Janvier 1559, après la Bataille de Saint-Quentin. Pour les trois seules Villes de Ham, le Câtelet, & Saint-Quentin, la France rendoit à l'Espagne & à ses Alliés plus de cent cinquante Places fortifiées. La jalousie du Connétable de Montmorency contre le Duc de Guise, & l'envie de sortir de prison, lui firent conclurre ce Traité, dont tout le Royaume murmura.

trait qu'il ne faut pas oublier, c'est que tant de mouvemens secrets laiſſoient voir un dehors tranquile & uniforme. Le faux prenoit toutes les marques du vrai ; & l'Ennemi ſe couvroit du maſque de l'Ami. Tel qui paroiſſoit le plus affectionné au Roi, ou le trahiſſoit, ou ne travailloit que pour ſoi.

Il ſeroit inutile de diſſimuler que le Maréchal de Biron joua ſouvent ce rôle. Soit dépit du refus du Gouvernement de Rouen, ſoit envie de perpétuer la guerre (51), ſoit tempérament, ne cherchoit qu'à jetter par-tout la confuſion & la diviſion. Jamais on ne le vit ſe ranger de l'avis commun, ni ſe rendre à la volonté du Roi. Il contredisoit sans ceſſe ou pour le plaiſir de contredire, ou pour celui de forcer tout le monde à embraſſer ſon opinion. Dans le Conſeil à l'occaſion duquel je ſuis entré dans tout ce détail, ſon ſentiment ne fut ni de pourſuivre les Ennemis, ni de s'arrêter en Normandie ; il imagina qu'on devoit prendre les devans pour aller attendre le Prince de Parme ſur les frontières de Picardie, par où il falloit qu'il repaſſât en s'en retournant en Flandre : Projet ſingulierement chimérique, qui fut auſſi-tôt applaudi par les Proteſtans ſoûmis à toutes les volontés de ce Maréchal.

Le Roi vit bien qu'il ne feroit que des efforts inutiles pour retenir à ſa ſuite des Troupes ſi mal-intentionnées. La Campagne avançoit vers ſa fin : Un Siége auſſi long & auſſi rude que celui de Rouen faiſoit ſoûpirer le ſoldat après le repos ; ce Prince ne voulut pas le lui refuſer. Il ſuivit la maxime, Qu'un Prince doit ſe faire ſçavoir gré de tout ce qu'il fait, même de ce qu'il fait malgré lui : Il parla aux Etrangers qui vouloient s'en retourner chez eux, & leur en donna la permiſſion. Il leur diſtribua tout ce qu'il avoit d'argent, quoiqu'il en manquât lui-même pour ſes beſoins les plus eſſentiels : & s'il ne les ſatisfit pas entierement à cet égard, ils eurent tout ſujet d'être contens de la maniere noble & diſtinguée avec laquelle il loua leurs ſervices, & les remercia. Comme il laiſſoit la Normandie tranquile, & toute entiere

---

(51) » Quoi donc, maraud nous veux-tu envoyer planter des choux à Biron « ? dit ce Maréchal à ſon fils, qui lui propoſoit un expédient de finir tout d'un-coup la guerre. *Peref.* 2. *Part. ibid.*

F f iij

1592. sous son obéissance, à l'exception de Rouen & d'un fort petit nombre d'autres Villes ; & qu'il n'y avoit pas lieu de craindre que l'Armée de la Ligue s'en approchât de long-temps ; il donna la même liberté de se retirer en leurs maisons à tous les Officiers de son Armée, soit Catholiques, soit Protestans. Pour mettre le Maréchal de Biron dans la nécessité de ne pas l'abandonner avec ses Protestans, auxquels il vit qu'il alloit être réduit après cette permission, il déclara qu'il s'en tenoit à son avis, & que dans peu de jours il prendroit le chemin de la Picardie : Non qu'il entrât dans les vûes du Maréchal, mais parce que ne s'étant encore montré ni dans cette Province, ni dans celle de Champagne, il crut devoir s'y faire connoître, & s'en attirer l'affection. Un motif plus secret (52) favorisoit & fortifioit encore cette résolution ; & Biron qui connoissoit & flatoit les foiblesses du Roi, en faisoit sa meilleure raison.

(52) Son amour pour Mademoiselle d'Estrées. « Il se déroboit quelquefois de son Armée pour l'aller voir, Un jour même il se déguisa » en paysan, passa au travers des » Gardes Ennemies, & arriva chez » elle, non sans courir risque d'être » pris. » *Notes sur la Henriade.*

Fin du Quatrieme Livre.

MEMOIRES
DE
SULLY.

LIVRE CINQUIEME.

Endant que le Roi prenoit avec un petit nombre de Proteſtans le chemin de Picardie, le Prince de Parme ne perdoit pas un inſtant pour regagner Paris ; d'où il paſſa ſans aucune difficulté en Flandre, peu ſatisfait de ſa Campagne, mécontent au dernier point de la Ligue & de ſes Chefs, & fort-chagrin d'une bleſſure, dont il ſentit qu'il ne guériroit jamais.

1592.

C'eſt dans les Hiſtoires générales & particulieres, qu'il faut chercher le détail de tout ce qui s'eſt fait pendant cette année & la précédente, dans les differens endroits du Royaume. L'attaque de Saint-Denis (1) où le Chevalier d'Aumale

---

(1) Claude de Lorraine, Chevalier de l'Ordre de Saint-Jean de Jeruſalem, ayant ſurpris cette Ville à la tête d'un Corps de Troupes de la Ligue, De-Vic accourut : & rechaſſa ces Troupes : Le Chevalier d'Aumale fut tué dans cette rencontre.

1592.

perdit la vie ; la prife de Stenay & de Dun, en Lorraine ; la défaite du Sieur d'Amblife, avec les autres faits d'Armes du Duc de Bouillon (2), foit avant, foit après fon mariage ; la perte de la Bataille (3) de Craon ; la défaite du Sieur de La-Guerche, & le Blocus de Poitiers, font les Principaux faits : Et l'on pourroit y en joindre une infinité d'autres qui fe pafferent en Provence, Dauphiné & Poitou. On pourra trouver encore que depuis le départ du Prince de Parme jufqu'aux Négociations qui précéderent le Couronnement du Roi, il s'eft paffé plufieurs chofes dignes de remarque. J'ai juftifié plus haut mon filence à tous ces égards. D'ailleurs j'ufe de la liberté qu'on a de ne fpécifier dans des Mémoires que les chofes dont on a été le plus frappé : Telles font celles qui regardent M. le Comte de Soiffons, & le Duc d'Epernon, fur lefquelles la narration des faits qu'on vient de lire ne m'a pas permis de m'étendre.

Pour avoir abandonné le Parti du Roi, & s'être brouillé avec lui en Bearn, comme on l'a vu plus haut, M. le Comte (4) de Soiffons n'avoit pas perdu l'efperance d'époufer Madame fa fœur, dont il poffedoit toujours la tendreffe. La mort d'Henry III. auquel il s'étoit attaché en dernier lieu, l'avoit laiffé dans l'Armée du Roi, qu'il fervoit comme bien d'autres fans affection, & jufqu'à ce qu'il fe fût mis en tête quelque nouveau projet, ou qu'il fe préfentât quelque occafion favorable

(2) Le Duc de Bouillon prit Stenay le propre jour de fes noces. Affricain d'Anglure-d'Amblife Général des Troupes Lorraines, étant venu attaquer Beaumont-en-Argonne, Ville à trois lieues de Sedan, que le Duc de Bouillon avoit prife fur le Duc de Lorraine ; Bouillon défit les Troupes de Lorraine fous les murs de cette Place ; & d'Amblife y fut tué.

(3) Cette Bataille fut donnée devant la Ville de Craon en Anjou, que les Troupes Royaliftes étoient venu affiéger. Elles étoient compofées de François, Anglois & Lanfquenets, au nombre d'environ fept à huit mille hommes, commandés par Meffieurs les Duc de Montpenfier & Prince de Conty, le Duc de Damville &c. qui furent défaits par le Duc de Mercœur, à la tête des Troupes Ligueufes & Efpagnoles. Dans le même temps, George de Villequier, Vicomte de La-Guerche, voulant paffer la Vienne, Riviere en Poitou, fut défait à la tête d'un petit Corps de Troupes de la Ligue ; & lui-même fe noya en paffant cette Riviere. Voyez le détail du Blocus de Poitiers, & les differentes rencontres devant cette Ville dans d'*Aubigné*, *tom. 3. liv. 3. chap. 11.* Confultez auffi fur toutes ces expéditions les Hiftoriens déja cités.

(4) Charles de Bourbon, fils de Louis I. Prince de Condé, tué à Jarnac, & de Françoife d'Orleans-Longueville : Il mourut en 1612.

(5) Jean-

favorable à son amour. Il crut qu'elle lui étoit offerte dans le Siege de Rouen ; entreprise trop importante à son avis, pour que le Roi pût s'occuper d'autre chose. Il feignit un voyage à Nogent ; & se dérobant du Camp, il passa secrettement & avec la derniere diligence en Bearn, pour y accomplir son mariage à l'insçu de Henry : Mais il étoit un de ceux dont le Roi observoit jusqu'aux moindres actions. Ce Prince pénétra l'intention de M. le Comte, & y mit si bon ordre, qu'à son arrivée en Bearn le Comte trouva bien à la vérité Madame Catherine dans les dispositions les plus favorables à son égard ; quelques-uns ont dit que c'etoit elle-même qui l'avoit sollicité à faire ce voyage : Mais il n'en fut pas de même du Conseil que le Roi avoit établi en cette Province pour la conduire en son absence. Le Sieur de Pangeas qui dirigeoit ce Conseil, lui tint tête ; montra les ordres qu'il avoit reçus du Roi ; souleva tout le pays contre lui ; enfin l'obligea de repasser en France avec la honte d'un éclat inutile : dont M. le Comte ne put tirer d'autre vengeance sur Pangeas, qu'en le faisant tomber du haut d'un escalier, un jour qu'il se rencontra avec lui chez le Roi à Pontoise.

<small>N. de Pardaillan de Pangeas ou Pangeac.</small>

    Le caractere du Comte de Soissons se connoît facilement par tous ces traits. Pour achever de le montrer tel qu'il étoit ; jamais il n'y a eu d'ambition plus démesurée, ni plus aveugle : Tous les évenemens lui paroissoient autant de degrés pour parvenir à ses fins ; & le jettoient dans de nouvelles routes, qui l'en éloignoient d'autant plus qu'il prétendoit s'en approcher. Il ne connut jamais bien lui-même quel étoit son objet. Inquiet, chagrin, jaloux ; son ambition se nourrissoit de tout, & ne profitoit de rien. La Nature ne l'avoit pas fait pour sympathiser avec le Roi : Ils ne se ressembloient en rien, ni par l'humeur, ni par les manieres. Le Roi étoit un Prince franc & ouvert : le Comte de Soissons joignoit à un esprit naturellement froid & peu prévenant, un flegme affecté, & un art de tout ce que la dissimulation a de plus mauvais. Il cherchoit dans un sérieux concerté un air de grandeur qui pût imposer. Il s'étudioit à ne point être connu, & prenoit pour respect le visage glacé que la fausse gravité impose. Le faste & l'appareil étoient tout-à-fait de son goût : En un mot, l'ambition avoit pris possession de son cœur ; & sa conduite exté-

1592.

rieure n'étoit que cérémonial & formalité : Et une raison de l'antipathie que le Roi conçut contre lui, & qu'il ne put jamais vaincre, c'est peut-être que ce caractère approche infiniment de celui de la Nation Espagnole.

A l'Egard du Duc d'Epernon (5), l'ambition ne composoit pas seul le fond de son cœur : il y entroit un orgueil indomptable, une fierté, ou pour mieux dire une ferocité naturelle, qu'on sentoit dès le premier instant. L'Ambition se sert, dit-on, de toutes sortes de voies pour arriver à son but: Sur ce pied, d'Epernon n'auroit point été un ambitieux : il ne connoissoit qu'une marche, la hauteur avec laquelle il prétendoit tout emporter : En un mot l'ambition n'étoit en lui qu'amour naturel de l'indépendance inspiré par la dureté de cœur, la Misanthropie, & une présomption qui le faisoit paroître à lui-même au-dessus des égards & des récompenses. Il haïssoit le Roi, parce qu'il haïssoit tout le monde ; & sans doute qu'il y avoit bien des momens où il ne s'accommodoit pas trop avec lui-même. Une desobéissance continuelle à ses

---

(5) Jean-Louis de Nogaret de La-Valette, Duc d'Epernon, Colonel Général de France, Gouverneur de Guyenne, Metz & Pays Messin, Il mourut en 1642, âgé de quatre-vingt-huit ans ; & comme le remarque l'Auteur de sa Vie, le plus ancien Duc & Pair de France, le plus ancien Officier de la Couronne, le plus ancien Général d'Armée, le plus ancien Gouverneur de Province, le plus ancien Chevalier de l'Ordre, le plus ancien Conseiller d'Etat, & presque le plus ancien homme de Condition de son temps : On l'appelloit la Garderobe du Roi, à cause du grand nombre de Charges qu'il avoit dans la Maison de ce Prince. Il y a une fort belle réponse de lui à Henry IV. qui lui reprocha un jour en colere qu'il ne l'aimoit point : » Le Duc d'Epernon, dit son Histo- » rien, sans s'étonner de la colere du » Roi, lui repartit avec froideur, » mais avec gravité : Sire, Votre » Majesté n'a point de plus fidelle » Serviteur que moi dans le Royau- » me ; j'aimerois mieux mourir que » de manquer à la moindre partie » de mon devoir. Mais, Sire, pour » ce qui est de l'amitié, Votre Ma- » jesté sçait bien qu'elle ne s'acquiert » que par l'amitié. Le Roi qui sça- » voit également estimer les grandes » actions & les paroles de cette na- » ture, convertit toute son indigna- » tion en estime. « &c. *Vie du Duc d'Epernon*, pag. 225. Le portrait qu'en fait ici M. le Duc de Sully est un peu chargé : Il seroit pourtant bien difficile de détruire aucune de ses raisons. Tous les Historiens conviennent avec lui sur l'ambition démesurée du Duc d'Epernon ; & ses intelligences avec l'Espagne sont prouvées par plusieurs des Lettres du Cardinal d'Ossat. A l'égard de son extraction : « *Patrem*, dit Busbeq, *habuit » bello egregium, Avum Tabellionem sive » Notarium.* « *Epist.* 17. Selon le Peté D. Vaissette au contraire, il descendoit de Guillaume de Nogaret, fameux par ses démêlés avec le Pape, sous le règne de Philippe le Bel. Consultez nos Généalogistes

supérieurs, un commerce dur avec ses égaux, un esprit cruel & insupportable avec ses inférieurs, sont la suite de ce caractère.

D'Epernon voyant que ses entreprises n'avoient pas eu le succès que son orgueil lui promettoit, fut obligé de changer de manieres : & quelquefois, quoique rarement, il menagea ceux dont il pouvoit avoir besoin. Mais jusques dans ses caresses, si l'on peut se servir de ce terme à son égard, il y avoit une pointe de fiel & de mépris, qui fit que s'il n'aima jamais personne, tout le monde lui rendit la pareille : Il ne fut jamais servi que par crainte : ce qui fut cause qu'avec d'assez grandes dispositions pour la Guerre, & dans une situation à les faire valoir, il ruina ses affaires. Il tenoit par lui & par La-Valette (6) son Frere, la Provence & le Dauphiné. Les Provençaux qui avoient eu pour Gouverneur avant lui le Grand-Prieur, (7) Frere naturel des trois derniers Rois, le mépriserent pour son extraction, & le haïrent bien-tôt pour sa cruauté. Ils furent ravis lorsque d'Epernon, qui du vivant d'Henry III. ne vouloit pas s'éloigner de la Cour, leur donna en sa place La-Valette, qui se rendit agréable dans la Provence, & servit bien le Roi. Henry III. ayant connu le véritable caractere de son Favori, commença lui-même à le craindre : Il disgracia d'Epernon, & pensa même le faire arrêter à Angoulême. La-Valette perdit en cette occasion son Gouvernement : mais le tout leur fut rendu après le meurtre du Duc de Guise, qui mettoit Henry III. dans la nécessité de s'appuyer de tout ce qu'il pouvoit attirer dans son Parti, & à quelque prix que ce pût être. Ce Prince étant mort, d'Epernon dont la vanité souffroit d'obéir au Roi de Navarre, le quitta à Pontoise, malgré les instances que ce Prince lui fit faire par Messieurs de Bellegarde & de Roquelaure, & les prieres qu'il lui en fit lui-même : C'étoit quelque chose de trop flateur pour lui de tenir tête à un Roi ; & il n'y oublia rien dans son Gouvernement de Provence. Il fut le premier à signer l'exclusion à la Couronne, que les Grands du Royaume donnerent au Roi de Navarre. On ne risque rien à juger

(6) Bernard de Nogaret, Amiral de France.

(7) Henry, Comte d'Angoulême, fils de Henry II. & de N. de Leviston, Dame Ecossoise.

1592.

par d'Epernon de la sincerité de ce motif de Religion, dont il étoit si ordinaire alors de se parer pour se soustraire à l'autorité légitime.

La suite de l'Histoire du Duc d'Epernon donnera une légere teinture des affaires dans les Provinces du Midi de la France. Il eut de grands revers: Les deux Frères s'aidant mutuellement eurent souvent du pire, & ne purent empêcher qu'il ne se formât en Dauphiné & en Provence trois ou quatre Partis principaux qui leur tinrent tête: sans compter que presque toutes les grandes Villes en avoient un, & cherchoient à se rendre indépendantes. Le Duc de (8) Savoie & le Duc de Nemours son Frere y avoient une forte brigue; & leur Parti devint extrêmement puissant, après que le Roi d'Espagne eut consenti que le Duc de Savoie qui étoit son Gendre; & auquel il prêtoit main forte, fût reconnu Comte de Provence, & tînt ce Fief de sa Couronne. Au milieu de leurs succès, ces deux Princes rencontrerent un Adversaire redoutable, qui les arrêta dans leur carriere, & réduisit leur Parti aux abois: C'est Lesdiguieres, (9) connu par sa valeur & son bonheur contre le Duc de Savoie. Il se tint toujours attaché au Roi; & on ne lui reproche point d'avoir songé à s'approprier ses succès, ni d'avoir convoité la Souveraineté du Dauphiné: Peut-être souhaita-t'il seulement que le Roi eût long-temps besoin de son secours, & ne vînt jamais en cette Province. MM. de Montmorency & d'Ornano donnoient beaucoup de force à ce Parti. Les autres étoient formés par le Duc de Joyeuse, (10) la Comtesse de Sault & le Comte de Carces, avec le Sieur de Vins: Louis d'Aix & Casaux, Ligny, Martinengue, & une infinité d'autres y firent parler d'eux, & remplirent ce Pays de division & de carnage: mais leur faction ne passoit guère les bornes d'une simple Ville. La-Vallette ne se soûtenoit déja presque plus en Dauphiné, lorsqu'il fut tué en assiegeant une Bicoque. Aussi-tôt le Duc d'Epernon songea à empiéter ce Gouvernement,

Alphonse d'Ornano, Colonel des Corses.

Roquebrune, Bourg de Provence.

(8) Charles-Emmanuel, Duc de Savoie, mort en 1630.
(9) François de Bonne, Duc de Lesdiguieres, Connétable de France.
(10) Antoine-Scipion, Chevalier de Malthe, qui prit le titre de Duc de Joyeuse, après la mort de ses freres. Chrétienne D'Aguerre, Comtesse de Sault, Baronne de Vienne. Gaspard de Pontevez, Comte de Carces. Hubert de La Garde, Sieur de Vins. Charles de Casaux &c.

ARMAND DE GONTAULT,
De Biron Marechal de France,
Tué au Siège d'Epernai agé de 68 ans.

LIVRE CINQUIEME. 237

Il en demanda pour la forme des Lettres au Roi, qui n'osa les lui refuser; mais au-lieu de prendre le dessus sur tous ces différens Partis, il ne parvint qu'à y en faire un nouveau, sur lequel le Roi ne devoit pas plus compter que sur les autres. On peut en juger par ce qui se passa au Siége de Villemur : c'est l'unique action que je particulariserai, sur des Mémoires dont je garantis la vérité.

1592.

Ville de Languedoc.

Le Duc de Joyeuse zélé Partisan de la Ligue en Languedoc, ayant rassemblé cinq ou six mille Hommes de pied & huit ou neuf cens Chevaux, aux environs de Toulouse, s'avança le 15 Juin de cette année 1592 vers Montauban, pillant les Bourgades & le plat pays; & après avoir exercé toutes les cruautés qui étoient passées en coûtume dans ce temps malheureux, il vint mettre le Siége devant Villemur. Le Sieur d'Ariat qui est celui dont je tiens ce détail, & les Bourgeois de Villemur, eurent recours à Thémines (11), qui tenoit pour le Roi dans la Province; & le soliciterent de leur amener promptement un puissant secours. Thémines qui ne se sentoit pas assez fort, s'adressa au Duc d'Epernon; & en attendant le renfort que celui-cy lui promit, il détacha quelques petits pelotons d'Infanterie & de Cavalerie, qui entrerent avec beaucoup de peine dans Villemur, les Cavaliers à pied, parce qu'ils ne purent se servir de leurs chevaux, tant la Ville étoit étroitement resserrée. Joyeuse avoit fait une faute dont il fut rudement puni, comme on va le voir ; c'est d'attaquer Villemur du côté de la Ville, au-lieu de commencer par le Château, qui plus fort en apparence, l'étoit beaucoup moins en effet : sans doute qu'il ne connoissoit pas assez bien la Place; ou qu'il eût dessein de profiter des Magazins de Bled & d'autres munitions, dont il sçavoit que la Ville étoit pleine.

D'Epernon envoya un Corps de Troupes assez considérable : Mais comme il leur avoit donné ordre de n'agir que foiblement, & sur-tout de ne pas courir les risques d'un Combat ; quoiqu'en arrivant ces Troupes fissent fort grand bruit, elles se débanderent, abandonnerent leur poste, & nuisirent plus par leur mauvais exemple qu'elles ne servirent aux autres soldats Royalistes. Joyeuse qui ne man-

(11) Pons de Lausiere de Cardaillac, depuis Maréchal de France.

Gg iij

1592.

quoit pas de bravoure, sur-tout lorsqu'il s'agissoit d'un coup de main, trouvant l'occasion favorable, & peut-être se doutant de l'intention du Duc d'Epernon, fondit sur ses Gens, les surprit, & en auroit fait grand carnage, si Thémines ne fût accouru assez à temps pour sauver le reste : Il ne laissa pas d'y en avoir sept ou huit cens de tués ; il n'en fallut pas davantage à (12) d'Epernon pour les lui faire rappeller tout-à-fait. Thémines eut beau après cela le solliciter aussi bien que le Maréchal de Matignon, ni l'un ni l'autre ne l'écouterent ; & il n'eut plus d'autre parti à prendre que de se jetter lui-même dans Villemur avec d'Ariat, deux cens cinquante Arquebusiers, & environ cent ou cent vingt Cavaliers, pour soûtenir les Assiégés que Joyeuse pressoit plus vivement qu'auparavant. Il en fit sortir Renier qui en étoit Seigneur par engagement, mais qui étoit devenu trop infirme pour faire les fonctions de Gouverneur en cette occasion ; & il résolut de s'y défendre jusqu'à l'extrémité, comptant que le Roi auquel il fit sçavoir sa situation, ne le laisseroit pas périr.

En effet ce Prince écrivit aussi-tôt aux Ducs de Montmorency & d'Epernon de prêter main forte à Thémines : Ce dernier accoutumé à desobeïr, ne fit aucun état de cet ordre,

Antoine Du-Pleix, Sieur de Lecques.

pour Montmorency, il fit partir Lecques & Chambaut, avec de fort bonnes Troupes Protestantes. Elles étoient encore en trop petit nombre pour tenir contre l'Armée de Joyeuse, nouvellement renforcée par les Toulousains : Lecques &

Raimont de Messillac de Restignac.

Chambaut eurent recours à Messillac, Lieutenant du Roi en Auvergne, & au Vicomte de Gourdon, aussi connu par sa valeur & sa fidélité que par sa grande laideur. Ces deux Officiers ne balancerent pas à marcher au secours de Villemur, avec huit cens Arquebusiers & deux cens quatre-vingt Chevaux. Joyeuse leur envoya offrir le Combat qu'ils refuserent, profitant du malheur arrivé aux Troupes de

---

(12) Tout ceci est si positif, qu'il peut balancer l'autorité de M. De-Thou, qui est très-favorable au Duc d'Epernon sur ce fait ; & celle de l'Auteur de la Vie de ce Duc, qui soûtient que ses soldats chasserent ceux de la Ligue de devant Ville- mur, & mirent cette Place en état de se défendre, *pag.* 134. D'ailleurs la Chronologie Novenaire se trouve ici en tout d'accord avec nos Mémoires, *liv.* 4. *page* 63. aussi bien que les Mémoires de la Ligue, *tom.* 5,

d'Epernon, & ne s'occupant que de leur objet. Après ce refus, la Cavalerie des Assiégeans qui se trouvoit trop pressée dans ses Lignes, demanda à Joyeuse la permission de s'écarter dans les Villages des environs : ce que ce Général accorda avec peine, & contre l'avis des Sieurs d'Onous & *Montberaut. Il tira parole des Officiers qu'au premier signal qui leur seroit donné, ils se rendroient au Camp sans perdre de temps.

1592.

Messillac, Lecques & Chambaut voyant que cet éloignement de la Cavalerie avoit extrémement affoibli l'Armée des Assiégeans, séparerent tous leurs Gens de pied en quatre bandes ; à chacune desquelles ils joignirent cinquante Gendarmes, auxquels on fit mettre pied à terre. Un Régiment de huit cens hommes fut laissé en bataille à la vuë des Retranchemens, avec ordre de donner à certain signal. Quatre cens hommes attaquerent le premier Retranchement, & furent appuyés des quatres troupes. Il n'y avoit ordinairement pour le garder que deux cens Fantasins : mais Joyeuse qui avoit des espions chez nous, averti peu de momens avant l'attaque, y en envoya quatre cens autres ; & en même temps fit tirer les trois coups de Canon, qui étoient le signal convenu avec sa Cavalerie. Soit paresse à obeïr, soit promptitude de la part des Protestans, cette Cavalerie n'arriva qu'après l'Action commencée. Les nôtres s'avancerent avant le Soleil levé ; & s'attachant au premier Retranchement, ils coucherent par terre cent de ceux qui le défendoient : les autres prirent la fuite vers le second Retranchement ; & n'y portant que leur peur, ce second Retranchement quoique beaucoup meilleur que le premier fut forcé de même, & avec une perte considérable.

Thémines regardant le tout de dedans la Place, seconda les Attaquans, & fit une sortie si à propos, qu'elle acheva de tourner la tête aux Assiégeans. Leur Cavalerie se fit voir en ce moment à la tête de leur Camp ; mais au-lieu d'arrêter le désordre, elle n'eut pas pluftôt apperçu que les huit cens hommes de Réserve avec trois cens Chevaux, s'ébranloient pour venir contr'elle, qu'elle prit le mouvement de tout le reste de l'Armée, & chercha son salut dans la fuite. La peur croissant à chaque moment, ce ne fut bien-tôt

1592.

qu'une déroute générale, qu'il ne fut pas possible à Joyeuse d'arrêter. Entraîné lui-même avec les fuyards, il gagna un Pont de planches & de cordes qu'il avoit fait jetter sur le Tarn. Le nombre de ceux qui se précipitoient de ce côté ayant surchargé ce Pont, il fondit en ce moment sous Joyeuse, & l'engloutit dans la Riviere ; sans qu'aucun de ceux qui étoient avec lui en réchappât. La peur aveugloit si fort le reste de ces Troupes, que s'imaginant encore voir un Pont à la place où il n'étoit plus, elles se jettoient dans les flots en cet endroit de la Riviere. Il périt en cette occasion par l'épée ou par l'eau, plus de trois mille hommes de pied & de quatre cens Chevaux ; perte énorme pour une Armée si peu considérable ; au-lieu que les Royalistes ne perdirent pas trente hommes. Les Bourgeois de Villemur regardoient de dessus les Remparts ce spectacle étonnant, avec une joie mêlée de surprise & d'horreur, qui leur faisoit comparer un effet de la peur qui tient du prodige, avec ce que l'Histoire Sacrée nous rapporte des Egyptiens au passage de la Mer Rouge. Mais il est temps de revenir au Roi.

En Champagne.

Ce Prince ayant passé en Picardie, envoya le Maréchal de Biron assiéger Epernai, pour donner de l'occupation à ses Troupes. Ce Siége fut long & opiniâtre. Biron y fut tué d'un coup de Canon (13) : & si le Roi qui pendant ce temps-là se tenoit à Compiégne, ne se fût pas déterminé à se montrer lui-même devant cette Ville, on auroit eu de la peine à la prendre. Il défit un puissant secours qui cherchoit à se jetter dans la Place, & l'obligea enfin à se rendre.

Les fonds lui manquant absolument, il fut obligé après cette Expédition de licencier tout ce qui lui étoit resté de Troupes étrangéres. Il demeura encore quelque temps dans ses Quartiers, sur le bruit qui se répandit que le Prince de Parme alloit repasser pour la troisiéme fois en France,

---

(13) Qui lui emporta la tête : Il étoit presqu'aussi sçavant dans les Lettres que dans la Guerre. De-Thou regrette fort la perte que nous avons faite de ses Commentaires. Il commanda en Chef dans sept Batailles, & portoit autant de cicatrices des blessures qu'il y avoit reçuës. Il fut Parrein du Cardinal de Richelieu, auquel il fit porter son nom de Baptême. La Ville de Gontaut en Agenois a donné son nom à cette Maison. Voyez aussi l'Eloge de ce Maréchal dans Brant. tom. 3.

(14) A

LIVRE CINQUIEME.

1592.

ce, pour éxecuter les grands projets qu'il avoit formés contre le Roi. La mort de ce grand Général (14) arriva très-heureusement pour tirer d'inquiétude Henry, qui ne se voyoit point en état de résister à un tel Ennemi. L'Armée Espagnole ayant perdu son Chef se dissipa : Le temps de lui nommer un successeur laissa au Roi celui de respirer : Il se raprocha de Paris & ne songea qu'à tirer parti de l'éloignement des Espagnols.

Je ne suivis point le Roi dans tout ce voyage de Picardie. Je me rendis à Mante, où retrouvant Madame de Châteaupers dans des dispositions favorables à mon amour, je m'unis avec cette Dame par un mariage, qui fut célébré à Mante le propre jour que le Prince de Parme (15) passoit avec son Armée par Houdan.

Pour tout dire, la Politique du Roi n'étoit pas de mon goût. Je voyois avec chagrin que la necessité des temps le soûmettoit à toutes les volontés des Catholiques de son Parti ; & que tous les Protestans demeuroient sans récompense, & étoient comptés pour rien, sur-tout depuis que le départ des Troupes étrangéres avoit donné à leurs adversaires toute sorte d'avantages sur eux. J'avois en mon particulier éprouvé tant de fois les effets de leur haine ou de leur jalousie, que j'en concluois que tous les chemins à la fortune al-

---

(14) A Arras dans l'Abbaye de Saint-Vaast : On accusa les Espagnols de l'avoir empoisonné par jalousie : mais la blessure qu'il avoit reçue en Normandie l'année précedente, jointe à la mauvaise conformation de son corps, est la seule cause de sa mort : comme on le reconnut à l'ouverture de son corps. *Cayet, ibid.* 90. Voyez dans *M. De Thou, liv.* 104. l'Eloge de ses grandes qualités. Son corps fut porté en Italie par la Lorraine, accompagné de cent soixante Chevaux caparaçonnés de noir. Il n'avoit que quarante-huit ans : Il se plaignit d'avoir été deux fois empoisonné par les Espagnols, si l'on en croit d'Aubigné, qui assure que les Italiens en furent si fort persuadés, que depuis ils ne purent compatir avec les Espagnols. *Tome* 3. *liv.* 3. *chap.* 28. Et c'est aussi l'opinion de *Bongars, liv.* 49.

(15) Ce ne peut-être que le 23 ou 24 Mai : le Prince de Parme n'ayant passé la Seine que la nuit du 21 au 22. Il y a donc erreur, soit dans le nouveau Journal d'Henry III. imprimé en 1720, où *pag.* 171, ce Mariage du Duc de Sully est marqué célébré le 18 ; soit dans les Memoires de Sully. La seconde Femme de M. de Rosny s'appelloit Rachel de Cochefilet, fille de Jacques, Seigneur de Vaucelas, & de Marie d'Arbaleste ; & avoit été mariée en premieres noces avec François Huraut, Sieur de Châteaupers, & de Marais, mort en 1590. Elle mourut après le Duc de Sully, dans l'année 1659. âgée de quatre-vingt-treize ans.

Tome I.   H h

loient m'être fermés pour toujours. J'étois encore dégoûté de la conduite du Roi à mon égard : Sa froideur que je sçavois pourtant n'être qu'une feinte, ressembloit si fort à l'abandon, que je me déterminai à quitter la guerre, & à me retirer chez moi pour y vivre loin du tumulte & des affaires.

L'évènement justifia la sagesse du Roi; & je fus le premier dans la suite à me ranger de son opinion, & à lui donner des conseils entiérement opposés à mes premieres idées: Mais alors j'envisageois tout avec d'autres yeux. Le sentiment de tout ce que les Protestans & moi avions à souffrir; le peu de considération où il me sembloit que j'étois; un peu de cet esprit général que dicte toujours l'intérêt de la Religion : Voilà ce qui formoit mes résolutions, & sur quoi je bâtissois pour le Roi un systême, qui dans ce temps-là me paroissoit le seul raisonnable. J'aurois voulu que ce Prince rendant justice à ceux qui le servoient avec zèle & affection, eût refusé tout autre secours, & se fût jetté entre leurs bras. Je me persuadois qu'après cette démarche éclatante, l'Angleterre, la Hollande, & tout ce qu'il y a de Puissances Protestantes en Europe, auroient fait en sa faveur de si puissans efforts, qu'ils auroient suffi à le mettre sur le Trône; sans qu'il en eût eu aucune obligation aux Catholiques. En cela comme dans tout le reste, les lumieres du Roi étoient bien supérieures aux miennes. Il comprit dès le premier instant, qu'un Royaume tel que la France ne s'acquiert point par des mains étrangeres : Et quand même il auroit jugé la chose possible; c'étoit le cœur des François plus que leur Couronne que ce bon Prince vouloit conquérir : & il regardoit comme leur bien légitime, les récompenses qu'il eût été obligé en ce cas de donner à leur préjudice, à ceux qui auroient été les auteurs de son élévation.

Pour dernier motif de retraite, il arriva peu de temps après que je fus arrivé à Mante, que ma plaie de la bouche & du cou que j'avois reçuë dans cette malheureuse rencontre de Chartres, vint à se rouvrir : ce qui m'obligea de me transporter à Rosny, pour me faire guérir radicalement, & prévenir les suites presque toujours fâcheuses des blessures de cette nature. J'y fis quelque séjour : Après une vie aussi tumultueuse que celle que j'avois menée jusqu'à ce moment, j'y goûtois le plaisir pur que la vie retirée offre à ceux qui ont arraché leur cœur à l'ambition : Je m'y amusois aussi à écrire tous les évènemens variés par la bonne & la mauvaise fortune, auxquels elle m'avoit exposé pendant vingt ans.

Buhy (16) Lieutenant pour le Roi dans le Véxin, vint un jour m'y rendre visite. Il m'apprit que le Roi avoit écrit à tous les Gouverneurs de ramasser le plus qu'ils pourroient de Troupes, & de venir promptement à son secours : C'est le temps où l'on s'attendoit le plus fortement à voir repasser le Prince de Parme en France : & Buhy me demanda si je ne ferois pas comme les autres en cette occasion. Cette demande réveilla en moi le souvenir de tant de Gouvernemens qu'on m'avoit refusés, & en dernier lieu d'une Lieutenance de Roi, que le Duc de Nevers & les Catholiques m'avoient enlevée d'une maniere haute & insultante. Je répondis à cet Officier avec quelque émotion, que si le Roi avoit eu besoin de mon service, il m'auroit fait l'honneur de m'écrire. Buhy trouva ma réponse fiere ; & en la rapportant au Roi, il l'empoisonna comme fait tout bon Courtisan, & fit entendre à ce Prince qu'il ne devoit plus compter sur moi, parce que mon parti étoit pris de passer le reste de mes jours à la campagne. Cette addition étoit toute entiere de sa façon : je n'estimois pas assez Buhy pour le faire confident de mes secrets. » Il a donc bien
» changé d'humeur, reprit aussi-tôt le Roi : car il n'a jamais
» manqué de se trouver aux occasions pareilles à celle qui
» se prépare. Quoiqu'il s'excuse sur ses plaies, je connois
» bien ce qui le retient : Il est en colere contre moi, & avec
» quelque raison : il voudra dorénavant faire le philosophe :
» Mais lorsque je le verrai, je sçaurai bien accommoder tout
» cela ; car je le connois.

Ce discours se tenoit en présence du Président Seguier, *Jean Seguier.* qui étant venu dîner chez moi quelque temps après, me le rapporta. Comme je répandois mon cœur dans le sein de ce grand Magistrat, que je connoissois pour être éga-

---

(16) Pierre de Mornay de Buhy, frere de Du-Plessis Mornay.

H h ij

1592. lement bon Ami, honnête homme, & excellent Politique; il me répondit ces paroles, que je n'ai pas oubliées, parce qu'elles commencerent à me deffiller les yeux, & à me détromper de ma premiere façon de penfer : » Monfieur, » il me femble que vous êtes un peu en colère. Nous fom-» mes dans un temps où la tranquilité eft un bien difficile » à acquérir : les plus fages uferont de filence & de patien-» ce, dans l'efpérance d'un meilleur fiécle : Et le Roi eft fi » bon & fi fage, que Dieu le deftine à être notre Reftau-» rateur. «

Depuis ce moment, voyant qu'il ne me reftoit plus d'autre incommodité de ma bleffure, que celle d'articuler difficilement, je commençai à remonter à cheval ; & fuivi de quelques cinquante Chevaux, je me mis à faire des courfes fur la grande route de Verneuil & de Dreux à Paris, pour reprendre l'habitude de mon ancien métier, auquel je fentois bien que j'allois me remettre tout de nouveau. Dans le fecond de ces voyages, un jour que je me promenois près de Dreux entre les Villages de Marolles & de Gouffainville, je fis rencontre de dix ou douze hommes de pied, qui fi-tôt qu'ils nous eurent apperçus, fe jetterent dans les Bois dont tout ce pays eft couvert. Je marchai promptement vers eux ; & j'en fis prendre deux, les feuls de toute la bande qui n'euffent point abandonné le grand chemin : c'étoit deux Payfans qui revenoient de Paris, où ils avoient vendu de la Volaille. Je les queftionnai : Ils me répondirent avec une grande ingénuité, qu'ils avoient coûtume de ne marcher que la nuit, pour éviter toutes les mauvaifes rencontres qu'on fait ordinairement fur cette route pendant le jour : mais qu'ils s'étoient enhardis cette fois, fe voyant en compagnie de neuf ou dix perfonnes, dont ils ajoûterent que deux ou trois étoient Domeftiques de MM. de Mercœur, de Médavy & de Vieux-pont.

Je n'en attendis pas davantage pour faire courir après ces trois hommes, dont le voyage myftérieux piquoit ma curiofité. Il fut impoffible de les joindre : Mes Gens fe faifirent feulement de deux autres hommes de la bande qui étoient de Verneuil, dont je ne pus rien tirer par menaces. Je pris un autre voie : Je leur donnai quatre écus d'or, &

LIVRE CINQUIEME.

leur en promis encore davantage, s'ils vouloient m'apprendre tout ce qu'ils ſçavoient de ces trois Domeſtiques. Ils me dirent de les ſuivre, & me menerent droit à un gros Chêne creux, & environné d'un buiſſon fort-épais, où ils me dirent que ces Valets s'étoient arrêtés, & avoient jetté dans le tronc de cet arbre les Papiers dont ils étoient chargés. En effet j'y trouvai deux boêtes de fer-blanc, & un ſac de coutil qui en paroiſſoient pleins. Je me conſolai d'avoir laiſſé échaper les Meſſagers; & après avoir ſatisfait ces deux hommes, je repris le chemin de Roſny, très-impatient d'ouvrir mes paquets.

Ils me parurent tels que je les ſouhaitois. Je trouvai d'abord force Commiſſions pour lever des Gens de guerre de la part du Duc de Maïenne : pluſieurs Lettres écrites de la propre main de ce Général au Duc de Mercœur, en chiffres. Des Piéces plus importantes attirerent bien-tôt toute mon attention : Elles concernoient le Tiers-Parti, dont on commençoit alors à faire du bruit ; & parmi celles-là je tombai ſur deux Mémoires qui me ſemblerent de la derniere conſéquence. Le premier étoit le Mémoire des demandes que le Préſident Jeannin (17) avoit faites à l'Eſpagne au nom du Duc de Maïenne ; & le ſecond renfermoit la réponſe faite à ces conditions par l'Archiduc Erneſt pour le Roi d'Eſpagne. Tous les diſcours qu'on pourroit faire ne ſçauroient auſſi bien inſtruire des deſſeins du Duc de Maïenne, de l'eſprit de la Ligue, & de la Politique de l'Eſpagne, que le contenu de ces deux Piéces : On ſera bien-aiſe d'en voir un Extrait.

Le Duc de Maïenne ſoûmettoit la Ligue au Pape, & la mettoit ſous la protection du Roi d'Eſpagne aux conditions ſuivantes, tant pour tout le Parti en général, que pour lui en particulier : Que le Roi d'Eſpagne fourniroit & entretiendroit au ſervice de la Ligue une Armée de ſeize mille Hommes de pied & trois mille Chevaux : ſur laquelle Armée il y auroit deux mille Fantaſſins & cinq cens Cavaliers François, dont lui Duc de Maïenne pourroit diſpoſer abſolument ; outre quatre mille autres Fantaſſins & cinq cens Chevaux, auſſi François, qui ſeroient uniquement

---

(17) René Jeannin, Baron de Montjeu, Préſident au Parlement de Dijon.

attachés à sa personne, & soudoyés par l'Espagne : Que le nombre de ces Troupes seroit augmenté selon le besoin, mais sans rien stipuler, & à titre de bienfait : Que le Duc de Maïenne commanderoit en Chef ces Troupes avec celles de tout le Parti, sous le Titre de Lieutenant Général de la Couronne, en attendant l'élection d'un Roi de France : Que cette élection se feroit dans une Conférence générale : c'est sans doute les Etats du Royaume dont on veut parler sous ce terme : Que jusqu'au moment où elle seroit faite & acceptée, on augmenteroit de moitié la pension que l'Espagne faisoit déja au Général ; c'est-à-dire que de trente mille livres par mois, elle seroit portée à soixante mille livres ; outre cent mille écus qu'on lui feroit toucher actuellement, & autres cent mille livres après la ratification du Traité ; & qu'en attendant, on commenceroit par le mettre en actuelle possession de la Bourgogne : Qu'après la nomination du Roi futur, le Duc de Maïenne seroit continué dans le Gouvernement de l'Etat, avec le Titre de Lieutenant-Général, & qu'il remettroit alors seulement aux Espagnols la Ville de Soissons : ce qu'il ne pouvoit faire auparavant, parce que c'étoit la seule Place de sûreté qu'il eût en France pour lui-même : Que s'il se trouvoit des obstacles insurmontables, soit à l'élection du Roi futur, apparemment de la part du Roi de Navarre, soit à l'envahissement ou à la conservation de la Bourgogne pour le Duc de Maïenne ; le Roi d'Espagne feroit à ce dernier pour dédommagement une pension annuelle de trois cens mille livres, qui pût lui tenir lieu des biens qu'il risquoit de perdre en France : laquelle pension ne pourroit lui être ôtée ni réduite, quelqu'accord qui se fît entre le Roi d'Espagne & le Roi de France reconnu, & passeroit à ses successeurs à perpétuité. Il étoit encore stipulé, Que l'Espagne éteindroit toutes les dettes du Duc de Maïenne, ou du Roi élu du consentement de cette Couronne, s'il étoit François : Qu'on donneroit pareillement des satisfactions convenables aux autres principaux Officiers de la Ligue : Elles n'étoient point exprimées ; soit que Maïenne ne songeât pas aux autres aussi efficacement qu'à lui-même ; ou qu'il crût que cet article ne souffriroit point de difficulté, parce qu'au défaut d'argent, il étoit facile de satisfaire les Seigneurs en Pensions, Dignités, ou Gouvernemens.

Telles étoient les demandes du Chef de la Ligue, dans lesquelles il ne s'étoit pas oublié, comme on voit. Pour tout cela il offroit au Roi d'Espagne outre la Couronne, qui quoiqu'il n'en fût rien dit, ne pouvoit regarder qu'un Prince de la Maison d'Autriche, puisque le Duc de Maïenne sembloit s'en exclurre lui-même ; il offroit, dis-je, certain nombre de Villes, dont le nom aussi bien que celui du Roi futur, étoit en blanc : celles que l'Espagne prendroit, devant être remises aux Catholiques François, sous la protection du Roi d'Espagne & du Duc de Maïenne ; le tout pour servir de sûreté & de caution à l'Espagne jusqu'à l'élection du Roi, sans en dire davantage : ce qui marque bien encore qu'on comptoit que cette Election dédommageroit suffisamment cette Couronne ; à moins qu'on ne cherchât par ce sous-entendu favorable à la flater de cet objet, pour en tirer un secours prompt & efficace. Ce qui fait naître ce soupçon, c'est l'attention à insister & à revenir souvent sur la Clause suivante : Qu'en attendant qu'on se fût déterminé à Madrid sur tous ces Articles (on donnoit pour cela le terme d'un mois), l'Espagne commenceroit toujours par envoyer un secours puissant dans la Bourgogne, qu'on disoit être en fort-grand danger. Pour hâter encore davantage les résolutions de cette Cour, le Duc de Maïenne qui dans tout ce Traité se montroit serviteur fidelle, quoiqu'un peu intéressé, de la Maison d'Autriche assûroit froidement que si l'on trouvoit ces conditions trop désavantageuses pour l'Espagne, elle pouvoit se tourner d'un autre côté que du sien ; & que las de porter ce fardeau, il ne demandoit pas mieux que de s'en décharger.

Mais il avoit beau feindre ; il avoit affaire à un Conseil qui ne prend pas facilement le change, & qui entend encore mieux ses intérêts. L'Archiduc répondoit à ce Mémoire au nom du Roi d'Espagne : Que Sa Majesté agréoit le Titre de Conservateur de la Ligue, & même vouloit bien qu'on le regardât comme le Chef de tout le Parti : Qu'on le trouveroit toujours prêt à accorder tous les secours de Troupes qu'on lui demandoit contre le Roi de Navarre,

& même plus qu'on ne lui en demandoit : car il confentoit d'envoyer dans la Picardie feule les dix-neuf mille hommes mentionnés plus haut ; il eſt aiſé de voir à quel deſſein cette Province confinant les Pays-Bas ; ſans ceux qu'il offroit de faire marcher en différens endroits du Royaume. Il ne paroiſſoit pas auſſi alarmé au ſujet de la Bourgogne, que l'étoit le Duc de Maïenne ; parce qu'apparemment le Conſeil d'Eſpagne pénétroit que ce Général demandant la joüiſſance de cette Province, il n'étoit pas fâché que toutes les Troupes y fuſſent employées : Sur cet Article on accordoit ſeulement dequoi lever mille Lanſquenets, & ſoudoyer trois cens Chevaux. On ajoûtoit pourtant, que ſi le fort de la Guerre tomboit ſur cette Province, Sa Majeſté Catholique ne refuſoit pas d'y envoyer des Troupes conſidérables : & ſans doute cette parole étoit ſincère.

Le Roi d'Eſpagne ne ſe montroit pas non plus ſi libéral à-beaucoup-près ſur le chapitre particulier de Maïenne : c'étoit de tous les Articles le plus réduit. On ne vouloit rien ajoûter à la penſion de trente mille livres par mois. On lui accordoit pour lui, & cela ſimplement pendant qu'il ſeroit en perſonne dans l'Armée, deux mille Fantaſſins & cinq cens Cavaliers : On gardoit un profond ſilence ſur tout le reſte. A l'égard des Places qu'on prendroit, l'Eſpagne conſentoit que le Duc gardât celles dont il s'empareroit, pourvû qu'elle en fît autant de ſon côté. Elle ne ſe départoit pas de la demande qu'elle avoit faite de Soiſſons, & vouloit abſolument avoir cette Ville pour garantie des avances qu'elle faiſoit dans cette guerre : Elle promettoit ſeulement de la rendre après l'élection du Roi. Cette nomination paroiſſoit encore douteuſe à l'Eſpagne, qui donnoit à entendre que ſi elle ſe faiſoit de manière qu'elle eût lieu d'en être ſatisfaite, on pouvoit alors tout attendre de ſa gratitude : mais auparavant on ne vouloit rien riſquer. On laiſſoit pour cet effet ſans réponſe tous les autres Articles ; & l'on y en ajoûtoit un nouveau : C'eſt que le Duc de Maïenne ſe déferoit de certaines Perſonnes, qui ſans doute n'appuyoient pas les intérêts de l'Eſpagne auprès du Général François. Le papier ne ſouffroit pas ces noms ; On les avoit, diſoit-on, déſignés de bouche à l'Agent du Traité. Voilà dans qu'elles qu'elles difpofitions étoit Sa Majefté Catholique, qui imitoit affez bien le Duc de Maïenne, en ce qu'elle fongeoit beaucoup plus à elle qu'à lui, & lui vendoit auffi cher fes fervices.

1592.

A cette lecture je fentis tout mon reffentiment s'éteindre. Ces Papiers étant d'une extrême importance pour le Roi, je ne perdis pas un inftant à me rendre à Compiègne. Je trouvai que le temps & l'abfence n'avoient rien altéré des fentimens de Henry à mon égard. J'eus une demi-heure de converfation fecrette avec ce Prince, à qui je dis en gros le fujet de mon voyage : la lecture des Papiers fut remife au foir de ce même jour. Tout le monde étant retiré de l'Appartement du Roi, j'y fus introduit, & y demeurai enfermé avec Sa Majefté, qui y appella Beringhen & Choirin pour déchiffrer les caractères de la plufpart de ces Piéces.

Nous apprîmes ce que c'étoit que ce Tiers-Parti dont on parloit fourdement. Il fe formoit au milieu de la Cour même fous les aufpices & par les idées de l'Abbé (18) de Bellozanne, des deux Durets, & je crois, de l'Abbé du Perron, toutes Créatures du Comte de Soiffons & du Cardinal de Bourbon, & particuliérement attachés à ce dernier : Il y a du moins toute apparence, que ces Perfonnes en furent les auteurs, & mêmes les uniques promoteurs dans le commencement ; mais dans la fuite MM. de Nevers, de Longueville, de Villeroi, d'O, & tout ce qu'il y avoit à la Cour de Catholiques qui fe piquoient d'être trop bons François pour fouffrir la Domination Efpagnole, & trop zélés Romains pour s'accommoder d'un Prince Proteftant, s'attachèrent à ce Parti. Depuis quelque temps le Comte de Soiffons s'étoit joint à ces Meffieurs : On difoit même qu'infidelle à fon ancienne Maîtreffe, il fut plufieurs fois fur le point de s'unir avec Mademoifelle de Longueville. Ils avoient pris le nom de Politiques, pour fe diftinguer des Royaliftes & des Ligueurs ; & pour montrer qu'ils alloient

---

(18) Jean Touchard, Abbé de Bellozanne. Louis Duret, Sieur de Chevry, Medecin ; & Charles Duret, Confeiller d'Etat, Intendant & Contrôleur-Général des Finances, Préfident de la Chambre des Comptes.

1592.

au bien de l'Etat & à la conſervation des droits de la Couronne, par-deſſus toute autre conſidération. Leur objet principal étoit d'exclurre également du Trône tout Prince étranger, le Duc de Maïenne & le Roi de Navarre. Le gros du Parti n'en ſçavoit pas davantage : Mais les Chefs qui étoient les maîtres du ſecret, ſongeoient de plus à ſe défaire des deux derniers par le fer ou par le (19) poiſon : après quoi ne rencontrant plus de difficulté, ils faiſoient le Cardinal de Bourbon Roi, (20) & lui obtenoient une Diſpenſe pour ſe marier avec l'Infante, afin ne pas mécontenter tout-afait l'Eſpagne.

En comparant ce projet avec celui de Jeannin dont on vient de voir le Mémoire, on ſera ſurpris que des Piéces ſi contraires les unes aux autres ſe trouvaſſent dans le même paquet. Sans en chercher la raiſon dans les ſecrets de la Providence, qui en préſentant au Roi du même coup tous les projets qui ſe tramoient contre ſa Perſonne, ſembloient l'avertir des juſtes meſures qu'il devoit prendre pour les prévenir ; je crois qu'on peut la trouver dans l'intérêt différent de toutes ces perſonnes, qui communiquant enſem-

Philippe-Emmanuel de Lorraine.

ble, & quelques-uns de fort-loin, tel que le Duc de Mercœur, ſans aucun motif commun que la haine qu'ils portoient au Roi, enfantoient mille idées chimériques, & ſe livroient à toutes les lueurs qui brilloient à leur eſprit, ſans avoir d'objet fixe & déterminé, que celui de donner l'excluſion au Roi de Navarre. Dans cette confuſion de ſentimens, il n'eſt pas étonnant qu'il ſe rencontrât des avis ſi oppoſés dans les moyens.

Je demeurai trois jours à Compiègne, ſouvent en conférence avec le Roi, qui ſe montroit ſenſiblement touché de l'attentat qu'on méditoit contre ſa perſonne ; parce qu'il ſe flatoit que ſa conduite auroit dû en étouffer l'idée. Il me renvoya à Mante, s'appercevant que les efforts que je faiſois pour parler dans ces entretiens pouvoient rouvrir mes bleſſures. Toutes les marques d'une confiance entiere &

---

(19) Cette accuſation ne ſe trouve dans aucun autre Ecrivain : elle eſt du nombre de celles que l'Auteur ne devoit pas avancer ſans y joindre la preuve.

(20) Il s'appelloit Charles : Il étoit le troiſieme des fils de Louis I. Prince de Condé, & d'Eléonor de Roye. Ses autres freres étoient Henry, Prince de Condé, François, Prince de Conty, & Charles, Comte de Soiſſons.

pleine de tendresse, je les reçus de ce bon Prince : La dernière chose qu'il me dit en partant, fut de bien observer tous les mouvemens de ses ennemis, & de me préparer en attendant qu'il prît lui-même le chemin de Mante, à lui donner de bons avis quand il y seroit arrivé ; parce qu'il vouloit bien me rendre le maître de la conduite qu'il devoit tenir dans une conjoncture si difficile. Il ne demeura en Picardie qu'autant de temps qu'il en fallut pour finir quelques arrangemens : après quoi il prit la route de Mante. Il choisit cette Ville par préférence à toutes les autres ; parce que par sa situation elle lui parut le séjour le plus propre à découvrir & déconcerter les différentes cabales de ses adversaires, dans un temps où les pratiques du Cabinet alloient vraisemblablement succeder aux fonctions militaires. Son Conseil y séjournoit déja ; & il y avoit fait venir Madame sa Sœur. Après la découverte que ce Prince venoit de faire des entreprises qu'on formoit contre sa vie, il y auroit eu une extrême imprudence à négliger toutes les précautions qui pouvoient l'assûrer. Il renforça sa Garde : Il logea dans Limay, qui est comme un Fauxbourg de Mante, un Corps de Troupes Angloises fort-affectionnées ; & prit le parti de tenir tout le monde pour suspect : ne voyant en effet presque personne dont il ne dût se défier, depuis qu'il s'étoit convaincu que des Gens qu'il admettoit dans ses Conseils, à sa table, à ses plaisirs, étoient capables de se porter aux plus violentes résolutions contre lui.

Si de toutes les faveurs que peut accorder un Prince aussi estimable par les qualités de son esprit que par ses grandes actions, les sentimens du cœur sont ce qui touche davantage un Homme d'honneur ; je dois beaucoup à ce Prince, qui m'honora particulierement de sa confiance, dans un temps où l'infidélité, la noirceur, la trahison, & tout ce que peut inspirer l'intérêt à des Sujets qui ont placé cette Idole à la place de l'amour de leur Roi, sembloient ne lui laisser d'autre parti à prendre que celui d'une réserve & d'une défiance générale. J'ai quelque chose de plus à dire : car pourquoi cacherois-je ce qui dans toute ma vie me paroît l'endroit le plus propre à m'attirer l'estime des personnes véritablement vertueuses ? C'est dans cette conjoncture si délicate, que ce Prince voulut bien s'abandonner à moi, & me confier son sort & sa Couronne; (21) car il ne s'agissoit pas d'un moindre objet : Persuadé sans doute que le conseil d'un homme plein d'un sincère attachement, & s'il m'est permis de me servir de ce terme, d'une amitié véritable, doit l'emporter sur la pénétration d'esprit & d'habileté, lorsqu'on n'y joint qu'une fidélité douteuse. Rien ne m'a jamais fait sentir un plaisir si pur & si noble, que l'honneur d'un pareil choix : Mais après m'y être livré quelques momens tout entier, j'envisageai la pésanteur du fardeau dont je me sentis charger ; & je tremblois au milieu de ma joie, que ma foiblesse & mon incapacité n'allassent m'engager dans quelque fausse démarche qui nuisît, non pas à moi ; je

(21) Si nous en croyons M. De-Thou, Gaspard Schomberg, Comte de Nanteuil, Loüis de Revol, Secretaire d'Etat, & lui-même eurent une grande part dans le parti que prit Henry IV. de changer de Religion. Aucun Historien n'a pu nous désigner nommément celui qui frappa ce grand coup. Ils ne paroissent pas même avoir songé à M. de Sully : Ce qui n'ôte rien à la force des preuves qui établissent dans tout cet endroit de ses Mémoires, que c'est principalement, & même en quelque maniere à lui seul, que l'honneur en est dû. Tacite a dit d'un des principaux Ministres d'Auguste, que ce Prince après lui avoir ôté la réalité de la faveur, lui en laissa encore l'apparence. C'est ici tout le contraire : Le Duc de Sully en avoit déja tout l'essentiel auprès d'Henry IV. qu'on ne s'avisoit pas seulement encore de l'en soupçonner : Et ce qu'on trouvera de plus singulier dans l'Histoire de l'un & de l'autre, c'est que long-temps après que cette faveur se fut déclarée par les principaux Emplois & les premieres Places qu'on vit le Ministre occuper, & même jusqu'à la mort de Henry, ils demeurerent ensemble dans ces termes de la plus exacte circonspection par rapport au Public ; pendant que dans le particulier la familiarité & la confiance n'ont peut-être jamais été portées plus loin entre un Roi & son Sujet. Voilà comment il est arrivé que dans quelques Histoires de Henry le Grand, dont les Auteurs, sans pénétrer jusques dans le Cabinet, se sont contentées de ne représenter que la face extérieure & publique des affaires, le nom de Rosny ne se trouve point ; & celui de Sulli si connu pour les personnes bien instruites, assez rarement, vû le personnage qu'a joué M. de Sully dans les dix ou douze dernieres années de la vie de ce Prince. Tout incompréhensible que paroît cet air de reserve & de mystere ; qu'on examine profondément la conjoncture de ces temps-là, & avec cela la Religion du Duc de Sully ; on découvrira sans peine les sujets qu'ont eu ce Roi & ce Ministre d'en user de la sorte, & même de ne point se départir de cette conduite jusqu'à la fin. Ce n'est pas là un des moindres traits de l'habileté & de la prudence de ces deux Grands Hommes. J'ai crû nécessaire de faire cette remarque une fois pour toutes : " Il " y avoit long-temps ', dit l'Historien Matthieu, tom. 2. pag. 278. " que Rosny étoit entré en part des " grandes affaires du Roi : Il fut em- " ployé aux plus confidens du temps " de Henry III. " &c.

crois que dans ces occasions c'est à soi que l'on songe le moins; mais au Prince qui se reposoit sur moi.

De ce moment, toutes les précautions que prenoit le Roi pour sa Personne, je les pris pour le conseil que j'allois lui donner. Je m'y préparai par les réflexions les plus profondes sur l'état des Royaumes voisins en général, & sur celui de la France, des Partis qui la divisoient, & du Roi en particulier. Je considérai que si dans des emplois pareils au mien, on ne fait point de fautes, même innocemment, sans mériter quelques reproches; il n'en est point qu'on ne s'attire, lorsque celles qu'on y fait viennent de ce qu'on s'y est comporté avec passion. Cette réflexion me porta à étudier profondément mes penchans & mes dispositions; & me convainquit de la nécessité de commencer par forcer mon cœur à se vaincre & à s'oublier lui-même. Un retour sérieux sur ma conduite passée, me fit appercevoir de l'injustice dans les plaintes fréquentes qui m'étoient échappées contre le procédé du Roi à mon égard & à celui des Protestans. J'en cherchai le principe, que j'eus bien-tôt trouvé dans le préjugé ordinaire, qu'on ne se rend digne de la Religion que l'on professe, qu'en comptant pour rien la cruauté, la perfidie, le parjure, pourvû qu'on la fasse triompher. Je me dépouillai de cette idée aussi injurieuse à l'Auteur de la Religion, que préjudiciable à la Religion qui se sert de ces indignes moyens : Et l'on me croira aisément, lorsque j'avance qu'il n'y eut rien dont je me défasse aussi fortement, que des piéges que pouvoit me tendre le zèle trompeur de la Religion; si l'on fait attention à la nature du conseil que je pris sur moi de donner au Roi.

Lorsque je me fus ainsi assûré de moi-même, je craignis moins de porter mes regards dans ce cahos inpénétrable d'intérêts différens, & de sonder un avenir qui n'offroit de toutes parts qu'un affreux précipice. Falloit-il éterniser les maux de la France, en mettant aux mains, peut-être pour plus d'un siecle, deux Partis de Religion alors à peu-près égaux? Falloit-il qu'un Prince qui méritoit si bien d'être heureux, consumât sa vie entiere au milieu des horreurs de la Guerre, qui jusques-là ne l'avoit pas laissé respirer un moment, & lui préparoit, si je le déterminois de ce côté, des travaux infiniment plus grands encore que tout ce qu'il avoit essuyé? D'autre part: devois-je exposer le Corps entier des Réformés en France, qui cherchoit la paix & la justice, à être la victime d'une Politique toute humaine, & les mettre aux pieds de leurs plus cruels ennemis? Dans l'incertitude du sort des Armes, & d'un moment qui pouvoit terminer tout d'un coup les jours du Prince, devois-je amener les choses au point, que peut-être la France en proie à l'Espagne & à tous ses voisins, ou déchirée par mille Tyrans, perdit en un moment la gloire de son nom, l'éclat de sa Monarchie & la succession de ses Rois? Que de périls dans la Guerre! Que de piéges dans la Paix? Que de sujets de craindre de tous côtés! Et comment prendre une résolution, frappé de tant de dangers presqu'inévitables?

Le plus grand de tous étoit encore sans difficulté de n'en point prendre. Enfin je crûs que tout bien examiné, il falloit préférer le parti qui arrêtoit la Guerre Civile, redonnoit le calme à la France, la soûmettoit à un bon Roi, la mettoit en état de se venger des Ennemis étrangers; c'està-dire, celui qui détournoit le plus d'inconveniens présens, & offroit la ressource du temps pour remédier à ceux qu'on pouvoit craindre: En un mot je resolus de porter le Roi à embrasser la Religion (22) Romaine, & de l'y préparer peuà-peu. Je sçavois bien que je mécontentois par-là deux sortes de Personnes, les Protestans voisins de la France, & les Calvinistes François: Mais pour les premiers, la France une fois unie ne peut-elle pas se passer de tout secours étranger? Quant aux seconds, ne pouvoit-on pas leur accorder des avantages, qui leur fissent voir ce changement sans murmurer? A l'égard de tous les deux, je comptois sur la reconnoissance, qu'un Prince tel que Henry ne pouvoit manquer d'avoir pour des personnes, à qui il avoit les plus essentielles obligations.

Voilà de quoi je m'occupai uniquement depuis l'instant où je partis de Compiègne: & j'étois encore absorbé dans ces réflexions, lorsque le Roi arriva à Mante. La première chose qu'il fit, fut de me faire dire d'aller le trouver avec les pré-

(22) Donc le Duc de Sully trouvoit dans la Religion Catholique autant d'avantage pour le salut que dans la Protestante.

cautions ordinaires : Jaquinot me conduifit dans fa chambre avant le jour ; & nous entrâmes auffi-tôt en matiere. Henry qui de fon côté avoit fait mille réflexions fur la fituation embarraffante où il fe trouvoit, commença par m'en faire un portrait au naturel : Intérêts inconciliables dans les Princes & les Grands du Royaume ; haine entr'eux & contre lui ; mutinerie & défobéïffance dans tous les Efprits ; pareffe dans les Etrangers alliés ; animofité & brigues de la part des ennemis ; trahifons au-dedans ; violence au-dehors ; précipices & écueils de toutes parts ! La fin de ce difcours pathétique fut de demander quel remede je connoiffois à tout cela.

 Je répondis au Roi, Que fans prétendre lui donner aucun confeil, je voyois fimplement trois partis à prendre, fur lefquels c'étoit à ce Prince à fe déterminer : Le premier, de fatisfaire tout le monde à fes propres dépens, ou pluftôt aux dépens de l'Etat : Le fecond, de ne fatisfaire perfonne, en cherchant à emporter tout de haute lutte : Le troifieme qui tient le milieu entre les deux, de faire tomber tous les obftacles qu'on oppofoit à fon Avénement à la Couronne, en fe faifant Catholique. Le Roi reprit la parole, & me dit que ce que je lui difois n'étoit rien moins qu'un avis : il me commanda de lui dire nettement ce que je ferois, fi j'étois en la place. Je cherchai à le lui faire entendre, en reprenant l'un après l'autre les trois moyens que je venois de mettre en avant. Je lui fis envifager qu'en fuivant le premier, il fe réduifoit lui-même à rien ; & que s'il falloit remplir l'avidité de l'Efpagne & des Ligueurs François, à peine d'un fi grand Royaume lui refteroit-il un petit nombre de Provinces. Sur le fecond, je lui repréfentai que fi-tôt qu'il auroit donné occafion de croire qu'il s'en tenoit uniquement aux droits que fa naiffance lui donnoit fur la Couronne, l'abandon de tous les Catholiques, & le déchaînement d'un peuple d'ennemis au-dedans & au-dehors du Royaume, lui attireroient un orage terrible : L'inconftance de la Fortune & les revers ordinaires de la Guerre, quoique ce Prince ne les eût point éprouvés, trouverent leur place dans cette réflexion. Je ne parlai du troifiéme parti, que pour dire au Roi qu'étant Proteftant moi-même, je ne pouvois lui rien dire fur ce fujet.

1592.

A mesure que je parlois, je voyois que l'esprit du Roi se frappoit de plus en plus de l'embarras où la conjoncture présente le jettoit; je m'attendois que ce seroit la vûë de tous ces obstacles, qui le meneroit au point où je voulois qu'il arrivât. J'étois sûr quant au premier de ces trois partis, que Henry n'y pensoit seulement pas. Je le connoissois trop bien, pour croire qu'il fût capable de se porter à un accommodement, qui ne le laisseroit Roi qu'en peinture, sujet ou dépendant de l'Espagne, ou réduit enfin à une petite partie de la France : Aussi son embarras ne rouloit que sur les deux autres; D'un côté, disoit-il, en demeurant dans sa Religion, il voyoit ligués contre lui les Princes de son Sang, tous les Grands du Royaume, & ceux qui étoient à la tête des affaires & des Finances, comme MM. d'Epernon, de Nevers, de Longueville, de Biron, d'O, de Rieux (23), de Villeroi, de Manou, de Châteauvieux, de Vitry, d'Entragues, de Sourdis; le détail en seroit trop long. Il les voyoit prendre le parti, ou de faire un Corps contre lui indépendant de la Ligue, ou ce qui étoit plus vrai-semblable & aussi plus dangereux, de s'unir avec la Ligue : & de concerter ensemble les moyens de lui fermer tous les chemins au Trône. De l'autre, il s'objectoit les plaintes des Ducs de Bouillon & de La-Trémouille, & les cris de tant de Protestans qu'il alloit abandonner; eux qu'il avoit tant aimés, & dont il avoit tiré si longtemps son unique secours. Il se les representoit passant du mécontentement à la résolution que fait prendre le desespoir d'être sacrifiés par un Prince ingrat, se choisissant un Chef, se cantonnant en France, & l'obligeant à tourner ses Armes contr'eux : & il finit par ces paroles : ,, Non je ne sçau-,, rois les maltraiter, ni leur déclarer la guerre; je les aimerai ,, toujours. ,,

Je me sentis pénétré de ces paroles, qui marquoient un naturel & un retour si rares dans le cœur des Souverains; Je l'en remerciai au nom de tous les Protestans, en mettant un genou en terre, & en lui baisant la main. Ce que ce Prince opposoit

(23) René de Rieux, Sieur de Sourdeac. Jean D'O, Seigneur de Manou, frere du Sur-Intendant. Louis de L'Hôpital, Sieur de Vitry. François de Balzac, Sieur d'Entragues. François d'Escoubleau, Marquis de Sourdis. Joachim de Châteauvieux.

(24) Joignez

LIVRE CINQUIEME. 257

1592.

poſoit à ſon changement de Religion, & la maniere dont il le faiſoit, étoit préciſément ce qui diſſipoit ma crainte, & me confirmoit qu'on ne trouveroit point ailleurs le remede aux malheur préſens. Je repris la parole & je lui dis, Que MM. de Bouillon & de La Trémouille, & tout ce qu'il y avoit de Perſonnes de mérite & de diſtinction dans le Parti Calviniſte, ne ſeroient point aſſez déraiſonnables pour s'armer contre lui, pour un parti embraſſé par la ſeule néceſſité; lorſqu'on continuëroit à les traiter avec tous les égards dûs à leurs perſonnes & à leurs ſervices : Et achevant d'expliquer au Roi tout ce que je penſois à ce ſujet, j'ajoûtai, Que le fond de toutes les Religions qui croient en Jeſus-Chriſt étant eſſentiellement le même, c'eſt-à-dire, la foi des mêmes Myſteres, & la même croyance ſur la Divinité ; il me ſembloit que devenir Catholique de Proteſtant qu'on étoit auparavant ou Proteſtant de Catholique, c'étoit moins changer de Religion, que ſuivre pour l'intérêt de (24) la Religion même, ce que la Politique a jugé à propos d'y mettre de différence : Mais que quand je me tromperois dans cette idée, il étoit toujours inconteſtable, qu'embraſſer la Religion Catholique n'entraîne point la néceſſité de perſécuter toutes les autres : Au contraire, que peut-être Dieu amenoit le Roi à ce changement, pour donner à l'Europe un ſpectacle nouveau, & plus digne de la Religion elle-même : qu'il y avoit aſſez long-temps, que la différence des Religions donnoit en France les Scenes les plus tragiques : Qu'elle étoit une ſource

(24) Joignez à ces paroles du Duc de Sully ce qu'il vient de dire quelques pages auparavant, & ce qui eſt marqué plus haut, lorſqu'il parle du devoir & de l'autorité des Rois en matiere de Religion : vous conclurrez qu'il étoit Calviniſte mitigé, indifférent à toutes les Religions qui conviennent dans les Articles fondamentaux. C'eſt ainſi qu'en parle l'Auteur du Diſcours manuſcrit que j'ai cité dans la Préface de cet Ouvrage ; & c'eſt même la principale des raiſons par leſquelles il juſtifie M. de Sully d'avoir donné à Henry IV. un Conſeil, qui ſans cela s'accorderoit aſſez mal avec les loix de la conſcience & de la droiture naturelle : » Dans la créance où il ſe trou- » voit, dit-il, parlant de M. de Sul- » ly, qu'il ne pouvoit auſſi faci- » lement faire ſon ſalut dans notre » Religion comme dans la ſienne, » ce n'a pas été beaucoup hazarder » ſa conſcience que de lui perſuader » ce changement ; & c'étoit au con- » traire ſervir l'Etat, voires toute la » Chrétienté très-notablement, ſans » intéreſſer ſa réputation. « Heureuſement Henry le Grand ne prit point de ſon Miniſtre ce ſentiment d'Indifférence, comme il l'avouë lui-même très-ſincérement.

Tome I.   K k

de calamités & de défordres, par l'averfion qu'on infpiroit au peuple contre ceux qui étoient d'une croyance differente de la fienne: ce qui fe pratiquoit également de la part des Catholiques & des Proteftans: Qu'il pouvoit remèdier à un mal fi dangereux, en uniffant ceux qui profeffoient les deux Religions par les liens de l'amitié & de la Charité Chrétienne; ou fi cette entreprife étoit impoffible, en leur prefcrivant du moins des regles fi juftes, que les deux Partis fuffent contens de ce qui leur feroit accordé. J'attendris ce Prince par la feule idée de rendre fa mémoire éternelle, en rétabliffant dans un Royaume défolé le calme, la fécurité & l'abondance; & de mériter par l'ufage des talens qu'il avoit reçus du Ciel, l'honneur d'avoir rendu la France heureufe, après qu'on avoit defeferé d'elle, & regardé fes plaies comme incurables. Je fuis fûr que ce motif l'intéreffa plus que celui de fon repos: Je ne l'oubliai pas pourtant; & je fis convenir tacitement Henry, qu'après avoir pour ainfi dire épuifé la Guerre, fon cœur redemandoit de lui-même une fituation moins bruyante & plus tranquile.

La plus forte preuve qu'en cette occafion je parlois pour la raifon & la juftice, c'eft que le Roi, qui par un heureux caractère d'efprit fentoit d'abord tout le vrai & le faux de ce qu'on lui difoit, m'avoua que toutes mes paroles lui avoient été jufqu'au fond du cœur: Il ajoûta qu'il y réflechiroit encore profondément; mais qu'il croyoit qu'il ne fuivroit point d'autre confeil. En effet au bout de trois jours fon parti fut pris; & il ne s'appliqua plus qu'à applanir les difficultés qui reftoient. Les unes le regardoient lui-même: Car comme la droiture & la fincérité faifoient le fond de fon cœur, de même qu'elles étoient dans toutes fes paroles; je fuis perfuadé que rien n'auroit été capable de lui faire embraffer une Religion qu'il eût méprifée intérieurement, ou dont il eût feulement douté. Un Prince qui n'avoit jamais trompé les hommes, étoit bien éloigné de vouloir tromper Dieu.

Les autres obftacles regardoient les principaux Chefs du Parti Proteftant, que cette feule propofition ne manqueroit pas de revolter, autant par crainte que par point d'honneur. Il les fit tous affembler; & adreffant la parole aux plus diftingués d'entr'eux, qui étoient MM. de Bouillon, de Sancy,

LIVRE CINQUIEME.

1592.

Du-Plessis, de Salignac, de Morlas, de Constans & Salettes (25) j'étois aussi présent, il leur dit, dans l'intention de les fonder : Qu'il les avoit fait assembler, pour sçavoir leur sentiment sur ce qu'il avoit à leur communiquer : Qu'il avoit reçu des avis certains que Bellozanne & les deux Durets, Agens du Tiers-Parti, avoient eu une entrevûë avec Villeroi (26) & Jeannin ; & qu'ils étoient convenus d'unir contre lui toutes les forces de la Ligue & des autres Catholiques : Qu'il touchoit au moment dont les Catholiques l'avoient si souvent menacé : Qu'ils alloient l'abandonner unanimement : Que le projet commun étoit de placer sur le Trône le Cardinal de Bourbon, de lui faire épouser l'Infante d'Espagne, & de tenter par toutes sortes de moyens de se défaire de sa personne : Qu'à la vérité le Cardinal s'étoit montré fort-éloigné de cette derniere proposition ; mais qu'il y avoit toute apparence qu'il y donneroit enfin les mains, lorsqu'on lui auroit fait comprendre qu'il n'y avoit pas d'autre

---

(25) N. Salettes étoit Président du Parlement de Pau, & Conseiller d'Etat de Navarre. Morlas étoit son fils naturel, Conseiller du Conseil Privé & d'Etat, & Sur-Intendant des Magazins de France : Ils se convertirent tous deux. Henry IV. apprenant la mort de Morlas, qui étoit un homme de grand mérite, dit : » J'ai perdu un des meilleurs enten- » demens de mon Royaume. « *Chronol. Novenn. liv. 7. pag. 545.*

(26) Après avoir soigneusement recueilli tout ce qui est dit dans les plus judicieux de nos Ecrivains sur ces deux hommes, dont le Duc de Sully parle si peu avantageusement dans mille endroits de ses Mémoires ; je crois pouvoir avancer avec certitude, que leur grand & unique objet fut d'un côté, de sauver la Religion en France, en excluant du Trône le Roi de Navarre, tant qu'il n'abjureroit point le Calvinisme, ou plustôt en le forçant à abjurer ; & d'empêcher de l'autre, l'effet de la Politique Espagnole qui tendoit, ou à enlever la Couronne à la Maison Royale, ou à démembrer le Royaume. Ces vûës sont clairement prouvées par la conduite de Villeroi dans les Conférences auxquelles il assista ; par les Conseils qu'il donnoit fréquemment au Duc de Maïenne, de se défier du Conseil de Madrid ; par la réserve que ce Chef de la Ligue avoit à lui communiquer ses desseins secrets ; par le détail des Négociations du Président Jeannin en Espagne ; par la maniere dont ils se comporterent l'un & l'autre aux Etats de Paris ; & peut-être mieux encore, par la haine que les Seize leur portoient. Leur prudence, leur sang froid, & leur talent décidé pour les Affaires, les rendoient l'ame du Parti, & on peut le dire, malgré le Parti même. Sans eux ce Parti possédé d'une passion aveugle & furieuse auroit précipité l'Etat dans des malheurs irrémédiables. Consultez l'Histoire de *Matthieu*, t. 2. pag. 66, 69, 86. &c. La *Chronol. Novenn. liv. 2. &c. De Thou*, les *Mém. de Nevers*, les *Mém. de Villeroi, passim*, & autres. Voyez aussi ce que nous avons dit sur cet article dans la Préface de cet Ouvrage.

K k ij

moyen de s'aſſûrer la Couronne : Qu'il les prioit de lui dire naturellement ce qu'ils penſoient qu'il y eût à faire ſur tout cela, & particulierement ſur la déſertion des Catholiques, qui alloit mettre ſon Parti aux abois.

Il parut bien par la rumeur & le trouble que cette déclaration jetta dans l'Aſſemblée, que tous ceux qui la compoſoient, ſans rien prévoir ni ménager, ſans point fixe, & même ſans aucun véritable attachement au Roi, n'avoient pour ainſi dire ſongé juſques-là qu'à vivre au jour la journée ; qu'à pouſſer le temps, & tirer parti des talens de leur Maître pour la Guerre. Ils ne purent jamais s'accorder, ni former un avis ſuivi. On ne ſçavoit s'il falloit ſouhaiter la paix, ou continuer la guerre. L'un diſoit qu'il n'y avoit rien à faire qu'à ſe remettre en campagne, & riſquer le tout pour le tout. L'autre s'imaginoit qu'en arrêtant huit ou dix des principaux Catholiques qui n'étoient point encore ſur leurs gardes, ſur-tout les auteurs du projet, on le feroit avorter. D'autres plus moderés, ou peut-être ſeulement plus incertains, ſe retranchoient à dire qu'il falloit négocier & chercher des accommodemens, ſans pouvoir dire comment. Je ſaiſis cette ouverture ; & en la fixant à quelque choſe de raiſonnable, je fis prévaloir l'avis de la Négociation. On n'ignoroit pas que j'avois quelque crédit ſur l'eſprit de M. le Comte de Soiſſons, & un libre accès chez le Cardinal de Bourbon. Ce Cardinal diſoit ſouvent en public, que quoique je fuſſe Huguenot, il n'y avoit perſonne pour qui il ſe ſentît autant de penchant que pour moi. J'offris d'employer ma médiation auprès de ces deux Princes, & de les engager à fermer les yeux aux perſuaſions des ennemis du Roi : Et pour y réüſſir plus ſûrement, je promis de travailler à gagner leurs Créatures & leurs Conſeillers, ſur-tout l'Abbé de Bellozanne, les Durets confidens du Comte de Soiſſons, & une Madame des Roſieres, bonne amie du Cardinal.

Perſonne ne contredit cette opinion ; ſans doute parce que les Proteſtans qui avoient entendu la déclaration, ſe ſentant trop foibles pour recommencer actuellement les hoſtilités, ils ne virent rien de mieux à faire pour le temps préſent. Le Roi ne fut pas fâché de ſon côté, que l'avis unanime des Proteſtans lui fît rechercher les Princes du Sang, & lier commerce avec les Catholiques de la Ligue. Je me mis à travailler suivant mon plan; & je commençai par l'Abbé de Bellozanne. Je sçavois que la jalousie le rendoit l'ennemi secret des Durets : Je crus qu'en le prenant de ce côté, en fortifiant sa haine, & en le flatant d'un premier rôle dans les affaires, j'en viendrois à bout. Je débutai par lui dire, Que je venois le remercier de la part du Roi, de ce qu'il s'étoit si généreusement opposé en sa faveur aux entreprises des Durets : ce qui ne pouvoit partir que d'un fond de droiture & de bonne volonté pour le Roi, dont Sa Majesté, quoiqu'elle le connût peu, lui tenoit tout le compte qu'elle devoit, jusqu'à ce qu'elle fût en état de lui donner des preuves plus sensibles de son affection : Ce qu'elle feroit certainement, en lui procurant le Chapeau de Cardinal, ou du-moins en lui donnant un des plus riches Bénéfices du Royaume, si-tôt que ces graces seroient en son pouvoir, par le changement de Religion auquel elle touchoit de fort-près.

Ce début qui flatoit extrêmement la vanité du personnage, me donna sujet d'entrer comme sans dessein dans les secrettes démarches des Durets, que je feignois de sçavoir fort-positivement, afin de les apprendre de lui-même, & de le porter à s'y opposer encore plus fortement. En effet à peine eus-je lâché quelques paroles sur ce sujet, que mon homme cédant à son penchant, tomba sur les Durets, & en dit tant de mal, qu'il me jetta dans l'autre extrémité de croire que sa haine les lui faisoit accuser faussement. L'idée du Chapeau & de l'Evêché produisant son effet, Bellozanne feignit de sentir pour le Roi le zèle que je lui attribuois moi-même par pure feinte : Il ne tint pas à lui que je ne crusse qu'il s'étoit opposé aux violentes résolutions des Catholiques, dont il m'apprit chemin faisant toute l'intrigue & le but. Je me flatai quelque temps d'avoir gagné cet homme au Roi : mais les fourbes reviennent bien-tôt à leur caractère : Il ne m'en eut pas si-tôt fait la protestation, qu'il alla en faire une toute contraire au Cardinal de Bourbon, ensuite à Villeroi & à Jeannin, auxquels il redit d'un bout à l'autre toute la conversation qu'il venoit d'avoir avec moi. S'il se trouva bien de sa trahison, par le nouveau dégré de faveur où elle le mit; je trouvois de mon côté qu'elle servoit peut-être mieux le Roi, que ne l'eût pu faire son secret. Outre que par-là j'avois trouvé moyen d'instruire ces Messieurs de la disposition prochaine du Roi à embrasser leur Religion : ce qui les ramenoit intérieurement vers ce Prince, sur-tout le Cardinal, plus épris de la Religion que de la Couronne ; l'indiscrétion de Bellozanne produisoit encore un autre effet, c'est de leur donner envie de se supplanter les uns les autres dans l'acquisition des bonnes graces du Roi. Je pardonnai donc de bon cœur à Bellozanne sa duplicité ; & j'en tirai même un troisieme fruit par rapport aux Durets.

Ceux-cy sentant que les nouveaux secrets dont Bellozanne s'étoit fait honneur auprès de ses Patrons, lui avoient donné une nouvelle pointe de faveur, n'en furent que plus disposés à écouter les propositions que j'allai leur faire ensuite. Je leur dis, Que le Roi piqué de la fourberie de Bellozanne (ce qui ne laissoit pas d'être, parce qu'il l'avoit poussée jusqu'à donner de l'ombrage aux Protestans) ne vouloit plus entretenir aucun commerce avec cet homme sans foi ; & qu'il étoit disposé à faire par leur canal toutes les démarches qu'il auroit à faire dans la suite. Je leur gardois une Piece, dont j'étois sûr que la communication produiroit un merveilleux effet ; c'est le Projet d'accommodement de la Ligue avec l'Espagne, & la réponse en conséquence, dont ils n'avoient eu aucune connoissance, & que je leur montrai en ce moment. Ce trait les terrassa ; ils se crurent méprisés ; Ils jugerent le projet assez raisonnable, pour avoir lieu de craindre qu'il ne s'éxécutât, & n'emportât la décision des affaires, sans qu'ils y eussent contribué en rien : ce qui est pour ces sortes de gens le coup le plus accablant. Ils ne balancerent pas à m'offrir avec ardeur leurs services pour le Roi. Le changement de Religion que je leur avois aussi insinué, leur paroissant applanir toutes les chicannes qu'on faisoit à ce Prince ; ils furent ravis d'être les entremetteurs d'un projet, dont ils trouvoient l'invention plus heureuse, que celui qui avoit été proposé à l'Espagne par le Duc de Maïenne. Pour mieux dire, il ne leur en restoit point d'autre à suivre, après la Victoire que Bellozanne venoit de remporter sur eux. Effectivement ils garderent mieux le secret, & s'employerent assez utilement.

LIVRE CINQUIEME.

Je me tournai ensuite du côté de l'Abbé Du-Perron (27), qui par son caractere, sa réputation, son éloquence, pouvoit plus auprès du Cardinal de Bourbon, lorsqu'il s'agissoit de lui faire prendre ou quitter une résolution, que toutes les finesses de Bellozanne & des Durets. Nous nous connoissions depuis long-temps; & il m'avoit quelqu'obligation. Je concertai mon discours, comme ayant affaire à un homme pour lequel l'éloquence, les grandes idées & les raisonnemens (28) profonds avoient de puissans charmes; & j'y fis entrer autant & plus de Politique & de vûës humaines que de Religion. Mon Frere le Gouverneur de Mante fut présent à cette conversation; où après avoir glissé mes discours ordinaires sur la future Abjuration du Roi, j'entrepris de prouver à Du-Perron qu'à l'Espagne près & quelques brouillons en France, l'intérêt & l'avantage non-seulement de la France, mais encore de toute l'Europe, étoit que le Roi de Navarre fût élevé au Trône, & qu'il possedât le Royaume dans la même étenduë, & avec le même pouvoir qu'en avoient joüi les Rois ses prédécesseurs.

Je commençai par le Pape. Je dis à Du-Perron, Que lui qui avoit une si parfaite connoissance de la Cour de Rome, sçavoit mieux que personne, que Clement VIII. qui siégeoit alors, n'étoit ni si violent que Sixte V, ni si changeant que Gregoire XIV: Que ce Pape consideroit les affaires présentes de l'Europe & de la Chrétienté, d'un esprit net & impartial: Que son intention n'étoit point qu'en rompant l'équilibre nécessaire entre les deux Maisons de Bourbon & d'Autriche, la France se trouvât assujettie à l'Espagne; parce qu'il n'ignoroit aucune des vûës de celle-ci pour la Monarchie universelle: Qu'en cela, outre l'intérêt de Pere commun des Catholiques, le Pape trouvoit son intérêt temporel en particulier; parce que l'Italie & le patrimoine de Saint Pierre suivroient de près le sort de la France & des autres Royaumes; & que le Pape couroit risque un jour de se voir réduit à la simple qualité de Chapelain des Rois d'Espagne:

1592.

---

(27) Jacques Davy Du-Perron, depuis Evêque d'Evreux, & ensuite Cardinal; il en sera encore parlé.

(28) Ce jugement du Duc de Sully sur le Cardinal Du-Perron, paroît plus juste que celui de Joseph Scaliger, qui ne le traite que de babillard, *locutuleius*, ou, *locutu levis*.

Que Sa Sainteté penſoit d'ailleurs trop ſenſément, pour ne pas tendre les bras au Roi, dès qu'il témoigneroit vouloir ſe rapprocher d'elle; ſans ſe ſoucier de ce grand terme de Relaps, dont on cherchoit à éblouïr les ſimples.

Ma propoſition ſouffroit bien moins de difficulté encore par rapport aux autres Tetes Couronnées de l'Europe. Je ne m'y arrêtai que bien peu, pour mettre la converſation ſur l'Eſpagne. Je demandai à l'Abbé Du-Perron s'il ne croyoit pas auſſi bien que moi, que ces fins Politiques qui étoient l'unique cauſe des troubles qui agitoient la France, commençoient à déſeſperer de voir réüſſir ce brillant projet qu'ils s'étoient formé de conquérir toute la France: & cela ſur la connoiſſance qu'ils avoient, tant du Roi & des Proteſtans qui lui étoient attachés, que des Catholiques François. Le Roi d'Eſpagne avoit-il jamais pu ſe mettre ſérieuſement dans la tête de faire de la France une Province Eſpagnole; & ſe flater que ſa domination pût jamais être du goût d'un Peuple, de tout temps l'émule & l'ennemi de l'Eſpagne ? Sur tout cela on avoit alors bien plus que de ſimples ſoupçons. Le Roi d'Eſpagne agiſſoit viſiblement, comme ſentant parfaitement que les Ducs de Maïenne, de Guiſe & de Mercœur cherchoient à le prendre pour dupe: il ne penſoit pas mieux des Ducs de Savoie & de Lorraine, qu'il voyoit ſe ſervir de ſes Troupes & de ſon argent, ſans en avoir plus d'égards pour lui. Une preuve bien convainquante que Philippe étoit dans tous ces ſentimens, étoient les propoſitions ſécrettes qu'il avoit fait faire & renouveller tant de fois au Roi, par D. Bernardin de Mandoce, le Commandeur Moreau & le Comte de Taxis: C'eſt qu'au fond ce Prince voyant que tout ce qu'il pouvoit prétendre des troubles de France, ſe réduiroit au plus à deux ou trois de ſes Provinces, il lui importoit peu de qui il les obtînt, du Roi ou de la Ligue. Il eſt vrai qu'en partageant la France avec les Chefs de la Ligue, il ſe donnoit de grandes eſpérances d'attirer un jour tout à lui, en attaquant ſéparément tant de petits Rois: mais il achetoit actuellement bien cher cette eſpérance, par l'épuiſement de Troupes & d'argent où le jettoit l'avidité de la Ligue: Et pour peu que le Roi ſoûtint long-temps la guerre, Philippe ſentoit qu'il ſe verroit peut-être obligé de retirer tous les ſecours qu'il donnoit en

France;

France ; n'en ayant pas trop pour lui-même en Flandre, où 1592. la guerre ne faisoit que s'allumer de plus en plus.

Comme je m'apperçus que Du-Perron m'écoutoit attentivement, & sembloit tomber intérieurement d'accord de tout ce que je lui disois; je ne quittai pas si-tôt le chapitre de l'Espagne. Je lui dis, Qu'il n'y avoit aucune apparence que tant de braves Gens, si amateurs de leur liberté, de leur Gouvernement, de leurs Loix & de leurs Coûtumes, pussent s'accommoder jamais d'une servitude Etrangere ; & se resoudre à ne remporter pour prix de leurs plus belles actions, que l'honneur d'être les subalternes des Grands d'Espagne, ou tout-au-plus stipendiaires d'un Roi, qui n'avoit jamais eu de plus grandes obligations à personne qu'au Prince de Parme, & cependant l'avoit laissé attendre jusqu'à la mort la récompense de ses services : Que tout le but des Seigneurs François en paroissant s'attacher au Roi d'Espagne, n'étoit que de se faire accorder de plus grandes récompenses par Henry, pendant qu'il étoit encore engagé dans la Religion Protestante : après quoi ils abandonneroient sans peine le reproche si rebattu de Relaps , aussi bien que le dessein de choisir l'un d'eux pour Roi , le mariage de l'Infante, & tant d'autres projets aussi vagues.

Je produisis à l'Abbé pour preuve de ce que je lui disois, le Traité que la Ligue avoit fait proposer à Henry par Villeroi & Jeannin, dès après la levée du Siege de Rouen, dont je n'ai pas pu parler à fond dans son temps, mais que je vais exposer dans un moment. Après cela me tournant avec vivacité vers Du-Perron , je lui demandai s'il n'étoit pas de l'intérêt de tous les bons François, & de lui-même tout le premier, d'empêcher de pareils desseins de s'accomplir ? Si la Politique de l'Etat vouloit que détruisant en un moment un édifice qui avoit tant coûté aux Rois de France, & que quelques-uns avoient cimenté de leur sang, on revît la France pleine de ces petits Tyrans cruels & ambitieux, qui prétendoient faire la loi au Prince, & toujours prête à être accablée par les premiers Ennemis qui l'attaqueroient ? S'il ne convenoit pas que le Gouvernement Monarchique, par lequel tous les Membres sont unis & soûmis à un Chef unique, est le plus glorieux & le plus avantageux de tous , & en particulier pour la Nation Françoise ?

Tome I. L l

1592.

Je tranchai court sur ce Tiers-Parti de Politiques, en faisant observer à Du-Perron qu'il falloit qu'il arrivât nécessairement de deux choses l'une : Ou qu'il se réunît à la Ligue; ce qui faisoit perdre à celle-cy le secours de l'Espagne : Ou qu'il marchât séparément de la Ligue; ce qui le compromettoit avec elle, & l'exposoit ou à en être détruit, ou à la détruire. Dans tous ces cas, il ne pouvoit rien arriver qui ne tournât à l'avantage du Roi.

Pour finir par ce qui regardoit la Personne même du Roi; il ne me fut pas difficile de faire avouer à l'Abbé, que ce Prince étoit tel qu'il le falloit pour régner sur les François. Je lui fis remarquer, Que sa réputation étoit si bien établie par-tout, qu'il y avoit bien à craindre pour la Ligue, & encore plus pour ce Tiers-Parti si peu accrédité, que dans les Provinces où l'on ne se livroit pas aussi aveuglément que dans Paris aux caprices de la Ligue, on ne se jettât tout-à-fait entre les bras de ce Prince; après que l'yvresse des esprits seroit passée, & auroit fait place à l'amour du repos si naturel à ceux qui ont souffert : Que les Provinces commençoient déja à témoigner ouvertement leur mécontentement. Mais sans tout cela, combien de temps le Roi ne pouvoit-il pas encore soûtenir la guerre avec le secours des seuls Protestans François & Etrangers; brave & expérimenté comme il étoit; & se tenant en garde contre les attentats domestiques? On l'avoit vû avec moins de dix Villes dans son Parti, & n'ayant qu'une poignée de monde, tenir contre toutes les forces du Royaume. Je conclus, Qu'au-lieu de donner aux Ennemis de la France le plaisir de la voir se consumer & s'anéantir d'elle-même, il étoit de l'intérêt général de favoriser un Prince, qui se montroit capable de lui redonner sa premiere tranquilité, & de l'élever à un nouveau dégré de splendeur.

L'Abbé Du-Perron n'eut rien à répondre à toutes ces raisons : il fut convaincu de leur force; & comme je m'y attendois bien, il sçut en convaincre le Cardinal de Bourbon; en y joignant toutes celles que sa pénétration lui inspira, & qu'il ne manqua pas d'orner de tout le brillant appareil de l'Eloquence. Le reste de cette année & le commencement de la suivante furent employés de sa part & de la mienne en allées

& venuës, & en pourparlers de cette espece : Dès qu'on se fut tourné à la Négociation, on eut plus de Négociateurs que l'on ne voulut.

1592.

Il étoit vrai que Villeroi & Jeannin avoient présenté au Roi, il y avoit long-temps, un projet de Traité de la part de la Ligue ; & qu'elle offroit de le reconnoître pour Roi à certaines conditions. La Piéce est assez curieuse pour en donner un précis : le véritable esprit qui faisoit agir la Ligue s'y montre tout entier. L'Abjuration du Roi étoit à la tête, comme la premiere & la principale Condition : On vouloit qu'il s'engageât à faire profession publique de la Religion Catholique dans trois mois : Qu'il la rétablît dans toutes les Villes, d'où la supériorité des Réformés, l'avoit bannie : Qu'il se dégageât de toute alliance avec eux : Qu'ils n'eussent aucune part aux Dignités, Charges, Ambassades & Emplois de l'Etat, de quelque nature qu'ils fussent : En un mot qu'ils ne demeurassent en France qu'à titre de simple tolérance, & pour un certain temps; sauf à proroger le terme, suivant l'exigence des cas. Plusieurs autres Articles sembloient n'y être mis que pour persuader au peuple que les Chefs de la Ligue en traitant avec Henry, avoient pour unique objet de servir la Religion & l'Etat : Telles étoient la Clause de nommer aux Bénéfices conformément aux Canons, celle de tenir les Etats de six en six ans, & plusieurs autres.

Toutes ces Conditions étoient spécieuses : mais on y ajoûtoit, & c'étoit-là le point essentiel pour les Auteurs du Projet : Que le Roi reconnoîtroit, autoriseroit & soûtiendroit la Ligue de tout son pouvoir : Qu'il laisseroit en sa puissance certain nombre de Villes, où il ne pourroit pas même mettre de Garnison ; c'est-à-dire qu'il ne devoit régner que sous elle : Qu'il partageroit tous les Gouvernemens de France entre ses principaux Officiers qu'on lui désigneroit : Que de plus, il entretiendroit dans chacun de ces Gouvernemens les Troupes suffisantes à y maintenir la Religion Romaine : Qu'il ne pourroit y disposer des Tailles, Impôts & autres revenus Royaux ; mais qu'ils seroient tous employés à cet usage, suivant une répartition proportionnée à la qualité & aux besoins de ces Gouvernemens : Qu'il en seroit de même de toutes les Garnisons que l'on mettroit dans les Places du Royaume.

L l ij

1592.

Suivoit la destination de ces Gouvernemens ; la Provence, au Duc de Nemours ; le Languedoc, au Duc de Joyeuse ; le Bourbonnois & la Marche, au Duc d'Elbeuf ; la Bretagne, au Duc de Mercœur ; les deux Vexins, à titre de Gouvernement, à d'Alincourt ; partie de la Normandie, à Villars ; l'Isle-de-France, au Baron de Rosne ; l'Orléanois & le Berry, à La Châtre ; la Picardie, au Duc d'Aumale ; la Champagne, au Duc de Guise, avec la Charge de Grand-Maître, & toutes les Dignités & Bénéfices qui avoient été dans sa Maison.

Le Duc de Maïenne étoit le plus richement partagé, comme de justice. Avec le Gouvernement de Bourgogne on unissoit pour lui ceux du Lyonnois, Forêt & Beaujolois ; & on lui donnoit dans toutes ces Provinces un pouvoir qui auroit anéanti celui du Roi, le droit de disposer comme il jugeroit bon des Gouvernemens, Lieutenances-de-Roi & autres Emplois non-seulement Militaires, mais encore de Finance & de Judicature ; & qui plus est, des Dignités, Bénéfices & places Ecclésiastiques : Et pour mettre le comble à des avantages si extraordinaires, l'on y ajoûtoit la Charge de Connétable ou de Lieutenant-Général de la Couronne : il n'y avoit que celle-là qui parût digne de M. de Maïenne. On retenoit encore *in petto* quatre Bâtons de Maréchal (29) de France, dont la Ligue nommeroit en temps & lieu les Sujets ; outre des pensions considérables aux plus distingués d'entr'eux. On avoit poussé l'excès jusqu'à prescrire au Roi d'acquitter les dettes des Personnes de considération du Parti qu'on lui nommeroit, au nombre de vingt. Enfin pour achever de lui lier les mains, on ajoûtoit, Qu'il souffriroit que des Princes Etrangers, au choix des Catholiques, accédassent au Traité, & se rendissent garans de son exécution. Le nom du Pape étoit le seul marqué : sans doute que le blanc devoit être rempli entr'autres de celui du Roi d'Espagne : on reconnoît icy trop clairement les vûes Espagnoles : Charles-Quint ne demandoit pas autre chose, lorsqu'il disoit qu'on avoit tort

(29) Ces quatre Bâtons de Maréchal furent donnés l'année suivante à Rosne, La-Châtre, Bois-Dauphin, & Saint-Pol : Il sera parlé de chacun d'eux dans la suite. On rapporte à cette occasion un bon mot de Chanvalon, qui dit un jour au Duc de Maïenne : » Monsieur, vous avez » fait des bâtards qui seront légiti- » més à vos dépens. «

de l'accufer de haïr le Roi de France; puifqu'au-lieu d'un, il fouhaitoit qu'il y en eût vingt.

1592.

Perfonne ne croira que la Ligue en traitant avec le Roi à des conditions fi injurieufes pour ce Prince, pût fe perfuader qu'il s'y foûmettroit : Il y a donc toute apparence qu'elle ne le faifoit, que pour donner à fon refus un efpéce de tort dans l'efprit de la plus vile populace. Auffi le Roi loin de traiter cet Ecrit férieufement, & d'y répondre fécretement, comme il auroit fait s'il avoit cru qu'il pût le conduire à un accommodement, le facrifia tout d'abord aux Proteftans. Ils donnerent à la Pièce toutes les qualifications qu'elle méritoit. Elle révolta jufqu'aux Catholiques mêmes de la fuite du Roi. Ceux-cy trouverent que tout y étoit mal arrangé : qu'elle étoit pleine d'Articles, qui n'étant pas nets deviendroient une fource inépuifable de difficultés : qu'il y en avoit certains, dont l'exécution étoit abfolument impoffible. Ils diffimuloient ce qui leur avoit fait le plus d'impreffion ; c'eft que par la difpofition des graces & des faveurs, il n'en reftoit plus pour eux.

Le Roi n'ayant fait de cet Ecrit d'autre ufage que de s'attacher plus fortement ceux qui le fervoient, fit une réponfe fort-courte & fort-féche au Préfident Jeannin : Elle étoit du Camp devant Caudebec. Il n'eft pas befoin d'en rapporter le contenu.

Les Guerres Civiles, fur-tout celles où la Religion fe trouve mêlée, donnent un air de licence & d'effronterie, qui en toute autre occafion auroit bien de quoi furprendre. Jeannin fcandalifé de ce qu'on avoit traité fon Projet de ridicule, repliqua par écrit, & en s'adreffant au Roi lui-même : Qu'il s'étonnoit fort du ton fur lequel on le prenoit avec lui : Que fi l'on éxaminoit bien fon Projet, on trouveroit qu'il n'y avoit pas encore affez bien traité la Ligue : Que la feule crainte qu'il avoit euë en le faifant, étoit d'en être défavoué ; fur-tout du Duc de Nemours, qui au-lieu d'un Gouvernement, s'étoit déja formé une Principauté dans le Lyonnois de l'aveu de l'Efpagne ; & encore plus du Duc de Maïenne, dont les intérêts y étoient affez négligés. La modération de Jeannin n'eft-elle pas admirable ? Qu'il lui fembloit y avoir affez bien fervi le Roi, en ne parlant pas de

1592.

lui faire donner des Villes à la Ligue pour la sûreté de l'exécution de sa parole. Comme si celles qu'on y accordoit aux Gouverneurs, ne faisoient pas le même effet : Qu'il avoit encore éludé pour faire plaisir au Roi, la question de l'hérédité des Gouvernemens. Cela est vrai ; mais quelle difficulté restoit-il aux Gouverneurs de se l'attribuer, après tous les autres droits dont il les revêtoit ?

Jeannin marquoit ensuite au Roi avec une liberté que l'on peut bien nommer une impudence outrée, Que les Armes des Catholiques contre lui étant justes, non-seulement il ne devoit point se servir avec eux des termes de crime & d'abolition, mais qu'ils étoient tous en droit de traiter avec lui d'égal à égal ; parce que ne devant point être regardés comme des Ennemis vaincus, ni lui comme Roi du vivant du Cardinal de Bourbon le seul Roi reconnu en France, non-plus qu'après sa mort, à cause de sa Religion ; c'étoit icy le Corps de la Monarchie qui traitoit avec un Prince étranger : Que par la même raison, l'acceptation que le Roi avoit faite ne devoit point s'appeller un Édit de Pacification accordé par un Roi à des Sujets, mais une Convention amiable avec un peuple qui se donne librement un Roi, après que les raisons de le refuser ont été levées. Toutes les autres impertinences de cette Lettre ne méritent pas d'être relevées. Jeannin finissoit par rejetter formellement toute entremise de MM. de Bouillon, Du-Plessis, & des autres Réformés dont le Roi avoit fait mention dans sa Réponse ; & il déclaroit qu'il ne vouloit avoir aucune communication avec eux.

1593.

Pendant que le Roi délibéroit sur le parti qu'il avoit à prendre, les Etats se tenoient à Paris (30). L'idée de les convoquer venoit du Prince de Parme : Et il faut convenir que par la maniere dont il devoit s'y prendre pour arriver à ses fins, on ne pouvoit pas prendre de résolution plus rui-

---

(30) Ils furent convoqués pour le 25 Janvier ; mais l'ouverture n'en fut faite que le lendemain, dans le Louvre préparé pour cet effet. Les Harangues, les Actes & toutes les Cérémonies de cette Assemblée, se trouvent dans plusieurs Historiens.

Voyez particulierement *De-Thou*, *liv.* 105. *Davila*, *liv.* 13. *les Mém. de la Ligue*, *tome* 5. *Mém. d'Etat de Villeroi*, *tome* 4. *Mém. de Nevers*, *tome* 2. *Matthieu*, *tom.* 2. *Chronol. Novenn. sous l'année* 1593. *liv.* 5. *Satyre Ménippée &c.*

neufe pour la caufe du Roi. Ce Général devoit les indiquer à Rheims; & réünissant tous ses efforts pour se rendre maître des Délibérations au-dedans, pendant qu'avec une Armée supérieure il contiendroit le Peuple dans son Parti, & les Grands dans leur devoir; il s'affûroit de parvenir à une Election entiérement du goût de l'Espagne, & de faire aussitôt après sacrer le Roi élû. Tout cet arrangement étoit d'une profonde Politique (31): Un peu de promptitude, beaucoup de libéralité, une occasion bien choisie, sur tout cela une Armée capable d'imposer; c'étoient-là les vrais moyens de mettre fin aux affaires, & de donner pour toujours au Roi l'exclusion du Trône.

Mais le Prince de Parme étant venu à mourir sur le point de l'éxécution, ces projets ou expirerent avec lui, ou ne furent conduits ni avec la suite, ni avec la diligence & les autres moyens nécessaires. Il est vrai que le Comte de Marsfeld qui lui succéda, s'approcha enfin avec une Armée jusqu'à Noyon: mais dès-lors on n'étoit plus aussi soûmis à l'Espagne qu'on l'avoit été, avant qu'on eût conçu l'espérance de voir le Roi abjurer le Calvinisme; & le Comte de Mansfeld s'en retourna sans avoir rien fait. De plus, on avoit changé un point qui parut toujours essentiel au Prince de Parme; c'est qu'au-lieu de convoquer les Etats à Rheims, le Duc de Maïenne avoit fait consentir le Pape & les Plénipotentiaires de l'Espagne, qui étoient Dom Diego d'Ibarra, le Duc de (32) Feria, Inigo de Mandoce, & le Comte Jean-Baptiste de Taxis, qu'on les assemblât à Paris. Toutes ces Personnes avoient espéré que dans une Ville qu'ils tenoient toute entiere par leurs alliances, leurs brigues ou leurs présens, ils pourroient faire jouer mille ressorts qui leur captiveroient tous les suffrages. Mais quand tout ce grand Corps Anarchique fut rassemblé, il se trouva traversé de tant & de si différens intérêts, que les Espagnols n'ayant que leurs voix comme les autres, & destitués d'ailleurs des moyens de la faire écouter par la force, s'apperçurent bien qu'ils rencontreroient plus de difficultés qu'ils n'en avoient

---

(31) Voyez la Lettre que le Duc de Parme écrivit à ce sujet au Roi d'Espagne, *Chronol. Novenn. liv. 4. fol. 5.*

(32) Laurent Suarès de Figueroa y Cordoua, Duc de Feria.

prévu; & ils craignirent dès ce moment de ne tirer d'autre fruit de tant de brigues & de fourdes pratiques, que de tenir les choses plus long-tems brouillées; jusqu'à ce que la complication de tant de vûes, & l'impossibilité de pouvoir jamais les unir, produisît enfin d'elles-mêmes l'effet d'amener & de faire embrasser le parti de la raison.

Comment en effet pouvoir concilier le Pape, ou plutôt les Légats qui avoient leur objet particulier, le Roi d'Espagne, les Ducs de Savoie & de Lorraine, les Ducs de Maïenne, de Nemours, de Mercœur, de Guise, enfin les Princes du Sang qui avoient aussi chacun un objet (33) différent, & qui n'y étoient pas moins attachés ? Tous ces Partis, si-tôt que les Etats furent ouverts, considérant que c'étoit-là le coup de partie, eurent recours chacun de leur côté à mille stratagèmes qui se détruisoient mutuellement; & suivant l'idée de ce qu'on appelle la fine Politique, s'enveloppant & se dérobant sous de fausses marches pour tâcher d'amener les autres à leur but, ils joignoient à la multiplicité des avis déja si embarrassans, un flux & reflux d'opinions qui jettoient dans un labyrinthe où personne ne se connoissoit plus. Aucun ne dit d'abord nettement sa pensée : il semble qu'on se fût donné le mot pour se déguiser à l'envi, & pour faire deviner son objet.

Les Espagnols ne suivoient en cela que leur maxime ordinaire & leur caractère particulier, où cherchoient peut-être à sonder les esprits, pour découvrir si les François verroient de bon œil un Prince étranger regner sur eux. Lorsqu'ils virent qu'en temporisant leur but fuyoit loin d'eux; ils vinrent enfin à proposer ce qu'ils avoient de plus raisonnable, le mariage de l'Infante (34) avec le Cardinal de Bourbon.

---

(33) « La Ligue avoit cela de bon » pour la France, dit Le-Grain, que » chacun y vouloit commander, & » nul obéir. «

(34) Claire Eugenie d'Autriche, seconde fille de Philippe II. Le Duc de Savoie avoit épousé Catherine, l'aînée : Ce ne fut qu'après avoir essayé inutilement par le ministere du Cardinal de Plaisance, Légat, & du Cardinal de Pellevé, de soûmettre la France à une domination purement Espagnole; par le mariage de cette Infante avec le Prince Ernest d'Autriche, l'aîné des Freres de l'Empereur. Les Mémoires d'Etat de Villeroi imputent à la Cour de Madrid, comme une faute qui fit manquer la Couronne de France à l'Espagne, de n'avoir pas voulu faire partir cette Infante future Reine, que le Prince qu'on lui destinoit pour Epoux, ne fut

LIVRE CINQUIEME.

1593.

Bourbon. Tous les Seigneurs François ayant à leur tête les Guises, attendoient que les Espagnols franchissent ce pas; & concourroient tous à un point commun, qui étoit de se servir de cette proposition, pour mettre entre le Roi & le Cardinal toute la haine qui peut animer deux Rivaux décidés; & conséquemment entre le Roi & les Chefs du Parti contraire, M. le Comte de Soissons, les Ducs de Nevers, de Longueville, & les autres. On laissa prendre à cette proposition assez de force pour qu'on en vînt jusqu'à dresser les Articles, qui furent envoyés au Cardinal par le canal de Bellozanne : mais tous les Seigneurs se réunissant ensuite, ils sçurent bien le faire tomber. A quel dessein? On le pénetre facilement; afin que ce que ces Seigneurs ôtoient au Cardinal & aux autres Princes du Sang, retombât sur eux-mêmes : comme les Princes du Sang en paroissant s'oublier pour le Cardinal, ne le faisoient aussi que par un retour vers eux-mêmes, qui leur fit envisager qu'après lui la Couronne pourroit plus facilement leur venir, que si elle passoit sur une tête étrangere. Les Espagnols comprirent tout ce manège des Princes Lorrains; & on s'attend bien qu'ils ne leur pardonnerent point.

Cet intérêt commun des Grands qui les unissoit & contre l'Espagne & contre les Princes du Sang, venoit ensuite à se diviser en autant de branches qu'ils étoient de Têtes : chacun voyoit la sienne propre à porter le Diadème. Le dépit & la jalousie se mirent bientôt de la partie; & l'on en vint à se disputer la Couronne, pour le seul plaisir de se l'arracher : C'étoit la consolation de ceux qui se voyoient exclus. Tel de ces Partis n'en vouloit qu'à une seule personne, & se consoloit de ne pas réussir pour soi-même, s'il pou-

fût déclaré & reconnu : Mais je doute fort que l'arrivée de cette Princesse à Paris eût applani toutes les difficultés. Selon M. De-Thou, la brigue en faveur du Duc de Guise se trouva un jour si forte par l'union de l'Espagne & du Clergé de France, que sans l'opposition qu'y mit secretement son propre Oncle, le Duc de Maïenne, & la déclaration que le Roi de Navarre fit semer à propos, qu'il étoit résolu d'embrasser la Religion Catholique, il y a toute apparence que ce Prince alloit être proclamé Roi. » On loue le Duc de » Guise, dit le Pere de Châlons. *Histoire de France*, tom. 3. pag. 257. après Matthieu, « d'avoir eu tant de » modération en cette occasion, qu'il » ne laissa paroître aucune marque » douce, ni aucun empressement » pour une si grande fortune. «

Tome I.

voit rendre sa brigue inutile : De cette classe étoit le Clergé, qui sans pouvoir désigner personne nommément, s'opposoit seulement de toutes ses forces à l'élection du Roi de Navarre. Tel autre entreprenoit de supplanter deux, trois ou davantage des Contendans : Et il ne s'en trouvoit aucun par tous ces motifs, capable de former un Parti assez supérieur pour entraîner tous les opposans. Le peuple quoiqu'assez ordinairement esclave de sa prévention en faveur d'un Sujet, ne se déterminoit point à cause de la multiplicité des Sujets : Et il lui arrivoit en cette occasion ce qu'on a souvent expérimenté, que prenant le ton de cette sorte de personnes indifférentes & détachées qui se trouvent toujours dans le public, il tournoit en spectacle pour lui une affaire de cette importance, & ne faisoit que rire des malheureux supplantés.

Mais enfin ce jeu, ce manège de tromperies ne pouvoit pas long-temps durer. Les passions se font donner en ces rencontres les premieres délibérations & les premiers mouvemens : Si le concours des causes les empêche de l'emporter, la raison lente à se montrer dans les assemblées tumultueuses, se fait voir à la fin ; & après l'avoir long-temps combattuë, on la suit par nécessité. La premiere démarche qu'elle fit dans cette occasion fut par l'organe du Parlement, qui pesant plus mûrement les différentes propositions qu'on jettoit sur le tapis, d'un Roi Espagnol ou Lorrain, sentit qu'on lui reprocheroit à jamais d'avoir laissé contrevenir à un Article aussi fondamental des Loix du Royaume que l'est l'hérédité de la Couronne ; & commença, sans trop sçavoir ce qui en arriveroit, par donner un Arrêt (35) qui défendoit de transporter la Couronne hors

---

(35) Cet Arrêt est du 28 Juin : » Cette action, dit M. de Villeroï, » tom. 2. pag. 58. fut d'autant plus » louée par les gens de bien, que le » péril en étoit plus grand ; & cer» tainement elle servit grandement ; » & faut que je dise, que le Royau» me en demeure obligé à la Cour. « Jean Le-Maître, quoique fait Président du Parlement de la Ligue par le Duc de Maïenne, le Président Edouard Molé, les Conseillers Guillaume Du-Vair, depuis Garde des Sceaux, Etienne Fleury, Pierre D'Amours, Lazare Coqueley &c. y eurent la principale part. En conséquence, le Président Le-Maître fut député avec les Conseillers de Fleury & D'Amours, l'après-midi de ce même jour, pour faire des Remontrances au Duc de Maïenne, comme Lieutenant-Général de la Couronne. Le Duc se plaignit avec aigreur de l'affront que le Parlement venoit de

GUILLAUME DU VAIR.
Evêque de Lisieux
Chancelier & Garde des Sceaux de Fr.ᶜᵉ Mort en 1621 agé de 65 ans

Babel invenit et Sculpsit.

la Famille Royale. Ce n'étoit rien moins qu'une pensée nouvelle, il n'y avoit personne qui ne l'eût, & qui ne sentît l'injustice d'en user autrement : mais il semble qu'il lui manquoit pour entraîner les esprits, d'être opposée avec poids & gravité. L'Arrêt porta coup. Les droits de la Famille Royale commencerent à paroître sacrés à mille personnes, qui n'y pensoient pas un moment auparavant. L'Espagne que cet Arrêt frustroit de son attente, pouvoit encore parer le coup en s'unissant aux Lorrains, sur lesquels il retomboit comme sur elle : mais plus elle croyoit avoir eu droit de compter sur leurs suffrages, plus elle devient irréconciliable contre eux, dès qu'elle s'en vit trahie : Ils ne purent jamais se rapprocher ; & leur éternelle mesintelligence préparoit insensiblement la victoire à leur adversaire commun.

Il n'y avoit plus qu'un pas à faire pour cela : mais le Clergé (36) empêchoit fortement qu'il ne fût fait. La chose s'arrêta encore là quelque temps. On reprit comme par amusement quelques-uns des projets usés. Les différentes espérances se ranimerent pour s'éteindre bien-tôt & tout-à-fait : Car chacun convenant tacitement que si le Roi (37) abjuroit, ce point finissoit toute contestation ; l'avis de l'y amener entraîna enfin toutes les voix : & l'on s'y attacha, non-plus légerement comme auparavant, mais par une vûë plus nette & plus distincte du véritable avantage de l'Etat :

lui faire : Et l'Archevêque de Lyon qui étoit avec lui, ayant répété ce mot d'affront avec emportement, & fort maltraité de paroles les Députés; le Président Le-Maître lui ferma la bouche avec beaucoup de dignité & d'autorité. *Voyez le 9e. tom. des Mém. de la Ligue : Mém. de Nevers, tom. 2. p. 635.*

(36) Tous les Mémoires de ce temps-là font foi des procédés violens, & des discours emportés du Cardinal de Plaisance, Légat, de presque tous les Evêques de France, des Curés de Paris, & de la Sorbonne : » Débourbonnez-nous, Seigneur : « C'est l'explication que donnoit un Prédicateur, de cette parole de l'Ecriture-Sainte : *Eripe me, Domine,* de lutofaecis. Il y a une infinité de traits pareils, dont assurément on ne peut excuser la malignité par le zèle pour la bonne Religion. De-Thou remarque que le Clergé fut le seul des trois Etats qui conseillât opiniâtrément la Guerre.

(37) Il est démontré aujourd'hui, non-seulement que Henry IV. étoit le seul légitime héritier de la Couronne ; il n'y a jamais eu le moindre doute sur ce point ; mais encore, qu'en sa Personne les trois Races de nos Rois se trouvent réünies. Voyez-en la preuve dans le troisiéme Volume du nouvel Ouvrage, qui a pour titre, *Généalogies Historiques de toutes les Maisons Souveraines, Vingt-deuxiéme Table Généalogique.*

M m ij

1593.

Vûë, qui devint dès ce moment celle du Parlement & de tout le peuple, & ne souffrit plus d'opposition, que celle qu'il plut encore à quelques Seigneurs d'y apporter pour leur intérêt personnel.

Les Ducs de Maïenne, de Nemours & de Mercœur, furent ceux qui témoignerent le plus d'opiniâtreté; comme il étoit naturel à ceux de tous qui s'étoient le plus flatés : mais avec toute leur mauvaise intention ils ne purent empêcher qu'on ne proposât dans les Etats, & qu'on ne fît passer à la pluralité des voix une Conférence avec le Roi. Il étoit du moins en leur disposition d'en rompre ou d'en suspendre l'effet; & ils ne manquerent pas de le faire. Pour cela ils remuerent ciel & terre : ils firent agir leurs Emissaires : ils profiterent du mauvais succès du Roi (38) devant Selles : ils firent avancer Mansfeld, qui prit Noyon : ils donnerent toute la force qu'ils purent au refus que le Pape venoit de faire au Cardinal de Gondy (39) & au Marquis de Pisany, envoyé de la part du Roi, d'entrer dans Rome, ou même de mettre le pied sur les Domaines de Sa Sainteté. Pouvoient-ils se flater qu'on ne remarqueroit point l'irrégularité de ce procédé? après qu'on les avoit vus protester tant de fois qu'ils n'agissoient que pour la Religion, & qu'ils étoient prêts de se soûmettre à Henry, dès le moment qu'il quitteroit ses erreurs. Aussi personne ne s'y trompa : & quoiqu'ils empêchassent tout le fruit qu'eût pu avoir la Conférence tenuë pendant le mois d'Avril (40) à Surêne, on jugea que c'étoit le dernier effort d'un pouvoir expirant. On vit clairement que si le Roi après avoir consenti qu'il n'entrât dans cette Conférence aucun Député de la

---

(38) Le voyage que Henry IV. fit du côté de Tours, & la nécessité où il se mit de lever le Siége de la Ville de Selles en Berry, furent regardés en ce temps-là comme des fautes considérables.

(39) Pierre de Gondy, Evêque de Paris. Jean de Vivonne, Marquis de Pisany.

(40) A la fin d'Avril, & pendant une partie du mois de Mai. Voyez en les Actes, *Tome* 8889. *des Manuscrits de la Bibliot. Royale, Mém. d'Etat de Villeroi*, tom. 4. *Matthieu & Cayet*, ibid. &c. L'Archevêque de Bourges qui soûtenoit la cause du Roi, l'appuya de l'autorité de Saint Paul, qu'on est obligé d'obéir aux Princes Païens & Idolâtres; des Libertés de l'Eglise Gallicane; & de plusieurs autres preuves sans replique. Tout insoûtenables que paroissent les raisons alléguées au contraire par l'Archevêque de Lyon, elles l'emporterent dans cette Conférence.

LIVRE CINQUIEME. 277

Religion, ne s'étoit pas encore rendu ; c'étoit parce que les Ligueurs s'étoient montrés plus difficiles eux-mêmes sur le temporel, que le Roi sur le spirituel. Le peuple sur-tout lui rendit une justice entière : & les douceurs d'une Trève qui fut l'unique bien & le résultat de la Conférence, achevérent de le mettre dans ses intérêts. Je reviens plus particuliérement à ce Prince.

Il faisoit toujours sa résidence à Mante, où toute sa prudence suffisoit à peine à lui conserver entier un Parti composé de personnes si différentes dans leurs sentimens. La tenuë des Etats l'avoit alarmé d'abord ; & avec d'autant plus de raison, que la premiere idée qui s'offroit à l'esprit, c'est qu'une Assemblée en apparence si auguste & si respectable auroit bientôt trouvé un remède aux maux de l'Etat. Dans cette crainte le Roi commença à flater les Catholiques plus encore que de coûtume : il fit même, comme on vient de le voir, quelques démarches pour rechercher le Pape; afin de ne pas éteindre dans les uns & les autres la seule espérance qui pouvoit les empêcher d'en venir avec lui à une rupture éclatante. On juge bien que cela ne se fit pas sans réveiller tous les murmures des Huguenots : Mais ce Prince avoit sagement pris les devants ; & il paroissoit qu'il ne se faisoit rien qu'en conséquence de ce Conseil Général de la Religion, dont on a vu que le résultat avoit été de tourner la chose en ménagement & en négociation. Lorsque leurs plaintes prenoient trop de force, & que le Roi voyoit qu'il y avoit lieu de craindre qu'ils ne se portassent à quelque extrémité fâcheuse contre lui, il sçavoit les appaiser par quelque Expédition militaire, qui ne faisoit que convaincre encore davantage les peuples, que ce même Prince qui leur paroissoit si doux & si débonnaire, n'étoit pas moins digne de leur commander par sa valeur & sa capacité dans la Guerre.

Dès qu'il fut instruit du peu d'union qui régnoit dans les Etats, du trouble & des contestations qui naissoient à chaque parole, il regarda cette Assemblée comme le plus heureux acheminement à ses desseins ; & il n'eut plus d'autre embarras que celui de bien regler sa conduite avec ce grand nombre d'entremetteurs, qui se mêlerent de ses affaires si-tôt qu'il eut été proposé dans les Etats de traiter avec lui. Ce Prince n'auroit dès-lors trouvé aucun obstacle à la Couronne, s'il s'étoit montré d'humeur à satisfaire aux demandes excessives que les Seigneurs & les autres Membres de la Ligue commencerent à lui faire faire : Mais il ne vouloit pas que la postérité lui reprochât qu'il ne devoit la Dignité Royale qu'à la bassesse qu'il auroit euë de la soûmettre à l'avidité & aux caprices de ses Sujets. C'est se montrer bien digne du Trône, que de sçavoir si bien combattre le penchant & l'empressement naturel à y monter.

Je dois pourtant rendre justice ici à quelques-uns d'eux; le nombre n'en est pas grand : mais je serois bien caution que (41) MM. de Belliévre, de Belin & Zamet, par exemple, n'eurent dans les démarches qu'ils firent auprès du Roi aucun égard à leurs intérêts. Il y en peut avoir encore quelques autres, dont je ne puis rien présumer ni assûrer : A l'égard de tout le reste, je me contente de nommer les principaux Agens auprès du Roi, tant de la part de la Ligue & des Etats, que du Clergé & des Seigneurs François. Je ne répéterai point les noms déja indiqués ; j'y joins seulement le Cardinal de Gondy, les Maréchaux d'Aumont & de Bouillon, l'Amiral de Biron, MM. D'O, de Vitry, de Lux, Du-Plessis, La-Verriere, de Fleury, & l'Abbé de Chesy : Beaucoup d'autres sont demeurés confondus dans la foule, quoiqu'il n'y en eût pas un d'eux qui ne s'assûrât que l'Histoire parleroit un jour de lui comme de celui qui avoit frappé le grand coup. Je comptai un jour au Roi par leurs noms plus de cent de ces Personnages. Au reste on présenteroit ici une belle décoration, si l'on pouvoir ouvrir & montrer pour un moment le cœur de tous ces Conseillers si ardens : Vanité, desir de la faveur, bas intérêts, vil artifice, jalousie, fourberie, trahison ; c'est-là tout ce qu'on y découvriroit.

Il y en eut qui ne quitterent pas même au dernier moment le masque qui leur faisoit abuser du privilége d'aborder le Prince pour le trahir plus sûrement, & pour lui tendre des piéges que tout autre n'auroit jamais évités. C'est

---

(41) Pomponne de Belliévre. François de Faudoas d'Averton. Sebastien || Zamet.

POMPONE DE BELLIEVRE
Chancelier de France
Né à Lyon en 1529. Mort à Paris le 7 7bre 1607.

à regret que je nomme en cet endroit Villeroi (42) & Jeannin : mais le fait est trop connu ; & la confusion qu'ils essuyerent depuis, lorsque le Roi leur en fit publiquement à Fontainebleau de justes reproches, en est la conviction ; aussi-bien que la maniere intéressée dont Villeroi se comporta dans la suite. Deux jours seulement avant l'Abjuration du Roi, ces deux Messieurs s'employerent si utilement, qu'ils firent tenir une Assemblée sécrette, composée des Ministres du Pape, de ceux de l'Espagne, & des principaux Partisans de la Ligue, soit en personne, soit par Procureurs pour les Ducs de Nemours & de Mercœur absens ; dans laquelle le Légat fit jurer à tous sur la Croix, l'Evangile & même l'Hostie, de soûtenir la Ligue jusqu'à ce qu'on vît sur le Trône de France, j'ai peine à le dire, un Roi agréable à l'Espagne ; & sur-tout de ne jamais reconnoître pour tel le Roi de Navarre, quand même il joindroit aux droits de sa naissance celui d'une abjuration sincère. Ce Serment si

1593.

(42) Dans le premier Tome des Mém. d'Etat de Villeroi, qui n'est guére qu'une justification de toute la conduite de ce Sècretaire d'Etat, il avouë sincérement que rien n'eût été capable de lui faire prendre le parti de ce Prince, s'il ne se fût pas converti, & si avant tout on n'eût pas pris toutes les mesures nécessaires pour mettre la Religion en sûreté. Il convient encore avec la même sincérité de ses liaisons avec la Ligue & l'Espagne, & du principe politique où il étoit, qu'en faisant la Paix, il étoit très-avantageux de séparer le Roi d'intérêt d'avec l'Angleterre, & de l'unir avec l'Espagne. Pour tout le reste, il s'en défend fortement. Il proteste qu'il n'a jamais reçu d'argent de l'Espagne ; & qu'il n'a assisté ni aux Etats, ni à aucuns autres Conseils, qu'avec une véritable intention de travailler pour le Roi & pour la Paix. Voyez la Note sur ce sujet quelques pages plus haut, & ce que nous en avons dit dans la Préface de cet Ouvrage.

Quant au serment de la Ligue dont parle icy le Duc de Sully, & qui est l'article le plus grave ; M. de Villeroi est si clairement justifié dans *Matthieu, tom. 2. pag. 153. & suiv. Chronol. Noven. liv. 5. fol. 229.* & dans quelques autres Historiens, qu'il ne reste qu'à avouer qu'il y a erreur sur ce fait dans nos Mémoires. Selon ces Historiens, non-seulement M. de Villeroi n'eut aucune part à ce serment, mais encore il l'ignoroit absolument, lorsque Henry IV. lui montra cet Ecrit à Fontainebleau, & qu'il le chargea d'en faire des reproches au Duc de Maïenne, que Villeroi travailloit dès-lors très-sincérement & par ordre de ce Prince même à le séparer de la Ligue. Mais ce qui est plus positif encore, c'est que Villeroi faisant honte au Duc de Maïenne de cette criminelle démarche, Maïenne lui répondit en propres termes : » Je ne vous ai rien » voulu dire de ce serment, ni au Pré- » sident Janin ; tant parce que j'avois » donné parole au Légat & aux Es- » paguols de ne vous en rien dire ; » que pour n'ignorer que vous n'eus- » siez jamais approuvé l'usage de ce » remède. « *Matthieu, ibid. p. 155.*

plein de Religion & de Charité fut enfermé dans un paquet signé de toute l'Assemblée, & envoyé à Rome. C'est par une Lettre que le Cardinal de Plaissance écrivoit à quelques membres du Parlement, & dont le Porteur fut arrêté à Lyon par des soldats du Roi, qu'on eut connoissance de cette Piéce. Peut-on se jouer à ce point de la bonne foi, de la vertu & de la Religion ? Ce trait quoiqu'anticipé, me paroît ici à sa véritable place.

Parmi cette foule de Négociateurs & de Conseillers, il y en avoit beaucoup qui croyoient tromper le Roi, & qui ne faisoient que se tromper eux-mêmes. Ce Prince les laissoit dans cette bonne opinion, pour persuader non pas ces intriguans, mais le peuple, de la facilité à l'amener au point où on le souhaitoit : Je parle pour l'avoir sçu du Roi lui-même. Je me souviens qu'un soir, c'est je crois le 15 Février, après que tout le monde se fut retiré de son Appartement, le Sécrétaire Féret vint me chercher fort-sécrettement de sa part, & m'introduisit dans sa Chambre, où je le trouvai couché. Il étoit obligé ; ainsi qu'il me l'avoua, de prendre cette précaution toutes les fois qu'il avoit à m'entretenir ; pour ne pas révolter les Catholiques, non plus que le Protestans qui par jalousie me haïssoient peut-être encore plus, que ne faisoient les premiers par aversion naturelle. Après qu'il se fut plaint de cette contrainte dans des termes tout-à-fait obligeans pour moi, il me parla des affaires qui occupoient alors le tapis, & du manège des Courtisans pour se donner l'honneur de la décision. J'avois dit, & on l'avoit rapporté au Roi, que j'appréhendois que sa facilité ne lui fît accorder plus qu'il ne devoit : Je connus que je m'étois trompé, par la maniere dont ce Prince me représenta l'état des affaires, & me peignit le différent caractère de tous les sollicitans. Je fus surpris de la justesse avec laquelle il démêlôit du premier coup d'œil la vérité, au-travers des voiles dont on l'obscurcissoit ; je ne fus pas moins charmé, lorsque soûmettant ses lumieres aux miennes, il voulut que je lui prescrivisse la maniere dont il devoit achever une affaire, laquelle, pour l'avouer, avoit des risques jusqu'au dernier moment. J'eus beau m'en défendre ; je n'obtins qu'un délai de trois jours pour prendre ma résolution. C'est dans cet entretien que

LIVRE CINQUIEME.

que le Roi me parla pour la premiere fois du deſſein qu'il avoit de me confier un jour les Finances.

Après trois jours d'une mûre réflexion j'allai retrouver le Roi avec le même ſecret. Je ne goûtai aucun des projets qu'on lui avoit donnés, & qui ne différoient que dans le plus ou le moins de récompenſes à accorder aux principaux Membres de la Ligue, & aux autres Perſonnes intéreſſées. Mon avis fut que les choſes n'étoient point encore au point d'y mettre la concluſion : ce que j'appuyai des raiſons ſuivantes : Que le Roi étoit délivré de la ſeule crainte qui auroit pu porter à en précipiter la fin ; je veux dire, de la crainte que tant de Prétendans à la Royauté ne ſe réüniſſent tous en faveur d'un Sujet ; parce que l'aigreur qui s'étoit miſe entre les Princes, les Grands & les Miniſtres d'Eſpagne, prenant chaque jour de nouvelles forces, on ne pouvoit s'attendre qu'à les voir dans peu chercher à ſe détruire mutuellement. Cela ſuppoſé, qui étoit le point eſſentiel : Qu'il ne pouvoit arriver autre choſe, ſinon que les indifférens & les mieux intentionnés s'en attacheroient plus fortement au Parti du Roi : Que cet effet étoit déja indubitable par rapport aux Villes de France trop éloignées de la Ligue & de la Cabale pour en ſuivre les impreſſions & la chaleur : Que les Chefs de la Ligue eux-mêmes par haine, par jalouſie, ou même par réflexion ſur leur propre intérêt, viendroient l'un après l'autre ſe jetter entre les bras du Roi : Que de ſimples eſpérances que ce Prince laiſſeroit concevoir, lui donneroient d'avance la meilleure partie des fruits de l'éxécution, & ne lui en feroient pas courir les dangers : Que ces dangers d'une éxécution trop précipitée étoient premierement une ſéparation éclatante des Proteſtans, qui n'étoient pas encore aſſez préparés à ce changement ; d'où il pourroit arriver les plus fâcheux inconvéniens ; en ce que le Roi n'étant point encore aſſûré de tous les Catholiques pour les leur oppoſer, il demeureroit à la merci des uns & des autres : Enſuite la néceſſité où il ſe mettoit lui-même en ſe jettant entre les bras des Catholiques, de leur accorder toutes leurs demandes, quelqu'exhorbitantes qu'elles fuſſent : ce qui pour le préſent & pour l'avenir étoit d'une dangereuſe conſéquence : Qu'il falloit laiſſer à tous ces Intri-

Tome I.

5193. guans & à tous ces Chefs de la Ligue, le temps de donner une forme précise à leurs demandes : Qu'ils connoîtroient qu'ils alloient presque tous sur les brisées les uns des autres ; ce qui les obligeroit à se réduire d'eux-mêmes sur leurs excessives prétentions ; à convenir qu'en élevant trop haut de légers services, ils mettoient le Roi dans l'impossibilité de les satisfaire ; enfin à se contenter de chercher leur intérêt dans l'intérêt général de l'Etat : Que les premiers à qui l'on verroit prendre ce parti, seroient ceux qui n'étant portés à demander des satisfactions que par l'instigation des Puissances étrangeres, avides peut-être de les partager avec eux, connoîtroient l'injustice de leur procédé, à mesure que croîtroit leur haine contre ces Étrangers : Que ces mêmes Etrangers voyant que le Roi accorderoit si facilement, feroient demander par d'autres ce qu'ils croiroient ne pouvoir obtenir eux-mêmes.

Je fis enfin envisager au Roi que quelque changement qui arrivât dans les affaires, il ne pouvoit être si subit, qu'il ne fût en son pouvoir de l'empêcher ; puisque peu de paroles suffisoient pour cela : au-lieu qu'en temporisant on éclairoit les démarches des uns & des autres, & l'on rompoit secretement ce qu'il pouvoit y avoir de liaisons entr'eux ; jusqu'à ce qu'il ne tînt plus pour une entiere conclusion, qu'à donner quelques satisfactions à ceux qui étoient réellement en droit d'en demander. Pour amener les choses heureusement à ce but, je ne voyois rien de meilleur à faire que de suivre constamment la conduite que le Roi avoit tenuë jusqu'à ce moment : bien recevoir tout le monde : promettre peu : paroître désirer de finir : remettre toute la faute du rettardement sur les obstacles ; & travailler assiduëment à les lever. C'est avec une conduite semblable qu'il me semble que doivent se traiter presque toutes les affaires Politiques un peu épineuses. On sçait assez que la différence entre la précipitation & la diligence, est que celle-cy ennemie de l'inaction & de la paresse aussi bien que l'autre, ne fait pourtant aucun pas surlequel elle ne consulte le jugement ; & cependant on les confond dans la pratique presqu'à tous les instans.

En parlant de la sorte au Roi, sa Conversion étoit tou-

LIVRE CINQUIEME.

jours le fondement que je supposois : & Sa Majesté en ne contredisant rien, me fit connoître que cette formalité ne l'arrêteroit pas. Je n'ajoûtai plus qu'une chose, c'est que pour ne pas laisser dégénérer cette Négociation en querelle Bourgeoise & en parlementage, comme faisoient ses Adversaires, il falloit l'entremêler de quelque Expédition militaire. Y ayant beaucoup d'autres raisons à joindre à celles-cy, j'offris au Roi de les lui mettre par écrit. Ce Prince me répondit qu'il n'en étoit pas besoin ; qu'il croyoit comprendre tout ce que je pouvois avoir à lui dire ; & que quand il auroit le temps lui-même, il m'entretiendroit sur un système par lequel il lui sembloit qu'après s'être uni aux Catholiques, il n'étoit pas impossible de les réconcilier eux-mêmes avec les Réformés.

Pour éxécuter de point en point cette résolution, le Roi à son retour à Mante, après la rupture de la Conférence de Surêne, en fit faire d'autres purement de Religion (43) entre les Docteurs Catholiques & les Ministres Protestans, auxquelles il assista régulièrement : Et d'un autre côté il fit ses préparatifs pour ouvrir la Campagne dès le mois d'Avril par quelque coup d'importance ; plustôt pour soutenir sa réputation parmi les peuples, que dans l'intention de continuer sérieusement une Guerre, pour laquelle les fonds lui manquoient absolument.

Cette Expédition fut le Siége de Dreux, pour lequel le Roi fit un emprunt considérable sur la Ville de Mante. Il partit de cet endroit au commencement d'Avril, & vint passer la Riviere d'Eure à Serify, pendant que de mon côté j'assemblois & conduisois l'Artillerie nécessaire. L'Amiral (44) de Biron investit par son ordre la Ville, qui fit peu de résistance. Toute la difficulté consistoit dans le Château, & sur-tout la Tour Grise, qui étoit à l'épreuve du Canon : Je promis au Roi de l'emporter s'il vouloit me donner quatre Mineurs Anglois & Ecossois & certain nombre de Travailleurs. Mon entreprise ne manqua pas d'être bien frondée ; & mes envieux saisirent avidement cette occasion de

---

(43) A la Villette, à Pontoise, à Mante, & ailleurs.

(44) Charles de Gontaut, fils du Maréchal, nommé Amiral par le Roi.

me mortifier : Le Roi lui-même doutoit fort de la réüssité ; cependant il m'accorda ce que je lui avois demandé. Je conduisis mes Mineurs & mes Pionniers au pied de la Tour, où pour les garantir du feu & des efforts des Assiégés, je les couvris de Mantelets & de fortes piéces de bois. Cela fait, je les fis travailler avec tant d'ardeur, que de trente-six Pionniers que j'avois, il n'y en avoit que quatre qui pussent travailler à la fois ; la dureté de la pierre les épuisant de forces, & les couvrant de sueur presque dans le moment qu'ils commençoient leur travail. Aussi-tôt ils étoient relevés par quatre autres ; & l'ouvrage ne discontinuoit pas, quoique ceux du dedans cherchassent à le détruire en précipitant de gros carreaux de pierre, & faisant un fort grand feu.

Lorsque je vis que malgré cette vigoureuse défense j'avois fait dès le premier jour une ouverture de cinq pieds de hauteur, de trois de largeur, & de quatre de profondeur, je tins le succès presqu'infaillible. Six jours se passerent dans le même travail. J'enfermai trois ou quatre cens livres d'excellente poudre dans plusieurs Chambres de six ou sept pieds en quarré pratiquées dans l'épaisseur du mur, que je refermai ensuite avec de bonnes pierres liées par le plâtre, ne laissant de passage qu'à deux grosses Saucisses de cuir sec remplies de bonne poudre, qui touchoient d'un bout à la poudre enfermée, & se rejoignoient au-dehors de la Tour vis-à-vis une traînée à laquelle on devoit mettre le feu. M. le Duc de Montpensier ayant voulu venir voir disposer cette machine, y reçut un coup d'Arquebuse au visage.

Tout le monde attendoit impatiemment pour ma confusion le résultat de ce grand travail ; & lorsqu'on sçut le moment où je devois y faire mettre le feu, on s'assembla pour en voir l'effet. Il ne fut pas prompt : ce ne fut d'abord qu'un bruit sourd, accompagné de beaucoup de fumée ; & dans ce moment j'essuyai mille regards méprisans & autant de traits de raillerie sur ma mine. J'eus bien-tôt ma revenche. Au bout d'un demi-quart d'heure, un tourbillon de fumée beaucoup plus épais s'éleva de la Tour ; & dans l'instant on la vit se séparer précisément par la moitié : Une moitié s'affaiſſa, entraînant ſous ſes ruines hommes & femmes qui y furent enſevelis : l'autre demeura ſur pied, de maniere qu'elle laiſſoit voir à découvert ſur ſes planchers tous ceux qui y étoient renfermés, à qui la conſternation d'un accident ſi effrayant, jointe aux décharges qui leur furent auſſi-tôt faites & à coup ſûr par nos ſoldats, fit jetter mille cris lamentables. Le Roi en eut compaſſion, & défendit qu'on tirât davantage ; il envoya chercher ces malheureux, & leur donna à chacun un écu. Le Château ſe rendit auſſi-tôt ; & je comptai que cette fois on ne me refuſeroit pas le Gouvernement d'une Ville priſe preſque par mon ſeul moyen : mais d'O ſe fit un triomphe de l'emporter encore ſur moi ; & je lui cédai, après que le Roi m'eut repréſenté que dans les termes où il en étoit avec le Parti Catholique, la Politique ne demandoit pas qu'on l'aigrît pour un ſujet ſi leger.

Le Roi s'en tint à quelques autres petites expéditions ſemblables, & revint auſſi-tôt à Mante reprendre ſes Conférences. Cette alternative de Guerre & de Conférences dura pendant toute la tenuë des Etats, & juſqu'au jour où le Roi fit ſon Abjuration. Je trahirois la vérité ſi je laiſſois ſeulement ſoupçonner que la Politique, les menaces des Catholiques, l'ennui du travail, l'amour du repos, le déſir de s'affranchir de la tyrannie des Etrangers, le bien du peuple même, quoique fort-louable en ſoi, ayent entré ſeuls dans la derniere réſolution du Roi. Autant qu'il m'eſt permis de juger de l'intérieur d'un Prince que je crois avoir mieux connu que perſonne, ce fut bien à la vérité par ces motifs que lui vint l'idée de ſa Converſion : & j'avouë que moi-même je ne lui en inſpirai point d'autres ; fortement perſuadé comme je l'ai toujours été, quoique Calviniſte, ſur l'aveu que j'en ai arraché aux Miniſtres Réformés les plus ſçavans ; que Dieu n'eſt pas moins honoré dans l'Egliſe Catholique que dans la Proteſtante : Mais dans la ſuite le Roi ſe ſentit amené au point de regarder la Religion Catholique (45) comme la plus ſûre Le caractére de candeur & de

(45) C'eſt la réponſe qu'on voit dans M. de Péréfixe qu'il fit à un Miniſtre, qui en diſputant avec les Docteurs Catholiques, fut obligé de convenir qu'on pouvoit également ſe ſauver avec eux. M. de Sully pourroit être vivement pouſſé ſur l'aveu qu'il fait ici. *Peréf. ibid.*

1593. sincerité que j'ai toujours remarqué dans ce Prince, me fait croire qu'il auroit mal soutenu pendant tout le reste de sa vie un pareil déguisement.

Au reste qu'on ne juge point mal de l'aveu que je fais ici. Il n'est pas surprenant que Henry, qui n'avoit jamais autant entendu parler de Religion que dans ces Conférences & ces Controverses continuelles, (46) se laissât entraîner du côté qu'on avoit soin de rendre toujours victorieux: Car il faut remarquer comme un fruit de la sage attente du Roi, qu'enfin tout le monde jusqu'aux Protestans, je dis plus, jusqu'aux Ministres même Réformés employés dans les Conférences, vinrent enfin à être fortement persuadés que le changement de Religion du Roi étoit une chose absolument nécessaire pour le bien de l'Etat, pour la Paix, enfin pour l'utilité même des deux Religions. Dans cette disposition, il se fit une espéce de conspiration générale dans les esprits pour l'y amener. Les Ministres Réformés ou ne se défendoient plus, ou se défendoient si foiblement, que l'avantage demeuroit toujours du côté de leurs Adversaires. Ils ne murmuroient point de ce que souvent on se passoit d'eux aux Conférences. L'Abbé Du-Perron qui étoit là comme dans le lieu de sa gloire, n'étoit pas homme à perdre le fruit de sa victoire, avec cette entretien doux & insinuant, cette éloquence forte & persuasive, ce fond inépuisable d'érudition toujours éxactement servi par une mémoire prodigieuse, qu'on ne pouvoit ni terrasser, ni convaincre de faux qu'à l'aide de toute une Bibliothéque: espéce de défense bien languissante. De la complaisance à la flaterie avec un Prince il y a peu de distance. Quelques-uns des Ministres Réformés qui approchoient le plus de la Personne

(46) Tous ces discours soit instructifs soit édifians, des Cardinaux & Prélats de France au Roi, se voient dans le Vol. 9214. des Mss. de la Biblio: du Roi. On y prouve aussi la sincérité de la Conversion de ce Prince par les marques suivantes: Son respect pour le Pape, les Cardinaux & les Ecclesiastiques: les soins qu'il apporta pour la Conversion du jeune Prince de Condé: son alliance avec le Pape, en épousant la Princesse de Florence: son attention à entretenir la bonne intelligence entre le Souverain Pontife & le Roi d'Angleterre: le Mariage de sa Sœur avec le Duc de Bar: le bâtiment de l'Hôpital de la Santé, & d'autres édifices pour le Sépulcre de Notre-Seigneur & les Saints-Lieux: la joie qu'il témoigna de la victoire remportée par M. l'Evêque d'Evreux sur les Calvinistes &c.

LIVRE CINQUIEME. 287

1593.

du Roi, & qu'il consultoit sur ses difficultés, trahirent (47) formellement leur Croyance, ou flaterent par un embarras concerté la Religion qu'on regardoit déja comme celle du Prince.

Les Chefs du Parti Protestant n'en vinrent pas si facilement à ce point. Il y avoit des momens où on les trouvoit intraitables. En vain on leur remontroit que leur opiniatreté étoit capable de faire perdre la Couronne au Roi ; & que dans la nécessité qu'elle fût possédée par un Prince Catholique, c'étoit un avantage pour eux que ce Prince Catholique fût celui-là même qui les avoit affectionnés si long-temps, & sur les égards duquel ils pouvoient compter : Ils s'étoient flatés de voir un Prince de leur Religion sur le Trône, & le Calvinisme devenir la Religion dominante dans le Royaume ; il leur paroissoit dur d'être privé de cet avantage : c'est une perte que l'amour propre fait regarder comme irréparable dans toutes les Religions (48).

Le Roi essuya un de ces accès de mauvaise humeur, lorsque quelques-unes des Principales Villes du Royaume, lasses de gémir sous l'oppression d'une infinité de petits Tyrans, firent une première démarche auprès de Sa Majesté, & lui députerent le Comte de Belin pour lui demander la liberté du Commerce. Henry étoit à Mante ou à Vernon, lorsque Belin vint lui faire cette proposition, qu'il ne reçut qu'en présence de tout son Conseil. Il n'y eut pas un Protestant qui se montrât d'avis de l'accorder : Il est encore plus singulier qu'elle trouva une égale opposition de la part des Catholiques, sans qu'ils pussent en rendre une raison légitime, ou seulement plausible. Toutes ces personnes s'embarrassoient dans leurs Déliberations, & sentoient

---

(47) D'Aubigné nomme quelques-uns de ces Protestans : il marque aussi que la Marquise de Monceaux, Maîtresse du Roi, y eut beaucoup de part ; dans l'espérance de devenir Reine elle-même, si Henry étoit nommé Roi. *Tom. 3. liv. 3. chap. 22.*

(48) » Si je suivois votre avis, répondit Henry IV. au Ministre La-» Faye, qui lui faisoit des Remon-» trances de la part du Parti Pro-» testant, il n'y auroit ni Roi ni » Royaume dans peu de temps en » France. Je desire donner la Paix à » tous mes Sujets, & le repos à mon » ame. Voyez entre vous ce qui est » de besoin pour votre sureté ; je » ferai toujours prêt de vous faire « contenter. « *Chronol. Novenn. ibid.*

bien que leur avis ne portoit fur rien ; mais pour cela ils n'en changeoient point. Le Roi m'appercevant en ce moment : " Et vous, Monsieur de Rosny, me dit-il, que faites-vous " là rêveur ? Ne nous direz-vous rien d'absolu, non-plus " que les autres ? « Je pris la parole, & je ne craignis point de me déclarer contre tous les Opinans ; en soûtenant que l'on ne devoit pas balancer à achever de mettre le Peuple dans les intérêts du Roi par un trait de douceur qu'il seroit facile de révoquer, si l'on s'appercevoit qu'il en abusât. Cette opinion fut auſſi-tôt relevée de tous les Conseillers avec un cri de blâme, que j'ai toujours regardé comme une récrimination du consentement que j'avois extorqué dans le Conseil dont il a été fait mention plus haut. Il fallut que le Roi cédât à leur importunité, & que le Comte de Belin s'en retournât sans avoir rien fait.

Henry ne manqua pas de faire ses réflexions sur ce refus ; & jugeant qu'il n'en falloit pas beaucoup de cette nature pour éloigner les Peuples sans retour, & pour faire prendre un dernier parti à ses Ennemis, il résolut de ne pas différer plus long-temps sa Conversion. Il sentit bien qu'il ne devoit plus s'attendre à vaincre les répugnances de certains Protestans, ni à obtenir jamais d'eux un plein consentement à cette démarche (49) ; mais qu'il falloit leur faire un peu de violence, au hazard de quelques murmures qui n'aboutiroient à rien : Et qu'à l'égard des Catholiques de son Parti, il ne s'agissoit que de dissiper la crainte qu'ils avoient, que le Roi les regardant comme des personnes dont il étoit sûr, il ne songeât à s'assûrer des autres en leur destinant toutes les graces. Il déclara donc publiquement enfin que le jour de son Abjuration seroit, ce me semble, le 20 Juillet ; & nomma l'Eglise de Saint-Denis pour cette Cérémonie.

Cette déclaration déconcerta la Ligue, & remplit de joie le Peuple & les Catholiques Royalistes. Les Protestans, quoi-

---

(49) Henry IV. trouva toujours que la démarche de son Abjuration pouvoit l'exposer à de grands risques : C'est ce qui lui faisoit écrire à Mademoiselle d'Estrées : » Ce sera » Dimanche que je ferai le saut périlleux. A l'heure que je vous écris, » j'ai cent importuns sur les bras, » qui me feront haïr Saint-Denis, » comme vous faites Mante. « &c. *Voyez le Recueil des Lettres de Henry le Grand nouvellement imprimé.*

(49) Henry

LIVRE CINQUIEME.

1593.

quoiqu'ils s'y attendissent, murmurerent, hausserent les épaules, & firent pour la forme tout ce qu'une pareille conjoncture demandoit qu'ils fissent ; mais ils ne sortirent point des bornes de l'obéïssance. Tous les Ecclésiastiques accoururent, ayant à leur tête M. Du-Perron, qui s'enyvroit de son triomphe : on s'empressa : tout le monde voulut participer à cette œuvre. Du Perron pour lequel j'avois obtenu l'Evêché d'Evreux, crut ne pouvoir mieux me témoigner sa reconnoissance, qu'en éxerçant sur moi sa fonction de Convertisseur. Il m'aborda avec toute la confiance d'un Conquérant, & me proposa d'assister à une Cérémonie, où il se flatoit de se montrer avec tant de lumieres, qu'il n'y avoit point de ténebres qu'elles ne dissipassent : » Monsieur, lui répondis-je, je n'ai » que faire d'être présent à vos disputes, pour sçavoir de quel » côté seront les plus fortes & les plus valables raisons. L'état » des affaires, votre nombre & vos richesses requièrent que » vos distinctions prévalent. » Elles prévalurent en effet. La Cour se trouva très-nombreuse à Saint-Denis ; & tout s'y passa avec beaucoup d'appareil & de pompe. Je suis dispensé de m'arrêter sur une description, que les Historiens (50) Catholiques feront avec autant d'étendue que de complaisance.

Je ne m'attendois pas qu'en cet instant on auroit encore besoin de moi. Je me tenois retiré, comme un homme qui n'a aucun intérêt au spectacle qui se donnoit ; lorsque je vis arriver Du-Perron que le Cardinal de Bourbon envoya vers moi, pour appaiser une derniere dispute qui s'étoit élevée au sujet des termes dans lesquels la Formule de Profession de Foi du Roi devoit être conçue. Les Prêtres & les Docteurs Catholiques le chargeoient comme à l'envi de toutes les minuties dont ils étoient pleins ; & ils en alloient faire au-lieu d'une Piéce grave, un Ecrit ridicule. Les Ministres Protestans & le Roi lui-même ne goûtoient (51) pas que cette Formule fût farcie de bagatelles si puériles ; &

---

(50) Voyez outre les Historiens cités cy-dessus, *Mezerai. Le Vol.* 8935. *Mss. de la Bibliot. du Roi*, où ont encore rapportées, la Lettre que le Roi écrivit ensuite à Sa Sainteté ; la Procuration donnée à M. Du-Perron al- lant à Rome prêter l'obéïssance au Pape ; la Déclaration du Roi sur les motifs de sa Conversion, &c.

(51) « Ne parlons point de *Requiem*, dit Henry IV. je ne suis pas » encore mort. «

il étoit né là-dessus une contestation qui faillit à tout rompre.

J'allai incontinent avec Du-Perron chez le Cardinal de Bourbon, avec lequel il fut convenu qu'il ne falloit rien omettre dans cet Acte des points de Foi controversés entre les deux Eglises ; mais aussi qu'on devoit supprimer tout le reste comme inutile. Les Parties y consentirent ; & la Formule (52) fut dressée de maniere que le Roi y reconnoissoit tous les Dogmes Romains, sur l'Ecriture-Sainte, l'Eglise, le nombre & les Cérémonies des Sacremens, le Sacrifice de la Messe, la Transubstantiation, la Doctrine de la Justification, l'Invocation des Saints, le Culte des Reliques & des Images, le Purgatoire, les Indulgences, enfin la Primauté & le pouvoir du Pape (53) : Après quoi la satisfaction fut générale (54).

(52) Voyez-en l'Original dans les anciens Mémoires. Du-Plessis-Mornay, & Mezerai d'après lui, reprochent au Roi & aux Catholiques, apparemment sans aucun fondement, que cette premiere Profession qu'on supprima, fut pourtant celle qu'on envoya au Pape, « comme si le Roi l'eût faite, écrite, & signée de sa main, contrefaite par M. de Loménie : « Ce sont ses termes, *liv. 1. pag. 198. liv. 2. pag. 207.*

(53) Un second Acte aussi fort, par lequel Henry IV. reconnut l'autorité du Pape, est la Déclaration qu'il fit après sa Conversion : Que ce n'est que par nécessité, & faute de temps, qu'il a reçu l'Absolution des Prélats de France avant celle du S. Pere. Cette déclaration est rapportée dans le *troisiéme Tome des Mém. d'Etat de Villeroi*, pag. 61.

(54) Ce fut entre les mains de Renauld, ou de Beaune de Samblançai, Archevêque de Bourges, que le Roi fit son Abjuration : Le Cardinal de Bourbon qui n'étoit pas Prêtre, & neuf autres Evêques assistoient ce Prélat. Henry IV. s'étant présenté pour entrer dans l'Eglise de Saint-Denis, l'Archevêque lui dit » Qui » êtes-vous ? Henry répondit : Je suis » le Roi : *Que demandez-vous ?* Je demande d'être reçu au giron de » l'Eglise Catholique, Apostolique » & Romaine : *Le voulez-vous ?* ajouta » le Prélat : Oui, je le veux, & le » désire, reprit le Roi, qui s'étant » aussi-tôt mis à genoux, dit : Je » proteste & jure devant la face de » Dieu Tout-Puissant, de vivre & » mourir en la Religion Catholique, » Apostolique & Romaine ; de la » protéger & défendre envers tous » au péril de mon sang & de ma vie ; » renonçant à toutes les hérésies contraires à icelle Eglise Catholique, » Apostolique & Romaine. « Ensuite il mit cette même Formule écrite entre les mains de l'Archevêque, qui lui présenta son Anneau à baiser, lui donna à haute voix l'Absolution, & entendit sa Confession pendant le *Te Deum*, &c. Voyez toute la suite de ce Cérémonial dans les Historiens, *Cayet, liv. 5. pag. 222. & suiv. Matthieu &c.*

Fin du Cinquième Livre.

MEMOIRES
DE
SULLY.

LIVRE SIXIEME.

A Cérémonie de l'Abjuration du Roi fut suivie d'une Députation (1) du Duc de Nevers à Rome, pour faire au Pape, conjointement avec le Cardinal de Gondy & le Marquis de Pisany, les obéissances d'usage en pareil cas. Quoique ce changement fût un coup mortel pour la Ligue, les Espagnols & le Duc de Mayenne ne se rendirent pas encore : Ils tâcherent de persuader à leurs Partisans qu'il leur

1593.

(1) Clement VIII. refusa de reconnoître & de recevoir le Duc de Nevers comme Ambassadeur ; & voulut obliger les Prélats François à aller se présenter devant le Grand-Inquisiteur, prétendant que les Evêques de France n'avoient pu absoudre le Roi. M. DeThou blâme avec autant de raison la dureté du Pape en cette occasion, qu'il loue la fermeté, la prudence & toute la conduite du Duc de Nevers. *Liv.* 108. Voyez *tom.* 2. *des Mem. de Nevers, Mss. de la Bibliot. du Roi,* & dans les Historiens cy-dessus, le détail des Ambassades du Duc de Nevers & de Luxembourg, & les Négociations du P. Séraphin Olivari, de La-Clielle,

O o ij

restoit des ressources capables de le rendre inutile : mais ils parloient tous en ce moment contre leur sentiment ; & cette feinte assûrance ne tendoit qu'à obtenir du Roi des avantages plus considérables, avant qu'il fût bien affermi sur le Trône.

Ce n'est point là une simple conjecture, du-moins quant au Roi d'Espagne ; puisqu'il est demeuré constant qu'il fit offrir au Roi par Taxis & Stuniga, un secours capable de réduire tous les Chefs de la Ligue & le Parti Protestant ; sans mettre à cette offre d'autre condition qu'une étroite alliance entre les deux Couronnes, & une convention que le Roi ne donneroit aucun appui aux Rebelles des Pays-Bas. Philippe II. jugeoit de Henry par lui-même, & n'envisageoit sa conversion que comme le principe d'un nouveau systême politique, qu'il demandoit qu'il trahît ses plus anciens engagemens. Il n'est peut-être pas inutile de faire ici une remarque sur l'Espagne ; c'est que quoiqu'elle ait fait jouer, soit du vivant, soit depuis la mort de Catherine de Médicis, mille ressorts différens ; qu'elle ait changé de parti & d'intérêt toutes les fois qu'elle l'a jugé expédient pour profiter des divisions qui ont agité ce Royaume ; le Corps des Réformés est le seul vers lequel elle ne se tourna jamais. Elle a souvent & hautement protesté qu'elle n'avoit jamais eu la moindre pensée de rechercher ni de souffrir leur alliance. C'est par une suite de cette même antipathie, que les Espagnols ont constamment fermé l'entrée de leurs Etats à la nouvelle Religion ; & on ne sçauroit l'attribuer qu'aux maximes Républiquaines, dont les Religionnaires sont accusés d'être imbus.

Le Roi convaincu de plus en plus que pour étouffer dans son Royaume toute semence de Schisme, il ne devoit donner à aucune des différentes factions sujet de se vanter, qu'elle disposoit de son pouvoir ; & que pour réduire tous

---

des Abbés Du-Perron & d'Ossat, auprès du S. Pere. Le Pape fit encore long-temps attendre une Absolution qu'il avoit bien envie d'accorder, & reçut fort mal La-Clielle qui lui présentoit les Lettres d'Henry IV. Le P. Seraphin qui étoit présent, & qui s'apperçut bien que cette colere du Pape n'étoit qu'une feinte, lui dit agréablement : » Saint Pere, » quand ce seroit le Diable qui vous » demanderoit audience, s'il y avoit » espérance de le convertir, vous ne » pourriez pas en conscience la lui » refuser : « Ce qui fit soûrire Sa Sainteté.

les Partis; il n'en falloit épouser aucun; rejetta constamment ces offres de l'Espagne, & celles que le Duc de Maïenne lui fit faire à même fin : Mais dans le même temps il se montroit prêt à traiter avec chacun des Chefs, ou des Villes de la Ligue, qui viendroient se rendre à lui, & de les récompenser à proportion de leur empressement & de leurs services. C'est dans ce sage milieu qu'il résolut de s'arrêter. Quoique sa derniere action l'eût uni de Religion avec la Ligue, son aversion ne diminua point pour l'esprit de ce Corps, & pour les maximes par lesquelles il s'etoit toujours conduit : Le seul nom de la Ligue suffisoit encore pour allumer sa colere. Les Catholiques Ligueurs s'étant imaginé que l'abjuration de ce Prince les autorisoit à abolir dans quelques Villes de leur dépendance les Edits favorables aux Réformés, le Roi les y fit rétablir : Et quoiqu'en quelques endroits ils eussent obtenu pour cela le consentement des Huguenots mêmes, déterminés à acheter la paix à quelque prix que ce fût; parce que le Parti Protestant en murmura, Henry cassa tout ce qui s'étoit fait à cet égard, (2) & témoigna que son intention étoit de tenir constamment la balance égale.

Le Duc de Maïenne voyant que cette derniere ressource qu'il avoit crue infaillible, lui manquoit après toutes les autres, joua de son reste auprès des Parisiens ses anciens Amis; & ne négligea rien pour réveiller leur humeur mutine : Mais bien-loin d'y réüssir, il ne put les empêcher de faire éclater leur joie de ce qui venoit de se passer à Saint-Denis. Ils parloient publiquement de Paix, & en sa présence même : il eut le chagrin d'entendre proposer qu'il falloit envoyer des Députés demander au Roi une Tréve de six mois, & qu'on le força d'y donner son consentement. La Tréve accordée pour trois mois à Surêne, (3) n'avoit fait que donner du goût pour une plus longue.

(2) Le Roi tint une Assemblée des Protestans à Mante, le 12 Décembre de cette année, & y déclara publiquement que son changement de Religion n'en apporteroit aucun dans les affaires des Réformés. *Mém. de la Ligue*, tom. 5. Et les Calvinistes lui ayant fait plusieurs demandes; il leur dit qu'il ne pouvoit les leur accorder, mais qu'il les toléreroit. *Matthieu*, tom. 2. liv. 1. p. 164.

(3) Ou à la Villette, entre Paris & Saint-Denis, comme le marquent les Mémoires de la Ligue : La date en est du dernier Juillet ; & elle fut publiée le lendemain à Paris.

1593.

Le Roi donna audience aux Députés en plein Conseil. La plufpart de ceux qui le compofoient n'écoutant que leur jaloufie contre le Duc de Maïenne, qu'ils craignoient comme un homme qui tenoit en main de quoi acheter la faveur & toutes les graces, opinerent qu'on ne devoit avoir aucun égard à la demande des Députés ; fe fondant fur ce que celui qui les envoyoit, perfiftoit dans fa révolte contre le Roi, même depuis fon abjuration. Malgré la juftice qu'il y avoit à ne pas confondre le Duc de Maïenne avec les Parifiens, je vis le moment où cet avis alloit l'emporter : & certainement il ne pouvoit produire qu'un fort grand mal. Je pris la parole, & j'infiftai fi fortement fur l'avantage de faire goûter au Peuple déja revenu de fes premiers égaremens, la douceur d'une paix qui l'inteffât encore plus fortement en faveur du Roi ; que ce Prince déclara qu'il accordoit la Trève qu'on lui demandoit, mais pour les mois d'Août, Septembre & Octobre feulement.

Dès le lendemain il fe fit à Saint-Denis un concours prodigieux de la populace de Paris. Le Roi fe montra plufieurs fois au Peuple affemblé : il affifta publiquement à la Meffe. Par-tout où il portoit fes pas, la foule fe trouvoit fi grande, qu'il étoit (4) quelquefois impoffible de la percer : il s'élevoit à tout moment un cri de *Vive le Roi*, formé par un million de voix enfemble : Tout le monde s'en retournoit charmé de fa bonne mine, de fa douceur, & de cet air populaire qui lui étoit naturel : » Dieu le beniffe, difoit-on, » les larmes à l'œil, & le veuille bien-tôt amener en faire au-» tant dans notre l'Eglife de Notre-Dame. « Je fis remarquer au Roi cette difpofition du Peuple à fon égard : Tendre & fenfible comme il étoit, il ne put voir ce fpectacle fans une vive émotion.

Les Efpagnols eurent recours à leurs fubtilités ordinaires. D'Entragues vint me trouver un matin, & me dit qu'il venoit d'arriver à Saint-Denis un Efpagnol chargé de Dé-

---

(4) » Ils font, difoit Henry, affa-» més de voir un Roi. « *L'Etoile, ibid.* » J'ai reçu un plaifant tour à l'Eglife, écrivoit-il à Mademoifelle d'Eftrées, en cette occafion, ou dans une femblable : » Une vieille femme âgée » de quatre-vingt ans s'eft venuë » prendre par la tête, & m'a baifé. » Je n'en ai pas ri le premier : De-» main vous dépolluerez ma bouche: » &c. « *Recueil des Lettres d'Henry le Grand.*

LIVRE SIXIEME. 295

1593.

pêches importantes de Mancoce, qui lui avoit ordonné de s'adresser directement à moi, comme au seul homme qui avoit connoissance des propositions que lui Mandoce avoit fait faire au Roi il y avoit déja long-temps en Bearn, par le Commandeur Moreau & le Vicomte de Chaux. Cet Espagnol qui s'appelloit Ordognès ou Nugnès, avoit été Domestique de d'Entragues, & avoit passé de chez lui au service de Mandoce : D'Entragues entretenoit commerce par son moyen avec l'Ambassadeur Espagnol près de la Ligue. Voilà ce que je compris sur le chapitre de cet homme, par le récit vrai ou faux que m'en fit d'Entragues. Je ne me fiois pas beaucoup à cet Emissaire Espagnol, & guère davantage à d'Entragues, dont je connoissois l'esprit brouillon. Je le reçus assez séchement; parce que je ne doutai point que tout ceci ne fût un manége des Espagnols : Mais d'Entragues parut si scandalisé que je soupçonnasse sa sidélité, & ajoûta tant de choses sur la bonne foi de son Nugnès, que je consentis qu'il me l'amenât le soir de ce même jour. Le Roi à qui je donnai avis de la visite de d'Entragues, en eut la même opinion, & m'ordonna pourtant d'écouter l'Envoyé.

D'Entragues ne manqua pas de revenir accompagné de l'Espagnol, qui après bien des discours assez vagues sur la joie qu'on avoit euë à la Cour d'Espagne de l'Abjuration du Roi, & des protestations infinies de bonne volonté que je n'avois pas lieu de croire fort-sincères, me dit enfin qu'il étoit chargé de proposer au Roi le Mariage de (5) l'Infante; avec quelques autres Articles, sur lesquels il me déclara qu'il lui étoit défendu de s'expliquer avec d'autres Personnes que le Roi lui-même, auquel il me pria de le présenter. Henry ayant voulu l'entendre, je dis à Nugnès sans aucun détour, que venant d'un endroit si suspect, il acheteroit l'honneur d'être admis à l'Audience de Sa Majesté, par quelques précautions contre sa personne, peut-être un peu humiliantes. Il ne trouva rien de trop dur : Je commençai par le fouiller moi-même ; ensuite je fis faire une recherche éxacte sur toute sa personne par deux de mes Valets de Chambre, dont l'un qui étoit Tailleur s'en

(5) Claire-Eugenie d'Autriche, seconde fille de Philippe II.

1593. acquita complettement. Il ne fut pas pluſtôt entré dans l'Appartement du Roi, que je le fis mettre à genoux, tenant ſes deux mains dans les miennes. Il n'ajoûta rien aux propoſitions qu'il m'avoit déja faites: Mais il parla de l'Alliance des deux Couronnes en termes ſi ſpécieux & ſi magnifiques, que le Roi qui dans le commencement l'écoutoit à peine, ne put s'empêcher de goûter la propoſition que lui fit l'Eſpagnol, d'envoyer un homme de confiance ſçavoir de Dom Bernardin de Mandoce lui-même, s'il ne pouvoit pas compter ſur la vérité de tout ce qu'il venoit de lui dire.

Cette Députation à laquelle on pouvoit donner un air myſtérieux, n'étoit pas trop de mon goût; & encore moins le choix que Sa Majeſté fit pour ce ſujet de La-Varenne, (6) homme plein de vanité. Le Roi à qui j'expoſai mes craintes, crut ſauver toute apparence d'engagement & de négociation avec l'Eſpagne, en ne chargeant La-Varenne d'aucun Ecrit; & en faiſant ſervir de prétexte à ſon voyage, le réglement de quelques limites ſur la Frontiere d'Eſpagne. La-Varenne n'eut pas pluſtôt reçu ſon congé, qu'il fit parade de ſa Commiſſion, trancha de l'Ambaſſadeur, & ſe

(6) Il en ſera encore parlé dans la ſuite de ces Mémoires. Son nom eſt Guillaume Fouquet: celui de La-Varenne lui vint du Marquiſat de La-Varenne en Anjou, qu'il acquit. Son premier Office fut celui de Cuiſinier chez Madame; il excelloit ſur-tout à piquer les viandes. S'il eſt vrai que cette Princeſſe le rencontrant un jour après ſa fortune, lui dit: » La-Varenne, tu as plus gagné » à porter les poulets de mon Frere, » qu'à piquer les miens; « on en conclurra que les moyens par leſquels il s'avança auprès du Roi ſon Maître, ne ſont pas des plus honnêtes. Il fut fait Porte-manteau de ce Prince, enſuite Conſeiller d'Etat, & Contrôleur Général des Poſtes; & toujours fort avant dans la familiarité d'Henry IV. qui lui donna des Lettres de Nobleſſe. La-Varenne ayant mis un Gentil-homme auprès de ſon fils: » Comment! lui dit ce » Prince: donner ton fils à un Gen- » til-homme, je comprens bien cela; » mais donner un Gentil-homme à » ton fils, c'eſt ce que je ne puis comprendre. « On raconte encore que La-Varenne ayant obtenu certaine grace du Roi, ſur laquelle le Chancelier de Bellièvre lui fit quelque difficulté; La-Varenne, dit au Chancelier: » Monſieur, ne vous » en faites pas tant accroire: je » veux bien que vous ſçachiez, que » ſi mon Maître avoit vingt-cinq ans » de moins, je ne donnerois pas mon » Emploi pour le vôtre. « Voyez d'Aubigné. Geneal. de ſainte-Marthe. Mem. de M: le Duc d'Angoulême. Mém. de Du-Pleſſis. Menagiana, &c. Cayet, ibid. tom. 5. pag. 276. parle de l'Ambaſſade de La-Varenne en Eſpagne tout différemment de nos Memoires.

(7) Cayet,

LIVRE SIXIEME. 297

1593.

se fit regarder comme tel par Mandoce ; qui de son côté enchérit encore sur les honneurs qu'éxigeoit La-Varenne : Ce qui produisit l'effet que les Espagnols avoient en vûë. On crut quelque temps en Angleterre & en Allemagne, que Henry avoit recherché l'amitié du Roi d'Espagne, & rompu l'alliance avec les Puissances Protestantes : D'où l'on auroit peut-être vû s'ensuivre une rupture éclatte, si le Roi n'avoit promptement pris les devants pour les persuader du contraire.

Une derniere ressource sur laquelle on comptoit dans la Ligue, & qui faisoit qu'on reculoit toujours l'accommodement & l'éloignement des Espagnols ; c'est l'horrible résolution de poignarder le Roi, qu'elle avoit sçu inspirer à un petit nombre de gens déterminés, dont elle avoit renversé l'esprit par l'attrait des plus grandes récompenses, s'ils venoient à bout de leur entreprise ; & s'ils y succomboient, par l'espérance que leur action leur méritéroit la couronne du Martyre. La nature se révolte si violemment, lorsqu'on voit que ceux qui se vantoient d'être les soûtiens de la Religion, font un abus si monstrueux de ce qu'elle a de plus sacré, qu'il faudroit effacer ce trait de toutes les Histoires, si d'ailleurs l'on n'étoit sûr qu'il n'y a aucune des Religions qui prennent le nom de Chrétiennes, qui ne s'indigne qu'on puisse lui imputer d'autoriser un pareil dessein : On ne peut même sans crime en accuser ou un Corps, ou un simple particulier, si l'on n'en a les preuves de fait les plus claires.

Le Roi n'en eut (7) que trop fréquemment dans les voyages qu'il fit au sortir de Saint-Denis, à Chaalon-sur-marne, au Fort de Gournai, à Brie-comte-robert, à Melun, & ensuite à Meulan & à Fontainebleau. Les Moines sur-tout ont sur cet article une tache qu'ils n'effaceront pas facilement. Henry étant à Melun, pensa périr par la main des furieux qu'apostoient par-tout les Jésuites & les Capucins. Entre-

---

(7) Cayet, *Chronol. N venn. liv.* 5. p. 280. parle plus positivement de ces complots contre la vie d'Henry IV. Morisot dit qu'un Flamand, nommé Avenius, vint à Saint-Denis, dans le dessein de poignarder ce Prince : que voyant avec quelle dévotion il assistoit à la Messe, il se jetta à ses pieds, & lui demanda pardon : mais qu'ayant récidivé, il fut roué en 1593. *Chap.* 33.

Tome I.   P p

1593.

autres avis qui lui furent adressés sur ce sujet, il fut informé qu'un de ces scélérats étoit parti de (8) Lyon, dans le dessein de venir le chercher pour l'assassiner. Heureusement avant de partir il exposa dans la Confession son dessein à un Prêtre qui effrayé de cette frénésie en avertit un Gentilhomme de Lyon. Celui-ci partit précipitamment pour pré-

(8) C'est Pierre Barriere, ou la Barre, Bâtelier d'Orleans. Davila rapporte ce fait un peu différemment, *liv.* 4. Les Mémoires de la Ligue chargent griévement en effet un Jésuite de Paris & un Capucin de Lyon, sans nommer ni l'un ni l'autre. M. De-Thou dit formellement, *liv.* 107. que ce Jésuite étoit le Pere Varade, Recteur du College de Paris; & invective à cette occasion d'une maniere sanglante contre toute cette Société. Mezeray, *liv.* 62. en parle dans les mêmes termes, comme n'ayant fait que copier De-Thou... Mais outre que le témoignage d'un ennemi n'est d'aucun poids; il est bon d'avertir ici une fois pour toutes, que lorsque le Duc de Sully & les autres Ecrivains Calvinistes, font ces sortes d'imputations aux Jésuites, ainsi qu'à Messieurs de Villeroi, Jeannin, d'Ossat &c. cela ne signifie rien autre chose dans le sens même de ces Ecrivains, sinon que telle ou telle chose arriva par l'effet des Principes, Ecrits, Theses, Prédications; en un mot, par l'impression & l'esprit qui conduisoit toute la Ligue: Et non point que tel Jésuite, telle personne fût l'Auteur ou le Moteur de cette action. On en sera plus convaincu par la suite de ces Mémoires. Voyez comment nous nous sommes expliqués sur ce sujet dans la Préface de cet Ouvrage.

Pour le fait particulier dont il est ici question; quoiqu'en disent De-Thou, Cayet, *liv.* 5. *pag.* 240. & Mezeray, il est certain que Barriere appliqué à la question, pour déclarer ceux qui l'avoient sollicité à attenter à la vie du Roi, ne nomma point le Pere Varade. Il est encore certain qu'on ne fit nulle poursuite contre ce Pere : qu'on ne le recharcha point dans tout le cours de cette procédure : qu'il demeura à Paris après même que le Roi y fut entré. Quand l'année suivante 1594, Antoine Arnaud dans son plaidoyer pour l'Université, reprocha aux Jésuites le prétendu attentat du Pere Varade, ceux de sa Compagnie s'en défendirent fortement, & l'Avocat ne le prouva point. *Hist de l'Université de Paris*, *tom.* 6. *p.* 884. Enfin le Roi en 1604. répondant au Premier Président de Harlay, qui représentoit que le Parlement avoit peine à vérifier l'Edit du rétablissement des Jésuites, les justifia en particulier sur l'article qui regardoit Barriere; disant qu'il étoit faux qu'aucun d'eux eût sçu le dessein de ce parricide. *Mém. Chronol. & Dogmatiques pour servir à l'Histoire de l'Eglise*, *tom.* 1. *pag.* 28.

C'est donc une énorme calomnie dans Messieurs De-Thou, Cayet & Mézeray, d'avoir avancé que le Pere Varade avoit conseillé à Barriere de tuer le Roi. Ce fut le Pere Seraphin Banchi qui découvrit ce complot; & le Gentilhomme qui partit de Lyon pour en avertir Henry IV. & qui reconnut Barriere à Melun, s'appelloit Brancaleon. *Chronol. Nov. ibid.* Henry IV. parlant de cet attentat à P. Matthieu son Historien, lui dit que ce scélérat se trouva trois fois dans l'occasion de le tuer, à la Chasse, en cueillant des fruits d'un arbre, & dans l'Eglise de Saint-Denis, & que Barriere, aussi bien que Clement, étoit convenu avec ses Complices d'envelopper dans son accusation une infinité de Personnes innocentes, & en particulier plusieurs Princes & Seigneurs de France. *Matthieu*, *tom.* 2. *liv.* 1. *p.* 150.

venir le meurtrier ; & le désigna si bien au Roi, sur le portrait que lui en avoit fait le Prêtre, qu'il fut reconnu à Melun au milieu de la foule : il confessa son crime, & en reçut le châtiment. Le Roi étoit confus pour ses ennemis mêmes, d'une méchanceté qui découvroit si bien le fond de leur cœur : il se trouvoit également alarmé de toutes ces entreprises sur sa Personne, & gêné des précautions qu'il étoit obligé de prendre : il m'en fit souvent les plaintes les plus améres.

1593.

Il se seroit trouvé heureux, si la conduite des Catholiques de sa Cour l'eût du-moins consolé de celle des Catholiques Ligueurs : mais ils n'en avoient pas changé non plus que les autres, pour avoir vû le Roi se faire Catholique ; & ils ne s'en croyoient pas moins en droit de l'assujettir à toutes leurs fantaisies. Ils souffroient impatiemment que le Roi n'eût pas rompu tout commerce avec ses anciens Serviteurs Protestans ; leur mécontentement éclatoit à le voir seulement s'entretenir avec chacun d'eux, sur-tout avec moi. La crainte que je ne le rentraînasse dans sa premiere Croyance les touchoit beaucoup moins, que l'idée qu'ils avoient que je le portois dans ces entretiens à chercher un remède aux abus du Gouvernement, & principalement au désordre des Finances. Henry qui ne se voyoit pas encore au point de pouvoir parler en Maître, eut la complaisance de fuir toute conversation particuliere avec les Huguenots : Il reprit ses Conférences sur la Religion avec les seuls Catholiques, & les continua à Andresy (9) & à Milly. Je profitai de cette conjoncture, & je demandai à ce Prince la permission de faire un voyage à Bontin, où j'avois pour cinq ou six mille écus de bled à vendre. En me l'accordant, Sa Majesté me dit qu'à mon retour elle verroit peut-être plus clair dans ses affaires, & qu'elle pourroit m'en dire davantage.

En Beauvaisis.

J'arrivai avec mon Epouse à Bontin dans un temps où

(9) Et encore à Portoise, & à Fleury, Château dans le Gâtinois, appartenant à Henri Clausse, Grand-Maître des Eaux & Forêts. Les Catholiques qui y assistoient, étoient, comme le marque M. De-Thou, Messieurs de Schomberg, de Villeroi, de Belin, de Revol, Jeannin, & De-Thou lui-même, qui donne aussi à entendre qu'il s'y parloit plus de Politique que de Religion.

P p ij

1593.

les denrées étoient de fort-bon débit. Toutes les grandes Villes se hâtant de profiter de la Trève pour remplir leurs Magazins à tout événement, donnôient en échange l'argent que les Espagnols avoient répandu par-tout. Les Pistoles d'Espagne étoient si communes en ce temps-là, qu'elles devinrent la monnoie la plus ordinaire dans le Commerce.

J'avois à peine vendu la moitié de mes bleds, qu'une Lettre que le Roi m'écrivit de Fontainebleau me rappella auprès de lui. Il avoit décacheté en mon absence trois Lettres à mon Adresse, dont il n'avoit pu tirer aucun éclaircissement; parce que deux de ces Lettres, l'une de Madame (10) de Simiers, sœur de Vitry, & grande amie de l'Amiral de Villars, & l'autre de La-Font, étoient écrites en chiffres; & que la troisiéme, qui étoit d'un nommé Desportes, de Verneuil, ne marquoit rien autre chose, sinon que cet homme avoit à m'entretenir sur une proposition que je lui avois faite dans mon Abbaye de Saint-Taurin d'Evreux. Le Roi obsédé par les Catholiques, ne put faire autre chose en ce moment que me remettre les trois Lettres, dont je lui dis ensuite le contenu. Desportes étoit l'Agent dont le Baron de Médavy (11) avoit résolu de se servir pour traiter de son accommodement & de la reddition de Verneuil. Pour la Lettre de Madame de Simiers, & celle de La Font, elles rouloient sur certaines facilités qui se présentoient de mettre Villars dans les intérêts du Roi : Mais les choses changerent bien de face à son égard par la perte de Fescamp, qui fut si sensible à ce Gouverneur, qu'il rompit pour cette fois tout accommodement. J'en fus informé par de nouvelles Lettres de Madame de Simiers & de La-Font en réponse aux miennes, dans le moment que je me disposois à partir par ordre du Roi, pour entretenir Villars dans ses bonnes dispositions. Voici ce qui s'étoit passé à Fescamp : c'est un trait de hardiesse qui mérite de trouver place ici.

Lorsque ce Fort fut pris par Biron sur la Ligue, il y avoit

Port & Citadelle, dans le Pays de Caux.

(10) Louise de L'Hôpital-Vitry, femme de Jacques de Simiers, Grand-Maître de la Garde-robe du Duc d'Alençon.
(11) Pierre Rouxel, Baron de Médavy, Comte de Grancey, Lieutenant Général en Normandie, & Conseiller d'Etat, mort en 1617 : Il étoit doué d'une force de corps singulière.

LIVRE SIXIEME.

dans la Garnison qui en sortit un Gentilhomme, nommé Bois-rosé (12), homme de cœur & de tête, qui remarqua éxactement la Place d'où on le chassoit ; & prenant ses précautions de loin, fit ensorte que deux soldats qu'il avoit gagnés furent reçus dans la nouvelle Garnison que les Royalistes établirent dans Fescamp. Le côté du Fort qui donne sur la Mer, est un Rocher de six cens pieds de haut, coupé en précipice, & dont la Mer lave continuellement le pied à la hauteur d'environ douze pieds ; excepté quatre on cinq jours de l'année, où pendant la morte-eau la Mer laisse à sec l'espace de trois ou quatre heures le pied de cette falaise, avec quinze ou vingt toises de sable. Bois-rosé à qui toute autre voie étoit fermée pour surprendre une Garnison attentive à la garde d'une Place nouvellement prise, ne douta point que s'il pouvoit aborder par cet endroit regardé comme inaccessible, il ne vînt à bout de son dessein : il ne s'agissoit plus que de rendre la chose possible ; & voici comme il s'y prit.

Il étoit convenu d'un signal avec les deux soldats gagnés ; & l'un d'eux l'attendoit continuellement sur le haut du rocher, où il se tenoit pendant tout le temps de basse marée. Bois-rosé ayant pris le temps d'une nuit fort noire, vint avec cinquante soldats déterminés & choisis exprès parmi ces Matelots, & aborda avec deux Chaloupes au pied du rocher : Il s'étoit encore muni d'un gros cable, égal en longueur à la hauteur de la falaise ; & il y avoit fait de distance en distance des nœuds & passé de courts bâtons, pour pouvoir s'appuyer des mains & des pieds. Le soldat qui se tenoit en faction attendant le signal depuis six mois, ne l'eut pas plustôt reçu, qu'il jetta du haut du précipice un cordeau, auquel ceux d'en-bas lièrent le gros cable, qui fut guindé en haut par ce moyen, & attaché à l'entre-deux d'une embrasure avec un fort levier passé par une agraffe de fer faite à ce dessein. Bois-rosé fit prendre les devants à deux Sergens dont il connoissoit la résolution ; & ordonna aux cinquante soldats de s'attacher de même à cette espèce d'échelle, leurs armes liées autour de leur corps, & de sui-

1593.

(12) N. De Gouftiminil, ou Gousminil, Sieur de Bois-rosé. *Voyez la* | *Chronol. Novenn. liv 5. p. 94.*

vre à la file : se mettant lui-même le dernier de tous, pour ôter aux lâches toute espérance de retour. La chose devint d'ailleurs bien-tôt impossible ; car avant qu'ils fussent seulement à moitié chemin, la marée qui avoit monté de plus de six pieds, avoit emporté la chaloupe, & faisoit flotter le cable. La nécessité de se retirer d'un pas difficile, n'est pas toujours un garant contre la peur, lorsqu'on a autant de sujet de s'y livrer : Qu'on se représente au naturel ces cinquante hommes suspendus entre le Ciel & la Terre au milieu des ténèbres ; ne tenans qu'à une machine si peu sûre, qu'un leger manque de précaution, la trahison d'un soldat mercénaire, ou la moindre peur pouvoit les précipiter dans les abymes de la Mer, ou les écraser sur les rochers : qu'on y joigne le bruit des vagues, la hauteur du rocher, la lassitude & l'épuisement : Il y avoit dans tout cela de quoi faire tourner la tête au plus assuré de la troupe : comme elle commença en effet à tourner à celui-là même qui la conduisoit : Ce Sergent dit à ceux qui le suivoient qu'il ne pouvoit plus monter, & que le cœur lui défailloit. Bois-rosé à qui ce discours étoit passé de bouche en bouche, & qui s'en appercevoit parce qu'on n'avançoit plus, prend son parti sans balancer. Il passe par dessus le corps de tous les cinquante qui le précédent, en les avertissant de se tenir fermes ; & arrive jusqu'au premier, qu'il essaye d'abord de ranimer : Voyant que par la douceur il ne peut en venir à bout, il l'oblige le poignard dans les reins de monter ; & sans doute que s'il n'eût obéï il l'auroit poignardé, & précipité dans la Mer. Avec toute la peine & le travail qu'on s'imagine, enfin la Troupe se trouva au haut de la falaise un peu avant la pointe du jour, & fut introduite par les deux soldats dans le Château, où elle commença par massacrer sans miséricorde le Corps-de-Garde, & les Sentinelles : Le sommeil livra presque toute la Garnison à la merci de l'Ennemi, qui fit main-basse sur tout ce qui résista, & s'empara du Fort.

Bois-rosé donna aussi-tôt avis à l'Amiral de Villars de ce succès presqu'incroyable ; & il crut que la moindre gratification à laquelle il devoit s'attendre, étoit le Gouvernement de cette Citadelle, qu'il avoit si bien acheté. Cepen-

LIVRE SIXIEME.

dant il lui revint que Villars, ou plutôt le Commandeur de Grillon (13), songeoit à l'en chasser. Dans le premier transport de colére que lui donna cette injustice, il remit le Château de Fescamp au Roi, dont il venoit d'apprendre la Conversion. A cette Nouvelle, Villars rompit la Négociation qu'il avoit permis à Madame de Simiers & à La-Font d'entamer en son nom; & il envoya investir Fescamp. Boisrosé qui se sentoit trop foible, appella à son secours le Roi, qui s'achemina dans l'instant vers Dieppe, & vint loger à Saint-Valery en Caux. Les trois mois de suspension étoient finis, lorsque se fit cette hostilité: mais le Roi s'étoit porté à la prolonger de deux ou trois mois, sur la représentation que lui avoit fait faire le Duc de Maïenne, qu'il lui falloit un temps plus considérable, pour regler une affaire aussi importante que son Accommodement & celui de la Ligue. Il ne manqua pas de crier contre le Roi à l'infraction; & il fit partir le Comte de Belin, Gouverneur de Paris, pour lui en porter ses plaintes. Belin vint à Saint-Valery; & s'acquitant de sa commission, il demanda encore au Roi une prolongation de Tréve pour trois mois : temps nécessaire au Duc de Maïenne pour faire connoître ses dernieres intentions à Rome & à Madrid, où il avoit envoyé pour ce sujet le Cardinal de Joyeuse (14) & Montpezat. Le Roi qui vit qu'on ne cherchoit qu'à l'amuser, rejetta les propositions du Comte de Belin : & sans vouloir l'entendre davantage sur un violement qui devoit être imputé en premiere cause à ses ennemis, il s'avança droit à Fescamp, obligea les Troupes de Villars de se retirer, & pourvut abondamment cette Forteresse de tout ce qui étoit nécessaire pour sa sûreté.

De retour à Mante, le Roi apprit que le Marquis de Vitry étoit disposé à le recevoir dans Meaux. Pour seconder les bonnes intentions de ce Gouverneur, Sa Majesté vint à Lagny, où tout fut reglé de maniere qu'elle fit une entrée solemnelle dans (15) Meaux, le premier jour de l'An-

Louis de L'Hopital, Marquis de Vitry.

---

(13) Thomas Berton, Gouverneur de Honfleur, Frère de Grillon.
(14) François, le second des sept fils de Guillaume de Joyeuse. Henry Des Prés, Sieur de Montpezat.
(15) Le Duc de Maïenne ayant fait faire des reproches à Vitry, de ce qu'il l'avoit trahi en livrant Meaux au Roi; Vitry répondit à son Envoyé : » Vous me pressez trop; » vous me ferez à la fin parler en sol- » dat : Je vous demande si un larron

1594.
Claude de La-Châtre.

Entre Meaux & Soissons.

Montereau-faut-yonne, en Champagne.

née 1594 : Et cet exemple fut suivi bien-tôt après par La-Châtre pour les Villes d'Orléans & de Bourges.

La Trève étant finie, le Roi alla faire le Siége de la Ferté-milon. Je voulois profiter de ce temps pour achever les affaires qui m'avoient conduit à Bontin : Mais Sa Majesté me commanda d'aller faire la revuë de quelques Bataillons Suisses à Montereau. Je mandai à Madame de Rosny de se trouver en cet endroit, d'où je la ramenerois à Mante. Elle m'y attendit inutilement : deux jours avant celui où je devois aller faire cette revuë, je reçus de nouvelles Dépêches de Madame de Simiers & de La-Font, qui me mandoient que l'homme, (c'étoit M. de Villars) étant appaisé, rien n'empêchoit qu'on ne reprit le projet rompu. Le Roi jugea cette affaire assez de conséquence, pour ne pas différer d'un moment. Le Comte de (26) Chaligny venoit d'arriver à l'Armée avec un passeport pour Paris : Il avoit prié le Roi de lui donner un Gentilhomme de confiance pour le conduire dans cette Ville. Sa Majesté jugea à propos que je profitasse de cette double occasion de connoître plus particuliérement les dispositions du Duc de Maïenne & de la Ligue, & de me rendre sûrement à Rouen.

J'accompagnai donc le Comte de Chaligny jusqu'à Paris, d'où après une entrevuë avec le Duc de Maïenne, je me rendis par Louviers chez le Sieur de Saint-Bonnet, à deux lieuës de Rouen. Ayant donné de cet endroit avis de mon arrivée aux Entremetteurs ; on me vint prendre la nuit du lendemain, & l'on m'introduisit dans le Fort de Sainte-Catherine, où le Capitaine Boniface me reçut & me traita splendidement, en attendant l'Amiral de Villars qui vint lui même le soir, suivi d'un seul Laquais ; comme de mon côté je n'avois qu'un seul Valet de Chambre avec moi. Nous ne nous séparâmes qu'après un entretien de deux heures,

» ayant volé une bourse me l'avoit
» donnée en garde, & si après re-
» connoissant le vrai propriétaire, je
» lui rendois la bourse, & refusois
» de la donner au voleur qui me l'au-
» roit confiée ; aurois-je à votre avis

» fait acte mauvais & de trahison ?
» Ainsi est-il de la Ville de Meaux. «
Mém. pour l'Histoire de France, tom. 2.

(16) Henry de Lorraine, Comte de Chaligny, de la branche de Moüy.

(17) M.

LIVRE SIXIEME.

res, qui me laiſſa entierement ſatisfait des ſentimens de ce Gouverneur. Cette entrevûë ſe paſſa avec un fort-grand ſecret. Outre que les Gouverneurs des principales Villes Royaliſtes des environs de Rouen n'auroient pas manqué de traverſer la Négociation par jalouſie & par intérêt; & que peut-être ils auroient fait pis, comme ils firent en effet, ſitôt qu'ils purent en ſoupçonner quelque choſe: Il y avoit dans tout ce canton pluſieurs Troupes Ligueuſes & étrangeres, dont Villars n'étoit pas entierement le maître; & il s'y en pouvoit joindre en ſi peu de temps un aſſez grand nombre, pour le faire repentir de ſa démarche.

Je paſſai cinq jours entiers dans le Fort de Sainte-Catherine avec le même ſecret. J'eus de fréquentes conférences avec Villars: Nous touchâmes les principaux points de ſon Accommodement. La plus grande difficulté ne rouloit pas ſur l'intérêt: Il cherchoit moins à ſatisfaire des vûës mercénaires, qu'à ſe convaincre qu'en traitant avec lui, le Roi ne ſongeoit pas ſimplement à gagner une Capitale de Province; mais à s'attacher un homme qui ſe ſentoit autant de diſpoſition que de talens à le bien ſervir. On a vu ci-devant qu'elle idée Villars avoit conçuë du Roi: Sitôt que mes diſcours l'y eurent confirmé, je pus regarder ſon Traité comme fort-avancé: mais alors je ne pouvois pas aller plus loin, n'ayant point par écrit les pouvoirs néceſſaires pour conſommer l'affaire.

Pour achever de faire connoître ce Gouverneur; tout ce qui paroiſſoit de lui, avoit rapport à l'une ou à l'autre des deux qualités qui dominoient dans ſon caractère; ou étoit produit par leur mêlange. Ces deux qualités étoient la valeur & la droiture. La premiere rend le cœur élevé, génèreux; plein d'une fierté (17) noble & naturelle, qui n'eſt autre choſe que le ſentiment de ce que nous valons: ſentiment qui ne tient rien de la baſſe vanité, & l'affectation à ſe perdre dans la forte admiration de ſoi-même. La ſeconde fait qu'on eſt ſincère & vrai, incapable d'artifice & de ſurpriſe, prêt à ſe rendre à la raiſon & à la juſtice. Celui qui les unit toutes deux, a rarement d'autre défaut

---

(17) M. De-Thou parlant de l'Amiral de Villars, dit qu'il étoit d'un eſprit dur & hautain. *Liv.* 103.

que la promptitude d'un premier mouvement de colere. Tel étoit Villars; & on s'en appercevra aisément dans tout ce qui me reste à dire de lui. La nature ne l'avoit pas fait pour être long-temps ennemi d'un Prince, avec lequel il avoit tant de conformité dans l'humeur. La seule différence entr'eux étoit que Henry par de continuelles réflexions sur les effets de la colere, par l'usage d'une longue adversité, par la nécessité de se faire des Partisans, enfin par la trempe d'un cœur tourné vers la tendresse, avoit converti ces premiers transports si bouillans en de simples (18) mouvemens, qui les marquoient sur son visage, dans son geste, & plus rarement dans ses paroles.

1594.

Le 17 Fevrier 1594.

Le Roi venoit d'arriver à Chartres, qu'il avoit choisi (19)

---

(18) Voici une Anecdote tirée des Mémoires de la Vie du Président De-Thou, qui prouve ce que l'Auteur dit ici du caractere de Henry IV. & qui a aussi rapport à ce qui a été dit cy-devant, au sujet du Siége de Rouen. » Un jour que Grillon vint dans le Cabinet du Roi, » pour s'excuser là-dessus, (sur le » reproche qu'on lui faisoit, que ses » fréquentes allées & venuës pour » négocier avec l'Amiral, lui avoient » donné l'occasion & les moyens de » faire cette furieuse sortie, dont il » a été parlé) il passa des excuses aux » contestations, & des contestations » aux emportemens & aux blasphêmés. Le Roi irrité de ce qu'il continuoit si long-temps sur le même » ton, lui commanda de sortir: Mais » comme Grillon revenoit à tous » momens de la porte, & qu'on s'apperçut que le Roi pâlissoit de colere & d'impatience; on eût peur » que ce Prince ne se saisît de l'épée » de quelqu'un, & qu'il n'en frappât un homme aussi insolent. Enfin s'étant remis, après que Grillon fut sorti; & se tournant du » côté des Seigneurs qui l'accompagnoient, & qui avec De-Thou » avoient admiré sa patience, après » une brutalité si criminelle; il leur » dit : La nature m'a formé colere; » mais depuis que je me connois, je » me suis toujours tenu en garde » contre une passion qu'il est dangereux d'écouter : je sçais par expérience que c'est une mauvaise » conseillere; & je suis bien-aise d'avoir de si bons témoins de ma modération. Il est certain que son » tempérament, ses fatigues continuelles, & les différentes situations de sa vie, lui avoient rendu » l'ame si ferme, qu'il étoit beaucoup plus le maître de sa colere » que de sa passion pour la volupté. » On remarqua durant la contestation de Grillon, le Maréchal » de Biron qui se trouva chez le Roi, » & qui étoit assis sur un coffre, » faisoit semblant de dormir: que » plus elle s'échauffoit, & que les » voix s'élevoient, plus il affectoit » de dormir profondément : Quoique Grillon se fût d'abord approché de lui pour l'injurier; & qu'il » lui criât aigrement aux oreilles, » qu'il n'étoit qu'un chien galeux » & hargneux. La compagnie fut » persuadée qu'il n'avoit affecté ce » profond sommeil, qu'afin de ne se » point commettre avec un emporté » & un furieux : ce qu'il eût été contraint de faire, pour peu qu'il eût » paru éveillé. On crut encore qu'il » avoit voulu laisser au Roi toute la » fatigue de la conversation. «

(19) Contre une Ordonnance assez

pour la Cérémonie de son Sacre, lorsque je le rejoignis pour l'instruire de mon voyage, & lui demander un plein pouvoir. Je comptois repartir incontinent; & je ne m'attendois pas à me voir retenu près de lui dix ou douze jours, comme je le fus. Il s'agissoit de la réconciliation de M. le Comte de Soissons & de M. le Duc de Montpensier, dont l'inimitié avoit pris naissance à l'occasion des prérogatives de leur rang de Prince du Sang; & s'étoit fortifiée en dernier lieu par leur concurrence aux mêmes Charges, aux mêmes Gouvernemens, & de plus à la même Maîtresse, Madame Sœur du Roi. M. le Duc de Montpensier étoit sans contredit le plus avant dans les bonnes graces du Roi & le mieux partagé du côté de la fortune. Ses biens étoient immenses. Il parut au Sacre avec une Suite de quatre ou cinq cens Gentilshommes; tandis que son Rival pouvoit à peine en entretenir dix ou douze : Mais celui-cy lui étoit supérieur quant à un point : c'est que tout pauvre qu'il étoit, sans Places & sans Gouvernement, & mal-voulu du Roi, sur-tout depuis son échappée de Rouen; il possédoit le cœur de la Princesse, que rien n'avoit pu refroidir à son égard. La Comtesse (20) de Guiche étoit la dépositaire de leurs secrets & leur commune Messagere lorsqu'ils ne pouvoient se voir. Elle avoit si bien échauffé cette liaison, qu'elle leur avoit fait signer à tous deux une Promesse de mariage, que la seule difficulté des temps les empêchoit de mettre à exécution.

Sa Majesté souhaitoit si passionnément de pouvoir raccommoder les deux Princes de son Sang, que cette considération l'emporta sur celle du Traité avec Villars. Elle n'eut aucun égard à mes instances, ni au danger que je lui faisois envisager dans le retardement : Il fallut que je me déterminasse à entreprendre cette difficile reconciliation, conjointement avec l'Evêque d'Evreux, sur lequel le Roi

frivole des Etats de Blois, que cette Cérémonie est nulle, à moins qu'elle ne soit faite dans la Ville de Rheims. Il fut décidé que ce seroit Nicolas De-Thou, Evêque de cette Ville, qui sacreroit Sa Majesté, & non l'Archevêque de Bourges qui prétendoit cet honneur comme Grand-Aumonier; & qu'on se passeroit de la Sainte-Ampoule. Voyez cette Cérémonie décrite dans les Historiens.

(20) La même qui avoit été Maîtresse d'Henry IV. Mais elle étoit devenue fort-grosse, grasse & rouge de visage. *Journ. du règne d'Henry III. Tom. 1. p. 270.*

avoit d'abord jetté les yeux, mais qu'il ne trouvoit pas capable de faire réüssir seul une affaire si délicate. Il est vrai que je m'étois toujours conservé une grande part dans la confidence de M. le Comte: mais je connoissois son esprit hautain & dédaigneux, que la seule crainte de paroître déférer à un Rival qui lui étoit supérieur, porteroit non-seulement à se roidir dans ses prétentions, mais peut-être encore à en former de nouvelles. Je n'ennuyerai point par le récit des contestations, des refus & des mauvaises humeurs que nous eûmes à essuyer: Nous fûmes plus d'une fois prêts d'abandonner la partie. Cependant à force de raisons tirées de la volonté & de la satisfaction du Roi, avec beaucoup de patience, de prières & d'importunité, nous parvînmes à faire consentir les deux Princes à se voir & à s'embrasser. Je ne garantis pas que le cœur ait jamais eu beaucoup de part à cette démarche: Je me donnai bien de garde de discuter l'article de l'amour & du mariage, qui demeurant indécis laissoit entr'eux la principale semence de division: mais qui me parut un obstacle absolument insurmontable.

J'étois fort-satisfait d'avoir réüssi sans toucher cet article; & je ne voyois plus rien qui m'empêchât de me rendre à Rouen. Je n'en étois pas où je pensois. Le Roi n'avoit paru si fort empressé pour le raccommodement des deux Princes, que pour arriver à un second point qu'il desiroit encore plus passionnément; & ce second point étoit précisément celui que j'avois cru devoir mettre si prudemment à côté, le Mariage de Madame sa Sœur: Pour comble, ce fut encore moi sur lequel Sa Majesté s'arrêta pour amener la chose à son but. Je fus donc chargé de nouveau de retirer la Promesse de mariage dont il vient d'être parlé; afin que cet obstacle étant levé, le Roi résolu de gratifier en tout le Duc de Montpensier, employât ensuite son autorité pour lui mettre la Princesse entre les bras; & par-là se vît enfin délivré de la crainte de voir conclurre un mariage, qui tout clandestin qu'il eût été, ne l'en auroit pas moins embarrassé: le Comte de Soissons se rendant son héritier malgré lui, & se servant contre lui de ses propres biens. Si de ce mariage il provenoit des enfans, comme on ne pouvoit guère en douter; autre sujet d'inquiétude pour Sa Majesté qui n'en avoit point.

Il me prit un frémissement lorsque le Roi me donna un pareil ordre. Je voulus encore lui rappeller que Villars alloit s'engager pour toujours avec les Ennemis, aussi bien que Médavy & plusieurs autres Gouverneurs de Normandie, si je n'accourois promptement dans tous ces endroits. C'étoit une chose résoluë : Le Roi ne m'écouta point : & il ne m'accorda que ce que je lui demandai pour pouvoir réüssir; je veux dire, qu'il ne donneroit aucun lieu de soupçonner qu'il m'eût chargé de cet emploi, & qu'il me laisseroit le choix des moyens.

Lorsque je fus seul, & que je fis réflexion à la commission que je venois de recevoir, j'avouë que je me trouvai dans le dernier embarras. De l'humeur dont je connoissois Madame Catherine, à qui il s'agissoit d'arracher cet Ecrit; je sentois bien que toute l'éloquence humaine n'étoit pas capable de lui faire goûter les desseins du Roi sur sa Personne. Quelle apparence d'aller proposer à une femme & à une Princesse, de renoncer à un Amant qu'elle aime pour se livrer à un autre qu'elle hait ? Il ne me restoit donc de ressource qu'en la trompant. Pour cela je me dis à moi-même, que si ce n'étoit pas selon son cœur que je la trompois, c'étoit du-moins pour ses intérêts, & pour détourner les malheurs que l'irrégularité de sa conduite pouvoit attirer sur le Royaume & la Personne du Roi : qu'elle m'en auroit un jour obligation elle-même : que je l'empêchois par un innocent artifice de perdre sa fortune avec l'amitié du Roi son Frere. Malgré tout ce que ces raisons avoient de spécieux, il falloit toujours que je convinsse que je n'agissois pas avec elle de bonne foi; & cette idée me faisoit de la peine. Si je m'y déterminai, ce fut par l'impossibilité de réüssir autrement, & par l'espérance qu'un jour j'en obtiendrois le pardon d'elle-même; en la faisant convenir qu'en cela je lui avois rendu un service réel. Pour M. le Comte, outre que je n'avois point à m'adresser à lui, & que je ne lui étois que très-peu attaché; les égards que je devois à sa personne n'étoient plus à compter pour rien, puisqu'ils étoient contraires à l'utilité publique, & à ce qu'éxigeoit de moi le service du Roi. Toute cette affaire m'a

1594.

dans la suite causé des chagrins, dont il semble que ma répugnance & mes scrupules auroient dû me préserver.

Je trouvai ensuite une autre difficulté. Je voyois fort rarement Madame, à cause de mes occupations continuelles ; & je la connoissois assez pour ne pas douter que de quelque manière que je m'y prisse pour en obtenir la Piéce dont il étoit question, l'assiduité que je lui témoignerois ne manqueroit pas de faire naître aussi-tôt dans son esprit naturellement défiant, des soupçons qui la mettroient en garde contre tout ce que je pourrois lui dire ou lui faire dire. Je cherchai à faire ensorte qu'elle me prévînt elle-même. Je me servis pour cela des deux Du-Perron ; que je sçavois être d'humeur, sur-tout le jeune, à faire leur cour aux-Grands aux dépens d'un secret : Je n'avois pas une aussi grande liaison avec celui-cy qu'avec l'Evêque d'Evreux : Mais on ne risque rien à compter sur la bonne opinion qu'ont tous les hommes de leur mérite ; sur cet article ils commencent toujours par être leur dupe à eux-mêmes. J'allai donc trouver le jeune Du-Perron ; je le flatai ; je m'insinuai dans son esprit par de fausses confidences ; il se regarda comme un homme important, & crut par vanité tout ce que je lui disois. Lorsque je le vis enyvré de son amour propre, je lui dis avec toutes les marques de la plus parfaite sincérité, & en éxigeant même avec serment un secret que j'aurois été bien fâché qu'il m'eût gardé, Que le Roi m'avoit confié ses intentions au sujet de Madame : Qu'il étoit résolu de la faire épouser à M. le Comte : Que quelques petites difficultés qui restoient encore à applanir, avoient empêché Sa Majesté de rendre là-dessus sa volonté publique. Je ne donnai que deux jours à Du-Perron pour se décharger d'un fardeau si pesant, de manière qu'il fit passer ma Nouvelle jusqu'à Madame Catherine. En effet, il en fit confidence presque dans le moment à M. de Courtenai & à deux autres des plus intimes Confidens du Comte de Soissons, auquel ils coururent l'apprendre, & celui-cy à Madame & à la Comtesse de Guiche.

Gaspard de Courtenay.

J'avois compté que la Princesse flatée par une si agréable espérance, feroit vers moi les premieres avances ; & je ne me trompai point. Etant allé prendre congé d'elle en homme prêt à entreprendre un long voyage, j'eus la preuve complette de la fidélité de Du-Perron. Madame ajoûta beaucoup

à la distinction avec laquelle elle me recevoit ordinairement: 1594.
& la Comtesse de Guiche qui ne voulut rien perdre d'une occasion si favorable, après quelques discours indifférens de ma
part, se hâta de mettre sur le tapis l'article des Amours de la
Princesse & du Comte qui étoit présent ; & m'embrassant
dans un transport de bonne amitié : » Voici, dit-elle aux deux
» Amans, un homme qui pourroit vous servir dans vos des-
» seins. « Madame reprit la parole, & me dit que je sçavois
bien que M. le Comte & elle avoient toujours eu beaucoup
d'amitié pour moi ; & qu'elle me seroit sensiblement obligée
de lui aider à rentrer dans les bonnes graces du Roi son Frere.
Elle ne me dit que ce peu de paroles : elle laissa le soin de m'en
dire davantage, à cet air gracieux & engageant qu'elle sçavoit
mieux prendre que femme du monde quand elle vouloit.
Je fis semblant d'en être gagné : Après avoir remercié la
Princesse comme je le devois, j'ajoûtai que si je pouvois compter sur la discrétion des Personnes qui m'écoutoient, je leur
apprendrois plusieurs choses qui ne leur seroient pas indifférentes. Le secret ne coûte rien à promettre aux femmes, qui
sont accusées de le garder si mal : On le promit ; on y ajoûta
le serment, & on en fit mille mais je n'avois pas envie de
m'ouvrir davantage pour cette fois ; je leur demandai un délai
de trois jours avant que de leur confier le reste. On m'aida à
trouver un prétexte pour remettre le voyage de Rouen ; & je
pris congé de la compagnie, qui attendit impatiemment le
terme que j'avois marqué.

Je retournai ponctuellement au bout des trois jours. Je me
fis encore presser long-temps ; enfin feignant de céder à l'importunité de ces deux Dames, je leur dis, Qu'ayant plusieurs
fois sondé le Roi sur le Mariage en question, il m'avoit d'a-
bord montré quelqu'éloignement d'y consentir ; sans vouloir
s'expliquer davantage avec moi : Que je l'avois tant pressé de
m'ouvrir son cœur sur ce sujet, qu'enfin il m'avoit avoué que
loin de sentir aucune répugnance à conclurre cette union, il
la trouvoit bien assortie : Qu'il auroit été ravi qu'au défaut
d'Enfans de son côté, il pût en avoir de sa Sœur & d'un Prince
de son Sang, qu'il regardât comme les siens propres : Que le
caractere doux & paisible du Comte de Soissons & de Madame étoit fort de son goût : Mais qu'il sentoit toujours qu'il

avoit de la peine à oublier que M. le Comte eût cherché à le tromper, & à obtenir sa Sœur sans son aveu. Ce discours dont j'avois concerté toutes les paroles fit son effet. Ces trois Personnes commencerent à convenir qu'elles auroient pu agir autrement qu'elles n'avoient fait, & à s'entr'accuser du conseil qui avoit conduit cette affaire avec tant d'indépendance. Je pris ce moment que j'attendois, pour leur faire connoître que je croyois ce mal tout-à-fait facile à réparer: Que le Roi étant naturellement bon & facile à oublier le passé, il ne s'agissoit que de tenir avec lui une conduite toute opposée; le rechercher; paroître dépendre uniquement de lui; le laisser le maître de leurs Personnes; enfin, & c'étoit-là le grand point, lui sacrifier l'engagement par écrit que les deux Amans s'étoient donnés, comme étant ce qui l'avoit le plus aigri, & ne pas craindre de lui donner une déclaration même écrite, par laquelle ils renonçoient tous les deux à s'épouser que de son consentement: Que je croyois pouvoir leur assûrer qu'après cette complaisance de leur part, il ne se passeroit pas trois mois sans qu'ils le vissent prévenir lui-même leurs desirs, & cimenter leur union.

On n'eut aucune peine à me croire; & le sacrifice de la Promesse de mariage fut arrêté sur l'heure: peut-être parce qu'on regardoit cet Ecrit comme inutile, tant que le Roi, devenu Maître absolu dans son Royaume, ne l'agréeroit point. La Comtesse de Guiche dit qu'elle l'avoit laissé en Bearn, & se chargea de le faire venir incessamment. On ne se rendit pas si facilement sur la Déclaration que je demandai ensuite; & sans laquelle il ne servoit en effet de rien d'avoir retiré l'Ecrit, que les Parties intéressées pouvoient rétablir à leur gré: Ce fut cette raison-là même que je fis valoir; & je les fis convenir que sans cela Sa Majesté ne pouvoit ni ajoûter beaucoup de foi à leur sincérité, ni être persuadée de leur obéïssance. Cet article fut fortement débattu; & lorsqu'à force de remontrances j'eus obtenu enfin cette Déclaration, par laquelle Madame & le Comte annulloient toutes les promesses données cy-devant, se délioient mutuellement de tout engagement, & se soûmettoient à la seule volonté du Roi; les conséquences de cet Ecrit leur parurent trop fortes; & l'on eut recours à un tempérament, sans lequel vraisemblablement

blablement la chose en seroit demeurée là. Ce tempérament fut que je me rendrois le dépositaire de la Déclaration ; & que jamais elle ne sortiroit de mes mains, pas même pour passer dans celles du Roi. Heureusement on n'ajoûta pas que je la rendrois à Madame, si les choses tournoient autrement qu'elle ne comptoit. Je donnai ma parole d'honneur, dont on se contenta ; & la Déclaration me fut remise en bonne forme, signée de Madame & du Comte & scellée de leurs Armes. Le Roi qui n'avoit osé se flater que je réussirois, trouva qu'il manqueroit toujours quelque chose à sa joie, tant qu'il n'auroit pas cet Ecrit en son pouvoir : il m'en fit à plusieurs reprises les plus fortes instances ; & il ne cessa de me le demander, que quand il eut connu par mes refus, que je faisois marcher ma parole avant l'obéïssance que je lui devois. Comme l'effet ne suivit point les belles espérances que j'avois données aux deux Amans, on s'attend bien qu'ils ne me pardonnerent pas la tromperie que je venois de leur faire. La suite de ces Mémoires en instruira.

Après la conclusion de cette affaire, dont le souvenir m'a toujours été désagréable, je ne m'occupai plus que de mon voyage à Rouen. Je craignois avec raison qu'un si long retardement n'eût entierement rompu mes premieres mesures avec l'Amiral de Villars. J'obtins carte-blanche (21) du Roi pour conclurre non-seulement avec ce Gouverneur, mais encore avec tous les autres Gouverneurs & Officiers de la Province. Desportes arriva comme j'allois partir, & m'arrêta encore : il venoit de la part du Baron de Médavy prier l'Evêque d'Evreux de lui prêter pour quelques momens sa maison de Condé, & m'engager à passer par cet endroit, pour m'aboucher avec lui sur les conditions de son Traité & de celui de Verneuil. Je partis de Chartres & vins coucher à Anet, où Madame d'Aumale me sollicitoit instamment depuis long-temps d'aller la voir.

Cette Dame plus avisée que son Mari, le conjuroit sans cesse de quitter la Ligue & de se donner au Roi. Outre le devoir & la sûreté, elle trouvoit dans cette démarche son

---

(21) M. le Duc de Sully d'aujourd'hui possede l'Original de ce Plein pouvoir, & ceux de plusieurs | Lettres de Maximilien de Bethune à ce sujet.

314 MEMOIRES DE SULLY,

1594.
propre intérêt ; les affaires domestiques du Duc (22) d'Aumale étant si dérangées, qu'il étoit menacé d'une ruine prochaine, & qu'il ne pouvoit l'éviter qu'en se faisant accorder les avantages dont jouissent en cette occasion ceux qui rentrent des premiers dans le devoir. Je descendis à Anet dans une Auberge ; & pendant qu'on m'y apprêtoit à souper, j'allai voir Madame d'Aumale, suivi d'un seul Page. La joie éclata sur le visage de cette Dame dès qu'elle m'apperçut : elle y ajoûta toutes les graces d'un accueil caressant ; & pour ne pas perdre un temps précieux, elle me prit par la main, & me faisant parcourir avec elle ces galeries & ces beaux jardins qui font d'Anet un lieu enchanté, elle ne m'entretint que de la passion qu'elle avoit de voir son Mari dans l'obéïssance dûë à son Souverain, & des conditions qu'il vouloit y mettre. Je laisse toutes les propositions approuvées & rejettées entre nous deux. Jusques-là je n'avois rien vû qui ne fît honneur au maître d'une maison vraiment Royale ; & j'aurois ignoré l'état déplorable où il étoit réduit, si la Duchesse ne m'avoit prié, & pour ainsi dire violenté de demeurer à souper & à coucher chez elle. Après un repas attendu fort-long-temps, & aussi mauvais que mal servi, je fus conduit dans une chambre vaste & toute reluisante de marbre, mais si dénuée & si froide, que ne pouvant ni m'échauffer ni m'endormir dans un lit où de courts & étroits rideaux de taffetas, une simple couverture fort-légere & des draps moites pouvoient transir même au milieu de l'Eté, je pris le parti de me relever. Je comptois me dédommager en faisant grand feu ; mais je ne trouvai pour tout bois à brûler que du houx & du génievre verd, qu'il fut impossible d'allumer. Je passai la nuit entiere dans ma robe de chambre : ce qui me tint éveillé de fort-grand matin : Je quittai avec plaisir un si méchant gîte ; & j'allai retrouver mes Gens, dont le moindre avoit fait beaucoup meilleure chere, & bien mieux passé la nuit que leur Maître.

Je réparai cette fatigue à Condé, où je trouvai toute la commodité qui fait l'essentiel de la bonne réception : en y arrivant je me mis dans un fort-bon lit, attendant Médavy qui

(22) Charles de Lorraine, Duc d'Aumale, mort en 1631, retiré à Bruxelles. Sa femme étoit Marie de Lorraine, fille de René, Duc d'Elbeuf.

ne devoit arriver que sur le midi. Médavy en usa d'abord suivant l'idée où l'on est, qu'en pareille conjoncture le plus petit Seigneur est en droit de se faire valoir dix fois plus qu'il ne vaut: il remplit parfaitement son personnage. par un air de fausse défiance, & une supériorité affectée avec laquelle il crut bien avancer ses affaires. Je contrastai avec sa vanité par une franchise qui le démenta : Je lui dis tout uniment que s'il attendoit que les grandes Villes eussent fait leur Accord, son sacrifice diminüeroit tout-d'un-coup de plus de la moitié de son prix ; lui qu'il n'avoit que Verneuil à proposer : & que peut-être on ne voudroit plus après cela l'écouter, ni lui rien accorder du tout. Ma sincérité força la sienne : il se montra plus raisonnable ; & nous fûmes bien-tôt d'accord : Il me pria seulement que la chose ne fût renduë publique qu'à la fin de Mars ; parce qu'il s'étoit engagé à M. de Villars de ne rien faire que de sa participation. il chargea Desportes de venir avec moi à Rouen, pour rendre cette déférence au Gouverneur ; & en même temps pour voir si je finirois avec Villars, dont l'accommodément entraînoit le sien, & en quelque sorte nécessairement.

Le lendemain je vins coucher à Louviers ; d'où ayant fait sçavoir mon arrivée à l'Amiral de Villars, il envoya d'Hencourt, Capitaine de ses Gardes, me recevoir à la porte de la Ville. J'y entrai non plus secrettement, mais publiquement & avec une espece de pompe : Le peuple avoit rempli les ruës ; & l'espérance d'une paix qui alloit rétablir la tranquilité & le Commerce, lui faisoit pousser mille cris de joie sur mon passage. Villars avoit fait préparer pour me loger avec ma suite qui étoit de douze ou quinze Gentilshommes, la plus belle Hôtellerie de Rouen ; & il y avoit donné tous les ordres nécessaires pour que nous y fussions traités splendidement. La-Font qui étoit chargé de ma réception, m'attendoit pour m'y conduire : il enchérit sur son Maître ; & il me donna le soir la Musique & le spectacle des Sauteurs & des Joueurs de gobelets, auxquels il fut impossible de faire recevoir ni argent ni présens. J'envoyai Du-Perat visiter de ma part l'Amiral, Madame de Simiers, & l'Abbé de Tiron (23), qui eut une grande part dans toute cette affaire. Ils me ren-

(23) Philippe Des-Portes, Abbé de Josaphat, de Tiron & de Bonport.

1594.

dirent à l'heure même ma civilité par le Sieur de Perdriel, & me firent dire qu'après que je me ferois repofé cette journée, on entreroit le lendemain en matiere : Ce qui n'empêcha pas que l'Abbé ne vint dès le foir même me voir fans cérémonie ; & toute fa conduite en cette occafion fut pleine d'une droiture & d'une fincérité, qui ne font pas fort-communes en de pareilles conjonctures.

Je connus par fon difcours qu'il ne s'en étoit prefque rien fallu que le Roi n'eût perdu Villars fans retour. Il étoit arrivé à Rouen quelque temps avant moi, un Député de l'Efpagne, nommé Dom Simon-Antoine, & un autre du Duc de Maïenne, nommé La-Chapelle (24) Marteau, qui avoit fait les plus belles offres à ce Gouverneur : Outre qu'il recevoit journellement des Lettres des Catholiques, même du Parti du Roi, qui tendoient à lui rendre fufpect tout ce que Sa Majefté lui faifoit efpérer, & à le prévenir contre une Négociation qu'on donnoit à conduire à un Agent Proteftant : motif très-puiffant fur l'efprit de Villars, zèlé pour fa Religion ; & qui l'auroit jetté infailliblement entre les bras des Ennemis du Roi, fi dans cette perpléxité il n'avoit été foûtenu par d'autres Lettres du Cardinal de Bourbon, de l'Evêque d'Evreux & du Marquis de Vitry. Ceux-ci lui mandoient qu'il pouvoit faire fond fur la parole du Roi, & s'affûrer fur ma fincérité. Tiron me montra une partie de toutes ces Lettres, & crut devoir me prévenir fur ce que je verrois paroître de l'Amiral, qui continuellement obfédé des Députés de la Ligue, & d'ailleurs piqué de la lenteur avec laquelle on agiffoit avec lui, ne fortiroit pas de fon irréfolution, fans que j'euffe à effuyer de fa part quelqu'une de ces faillies & de ces fougues naturelles, dont avec un peu de patience il étoit facile de le faire revenir.

J'allai trouver (25) Villars, bien préparé à foûtenir tous ces petits affauts : & d'abord je m'apperçus bien clairement

---

(24) Michel Marteau, Sieur de La Chapelle, Maître des Comptes.

(25) M. de Villars eft repréfenté dans les Mémoires de ce temps-là, comme un homme extrêmement fier & emporté : Il y eft remarqué, que de tous ceux qui fe mêlerent de fon Traité, perfonne ne put y réüffir que M. de Rofny. *Mém. pour l'Hiftoire de France*, tom. 2. Il eft auffi parlé avec éloge dans M. de-Thou, *liv.* 109. de ces Négociations de M de Rofny.

que ma vuë réveilloit dans son esprit un petit mouvement de défiance & de fierté. Je fis ensorte que ce nuage s'étant dissipé, Villars proposa de sens rassis ses Conditions. Elles se réduisoient aux Chefs suivans : Qu'il demeureroit revêtu de la Charge d'Amiral, dont il avoit été pourvû par la Ligue : Qu'il joüiroit dans son Gouvernement de Rouen d'un pouvoir indépendant de M. le Duc de Montpensier, Gouverneur de la Province, du-moins pendant trois ans; & que ce pouvoir s'étendroit sur les Bailliages de Rouen & de Caux : Qu'il ne se feroit dans cette Capitale, ni dans ses environs à six lieuës loin, aucun éxercice de la Religion Réformée: Que tous les Officiers mis par la Ligue dans les Villes ressortissantes de son Gouvernement, y seroient conservés avec quinze cens hommes d'Infanterie & trois cens de Cavalerie, entretenus par le Roi pour la sûreté de ces mêmes Villes : Que Sa Majesté lui donneroit pour acquiter ses dettes une somme de cent vingt mille livres, & une pension de soixante mille : Qu'on lui rendroit Fescamp: Enfin qu'on lui laisseroit la disposition des Abbayes de Jumiéges, Tiron, Bonport, La-Valase, Saint-Taurin? & celle de Montiviliers qu'il destinoit à une Sœur de Madame de Simiers.

Si tous ces Articles avoient aussi bien dépendu de moi que celui qui regardoit l'Abbaye de Saint-Taurin, qui étoit à moi en propre, & dont je fis à l'heure même une cession à Villars, le Traité eût été conclu sans plus long délai. Je dis la même chose de ceux dont le Roi étoit purement le maître : mais quelque pouvoir que j'eusse reçu de Sa Majesté, j'étois arrêté par ceux qui intéressoient soit M. de Montpensier, soit Biron revêtu de la Charge d'Amiral & en possession de Fescamp, parce qu'il l'avoit retiré des mains de Bois-rosé sous promesse d'un dédommagement qui pourtant n'avoit point encore été accordé : & je ne crus pas devoir passer outre sans en informer le Roi. J'esperai que Villars goûteroit ce ménagement; d'autant mieux que je ne lui demandois aucun délai sur les Conditions qui dépendoient du Roi immédiatement : Mais ce Gouverneur sortant d'avec les Députés de la Ligue au moment où je voulus lui faire entendre mes raisons, j'en fus rudement rabroué, avec ce peu de paroles prononcées d'un ton extrêmement empor-

té : » que je pouvois m'épargner la peine de lui parler d'avan-
» tage, parce qu'il vouloit sur le champ convenir de tout,
» ou rompre sur tout. «

Quoiqu'un peu étourdi de ce coup imprévu, je répondis tranquilement à Villars : Que je me tenois assûré que le Roi lui accorderoit les trois Articles en question, aussi bien que tous les autres; (celui de Fescamp en faisoit deux, parce que Bois-rosé y étoit mêlé) : Que cela ne devoit point nous empêcher de dresser le Traité, & même de le signer dès ce moment comme si tout étoit accordé ; avec cette apostille en marge vis-à-vis les trois Articles : qu'on en attendoit la réponse du Roi : Que pour lui marquer que je ne cherchois point à gagner du temps avec lui pour le tromper ensuite, je consentois à demeurer entre ses mains, en attendant la réponse de Sa Majesté. Villars trouva encore des difficultés ; mais il ne put résister à Madame de Simiers, à l'Abbé de Tiron & à La-Font, qui parlerent tous comme moi. Je me hâtai de faire le Traité : nous le signâmes ; & j'en envoyai aussi tôt la copie au Roi, avec une longue Lettre qui le mettoit au fait de tout ce qui s'étoit passé. Mais avant que la réponse fût venuë à Rouen, il arriva un autre incident qui pensa la rendre inutile.

La plus grande partie des Gouverneurs des petites Places aux environs de Rouen, bien loin de les porter à l'obéïssance qu'elles devoient au Roi, les entretenoient dans la révolte ; parce qu'à la faveur des troubles ils faisoient quantité de profits, qu'ils prévoyoient devoir cesser avec la Guerre. Les plus adroits se rendoient nécessaires aux deux Partis, & les ménageoient pour les rançonner également. Du-Rollet Gouverneur de Pont-de-l'arche, étoit un de ceux qui faisoient ce manège le plus subtilement. Il avoit flaté le Roi il y avoit plus d'un an, qu'il trouveroit les moyens de lui livrer la Ville de Rouen & la personne du Gouverneur ; à condition qu'on lui donneroit le Gouvernement de cette Place, que Sa Majesté lui avoit promis par écrit à toute risque. N'ayant pas réüssi dans une entreprise qui passoit ses forces, Du-Rollet se mit dans la tête de faire échouer ma Négociation : & voici comment il s'y prit.

Il ordonna à un Capitaine, nommé Dupré, de se mettre

à ma suite lorsque je passai par Pont-de-l'arche, & d'entrer dans Rouen avec moi. J'étois averti que Du-Rollet n'étoit pas fort-bien intentionné ; mais pour ce Capitaine, je ne pouvois le soupçonner de rien, ni l'empêcher de me suivre : Et une chose que j'ignorois absolument, c'est que Dupré étoit ce même homme dont Du-Rollet s'étoit servi auparavant pour cabaler dans Rouen (26) contre Villars. Il n'y fut pas plustôt rentré, que renouant ses connoissances il se mit à la tête d'un Parti d'étourdis, auxquels il fit former le dessein de s'emparer du Vieux-Palais, & de se saisir du Gouverneur ; leur persuadant qu'il agissoit par mon ordre. Comme il n'avoit point d'autre but que de porter ce Gouverneur aux dernieres extrêmités contre moi, il ne s'embarrassa pas beaucoup que la chose demeurât secrette ; & elle fut en effet incontinent rapportée à Villars.

On se figure aisément à quel excès de colère il se porta à cette Nouvelle, & tout ce qui lui passa dans la tête contre le Roi, & sur-tout contre moi. Il n'approfondit pas davantage ; il crut avoir une preuve sans réplique de ma mauvaise foi. Il envoya dans le moment d'Infencourt me dire de venir lui parler. Je dînois chez La-Pile, Procureur Général de la Chambre des Comptes & je venois de recevoir des Lettres qui me mettoient de fort-bonne humeur : Le Roi accordoit à Villars les trois Articles laissés indécis, & s'engageoit à y faire consentir les Parties intéressées : Vis-à-vis ces Articles j'avois écrit sur la marge de l'Original du Traité dont j'étois porteur, *Accordé suivant l'ordre de Sa Majesté.* Je me faisois un vrai plaisir de surprendre Villars, qui n'avoit pas dû s'attendre à une si prompte expédition. Je sortis de chez La Pile, portant le Traité d'une main, & tenant l'autre sur une écharpe blanche que j'avois mise dans ma poche, à dessein de la jetter au cou de Villars en l'embrassant, & le saluant Amiral & Gouverneur des Baillages de Rouen & de Caux. Le contraste des réflexions avec lesquelles nous nous avancions à la rencontre l'un de l'autre, a, je crois, quelque chose de singulier.

---

(26) Pendant le Siege de Rouen, Du-Rollet cherchant à se jetter dans cette Ville, avoit été pris & enfermé dans le Vieux-Palais ; où il ne laissa pas apparemment de continuer ses brigues en faveur du Roi. *Cayet, liv.* 4. *pag.* 14.

Je ne gardai pas long-temps mon air riant. Du plus loin que Villars m'apperçut, il s'avança à grands pas vers moi, le visage bouffi & enflammé, les yeux étincellans, & représentant par tous ses traits la plus vive colère. Il commença par m'arracher le papier des mains, sans que j'eusse le temps d'ouvrir la bouche ; & avec une altération dans le son de la voix qui le faisoit trembler & bégayer, il me lâcha ces paroles, trop singuliéres pour n'être pas rapportées d'original. « Ah morbleu ! Monsieur, où allez-vous ainsi » éveillé & plein de réjoüissance ? Par-la sangbieu ! vous n'en » êtes pas encore où vous pensez ; & avant que le jeu finisse » il n'y aura peut-être pas à rire pour vous, au moins si je » vous traite comme vous le méritez : Vous êtes bien loin » de votre compte vous, & votre Roi de Navarre aussi : car » par-là-corbieu ! il a chié au panier ; & s'il n'a point d'au- » tre Valet que Villars, croyez qu'il sera mal servi. » Dire tout cela, déchirer le Traité en mille morceaux & le jetter au feu, ce ne fut qu'une même chose. Lorsqu'il eut lâché la bonde à sa colère, il ajoûta une infinité d'invectives sur ce même ton, aussi vagues & parfaitement soûtenuës de juremens, dont sa fureur lui fournissoit une source inépuisable.

Je lui laissai tout dire, par un effet de la surprise où j'étois, par nécessité, & ensuite par réflexion : Ces sortes d'esprit ne veulent pas être contredits. Il s'arrêta de lui-même à la fin ; & se mit à parcourir sa chambre en long & en large, comme un homme hors de soi. « Hé-bien, Monsieur, lui répondis-je, lorsqu'il eut cessé de parler, & sans paroître ému de tout ce que je venois d'entendre ; » en avez- » vous assez conté à tort & à travers ? Vous devez être bien » satisfait de vous-même d'avoir ainsi fait l'enragé, sans que » personne vous ait contredit dans vos extravagances. » Voyant que le ton froid avec lequel je lui parlois l'obligeoit comme malgré lui de m'écouter, je continuai en lui disant que je ne pouvois regarder tout ce qu'il venoit de faire en ma présence, que comme un artifice qu'il avoit imaginé pour se dédire d'une parole qu'il avoit donnée solemnellement ; mais que ce détour lui feroit toujours peu d'honneur, & me faisoit beaucoup rabattre à moi-même de

l'idée

LIVRE SIXIEME.

l'idée que j'avois de sa sagesse & de son intégrité. « Ah 1594.
» morbieu ! ne dites pas cela, s'écria-t-il, en s'arrêtant tout
» court : c'est ce qui ne m'arriva, ni ne m'arrivera jamais ;
» je suis trop homme d'honneur : ces manquemens de foi
» ne sont bons que pour ceux qui trahissent leurs amis, &
» veulent les faire assassiner. « Il n'avoit encore rien dit
d'aussi positif que cette parole ; & quoique je ne la comprisse
pas, je commençai du moins à pouvoir conjecturer d'où
provenoit un emportement si furieux.

Je lui demandai de s'expliquer, & lui protestai avec cet
air de vérité & d'assûrance qui se fait sentir aux plus prévenus, que je ne sçavois nullement de quoi il vouloit parler ; & que si je pouvois être convaincu de la moindre duplicité, je me mettrois entre ses mains, & ne demandois ni faveur ni grace. Il se vit donc obligé de me dire plus nettement de quoi il m'accusoit : Il me reprocha d'avoir voulu
le faire assassiner par Dupré, & m'emparer du Vieux-Palais : ce qu'il fit si fort à bâtons rompus par un effet de son
agitation, que la chose me paroissant dépourvuë de toute
vrai-semblance, je ne pus m'empêcher de soupçonner &
de lui dire, qu'il s'étoit laissé éblouïr par les pistoles d'Espagne, pour imaginer un prétexte aussi frivole de rompre
avec moi. » Moi, morbieu ! reprit-il encore, en rougissant
» de nouveau ; que je confesse que j'ai manqué de foi & faussé
» mon serment ? j'aimerois mieux mourir que d'avoir fait
» cette lâcheté. Parbleu ! Monsieur, lui repliquai-je ; car
» vous m'apprenez à jurer ; il faudra bien que vous obser» viez le Traité, ou que vous le rompiez ; & que par-là vous
» méritiez qu'on vous regarde comme un homme vrai, ou
» comme un parjure. «

L'éclaircissement tiroit en longueur & s'éloignoit au-lieu de s'approcher, à mesure que de part & d'autre la colère prenoit le dessus. Il fut besoin que l'Abbé de Tiron arrivé pendant la contestation, se mît de la partie & nous rapprochât l'un de l'autre. » C'est sans doute, Monsieur, dit-il
» à Villars, que M. de Rosny n'est point coupable des des» seins qu'on a projettés contre vous : il est trop homme de
» bien, & en ce cas trop habile, pour venir se mettre entre
» vos mains. « Ces paroles acheverent de m'ouvrir les yeux.

Tome I.   Ss

Je me tournai tranquillement vers Villars, en lui disant que je voyois bien que la colère seule lui avoit dicté tout ce qu'il m'avoit dit ; & que je m'attendois que si-tôt qu'elle seroit passée, il me feroit justice contre lui-même de tout ce qui lui étoit échappé d'injurieux, & qu'il tiendroit sa premiere parole. » Hé-bien ! Monsieur, me dit-il, déja à demi-défâché ; » oüi, je la veux tenir: mais regardez aussi à ne me pas » manquer sur les trois points qui sont restés en différend. « C'est où je l'attendois : Je lui répondis que sans l'emportement qui lui avoit fait jetter au feu le Traité, il y auroit vu que le Roi les lui accordoit tous trois.

Nous en étions là quand on vint annoncer Madame de Simiers. » Ne criez point, Madame ; lui dit-il, en s'avançant » vers elle avec un visage serein & même riant ; toutes nos » colères sont appaisées : mais pardieu ! le Traître qui en a » été cause en mourra, avant que je mange ni boive. « Il tint parole. Il se fit amener Dupré ; & après que celui-cy eut avoué tout, sans autre forme de procès, il le fit pendre à une fenêtre.

Villars me pria ensuite de lui montrer la Lettre du Roi. Je ne craignis point de lui dire, que les secrets de Sa Majesté ne pouvoient être communiqués qu'à ceux qui étoient ses Serviteurs déclarés. Il ne s'agissoit pour mettre Villars de ce nombre, que de refaire le Traité, que nous signâmes, & dont nous gardâmes chacun un double. Nous convînmes seulement que la chose seroit tenuë quelque temps secrette, à cause de la Ligue & des Espagnols contre lesquels ce Gouverneur prit de nouvelles mesures en renforçant les Troupes qu'il avoit dans Rouen. Après cela je ne balançai plus à lui faire voir toutes mes Lettres, tant celles que j'avois écrites au Roi & reçuës de ce Prince, que celle où je l'informois de la ratification du Traité, & la réponse que Sa Majesté y faisoit. Le Courrier qui porta cette derniere Dépêche ne mit que quatre jours à son voyage.

Ces Lettres donnerent une satisfaction infinie à Villars, sur-tout la derniere, écrite de la main du Roi. Sa Majesté m'y remercioit du service que je venois de lui rendre, moins en Prince qu'en Ami ; & finissoit par ces mots : » Venez » me trouver à Senlis le 20 Mars, ou le 21 à Saint-Denis,

LIVRE SIXIEME.

» afin que vous aidiez à crier *Vive le Roi* dans Paris, &
» puis nous en irons faire autant à Rouen. « C'est que je lui
avois mandé que j'y croyois sa présence nécessaire : » Mon-
» trez cette Lettre, ajoûtoit-il, au nouveau Serviteur que
» vous m'avez acquis ; afin qu'il voie que je me recomman-
» de à lui, qu'il sçache que je l'aime bien, & que je sçais
» priser & chérir les braves hommes comme lui. Pardieu !
» s'écria Villars en cet endroit, ce Prince est trop gracieux
» & trop obligeant, de se souvenir de moi & d'en parler en
» si bons termes. « Depuis ce moment Villars ne s'écarta
jamais des sentimens de soûmission & d'attachement qu'il
avoit pris pour le Roi ; & Sa Majesté put compter que parmi ses plus anciens Serviteurs, elle n'en avoit point de plus
affectionné : Il me pria de me contenter de sa parole pour
l'éxécution de tous les Articles compris au Traité ; & je
l'acceptai comme la meilleure caution qu'il pouvoit me
donner.

J'employai le reste du temps que j'avois à séjourner à
Rouen, à régler quelques affaires de même nature. Je
passois le jour avec l'Amiral de Villars ; & je m'enfermois
la nuit pour donner audience aux principaux Officiers,
tant de la Ville & du Parlement que de la Guerre, répandus dans la Province, qui venoient me trouver en secret pour concerter ensemble les moyens de détacher les
Peuples de la Ligue. Médavy fut de ce nombre : Je consom-
mai le Traité avec lui. Verneuil n'étant pas une Ville d'assez grande importance pour qu'on eût pour elle les mêmes
égards que pour Rouen, le Roi ordonna à Médavy de rendre son Traité public, afin de donner l'exemple aux autres
Gouverneurs.

Comme je n'avois garde de manquer au rendez-vous que
Sa Majesté m'avoit donné, je me hâtai de quitter Rouen,
comblé de remercimens & de politesses de la part du Gouverneur. Je me séparai avec une égale satisfaction de l'Abbé de Tiron & de Madame de Simiers : Je leur promis de
revenir dans peu, & à Madame de Simiers d'amener avec
moi le Marquis de Vitry son Frere, avec un Corps de Troupes qui pût mettre Villars en etat de s'expliquer sans crainte. Je leur avois assez d'obligation pour leur rendre ce ser-

1594.

vice, quand l'intérêt de Sa Majesté ne s'y feroit pas trouvé joint.

C'est sur les intelligences que le Roi avoit pratiquées dans Paris, que ce Prince fondoit ses espérances d'y être bientôt introduit ; & il s'acheminoit de Saint-Denis vers cette Ville, lorsque j'arrivai près de lui. La partie étoit si bien faite, & tant de personnes également braves & fidelles s'en étoient mêlées, qu'il étoit comme impossible qu'elle ne réüssit pas. Depuis la journée d'Arques où le Comte de Belin qu'on a vu qui y fut fait prisonnier, s'étoit convaincu par lui-même des grandes qualités du Roi & de la foiblesse de ses Ennemis, le Duc de Maïenne s'étoit apperçu que ce Gouverneur étoit secrettement porté d'inclination pour le Roi. Sur ce soupçon il n'hésita pas à lui ôter le (27) Gouvernement d'une Ville aussi considérable pour le Parti que l'étoit Paris ; & cherchant un homme dont le devouëment pour lui & pour la Ligue fût connu, pour se remettre sur lui du soin de cette grande Ville, dans un temps où la nécessité de ses affaires démandoit qu'il portât ses pas sur la Frontiere de Picardie, il s'arrêta sur Brissac (28) qu'il gratifia de ce Gouvernement.

Celui-cy répondit parfaitement à son attente dans le commencement. La lecture de l'Histoire Romaine avoit inspiré à cet Officier, qui se piquoit d'esprit & de pénétration, un Projet singulier : Il méditoit d'ériger la France en République, & de rendre Paris la Capitale de ce nouvel Etat, sur le modèle de l'ancienne Rome. Pour peu que Brissac fût descendu de cette haute spéculation aux applications particuliéres, auxquelles il est nécessaire d'avoir égard dans les plus grands desseins ; il auroit vû qu'il est des circonstances, où le projet même le plus heureux devient par la nature des obstacles, par la différence des génies & du caractère des peuples, par la trempe des loix qui y sont adoptées, & par le long usage qui y a mis comme le dernier sceau, également chimérique & impossible. Il n'y a que le temps &

---

(27) Le Parlement rendit en cette occasion un Arrêt qui fait bien honneur au Comte de Belin : Il y exhorte les Bourgeois à s'opposer à son expulsion, & à sortir pluftôt de Paris avec lui, *Mém. pour l'Histoire de France*, tom 2. *Mém. de la Ligue*, tom. 6.

(28) Charles de Cossé, Comte de Brissac, Maréchal de France.

NICOLAS DE HARLAY.
Seigr. de Sanci &c.
Colonel General des Suisses Mort le 17. 8bre 1629.

LIVRE SIXIEME.

1594.

une longue expérience qui puisse remédier à ce qu'il y a de défectueux dans les Coûtumes d'un Etat dont la forme est décidée : & ce doit toujours être sur le plan de sa premiere constitution (29). Cela est si vrai, que toutes les fois qu'on verra un Etat se conduire par des voies contraires à celles de son établissement, on peut se tenir assûré qu'il n'est pas éloigné d'une grande Révolution. D'ailleurs l'application des meilleurs remèdes n'opere point sur les malades qui y résistent.

Brissac n'alloit pas si loin. Il fut long-temps sans pouvoir comprendre d'où provenoit l'opposition générale qu'il trouvoit à ses desseins : car il s'en ouvrit aux Seigneurs & à tous les principaux Partisans de la Ligue. Il craignit à la fin pour lui-même, que tandis qu'il travailloit ainsi sans aucun second à mettre son projet à sa perfection, le Roi ne l'anéantît en s'emparant de sa Capitale. Cette crainte le fit retomber assez promptement de ses idées purement Romaines à l'esprit François de ce temps-la, de ne travailler que pour soi-même : Lorsque le motif de l'intérêt est encore fortifié par celui de quelque danger, il n'y a presque personne qui ne se porte à trahir son meilleur Ami. Brissac (30) en usa de même. Il reprit le dessein du Comte de Belin, mais par un motif beaucoup moins noble ; & il ne songea plus qu'à mettre l'enchere au prix dont il vouloit vendre au Roi la trahison qu'il faisoit au Duc de Maïenne pendant son absence. Saint-Luc (31) son Beau-frere fut chargé de négocier avec le Roi ; & lorsqu'il eut obtenu des conditions dont Brissac eut lieu d'être content, celui-cy s'accorda à faire entrer dans Paris Henry avec son Armée, malgré les Espagnols. Il

---

(29) Cette maxime n'est entendue par le Duc de Sully, & ne doit l'être en effet, que dans le sens , qu'il ne faut jamais s'écarter que le moins que l'on peut de l'ancienne forme & des Principes fondamentaux du Gouvernement ; & non pas des abus que l'ignorance ou la nécessité ont mêlés dans les differens établissemens qui regardent soit la Finance soit la Politique, Police &c. C'est sur quoi il s'expliquera lui-même dans la suite de ces Mémoires.

(30) Le Duc de Maïenne fut averti, à ce que marque De-Thou, par la Duchesse de Guise sa Mere, de la trahison de Brissac ; mais il n'en voulut rien croire. Consultez sur cette Réduction de la Ville de Paris, *Matthieu*, tom. 2. liv. 1. p. 174. La *Chronol. Novenn.* liv. 6. pag. 334. & autres Historiens.

(31) François d'Epinay, Sieur de Saint-Luc, Grand-Maître de l'Artillerie.

S s iij

1594.

étoit le maître des Troupes de la Ligue : Pour le Peuple, il n'étoit déja plus besoin de lui faire à cet égard aucune violence.

D'O (32) prit aussi-tôt les devants, & se fit donner les Provisions du Gouvernement de Paris & de l'Isle-de-France. Il y avoit ici un conflit d'intérêt qui embarrassoit ce Surintendant, au point que malgré sa nouvelle dignité, la Réduction de Paris étoit une des choses qu'il craignoit le plus de voir arriver. A l'entendre, cette crainte n'avoit point d'autre motif que celle de voir les Finances en proie aux Gens d'Epée & de Robe, dont il disoit que le Roi alloit être accablé si-tôt qu'il seroit le maître de Paris, pour le payement des Pensions, Appointemens & Gratifications : mais ce discours n'en imposoit qu'à ceux qui ignoroient de quel profit il étoit pour lui d'entretenir les choses dans leur premiere confusion, & avec quel fruit il y avoit travaillé jusqu'alors.

Le Roi mit en action tous les amis du Comte de Belin, sur lequel il comptoit bien autant que sur Brissac, & vint à la tête d'environ huit mille hommes se présenter à cinq

Le 22. Mars.

heures du matin à la Porte Neuve, où il trouva le Prévôt (33) des Marchands & les Echevins de la Ville qui le reçurent comme en cérémonie. Il alla aussi-tôt se saisir du Louvre ; du Palais, du grand & petit Châtelet, & ne trouvant d'opposition nulle part, il parvint jusqu'à Notre-Dame, où il entra pour rendre ses actions de graces à Dieu. Ses soldats répondirent si bien de leur côté à l'ordre (34) & à l'inten-

(32) Nos Mémoires ne marquent pas que M. D'O avoit été dépouillé par la Ligue de ce Gouvernement, qu'il avoit eu d'Henry III. *Peréf.* 2. Part.

(33) Jean L'Huillier, qui étoit ce Prévôt des Marchands, répondit à Brissac qui lui disoit, qu'il falloit rendre à César ce qui appartient à César : » Il faut le lui rendre, & non » pas le lui vendre. « *Mém. pour l'Histoire de France.* Le Journal de P. de L'Etoile donne ce bon mot à Henry IV. L'Huillier fut récompensé d'une Charge de Président de la Chambre des Comptes, & de Conseiller d'Etat : Et Martin Langlois, Echevin, fut fait Prévôt des Marchands. *Le Grain, liv. 6.* On lit dans un Discours, *Vol.* 9033. *Mss. de la Bibliot. du Roi*, que Henry IV. étant entré dans Paris par la Porte Neuve, qui s'est depuis nommée la Porte de la Conférence, en ressortit & y rentra plusieurs fois, craignant malgré toutes les assurances de ces Prevôt & Echevins, qu'on ne cherchât à faire entrer sa Troupe dans Paris, pour la tailler en pieces, & se saisir de sa Personne.

(34) » Le Roi ayant avisé un sol-» dat qui prenoit par force un pain

LIVRE SIXIEME. 327

1594.

tion de leur Maître, qu'on ne se plaignit pas dans toute cette grande Ville de la moindre violence de leur part. Ils s'emparerent des principales Places & Carrefours, où ils se rangerent & se tinrent en bataille. Rien ne branla: Et dès ce même jour on vit les boutiques ouvertes, avec toute la sécurité qu'auroit pu donner la plus longue Paix.

Il ne restoit aux Espagnols que la Bastille, le Temple, & les Quartiers de Saint-Antoine & de Saint-Martin, où ils s'étoient cantonnés au nombre d'environ quatre mille, ayant à leur tête le Duc de Feria & Dom Diego d'Evora, tous fort surpris d'une (35) Nouvelle si inattenduë; & dans la résolution de se défendre jusqu'à l'extrémité, si l'on entreprenoit de les forcer dans ces endroits avantageux. Le Roi les tira de leur embarras, en leur faisant dire qu'ils pouvoient sortir de Paris, & se retirer en toute assûrance. Il traita avec la même douceur les Cardinaux de Plaisance & de Pellevé, quelque ressentiment qu'il eût pu conserver de leur conduite à son égard: Soissons fut l'endroit où se retirerent tous ces ennemis du Roi (36), à la faveur d'une bonne escorte. Sa Majesté fit publier un pardon (37) général pour tous les François qui avoient porté les armes contre

» sur un Boulanger, y courut lui-
» même, & le voulut tuer. « *Journal de L'Etoile*. Perefixe dit que La-Nouë ayant été arrêté par des Huissiers pour des dettes que son Pere avoit contractées au service de ce Prince, & s'étant allé plaindre à lui de cette insolence; il lui répondit publiquement: » La-Nouë, il faut payer ses » dettes; je paye bien les miennes. « Mais qu'après cela il le tira à part, & lui donna de ses pierreries pour engager aux Créanciers, au-lieu du bagage qu'ils lui avoient saisi. *Peref. Part. 2.*

(35) L'Etoile marque que la Nouvelle en ayant été portée aux Espagnols, que Langlois amusoit cependant par les traits de l'Histoire Romaine, le Duc de Feria s'écria par deux ou trois fois: Ah grand Roi! Grand Roi! *Journal de P. de L'Etoile.*

(36) » Le Roi les voulut voir sor-
» tir, & les regarda passer d'une fe-

» nêtre au-dessus de la Porte de
» Saint Denis. Ils le saluerent tous,
» le chapeau fort-bas & avec une
» profonde inclination. Il rendit le
» salut à tous les Chefs avec grande
» courtoisie, ajoûtant ces paroles:
» Recommandez-moi bien à votre
» Maître, & allez-vous-en à la bonne
» heure; mais n'y revenez plus. « *Peref. 2. Part.* Ce récit est conforme à celui des Mémoires pour l'Histoire de France: mais il est contredit par le Journal du même Auteur.

(37) Tous les Mémoires de ce temps-là sont pleins de traits de clemence de Henry, & de ses reparties vives & agréables: Voyez les Mémoires cités cy-dessus. » Un Ligueur
» venant le trouver comme il joüoit
» à la Prime: Venez, lui dit-il,
» soyez le bien-venu; si nous ga-
» gnons, vous serez des nôtres. «
Le Grain, liv. 10.

Elle : Lorsque ce sacrifice n'est point arraché par la nécessité, qu'on le fait au contraire dans un temps où tout flate la vengeance, on peut dire qu'il n'y a point de marque moins équivoque d'un cœur vraiment Royal. Madame de Montpensier (38) s'étant présentée pour saluer le Roi, il l'entretint aussi poliment & même aussi familiérement, que s'il eût eu quelque grand sujet de lui épargner la confusion, dont tout autre à sa place se seroit fait un plaisir de la couvrir (39).

Le Roi n'avoit pas encore pu trouver un moment pour m'entretenir sur mes Négociations de Rouen. Il le fit ce même soir après que la presse fut passée, en me tirant dans l'embrasure d'une des fenêtres du Louvre : Il voulut que je lui en rapportasse jusqu'aux plus petites circonstances, qu'il écouta avec beaucoup d'attention. Il s'accusa d'avoir été la cause du contre-temps que Du-Rollet y avoit apporté; en oubliant à me prévenir sur les propositions que celui-ci lui avoit faites, & qui m'auroient tenu en garde contre tout ce qui venoit de sa part.

Ce Prince n'avoit encore rien dit au Duc de Montpensier & au Baron de Biron, de la satisfaction qu'il avoit accordée à l'Amiral de Villars à leurs dépens. C'est tout ce qui restoit d'embarrassant; parce que le Roi ne se sentoit point de l'humeur de ces Princes, qui au-lieu de s'abaisser en pareil cas à quelques ménagemens, commencent par étourdir la plainte, & ne doivent l'obéïssance qu'on leur rend qu'au ton d'autorité dont ils se servent. Il convint avec moi

---

(38) Catherine-Marie de Lorraine, Veuve de Louis de Bourbon, Duc de Montpensier.

(39) Il joua aux Cartes ce même soir avec elle, comme le remarque Perefixe. L'Etoile ajoute qu'il lui rendit sa visite, ainsi qu'à Madame de Nemours: Il rapporte une conversation singuliere que ce Prince eut avec elle, à la fin de laquelle Madame de Montpensier, dont la haine pour Henry étoit connuë de tout le monde, lui ayant dit sur son entrée dans Paris, qu'elle auroit souhaité que le Duc de Maïenne son Frere fût celui qui eût abaissé le pont à Sa Majesté pour y entrer ; ce Prince lui répondit : » Ventre-saint-gris ! il » m'eût possible fait attendre long- » temps, & je n'y fusse pas entré si » matin. Cette Dame, poursuit-il, » entendant les cris de *Vive le Roi*, » dit en riant que Brissac avoit plus » fait que sa Femme, qui en quinze » ans n'avoit fait chanter qu'un » Cocu; au-lieu que lui en huit jours » avoit fait chanter plus de vingt » mille Perroquets à Paris. « *L'Etoile. année 1594.*

(o) Le

LIVRE SIXIEME.

1594.

moi que je lui ferois le même détail, comme si c'étoit la premiere fois qu'il l'entendît, en préfence de ces deux Meffieurs, auxquels je donnerois à entendre que la conclufion du Traité avec Villars dépendoit du facrifice que l'un & l'autre voudroient bien faire de leurs droits. La chofe ayant été éxécutée de cette maniere, le Roi fe tourna vers eux, & dit hautement qu'il aimeroit mieux perdre Villars & Rouen, que de les acquerir en faifant une injuftice à deux perfonnes qu'il eftimoit. Ce procédé toucha vivement MM. de Montpenfier & de Biron, qui s'écrierent qu'ils fe défiftoient de bon cœur de toutes leurs prétentions. Henry les remercia, & donna pour équivalent au premier les Gouvernemens du Perche & du Maine, pour être joints à celui de Normandie, lorfque celui-cy lui feroit reftitué en entier; mais la générofité de Villars changea cette difpofition : Pour Biron, un bâton de Maréchal de France & quatre cens vingt mille livres en argent le dedommagerent de la perte qu'il faifoit.

La Réduction de Paris jetta le Roi dans de nouveaux embarras, qui l'obligerent à reculer encore fon voyage de Rouen. Il fut occupé à recevoir l'hommage des différentes Cours (40), de l'Univerfité & des autres Corps de la Ville de Paris, qu'il crut ne pouvoir mieux payer de leur foûmiffion, qu'en s'attachant à y établir l'harmonie & le bon ordre que les Guerres Civiles avoient troublé. Il avoit encore à répondre à une infinité de Gouverneurs de Places, principalement de l'Ifle-de-France, qui à l'envi de la Capitale venoient lui rendre leur obéïffance.

Villeroi ne fut pas des premiers; la néceffité feule fixa fon irréfolution, ou l'obligea à forcer fon inclination. Il ne tenoit par lui & par fon Fils que quelques Places affez peu importantes; avec lefquelles il fçut fe faire acheter fort cherement, par le moyen de Du-Pleffis fon Ami, & de Sancy dont la Fille venoit d'époufer fon Fils. Après avoir obtenu à force d'importunité deux Trèves pour lui perfonnellement, l'une de deux mois & l'autre de trois, qu'il fit ratifier par le Duc de Maïenne; après avoir long-temps

Pontoife, &c.

Jacqueline de Harlay-Sancy.

---

(40) Le Parlement de Paris fut rappellé de Tours, où il avoit été transferé par des Lettres Patentes du Roi du 28 Mars 1594.

Tome I.   Tt

1594.

affecté de se tenir neutre, & fait jouer mille ressorts pour ne se départir qu'à l'extrémité de ses anciens Amis ; enfin il fit son accommodement (41) presqu'après tous les autres, & obtint encore une Charge de Secrétaire du Roi, en récompense de celle dont il se défaisoit.

Le Roi jugea à propos de me faire partir pour Rouen dès le lendemain de son entrée dans Paris, puisqu'il ne pouvoit y venir lui-même. J'y arrivai le 25 Mars, menant avec

---

(41) M. De-Thou est encore ici formellement opposé à nos Mémoires : Il dit, *liv.* 108. qu'il y avoit déja long-temps que l'accommodement de Villeroi avec Sa Majesté étoit fait ; & que s'il ne parut pas d'abord, c'est que Henry le voulut ainsi pour le bien de ses affaires, afin que Villeroi pût encore se servir du pouvoir qu'il avoit sûr l'esprit du Duc de Maïenne pour le ramener dans le Parti du Roi. Mathieu aux endroits cités cy-devant, est du même sentiment : & Cayet qui le soutient aussi ailleurs, n'y donne aucune atteinte par la Lettre de Villeroi au Duc de Maïenne du 2 Janvier de cette année ; quoiqu'en rapportant cette Lettre il semble en faire une espece de reproche à ce Ministre. Dans cette Lettre qui fut interceptée par les Royalistes, Villeroi dont l'objet est de prévenir le Duc de Maïenne sur son Traité avec Henry, qui va être rendu public, & de faire un dernier effort auprès de lui pour l'engager à l'imiter, conseille à Maïenne de songer sérieusement à la Paix pour tout le Parti en général, & pour lui-même en particulier : » parce que, dit-il, leur » cause commune est desesperée : » Nous avons, ajoûte-t'il, perdu » toute créance & assûrance des uns » aux autres. « &c. *Cayet*, *liv.* 6. *pag.* 293.

Avec la clef que nous donnent M. De-Thou & les autres Historiens, des démarches secretes de Villeroi auprès des Chefs de la Ligue, & du personnage qu'il jouoit par ordre du Roi, on comprend aisément quel est le sens de ces paroles, dont on a voulu faire un crime à Villeroi : on voit même qu'il ne pouvoit guère s'exprimer autrement en parlant au Duc de Maïenne : Et pour dire exactement la vérité, si l'on peut taxer Villeroi de quelque chose en cette occasion, c'est tout-au-plus de ne s'être pas piqué d'un peu plus de générosité dans une circonstance où il eût été si beau d'en avoir : Car outre les avantages dont parlent nos Mémoires, il y gagna le Gouvernement de Lyon pour Charles de Neufville, Marquis D'Alincourt, son Fils. Mais où est le Seigneur François de ce temps-là, ou même l'homme le moins nécessaire, qui ait pu se dire exempt de ce reproche ? P. de L'Etoile n'a pas passé à M. de Villeroi ce caractere d'homme un peu trop intéressé : » Henry IV. dit-il » dans son Journal, étant allé un jour » à Villeroi faire une simple colla- » tion avec douze ou quinze per- » sonnes de sa Cour, il leur dit à ta- » ble : Mes Amis, nous sommes tous » à table d'Hôte, faisons bonne che- » re pour notre argent : car nous » avons un Hôte qui nous fera bien » payer l'écôt. «

Je crois qu'il est désormais inutile de répondre à tout ce que la passion du Duc de Sully lui fait dire dans la suite de ses Mémoires, contre un homme qui jusqu'en l'année 1617. où il mourut, a rendu de très-grands services à ce Royaume, ayant été Ministre & Secrétaire d'Etat sous quatre Rois consécutifs, Charles IX. Henry III. Henry IV. & Louis XIII.

LIVRE SIXIEME.

moi Vitry à la tête de trois cens hommes. La-Font me reçut à la porte de la Ville, & me conduisit avec toute ma suite à la maison qui m'avoit été préparée : C'étoit celle du Sieur de Martinbault, la plus belle de toute la Ville ; & Villars l'avoit encore fait meubler somptueusement. Simon-Antoine & La-Chapelle n'approuvoient pas une distinction si marquée. Ils ne sçavoient encore rien du Traité : mais ils avoient pris tant d'ombrage de mon premier voyage, qu'ils employerent tout leur crédit pour porter l'Amiral à me défendre l'entrée de la Ville.

La.Font qui me mit au fait de tout leur manège, m'apprit qu'ils s'étoient priés ce soir même à souper chez le Gouverneur, où devoient être aussi l'Abbé de Tiron, le Président de Boquemare, Médavy & d'Hacqueville, deux Conseillers du Parlement, & quelques autres. Je pris ce moment pour éclater ; & La-Font m'ayant assûré que l'Amiral de Villars ne trouveroit rien de mauvais de ma part, je voulus joüir de la confusion des Députés de la Ligue & de l'Espagne, en leur apprenant ce qui venoit d'arriver dans Paris.

Je sortis dans le moment & m'en allai à Saint-Ouen, où Villars étoit avec sa Compagnie : Il entretenoit les Députés dans un bout de la Galerie, lorsque j'entrai. Je courus l'embrasser, sans craindre de troubler leur entretien ; & je lui dis que je venois lui demander à souper pour lui faire part des Nouvelles. Villars répondit à mes caresses ; & comme s'il eût été de concert avec moi au sujet des deux Députés, il me dit froidement en me les montrant, qu'ayant du monde à souper, il craignoit que je ne trouvasse pas la partie bien assortie. Je répliquai que je m'accommodois de tout le monde ; & que j'étois persuadé que toute haine de Parti à part, ces deux Messieurs entendroient avec plaisir ce que j'avois à lui apprendre. Le Gouverneur jetta un coup d'œil sur Simon-Antoine, qui prenant la chose en galant-homme, dit qu'il seroit charmé de sçavoir de quelle maniere le Roi avoit traité les Espagnols & les deux Cardinaux : ce qu'il accompagna de loüanges pour ce Prince & de politesses à mon égard, avec toute la finesse & le bon goût possibles. » A ce que je vois, me voilà obligé de vous traiter tous ; «

nous dit Villars, en ajoûtant un compliment d'excuse sur la mauvaise chere.

Le reste de la compagnie s'approcha; & quelques instances que me fît le Président de Boquemare je ne voulus rien dire que nous ne fussions à table : On annonça le souper : » Je suis, dit l'Amiral en se mettant d'abord au milieu de » la table, très-mauvais Maître des Cérémonies. « Je ne voulus en faire aucune avec Dom Simon, qui ne manquant pas d'ambition, & étant d'ailleurs de rang à la soûtenir, se feroit peut-être mis à la premiere place sur un simple compliment, ce qui pouvoit tirer à conséquence dans une occasion où je représentois la Personne du Roi. J'allai donc m'y placer sans façon : Seulement je dis au Député Espagnol que s'il ne s'agissoit que de nos deux Personnes, je lui rendrois ce qu'on doit à un Etranger de mérite : Ce qu'il reçut de fort-bonne grace. La-Chapelle lui ayant dit que je faisois à table ce que mon Maître venoit de faire à Paris, & qu'il n'y avoit rien là qui ne fût dans l'ordre : » Je le vois, dit » l'Espagnol; & je crains bien que cet avantage ne soit d'un » mauvais augure pour nous : mais pour cela il ne faut pas » laisser de rire & de boire à la santé de nos Maîtres, qui » ne sont point ennemis, puisqu'il n'y a point de Guerre » déclarée entr'eux. « Cette réponse étoit pleine de sagesse & de politique : Pendant tout le repas cet Etranger prit part à la conversation en homme d'esprit, & parut sensible aux bonnes qualités du Roi, & sur-tout aux marques de clémence qu'il avoit données à tous ses Ennemis, tant Etrangers que François. Je ne remarquai que Tiron & un Docteur, nommé Dadré (42), qui gardassent le silence pendant tout ce détail.

Le repas se passa ainsi avec beaucoup de joie vraie ou apparente de tous les Conviés : Et après qu'il fut fini, Villars me dit en me reconduisant, qu'il me prioit de ne point le venir voir de tout le lendemain, qu'il employeroit à se défaire de façon ou d'autre de ses Députés. Il ne sçavoit pas trop comment ces deux hommes s'entendroient donner leur congé : Il me dit que si je voulois en être instruit, je n'avois qu'à venir passer l'après-dîné chez Madame de Simiers. J'y appris que Villars étoit demeuré enfermé trois

(42) Jean Dadré, Pénitencier de l'Eglise de Rouen.

heures entieres avec les deux Agens : ils contefterent ; on en vint aux reproches & aux grosses paroles : Mais ce Gouverneur n'étoit pas un homme qu'on pût aifément intimider ou faire changer : Il leur déclara nettement que fon Accommodement avec le Roi étoit confommé, & qu'ils n'avoient plus d'autre parti à prendre que de fe retirer fans tarder, ou à Soiffons, ou vers le Duc de Maïenne, avec un fauf-conduit qui étoit la feule grace qu'il pouvoit leur faire. Il fallut en paffer par-là : & Villars fe précautionna contre les effets de leur reffentiment, en faifant entrer dans Rouen de Nouvelles Troupes qui fe faifirent du Palais, du Fort & du Château. Cela fait, il envoya La-Font me dire que le lendemain à ma premiere requifition, il fe déclareroit pour le Roi en préfence de toute la Ville, qu'il fit affembler pour cet effet avec toute la forme & l'appareil qui pouvoient rendre cette action plus folemnelle.

Je n'ai jamais reffenti de fatisfaction plus parfaite que fut celle d'avoir rendu un fi confidérable fervice au Roi & à tout le Royaume, ni goûté un fommeil plus tranquile que la nuit qui fuivit cette journée. Le lendemain je me hâtai d'aller trouver Villars à Saint-Ouen ; & quoiqu'il fût encore affez matin, je le trouvai fe promenant depuis près d'une heure dans la grande Place. Elle étoit remplie auffi-bien que toutes les principales ruës d'un Peuple fi nombreux, attiré par le bruit qui s'étoit répandu de la fortie des Députés & de la nouvelle Cérémonie, que Perdriel & d'Ifencourt, La-Font & les foldats que le Gouverneur avoit envoyés par honneur au-devant de moi, eurent beaucoup de peine à m'ouvrir un paffage. L'alegreffe étoit générale ; & elle fe remarquoit aifément fur tous les vifages.

J'abordai l'Amiral qui avoit à fes côtés le Baron de Médavy & le Préfident de Boquemare ; & après le falut ordinaire, je lui dis que le Roi étant préfentement bon Catholique, il étoit temps qu'il lui donnât des marques de fon zèle. Villars me répondit qu'il étoit déja dans le cœur le ferviteur le plus fidéle de Sa Majefté ; & que s'il ne s'agiffoit plus pour en faire une profeffion éclatante, que de revêtir l'Echarpe blanche, il étoit prêt de la recevoir de ma main. J'en tirai une de ma poche ; & Villars ne l'eut pas fi-tôt mife, que sans songer d'avantage à compasser ses termes, il s'écria avec un transport qui étoit bien dans son caractère : « Allons morbieu ! la Ligue est que chacun crie *Vive le Roi*. » Le profond silence qui s'étoit fait dans l'assistance à notre abord, fut rompu à cette parole par une acclamation générale de *Vive le Roi* : & dans l'instant il se forma de tous ces cris joints au son de la grosse Cloche & de toutes les autres, & une décharge de toute l'Artillerie tant du Fort que des différens endroits de la Ville, un bruit capable d'inspirer l'effroi, si le sentiment de joie qui regnoit par-tout, avoit permis de faire attention qu'il n'y avoit pas une maison dans la Ville qui ne tremblât de ce frémissement. » Ce son des » Cloches, dis-je au Gouverneur, nous avertit d'aller ren- » dre à Dieu nos actions de graces dans l'Eglise de Notre- » Dame. « Le *Te Deum* y fut chanté solemnellement, & suivi de la Messe au commencement de laquelle je me retirai. Sitôt qu'elle fut finie, Villars vint me prendre dans son carrosse, & me mena à un festin superbe où les Cours Souveraines, les Officiers de Guerre & la Maison de Ville étoient invités. On envoya ordre à Verneuil, à Pontaudemer, au Havre où commandoit le Chevalier (43) d'Oise, enfin dans toutes les Places qui reconnoissoient l'autorité de l'Amiral de Villars, de se conformer à la Capitale.

Mon premier soin quand je me vis libre, fut d'informer le Roi de ce qui venoit de se passer, & de le prier d'envoyer quelques-uns de son Conseil pour rétablir le Parlement. Le lendemain la Ville vint me remercier en Corps des soins que j'avois pris, & m'apporta son présent : c'étoit un Buffet de vaisselle d'argent doré, parfaitement travaillé, & de valeur de plus de trois mille écus : Je fis inutilement toutes sortes d'instances pour me dispenser de le recevoir. Mon Courier ne tarda pas à revenir chargé des Dépêches de Sa Majesté. Il y avoit une Lettre pour l'Amiral de Villars, où le Roi le qualifioit de son Cousin, Amiral, Gouverneur en chef de Rouen, du Havre &c; & le convioit de venir à la Cour, d'une maniere qui lui promettoit l'accueil le plus gracieux. Celle qui étoit pour moi renfermoit un ordre de m'y rendre le plustôt que je pourrois.

(43) George de Brancas-Villars, Chevalier d'Oise, frere de l'Amiral.

LIVRE SIXIEME.

1594.

L'Amiral qui ne vouloit y paroître qu'avec un équipage conforme à son rang & à ses dignités, se donna le temps d'y travailler: Pour moi je pris les devants, & vins coucher à Louviers, où il m'arriva avec Bois-rosé que je ne connoissoit point, la petite scène qu'on va voir.

Ce Gentilhomme ayant appris par le bruit public, que le Roi remettoit à Villars le Fort de Fescamp, & n'entendant rien dire de son dédommagement, résolut d'en porter ses plaintes au Roi; & cherchant à s'appuyer du crédit de quelque Gouverneur qui fut connu de Sa Majesté, il vint à Louviers pour demander une Lettre de recommandation à Du-Rollet, un moment après que j'y fus arrivé. Il descendit à la même Auberge, où on lui dit d'abord qu'il venoit d'arriver un homme, qu'à son train & aux discours de ses Domestiques, on jugeoit devoir être fort-bien en Cour: On ne lui dit point mon nom; & Bois-rosé qui me croyoit encore à Rouen, n'avoit garde de le deviner. Il ne balança pas à préférer la protection de ce Seigneur à celle de Du-Rollet; & montant aussi-tôt dans ma chambre, il me dit après m'avoir appris qui il étoit, qu'il avoit bien sujet de se plaindre d'un Seigneur de la Cour, nommé M. de Rosny, qui abusant de la faveur de son Maître, l'avoit sacrifié aussi bien que M. le Duc de Montpensier & le Maréchal de Biron, à l'Amiral de Villars son ancien Ami. Ensuite il m'expliqua ses demandes: ce qu'il fit d'une manière si vive & si passionnée, & avec tant de jugemens & de menaces contre ce M. de Rosny, que je ne trouvois rien de si plaisant que le personnage que je jouois en cette occasion.

Je pris la parole après qu'il eut jetté tout son feu; & je lui dis que j'avois assez de connoissance des affaires dont il me parloit, pour l'assûrer que M. de Rosny n'auroit osé rien faire sans l'exprès commandement du Roi; & que Sa Majesté songeoit efficacement à lui donner une récompense dont il auroit lieu d'être content. Je ne crus pas devoir pousser la civilité jusqu'à lui promettre de servir son ressentiment contre celui dont il se plaignoit si amérement: Je lui dis au contraire que s'il le connoissoit, il conviendroit qu'un homme qui pour le bien de l'Etat s'étoit démis gratuitement de son Abbaye de Saint-Taurin, pouvoit bien avoir fait par nécessité, ce qu'il attribuoit à une mauvaise volonté. Je le congédiai en lui disant qu'il vînt me trouver lorsque je serois arrivé à la Cour, où je lui promis de parler au Roi pour lui faire obtenir l'équivalent qu'il demandoit. Il se retira aussi content de moi, que mécontent de M. de Rosny : mais ayant demandé mon nom au bas de l'escalier à un de mes Pages qu'il rencontra, il demeura étourdi d'entendre nommer celui qu'il avoit si peu ménagé en parlant à lui-même, que craignant le ressentiment qu'il supposoit que j'avois contre lui, il remonta à cheval dans l'instant, changea d'hôtellerie, & ne songea plus qu'à continuer à toute bride sa route vers Paris, afin d'y arriver avant moi, & d'y chercher de la protection contre les mauvais services que j'allois lui rendre.

L'avanture ne finit pas là. Pendant que Bois-rosé se précautionnoit contre moi comme contre un ennemi irréconciliable, je pris ma route plus tranquilement par Mante, d'où je devois amener mon Epouse à Paris. Dès que j'y fus arrivé, la premiere chose que je fis, fut d'aller rendre compte de mon voyage au Roi, qui selon sa coûtume voulut que je n'en omisse rien. Après que j'eus tout épuisé du côté du sérieux, je voulus le réjouir de la scène de Louviers. Bois-rosé n'avoit eu garde de l'en instruire : il s'étoit contenté de supplier Sa Majesté de ne point ajoûter foi à ce que je dirois contre lui, à cause d'une vieille haine que je lui portois. Le Roi rit de bon cœur de l'avanture de Bois-rosé. Je l'envoyai chercher. Il crut ses affaires désesperées, puisque c'étoit à moi qu'il avoit le malheur d'être adressé. Je joüis quelque temps de son chagrin & de son embarras; ensuite je l'en tirai d'une maniere qui le surprit beaucoup : Je sollicitai pour lui avec chaleur, & lui fis obtenir une pension de douze mille livres, une Compagnie avec appointement, & deux mille écus en argent. Il n'en esperoit pas tant: mais sa tracasserie à part, je le regardai comme un Officier de cœur : Je me l'attachai même plus étroitement dans la suite ; & je le crus digne de la Lieutenance-Générale d'Artillerie en Normandie, lorsque le Roi m'en eut donné la Grande-Maîtrise.

Je n'avois caché au Roi de tout ce qui m'étoit arrivé à Rouen, que la donation du Buffet de vermeil. Il fut bien étonné

étonné en voyant arriver un matin dans sa chambre des 1594. porteurs chargés de cette Vaisselle. Je lui dis que n'ayant pu par aucun moyen empêcher la Ville de Rouen de me faire ce présent, je venois le lui apporter, comme une chose qui lui appartenoit ; parce que j'avois fait un vœu solemnel de ne jamais rien recevoir à ce titre d'aucun de ses sujets, tant que je serois à son service.

Je dois rendre compte au public du sentiment qui me faisoit tenir cette conduite. Je suis déja sûr qu'on ne la regardera pas comme un artifice adroit pour m'attirer de plus grandes richesses : Car quoique les bienfais du Maître que j'ai servi ayent été considérables, & qu'ils ayent même surpassé mon attente ; on conviendra sans peine qu'un homme qui a conduit pendant un si long-temps & presque seul la Finance & la Guerre, avoit un moyen beaucoup plus court de s'enrichir. Il n'est pas besoin que je le nomme : le passé en fournit trop d'exemples pour qu'on l'ignore ; & malgré tout ce que j'ai fait pour introduire l'usage contraire, l'avenir n'en fournira sans doute encore que trop.

Au défaut d'intérêt, on pourra trouver beaucoup de vanité à ne vouloir rien devoir à personne. Je n'ai contre cette imputation qu'une simple assûrance, mais très-sincère, que je n'ai eu en agissant ainsi, d'autre motif que d'apprendre à ceux qui conduiront les affaires après moi, qu'à cet égard leur situation n'a rien de différent de ceux qui sont préposés pour rendre la justice ; & que comme on regarderoit avec horreur un Juge qui ouvriroit sa main aux présens, même sans intention de laisser fléchir la balance ; un Ministre & tout homme en Charge se rend coupable d'une injustice aussi marquée, lorsqu'il reçoit avec complaisance ces présens, qui dans l'esprit de ceux qui les font, se trouvent toujours faits pour le moment présent, ou dans la suite, aux dépens du Roi, ou bien du Peuple. Si nous ne devons pas compter sur la droiture d'intention de ceux qui nous donnent, (c'est à mes successeurs que j'adresse ici la parole) comptons encore moins sur nous-mêmes qui recevons ; & accoûtumons-nous à regarder comme deux choses qui ne sçauroient jamais être conciliées, le profit du Maître & le nôtre : à moins, comme je l'ai remarqué, que ce ne soit

Tome I. V u

1594.

lui-même qui nous donne ; & sa libéralité ira toujours assez loin pour nous ôter tout sujet de nous plaindre, dès que nous aurons sçu le convaincre qu'il ne nous revient rien d'ailleurs. Mais le malheur est que l'habitude de calculer & de voir passer par nos mains des sommes immenses, nous amène presque toujours insensiblement au point de regarder comme peu de chose, celles qui doivent suffire au bonheur & à la fortune d'un simple Particulier.

Le Roi ne me dissimula pas qu'il n'étoit point accoûtumé à de pareils discours ; & que ce système tout simple qu'il est, une fois bien établi dans la Finance, étoit le moyen d'enrichir le Roi & l'Etat, qu'on cherchoit & qu'on a encore si fort cherché depuis, sans jamais pouvoir le trouver. Il n'avoit garde d'accepter le Buffet : mais pour s'accommoder à ma façon de penser, il voulut que je le prisse de sa main : La donation qu'il m'en fit devint publique ; parce qu'il m'en expédia un Brevet (44), où il étoit spécifié que ce Buffet étoit un présent de la Ville de Rouen fait à Sa Majesté, dont elle m'avoit gratifié : Et le lendemain ce Prince prit dans sa Cassette trois mille écus en or, qu'il m'envoya par Beringhen ; pour apprendre qu'une pareille action dans un Ministre ne perd point sa récompense. J'entre dans ses vûës en instruisant ici le public de cette double gratification.

L'Amiral de Villars parut à la Cour peu de temps après, avec une Suite de plus de cent Gentilshommes, dont quelques-uns étoient de la premiere Noblesse de France, & l'emporta sur tous les autres Seigneurs : mais on ferma bientôt les yeux sur la magnificence de sa maison & sur le bril-

(44) » L'humeur de Rosny s'accordoit parfaitement bien avec » celle du Roi. Lorsqu'il lui confia » ses Finances, il désira de lui qu'il » ne prît jamais aucun pot de vin, ni » aucun présent, sans l'en avertir : Et » quand Rosny l'en avertissoit, il y » consentoit aussi-tôt, & même étoit » si aise qu'en le servant bien il y » trouvât son compte, que bien souvent il y ajoûtoit des dons du sien, » pour lui donner courage de le servir toujours de mieux en mieux : » Mais Rosny ne les recevoit jamais » qu'ils ne fussent duëment vérifiés à » la Chambre des Comptes ; afin » que tout le monde sçût les libéralités que lui faisoit son Prince, & » qu'on n'eût point à lui reprocher » qu'il se servoit de sa faveur à épuiser ses coffres. » Peref. pag. 125. Ce que cet Ecrivain ignora dans ce temps-là avec tout le monde, par la modestie du Duc de Sully, c'est que l'idée de cette économie si sage & si bien entenduë, vint de M. de Sully lui même.

lant de ses équipages, pour les ouvrir sur sa générosité & sur sa modestie ; qui sont en effet les véritables richesses de l'homme, quoiqu'on les rencontre si peu avec les premieres. Il aborda le Roi d'un air noble & soûmis tout ensemble, & se jetta à ses genoux. » Monsieur l'Amiral, lui dit le Roi mortifié de cette attitude, & le relevant promptement, » cette soûmission n'est dûë qu'à Dieu seul. « Et pour l'élever autant qu'il s'abaissoit, il se mit à entretenir les Courtisans des grandes actions de M. de Villars, avec un discernement qui sembloit leur donner un nouveau prix. L'Amiral chercha par des protestations de respect & de dévouëment à arrêter le cours de ces louanges : Appercevant ensuite M. le Duc de Montpensier, il alla lui prendre les mains & les lui baisa, en l'appellant son Supérieur, & en se démettant du Gouvernement en Chef de Rouen : ce qu'il fit de si bonne grace, que ce Prince qui l'avoit d'abord reçu assez froidement, touché de sa générosité, l'embrassa plusieurs fois de suite, & en fit dès ce moment un de ses plus chers Amis.

Le mois d'Avril & celui de Mai furent employés de la même maniere par le Roi & son Conseil, à recevoir les Députés des différentes Villes, & les Gouverneurs qui venoient traiter des conditions de leur reddition : Celles de Lyon & de Poitiers furent les plus considérables. Etrange cascade du Duc de (45) de Nemours ! D'abord cet homme ambitieux laisse entrer dans son esprit le projet chimérique de se faire Roi de France, en épousant l'Infante d'Espagne. La haine publique & l'opposition de son propre Frere le Duc de Maïenne, l'obligent de renoncer à cette folle prétention. Il s'en dédommage aussi-tôt en se bâtissant en idée, des Provinces du Lyonnois, Beaujolois, Forêt, Maconnois & Dombes, une Principauté relevante de l'Espagne. Il commence par songer à s'assûrer la Capitale de son nouveau Royaume : mais ceux de (46) Lyon plus fins que lui, s'assûrent eux-

---

(45) Charles-Emmanuel de Savoie, Duc de Nemours, fils de Jacques, & d'Anne D'est, Veuve de François de Lorraine, Duc de Guise.

(46) Perefixe fait le Duc de Maïenne lui-même auteur de cette révolte de Lyon ; parce qu'il vouloit ravir cette Ville à son Frere Uterin. Ce que l'Auteur dit ici du Duc de Nemours, ne doit pas empêcher qu'on ne lui rende justice d'ailleurs. Tous les Historiens conviennent que par les belles qualités du corps & de l'esprit, il étoit un des Seigneurs de

V u ij

1594. mêmes de la personne de leur prétendu Souverain, qui les traitoit déja en Tyran, & le gardent à vûë, sans aucune intention pour cela de rompre avec le Parti. La Ligue prend pour un affront le traitement fait à un de ses Chefs. Saint-Sorlin (47) jeune Frere du Duc de Nemours, intéresse l'Espagne dans sa querelle, & obtient du Duc de Savoie & du Duc de Terra-nova, Gouverneur de Milan, un puissant secours, avec lequel il vient fondre contre les Lyonnois. Ceux-ci déterminés par cette violence à se séparer ouvertement de la Ligue, appellent le Colonel d'Ornano; avec lequel se sentant les plus forts, ils se déclarent hautement pour le Roi; abattent & traînent dans les boues les Armes & les Livrées d'Espagne, de Savoie & de Nemours; font brûler en place publique avec une espéce de farce insultante, l'effigie d'une femme habillée en sorciere, portant écrit sur son front, *La Ligue*; & ne donnent pour tout délai qu'un mois à toutes les petites Villes de la dépendance de Lyon, pour se ranger à leur devoir.

Le Duc de Nemours mal à son aise pendant tout ce grand vacarme, & appréhendant quelque chose de pis de la part de ses prétendus Sujets, prend pour s'évader l'habit de son Valet de Chambre qui lui ressembloit par la taille; sort de sa chambre en portant le bassin de sa chaise percée, passe au milieu des soldats qui le gardoient dans l'Antichambre sans en être reconnu, parce qu'il détourne le visage, comme pour éviter la mauvaise odeur; s'esquive par la ruë, & gagne la campagne: Trop heureux après tant de grandeur imaginaire, d'abandonner en fugitif une Ville qu'il destinoit à être le siége de sa gloire; & convaincu par une triste expérience d'une vérité sur laquelle on s'aveuglera toujours, Qu'il n'y a en tout rien de si difficile que de faire répondre les effets aux desirs.

L'ambition renversa encore un autre tête. Balagny (48)

France le plus recommandable. Voyez son Éloge & celui du Marquis de Saint-Sorlin son frere dans *le troisième Tome des Mémoires de Brant. à l'article M. de Nemours*, p. 23. & suiv. & le détail des affaires de Lyon, dans Cayet, liv. 6. fol. 299. & les autres Historiens.

(47) Henry de Savoie-Nemours, Marquis de Sain-Sorlin.

(48) Jean de Montluc, bâtard de Jean de Montluc, Evêque de Valence.

LIVRE SIXIEME.

1594.

se trouvant Gouverneur dans Cambray, Place que sa situation rendoit d'une extrême importance pour le Roi, eut la hardiesse de demander qu'on changeât son Titre de Gouverneur en celui de Prince Souverain ; & malheureusement pour lui il l'obtint. Il se flatoit de voir par-là son nom grossir le Catalogue des Têtes Couronnées ; & il oublia qu'il manquoit des moyens qui pouvoient le maintenir dans ce haut rang. Il le soûtint, ou crut le soûtenir, en s'épuisant pour briller à la Cour du Roi, & pour amener au Siége de Laon deux mille Arquebusiers & trois cens Chevaux : mais la gloire de ce nouveau Potentat dura peu. Il échoua ainsi que Nemours à l'écueil commun des Ambitieux, auxquels il est impossible de persuader que les meilleurs desseins sont ceux qui ne donnent que de médiocres avantages, mais exempts de tous revers, & à l'abri de tous les hazards.

Les Espagnols voyant que tout leur échappoit dans le cœur du Royaume, voulurent arrêter le torrent en faisant un coup d'éclat, & vinrent assiéger La-Capelle. Le Roi ne balança pas à laisser toutes les affaires domestiques, pour aller s'opposer à la prise de cette Place. Le soldat n'étoit pas dans la même disposition : Las de la Guerre, il ne songeoit qu'à l'oublier & à l'éloigner. Il se passa un si long-temps avant que le Roi eût pu rassembler son Armée, que quoiqu'il la précédât avec un petit Corps de Troupes, il arriva trop tard : Il trouva le Siége si avancé, & le Comte de Mansfeld qui le commandoit si bien posté, qu'il n'osa, foible comme il étoit, entreprendre de le forcer. On espéroit encore que le Gouverneur, avec l'avantage d'une Place si forte, donneroit le temps au reste des Troupes de joindre ; & qu'alors on seroit en état, ou de jetter du secours dans la Place, ou de forcer les Assiégeans au Combat : Mais ce Gouverneur qui suivant l'esprit du temps ne cherchoit qu'à tirer parti de tout pour son profit, avoit si bien lésiné sur les vivres, les munitions de Guerre & le nombre des soldats qui devoient composer sa Garnison, qu'il fut obligé de rendre la Place beaucoup plustôt qu'il ne le devoit, & se vit ruiné par son avarice.

Pour user de représailles, le Roi alla investir Laon. Il n'ignoroit pas que la Ligue avoit mis cette Place déja si

En Picardie.

1594.

forte par sa situation & ses défenses, en état de faire repentir quiconque oseroit l'attaquer. Elle avoit pour Gouverneur un nommé Du-Bourg (49), l'un des meilleurs & des plus expérimentés Officiers du Duc de Maïenne qui y avoit encore fait enfermer son second fils, le Comte de Sommerive (50), à la tête d'une grande quantité de Noblesse : Mais le Roi considéra qu'en cette occasion il avoit à soûtenir sa réputation militaire, à laquelle il avoit l'obligation de tant de succès ; & de sa part il ne négligea ni soin ni attention, pour venir à bout de son entreprise.

Jean de Durefort, Sieur de Born.

Je le suivis avec joie à ce Siége ; & je fus chargé selon mon goût de la direction d'une Batterie de six Piéces de canon, conjointement avec le vieux de Born, lequel en qualité de Lieutenant-Général de l'Artillerie, la conduisoit en l'absence du Comte de La-Guiche (51) qui en étoit Grand-Maître, & consentit à me prendre pour second. J'avois commencé à peine à m'installer dans mon emploi, qu'il fallut l'abandonner. Le Roi connut par toutes les Lettres qui lui furent écrites de Paris, que le Comte d'Auvergne (52) avec d'Entragues son Beau-pere, commençoit les menées qui faillirent depuis à lui faire laisser la tête sur un échafaud ; & que Paris se remplissoit de mal intentionnés & de séditieux. Il venoit encore de s'élever entre l'Université & les Curés de Paris d'une part, & les Jésuites de l'autre, une dispute fort à craindre dans le commencement d'une domination mal affermie.

Sa Majesté jugea à ces Nouvelles qu'elle avoit besoin d'un

(49) C'est le même qui aima mieux sortir de la Bastille dont il étoit Gouverneur, publiquement avec l'Echarpe noire, que de la remettre au Roi pour de l'argent. *P. de L'Etoile. Cayet, tom. 2. pag. 691.* Il s'appelloit Antoine Du-Maine, surnommé Du-Bourg, ou, L'Espinasse.

(50) Charles Emmanuel de Lorraine, Comte de Sommerive.

(51) Philibert de La-Guiche, Gouverneur de Lyon, fait Grand-Maître de l'Artillerie en 1578. par la démission du Maréchal de Biron.

(52) Il en sera beaucoup parlé dans la suite : C'est Charles de Valois, Duc d'Angoulême, Grand-Prieur de France, fils de Charles IX. & de Marie Touchet, Dame de Belleville, fille du Lieutenant-Particulier d'Orléans. Elle mourut en 1638, âgée de quatre-vingt-neuf ans, & le Duc d'Angoulême en 1639. Il étoit Beau-fils de François de Balzac, Seigneur D'Entragues, parce que celui-cy épousa Marie Touchet, dont il eut Henriette de Balzac, Marquise de Verneuil, Maîtresse d'Henry IV. & Sœur uterine du Comte d'Auvergne.

Agent fidelle & vigilant dans cette grande Ville. Si elle différa à m'en parler, c'est qu'elle jugea bien que cette commission qui m'éloignoit du Siége, ne seroit pas de mon goût. Une Lettre du Cardinal de Bourbon que je reçus, & que je ne pus me dispenser de lui montrer, acheva de la déterminer : Ce Cardinal, sans entrer dans aucun détail, me mandoit simplement qu'il me souhaitoit passionnément auprès de lui, pour des affaires si importantes, que moi seul, disoit-il, pouvoit y réüssir. Quoique tout cela n'eût l'air que d'un compliment, Sa Majesté crut ne devoir pas négliger l'avis : & ne se fût-il agi que de la seule personne du Cardinal, le Roi avoit tant de motifs de le ménager, qu'après cette lecture, il m'ordonna de me disposer à retourner à Paris, avec un véritable regret de ma part de quitter le Siége. Pour remplir la place que je laissois vacante, il étoit besoin d'un homme de confiance. Je nommai à Sa Majesté Vignoles, Parabere & Trigny ; & elle se détermina en faveur de Parabere. Je me flatai que les affaires qui m'appelloient à Paris étant terminées, je reviendrois devant Laon ; & je comptois bien en presser la conclusion : mais à celle-là il en succéda d'autres de si près, que depuis la fin de Mai jusqu'au commencement d'Août que dura ce Siége, je ne pus le voir que par échappées. Ce que j'en dirai sera par cette même raison assez interrompu.

<small>Jean de Baudean de Parabere.</small>

Je pris les instructions du Roi pour mon voyage, & vins coucher à Crêpy : j'arrivai le lendemain à Paris, où je me transportai d'abord chez le Cardinal. Je le trouvai malade (53), & aussi abbatu d'esprit que de corps. Il m'embrassa étroitement, & témoigna une joie infinie de me voir. Il chassa tout le monde de sa chambre, & me fit asseoir près de son lit, pour entendre mille choses importantes qu'il disoit avoir à me communiquer. Celle par où il débuta ne devoit pas me donner une grande opinion de tout le reste : mais c'étoit celle qui lui tenoit le plus au cœur ; quoiqu'il ne s'agît que de chagrins domestiques & de tracasseries de femmes, dont j'ai presque honte d'entretenir le Public. Une

---

(53) Lorsqu'il se sentit malade, il vint de Gaillon demeurer à Sainte-Genevieve, & ensuite dans sa belle Maison de l'Abbaye de Saint-Germain, dit M. De-Thou, *liv.* 109.

certaine Madame de Rosieres étoit celle qui les causoit. Soit jalousie, ou vision, le Cardinal s'étoit mis dans l'esprit qu'elle le faisoit mourir par enchantement, pour se venger de ce qu'il l'avoit brouillée avec l'Abbé de Bellozanne son Mignon. Sa consolation étoit qu'il falloit que sa malfaictrice mourût, s'il ne mouroit pas : Mon Epouse lui avoit dit il y avoit trois jours, que cette Madame de Rosieres étoit extrêmement malade ; & apparemment il avoit bâti là-dessus toute sa fable de magie & de mort.

Il me faisoit toutes ces confidences avec un si grand serrement de cœur, que je ne doute point que ces imaginations n'ayent beaucoup contribué à avancer ses jours. Je m'efforçai de lui remettre l'esprit, & il put enfin me parler de ses autres affaires qu'il alloit oublier. Après Madame de Rosieres, le Roi étoit celui dont il se plaignoit le plus : car la situation de son esprit étoit telle, qu'il ne se plaignoit que de ceux qu'il aimoit. Il avoit demandé au Roi de le laisser disposer de ses Bénéfices ; & Sa Majesté, disoit-il, ne l'avoit pas écouté favorablement : ce ne pouvoit être, ajoûtoit-il, que parce que ce Prince ne l'aimoit point, ou parce qu'il n'étoit pas encore attaché sincèrement à la Religion Catholique : (car comment être bon Catholique Romain, & désobliger un Cardinal ?) Et tout de suite sans trop songer quel étoit celui à qui il parloit, il me pria de me rendre l'Apologiste de la Religion Romaine auprès du Roi ; de l'y affermir ; de lui faire lier une étroite correspondance avec le Pape ; de demander au Saint-Pere sa Bénédiction, afin d'en obtenir ensuite la dissolution de son Mariage avec la Reine Marguerite de Valois, & le pouvoir d'épouser une autre Princesse, dont il eût des enfans qui assûrassent la Couronne à la Maison de Bourbon ; & à la France la Paix & le repos. La fin de ce discours étoit plus sensée que je ne devois m'y attendre : Je ne trouve pas même à y retrancher l'éloge du Pape qu'il y inséra : car je conviens que Clement VIII. étoit non-seulement d'un esprit sage & juste, mais encore si fin Politique, que la Cour de Madrid ne sçauroit se vanter de lui en avoir imposé par ses déguisemens.

Le Cardinal se jetta ensuite sur l'affaire des Jésuites ; & quoiqu'il les favorisât ouvertement en homme dévoué à la

Cour

LIVRE SIXIEME. 345

1594.

Cour de Rome, il ne m'apporta cependant pour m'engager à les soûtenir, que des raisons de Politique & de l'intérêt du Roi si solides, que je ne pus m'empêcher de convenir en moi-même que la maladie ne lui avoit ôté la présence d'esprit que sur son propre chapitre. Tout ce que je fis sur ce sujet fut une suite des reflexions sensées que me fit faire cette Eminence, sur les risques qu'il y auroit eu à bannir de France dans la conjoncture présente toute cette Société : car on va voir qu'il ne s'agissoit pas moins que de cela.

Une quatriéme affaire qu'il me recommanda, fut de soûtenir contre le Surintendant le vieux Archevêque de Glasco en Irlande, qu'il aimoit & honoroit jusqu'à le traiter de son Parent. Cet Archevêque portoit le nom de (54) Bethune. Voyant la Reine d'Ecosse sa bienfaictrice morte, il ne songeoit plus qu'à achever tranquilement loin de sa Patrie le peu de jours qui lui restoient à vivre : mais il avoit dans le Surintendant un ennemi qui le persécutoit continuellement, & sembloit avoir entrepris de le chasser de France. Je n'en ai jamais trop bien sçu le motif : peut-être étoit-ce l'attachement que ce Prélat avoit toujours témoigné pour la Maison de Guise, à cause de la Reine (55) d'Ecosse qui étoit de cette Maison. Le Cardinal de Bourbon disoit que D'O n'en avoit point d'autre que l'intérêt que

---

(54) Jacques de Bethune, Archevêque de Glasco, Glascou, ou Glasgow en Ecosse, & non pas en Irlande, vint à Paris en qualité d'Ambassadeur ordinaire de la Reine d'Ecosse ; & il y mourut en 1603, âgé d'environ quatre-vingt-six ans, après cinquante-sept années d'une vie extrémement traversée, depuis le meurtre du Cardinal de Bethune, Archevêque de Saint-André, son Oncle, arrivé en 1546. On voit encore son Epitaphe dans l'Eglise de Saint-Jean de Latran. Amelot de La-Houssaye après avoir parlé dans ses Mémoires du Procès que Nicolas Denetz Evêque d'Orleans eut avec le Duc Maximilien François de Sully dans lequel il paroît que c'est bien injustement qu'on prétendoit disputer à cette Maison le nom de Bethune, parle aussi de cet Archevêque : » Quoiqu'il en soit, dit-il, la » Maison de Betun d'Ecosse, de la- » quelle étoient le Cardinal Arche- » vêque de Saint-André, & l'Ar- » chevêque de Glasgow, Ambassa- » deur de la Reine Marie Stuard en » France, où il mourut en 1600 ou » 1601, (il y a erreur de date ici) » est reconnuë par Messieurs de Sul- » ly & de Charost, pour une bran- » che de leur Maison. « *Tome 2. p. 68.* C'est parce que selon nos Mémoires, le véritable nom de l'Archevêque de Glasco, ainsi que de l'Archevêque de Saint-André, est Bethune, & non pas Betun.

(55) Marie de Lorraine, fille de Claude, Duc de Guise, épousa en 1530 Jacques Stuard Roi d'Ecosse.

Tome I.   X x

1594. lui Cardinal prenoit à l'Archevêque : Et il eſt vrai que toutes les fois que cette Eminence avoit fait ſolliciter le Surintendant en faveur du vieux Prélat, il n'en avoit paru que plus acharné à le détruire. Le Cardinal me pria de porter le Roi à protéger l'Archevêque : Il promettoit de ne plus ſe mêler d'aucune affaire au-dedans ni au-dehors du Royaume; il n'en étoit même plus capable : d'ailleurs on ne pouvoit rien lui reprocher. Pour me mettre dans ſes intérêts, le Cardinal me dit que cet Archevêque m'affectionnoit au point de pleurer continuellement ſur le malheur que j'avois d'être engagé dans la Religion Proteſtante.

Il revint encore à ſes Bénéfices; & ce fut par où il finit. Il me recommanda inſtamment de lui obtenir de Sa Majeſté la liberté de les réſigner. Il m'avoua que la poſſeſſion de ces Bénéfices avoit donné de terribles ſcrupules au feu Cardinal ſon Oncle de qui il les tenoit, & ne lui en donnoit pas moins à lui-même; parce qu'il y en avoit dont on avoit dépouillé les Familles qui en étoient légitimes propriétaires : & Son Eminence s'imaginoit ſatisfaire à ce qu'il leur devoit, & aux remords de ſa conſcience, pour lui & pour ſon Oncle, en les leur remettant après ſa mort. Il n'avoit plus rien de nouveau à me dire, lorſque ſon Médecin entra dans ſa chambre. Duret (56), car c'étoit lui-même, ayant recommandé le ſilence à ſon malade, ſe chargea de m'entretenir ſur tous les ſecrets du Cardinal dont il poſſédoit la confiance, & s'en acquita en homme fort éloquent; c'eſt-à-dire qu'il m'ennuya long-temps. Je ne répondis à ſes longs diſcours que par une promeſſe réïterée de ſervir Son Eminence.

Trois jours que je paſſai à Paris ſuffirent pour me mettre au fait des liaiſons dangereuſes du Comte d'Auvergne, de d'Entragues & de ſa Femme. Leur maiſon étoit le rendez-vous de tout ce que le Roi avoit d'ennemis, ſoit dans la Ligue, ſoit dans le Parti Eſpagnol : il ne ſe paſſoit point de nuits qu'il ne s'y tînt des Conſeils ſecrets contre l'intérêt & le ſervice du Roi. En attendant que j'euſſe conféré avec Sa Majeſté ſur les moyens de détruire cette méchante Cabale,

(56) Louis Duret, Seigneur de Chevry.

je repréſentai à MM. de Chiverny, (57) de Pontcarré, de Bellièvre & de Maiſſe, qu'ils ne poûvoient éclairer de trop près toutes les démarches de ces brouillons ; & j'en chargeai plus particuliérement Maiſſe, dont je connoiſſois l'activité.

1594.

Je donnai enſuite une attention particuliere à l'affaire des Jéſuites, dont le procès étoit actuellement porté au Parlement, & vivement pourſuivi par l'Univerſité & les Curés de Paris, qui les accuſoient d'avoir attiré à eux toute l'inſtruction de la Jeuneſſe & la direction des conſciences ; les repréſentoient comme une Société pernicieuſe à l'Etat ; & prétendoient la faire bannir comme telle de toutes les Terres de France. Il n'étoit rien moins qu'aſſûré que tous ces Adverſaires de la Société remportaſſent ſur elle le triomphe qu'ils ſe promettoient, quand même l'autorité du Roi ne ſeroit pas intervenuë : Les Jéſuites avoient puiſſamment agi dans cette occaſion ; & la partie étoit déja ſi bien liée, que ſans compter le Pape, l'Eſpagne & leurs Partiſans dans la Ligue (58), qui n'étoient pas en petit nombre, ils ſe trouvoient forts de la moitié du Parlement, qui faiſoit ouvertement des brigues en leur faveur. La Cauſe étoit remiſe entre les mains des Avocats les plus accrédités du Barreau, Duret & Verſoris (59) pour les Jéſuites, Arnaud & Dollé

---

(57) Philippe Hurault de Chiverny ou Cheverny Chancelier de France. N. Camus, de Pontcarré, Maître des Requêtes. Pomponne de Bellièvre. André Hurault, Sieur de Maiſſe : Il fut nommé Ambaſſadeur à Veniſe l'année ſuivante.

(58) Le Cardinal de Bourbon, le Surintendant D'O, Antoine Seguier, Avocat du Roi & beaucoup d'autres ſolliciterent ouvertement pour les Jéſuites.

(59) La Cauſe fut plaidée à huis clos, le 18 Avril 1594. Antoine Arnaud parla pour l'Univerſité ; Louis Dollé pour les Curés ; & Claude Duret en peu de mots pour les Jéſuites. Pierre Barne, Jéſuite, Syndic du College de Clermont, aujourd'hui College de Louis le Grand, les défendit plus amplement par un Factum plein de raiſons très ſolides. Il y juſtifie ſa Société ſur cette obéïſſance au Pape, dont il ſemble qu'on lui fît un crime : il défie qu'on puiſſe trouver dans aucun endroit de ſes Statuts, qu'il lui eſt permis de détrôner les Rois, & de tuer les Tyrans : ce qui en effet étoit une pure calomnie de ſes ennemis : Il prouve au contraire qu'il lui a été défendu à Rome de ſe mêler d'aucunes affaires publiques, &c. Il y avoit déja contre les Jéſuites de la part des mêmes Parties, un ancien Procès pendant depuis trente ans au Parlement, au ſujet de leur établiſſement dans le Royaume : Au lieu d'un Arrêt définitif, le Parlement en rendit un, par lequel les Requêtes de l'Univerſité & des Curés de Paris furent jointes aux Pieces de ce premier

X x ij

1594. pour leurs Adversaires ; & l'on ne s'entretenoit d'autre chose dans Paris, que deux factions si puissantes partageoient.

Je me représentai tout ce que m'avoit fait envisager le Cardinal de Bourbon : Qu'il n'y avoit point d'extrémité à quoi ces Religieux ne se portassent si on les chassoit du Royaume, soit par vengeance, soit par l'espérance d'obliger à révoquer leur bannissement : Qu'ils pouvoient faire soulever par leurs intrigues une partie de l'Europe : Qu'ils sçauroient bien faire regarder cette persécution contr'eux comme une injure faite à la Religion même, & jetter sur le Roi le soupçon d'être encore intérieurement attaché à celle qu'il venoit de quitter : ce qui dans la circonstance présente pouvoit produire un fort-mauvais effet : Clément VIII. n'ayant encore pu se résoudre à accorder l'Absolution qu'on sollicitoit à Rome : le Roi se trouvant engagé dans une de ces entreprises dont l'événement est toujours si douteux, & quelquefois si critique : Enfin les Catholiques les plus puissans dans le Royaume, tant ceux qui étoient à Paris que ceux mêmes qui remplissoient la Cour, craignant ou feignant de craindre pour leurs propres intérêts, qu'on n'eût pas encore mis la Religion Romaine assez en sûreté en France. Je sçavois que MM. de (60) Longueville, de Nevers & de Biron en avoient parlé publiquement en ces termes ; & qu'ils n'avoient rien oublié pour communiquer leur frayeur au Cardinal de Bourbon, par le moyen de d'Entragues, d'Humieres, des Sourdis & de quelques autres. Je ne veux prêter icy aucune mauvaise intention à personne : mais combien y en avoit-il parmi ces Catholiques si chauds qui n'étoient poussés que par un motif pareil à celui de Biron, lequel ne semoit tous ces discours, que depuis qu'il avoit perdu l'espérance d'obtenir le Gouvernement de Laon ?

Quoiqu'il en soit, je crus qu'il étoit plus prudent de ne pas commettre ainsi l'autorité du Roi absent, pour une pique de Prêtres & de Théologiens ; & je ne doutois pas que Sa Majesté ne prît elle-même en pareil cas le parti le plus

procès, pour être jugées ensemble : ce qu'il fut facile d'empêcher qu'on ne fit. *De-Thou, liv.* 110. *Hist. de l'Uni-* *versité de Paris, tom.* 6. *p.* 866. & autres.
(60) Henry d'Orléans, Duc de Longueville.

modéré. Je déclarai donc à Messieurs du Conseil, que le Roi ne trouvoit point assez forts les griefs proposés contre les Jésuites : Que Sa Majesté étoit déterminée à attendre pour bannir ou retenir en France la Société, de quelle manière elle se comporteroit dans la suite, soit à l'égard de l'Etat, soit au sien : Sur tout qu'en attendant des ordres plus positifs de sa part sur ce sujet, elle défendoit absolument qu'on se portât à aucune procédure violente contre ces Peres ; qu'il fût fait contre eux aucun plaidoyer (61) injurieux ; &

(61) Celui d'Antoine Arnaud fut si véhément, qu'au rapport de L'Etoile qui ne prend pas volontiers le parti des Jésuites, il en fut blâmé de ceux mêmes qui n'aimoient pas ces Peres, & que le Premier Président ne put s'empêcher de lui imposer silence. Les épithètes que M. De-Thou donne dans l'endroit cité cy-dessus aux Avocats de l'Université & des Curés, font assez entendre qu'il trouvoit comme toutes les personnes non prévenues, qu'on se portoit dans cette affaire contre les Jésuites avec une grande passion : quoi qu'en cette occasion, ainsi qu'en toutes les autres, cet Historien se déclare entièrement contre la Société. Je trouve dans les Mémoires de la Ligue qu'on chercha un autre grief contre ces Peres, qu'on abandonna ensuite comme n'ayant aucune vrai-semblance ; c'est d'enlever les Enfans à leurs Parens, pour les transporter malgré eux hors l'Europe.

Quant à l'article de l'Instruction de la Jeunesse ; personne, je crois, n'appellera de la décision d'un homme, dont on connoît les vûes supérieures sur toutes les parties du Gouvernement : C'est le Cardinal de Richelieu dans son Testament Politique, 1. Part. chap. 2. Sect. 10, où après avoir balancé à son ordinaire les raisons pour & contre entre l'Université & les Jésuites, il résout la question en ces termes : » La raison » ne permet pas de frustrer un an- » cien possesseur de ce qu'il possede

» avec titre : & l'intérêt public ne » peut souffrir qu'une Compagnie » non-seulement recommandable » par sa pieté, mais célèbre par sa » doctrine, comme est celle des Jé- » suites, soit privée d'une fonction » dont elle peut s'acquitter avec gran- » de utilité pour le Public ... Il est » donc raisonnable que les Univer- » sités & les Jésuites enseignent à » l'envi ; afin que l'émulation aiguise » leur vertu, & que les Sciences » soient d'autant plus assûrées dans » l'Etat, qu'étant déposées entre les » mains de leurs Gardiens, si les uns » viennent à perdre un si sacré dépôt, » il se trouve chez les autres. «

Et pour ce qui regarde la direction des consciences ; ce grand Ministre convient bien avec tout le monde, que par elle & par l'Instruction des Enfans de qualité, les Jésuites » pénètrent les plus secrets événe- » mens des cœurs & des familles ; « ce sont ses termes : Mais pourtant ne trouvant pas plus de justice à interdire cette fonction du sacré Ministère à cette Société qu'à tous les autres Prêtres Seculiers ou Réguliers, il se contente d'en faire un des motifs qui doivent porter à ne pas laisser aux Jésuites seuls l'emploi d'instruire la Jeunesse du Royaume. La Chronologie Septenaire ; Ouvrage, lequel avec le Mercure François qui en est la suite, me paroît celui de tous les Mémoires de ce temps-là dont on doit faire le plus de cas, par l'impartialité & la sincérité avec laquelle il est écrit, autant même que la Cause fût agitée en pleine Audience. Personne ne s'attendoit à trouver en ma personne un protecteur des Jésuites; & je puis dire que par cet endroit ma récommandation ne leur fut pas inutile, quand je n'aurois pas parlé au nom du Roi : Effectivement cette affaire en demeura là pour-lors.

Je crus devoir aussi parler au Surintendant pour l'Archevêque de Glasco, par déférence à la priere du Cardinal de Bourbon; quoique je sçusse bien ce que j'avois à attendre d'un homme qui s'embarrassoit peu de cacher la haine qu'il portoit à toute ma Famille, encore augmentée par un démêlé qu'il venoit d'avoir avec mon jeune Frere. J'espérois davantage de la justice du Roi : Je me hâtai d'aller le rejoindre devant Laon, après avoir pris congé de M. le Cardinal, que je trouvai encore considérablement affoibli.

J'appris à Bruyeres où j'avois laissé mon équipage de Guerre, que le Duc de Maïenne, en attendant la grande Armée que devoit lui amener incessamment le Comte Charles de Mansfeld, s'étoit avancé avec quelques Troupes jusqu'à La-Fère, & avoit tenté deux fois de faire entrer dans Laon un secours de cent Chevaux & de deux cens Arquebusiers : que le premier avoit été défait par Givry ; & le second par M. le Comte de Soissons, qui étoit ce jour-là de garde dans la Tranchée : que le Roi montroit en tout l'éxemple aux Princes & aux Officiers, & relevoit lui-même la Tranchée à son rang.

Ce Prince étoit couché quand j'arrivai à son Quartier, quoiqu'il fût trois heures après midi. Si-tôt qu'il me vit entrer, il me demanda si je n'étois pas surpris de le trouver au lit à pareille heure : ce lit étoit deux matelats sur la terre dure. Toute la nuit & le jour précédent ce Prince s'étant

que par le grand détail : Le Septenaire, dis-je, parlant de l'utilité dont les Jésuites ont été à ce Royaume en particulier, par leur érudition & leur zèle contre les Novateurs, par la pureté de leurs sentimens Théologiques, & par leurs Missions ; fait de tout cela un éloge, qu'il faut nécessairement voir dans le Livre même, fol. 439 : Il est d'autant plus frappant, qu'il est parti du même temps où la jalousie suscitoit contre les Jésuites de si noires accusations. L'Auteur de ce morceau d'Histoire, quoique son nom ne se trouve point à la tête, est ce même P. Victor Cayet qui a composé la Chronologie Novennaire, où l'on voit ce Procès des Jésuites détaillé avec une fort-grande éxactitude, année 1594. liv. 6, pag. 379, 407.

tenu debout dans la Tranchée, ou occupé à faire faire des travaux dans la Montagne sur le penchant de laquelle Laon est assis, soit pour faire changer quelques Batteries de place, soit pour mettre les Travailleurs à couvert par des Parapets; il s'étoit si fort fatigué sur ce terrein qui est extrèmement rude, qu'il s'étoit fait plusieurs contusions aux pieds : ce qui ne l'empêcha pas de faire continuer son ouvrage ; jusqu'à ce que toutes ces meurtrissures s'étant ouvertes, ses deux pieds ne furent bien-tôt plus qu'une grande plaie, qui l'obligea de se mettre au lit, & d'y faire appliquer un appareil, qu'il ordonna qu'on levât en ma présence ; » afin que je » connusse, dit-il, qu'il ne faisoit pas le douillet mal-à-pro- » pos. « J'étois bien éloigné d'avoir cette pensée ; & si je l'accusois de quelque chose, c'étoit plustôt de l'excès opposé. Je crois qu'il s'en apperçut : car il me dit en cherchant à se disculper, qu'il s'étoit cru obligé d'entreprendre & de faire conduire ce travail, qui lui donnoit deux jours d'avance sur la Ville assiégée ; & que je ne le condamnasse qu'après l'avoir vu, ou du moins après avoir entendu les connoisseurs qu'il avoit envoyés le visiter, & qui devoient revenir sur les cinq heures.

Je profitai de ce moment où je me trouvai seul avec le Roi, pour lui rendre compte de mon voyage : ce que je fis en me mettant à genoux sur un carreau que ce Prince me fit apporter : Et Sa Majesté voulant autoriser ce que j'avois fait, fit écrire en ce moment trois Lettres par Beaulieu-Rufé. La premiere étoit adressée au Chancelier, & regardoit les Jésuites : Il n'y avoit rien de différent de ce que je lui avois dit moi-même. Dans la seconde, il mandoit à D'O que son intention étoit qu'on laissât jouïr paisiblement l'Archevêque de Glasco des deux seules Abbayes (62) qu'il avoit en France, & il justifioit la conduite passée de ce Prélat, par la reconnoissance qu'il devoit à sa bienfaictrice. La troisiéme au Cardinal de Bourbon, étoit écrite au nom de Loménie Sécrétaire d'Etat, qui faisoit sçavoir à cette Eminence que le Roi approuvoit telle disposition qu'il feroit de ses Bénéfices, & étoit prêt de la ratifier en signant de sa main l'état qu'il lui en enverroit ; pourvû qu'il ne s'y trouvât

---

(62) Notre-Dame de l'Absie en Poitou, & le Prieuré de Saint- Pierre de Pontoise.

rien de contraire aux Canons, aux Libertés & aux Coûtumes du Royaume. Le reste de la Lettre étoit une assûrance de sa protection & de son amitié ; & il lui donnoit une preuve de sa confiance, en faisant passer par ses mains les deux autres Lettres qu'il venoit d'écrire, & dont il avoit la complaisance de lui mander le contenu. Je chargeai Du-Peirat à qui le Roi donna ces trois Lettres à porter à Paris, d'en rendre une de ma part au Cardinal, où je l'exhortois par tout ce que je crus capable de faire impression sur son esprit, à se délivrer de tous ses chagrins domestiques.

Ces affaires étant expédiées, arrivérent MM. de Biron, de Givry, de Saint-Luc, de Marivault, de Parabere, de Vignoles, de Fouqueroles & autres, que le Roi avoit envoyés visiter ses travaux du jour précédent, & sur-tout deux mines qu'il avoit fait ouvrir. Chacun en dit son avis, & chercha à faire honneur à ses connoissances : On ne s'accorda pas ; & insensiblement il survint une dispute. Le Maréchal de Biron qui gâtoit les bonnes qualités qu'il avoit pour la guerre, par un air capable & un ton de supériorité qui le rendoient toujours maître de la conversation, ne souffroit qu'avec peine qu'on se déclarât d'un sentiment contraire au sien.

Le Roi voyant que les paroles s'échauffoient, leur apprit en leur imposant silence, qu'il venoit de recevoir avis par trois Espions consécutifs & venus de différens endroits, que le Duc de Maïenne & le Comte de Mansfeld avoient résolu de tout tenter pour faire entrer un convoi considérable dans Laon, afin d'être dispensés de livrer bataille ; & que ce convoi alloit se mettre incessamment en marche, soûtenu d'une escorte puissante, dans l'intention de passer sur le ventre à tous les Corps-de-Gardes, de forcer le passage, & d'entrer dans la Place assiégée : Nouvelle matiere de contestation, terminée à l'avantage de Biron, qui se fit nommer pour commander un détachement considérable, avec lequel il se posteroit dans la Forêt entre Laon & La Fère, & insulteroit l'escorte avec le Convoi. Il le composa lui-même, & prit douze cens hommes d'Infanterie Françoise tous choisis, huit cens Suisses, trois cens Chevaux-Legers, deux cens Gendarmes, & cent Gentilshommes presque tous de la Maison du Roi. Le Roi me refusa plusieurs fois d'être

de

LIVRE SIXIEME. 353

1594.

de ce Détachement; ayant encore, difoit-il, plufieurs chofes à fçavoir de moi : mais je fis tant d'inftances, qu'à la troifiéme fois je l'obtins.

Nous nous mîmes en marche fur les fix heures du foir, & arrivâmes à une heure de nuit dans la Forêt; où nous avançâmes fans bruit jufqu'au bord du Bois du côté de La-Fère, qui étoit le lieu de notre embufcade. Le Maréchal de Biron fit arrêter fur le grand chemin tous les paffans qui auroient pu donner avis de fon deffein dans La-Fère ; & plaça fur les bords de la Forêt des Vedettes qui l'inftruifoient éxactement de tout ce qui fortoit de la Ville. Nous attendîmes inutilement & avec beaucoup d'impatience jufqu'à quatre heures après midi : alors les Vedettes vinrent annoncer que le grand chemin de La-Fère à Laon étoit couvert d'une file fi longue de Gens & d'attiral de Guerre de toute efpéce, qu'ils ne pouvoient conjecturer autre chofe finon que toute l'Armée Ennemie s'avançoit. Je vis en ce moment bon nombre des plus réfolus pâlir, & fe dire à l'oreille qu'on ne devoit fonger qu'à faire retraite. Quelques-uns de nous s'y oppoferent, & le Commandant s'étant déclaré de notre avis, il paffa à la pluralité des voix qu'on chargeroit quelqu'un de la Troupe d'aller reconnoître au jufte l'état des chofes. Fouqueroles dont on connoiffoit la valeur & le fang-froid, fut choifi pour cet effet avec ceux ou trois autres ; & rapporta peu de temps après que ce qui compofoit cette Ligne fi formidable en apparence, étoient trois cens Charettes chargées de provifions de guerre ; ayant pour efcorte quatre Efcadrons de cent Chevaux chacun qui marchoient à la tête du Convoi, fuivis de huit à neuf cens Moufquetaires ou Piquiers Valons, Lanfquenets & Liégeois. Pareil nombre d'Infanterie Efpagnole naturelle étoit à la queuë.

Il fut arrêté tout d'une voix qu'on attaqueroit ; ce nombre n'égalant pas le nôtre : La différence des avis fut fur la maniere. Je trouvois avec beaucoup d'autres qu'il eût été plus à propos de laiffer entrer le Convoi dans la Forêt, & enfuite de le prendre en queuë. Givry (63), Montigny & Marivault qui étoient à la tête de la Cavalerie, furent pour

(63) Anne d'Anglure, Baron de Givry : Il fut tué devant Laon peu de jours après cette rencontre, & fort-regreté de Henry IV. François de La-Grange, Seigneur de Montigny : il en fera encore parlé. Claude de L'ifle, Sieur de Marivault.

Tome I.   Y y

1594. la négative; & soûtirent si fortement qu'il y avoit moins de péril à attaquer de front les quatre Escadrons en rase campagne, qu'ils entraînerent le Maréchal de Biron. On s'en trouva bien d'abord. La Cavalerie Ennemie céda à la premiere attaque, quoiquelle montrât au commencement beaucoup de résolution, & se retira sur les flancs des Chariots : mais on trouva bien tôt à qui parler. L'Infanterie Ennemie de la tête attendit de pied ferme nos Cavaliers que le Maréchal de Biron envoya l'attaquer, & fit ses décharges avec tant d'ordre, qu'elle les obligea de tenir le large. Ils eurent ordre de Biron de retourner à la charge par le flanc gauche; tandis que lui-même les prendroit par le flanc droit, qui étoit visiblement le moins périlleux. Le choc fut si terrible, que les Fantassins Ennemis furent contraints de se retirer, & de chercher comme les quatre Escadrons un abri au milieu des Charrettes, d'où ils ne laisserent pas de se défendre: Pendant ce temps-là le Bataillon Espagnol s'étoit avancé de la queuë à la tête; & il s'étoit mis en bataille de maniere qu'il étoit soûtenu de tous côtés par la Cavalerie & par les Chariots, & qu'il ne perdoit pas le secours de son premier Bataillon. Leur défense fut si vigoureuse, que les priéres & les menaces du Maréchal de Biron ne purent empêcher nos six cens hommes de Cavalerie de se retirer du Combat, extrêmement affoiblis. L'Infanterie Françoise & Suisse qui prit leur place, trouva une égale résistance. Le combat tirant en longueur, Biron songea qu'une Action qui se passoit si proche de La-Fére, pouvoit donner le temps d'envoyer au Convoi un secours considérable, pour peu qu'elle durât encore. Il ordonna donc pour derniere ressource, que les cent Gentilshommes missent pied à terre; qu'ils joignissent à leurs armes qui étoient l'épée & le pistolet, la pique (il en avoit fait apporter quantité); & qu'ils ramenassent à la charge nos Gens de pied François & Suisses, qui n'avoient encore pu entamer les Espagnols. MM. de (64) Guitry, de Montigny, de Marivault, de Trigny, d'Arambure, de La-Curée, de Lopes,

---

(64) Ce n'est pas Jean de Chaumont de Guitry, dont il a été tant de fois fait mention dans l'Histoire & dans ces Mémoires. Il étoit mort dès l'année 1592. Voyez son Eloge dans *M. De-Thou*, liv. 163. Celui qui est nommé ici ne s'appelloit ainsi, selon Cayet, que parce qu'il avoit épousé l'héritiere de cette Maison. *Chronol. Noven.* liv. 4. p. 23. mais Cayet se trompe: Jean de Chaumont laissa plusieurs Enfans mâles qui porterent les armes pour le service du Roi.

d'Heures & autres, s'avancerent de cette maniere à la tête 1594.
de trois cens Fantaſſins; & Biron les ſuivit avec pareil nombre : je fus mis de cette ſeconde Troupe. On ſe choqua ſi bruſquement, que la pique & le fuſil devinrent inutiles, & qu'on ſe battit corps à corps & pour ainſi dire à la lutte.

Les Eſpagnols céderent enfin & ſe ſauverent dans le Bois & ſous les Chariots, après avoir jetté leurs armes. (65) Ce ſecond refuge n'étoit plus ſûr pour eux. Nous les y pourſuivîmes; & le carnage fut horrible vû le nombre : il n'en demeura pas moins de douze cens ſur la place. Il y eut peu de priſonniers : ce qu'il y avoit de perſonnes de marque dans la Cavalerie eut le temps de regagner La-Fére, où nous n'eûmes garde de les pourſuivre, non-plus que ceux qui s'enfoncerent dans le bois; dans la crainte d'être ſurpris en déſordre par de nouvelles Troupes qui pouvoient venir de La-Fére à leur ſecours. Nous ne ſongeâmes au contraire qu'à nous rallier & à nous tenir ſur nos gardes, pendant le temps néceſſaire pour nous repoſer & pour repaître avec les viandes cuites qu'on trouva en abondance dans le Convoi: après quoi nous regagnâmes toute la nuit le Camp; où nous amenâmes ſans trouver aucun obſtacle tout le Bagage des Ennemis, mais ſi pillé par le ſoldat, & ſi peu ménagé malgré l'ordre du Commandant, qu'il y eut plus de quatre cens Chevaux de guerre ou de bagage eſtropiés.

Avec ce même air avantageux que le Maréchal de Biron avoit pris pour ſe faire donner le Commandement dans cette Expédition, il ſe préſenta au retour à Sa Majeſté pour recevoir les louanges dûës à ſon ſuccès. Ayant une ſi belle matiére à parler de lui, on imagine ſans peine tout ce que put dire à l'avantage de ſa victoire un homme qui ne connut jamais de quel mérite eſt le ſilence en ces occaſions. On eût dit à l'entendre, qu'il venoit de mettre en ce moment la Couronne ſur la tête du Roi. L'expérience a montré que cette fierté un peu fanfaronne, qui par elle-même eſt aſſez dans le goût François, réüſſit ordinairement à un Général qui a des François à conduire : Avec eux il ſemble que c'eſt avoir beaucoup fait pour la Victoire, que de paroître ſûr de la remporter. Le Roi ne l'ignoroit pas; & il en avoit éprou-

(65) La-Curée, bon juge en cette matiere, attribuoit cette défaite des Eſpagnols à leur coûtume de ſe ſervir d'épées trop longues, & de ceinturons trop courts. *Vol.* 8929. *Mſſ. de la Bibliot. du Roi.*

vé de si heureux effets dans ces occasions harzardeuses, où il semble que le soldat ne cherche que sur le visage & dans les paroles de son Chef l'idée qu'il doit prendre du danger présent, qu'il s'en étoit fait une habitude. A son exemple, cet air étoit devenu celui de tous les Officiers Généraux : & comme il arrive toujours, plusieurs d'entr'eux, mais particuliérement le Maréchal de Biron, l'outroient jusqu'à en être insupportables aux autres, & au Roi lui-même qui n'étoit pas le moins indulgent.

Les caresses dont Sa Majesté combla ce Maréchal & ceux qui l'avoient suivi, donnerent beaucoup de jalousie aux Courtisans qui n'avoient point été de la partie, & acheverent de perdre Biron. Cependant il ne put jamais obtenir le Gouvernement de Laon, qui étoit le but de son affectation à élever à tout propos sa derniere action, & à en rapporter toute la gloire à lui seul, comme si les autres n'y étoient entrés pour rien ; Le Roi s'en ouvrit à moi, & me parut à tous égards très-mécontent de ce Maréchal & Sa Majesté me dit qu'après tous les sujets de plainte que Biron lui avoit donnés, les menaces qu'il avoit osé lui faire tout récemment de passer dans le Parti de ses Ennemis, & les liaisons actuelles qu'on venoit de découvrir qu'il avoit avec MM. d'Epernon & d'Auvergne ; elle n'avoit garde de lui confier une Place aussi voisine des Pays-Bas que Laon, qui ne devoit être donné qu'à un (66) homme d'une fidélité à l'épreuve : mais qu'elle craignoit que Biron ne gardât plus aucune mesure après ce refus, & qu'il ne prît ouvertement parti contr'elle ; ou ce qui seroit encore plus dangereux, qu'il demeurât auprès de sa Personne pendant qu'il seroit sécrettement d'accord avec ses Ennemis. Henry qui dès ce moment étoit persuadé qu'un jour il auroit tout à craindre de Biron, ajouta qu'il s'étoit apperçu que ce Maréchal me recherchoit depuis quelque temps ; sans doute dans l'intention de faire réüssir le mariage de son Frere avec (67) Mademoiselle de Saint-Geniès ma Nièce, qui étoit un des plus riches partis de France ; & il m'ordonna de me servir de cette nouvelle amitié, pour le faire parler & pour pénètrer ses desseins.

(66) Ce Gouvernement fut donné à Marivault.
(67) Fille d'Elie de Gontault, Seigneur de Badefou & Sain-Geniès, Gouverneur de Bearn, Viceroi de Navarre, & de Jacqueline de Bethune, sœur de M. de Rosny.

LIVRE SIXIEME.

1594.

Le grand Convoi ayant été défait, le Roi continua sans obstacle le siége de Laon ; jusqu'à ce qu'il lui vint de nouveaux avis que le Duc de Maïenne & le Comte de Mansfeld, loin d'être rebutés de ce mauvais succès ne parloient que de venir forcer les Lignes des Assiégeans, aussi-tôt qu'ils auroient reçu quelques Troupes qu'ils attendoient. Le Maréchal de Biron traita ces avis de ridicules : mais Sa Majesté qui ne négligeoit rien, ne se tranquilisa là-dessus qu'après que Givry qu'il envoya à la découverte escorté de trois cens Chevaux ; & avec ordre exprès de ne point revenir sans une parfaite connoissance de la situation & des forces des Ennemis, lui eût rapporté au bout de trois jours qu'il n'y avoit pas encore une seule Compagnie en-deçà de l'Oise, & que les Espagnols songeoient pluftôt à reprendre la route de Flandre que celle de Laon. Le Roi se reposant sur la fidélité de ce raport, fit partie dès le soir même d'aller dîner le lendemain à Saint-Lambert, Maison dépendante du Domaine de Navarre, & située au milieu de la Forêt, où il se souvint qu'il étoit souvent allé manger des fruits, du lait & du fromage frais, pendant le séjour qu'il fit en sa jeunesse au Château de Marle, & qu'il se faisoit encore un grand plaisir de revoir.

Nous l'accompagnâmes à Saint-Lambert au nombre de trente. Comme il avoit passé une partie de la nuit précédente à visiter selon sa coutume la Tranchée, les Batteries & les Mines, il s'endormit aussi-tôt qu'il eut dîné. La bonne constitution de son corps, jointe à l'habitude de la fatigue, l'avoit accoûtumé à dormir par-tout & quand il vouloit, & à se réveiller de même. Il faisoit alors un chaud extrême : Nous allâmes huit ou dix ensemble chercher le frais dans le plus épais de la Forêt, peu loin du grand chemin de La-Fére à Laon. Nous n'avions pas fait plus de douze ou quinze cens pas, qu'un bruit qui se fit entendre à nous du côté de La-Féré, nous obligea de prêter l'oreille attentivement : c'étoit comme un mélange confus de voix humaines, de claquemens de fouet, de hennissemens de Chevaux, & d'un bourdonnement pareil au son des Trompettes & des Tambours entendus dans le lointain. Nous avançâmes jusques sur le chemin pour mieux entendre ; & pour-lors nous apperçûmes distinctement à huit cens pas devant nous une Colomne d'Infanterie, Etrangere à ce qu'il

La Forêt de Folambray.

nous parut, marchant en bon ordre & sans bruit : celui que nous avions entendu étoit causé par les Valets & les Goujats qui suivoient, & par les conducteurs d'un Convoi considérable d'Artillerie qui escortoit. Portant notre vûë jusqu'où elle put s'étendre, il nous sembla voir défiler après ces Chariots un si grand nombre de Troupes, que nous ne doutâmes plus que ce ne fût l'Armée entiere des Ennemis.

Nous revînmes brusquement sur nos pas ; & trouvant le Roi qui à son réveil secouoit un Prunier dont le fruit nous avoit paru délicieux : » Pardieu ! Sire, lui dîmes nous, » nous » venons de voir passer des Gens qui vous préparent bien » d'autres prunes, & un peu plus dures à digérer. » l'Explication se fit en peu de mots ; le temps pressoit : & le Roi avoit d'autant moins de peine à nous croire, qu'il nous dit avoir lui-même entendu quelque chose depuis un quart-d'heure ; mais que plutôt que de croire que Givry s'étoit si mal acquitté de sa commission, il avoit jugé que le bruit venoit de son propre Camp. Sa Majesté donna ordre à douze de nous qu'elle trouva sous sa main, d'aller promptement vers les differens logemens de Cavalerie, dont elle portoit toujours la liste dans sa poche ; d'y répandre l'alarme, & de les presser de se rendre tous au Quartier du Roi : pendant qu'une partie de nous iroit vers l'Infanterie, pour la former en Bataillons, & la placer entre ce même Quartier & les Tranchées. Il monta à cheval en donnant ces ordres ; & quoiqu'il marchât à toute bride, il les donna à tous ceux qu'il rencontra avec la même justesse & la même étenduë que s'il s'étoit préparé de longue-main à une Bataille. Grace à tant de célérité & à cette admirable présence d'esprit, qui faisoit que rien n'échappoit à ce Prince, là où tout autre en sa place au lieu de former un plan suivi, auroit à peine été capable de prendre la moindre résolution sensée : les Ennemis ne surprirent personne : ce qui sauva peut-être l'Armée entiere du dernier malheur : Car il faut avouer que si la Cavalerie Ennemie qui parut au même moment à la tête du Camp, où elle se forma en Escadrons avec une extrême diligence, avoit une fois jetté l'épouvante parmi le soldat : ce qui seroit arrivé presqu'indubitablement dans l'effet d'une premiere surprise, le Roi & une partie des Officiers étant absens ; il lui auroit été facile dans ce premier moment de confusion d'enlever un ou plusieurs Quartiers ; & peut-être que la peur lui auroit livré tout le reste.

On pourroit donc s'en tenir à ce seul éxemple, si l'on vouloit prouver de quelle utilité il est pour un Général d'Armée, je ne dis pas simplement de posséder cette qualité de l'esprit qui fait embrasser tous les cas quoiqu'infinis ; mais de connoître par leurs noms, leur capacité, leurs bonnes & mauvaises qualités, soit les Officiers, soit les différens Corps de son Armée ; d'en être connu à son tour pour celui de tous les Officiers Généraux dont, la qualité de Chef à part, ils viendroient dans une conjoncture difficile prendre l'avis comme le plus sage ; de le leur donner avec la fermeté, mais sans l'ostentation qu'inspire la certitude d'avoir rencontré ce qu'il y a de mieux à faire ; de les attacher à leur métier par goût, & de leur rendre la discipline douce, en ne les surchargeant jamais d'ordres ; mais aussi en les accoûtumant à ne jamais se dispenser pour quelque sujet que ce puisse être, ni à rien diminuer de ceux qu'on leur a une fois donnés ; enfin de sçavoir se faire toujours & promptement obéïr d'eux, sans leur donner cette timidité qui leur ferme la bouche, lorsque par un rapport utile ils pourroient aider les lumieres de leur Commandant : inconvénient qui de tout temps à perdu tant d'Armées & de Chefs.

Malgré la diligence dont le Roi usa en cette occasion, si le Général Ennemi avoit sçu profiter de tous les momens, je crois qu'il auroit pu nous donner un échec considérable : mais connoissant à quel Prince il avoit affaire, il n'osa faire paroître la tête de son Armée, que tout le reste ne fût sorti de la Forêt ; pour ne pas priver une partie du secours de l'autre, si le Roi instruit de sa marche venoit à sa rencontre avec toute la sienne. Il arriva encore que la marche de l'Armée Ennemie fut suspenduë par un aissieu de Coulevrine qui se cassa au milieu du chemin, & l'embarrassa. Les Chariots fracassés dans la défaite du Convoi, dont les débris étoient semés sur toute la route, avec les cadavres des Hommes & des Chevaux, lui causerent un second embarras bien plus grand. Enfin celui que le Duc de Maïenne avoit envoyé reconnoître un lieu propre à asseoir son Camp, ne fit pas toute la diligence qu'il auroit pu faire.

Tous ces retardemens furent soigneusement mis à profit par le Roi. Il fit sortir de ses Tranchées assez de monde pour les couvrir sans trop les dégarnir ; & rangea le reste de son Armée en bataille au-devant, lorsque les Ennemis n'esperant plus le furprendre lui en eurent laiffé le temps. On ne fongea de part & d'autre, tout le refte du jour, qu'à prendre fes avantages pour une Bataille. L'intention des deux Généraux Ennemis n'étoit pourtant pas de la livrer : Ils craignoient l'afcendant du Roi, & notre Cavalerie prefque toute compofée de Gentilshommes. Tout ce qu'ils avoient prétendu par cette manœuvre, étoit d'engager le Roi à lever le Siége de Laon pour venir à eux ; & enfuite d'éviter le Combat, ou du-moins de faire entrer dans la Place trois mille Piétons & trois cens Cavaliers, dans la confufion que leur arrivée devoit caufer : Mais comme on ne fçut leur intention que par les Prifonniers qu'on fit dans la fuite ; perfonne de nous ne douta qu'il n'y eût le lendemain une Action générale : nos deux Camps étant fi proches, que nous entendions du nôtre le bruit de leur Trompettes & les cris de leurs foldats.

Au milieu du terrein qui nous féparoit des Ennemis, il y avoit une Colline unique, prefque ronde, & qui me parut d'une extrême importance par rapport à la Ville affiegée, fi les Ennemis s'en emparoient. Le Roi qui m'avoit envoyé la reconnoître, me donna deux Pieces de canon bâtardes pour y foûtenir un Régiment qui s'y logea & s'y retrancha par fon ordre. J'y fis faire une Cabane pour moi ; & le Roi trouva tout en état lorfqu'il vint vifiter ce pofte. Le lendemain les Ennemis faifant une contenance encore plus fière que la veille, commencerent une efcarmouche avec toute leur Moufqueterie, & s'attacherent à fe rendre maîtres d'un petit Bois qui étoit entre les deux Camps. Il y eut plus de cinquante mille coups de fufil tirés ; mais avec fi peu d'effet, que Parabéré qui vint le foir fouper fur ma Colline, m'affûra qu'il n'y avoit pas eu vingt hommes de tués, ni deux fois autant de bleffés. La nuit vint dans tout ce vacarme & les Généraux Ennemis qui ne penfoient à rien moins qu'à s'engager plus avant, en profiterent pour faire fans bruit leur retraite vers La-Fère. Le Roi les laiffa s'enfuir, pour ne pas perdre de vûë fon objet : il fe contenta de la honte qu'ils remporterent de cette ridicule levée de boucliers.

Fin du Sixiéme Livre.

MEMOIRES
DE
SULLY.

✻✦✧✦✧✦✧✦✧✦✧✦✧✦✧✦✧✦✧✦✧✦✧✦✧✦✧✦✧✦✧✦✧✦✧✦✧✦

LIVRE SEPTIEME.

E ne séjournai presque plus au Camp devant Laon depuis cet événement. Il survint des difficultés dans les Traités, & sur-tout dans celui du Baron de Médavy, qui m'obligerent à faire par ordre de Sa Majesté un voyage à Rouen, qui fut suivi d'un second à Paris, & d'un autre plus considérable que ceux-cy à Sedan.

1594.

Le Duc de Bouillon donnoit chaque jour de nouveaux sujets de mécontentement au Roi. Il s'étoit engagé à Sa Majesté lorsqu'elle lui fit épouser l'héritiere de Sedan, de lui amener certain nombre de Troupes. Non-seulement il ne s'étoit pas soucié de remplir son engagement: il avoit encore retenu près de lui celles que lui avoit données le Roi, pour garder sa Frontiere jusqu'à ce qu'il fût paisible possesseur de sa nouvelle Principauté ; sans en demander la permission au Roi ; sans s'excuser du moins de ce qu'il ne les lui rendoit pas; sans même lui donner avis de l'état de ses affaires. Son nouveau grade lui avoit inspiré la vanité de se faire regarder de l'Europe comme un Potentat redoutable. Ce qu'il ne pouvoit espérer d'un état aussi foible & aussi borné que le sien, il cherchoit à se le procurer par toutes sortes de souterrains & d'intrigues dans les Cours voisines. Tout ce qu'il y avoit en Europe de brouillons & de mécontens étoient sûrs de trouver en sa personne un Protecteur ; la Cabale des d'Auvergne & des d'Entragues n'avoit point de plus puissant mobile.

Un jour que le Roi m'avoit envoyé chercher de si grand matin qu'il étoit encore au lit, n'ayant près de lui que l'Ozerai & Armagnac, & que nous cherchions ensemble les moyens de prévenir les complots de tant d'ennemis secrets ; Sa Majesté s'attacha en particulier sur le Duc de Bouillon, & me parut pénétrée de son ingratitude, après un bienfait qui devoit le lui attacher pour toujours : En effet le Roi avoit donné à ce Duc en le mariant avec Mademoiselle de Bouillon, une preuve d'affection d'autant plus sensible, qu'en cela il avoit agi contre son propre mouvement, & contre l'avis de presque tous ceux à qui il en avoit parlé. Le lendemain de cet entrètien, Beringhen présenta au Roi à son coucher un Gentilhomme chargé d'une Lettre de Bouillon ; dans laquelle le Duc faisoit part à Sa Majesté de la mort de sa Femme, & s'excusoit de son retardement sur la douleur & les embarras où l'avoit plongé cette mort. Il lui faisoit encore sçavoir que Madame de Bouillon avoit fait avant de mourir un testament, par lequel elle assûroit à son mari la Principauté de Sedan & tous ses biens, & les mettoit sous la protection du Roi de France ; parce qu'on ne doutoit point que le Duc de Bouillon ne fût inquiété sur cette donation par les Collatéraux. » Cela veut dire, me dit le Roi après avoir » achevé de lire la Lettre, que M. de Bouillon a fort affaire » de moi : N'est-il pas bien honnête ? «

Pour humilier & punir le Duc, Sa Majesté fut fort tentée de le laisser démêler cette fusée tout seul ; mais le bon naturel de ce Prince, & le souvenir des anciens services du Duc de Bouillon, l'emportèrent encore : Il fit réponse au Duc, pour le complimenter sur la mort de la Duchesse de

LIVRE SEPTIEME. 363

Bouillon, & l'assûrer de toute sa bienveillance. Si le Roi avoit pu compter que cette derniere marque d'amitié eût ramené pour toujours le Duc de Bouillon à son devoir, la commission de celui que le Roi envoyoit à Sedan chargé de cette Lettre, se seroit réduite à la remettre aux mains du Duc; & la moindre personne auroit suffi pour cela : Mais ce Prince accoûtumé à n'obliger qu'un ingrat, voulut se servir de cette députation à plusieurs fins. Il se tourna vers moi, & me dit qu'il jugeoit à propos que ce fût moi qui portât la Lettre; parce que si elle n'étoit pas capable de fixer Bouillon dans son devoir, les paroles d'un homme en droit de le lui représenter fortement, pourroient peut-être le faire; & que si l'un ne servoit pas plus que l'autre, il étoit nécessaire de pénétrer les secretes intentions du Duc, & d'examiner de plus près le Codicile & la Donation pretenduë de Madame de Bouillon.

Cette Ambassade me parut toute semblable à celle qui m'avoit attiré la haine de Madame & du Comte de Soissons; & mon premier mouvement en la recevant, en fut un de chagrin, de ce que le service du Roi ne m'attiroit d'ordinaire que des affaires si dégoûtantes. Henry qui devina une partie de ce qui se passoit dans mon esprit, n'oublia rien de ce qu'il crut capable de diminuer l'amertume de sa commission: Il me dit que le succès qu'il sembloit que la fortune avoit attaché à toutes les affaires dont je m'étois mêlé, comme un prix qu'elle devoit à ma fidélité, l'engageoit à m'employer préférablement à tout autre : que rien de ce que je faisois pour lui ne se perdoit dans son esprit; & qu'il me sçavoit sur-tout très-bon gré de l'attention que j'avois à éviter ou à rompre toute liaison capable de refroidir mon zèle pour lui. Il m'embrassa tendrement en disant ces paroles; & il ajoûta avec une bonté dont je fus pénétré, qu'il me prioit de songer à ma sûreté, parce que j'avois à passer dans des lieux soûmis au pouvoir de la Maison de Guise; & de me conserver soigneusement pour un Prince qui m'aimoit. Les Princes qui s'y prennent de cette façon ne sçauroient qu'être bien servis.

J'étois alors heureusement assez bien pourvu d'argent; en ayant fait venir de Rosny & de Moret, où étoit mon Epouse : ainsi je me trouvai en état de satisfaire sans delai l'impatience que le Roi avoit de me voir partir. Trois heu-

Z z ij

1594.

res après que j'eus reçu cet ordre, j'allai prendre mon Equipage à Bruyeres; & suivi de vingt-cinq Cavaliers bien armés, j'arrivai sans aucune mauvaise rencontre en quatre jours à la vûë de Sedan. Le Duc averti de mon arrivée, vint au-devant de moi jusqu'au Village de Torcy, qui fait la séparation de ce petit Etat d'avec la France; mit pied à terre; & prit un maintien triste pour recevoir mon Compliment & lire la Lettre du Roi. Ensuite il me combla personnellement de civilités; parut charmé du choix que Sa Majesté avoit fait, & persista malgré mes instances à me traiter d'Ambassadeur: Je fus logé magnifiquement, & toute ma maison défrayée. Il me montra avec une grande complaisance les fortifications qu'il faisoit faire à son Château de Sedan, au moyen desquelles il s'assûroit qu'il seroit imprénable. Je n'en jugeai pas de même; toute la dépense qu'y faisoit le Duc, ne pouvant empêcher que cette Place ne donne par sa situation beaucoup de prise.

Le Siége de Laon dont le Duc de Bouillon me demanda des Nouvelles, nous donna sujet d'entrer en conversation plus particuliere. Après des assûrances réiterées de son attachement au Roi, le Duc me demanda si après tant de sujets de plainte que Sa Majesté avoit reçus des Pays-Bas Espagnols, elle ne se détermineroit point à y porter la guerre; & me parla de ce projet, comme d'une idée dont l'éxécution étoit ce qu'il souhaitoit le plus. Il s'étendit sur l'avantage de cette guerre; sur la maniere dont on pourroit attaquer les Provinces de Luxembourg, de Liége & de Namur, sur les intelligences qu'il avoit pratiquées dans cette vûë avec les principales Villes de Flandre, & sur le puissant secours qu'il offroit d'y conduire. Je n'ai point de peine à croire qu'il eût travaillé de tout son pouvoir à faire réüssir une Guerre, dont tous les fruits auroient été pour lui. Il s'en falloit beaucoup que le Roi y eût le même intérêt: ce beau projet n'étoit à son égard qu'une pure chimère: Aussi le Duc craignant qu'à la Cour on ne le traitât de ridicule, n'oublia rien pour me le mettre dans la tête, en lui donnant les plus belles couleurs, & avec tout l'air de desintéressement capable de m'en imposer. Après donc avoir discouru sur la Flandre, il s'enfonça dans la Politique; & déploya toute son éloquence pour me prouver que l'intérêt principal du Roi étant l'abaissement de la Maison d'Autriche; il ne pouvoit y parvenir que par le moyen des Protestans, avec lesquels il devoit être toujours étroitement uni. Il suppofa que l'Abjuration que le Roi venoit de faire, n'étoit qu'un Cérémonial nécefaire, qui ne devoit avoir rien changé en ce Prince que l'extérieur feulement ; & il crut l'avoir fuffifamment prouvé par deux ou trois traits de raillerie fur quelques pratiques fuperftitieufes des dévots Catholiques, fur les Moines mendians, & fur les équivoques des Jefuites. (1)

Le Duc de Bouillon s'arrêta en cet endroit, comme un homme qui craignoit de s'expliquer trop librement, & me regarda fixement avec une feinte inquiétude. Je l'avois écouté fans l'interrompre. Je découvrois fans qu'il s'en apperçût, toutes les idées qui paffoient par cette tête ambitieufe : Mais il me reftoit encore bien des chofes à fçavoir ; & je crus pour cela qu'il ne s'agiffoit que de le faire parler long-temps : car il n'eft pas poffible qu'un homme qui eft à la fois vain & grand parleur, ne trahiffe à la fin tous fes fecrets. Je me mis donc à foûrire ; & je pris l'air d'un homme touché d'admiration pour fon efprit, fa Politique & fon éloquence. Le Duc agréablement flaté, ne fe fit pas preffer ; & reprenant la parole, il paffa à me faire connoître le véritable intérêt des Réformés dans la fituation préfente des affaires de France. Ici il fallut que j'en devinaffe plus qu'on ne m'en difoit ; foit que le Duc de Bouillon s'obfervant toujours un peu de peur d'indifcrétion (2), fon expreffion fouffrît de la contrainte de fon efprit ; foit qu'il trouvât que l'affectation d'un air myfté-

(1) Le Duc de Bouillon s'eft généralement fait connoître pour un Calvinifte fi emporté & fi entêté, que la louange & le blâme, fur les fentimens comme fur les perfonnes des Catholiques, font prefqu'égaux dans fa bouche.

(2) Le caractère d'efprit du Duc de Bouillon eft repréfenté ici dans le vrai. » Il s'expliquoit à deffein, dit » fon Hiftorien, d'une maniere fi » obfcure & fi embaraffée, qu'il y » pouvoit donner le fens qu'il lui » plaifoit... Il prétendoit qu'il y » avoit des occafions délicates, où » l'on ne pouvoit fe difpenfer, ou de

» fe rertancher dans le filence, ou » de fuivre fa maxime, quand on » étoit obligé de parler. « Une autre maxime du Duc de Bouillon, felon le même Ecrivain, étoit : « Qu'il fal- » loit fe défier du témoignage de la » main. On explique, difoit-il, » comme on veut ce qu'on a dit ; on » n'en convient même qu'autant » qu'il eft à-propos de le faire: On » fe retranche fur le plus ou le » moins : On accorde ou l'on nie » felon qu'il convient. Il n'en eft pas » de même de ce qui eft écrit &c. « M. de Sully étoit dans des maximes toutes contraires. Il pourra fe trou-

Z z iij

rieux faifoit plus d'honneur au Parti & à lui-même ; foit enfin que ce qu'il difoit roulât fur un fyftème fi fublime & des idées fi abftraites, qu'il s'y perdoit peut être auffi bien que moi.

Je ramenai le Duc de ce vol trop élevé ; & il me dit plus clairement, que les Reformés avoient pris tant d'ombrage de la Converfion du Roi, qu'il ne pouvoit diffiper leur crainte qu'en déclarant la guerre à l'Efpagne, conjointement avec eux : que fans cela rien ne pouvoit les empêcher de le regarder comme un corps facrifié, & expofé déformais aux violences des Catholiques François agiffans de concert avec les Efpagnols & le Pape. Une Nouvelle que le Duc regardoit peut-être comme auffi fauffe qu'elle l'étoit réellement, fut la preuve qu'il en apporta. Villeroi avoit, difoit-il, propofé au Roi étant à Fontainebleau, de la part des Ducs de Lorraine, de Maïenne & de Mercœur, cette union de la France & de l'Efpagne ; & le Pape ne refufoit à ce Prince la Bénédiction Apoftolique, avec une Bulle par laquelle il le reconnût Roi de France, que parce qu'il vouloit que cette prétendue union en fût le Préliminaire. A cette preuve Bouillon en joignit d'autres qui n'avoient pas plus de fondement ; par lefquelles il crut juftifier que les Catholiques avoient entierement changé le cœur du Roi à l'égard des Proteftans, & lui avoient fait commettre contr'eux mille injuftices. Ce grief des Reformés ainfi établi ; le Duc voulut bien m'apprendre le remede que ceux-cy avoient jugé à propos d'y apporter. Ils alloient, me dit-il, fortifier inceffamment leurs Places ; fe choifir un Chef hors du Royaume ; établir au-dedans un Confeil général des affaires de la Religion, dans un lieu qu'il ne nomma point, auquel toutes les differentes Eglifes n'auroient qu'à s'adreffer ; & qui connoîtroit en dernier reffort des affaires qui lui feroient portées de dix autres Confeils Provinciaux, en quoi on partageoit toute la France Calvinifte, Afin que le pouvoir de ce Confeil Souverain fût abfolu & irréfragable, on mettoit à la tête un Protecteur ou Prince Etranger, capable de le faire refpecter.

En parlant de la forte, le Duc de Bouillon fuivant qu'il

ver quelques Politiques qui ne blâ- || mais il n'y aura perfonne qui ne meront pas le Duc de Bouillon ; || loué le Duc de Sully.

croyòit avoir besoin de m'éblouïr, de me convaincre, ou de me tromper, prenoit successivement le personnage d'Ami & d'Allié du Roi, de bon Protestant, ou de simple narrateur ; mais toujours d'un homme consommé dans la Politique, & le dépositaire de tout ce que le Parti Protestant avoit de plus secret. Il ne put pourtant si bien s'envelopper, que je ne comprisse assez clairement que tous ces projets de haut & bas Conseils, ces Réglemens si particularisés, pouvoient bien n'être éclos que dans le cerveau du Duc ; & non dans les Synodes de Saint-Maixant & de Sainte-Foi, comme il vouloit que je le crusse. Sur-tout ce Prince Etranger protecteur me parut être purement de sa façon ; & n'être en effet que lui-même, qui donnoit ses propres vûes pour autant de points arrêtés : Et tout son but en cela, (car quels ressorts l'ambition ne fait-elle pas jouer ?) n'étoit peut-être autre chose, sinon qu'en répandant à la Cour ces desseins, comme si les Calvinistes les eussent véritablement formés, & fussent prêts à les mettre à exécution, je fisse éclatter le Roi contr'eux ; & que par cet artifice il obligeât les Huguenots à prendre la résolution qu'il souhaitoit qu'ils prissent, mais qu'il n'osoit leur inspirer ouvertement, de se choisir pour Chef celui que les plaintes & la haine des Catholiques leur montreroient pour défenseur. Il n'est rien arrivé dans la suite, qui ne m'ait encore confirmé dans cette pensée.

Après m'avoir ainsi fait servir à ses desseins, à ce qu'il croyoit, le Duc songea qu'il y perdroit plus qu'il n'y gagneroit, si le Roi dont il avoit actuellement besoin, venoit à en concevoir quelque soupçon à son désavantage. Il me garda pour la fin un trait de la plus fine Politique : ce fut de m'assûrer qu'à la vérité toutes ces propositions lui avoient été faites ; mais que loin de les approuver & de s'offrir à les seconder, il avoit fait tous ses efforts pour ramener les esprits : en quoi il avoit eu le malheur de ne pas réüssir. Je ne sçais s'il est possible de rien imaginer d'aussi double & d'aussi artificieux. Certainement si le Duc de Bouillon pouvoit se flater que ses déguisemens ne me laisseroient rien connoître des affaires des Protestans, ni des dispositions des séditieux ; il ne pouvoit éviter du-moins que je n'entrevisse quelque chose de ses sentimens particuliers à l'égard du Prince qu'il trahissoit.

1594.

Je ne répondis à un discours si détourné, qu'en disant exactement la vérité : ce qui est le vrai moyen de déconcerter ces Politiques si curieusement masqués. J'assûrai en peu de mots que le Roi étoit toujours le même pour les Réformés ; prêt à leur accorder tous les avantages dont ils pouvoient raisonnablement demander à jouïr : mais que la conjoncture présente l'obligeoit à differer encore quelque temps ce témoignage de sa bonne volonté : Que Sa Majesté n'avoit oublié aucune des raisons de haine que l'Espagne lui avoit données, & qu'elle en conservoit un vif ressentiment ; quand elle n'entreroit pas d'ailleurs dans l'intérêt général de l'Europe, de mettre obstacle aux vûës de la Maison d'Autriche, pour la Monarchie Universelle : mais que pour en assûrer le succès, il falloit songer auparavant à pacifier le dedans du Royaume ; parce qu'on devoit s'attendre que l'Espagne se défendroit tout autrement, lorsqu'elle se verroit directement attaquée, qu'elle ne l'avoit fait dans une Guerre où elle n'étoit entrée que comme Auxiliaire.

Pour ce qui regardoit la Personne de lui Duc de Bouillon, je lui dis que je voulois croire tout ce qu'il m'avoit dit de lui-même ; parce qu'il devoit sentir que les sentimens d'honneur, de justice, de reconnoissance, lui marquoient trop clairement la voie par où il devoit marcher avec le Roi, pour qu'il pût s'en éloigner. Il me refusa les Troupes que je lui demandai pour Henry ; & il se dispensa de même de me donner lecture du Testament de Madame de Bouillon : Elle l'avoit, disoit-il, cacheté elle-même dans une boëte, & fait promettre qu'on ne l'ouvriroit qu'en Justice, & supposé que quelqu'un le contestât : non-contente d'une simple promesse, elle lui en avoit fait faire serment. A tout cela il me fut aisé de comprendre que je n'avois fait que d'inutiles remontrances : mais ma commission étoit remplie ; & je ne songeai plus qu'à reprendre la route de Laon.

En arrivant au Camp, je fus surpris de rencontrer le Roi, qui en allant à la chasse passoit si près des murs de cette Place, qu'il n'en étoit qu'à une portée de fusil. J'appris qu'on avoit mis bas les armes de part & d'autre ; la Ville ayant capitulé aux conditions de se rendre dans dix jours, si elle n'étoit pas secouruë avant ce temps par une Armée, ou qu'il n'y entrât
pas

LIVRE SEPTIEME.

1594.

pas au-moins huit ou neuf cens hommes de renfort. Henry me fit tenir à ses côtés pendant toute la Chasse, pour entendre jusqu'aux moindres particularités de mon voyage. Lorsque je lui dis qu'on avoit refusé de me faire voir le Testament de la Duchesse, il me répondit qu'il voyoit bien après cela ce qu'il devoit penser de la Donation (3). Il porta le même jugement que moi du Duc de Bouillon, qui s'offroit, disoit-il, pour entremetteur des brouilleries dont il étoit le seul auteur. Il ne fut pas content non-plus, que Bouillon retînt les Troupes qu'il lui avoit promises : mais la conjoncture présente demandant que Sa Majesté dissimulât tous ces sujets de mécontentement, elle feignit en public d'être fort-satisfaite de la conduite du Duc, & resoluë de le maintenir dans Sedan. A l'égard de la Guerre contre l'Espagne, que j'étois chargé de lui proposer, elle remit à en délibérer en plein Conseil dans un autre temps.

Le Comte de Sommerive, Du-Bourg & Jeannin, voyant qu'il leur étoit impossible de résister au soulevement de la

---

(3) Pour détruire les soupçons que tout ce récit pourroit donner sur la réalité de cette Donation de la Duchesse de Bouillon, je vais rapporter ce que dit à ce sujet l'Historien du Duc de Bouillon : » Par son Testament, dit-il, elle fit le Duc de » Bouillon son Mari héritier de tous » ses biens... Le bruit couroit que » nonobstant le Testament de la Du- » chesse de Bouillon, sa succession » seroit contestée au Duc son Mari : » En effet, Charles de La-Mark, » Comte de Maulevrier, Oncle de » Charlotte de La-Mark, prétendit » que cette succession lui appartenoit, & qu'elle n'en avoit pas pu » disposer en faveur de son mari à » son préjudice. Le Duc de Montpensier prétendit aussi que les Souverainetés de Bouillon, Sedan, Jamets & Raucourt, ne pouvoient » lui être contestées ; puisqu'il y » avoit été substitué par Robert de » La-Mark, dernier Duc de Bouillon... Le Duc de Bouillon jugea » plus à propos de s'accommoder » avec ces deux Prétendans, que de » s'engager dans un Procès qui le » détourneroit de l'éxécution de ses » grands desseins : L'accommodement fut conclu ; & les Souverainetés de Bouillon, Sedan & Raucourt, lui demeurerent en propriété. « *Histoire de Henry Duc de Bouillon par Marsollier, tom. 1. liv. 4.* Cet Historien parle aussi du voyage du Duc de Sully à Sedan, & de la protection qu'offrit en cette occasion Henry IV. au Duc de Bouillon. Mais on ne peut s'empêcher de remarquer ici, qu'il eût beaucoup mieux valu ne point citer sur ce sujet les Mémoires de Sully, que d'en déguiser le sens, & de cacher comme il a fait, l'objection qui naît du texte de ces Mémoires ; d'autant plus ; & il ne serviroit de rien de le dissimuler, après tout ce qui en a été dit, & en dernier lieu par Amelot de La-Houssaye dans ses Memoires, à l'Article Bouillon La-Mark ; d'autant plus, dis-je, que Henry IV. & le Duc de Sully ne sont pas les seuls qui ayent paru douter de l'éxistence de cette Donation.

Tome I. Aaa

1594.

Bourgeoisie & de la Garnison de Laon, révoltées contr'eux comme contre des Tyrans qui avoient rendu leur domination insupportable, jugerent à propos d'avancer le temps marqué pour remettre cette Place au Roi. Ils n'avoient plus d'espérance de secours, depuis le malheur arrivé à celui que le Duc de Maïenne avoit voulu y faire entrer. Ce secours étant arrivé proche Laon trop tard pour pouvoir espérer de surprendre les Assiegeans, crut devoir attendre la nuit dans le Bois, où il se tint caché le reste du jour. Le Roi étant allé ce même jour à la Chasse dans cet endroit de la Forêt, ses chiens éventerent l'embuscade. Les Ennemis qui étoient au nombre de huit à neuf cens, au lieu de se montrer & d'attaquer le Roi qui n'avoit que trois cens Chevaux, crurent qu'ils pourroient éviter d'être découverts, en se séparant pour se mieux cacher: Mais les chiens ne cesserent point de les poursuivre: & la Troupe du Roi arrivant sur ces entrefaites, ils furent surpris dans un si grand désordre, que sans qu'il fût besoin que les trois cens Cavaliers s'en mêlassent, les Valets seuls s'en rendirent les maîtres & les dépouillerent.

Après la prise de Laon, le Roi jugea à propos de faire un voyage sur les Frontieres de Flandre, flaté principalement par des espérances d'intelligence dans plusieurs de ces Villes, qui devoient se rendre à son approche. L'événement n'ayant pas répondu à cette attente, Sa Majesté ne retira d'autre fruit de son voyage, que d'avoir affermi dans leur devoir Amiens, Abbeville, Montreuil, Péronne & plusieurs autres Villes, où elle fit une entrée solemnelle. Je ne puis en rien rapporter davantage: le bien de son service m'ayant appellé pendant ce temps-là à Paris pour des affaires moins importantes que les précédentes, & que je ne particulariserai point par cette raison; non plus que tout ce qui s'étoit passé pendant tout ce temps dans les différentes Provinces du Royaume. La prise de Morlais & de Quimper par le Maréchal (4) d'Aumont, aidé des Troupes Angloises; la construction du Fort du Croisic par le Duc de Mercœur, à la tête de ses Es-

---

(4) Il fut tué l'année suivante en assiegeant Comper, d'un coup de Canon qui lui fracassa le bras; âgé de plus de soixante-dix ans: Il ne dit rien autre chose lorsqu'il se sentit blessé, que ces deux mots: *J'en ai*. Il étoit généralement estimé; il fut généralement regreté. Voyez son éloge & ses grandes qualités dans M. De-Thou, *liv.* 113.

LIVRE SEPTIEME. 371

1594.

pagnols, pour refferrer Breft, furent ce qui arriva de plus confidérable en Bretagne entre les deux Partis. La Savoie, le Piémont, la Provence & le Dauphiné, continuerent à être le théâtre d'une guerre (5) toujours favorable à Lesdiguieres contre le Duc de Savoie, malgré la défaite & la prife de (6) Créquy.

Le Duc de Maïenne voyant Laon pris, prefque toute la Picardie dans le Parti du Roi, les principaux Officiers de la Ligue & le Duc de Guife lui-même difpofés à faire dans peu leur accommodement avec Sa Majefté, fe rendit au fentiment du (7) Préfident Jeannin, qui le preffoit depuis long-temps de fe fixer à une feule Province, & de faire pendant qu'il en étoit temps encore, les plus puiffans efforts pour s'y rendre indépendant: afin qu'après que la fortune auroit tout ramené au Roi, ce qu'il ne doutoit point qui n'arrivât bien-tôt, il lui reftât du-moins quelque débris de fa fortune.

La Bourgogne fut la (8) Province fur laquelle le Duc de Maïenne jetta les yeux ; & il s'y achemina avec fes forces, après avoir laiffé de bonnes Garnifons dans Dourlens, La-Fère & Soiffons. Outre qu'il tenoit déja une grande partie de cette Province ; la proximité de la Savoie, de la Franche-Comté, de la Lorraine, des Suiffes & de l'Allemagne, dont il efpéroit tirer de grands fecours, étoit un nouveau motif qui le portoit à s'arrêter en cet endroit. Le Pape & l'Empereur paroiffoient entrer dans fes vûës: Il pouvoit fortifier fon droit de conquête par une ceffion en bonne forme, ce que l'Efpagne lui auroit accordé d'autant plus volontiers, que cette Couronne eût fait revivre par-là un droit fur la Bourgogne, éteint depuis long-temps, mais auquel elle ne prétend pas avoir renoncé. Toutes ces vrai-femblances firent

---

(5) Voyez ces Expéditions militaires dans les Hiftoriens.

(6) Charles de Créquy, Gendre de Lefdiguières, voulant fecourir Aiguebelle affiegée par le Duc de Savoie, fut défait & pris prifonnier: Ce qui n'arriva qu'en l'année 1598.

(7) Je ne fçais fi l'Auteur ne taxe point ici un peu légèrement ce Préfident : Du-moins on a dit que plus de deux ans auparavant, à fon retour d'Efpagne, il avoit été le premier à confeiller au Duc de Maïenne de s'accommoder avec le Roi ; choqué de la hauteur & de la vanité avec laquelle le Roi d'Efpagne traitant avec lui, difoit : *Ma Ville de Paris, ma Ville d'Orleans* ; comme fi la France eût été en effet à lui.

(8) Le Duc de Maïenne étoit Gouverneur de cette Province.

A aa ij

croire à plusieurs qu'on étoit sur le point de voir rétablir l'ancien Royaume de Bourgogne. La manière dont le Duc de Maïenne se comporta dans ces Quartiers tout le reste de cette année & jusqu'au mois d'Avril de la suivante, appuya cette opinion : & je dois moins douter qu'un autre de son intention à cet égard, après les Lettres que je vis à Paris entre les mains du Cardinal de Bourbon.

Mais malheureusement pour le Duc de Maïenne, les Bourguignons n'étoient point d'humeur à choisir un Sujet pour en faire leur Maître : Jamais ils n'ont donné de preuves si éclatantes de leur fidélité pour leur Souverain. Le Duc ayant commencé par vouloir s'assûrer de Beaune, en y faisant entrer une nombreuse Garnison ; les Bourgeois se soûleverent contre elle, la battirent, & l'obligerent à se renfermer dans le Château : Et comme elle pouvoit leur faire beaucoup de mal de cet endroit ; ils se fortifierent avec des Barricades contre le Château, & appellerent à leur secours le Maréchal de Biron, auquel ils permirent de se loger pour six semaines avec sa petite Armée dans l'enceinte de leurs murs. Ensuite ils attaquerent en forme le Château avec une Batterie de douze Pieces de canon ; & pousserent leurs ouvrages si vivement, qu'ils chasserent enfin tout-à-fait la Garnison Ligueuse. Je parlerai bien-tôt des Expéditions en Bourgogne ; je les laisse pour reprendre les affaires de la Capitale.

Je voyois le Cardinal de Bourbon baisser si prodigieusement de jour en jour, que ne doutant point que sa dérniere heure ne fût très-proche, je me tins à Paris pour en donner aussi-tôt avis au Roi. Il mourut sans avoir fait cette destination de ses Bénéfices, (9) qui avoit paru lui tenir si fort au cœur. Sa Majesté fut sensible à sa perte, comme à celle d'un bon Parent & d'un Serviteur plein d'affection. Elle m'écrivit qu'elle étoit accablée de Gens qui convoitoient la dépouille du Cardinal ; & que pour s'en défaire, elle leur répondoit à tous qu'elle en avoit déja disposé. Voici quelles étoient ses vûës sur ces Bénéfices. Comme dans l'accom-

---

(9) Il étoit Archevêque de Rouen, Abbé de Saint-Denis, de Saint-Germain-des-prés, de Saint-Ouën & de Sainte-Catherine de Rouen, d'Orcamp &c. M. De-Thou nous le represente comme un Prince aimant les Sciences, éloquent, doux, & d'un esprit agréable ; mais extrêmement foible. Il mourut le 28 Juillet.

modément avec l'Abbé de Tiron, on lui avoit cédé certaines Abbayes appartenantes au Chancelier & au Gouverneur de Pont-de-l'arche, dont ceux-ci demandoient un dédommagement du double sur les Bénéfices du feu Cardinal; le Roi vouloit qu'on portât l'Abbé de Tiron à relâcher ces Abbayes aux Propriétaires, & à recevoir en échange l'Archevêché de Rouen, valant au moins trente mille livres de revenu; mais que Sa Majesté chargeoit de quatre mille écus de pension, promis au Chevalier d'Oise (10), retenant pour elle-même la Maison de Gaillon, en l'achetant de l'Abbé, qu'elle m'ordonna de disposer à prendre cet équivalent. Pour l'Abbaye de Saint-Ouen, l'un des plus beaux morceaux de la succession du Cardinal; ce Prince n'en avoit encore gratifié personne : & il avoit la bonté de me marquer qu'il ne le feroit pas, sans retenir sur cette Abbaye une pension de dix mille livres pour moi.

La plus grande difficulté que je rencontrois en veillant à Paris aux affaires du Roi, étoit d'amener à sa sage œconomie les Directeurs de ses Finances, & le Surintendant par dessus tous. L'abus de laisser l'argent des Finances en proie aux Favoris (mal dont on peut trouver la premiere source en remontant jusqu'à Charles VIII.) étoit parvenu sous le dernier règne au point que l'homme du monde le plus laborieux, le plus intelligent, le plus intègre, à la tête des Finances, n'auroit peut-être pas pu remédier aux mauvais effets d'une aussi prodigieuse dissipation : & malheureusement D'O (11) n'étoit rien moins que tout cela. Son tempérament naturellement porté à la dissipation, à la molesse & à l'indolence, avoit encore été gâté par tous les vices dont on faisoit gloire à la Cour d'Henry III. le grand jeu, la débauche outrée, les dépenses folles, le dérangement domestique & les prodigalités de toute espèce. Pour tout renfermer en un mot; D'O avoit eu place dans le catalogue des

---

(10) George de Brancas-Villars, Frere de l'Amiral de Villars.

(11) François D'O, Seigneur de Fresnes, de Maillebois, &c. Premier Gentilhomme de la Chambre, Gouverneur de Paris & Isle-de-France, Surintendant des Finances,

&c. » Il surpassa en excès & prodigalité les Rois & les Princes : car jusqu'à ses soupers il se faisoit servir des tourtes composées de musc & d'ambre, qui revenoient à vingt-cinq écus. » *Journal de L'Estoile*, année 1594. p. 37.

1594. Bellegarde (12), Souvrai l'Oncle, Villequier, Quélus, Saint-Luc, Maugiron, Saint-Mégrin, Livarrot, Joyeuse, Epernon, La-Valette, Du-Bouchage, Thermes & quantité d'autres Favoris moins déclarés : & le titre de Mignon étoit toute la recommandation qu'il avoit euë pour une Charge, que les Princes les plus inappliqués exceptent pour leur propre intérêt, de celles dont ils récompensent cette sorte de Serviteurs.

Voilà par quel homme les Finances étoient conduites, dans un temps où les Mignons & les Maîtresses étant exclus du Conseil, il semble qu'elles auroient dû prendre une toute autre forme : Et ce qu'on trouvera de plus surprenant, c'est que le Roi dans ses plus grands besoins, ne pût pas jouïr du moins du privilége de partager ses propres revenus avec le Surintendant. D'O s'embarrassoit fort-peu de lui faire manquer une Ville ou un Gouverneur, pour une somme souvent très-légere ; pendant qu'il ne vouloit rien refuser à ses plaisirs. Lieramont (13) Gouverneur du Catelet, s'adressa à moi pour solliciter auprès de D'O le payement de sa Garnison ; Je trouvai la chose si importante, que je vainquis ma répugnance & m'acquitai de la commission, mais avec peu de succès : Le Surintendant après que je l'eus quitté, dit à MM. d'Edouville (14) & de Moussy, qu'il aimoit mieux voir cette Place entre les mains des Espagnols que des Protestans (Lieramont étoit de la Religion.) Moussy qui étoit mon Parent, me l'ayant rapporté ; je déclarai au Surintendant que je le rendois responsable de cette Place, si elle venoit à être perduë faute de ce payement ; il ne fit pas grand cas de ma menace.

---

(12) Roger de Saint-Larry de Bellegarde. Gilles de Souvrai. René de Villequier. Jacques Lévis de Caylus, ou Quélus. François d'Epinai de Saint-Luc. François de Maugiron. Paul Stuart de Caussade, Sieur de Saint-Mégrin. Jean D'Arces de Livarrot. Anne de Joyeuse, Jean-Louis, & Bernard de Nogaret. Henry de Joyeuse, Comte Du-Bouchage, depuis Capucin. Jean de Saint-Larry de Thermes, ou Auguste, Baron de Thermes. Souvrai, quoiqu'il fût un des Favoris d'Henry III. ne doit pas être mis au nombre des Mignons de ce Prince : C'étoit un homme d'un mérite & d'une probité reconnuë ; Henry III. disoit que s'il n'étoit ni Roi ni Prince, il voudroit être Souvrai. Il refusa la commission dont Henry III. voulut le charger, de poignarder le Maréchal de Montmorency dans sa prison. *De-Thou*, liv. 61.

(13) François de Dampierre, Sieur de Lieramont ou Liermont.

(14) N. : Sieur d'Edouville. N. Boutillier, Sieur de Moussy.

LIVRE SEPTIEME.

1592.

Le bonheur du Roi voulut que peu de jours après, une retention d'urine le délivra de ce mauvais Serviteur. Ce qu'il y eut de singulier dans cette mort, c'est que cet homme riche de plus de quatre millions, ou pour mieux dire, riche de tout l'argent du Royaume dont il disposoit presqu'absolument ; plus splendide dans ses équipages, ses meubles & sa table, que le Roi même ; n'étoit pas encore abandonné des Médecins, que ses Parens qu'il avoit toujours fort-affectionnés (15), ses Domestiques, & quelques autres à titre de Créanciers, le dépouillerent comme à l'envi & si parfaitement, que long-temps avant qu'il expirât, il n'y avoit plus que les murailles nuës dans la chambre où il mourut : comme si la fortune avoit cru devoir finir avec lui du-moins par un acte de justice. (16)

Le Roi revint à Paris traiter d'une Trève que le Duc de Lorraine lui demandoit instamment, & de l'accommodement du Duc de Guise, qui l'en recherchoit par la (17) Duchesse de Guise sa mere, cousine-germaine de Sa Majesté, & par Mademoiselle de Guise sa sœur. On peut dire que le Duc de Guise étoit celui de tant de Personnes qui avoient porté les

---

(15) Il n'eut point d'Enfans de Charlotte-Catherine de Villequier sa Femme. » Henry IV jouant à la » paume avec M. D'O, lui fit remar- » quer que le Marqueur voloit leurs » balles & dit ensuite tout haut : » D'O, vous voyez bien que tout le » monde nous dérobe. « *Le-Grain*, *liv. 7.*

(16) » S'il faut, dit M. de Grillon, » que chacun rende ses comptes là- » haut, comme l'on dit, je crois » que le pauvre D'O trouvera bien » empêché à fournir de bons acquits » pour les siens... On disoit qu'il » mouroit fort endetté, voir de plus » qu'il n'avoit vaillant, & qu'il y » avoit vingt-cinq ou trente Sergens » en sa maison quand il mourut. Les » Trésoriers le regreterent merveil- » leusement, & l'appelloient leur » pere ; même on disoit que trois » d'entr'eux avoient donné cinquante » écus chacun à Collo, pour lui » donner courage de le mieux pan- » ser. M. le Grand son bon ami en » étoit comme désespéré ; car il » lui bailloit tous les ans cent mille » francs à dépendre. Madame n'y » eut point de regret, parce qu'il la » faisoit mourir de faim : ceux de la » Religion aussi peu ; car il ne leur » vouloit point de bien. Madame de » Liancourt le pleura, parce qu'elle » en faisoit ce qu'elle vouloit ; & si » l'entretenoit aux bonnes graces du » Roi... M. le Doyen Seguier qui » lui assista jusqu'à la fin, comme » firent aussi Messieurs ses Freres, lui » crioit, comme s'il se mouroit : *Mi- » serere mei Deus.* L'une des dernieres » paroles qu'il dit, fut : Recomman- » dez-moi bien au Roi ; il sçaura » mieux après ma mort de quoi je » lui servois, qu'il n'a sçu pendant » ma vie. « *L'Etoile*, *ibid*.

(17) Catherine de Cleves, femme du Duc de Guise, tué à Blois. Charles de Lorraine, Duc de Guise.

armes contre le Roi, qui méritoit le plus d'indulgence : Aux motifs communs de Religion & d'indépendance qui sembloient rendre tout permis, il joignoit celui d'un Pere assassiné par ordre du Roi prédécesseur de Henry. Madame de Guise fut celle qui le porta le plus fortement à faire cette démarche : Elle ne cessoit de représenter à son Fils, que la révolte des Princes & des Grands du Royaume, que la Religion pouvoit avoir justifiée dans le commencement, devenoit criminelle depuis que Henry avoit levé le seul obstacle qui pût l'empêcher de jouir de ses droits légitimes à la Couronne.

Dans tout autre siécle, où l'on n'auroit pas perdu comme dans celui-cy la véritable notion des vertus & des vices cette femme auroit été l'ornement de son sèxe, par le caractère de son cœur & celui de son esprit : C'étoit une droiture si vraie & si naturelle, qu'on s'appercevoit qu'elle n'avoit pas même l'idée du mal, soit pour le suivre, soit pour le conseiller ; & en même temps, un si grand fond de douceur, qu'elle ne connoissoit pas davantage le plus petit sentiment de haine, de malignité, d'envie, ou simplement de mauvaise humeur. Je ne crois pas que jamais femme ait eu une conversation plus remplie de graces ; & joint à un tour d'esprit fin & délié une naïveté & une simplicité plus agréable : ses reparties étoient pleines de sel & de legereté ; on la trouvoit tout ensemble douce & vive, tranquile & gaïe. Le Roi ne fut pas long-temps sans connoître parfaitement Madame de Guise ; & dès ce moment non-seulement il oublia tout son ressentiment, mais encore il agit à son égard avec toute la familiarité & la franchise d'un Ami sincère. Il consentit à donner les passe-ports nécessaires aux Sieurs de La-Rochette, Pericard & Bigot, que le Duc de Guise envoyoit proposer ses demandes ; & vaincu par les instances de ces deux Dames, il nomma de son côté trois Agens pour traiter avec ceux du Duc, le Chancelier de Chiverny, le Duc de Retz, & Beaulieu-Rufé, Sécretaire d'Etat.

Ces trois Personnes pour se montrer fins Négociateurs, commencerent d'abord à user de tous les détours, que la Politique des affaires a mis mal-à-propos à la place de cette conduite franche & ouverte, qui sans tromper personne produiroit

LIVRE SEPTIEME. 377

duiroit le même effet : On conféra pendant dix jours de suite ; & au bout de ce temps on n'étoit pas encore demeuré d'accord du moindre préliminaire. Madame de Guife que toutes ces longueurs affectées mettoient à la torture, vint trouver le Roi un jour que Sa Majefté me faifoit l'honneur de s'entretenir avec moi, en me tenant par la main ; & ayant mis la converfation fur le Traité de fon Fils, elle fe plaignit au Roi avec fon enjouëment ordinaire, mêlé d'un petit mouvement d'impatience, de ce qu'il lui avoit mis en tête trois hommes, » qui alloient, difoit-elle, par trois chemins tout » différens à ne rien conclurre : le premier, en ne difant » jamais rien de plus précis que ces mots, *il faut voir, il faut* » *avifer, faifons mieux* ; le fecond, en ne s'entendant pas lui-» même, quoiqu'il parlât prefque continuellement ; & le troi-» fiéme, en ne fortant jamais du ton grondeur : « C'étoit-là en effet le vrai caractère des trois Négociateurs. Cette digne femme fe laiffant enfuite emporter à fon zèle pour le Roi, & à fa tendreffe pour fon Fils, prit les mains de Sa Majefté ; & en les lui baifant malgré Henry, elle le conjura de vouloir bien tendre les bras au Duc de Guife, & lui donner à elle-même la confolation de voir rentrer fa Famille dans les bonnes graces de fon Roi. Elle parloit avec une effufion de cœur fi vive, que le Prince touché lui-même jufqu'aux larmes, ne put s'empêcher de lui répondre : » Hé-bien ! ma » Coufine, que défirez-vous de moi ? je ne veux rien vous » refufer : Rien autre chofe reprit-elle, finon de nommer » pour traiter avec mon Fils, celui que Votre Majefté tient » par la main : Quoi ! répartit le Roi, ce méchant Hugue-» not ? Vraiment je vous l'accorde fort-volontiers ; quoique » je fçache qu'il eft votre Parent, & qu'il vous aime infi-» niment. « Il ôta dans le moment même la connoiffance de cette affaire aux trois Commiffaires ; & m'en fit expédier un Brevet fcellé du grand Sceau, non feulement pour le regard du (18) Duc de Guife, mais encore pour toute la Province de Champagne. On s'imagine aifément que le Chancelier ne m'en fçut pas meilleur gré : mais il eft d'un vieux & fin Courtifan de faire d'autant plus de careffes à ceux

1594.

---

(18) Voyez M. De-Thou, *liv.* 111. qui fe donne auffi quelque part dans || cet Accommodement du Duc de Guife.

Tome I. Bbb

1594.

qui font en faveur, qu'on leur garde dans le cœur un ressentiment plus vif; & (19) Chiverny sçavoit mieux que personne être Courtisan.

Le Duc de Guise avoit débuté par des propositions véritablement excessives, & qui auroient rendu son Traité impossible; sans doute parce que connoissant ceux à qui on l'avoit adressé, il avoit cru que pour pouvoir obtenir quelque chose, il devoit demander beaucoup. Il ne prétendoit pas moins que rentrer dans la Charge de Grand-Maître de la Maison du Roi, qu'il eût fallu ôter à M. le Comte de Soissons, qui en avoit été pourvû après l'assassinat du Duc de Guise; posséder le Gouvernement de Champagne, aussi donné au Duc de Nevers; jouïr de tous les Bénéfices du Cardinal de Guise son Oncle, & en particulier de l'Archevêché de Rheims, actuellement entre les mains de M. Du-Bec, Parent de Madame de Liancourt, Maîtresse du Roi. Il y avoit encore plusieurs autres Articles: mais ces trois-cy étoient ceux qui souffroient le plus de difficulté. Le Duc de Guise apprenant son changement de Commissaires, se résolut sans peine à rabattre tout ce qu'il y avoit d'outré dans ses demandes; & il écrivit à Madame sa mere & à ses Agens, de finir avec moi à des conditions raisonnables, & même à quelque prix que ce fût. Il avoit depuis peu un nouveau motif de conclurre au pluftôt, que j'ignorois absolument. Il avoit découvert que la Ville de Rheims, qui étoit le plus beau présent qu'il avoit à faire au Roi, voulant se faire un mérite de rentrer de son propre mouvement dans l'obéïssance, faisoit solliciter le reste de la Province de s'unir à elle, en avoit déja entraîné une partie. Le Duc de Guise ayant voulu pour prévenir cet inconvénient, y faire entrer une Garnison, les Rhémois lui déclarerent qu'ils prétendoient garder leur Ville eux-mêmes; & ce refus ayant causé une contestation, ils répondirent aux menaces du Duc par d'autres menaces.

Dès la seconde Conférence que j'eus avec les Agens du Duc de Guise, il ne fut plus question, ni de la Grande-Maîtrise, ni du Gouvernement de Champagne, ni des Bénéfi-

---

(19) Philippe Hurault de Chiverny, Chancelier de France, mort en 1599, âgé de soixante-douze ans.

ces : & ces trois obstacles étant levés, je ne voyois pas qu'il restât beaucoup de difficulté. J'avois proposé au Roi l'idée qui m'étoit venuë, de tirer le Duc de Guise de la Champagne, & de le transporter en Provence, dont on lui donneroit le Gouvernement pour récompense; afin que son propre intérêt l'unissant dans cette Province avec Lesdiguieres & d'Ornano, qui y soûtenoient le Parti du Roi contre d'Epernon, on y fît tomber une bonne fois la puissance de ce redoutable Sujet. Le Roi y avoit donné les mains d'autant plus volontiers, qu'il jugea par la maniere dont la Maison de Guise agissoit avec lui, qu'il pouvoit faire fond sur sa fidélité; & il m'ordonna de finir sur ce plan. J'en fis la proposition aux Agens du Duc ; & sur un commandement réïteré de Sa Majesté, je m'employai si diligemment à convenir de tout le reste, que dès le lendemain au soir le Traité avec le Duc de Guise fut conclu, & signé de moi au nom du Roi, de Madame de Guise & de trois Commissaires du Duc, pour lui.

Le lendemain arriverent à Paris six Députés de la Ville de Rheims, qui furent adressés chez moi. Ils me dirent que le Roi pouvoit s'épargner la peine de donner de grandes récompenses au Duc de Guise ; parce que non-seulement il n'étoit plus le maître de la reddition de Rheims, mais encore que ceux de Rheims offroient de le livrer lui-même au Roi. Ils ne demanderent point à parler à Sa Majesté : ils dirent seulement qu'il leur suffisoit d'avoir son aveu par écrit, ou simplement le mien; se remettant au Roi de leur accorder après telle récompense qu'il jugeroit à propos. Tout ceci fut accompagné de la part des six Députés, de l'offre d'un présent de dix mille écus pour moi, suivant l'usage. Je refusai le présent, que je ne voulois ni ne pouvois plus accepter : Je les remerciai au nom du Roi, de leur bonne volonté; & les assûrai qu'il en recevroit le témoignage avec plaisir. Je remis à leur rendre réponse, après que j'en aurois conféré avec Sa Majesté, à qui j'allai incontinent rapporter le tout. Le Roi fit sortir tout le monde excepté Beringhen, de son petit cabinet où il étoit en ce moment ; & m'écouta en se promenant, en se grattant la tête, & en soûriant par réfléxion sur l'inconstance & la legereté naturelles du Peuple. Ensuite il me tira vers la fenêtre, & me demanda à quel point j'en étois avec le Duc de Guise. Dès que je lui eus appris que le Traité étoit consommé, il ne balança point s'il l'obferveroit : mais il ne voulut pas pour cela se montrer insensible à l'affection de la Ville de Rheims : Je lui amenai les Députés, qu'il remercia en Roi ; il leur accorda une gratification considérable, & d'un air si gracieux, qu'ils s'en retournerent plein de joie & d'admiration.

Le Traité du Duc de Guise ayant été selon la forme ordinaire signé de (20) Gêvres pour le Roi, Madame & Mademoiselle de Guise demanderent à Sa Majesté la permission qu'il vînt lui-même l'assûrer de son obéïssance. Je lui écrivis de ne point chercher d'autre sûreté que cette permission même : Il n'en fit aucune difficulté. Il ramaffa le plus qu'il put de ses Amis ; & il vint se jetter aux genoux du Roi, avec les marques d'un repentir si sincère, que le Roi qui lisoit dans le fond de son cœur, au-lieu de reproches, ou d'un silence plus accablant en ces occasions que les reproches mêmes, ne s'attacha qu'à le rassûrer. Il l'embraffa par trois fois, l'honora du nom de son Neveu, lui fit mille careffes ; & fans éviter ni affecter de rappeller le passé, il lui parla du feu Duc de Guise avec éloge : Il dit qu'ils avoient été fort amis dans leur jeunesse, quoique souvent rivaux auprès des Dames : que les bonnes qualités du Duc & une grande conformité d'inclinations, les avoient tous deux unis d'aversion contre le Duc d'Alençon. Un Ami qui cherche à se raccommoder avec son Ami après une legere brouillerie, ne pourroit rien faire de plus : Et tous ceux qui furent témoins de cet accueil, ne pouvoient affez admirer qu'un Roi qui avoit tant de qualités pour se faire craindre, n'employât jamais que celles qui font aimer.

Le Duc de Guise que ce discours acheva de gagner, répondit au Roi qu'il n'oublieroit rien pour se rendre digne de l'honneur qu'il faisoit à la mémoire de son Pere, & des sentimens qu'il témoignoit pour lui-même : & il sçut si bien le convaincre que son respect & son attachement seroient

---

(20) Louis Potier de Gêvres, Secretaire d'Etat : De lui est defcenduë la branche de Gêvres ; & de Nicolas Potier de Blancmenil son Frere aîné, celle de Novion.

désormais inviolables, que dès ce moment ce Prince oubliant tout ce qu'un autre en sa place auroit appréhendé du rejetton d'une Maison qui avoit fait trembler les Rois, vécut avec lui familiérement, & l'admit dans toutes ses parties de plaisir avec les autres Courtisans : Car tel étoit le caractère d'Henry, que l'extérieur grave dont la Majesté Royale semble imposer la nécessité, ne l'empêcha jamais de se livrer aux plaisirs que l'égalité des Conditions répand dans la société. Le vrai Grand homme sçait être tour-à-tour & suivant les occasions tout ce qu'il faut être, maître ou égal, Roi ou Citoyen : Il ne perd rien à s'abaisser ainsi dans le particulier ; pourvû que hors de là il se montre également capable des affaires militaires & politiques : le Courtisan se souvient toujours qu'il est avec son Maître.

Madame de Guise étant entrée quelques jours après dans la Chambre du Roi, dans le moment que son Fils présentoit la serviette à Sa Majesté pour un leger repas que Henry faisoit après son dîner ; elle en prit encore occasion de lui témoigner sa reconnoissance, & dit avec vivacité que si jamais son Fils venoit à manquer à son devoir, elle le désavoüeroit pour son Fils & le deshériteroit. Le Roi courut l'embrasser, en lui disant que de son côté il prenoit pour le Duc de Guise & pour toute sa Famille les plus tendres sentimens d'un Pere.

On ne manqua pas de se récrier fortement contre le Traité que je venois de faire avec le Duc de Guise. Les ennemis particuliers de ce Duc, & cette autre espèce de Gens dont la Cour fourmille, qui n'ont d'autre occupation que de décrier la conduite des Personnes en place, s'unirent contre moi, ameutés sécretement par ceux à qui l'on avoit ôté la connoissance de cette affaire ; & firent retentir par-tout que je ne m'étois chargé de la commission, que pour gratifier Madame de Guise. Le Duc d'Epernon ne s'oublia pas : il répétoit sans cesse en parlant du Duc de Guise & de lui, que j'avois obligé l'un, sans aucun sujet, & désobligé l'autre contre toute raison. Ces discours furent si souvent rebattus aux oreilles du Roi, que ce Prince vint aussi à penser que j'avois agi peut-être avec un peu trop de précipitation ; sans que pour cela Sa Majesté m'en sçût plus mauvais gré.

Il ne m'étoit pas difficile de me justifier : c'est ce que je fis

1594.

dans une Apologie par écrit, que je préfentai au Roi. J'y appuyois ma défenfe fur les raifons fuivantes : Qu'il n'étoit pas au pouvoir du Roi d'accorder au Duc de Guife les trois points que j'ai marqués plus haut, fans faire une infinité de mécontens : qu'il auroit pourtant fallu les lui céder, fi l'on n'avoit pas eu un Gouvernement à lui donner : ce qui étoit la moindre récompenfe qu'il pouvoit efpérer en remettant celui de Champagne, & en renonçant à tant d'autres prétentions : Qu'à l'égard du Gouvernement qu'on lui donnoit pour équivalent, on ne pouvoit en choifir un qui tirât moins à conféquence que celui de (21) Provence; parce que fuppofé que le Duc de Guife devînt capable dans la fuite d'oublier fes nouveaux fermens, on auroit peu à craindre de fa part dans une Province fans communication avec la Lorraine, les Pays-Bas, & fur-tout la Bourgogne : D'ailleurs qu'en n'accordant au Duc de Guife de toutes fes demandes, que de le continuer dans le Gouvernement de Champagne, on rifquoit à perpétuer la guerre dans ces Contrées : Qu'il étoit de l'intérêt du Roi de pouvoir difpofer de la Champagne en faveur d'un homme non-feulement intérieurement attaché à fon fervice, mais encore fi bien connu, que les Rebelles de Bourgogne défefpéraffent de pouvoir jamais lier aucun commerce avec lui. J'y joignois à l'égard de la Provence le motif du Duc d'Epernon, dont j'ai déja touché quelque chofe. Je rappellois au Roi en peu de mots tous les fujets de plaintes que cet homme lui avoit donné; fa révolte prefque continuelle; fes brigues pour détacher tous les Catholiques du Parti de Sa Majefté; la maniere dont il s'étoit hautement vanté qu'il ne reconnoîtroit jamais aucun Supérieur dans fon Gouvernement; fon dernier procédé au Siége de Villemur; & tant d'autres endroits, qui affûrement n'embelliront pas l'Hiftoire de ce fujet orgueilleux. C'étoit un Chef de la Ligue auquel on en oppofoit un autre, que mille motifs, outre celui de fon intérêt perfonnel qu'on doit toujours regarder comme le plus puiffant, jettoient dans un fyftême tout contraire à fes premieres vûës,

---

(21) Ce Gouvernement lui fut ôté depuis par le Cardinal de Richelieu; qui ôta pareillement celui de Picardie au Duc d'Elbeuf, & celui de Bourgogne au Duc de Bellegarde.

Je paſſois enſuite à la Perſonne du Duc de Guiſe, ſans m'arrêter ſur les ordres que Sa Majeſté m'avoit donné à ce ſujet, ni ſur le danger d'un long délai : Quand même le Traité fait avec le Duc n'auroit pas été auſſi avantageux au Roi, qu'il étoit facile de montrer qu'il l'étoit ; Sa Majeſté avoit elle dû agir à toute rigueur avec un homme, qui avoit refuſé conſtamment les offres & les promeſſes les plus flateuſes de la part de l'Eſpagne, des Ducs de Savoie & de Lorraine, & de tous les Ennemis de l'Etat (22), pour le porter à ſoûtenir une Guerre ; laquelle, quelque peu qu'elle eût duré, auroit beaucoup plus incommodé le Roi, que tout ce qu'il accordoit au Duc de Guiſe : Je veux encore qu'on compte pour peu de choſe d'avoir gagné un homme, que ſon nom & ſa naiſſance pouvoient mettre à la tête d'un Parti puiſſant ; quelque choſe qu'en diſent ſes ennemis & les miens : je leur accorde même s'ils le veulent, que ce Seigneur n'ait fait après tout qu'un ſacrifice frivole de pretentions injuſtes & incertaines : enfin mettons tout au plus bas, & n'enviſageons rien ici qu'une pure généroſité du Roi : Il s'attachoit par-là non un homme ſeul, mais une Maiſon entiere recommandable par ſes alliances, ſes biens & ſon crédit : Peut-on appeller cela une généroſité perduë.

Le Roi fut frappé de ces raiſons ; & me parut ſurpris de me voir ſi éxactement informé ſur le chapitre de d'Epernon. Il ne jugea pas à-propos que cet Ecrit fût rendu public ; parce qu'il étoit rempli de véritès, que le temps n'étoit pas encore venu de révéler : J'y conſentis ſans peine ; parce que je me ſuis toujours fort-peu embarraſſé des efforts de l'envie, eſpéce de maladie incurable. Je puis dire que toute la conduite du Duc de Guiſe dans la ſuite, me ſervit d'une meilleure apologie encore. Il commença ſon Gouvernement par une déclaration ſi nette & ſi précise de ſes ſentimens, qu'il ôta toute eſpérance aux factieux de pouvoir jamais le tenter. Il ſe porta en toutes rencontres au ſervice du Roi & au bien de l'Etat, avec autant de fermeté que de prudence. La réduction de (23) Marſeille, qui a paſſé

---

(22) Le Duc de Guiſe étoit malvoulu de la Ligue, ſur-tout depuis qu'en dernier lieu il avoit tué de ſa main dans une émeute le Sieur de Saint-Paul, ſon Lieutenant en Champagne, fort affectionné à la Ligue.

(23) Cette Ville étoit ſur le point d'être livrée au Roi d'Eſpagne par

avec raison pour un coup des plus habiles dans ce genre, fut son ouvrage. Aidé de Lesdiguieres & de la Comtesse de Sault, il battit & réduisit si bien l'orgueilleux d'Epernon, qu'il mit enfin un frein à son humeur mutine; & qu'on vit cet esprit intraitable, obligé de se mettre à la merci du Roi, & devenir un des plus assidus Courtisans.

Je suis prêt à rendre justice au Duc d'Epernon; & je le fais de bon cœur : On me trouvera toujours le premier à appuyer sur les services qu'il rendit, soit de sa personne, soit de ses Troupes, à Limoges, à Saint-Germain, à Villebois (24), à Chartres, à Boulogne, à Montauron, à Antibe, & même si on le veut, à Villemur. Je suis fâché que la nécessité du sujet me jette dans une discussion, qui peut rabattre des sentimens qui lui sont honorables : Mais enfin puisque c'est ici un endroit qu'on ne peut ni cacher, ni déguiser; que peut-on penser de sa maniere de se comporter en Provence ? c'est assurément bien ménager sa réputation & lui faire grace, que de mettre tout sur le compte de sa Catholicité. Ses Panégyristes qui ont tout fait retentir des éloges de ses moindres actions, devoient être un peu plus modérés sur tant de témoignages si marqués de désobéïssance & de révolte; ou commencer par bien établir

qu'un

deux de ses Bourgeois, nommés Charles Casault & Louis d'Aix; lorsque le Duc de Guise trouva le moyen de s'en rendre le Maître, d'intelligence avec Pierre & Barthelemi Libertat freres, aussi Bourgeois de cette Ville: Ils tuerent Casault; battirent les Troupes du Parti Espagnol ; & donnerent entrée par la Porte Réale au Duc de Guise, qui acheva cette entreprise avec beaucoup de conduite. Voyez *De-Thou*, *liv.* 116. *D'Aubigné*, *tom.* 3. *liv.* 4. *chap.* 12. *&c*, Henry IV. apprenant la réduction de Marseille, dit : » C'est maintenant que je suis Roi. « Dans la Campagne suivante, le Duc de Guise montra beaucoup de valeur en poursuivant les Espagnols à Gray, & tua de sa main un Cavalier des Ennemis qui lui fit un défi : Henry IV. l'embrassa, & dit ces belles paroles : » Il faut que ceux qui trou- » vent de vieux exemples de vertu » devant eux, les imitent & renou- » vellent pour ceux qui viennent » après eux. « *P. Matthieu*, *tom.* 2. *liv.* 1. *pag.* 192.

(24) Voyez sur chacune de ces Actions *l'Histoire de la Vie du Duc d'Epernon*, *imprimée à Paris en* 1655. Villebois est une Ville d'Angoumois, qui porte aujourd'hui le nom de La-Valette. On peut aussi consulter cette Histoire sur les reproches que nos Mémoires font à ce Duc : On ne sçauroit entreprendre de le justifier sur tous : son Historien même regarde cette justification comme impossible. Tout ce qu'on peut dire, c'est que M. de Sully s'est plu à grossir des fautes, que les dernieres années de la Vie du Duc d'Epernon ont presque entierement effacées.

(25) C'est

LIVRE SEPTIEME.

qu'un Sujet peut sans être reprochable, manquer à son Roi & à sa Patrie, brouiller & renverser tout au gré de son ambition, & mettre la violence à la place du droit. S'il y a quelque louange à donner ici, c'est sans doute au Roi, qui après tout cela reçoit encore Epernon à bras ouverts, & ne l'exclut pas dès graces, dans un état où elles étoient en toutes manieres pures graces pour lui.

Après la mort de D'O, il parut sur les rangs un homme, qu'on jugea devoir bientôt remplir la place de Surintendant : c'est Nicolas de Sancy, qui ne manquoit ni de capacité, ni d'expérience en cette matiere. Sancy étoit ce qu'on appelle proprement un homme d'esprit ; à prendre ce terme dans le sens qu'on lui donne ordinairement pour marquer de la vivacité, de la subtilité & de la légereté. Mais comme ces qualités ne sont rien moins qu'inséparables de l'excellent jugement, il les gâtoit par une vanité, un caprice, une fougue, qui le rendoient quelquefois insupportable. Ce que je pense en général de ces esprits d'une imagination vive & forte, c'est que quoiqu'ils soient communément sujets à deux grands défauts, celui de trop de subtilité dans leurs idées, & de peu d'ordre & d'arrêt dans leurs projets, on ne doit pourtant pas les regarder comme tout-à-fait incapables des affaires ; parce que souvent il leur arrive de rencontrer des expédiens, qui auroient échappé aux esprits froids & phlègmatiques ; mais qu'ils ont presque continuellement besoin d'être veillés & redressés.

Sancy avoit servi long-temps & utilement Henry III. & le Roi regnant, soit en Allemagne, soit en Suisse. Il s'étoit insinué dans l'esprit d'Henry par beaucoup de complaisance, par des manieres déliées, un art très-raffiné de le flater dans ses divertissemens, & de l'amuser dans ses galanteries : par-là il s'étoit mis avec ce Prince dans les termes de la plus privée familiarité. Pour lui faire sa Cour en toutes manieres, & aussi par jalousie, il crioit sans cesse contre la dissipation des Finances : & comme un flateur en dit presque toujours plus qu'il n'a envie, en frondant le Surintendant, il n'avoit pu s'empêcher d'invectiver aussi contre la Surintendance, comme contre une Charge ruineuse à l'Etat ; en quoi il ne s'étoit pas montré pour cette fois homme d'esprit. Mais

1594.

Nicolas de Harlay de Sancy.

il avoit mis à son élévation à cette Charge, un obstacle bien plus essentiel encore : c'est que non-seulement il ne s'étoit pas attaché à plaire à Madame de Liancourt (25), actuellement en faveur auprès du Roi ; mais encore que par une intempérance de langue, à laquelle ses pareils sont sujets, il avoit offensé cette Dame par un endroit des plus sensibles.

Je ne sçais si le Conte que je vais rapporter, a jamais été en effet autre chose qu'un Conte : en ce cas Sancy n'en auroit que plus de tort de lui avoir donné cours : Quoiqu'il en soit, voici comme il courut dans Paris. Alibour, premier Médecin du Roi, ayant été envoyé par Sa Majesté visiter Madame de Liancourt, qui avoit mal passé la nuit (c'étoit au commencement de ses poursuites amoureuses près de cette Dame) vint lui redire qu'à la vérité il avoit trouvé un peu d'émotion à la malade ; mais que Sa Majesté ne devoit point s'en mettre en peine, & qu'assurément la fin en seroit bonne : » Mais ne la voulez-vous pas saigner & purger, lui dit le » Roi ? Je m'en donnerai bien de garde, répondit le bon Vieil- » lard avec la même candeur, avant qu'elle soit à mi-terme. » Comment ! reprit le Roi, surpris & ému au dernier point ; » que voulez-vous dire, Bon-homme ? je crois que vous rêvez, » & n'êtes pas en votre bons sens. « Alibour appuya ce sentiment de bonnes preuves, que le Prince crut bien d'étruire en lui apprenant plus paticuliérement en quels termes il en étoit avec la Dame. » Je ne sçais répartit le vieux Médecin » avec beaucoup de phlègme, ce que vous avez fait ou point » fait : « & il le remit pour la preuve complette à six ou sept mois de là. Le Roi quitta Alibour, extrêmement en colère ; & s'en alla de ce pas gronder la belle malade, qui sçut bien rhabiller tout ce qu'avoit dit ignoramment le bon-homme : car on ne vit aucune mésintelligence entre le Roi & sa Maîtresse. Il est bien vrai que l'effet fut de tout point conforme à la prédiction d'Alibour : mais on conjecture que Henry fut amené après un meilleur éxamen, à croire que tout le mé-

(25) C'est Isabelle Gabrielle, mariée à Nicolas D'Amerval, Seigneur de Liancourt : Elle fut contrainte par son Pere, dit-on, à ce mariage qui n'étoit point de son goût ; mais Henry. IV. sçut bien empêcher qu'il ne fût consommé.

compte étoit de son côté ; puisqu'au-lieu de désavouer l'Enfant dont Madame de Liancourt accoucha à Coucy pendant le Siége de Laon, il s'en expliqua hautement, & voulut qu'on lui donnât le nom de César.

Sancy se donnoit carriere en faisant ce Conte ; & il n'y oublioit pas la circonstance de (26) La-Regnardiere, qui ayant voulu, dit-il, un jour prendre la liberté de donner à Sa Majesté certains éclaircissemens qui ne lui plurent pas, fut peu de jours après chassé de la Cour : on chercha pour prétexte, qu'il avoit rompu en visiere à l'Amiral (27). Sancy trouvoit à parler jusque sur la mort du Bon-homme Alibour ; & il l'auroit trouvée plus naturelle, si elle ne fût point arrivée avant l'accomplissement de sa prédiction : S'il glosoit ainsi sur la naissance du Fils, il n'en faisoit pas moins sur toute la vie de la Mere. Sancy éprouva à ses dépens ce que peut la haine d'une femme, sur-tout d'une Maîtresse du Roi. Henry l'aimoit & lui vouloit du bien : quoiqu'il penchât de lui-même à supprimer la Surintendance des Finances, il l'auroit encore conservée uniquement pour la lui donner ; mais Madame de Liancourt sçut bien l'en empêcher.

En la place de Surintendant des Finances, Sa Majesté forma un Conseil composé de huit Conseillers, le Chancelier de Chiverny, le Duc de Retz, MM. de Belliévre dont Matignon tint la place dans la suite, de Schomberg, de Maisse, de Fresne protégé par Madame de Liancourt, de La-Grange-le-roi, & de Sancy qui se trouva encore fort-heureux qu'on lui conservât une simple (28) place dans ce Corps. Le Roi jugea à propos de donner à ce Conseil, pour

(26) La Regnardiere étoit une espece de Bouffon, ʺ moitié Soldat, ʺ moitié Procureur, moitié Gentilʺ homme, qui disoit tout ce qui lui ʺ venoit à la bouche : ʺ C'est ainsi qu'il en est parlé dans les Avantures du Baron de Foeneste, *liv.* 4. *chap.* 7. où il y a plusieurs Contes de lui.

(27) Le Journal de l'Etoile & la Confession de Sancy confirment toute cette plaisanterie, aussi bien que le soupçon qu'elle finit d'une maniere tragique pour le vieux M. Alibour, Premier Médecin du Roi ;

empoisonné, disoit-on, par ordre de la Maîtresse du Roi : Mais tout cela est dit sans preuves. On peut encore lire à ce sujet, ce que Sauval a rapporté sur la foi des bruits publics & des Libelles satyriques, touchant les intrigues de galanterie entre la belle Gabrielle & le Duc de Bellegarde.

(28) Messieurs De-Thou & Pérefixe disent que M. de Sancy fut quelque temps Surintendant avant M. de Rosny : Ce qui ne doit s'entendre, je crois, que de l'autorité

1594. la forme seulement & sans aucune distinction, un Chef honoraire, qui fut le Duc de Nevers. Cette forme de gouvernement dans les Finances dura quelque temps, quoiqu'avec quelques legers changemens que je marquerai en leur temps : Car on doit s'attendre à voir traiter dans ces Mémoires tout ce qui regarde les Finances, avec toute l'étenduë que peut y donner un homme qui en a fait si long-temps son étude & son occupation.

La suite fit bien voir au Roi que ce nouveau changement dans le (29) Conseil, n'étoit rien moins que capable d'apporter au mal le remède qu'on cherchoit : Je le compris, malgré mon peu d'expérience en ces matiéres. Ce n'est pas le gouvernement d'un seul homme, qui fait que les Finances vont mal : Puisqu'il est inévitable qu'elles passent par quelques mains ; moins on en peut employer, plus elles demeurent entieres. L'abus est dans le choix de cet homme ; & aussi dans la constitution des Finances : & à ces deux égards, c'est perpetuer le mal que de distribuer ces fonctions sur tant de têtes : S'il est difficile de trouver dans tout le Royaume un seul homme, tel qu'il le faut pour cet emploi ; comment pourra-t-on se flater d'en trouver un si grand nombre ? L'erreur n'est pas moins visible, de s'imaginer que toutes ces personnes y apportant chacune de leur côté une bonne qualité différente, il en résultera le même effet que d'un homme qui les auroit toutes : puisque c'est supposer que cette bonne qualité ne sera pas renduë inutile, & par ses propres défauts, & par ceux de ses Associés. Presque tous ceux qui entrent dans les Charges, n'y apportent point de plus forte disposition, qu'un penchant invincible à s'élever & à s'enrichir, eux & tous leurs Parens : Si cette soif des richesses ne se fait pas sentir à eux dans le commencement ; elle naît bien-tôt, croît & s'irrite par tout l'argent qu'ils touchent. Dans la dépendance & la crainte mutuelle où ils sont les

qu'il prit de lui-même parmi tous ses Confreres ; comme M. de Sully le dit dans la suite. Les Ecrivains de ce temps-là conviennent qu'on ne peut parler avec certitude sur l'état du Conseil des Finances, jusqu'au temps où M. de Rosny en fut enfin déclaré le Chef. On ne risque rien à croire tout ce qu'il nous dit sur le chapitre des Finances.

(29) Péréfixe parle de cette nouvelle forme du Conseil des Finances comme M. de Rosny, *année 1598, pag. 224.*

uns des autres, chacun d'eux se représente l'intégrité comme une qualité qui lui seroit inutile, ou même nuisible; & dont l'honneur se répandant sur tous ses Confreres, l'incommodité seule lui resteroit. Le Roi n'eut pas de bonheur dans le choix des membres de ce nouveau Corps. Une partie de ceux qui le composoient, outre la malignité de la nature, étoient dans une situation toute propre à les corrompre: ils avoient des dettes à éteindre, & des affaires domestiques à rétablir.

Sa Majesté m'y avoit aussi destiné une place ; & dans ses entretiens avec moi, elle me parloit depuis long-temps de l'envie qu'elle avoit que je commençasse à me mettre au fait de la Finance : Mais je ne m'accommodai nullement des airs impérieux du Duc de Nevers, qui nous morguoit à tout propos de sa qualité de Prince, dans un endroit où elle est comptée pour peu de chose. Je pris la liberté, un jour que je me sentis poussé à bout, de le prier de faire attention que le Comté de Nevers n'étoit entré dans la Maison de Gonzague, qu'après être sorti de celle de Béthune. On ne pouvoit porter à cet homme bouffi de vanité, un coup plus sensible : Il dit & redit à tous ceux qui voulurent l'entendre, que j'étois Huguenot de Pere en Fils; & pour répondre à mon anecdote, qu'il avoit vû mon Grand-pere faisant une triste figure à Nevers. Je le laissai exercer sa vengeance, qui ne pouvoit aller qu'à me tirer d'un Conseil, où je me souciai fort-peu d'entrer avec lui : Il eut satisfaction. Le Roi qui avoit encore mille égards à conserver, ne jugea pas à propos de nous laisser ensemble : il me dit obligeamment qu'il étoit contraint de remettre à un temps plus éloigné le témoignage de sa bienveillance à mon égard. Je demeurai content en l'attendant, de la Charge de Sécrétaire d'Etat avec deux mille livres de Gages, & d'une pension de trois mille six cens livres dont Sa Majesté me gratifia.

La nécessité de remettre une réforme dans les Finances frappant les plus aveugles. le nouveau Conseil voulut dans son commencement que cet honneur lui fut dû ; & il en fit composer un Projet par ceux d'entr'eux qui se piquoient d'avoir dans l'esprit plus de pénétration & de méthode, Fresne & La Grange-le-roi : Mais après qu'ils eurent enfanté fur cette matiere un fort-gros Volume, il en arriva comme de la plûpart des fyftêmes qu'on a inventés & qu'on inventera : rien de plus merveilleux dans la fpéculation; rien de plus fcabreux dans la pratique : Et le Roi qu'ils avoient entretenu des plus magnifiques efpérances, ne s'en trouva pas plus avancé au bout de l'année, qu'il avoit paffée à Paris attendant de jour en jour l'effet de leurs promeffes.

Il y fut plus utilement retenu par le Traité avec la Lorraine, qui fe détacha enfin de l'Efpagne, & fit avec la France une Ligue offenfive & défenfive : Sancy s'y employa fort utilement, & en eut prefque tout l'honneur. Le Roi ne manqua plus d'occupation, dès que le Duc de Bouillon fut arrivé à Paris. Il y vint preffer en perfonne l'éxécution des deffeins dont il m'avoit entretenu à Sedan; & particuliérement la Déclaration de guerre contre l'Efpagne, dont il faifoit la bafe de fon aggrandiffement du côté des Pays-Bas. Il en parla avec des raifonnemens fi plaufibles, qu'après la plûpart des Courtifans, (30) il ne balança pas à en faire la propofition en plein Confeil. Il y avoit deux fortes de perfonnes qui ne la trouvoient pas de leur goût : ceux en qui il reftoit encore un germe d'attachement à la Ligue & à l'Efpagne; ils n'étoient pas en petit nombre; & ceux qui jugeoient que dans l'état de foibleffe & d'épuifement où fe trouvoit alors le Royaume, la Guerre étoit tout à fait hors de faifon. Ce dernier avis n'avoit que très-peu de partifans, mais très-forts en raifons, fi on avoit voulu les écouter.

Je ne voulus pas avoir à me reprocher d'avoir gardé le filence en cette occafion ; je tâchai par toutes fortes de

---

(30) M. De-Thou ne doute point que le Duc de Bouillon, n'ait été le principal Auteur de cette Guerre : Et fon Hiftorien convient de bonne foi qu'en donnant ce confeil, Bouillon confulta bien moins l'avantage de l'Etat & la gloire du Roi, que fon intérêt perfonnel & celui du Parti Calvinifte, qui avoit néceffairement befoin de la Guerre, pour obtenir les conditions favorables qui lui furent accordées par l'Edit de Nantes. Malgré les raifons de déclarer la Guerre à l'Efpagne, qu'on voit détaillées dans les Mff. de la Bibliot. du Roi, Vol. marqué 8955. & dans la Déclaration du Roi, rapportées au Tome 6. des Mémoires de la Ligue ; tous les bons Ecrivains & les efprits judicieux ne forment qu'une feule voix en faveur du fentiment du Duc de Sully, fur la précipitation & l'imprudence avec laquelle Henry IV. fe porta à cette entreprife, dont les fuites pouvoient être encore bien plus fâcheufes qu'elles ne le furent.

LIVRE SEPTIEME.

1594.

moyens de diffuader le Roi de la Guerre : Mais ce Prince que fon propre penchant entraînoit toujours un peu de ce côté-là, crut avoir trouvé l'occafion qu'il cherchoit de fe venger d'un voifin, qui s'étoit fait une étude d'entretenir le feu qui confumoit le centre de fon Royaume. On étoit affûré des Troupes Lorraines : L'Angleterre & la Hollande faifoient efpérer par leurs Ambaffadeurs une puiffante diverfion : A entendre le Duc de Bouillon, il n'avoit qu'à dire une parole pour faire rendre tout le Luxembourg : Sancy faifoit les plus belles promeffes de la part des Treize Cantons : Ils devoient remplir & ravager toute la Franche-Comté. Tant de belles apparences déterminerent le Roi ; & la Guerre fut déclarée en forme à l'Efpagne au mois de Janvier de l'année fuivante.

L'Efpagne parut s'en mettre peu en peine, & n'y répondit qu'en témoignant beaucoup de mépris pour le Confeil de Henry & pour Henry lui-même, auquel elle ne donnoit point d'autre qualité que celle de Prince de Bearn. Pendant qu'elle fe préparoit à fe défendre, fes Emiffaires en France travailloient à lui en épargner la peine, par un deffein fi noir, qu'on ne fçauroit prefque fe perfuader qu'elle ait pu recourir à un fi lâche artifice.

Le 26 Décembre, le Roi étant à Paris dans fa Chambre du (31) Louvre, où il donnoit audience à MM. de Ragny & de Montigny, avec lefquels il étoit entré un monde confidérable; dans le moment qu'il fe baiffoit pour embraffer l'un d'eux, il reçut dans le vifage un coup de couteau que le meurtrier laiffa tomber, pour fonger à s'échaper à la faveur de la foule. (32) J'étois préfent : j'approchai plus mort que vif,

François de La-Magdelaine de Ragny, François de La-Grange de Montigny.

(31) Selon d'autres, dans la chambre de la Marquife de Monceaux, à l'Hôtel de Schomberg, derriere le Louvre : Mais ce n'eft véritablement ni au Louvre, ni à l'Hôtel de Schomberg, que ceci fe paffa. Un Regiftre de l'Hôtel-de-Ville de Paris, cité par Piganiole, *tom. 2. de la Defcription de Paris*, fait foi que la belle Gabrielle demeuroit dans l'année 1595 à l'Hôtel d'Eftrées ; & que c'eft en cet endroit que Henry IV. fut bleffé. Cet Hôtel s'eft appellé enfuite l'Hôtel Du-Bouchage; & fut acheté en 1616 par Monfieur de Berulle, pour loger les Peres de l'Oratoire, qui y demeurent encore aujourd'hui.

(32) » A l'inftant, le Roi qui fe » fentit bleffé, regardant ceux qui » étoient autour de lui, & ayant avi- » fé Mathurine fa Folle, commença » à dire : *Au diable foit la folle ! elle* » *m'a bleffé* : Mais elle le niant, cou- » rut tout auffi-tôt fermer la porte, » & fut caufe que ce petit affaffin » n'échapât ; lequel ayant été faifi,

1594.

voyant le Roi tout couvert de sang, & craignant avec raison que le coup n'eût porté dans la gorge. Ce Prince nous rassûra avec un air doux & tranquile ; & nous vîmes bien-tôt qu'il n'avoit eu en effet d'autre mal qu'une lévre fenduë. Le coup ayant été porté trop haut, avoit été arrêté par une dent qui en étoient éclatée. Le parricide fut découvert sans peine, quoique caché dans la foule : c'étoit un Ecolier nommé Jean Châtel : Il répondit aux premieres questions qu'on lui fit, qu'il sortoit du Collége des Jésuites ; & il chargea grièvement ces Peres (33). Le Roi qui l'entendit, dit avec

une

» puis fouillé, jetta à terre son cou-
» teau encore tout sanglant. « C'est ainsi qu'en parle L'Etoile. Les Manuscrits de la Bib. du Roi, portent au contraire, *Vol*. 9033 : Que le Roi se sentant frappé, dit à l'un de ces deux Messieurs : » *Ah ! Cousin, tu m'as* » *blessé ;* « & que se jettant à ses pieds, ce Gentilhomme lui répondit : » A » Dieu ne plaise, Sire, que j'aye la » pensée de toucher ni blesser Votre » Majesté : Je n'ai rien sur moi que » l'épée qui est à mon côté. « M. De-Thou dit que M. le Comte de Soissons arrêtant le meurtrier, dit tout haut que c'étoit l'un d'eux deux qui avoit fait le coup ; & qu'on apperçut à ses pieds le poignard qui brilloit à la lueur des flambeaux. *Liv.* III.

(33) Lorsqu'il est question d'imputations personnelles, ou faites à tout un Corps, je me crois obligé avant tout de rappeller la Remarque que j'ai faite dans la Préface de cet Ouvrage, que les Mémoires de Sully sont composés de Piéces autentiques & originales, qui doivent les faire regarder comme dignes de toute la foi qu'on a pour les Auteurs graves, & de plus, comme la véritable production du Duc de Sully : Telles sont les Lettres, Mémoires particuliers, Entretiens, Réflexions &c : Mais qu'ils sont aussi mêlés de récits qu'on peut bien attribuer uniquement à ceux qui ont recueilli & compilé ces Piéces, & dont l'autorité n'a rien de bien respectable. Or c'est dans ces pages de narration, que se trouve une grande partie des faits & paroles contre les Jésuites ; & on ne doit point les admettre sans de sûrs garans, sans de solides preuves. On en trouvera contre l'énoncé de nos Mémoires, sur l'affaire de Châtel, dans les Mémoires pour servir à l'Histoire Universelle de l'Europe, T. 1. *pag.* 110. *& suiv.* Et si l'on a plus de déférence pour le témoignage des Auteurs contemporains : « Châ-» tel, dit L'Etoile, *dans son Journal* » *sur l'année* 1595, fut interrogé le » 28 ; & par son interrogatoire, dé-» chargea du tout les Jésuites, mê-» me le P. Guéret son Précepteur ; » dit qu'il avoit entrepris le coup » de son propre mouvement, &c. » En effet, lorsque ce Parricide fit le coup, il y avoit sept mois qu'il étoit sorti du Collége, & qu'il avoit fini ses Etudes. A cette autorité de L'Etoile qui n'est pas suspecte, se joint celle du Manuscrit Royal que je viens de citer, de M. De-Thou, de Matthieu, *tom.* 2. *liv.* I. *p.* 183. de Cayet, *liv.* 6. *p.* 432. & des Mémoires de la Ligue. Selon tous ces Ecrivains, Châtel déclara bien à la vérité qu'il avoit fait ses Etudes aux Jésuites, & que par leur doctrine il est permis de tuer les Rois ; comme l'enseignoient les Ecrits du P. Guignard, Bibliothécaire du College de Clermont, qu'on alla saisir à l'heure même : Mais en même temps il disculpa formellement, & son Professeur,

LIVRE SEPTIEME. 393

1595.

une gaïeté, dont peu de personnes auroient été capables en pareille occasion, qu'il sçavoit déja par la bouche de quantité de Gens de bien, que la Société ne l'aimoit point ; qu'il venoit d'en être convaincu par la sienne propre. Châtel fut livré à la Justice (34) : & les poursuites contre les Jésuites qui avoient été suspenduës, ayant été reprises plus fortement qu'auparavant, elles ne finirent que par l'expulsion de tout cet Ordre (35) hors du Royaume : Le Pere Jean Guignard (36) fut pendu pour ses Thèses criminelles contre

feur, & tous les Jesuites, de lui avoir jamais conseillé d'assassiner le Roi, & même d'avoir eu non plus que son Pere, aucune connoissance de son dessein ; quoique selon L'Etoile, Lugoly, Lieutenant de la Maréchaussée, se fût déguisé en Confesseur, pour arracher de Châtel son secret. Messieurs de Sully & d'Aubigné ont donc très-grand tort de faire juger par la manière dont ils s'énoncent l'un & l'autre, que les Jésuites poussèrent Châtel à cet assassinat. Le P. de Châlons s'exprime d'une manière assez ambiguë, lorsqu'il dit, *tom. 3. de son Histoire de France, pag. 245.* que Châtel avoua à l'interrogatoire : » Que les Principes & les » discours des Jésuites l'avoient porté » té à cette criminelle action. « Mais on apperçoit pourtant que le sens de ces paroles est fort éloigné du précédent

(34) » Après avoir été mis à la » question ordinaire & extraordinaire, qu'il endura sans rien confesser, fit amende honorable ; eut » le poing coupé, tenant à sa main » l'homicide couteau duquel il avoit » voulu tuer le Roi ; puis fut tenaillé & tiré à quatre chevaux en la » Place de Gréve ; son corps & ses » membres jettés au feu, & consommés en cendres ; & les cendres jettées au vent… Le sire Châtel, » Pere du Parricide, fut banni pour » neuf ans du Royaume de France, » & de la Prévôté & Vicomté de » Paris à toujours ; condamné à » quatre mille écus d'amende ; sa

» maison fut rasée ; & au lieu d'i-
» celle, une Pyramide élevée, con-
» tenant le discours de tout le fait. «
L'Etoile, ibid. On croit que la petite Place qui est devant les Barnabites, est le sol de la maison de Châtel.

(35) » Les Jésuites obéïssant à leur
» Arrêt sortirent de la Ville de Pa-
» ris, conduits par un Huissier de la
» Cour : Ils étoient trente-sept, des-
» quels une partie dans trois Char-
» rettes, & le reste à pied ; leur Pro-
» cureur étoit monté sur un petit Bi-
» det, &c. *L'Etoile, ibid.*

(36) Le P. Guignard n'enseignoit pas la pernicieuse doctrine qu'on lui reprochoit, dans le temps de l'affaire de Châtel. Il pouvoit l'avoir enseignée pendant les fureurs de la Ligue ; comme la Sorbonne elle-même l'avoit fait, avec un grand nombre de Prêtres & de Religieux. A s'en tenir aux Pièces du Procès de ce Pere, on doit convenir, 1°. Que s'il avoit écrit & parlé en faveur de la Ligue, ce crime lui étoit pardonné ; puisque l'Amnistie avoit été accordée à tous les Ligueurs. 2°. Qu'il n'a subi la rigueur des Loix, que pour avoir conservé quelques Écrits & quelques Livres, qui étoient favorables à ce Parti. Sur quoi le P. Daniel, *Histoire de France, in-fol. tom. 3. pag. 1706.* remarque que si on avoit fait le procès à tous ceux qui étoient dans le même cas, il auroit fallu condamner à mort la plupart des Prêtres & des Religieux chargés du soin des Cabinets & des Bibliothèques, où de semblables Écrits étoient gardés, &

1595.

l'autorité & la vie des têtes Couronnées : Jean Gueret (37), Pierre Varade, Alexandre Mayus, François Jacob, & Jean Le-Bel, autres membres de la Société, suspects de complicité, furent condamnés à faire amende honorable, & à être bannis à perpétuité.

Le Roi n'en fut que plus animé à poursuivre la Guerre contre l'Espagne. Il tira un favorable augure du succès qu'eurent les premiers Actes d'hostilité. Les Troupes Lorraines aussi-tôt après leur Traité avec la France, s'étoient répanduës d'elles-mêmes dans la Bourgogne, sous la conduite de Tremblecourt & (38) de Saint-George, & y avoient jetté la terreur. D'un autre côté la Garnison de Soissons, Place toute dévouée à la Ligue, ayant à sa tête Conan & Bellefond, fut défaite presqu'entierement par Moussy, (39)

Bernardin Gigault de Bellefond.

où ils se sont conservés jusqu'à nos jours. » Il dit qu'il mouroit inno-
» cent... Exhorta le peuple à la
» crainte de Dieu, obéïssance au
» Roi ; même fit une priere tout-
» haut pour Sa Majesté ; pria le
» peuple de n'ajoûter foi légérement
» aux faux rapports qu'on faisoit
» courir d'eux ; qu'ils n'étoient point
» assassins des Rois ; & que jamais
» les Jésuites n'avoient procuré ni
» approuvé la mort de Roi quel-
» conque, &c. « *Mém. de L'Etoile, ibid.* » Il ne voulut point faire amen-
» de honorable au Roi, disant qu'il
» ne l'avoit point offensé. « *Cayet, ibid.*

(37) L'Auteur se trompe encore. Jean Guéret fut condamné par un Arrêt particulier au bannissement perpétuel : mais il n'est fait nulle mention expresse de Pierre Varade, d'Alexandre Mayus, &c. lesquels furent seulement compris avec tous les autres, & sans être spécialement nommés dans l'Arrêt qui proscrivoit en général toute la Société. C'est une insigne calomnie dans Morisot, d'avoir avancé (*Chap.* 33.) que François Jacob, à qui l'on vint dire que Henry IV. venoit d'être tué par Châtel, se vanta qu'il auroit poignardé ce Prince, si Châtel ne l'avoit pas prévenu : Je ne connois aucun Historien qui ait dit rien de pareil.

C'est une autre calomnie aussi noire, d'avoir cherché à les faire passer pour les Auteurs de l'Ecrit qui a pour Titre : *Apologie de Jean Châtel*: Ecrit frivole, & en même temps abominable par l'abus qu'on y fait de toutes les Loix Divines & Humaines, & de l'Ecriture même. Ils prouverent dès ce temps-là leur innocence à cet égard ; & selon le même Historien P. Matthieu, ils furent encore mieux justifiés par l'aveu du véritable Auteur de cette Piece, qui est Jean Boucher, ce même Prêtre dont toutes les Histoires ont rendu le nom si odieux. Avec cet Ecrit, qui n'auroit jamais dû voir le jour, on vient d'imprimer tout récemment l'Histoire du Procès de Châtel, par Pieces tirées tant du Manuscrit de la Bibliotheque du Roi, dont il vient d'être parlé, que des Actes du Parlement.

(38) N. D'Auffonville, Sieur de Saint George ; & Louis de Beauvau, Sieur de Tremblecourt, Gentilshommes Lorrains.

(39) Le 15 Février, dans les Plaines de Villers-Côterets en Vallois : Le Baron de Conan est nommé Conas ; ou Conac, dans M. De-Thou ; & il faut lire Beyne, au-lieu de Bays.

LIVRE SEPTIEME. 395

1595.

d'Edouville, de Bays, & Gadancourt Lieutenant de ma Compagnie. Le Duc de (40) Montmorency, pour se rendre digne de la dignité de Connétable dont il venoit d'être revêtu, étoit allé fondre dans le Dauphiné, le Lionnois & la Bresse, avec un Corps de quatre mille hommes d'Infanterie, & quatre cens Chevaux très-aguerris ; avoit chassé ce qui y restoit de Troupes des Ducs de Savoie & de Nemours ; pris Vienne par composition sur Dizimieux qui en étoit Gouverneur pour le Duc de Nemours, & ensuite Montluel. Le Maréchal de Biron après l'expédition de Beaune, s'étoit rendu maître de Nuys, d'Autun & de Dijon. (41) Le Duc de Bouillon qui étoit allé se mettre à la tête des Troupes Sedanoises, aussi-tôt après la déclaration de guerre, étoit entré dans le Luxembourg ; où avec le secours du Comte Philippe de Nassau, il avoit défait huit ou dix Partis de Cavalerie, conduits par Mansfeld.

Henry ne douta point qu'en unissant tous ces petits Corps d'armées en un seul, il ne fût en état de faire trembler la Province où il le conduiroit. Il est vrai qu'après cela on cessoit de faire tête par-tout, comme auparavant, mais l'avantage que Sa Majesté espera retirer du premier dessein, le lui fit préférer. Ayant à choisir entre la Picardie, la Champagne & la Bourgogne, ce Prince se détermina pour la Bourgogne, où MM. de Montmorency, de Biron & de Sancy lui donnoient espérance de plus grands succès : Voyons quels étoient les motifs secrets de ces trois Personnes.

Le Connétable de Montmorency avoit pris l'alarme des grands préparatifs qu'il voyoit faire à l'Espagne en Lombardie ; où le Connétable de Castille avoit eu ordre d'abandonner le Milanois, quelque nécessaire qu'y fût sa présence, pour entrer en France, & y tenter quelque grand exploit après sa jonction avec le Comte de Fuentes, Général des Troupes Espagnoles dans les Pays-Bas : Montmorency craignoit d'avoir toutes ces forces sur les bras. Le Maréchal de Biron qui étoit dans les mêmes Quartiers, où après s'être saisi de la Ville de Dijon, il s'étoit attaché au Château

---

(40) Henry second fils du Connétable, Anne de Montmorency, il fut fait Connétable en 1593.

(41) Voyez toutes ces différentes expéditions en Bourgogne, dans De-Thou & d'Aubigné, *année* 1595.

1595.

de cette Ville & à celui de Talan, tous deux très-forts, appréhendoit auſſi d'être obligé d'en lever le Siége, s'il n'étoit ſecouru.

Quant à Sancy, il cherchoit à ſe faire honneur de la conquête de la Franche-Comté, vers laquelle il pouſſoit ſans ceſſe le Roi. Convaincu par ſon expérience du pouvoir de Madame de Liancourt, il ſongea à lui mettre ce deſſein dans la tête. Il n'étoit pas aſſez bien avec cette Dame, pour l'entreprendre par lui-même; mais il ſçavoit bien de quelle maniere en ſe tenant caché, on peut à la Cour porter un adroit contre-coup. Il fit gliſſer au Chancelier de Chiverny, & par ſon moyen à une Dame qui ne pouvoit manquer d'en faire ſa cour à Madame de Liancourt, que le Roi pouvoit ſans peine faire un riche Appanage à ſon Fils Céſar; il ne s'agiſſoit que de chaſſer les Eſpagnols de la Franche-Comté, & de lui en donner la jouïſſance, ſous la Souveraineté des Treize Cantons, que leur intérêt portoit à favoriſer cette entrepriſe. Je ſuis ſûr que Madame de Liancourt ne ſe flata pas de pouvoir faire entrer le Roi dans une idée ſi ridicule, & qu'elle n'oſa même la lui communiquer; quoique ce Prince eût pour elle un ſi grand foible, (42) qu'il n'étoit plus ignoré de perſonne: Mais il n'en fallut pas d'avantage à cette Dame, pour ſe ranger du côté de ceux qui conſeilloient à Sa Majeſté le voyage de Bourgogne. Voilà quelle eſt la Cour; & voilà comme on trompe les Rois: Qu'ils apprennent de-là, que quelque idée qu'ils ayent conçuë de l'habileté ou de la ſageſſe de leurs Miniſtres; il eſt toujours plus ſûr de bien étudier par rapport à chaque affaire, le penchant, l'intérêt & les diſpoſitions ſecrettes de ceux qui les approchent.

Pour remédier en quelque ſorte à l'inconvénient de laiſſer la Frontiere de Picardie expoſée aux efforts des Troupes Eſpagnoles qui étoient en Flandre; le Roi qui ne s'abuſoit pas comme les autres ſur ces diſcours ſi puiſſans, promis par l'Angleterre & la Hollande, laiſſa ſur cette Fron-

---

(42) » Il paſſoit au-travers de Pa-
» ris, ayant cette Dame à ſon côté;
» la menoit à la Chaſſe; la careſſoit
» devant tout le monde. « *Journal de
L'Etoile*, ibid. On peut auſſi juger de l'attachement de Henry IV. pour cette Dame, par les Lettres qu'il lui écrivoit: Voyez-les dans le Recueil nouvellement imprimé.

tiere MM. de Nevers, de Bouillon, de Villars & de Saint-Paul (43), à la tête chacun d'un Détachement; leur enjoignit de se secourir dans le besoin; & ne leur recommanda rien tant que la bonne intelligence. En cas de réunion, le Duc de Nevers fut celui que Sa Majesté désigna Commandant. Il pourvut avec la même attention aux affaires du dedans; en établissant un Conseil, lequel outre les Finances, devoit connoître des Traités à faire avec les Provinces, Villes & Gouverneurs, des affaires de la Guerre, & de l'administration du Royaume.

Aussi-tôt que Sa Majesté se fut expliquée publiquement sur la formation de ce Conseil, M. le Comte de Soissons souhaita d'en être nommé le Président, & commença à en insinuer quelque chose en présence du Roi. Afin de lui faire oublier ce que j'avois fait pour traverser son mariage, je sollicitai pour lui ce Titre plus honorable qu'effectif, & qui suivant les apparences devoit être de courte durée: mais le Roi qui sentoit croître de jour en jour son aversion pour le Comte, avoit déja jetté les yeux sur le Prince de Conty, & s'en expliqua à son dîner devant toute la Cour: Ensuite se tournant vers M. le Comte, il lui dit que connoissant que son humeur le portoit tout entier vers la Guerre, il le retenoit près de sa Personne pour cette Campagne, & lui ordonna d'aller mettre en état sa Compagnie de Gendarmes. Le Prince de Conty répondit par une profonde révérence, parce qu'il s'exprimoit avec peine; & le Comte de Soissons en fit autant, parce que le dépit l'empêcha de parler: tout ce que lui disoit Sa Majesté étant accompagné d'éloges de sa valeur, & d'un air de distinction dont il falloit faire semblant d'être content.

Les Membres du nouveau Conseil furent presque tous pris de l'ancien. On y ajoûta trois Intendans, Heudicourt, Marcel & Guibert: le nombre en fut dans la suite augmenté jusqu'à huit; en joignant à ces trois-cy Incarville, Des-Barreaux, Atichy, Santeny & Vienne, & un Secrétaire, qui fut Meillant. Quoique le Duc de Nevers n'y fût plus, le Roi ne trouvoit pas moins de difficulté à m'y faire entrer que dans le

___
(43) François d'Orléans, Comte de Saint-Paul, Gouverneur de la Province.

premier. Il ne l'ofa d'abord : tant il avoit d'égards pour les Catholiques, qui ne pouvoient fouffrir un Proteftant en place. Cependant il franchit le pas trois jours après : & la raifon qu'il en apporta aux autres Confeillers, fut que la confiance que le Prince de Conty avoit en moi, leur rendoit mon affociation nécelfaire par rapport à eux-mêmes.

 Le chemin de Sa Majefté s'adonnant par Moret, je l'accompagnai jufques-là ; moins pour l'y recevoir, puifque Madame de Rofny auroit pu le faire fans moi, que pour avoir le temps de m'entretenir en particulier avec ce Prince, & pour recevoir fes inftructions fecrettes fur les chofes qui devoient fe traiter dans le Confeil en fon abfence. La bonne intelligence n'y regna pas long-temps. Mes Collegues s'appercevant par les dépêches particulieres que je recevois du Roi, que j'avois l'oreille de Sa Majefté, fe liguerent tous par jaloufie contre moi ; me regardant comme celui qui auroit tout l'honneur de ce que le Confeil pourroit faire de louable. Ils crurent me dégoûter, ou me forcer au filence, en fe réüniffant tous conftamment contre mon avis : Comme ils virent que je n'en allois pas moins mon chemin, ils prirent le parti de s'entretenir dans les Affemblées de toute autre chofe que des Finances, dont ils remettoient à conférer en fecret, tantôt chez le Chancelier, tantôt chez Sancy : c'eft-là que tout fe regloit fans ma participation. Je ne leur diffimulai point ce que je penfois de cette prévarication : Je leur déclarai que je ne prétendois plus être compris dans leurs Réfultats : & au-lieu de figner leurs arrêtés, je proteftai contre ; & me retirai à Moret. Meffieurs du Confeil qui n'avoient pas même de prétexte à apporter du mécontentement qu'ils me donnoient, craignirent les reproches de Sa Majefté, & me firent prier par M. le Prince de Conty lui-même de revenir au Confeil. J'ai toujours été naturellement incapable de flater perfonne, ni de rien dire contre mon fentiment : je leur répondis que puifqu'on ne remédioit à aucun des abus qui s'étoient introduits dans les Finances, quoiqu'on les connût ; je ne voulois pas du-moins qu'il me fût reproché d'y participer : & je demeurai à Moret, pluftôt que d'être le témoin des malverfations que je voyois commettre impunément.

Le Roi trouva tant de conformité entre sa situation & la mienne, lorsque je lui mandai tout ce qui m'étoit arrivé, qu'il crut ne pouvoir mieux me consoler qu'en m'en instruisant à son tour. Il avoit affaire à des esprits intraitables. M. le Comte de Soissons qui ne l'avoit suivi qu'à regret, s'en vengeoit en lui faisant essuyer tous ses caprices & sa mauvaise humeur. Il eut beau faire ; il ne put pousser Sa Majesté, quelqu'irritée qu'elle fût, jusqu'à en arracher un ordre de se retirer ; qui étoit tout ce qu'il demandoit ; & il fut enfin obligé de se retirer de lui-même sur un prétexte si frivole, qu'à peine peut-on l'appeller un prétexte. Sur le bruit de l'approche du Connétable de Castille, le Roi s'étant fait amener par le Connétable de Montmorency & le Maréchal de Biron les deux Corps de Troupes qu'ils commandoient, M. le Comte prétendit que sa Charge de Grand-Maître de la Maison du Roi lui donnoit le droit de conduire en Chef toutes ces Troupes en l'absence de Sa Majesté; & il le lui déclara à elle-même. Le Roi ne jugea pas devoir seulement parler au Connétable & au Maréchal de souffrir un passe-droit de cette nature ; & s'efforça de faire revenir le Comte de Soissons de cette ridicule idée. Il le sollicita, le pria comme il auroit pu faire son Fils ou son Frere : ce sont les termes dont ce Prince se servoit en me mandant ce détail ; mais inutilement. Le Comte qui ne péchoit pas par ignorance, le quitta avec un feint mécontentement ; & engagea une partie des gens de Guerre qu'il avoit sous sa conduite, à en faire autant. Le Roi dépêcha aussi-tôt un Courrier chargé de Lettres pour son Conseil, qu'il avertissoit de prendre de justes mesures sur la fuite du Comte de Soissons. Le même Courrier en laissa une pour moi en passant par Moret. Henry ne sçavoit pas encore que je m'y étois retiré : mais nous étions ainsi convenus, afin de dérober à mes ennemis la connoissance de mon commerce avec Sa Majesté.

Trois ou quatre jours après la réception de cette Lettre, mes Domestiques vinrent m'avertir qu'il venoit d'arriver des Gens de guerre, qui prétendoient avoir leur logement à Saint-Mamert, Village sur le confluent de la Seine & du Loin, de la dépendance de Moret ; & qui n'en est distant que d'un quart de lieuë. J'envoyai Camord sçavoir qui ils étoient,

& quel étoit leur dessein. Non-seulement ils ne me rendirent point par ce Gentilhomme les civilités usitées en pareil cas ; mais encore ils lui répondirent insolemment qu'ils étoient en droit de loger par-tout où leurs chevaux se trouvoient fatigués, sans qu'on pût éxiger d'eux que de ne faire aucun dégât. Ils refuserent de nommer leurs Capitaines, & dirent seulement qu'ils étoient à M. le Comte de Soissons. Pour mettre encore davantage ces Officiers dans leur tort, je crus devoir leur écrire une seconde fois, que puisqu'ils appartenoient à M. le Comte qui me faisoit l'honneur de m'aimer, ils devoient venir loger à Moret : que je leur ferois donner place dans les Hôtelleries & chez les Bourgeois, où ils seroient plus commodément. J'y glissai seulement un mot pour leur montrer que je sentois bien la manière dont ils avoient reçu mon Député. Camord que je voulus charger de ce second message, me dit que cela ne serviroit qu'à accroître l'insolence de ces Officiers, qui n'étoient venus que dans un dessein prémédité de m'insulter : ce qu'il me confirma par plusieurs autres circonstances de sa réception, qu'il m'avoit cachées pour éviter un plus grand malheur. Madame de Rosny qui étoit présente à ce rapport, commença à se laisser aller à des frayeurs de femme ; & en accusant Camord d'imprudence, elle dit qu'elle aimoit mieux que tout le Village de Saint-Mamert fût ruiné de fond en comble, que de me voir pour si peu de chose brouillé avec M. le Comte, & exposé à un démêlé avec ces Officiers.

J'imposai silence à mon Epouse : & commençant par faire arrêter cinq ou six de ces Cavaliers, qui étoient venus faire raccommoder leurs équipages dans Moret, & acheter des denrées, je renvoyai Camord vers ces Officiers impolis. Il fut encore plus mal reçu cette fois : peu s'en fallut qu'on n'usât de main-mise : On se plaignit avec de grandes menaces de la détention des soldats. Il n'étoit plus possible de dissimuler ; & il ne me restoit d'autre parti à prendre que de me faire raison à moi-même, en continuant d'user de toute la modération possible. Je fis retenir douze autres Cavaliers qui venoient d'entrer dans Moret : & rassemblant en deux heures cent cinquante Arquebusiers & trente Chevaux, je pris avec moi les trente Chevaux, cinquante des Arquebusiers &

trente

trente Piquiers; avec lesquels je m'avançai vers Saint-Mamert, par le chemin de terre qui y conduit, & qui est fort
couvert; pendant que le reste de ma Troupe fit le même
trajet par la Riviere, sur un bateau plat & couvert de planches, & arriva en même temps que moi sous les maisons du
Village qui bordent la Riviere. Mes Aggresseurs voyant
cette double escorte, détacherent quelques-uns des leurs,
qui s'adressant à moi me demanderent ce que cela signifioit:
» Rien autre chose, leur répondis-je froidement, sinon que
» ce Village étant à moi; j'y mène loger mes Gens de pied,
» qui en font leur Quartier. « Les Officiers comprirent à
ces paroles que je n'étois pas d'humeur à leur céder : ils ren-
voyerent me faire des excuses, & me dire qu'ils alloient se
retirer dans le moment; n'ayant point compté loger sur mes
Terres malgré moi; ce que M. le Comte ne leur auroit pas
pardonné. En effet ils payèrent ce qu'ils avoient acheté, &
remonterent tous à cheval, sans seulement redemander leurs
prisonniers, que je leur renvoyai lorsqu'ils furent sur le Côteau de Dormeilles. Ils m'en remercierent, & me firent des
offres de service, qui acheverent de m'appaiser : J'envoyai
même aux Officiers douze bouteilles de vin & deux pâtés.
Après quoi je montai à cheval, pour aller suivant l'ordre
que je venois de recevoir de Sa Majesté, prendre avec M. le
Prince de Conty des mesures contre la désertion de M. le
Comte de Soissons.

Ce malheur n'est rien auprès de celui qui arriva en Picardie.
La jalousie du Commandement brouilla dès l'abord le Duc
de Nevers avec le Duc de Bouillon. Le Comte de Fuentes &
Rosne qui commandoient les Troupes Espagnoles, & qui
sans doute en furent informés, profiterent de cette désunion,
& vinrent assieger Le-Catelet & La-Capelle. La premiere de
ces deux Places manquoit de vivres & de munitions de Guerre; & la seconde avoit un Gouverneur sans honneur : mais la
principale cause de leur perte vint des deux Généraux (44)
François, qui en haine l'un de l'autre ne firent aucune démarche pour les secourir.

(44) Brantôme justifie le Duc de Nevers sur l'échec arrivé aux Fran-
çois à Dourlens; & marque qu'il s'avança à grandes journées, & qu'il manda qu'on l'attendît : ce que les autres Commandans ne jugerent pas à-propos de faire, *tom.* 3. *p.* 268.

1595.

Les choses étoient en cet état, lorsque le Gouverneur de Ham, Place Espagnole, mécontent de sa Garnison, résolut de remettre au Roi le Château de Ham, qui entraînoit la reddition de la Ville. Il s'adressa au Duc de Longueville, & le pria de lui prêter main forte, ayant en tête une Garnison nombreuse. Longueville fit part de la chose à ses Officiers Généraux, & sur-tout au Duc de Bouillon, qui lui promit un prompt secours. Sur cette assûrance; le Duc de Longueville pour ne pas perdre par trop de délai une occasion si favorable, accourut d'abord du côté de Ham, avec d'Humieres suivi de

Charles, Si-gneur d'Hu-mieres.

quelques Troupes Picardes; & en jetta partie dans le Château, partie aux environs, cherchant à réduire la Ville par l'escalade & le petard. La Garnison Ennemie se défendit avec un courage de Lions; elle les repoussa plusieurs fois: il ne s'est peut-être jamais rien passé de plus vif en ce genre. Enfin les François animés par leurs braves Chefs, qui virent qu'ils attendoient inutilement le Duc de Bouillon; s'attacherent aux Retranchemens du Château, les forcerent, & entrerent dans la Ville. La Garnison Espagnole les y attendit de pied ferme: forcée de plier, elle se rallia plusieurs fois & donna une infinité de petits Combats dans les Places, les Carrefours, les maisons mêmes; jusqu'à ce qu'elle fût toute taillée en pieces au nombre de mille ou douze cens hommes. Mais les François acheterent fort-cher cet avantage: Il leur en coûta trente de leurs meilleurs Officiers; du nombre des-

N. Blanchard Du-Cluseau.

quels furent Du Cluseau & La-Croix, Mestres de Camp, & d'Humieres (45) lui-même, le plus brave & le plus capable Officier qui fût en toute la Picardie.

Messieurs de Saint-Paul, de Bouillon & de Villars ayant joint leurs Troupes pendant cet intervalle, crurent ne pouvoir mieux les employer qu'à faire lever le Siege de Dourlens, que Fuentes & Rosne avoient attaqué après Le-Câtelet & La-Capelle. Le Duc de Bouillon menoit quatre cens Chevaux, Villars autant, & Saint-Paul cinq cens: & toute leur Infanterie pouvoit monter à deux mille hommes qu'ils comp-

---

(45) On ne peut rien ajoûter à l'Eloge que fait de ce Seigneur M. De-Thou, qui dit *liv.* 112. que le Roi & tout le Royaume le pleure- rent: Sa Vie & ses belles actions remplissent le *Vol.* 8930. *des Mss. de la Bibliot. du Roi.*

toient jetter dans la Ville, s'ils ne réüſſiſſoient pas à en chaſſer les Aſſiégeans.

A demi-lieuë de Dourlens, Bouillon ayant fait avancer cinq cens pas devant lui cinquante de ſes Cavaliers, pour gagner le ſommet d'une Montagne d'où l'on découvroit en plein la Ville & le Camp des Aſſiegeans; quatre de ces cinquante Chevaux qui précédoient les autres, apperçurent une Troupe des Ennemis qui venoit droit à eux entre le Camp & le Côteau: c'étoit l'Armée entiere en ordre de bataille, qui avoit été inſtruite du deſſein des nôtres: Mais ces quatre Cavaliers à qui la peur ne permit de voir la choſe que confuſément, firent un faux rapport au Duc de Bouillon; qui croyant n'avoir en tête qu'un Détachement, doubla le pas de ce côté avec ſon Eſcadron. Arrivé ſur le haut de la Montagne, il vit clairement ſa mépriſe. Un Parti de cent Chevaux précédoit deux Eſcadrons de ſix cens Chevaux chacun, qui ſe tenoient derriere, environ mille pas, & étoient ſoûtenus de trois autres Eſcadrons de pareil nombre, & d'une Infanterie de ſept à huit mille hommes. Les cent Chevaux n'eurent pas ſi tôt apperçu Bouillon, qu'ils vinrent à lui au trot, ſuivis au grand pas des deux premiers Eſcadrons, tous armés de pied en cap, & la lance ſur la cuiſſe: ce qui ne lui permit plus de douter que les François n'euſſent été découverts, & qu'il ne fallût en venir aux mains: quoique la partie fût ſi inégale, que les Eſpagnols étoient plus forts au-moins de deux tiers; à moins qu'il ne trouvât le moyen de leur cacher ſon petit nombre.

Bouillon envoya un Gentilhomme dire à l'Amiral qu'il vînt promptement à ſon ſecours. Villars qui étoit la bravoure même, ſans répondre un ſeul mot, hauſſa les bras au milieu de ſes Cavaliers; & leur fit mettre le Caſque en tête, en leur diſant pour toute exhortation de ne ſonger qu'à le ſuivre: & dans l'inſtant Bouillon le vit à ſon côté. Le trouvant ſi bien diſpoſé, il lui dit qu'il falloit empêcher les Ennemis de reconnoître leurs derrieres en faiſant la plus furieuſe charge qu'on pourroit. L'Amiral ne ſe le fit pas dire deux fois: croyant être parfaitement ſecondé par Bouillon, il prit par émulation le devant avec ſa Troupe; & marchant intrépidement vers l'Ennemi au grand trot, il attaqua bruſquement la gauche,

Eee ij

& se jetta le pistolet à la main au travers de cette forêt de lances. Il mit l'épouvante parmi les six cens premiers Chevaux ; & il les auroit taillés en pieces & peut-être mieux fait encore, s'il avoit eu un aussi bon second : Mais Bouillon ne fit de son côté qu'une fausse attaque, après laquelle il se retira en caracolant : & il a toujours soûtenu qu'il n'étoit convenu que de cela seul avec (46) l'Amiral ; quoique tous ceux qui accompagnoient ce dernier ayent unanimement déposé pour une attaque véritable.

Cette méprise, si ç'en fut une, eut toute la suite fâcheuse qu'on en devoit attendre. L'Escadron Ennemi que Bouillon avoit attaqué & ensuite esquivé, fut le premier qui tomba sur les bras de Villars vainqueur du sien ; & dans l'instant il s'y joignit d'autres Troupes fraîches en si grand nombre, que son Escadron accablé ne vit plus d'autre parti à prendre que la fuite. Villars incapable de fuir ou de trembler, fit des efforts incroyables avec un petit nombre de braves Gens qui ne l'abandonnerent point : mais enfin assaillis & enveloppés de tous côtés, ils furent tous portés par terre, & expirerent percés de coups, ou massacrés (47) de sang-froid.

Il ne servit de rien à Bouillon d'avoir ainsi mis à la boucherie son Collègue. L'Ennemi victorieux s'attacha à sa Troupe, à celle de Saint-Paul & à l'Infanterie. Leur Chef ne leur avoit pas inspiré l'exemple de se défendre, & ne fit encore rien moins en ce moment. Bouillon & Saint-Paul prirent la fuite,

(46) Si nous n'en croyons pas l'Historien qui a écrit sa Vie, croyons-en M. De-Thou, qui disculpe entierement le Duc de Bouillon : il dit de plus, que l'Amiral de Villars fut encore averti par le Comte de Saint-Paul de se retirer ; mais qu'il ne prit cet avis que pour une espece d'ordre du Duc de Bouillon, auquel il refusa de déferer par vanité, & par une bravoure qu'on ne peut excuser de témérité. *Liv.* 112. D'Aubigné parle comme De-Thou, *tom.* 3. *liv.* 4. *chap.* 9. les Mémoires de la Ligue, *tom.* 6. & Matthieu, *tom.* 2. *liv.* 1. Le sentiment de Cayet est que l'Amiral de Villars voulut profiter de l'avis que le Duc de Bouillon lui fit donner, de se retirer ; mais qu'il étoit alors trop engagé. *Chr. nol. Novinn. liv.* 7. *p.* 504.

(47) L'Amiral de Villars fut de ces derniers : Ayant été fait prisonnier par quelques Napolitains ; un Capitaine Espagnol, nommé Contrera entra exprès en dispute avec eux pour l'avoir, & se servit de leur refus pour le tuer. L'Etoile dit que la haine que les Espagnols lui portoient depuis qu'il avoit quitté le Parti de la Ligue pour celui du Roi, fut la véritable cause de sa mort : Il lui donne les mêmes louanges que M. de Rosny. *Journ. de P. de L'Etoile*, année 1595.

& leur Cavalerie avec eux, laiſſant l'Infanterie ſans aucune eſpérance de ſalut : auſſi fut-elle hachée par morceaux. La Ville aſſiegée demanda en vain après cela à capituler : L'Ennemi enyvré de ſa bonne fortune n'écouta rien, força la Place lorſqu'elle parlementoit, & fit main baſſe par-tout avec une horrible inhumanité. Je tiens ce détail de La-Font, qui repaſſa à mon ſervice après avoir perdu ſon Maître ; & on peut s'aſſûrer qu'il eſt exactement vrai ; puiſque cet homme mérite toute la foi qu'on doit à un homme d'honneur, & témoin oculaire de tout ce qu'il rapporte. Il obſerve qu'il périt en cette occaſion plus de trois mille François ; & ce qui eſt bien déplorable, plus de vaillans hommes qu'il n'en avoit péri dans les trois grandes Batailles enſemble que le Roi avoit livrées à Coutras, à Arques & à Ivry : Dans le ſeul Villars la France dut compter avoir fait une perte irréparable. Aux regrets communs à tout le Royaume, je joins particulierement celui d'avoir perdu un véritable & rare Ami.

Une autre Lettre auſſi fidèle du Sieur Baltazar, auquel j'avois expreſſément recommandé de ne rien perdre de tout ce qui ſe feroit dans l'Armée du Roi, me met en état d'en inſtruire le public. On verra avec plaiſir en liſant ce récit, un Roi que les délices du Trône avoit laiſſé tel qu'il étoit auparavant. Ses ſuccès paroiſſoient tels en toutes leurs circonſtances, qu'on ne ſçauroit les attribuer qu'à ſa valeur & à ſa bonne conduite : & leur gloire redouble par l'oppoſition des malheurs qui arrivoient par-tout où il n'étoit point. Auſſi cette Campagne de Henry en Franche Comté l'emporte dans l'eſprit de bien des Connoiſſeurs ſur tout ce qu'on lui avoit vu faire juſques-là.

J'ai remarqué plus haut que le Maréchal de Biron étoit occupé à ſecourir les Bourgeois de Dijon, qui tenoient aſſiégée la Garniſon Ennemie dans leur Château. Il y arriva fort-à-propos. Le Vicomte de (48) Tavannes ayant amené un renfort conſidérable à cette Garniſon ; d'aſſiégée elle étoit devenuë aſſiégeante à ſon tour. La Bourgeoiſie preſſée de toutes parts & réduite aux abois, ne faiſoit plus que ſe défendre dans quelques bouts de ruë où elle étoit acculée,

(48) Jean de Saulx, fait Maréchal de France par la Ligue, & Lieutenant en Bourgogne pour le Duc de Maïenne.

& ne difpofoit plus que d'une feule des portes de la Ville. L'arrivée de Biron lui fit reprendre courage. Ils rechafferent enfemble le Vicomte de Tavannes, & l'inveftirent dans les Châteaux de Dijon & de Talan (49). C'eft fur ces entrefaites qui Biron apprit que le Duc de Maïenne, qui étoit fenfiblement affligé du fuccès des Armes du Roi en Bourgogne, avoit fi inftamment follicité le Connétable de Caftille, que celui-ci étoit fur le point de paffer enfin les Monts à la tête d'une Armée, & d'entrer en Bourgogne. Biron cachant au Roi ce qu'il avoit appris, fe contenta d'envoyer le prier de venir au pluftôt lui aider à réduire le Château de Dijon. Le Roi arrivoit à Troye, lorfqu'il reçut la dépêche du Maréchal; & devinant par pure conjecture ce que Biron fçavoit par un bon avis; je veux dire, que le Connétable de Caftille qu'il croyoit devoir bien-tôt paffer en Flandre, prendroit fa route par Dijon, pour y rétablir en paffant avec le Duc de Maïenne les affaires de la Ligue; il y marche en diligence, & mit tout en œuvre afin qu'ils ne trouvaffent plus rien à faire à leur arrivée.

Il eft fans contredit que ces deux Généraux auroient encore pu prévenir le Roi, & fe conferver les Châteaux de Dijon, s'ils ne s'étoient pas arrêtés mal-à-propos à prendre fur leur chemin Vefou & quelque autres petites Places en Franche-Comté, dont les Troupes Lorraines s'étoient faifies. Après ce retardement volontaire, ils fe trouverent enfuite arrêtés malgré eux à Gray, où ils trouverent le paffage de la Saône impraticable, par le débordement de cette Riviere. Le Connétable de Caftille pour lever cet obftacle, fit un pont au-deffous de cette Ville: mais il conduifit fon ouvrage fi lentement, qu'il fembloit craindre de s'engager dans le cœur de la France, laiffant tant de Rivieres derriere lui. La vérité eft que ce Général fçavoit déja qu'il auroit en tête la Perfonne du Roi.

En partant de Troyes le Roi fit prendre les devants au Comte de (50) Torigny, avec huit ou neuf cens Chevaux, qui firent bien plaifir au Maréchal de Biron. Henry arriva

---

(49) A demi-lieuë de Dijon, où commandoit un Italien, nommé Francifque.

(50) Odet de Matignon, Comte de Torigny, Fils aîné du Maréchal.

à Dijon quatre jours après ; & sans descendre de cheval, il alla reconnoître les dehors & tous les environs de cette Place, principalement du côté où il conjecturoit que les Ennemis pourroient arriver. Il y fit faire de bons retranchemens ; & par de semblables retranchemens il coupa la communication des deux Châteaux. Cela fait, le Roi voyant que ces Châteaux pouvoient malgré tous ses efforts tenir encore assez long-temps ; il prit à son ordinaire le parti de s'avancer lui-même sur la route des Ennemis, avec un simple détachement ; afin de retarder leur marche, & de donner le temps au reste de ses Troupes d'achever l'entreprise. Il jugea que ce seroit un avantage considérable pour lui, s'il pouvoit les trouver encore occupés au passage de la Saône ; n'eût-il avec lui qu'une poignée de monde. Il donna donc rendez-vous à toute sa Troupe à Lux & à (51) Fontaine-françoise ; prit les devants avec trois cens Chevaux seulement, dont une moitié étoient Arquebusiers ; & vint avec cette petite escorte jusques sur la Vigenne, près du Bourg de Saint-Seine. Là il détacha le Marquis de (52) Mirebeau avec cinquante ou soixante Chevaux pour aller prendre Langue : & pendant ce temps-là il passa la Riviere de Vigenne, avec cent ou cent vingt Chevaux ; uniquement dans le dessein de connoître le terrein & la forme d'un Pays, où il seroit peut-être obligé d'avoir une Affaire.

Il n'avoit guére fait plus d'une lieuë, qu'il vit revenir à lui assez en désordre Mirebeau, qui lui dit qu'il avoit été chargé par trois ou quatre cens Chevaux, qui l'avoient empêché de bien reconnoître l'Ennemi : qu'il croyoit pourtant que ces quatre cens Chevaux avoient été envoyés se saisir du poste de Saint-Seine, & qu'ils étoient suivis de près par toute l'Armée. Le Maréchal de Biron qui arrivoit en ce moment auprès du Roi, offrit d'aller sçavoir des Nouvelles plus positives. Au bout de mille pas, il trouva une Garde avancée sur une Colline, d'environ soixante Chevaux, qu'il chargea ; & ayant pris sa place, il vit clairement toute l'Ar-

(51) Sur la Frontiere de Bourgogne & de Franche-Comté : cette Expédition se fit au commencement de Juin.

(52) Jacques Chabot, Marquis de Mirebeau, Comte de Charny, Conseiller d'Etat, & Lieutenant pour le Roi en Bourgogne, mort en 1670.

1595.
mée Espagnole s'approcher en ordre de Bataille ; & en particulier quatre cens Chevaux plus avancés que le reste de l'Armée, qui en poursuivoient cent cinquante François : c'étoit (53) d'Auffonville, que Sa Majesté avoit envoyé à la découverte d'un autre côté. D'Auffonville en fuyant, détourna l'orage sur le Maréchal de Biron. Le Détachement Ennemi l'attaqua à droite & à gauche, en se séparant en deux bandes ; sans doute dans la même intention que Biron, de découvrir ce qui pouvoit être derriere : La différence entr'eux étoit que les Ennemis soûtenus de près par six cens autres Chevaux, étoient supérieurs de plus des deux tiers aux deux troupes de MM. de Biron & de Mirebeau, qui ne faisoient en tous que trois cens Chevaux.

Malgré l'inégalité, Biron ne laissa pas de faire face. Il sépara ses trois cens Chevaux en trois pelotons égaux. Mirebeau fut placé avec le premier, à la droite ; le Baron de Lux (54) à la gauche, avec le second ; & le Maréchal se tint au milieu, avec le troisiéme. Les Ennemis chargerent en même temps par cent cinquante hommes d'un & d'autre côté. De Lux fut fort-maltraité, & même jetté par terre avec plusieurs autres. Biron qui avoit eu l'avantage par son endroit, vola à son secours, & rétablit sa Troupe : Mais ensuite il fut chargé si impétueusement lui-même par tous les Escadrons Ennemis réünis, vers lesquels il en vit encore s'avancer d'autres de la grande Armée, qu'il prit le parti de la retraite. Cette retraite fut changé en une fuite véritable si-tôt que cette Cavalerie Ennemie se fut mise à ses trousses. Il arriva en cet état à la vûë du Roi, qui envoya d'abord cent Chevaux pour le soûtenir. Rien n'est plus difficile que d'arrêter une troupe qui fuit ; sur-tout lorsqu'elle a l'Ennemi sur ses talons : Ces cent hommes prirent eux-mêmes le mouvement de ceux qu'ils venoient appuyer, & revinrent en fuyant.

Le Roi voyant qu'il ne lui restoit de ressource que dans lui-

---

(53) N. Baron d'Auffonville de Saint-George, Gentilhomme Lorrain.

(54) Edme de Malain, Baron de Lux ou de Luz. Il fut Conseiller d'Etat, Capitaine de cinquante hommes d'armes, & Lieutenant de Roi en Bourgogne : Il en sera parlé à l'occasion de la Conspiration du Maréchal de Biron, dans laquelle il trempa.

(55) Le

LIVRE SEPTIEME.

1595.

lui-même, s'avance vers les fuyards, sans se donner le temps de prendre son casque; s'expose à la rencontre des Escadrons victorieux, qui composoient plus de huit cens hommes; appelle ses principaux Officiers par leur nom; & en se portant par-tout sans aucun ménagement pour sa Personne, il fait tant qu'il arrête une partie des fuyards. Il fait deux corps du tout, & se mettant à la tête de cent cinquante Chevaux, il revient à la charge d'un côté; pendant que La-Trémouille en fait autant de l'autre par son ordre, avec pareil nombre. Sans cette intrépidité, il ne seroit peut-être pas échappé un seul de ces trois cens hommes, ainsi engagés au-delà d'une Riviere, devant un Corps de Cavalerie victorieux. Le Roi (55) donnant l'éxemple à ses soldats, se mêle ensuite la tête nuë au milieu des six Escadrons, les ouvre & les fait plier. Biron profitant de l'occasion, rassemble quelque cent vingt Chevaux de ceux qui fuyoient, revient à l'appui du Roi; & tous ensemble ils menent la Cavalerie En-

Claude de La-Trémouille, Duc de Thouars.

(55) Le Roi disoit que dans les autres occasions où il s'étoit trouvé, il avoit combattu pour la Victoire; mais qu'en celle-cy il avoit combattu pour la vie. Perefixe, Matthieu, Cayet, Le-Grain & d'Aubigné, rapportent les actions de cette journée de la même maniére; M. De-Thou, & le *Vol.* 8929. *des Manuscrits Royaux*, avec quelque différence. D'Aubigné dit que le Roi ne se montra parfaitement content que des seuls Ducs de La-Trémouille & d'Elbeuf, qui se joignirent ensemble de bonne grace » pour sabattre, dit-il, » la rosée devant Sa Majesté. « Tom. 3. liv. 4. chap. 8. Mais selon De-Thou, il loua devant le Parlement le Marquis de Mirebeau, La-Curée & plusieurs autres.
» Je n'ai point besoin de conseil, » mais d'assistance; répondit Henry IV. à ceux qui lui conseilloient de s'enfuir sur un excellent cheval Turc qu'on lui tenoit prêt; » il y a » plus de péril à la fuite qu'à la cha-» se. « *Matthieu*, *tom. 2. liv. 1. p.* 187. » Mainville, ajoûte cet Historien,

» qui étoit auprès de lui, & qui gar-» doit son coup de pistolet pour en » servir le premier des Ennemis qui » s'en approcheroit, en choisit un si » à-propos, qu'il lui perça la tête de » part en part; & la balle vint effler » autour des oreilles du Roi, qui ne » parla jamais de pistolet, qu'il ne » se souvint de ce coup, disant n'en » avoir jamais vu de plus grand; » aussi étoit-il chargé de deux car-» reaux d'acier. « Au rapport du même, le Duc de Maïenne demanda quatre cens Chevaux seulement au Général Espagnol, pour charger la Troupe du Roi; que l'Espagnol lui refusa, persuadé que Henry ne cherchoit qu'à le faire tomber dans une embuscade. Cette défiance des Ennemis fut son salut à Fontaine-Françoise, comme elle l'avoit été à Aumale. Ce qui est plus surprenant, c'est que ce Prince ne perdit que six hommes dans une Action si chaude; pendant qu'il demeura du côté des Espagnols six-vingt morts outre deux cens blessés, & soixante prisonniers. *Chronol. Novenn. liv. 7. p.* 497.

Tome I.

Fff

nemie battant jusques dans le gros de l'Armée du Duc de Maïenne.

Henry ne se laissa pas si fort emporter, qu'il n'apperçût à droite & à gauche deux Bois farcis de Fusiliers, dont il alloit essuyer la décharge, & ensuite courir risque d'être enveloppé, si dans le cours du combat il se fût permis d'insulter l'Armée Espagnole. Il suspend sa course & se tient sur ses gardes. Dans le moment il apperçoit deux autres Corps de Cavalerie, qui sortoient du milieu de l'un de ces Bois, pour venir fortifier l'Avant-garde vaincuë. C'étoit encore là un de ces momens critiques, où le plus léger manque de précaution est suivi d'une perte inévitable. Le Roi qui observoit de l'œil la manœuvre de ces deux Troupes, fait faire cependant halte à la sienne, & la rapproche pour être en état de les recevoir. Il ne s'agissoit que de cela seul : car dans l'ardeur de sa Victoire, elle eut bien-tôt renversé tout ce qui vint à sa rencontre ; & se trouva au large devant tous ces Bataillons, étonnés des prodiges qu'ils voyoient. Henry comptit que cette surprise ne pouvoit pas être fort-longue ; & qu'il alloit avoir sur les bras un monde, animé par la vûë d'une poignée de gens, à réparer la honte d'une défaite presqu'incompréhensible. Il profita de l'inaction de l'Ennemi pour regagner sans être poursuivi, du moins le premier lieu du Combat, & se dégager du milieu de l'Armée Ennemie : ce qu'il fit avec tant d'ordre & de supériorité, que l'Ennemi ne se racquita en rien de sa perte ; & que ce Prince remporta dans un même jour, & presque dans le même moment, l'honneur de la plus belle Victoire & de la plus belle Retraite, dont l'Histoire nous fournisse l'exemple.

En arrivant à son premier poste, il trouva le Comte de Chiverny (56), le Chevalier d'Oise, MM. de Vitry, de Clermont, de Rissé, d'Arambure, de La-Curée, d'Heures, de

(56) Henry Hurault Comte de Chiverny. George de Brancas-Villars. Louis de L'Hôpital-Vitry. George de Clermont d'Amboise. N. de Créquy de Rissey. Jean d'Arambure. Gilbert Filhet de La-Curée : Il fut du Combat, où il combattit sans armures, & mal monté. Une voix qu'il reconnut pour être celle du Roi, lui cria : *Garde, Curé*: c'étoit un des Ennemis qui étoit prêt à lui passer sa lance au-travers du corps, & qu'il tua. *Vol 8929. Manuscrits de la Bibliot. du Roi.*

Saint-Geran & de La-Boulaye, qui y arrivoient aussi avec leurs Compagnies: elles composoient avec celle du Roi environ huit cens Chevaux. Les Ennemis n'oserent l'attaquer après ce renfort; persuadés que toute son Armée le suivoit, & encore consternés de ce qu'un peloton de ces Gens en venoit de battre six fois autant: Ils rebroussèrent chemin, faisant passer leur Cavalerie à leur tête, afin que l'Infanterie la mît à couvert. Le Roi ne laissa pas de les poursuivre; & il ne cessa point de les harceler, qu'il ne leur eût fait repasser la Saône sur leur Pont au-dessous de Gray. Comme ils n'oserent plus après cela tenter ce passage; la Bourgogne demeura par cet exploit à la discrétion du Roi, qui la prit toute en peu de jours, à l'exception de (57) Seure. Il s'empara encore de quantité de petites Villes en Franche-Comté, qu'il mit en liberté à la prière des Suisses: Tous ces avantages furent les fruits de la Journée de Fontaine-françoise.

Henry avoua qu'ils n'égaloient pas ce qu'il avoit perdu, quand il eut appris la déroute arrivé en Picardie. Il se hâta de quitter la Bourgogne & le Lyonnois, & revint en diligence à Paris. Il passa par Moret; où ayant sçu en détail les motifs de ma sortie du Conseil, il me rendit justice, & jugea que les marques qu'il avoit laissé paroître de sa confiance en moi, & le desir que j'avois de m'en rendre encore plus digne, étoient les vraies causes qui m'avoient attiré tant d'ennemis. Il eut la bonté de m'en consoler, en m'assûrant que ce déchaînement ne faisoit qu'accroître sa bonne volonté pour moi: je convins en même temps que Sa Majesté ayant à ménager tout le monde, dans une conjoncture où l'échec arrivé devant Dourlens pouvoit causer une Révolution; elle étoit obligée de dissimuler & de n'accuser personne. Ce fut avec moi seulement que le Roi se plaignit des Auteurs de ce cruel accident, & qu'il déplora les pernicieux effets de l'inimitié des Chefs, presque l'unique cause des plus grands désastres dans la Guerre. Il me parut sensiblement touché de la perte de l'Amiral de Villars; & il ne m'en

(57) Seure, Ville sur la Saône: Elle a changé de nom, & s'appelle aujourd'hui Bellegarde.

Fff ij

1595. parla qu'avec mille louanges : Il avoit bien fçu démêler la vérité, au travers de tout ce que les Parties intéreſſées avoient avancé, pour mettre ſur le compte du Mort tout ce qui étoit arrivé.

Ce Prince comprit en ce moment, & m'avoua qu'il s'étoit laiſſé aller mal-à-propos à l'avis d'une Guerre, dont on lui avoit aſſûré le ſuccès infaillible. Il eut même la ſincèrité de la traiter de faute ſi capitale, qu'elle étoit capable de replonger la France dans des miſéres plus grandes que celles dont elle ſortoit. Le Roi en parlant ainſi ne conſidéroit que la grandeur d'une perte telle que Le-Catelet, La-Capelle, (58) Ardres, Dourlens, Cambray dont Balagny venoit d'être chaſſé, & Calais par-deſſus tout, qu'on regardoit déja comme pris, quoiqu'il ne le fût pas encore : Pour moi, je trouvois que la France avoit encore plus riſqué dans ces occaſions, où le Roi n'avoit ſauvé la Bourgogne & ſa propre vie, que par un prodige de valeur & de bonheur. Depuis cela, Henry avoit coûtume de dire qu'une Déclaration de guerre eſt la choſe du monde qui doit être le plus mûrement peſée, & que quelqu'attention qu'on croye apporter, elle ne l'eſt preſque jamais aſſez. Les Princes peuvent encore tirer de cet exemple une autre leçon, qui n'eſt pas moins utile : c'eſt qu'ils ne doivent jamais avoir de haine envenimée contre leurs Voiſins ; & que la prudence éxige en bien des occaſions, que malgré le reſſentiment le plus violent & même le plus juſte, il paroiſſent toujours diſpoſés à la reconciliation.

Le Roi ſe garda bien de rien témoigner en public de ce qu'il penſoit : au contraire, cherchant à relever les courages abbatus, il répondit aux Pariſiens qui vinrent le complimenter ſur ſa perte, qu'elle étoit facile à réparer, ſi de leur part ils vouloient joindre les effets aux paroles. Ils lui firent d'aſſez belles offres : Mais Sa Majeſté ayant pluſieurs fois éprouvé combien peu elle devoit s'y arrêter, prit ſes meſures d'ailleurs ; & ſans en attendre l'accompliſſement, elle

---

(58) Ardres fut rendu aux Ennemis par le Comte de Belin, preſque ſans faire de défenſe : Il en fut diſ- gracié : on lui ôta ſes Charges : on le relegua dans ſes Terres &c. *Bongars Epiſt. 75. ad Camer. Moriſot, chap. 33.*

repartit de Paris dès le lendemain, avec la joie d'avoir appris par un Courrier arrivé de Rome, que le Pape s'étoit enfin porté à lui donner (59) l'Absolution qu'il faifoit folliciter depuis fi long-temps : Nouvelle qui n'étoit rien moins qu'indifférente dans la conjoncture préfente.

Le Saint Pere mit pour conditions (60) à cette Abfolu-

(59) Ce qui fit, dit M. de Péréfixe, que le Pape tarda tant à accorder l'Abfolution, c'eft, difoir-il, que lui feul avoit le pouvoir de réhabiliter les Relaps. Il étoit fort en colere de ce que les Prélats de France avoient entrepris de l'abfoudre, quoiqu'ils ne l'euffent abfous que par provifion *ad Cautelam* feulement.

(60) Outre ces conditions qu'on peut voir en Original dans le *Vol. 8778. des Mff. de la Bibliot. du Roi*, où l'Acte de l'Abfolution d'Henry IV. eft rapporté tout au long en Italien, le Saint Pere y impofe encore pour pénitence à ce Prince, d'entendre tous les Dimanches & Fêtes une Meffe Conventuelle dans la Chapelle Royale, & la Meffe privée tous les jours de la Semaine : de dire le Rofaire tous les Dimanches, le Chapelet tous les Samedis, & les Litanies tous les Mercredis : de jeûner tous les Vendredis : de fe confeffer & communier publiquement au moins quatre fois l'année. Je remarque dans cet Acte, que le Pape après avoir donné l'Abfolution à Henry, le nomma alors feulement, Roi de France & de Navarre. A chaque Verfet du *Miferere*, le Saint Pere donnoit légèrement un coup de la baguette du Pénitentier fur les épaules de MM. Du-Perron & d'Offat, qui y font nommés *Procuratori di Navarra* : Ce qui eft une formalité ordinaire de cette forte de Cérémonie, fur laquelle les Ecrivains Proteftans n'ont pas manqué de glofer avec malignité ; en difant que Henry IV. s'étoit foûmis à recevoir des coups de fouet par Procureur & autres traits femblables : Mais ces mauvaifes plaifanteries n'ont plus impofé à perfonne, depuis que M. De-Thou & tous les Critiques fenfés, ont fait voir qu'elles étoient injuftes & fans fondement. M. de Sully, à ce qu'il paroît, s'étoit mis au-deffus de cette erreur populaire : Mais je ne fçais s'il obferve la même équité par rapport au Cardinal d'Offat.

Ce qu'il en dit ici, & en plufieurs autres endroits de ces Mémoires, m'a donné la curiofité de lire avec attention le Recueil des Lettres de ce Cardinal, qui jouit parmi nous de la réputation d'avoir été auffi bon François qu'habile Négociateur. Je dirai librement ma penfée fur chacun des Griefs qui fourniffent au Duc de Sully occafion de l'attaquer, à mefure qu'ils fe préfenteront : Et pour commencer par celui de l'Abfolution d'Henry IV ; il me femble qu'après avoir examiné tout ce qu'il dit fur ce fujet, *pag.* 45, 48, 105, 107, 115, 129, 208, *& fuiv.* ancienne édition *in-fol.* on ne peut fe difpenfer de reconnoître d'un côté, Qu'il y trouva de grandes difficultés dans l'efprit du Pape, & de véritables obftacles de la part du facré Collége : Qu'il s'appliqua avec travail & avec fruit à les furmonter; & que tout autre que lui auroit eu bien de la peine à y réüffir : Témoin ce qui arriva au Duc de Nevers, au Cardinal de Retz, au Marquis de Pifany & autres : Qu'il eft fort-éloigné d'approuver les fubterfuges aux-quels la Cour de Rome eut fouvent

Fff iij

tion : Que le Roi exclurroit les Protestans de toutes les Charges & Dignités ; & qu'il travailleroit de tout son pouvoir à les éteindre tout-à-fait : Qu'il rétabliroit la Messe en Bearn : Qu'il feroit restituer aux Catholiques tous les Biens Ecclésiastiques qui leur avoient été pris par les Huguenots : Qu'il résoudroit le Prince de Condé à se faire Chatholique Romain : Qu'il publieroit & feroit recevoir le Concile de Trente : Enfin qu'il rétabliroit les Jésuites en France. Celles de ces conditions qui regardoient les Protestans & le Concile de Trente demeurerent sans effet : le Roi satisfit au autres. Ceux qui trouvent qu'en cette occasion Sa Majesté reçut la loi du Pape, ne doivent s'en prendre qu'à Du-Perron, & plus encore à Arnaud d'Ossat, alors Agent immédiat de cette affaire à Rome. Bien-loin de rejetter ces conditions, ces deux Ecclésiastiques auroient été bien fâchés que la chose se fût exécutée autrement : Si l'on doit ajoûter foi à un Mémoire qui me fut envoyé de Rome plusieurs années après, & dont je parlerai plus au long en son temps ; on y trouvera la preuve complette de ce que je viens de dire, du-moins quant à d'Ossat.

Ce Mémoire avance deux choses au sujet de l'Absolution du Roi, qui en fait un des Articles principaux : L'une, que le Pape & tout le Sacré Collège souhaitoient si passionnément

recours dans les formalités ; & même que tout ce manège l'impatienta souvent ; aussi bien que la supercherie dont il se plaint qu'on usa dans la Bulle d'Absolution. Cependant au travers de tout cela, on sent d'un autre côté dans ces mêmes endroits, & bien plus encore dans tous ceux qui ont quelque rapport aux Protestans, aux Jésuites, au Concile de Trente &c. que cette Eminence ne fut point fâchée que l'affaire de l'Absolution du Roi passât avec les conditions dont M. de Sully se plaint si amèrement : soit que d'Ossat n'y apperçût point cette prétenduë lésion de l'honneur de la Couronne, & ce préjudice aux Libertés de l'Eglise Gallicane ; ce que je laisse aux Sçavans à discuter : soit qu'il crût que toutes ces précautions devenoient nécessaires pour l'intérêt de la Religion : soit enfin qu'il fut un peu prévenu en faveur des maximes de la Ligue : Ce qui ne m'empêche pas de souscrire aux Eloges qu'ont donné à ce Cardinal tous nos bons Historiens ; & en dernier lieu Amelot de La-Houssaye, dans la Vie qu'il nous a donnée du Cardinal d'Ossat, à la tête de l'Edition de ses Lettres ; à laquelle je renvoie le Lecteur. L'Abbé Du-Perron & M. de Villeroi rendirent aussi d'importans services à Henry IV. dans l'affaire de son Absolution. *Matthieu*, tom. 2. liv. 2. pag. 210. & suiv.

LIVRE SEPTIEME. 415

que ce Prince eût recours à Rome pour cette formalité, qu'ils ne pouvoient cacher la crainte que quelquefois les Nouvelles leur donnoient, que Henry ne se portât à la mépriser, ou à la regarder comme inutile. Il en prend la preuve dans leurs propres Lettres : L'autre, que d'Ossat, loin d'instruire le Roi de cette disposition de la Cour de Rome, comme il le devoit, pour peu qu'il eût eu en recommandation l'honneur du Roi & de la Couronne ; faisoit au contraire entendre à ce Prince, qu'il ne pourroit obtenir sa Réconciliation du Saint Pere, qu'en souffrant qu'on donnât atteinte aux Libertés de l'Eglise Gallicane, & en l'achetant par toutes les conditions qui viennent d'être marquées. Henry ne laissa pas de récompenser ses deux Agens par les plus éminentes Dignités de la Prélature.

En trois jours Sa Majesté se rendit à Péronne, où elle fut saluée d'abord par Balagny. Cet homme à qui une folle vanité (61) venoit de faire perdre Gouvernement, Biens, Femme & honneur, au-lieu de rougir & de se cacher, affectoit de se produire ; parloit haut ; & vouloit qu'en cet état qui étoit son état naturel, on eût pour lui tous les égards qu'on conserve pour les Souverains malheureux. Le Roi résolu de tout tenter pour secourir Calais, voyant qu'il n'avoit aucunes Troupes avec lui pour entreprendre de forcer le Camp

---

(61) M. de Péréfixe dit que Cambrai fut pris par famine : D'autres, comme Matthieu, en accusent la mésintelligence des Ducs de Nevers & de Bouillon ; & d'autres, la lâcheté de Balagny. Les Mémoires de la Ligue, t. 6. marquent que trois Compagnies Suisses qu'il ne payoit point, l'obligerent à rendre sa Place. Tous les Historiens ont parlé du courage de Renée de Clermont, Femme de Balagny, & Sœur du brave Bussy d'Amboise, qui après avoir inutilement fait tous ses efforts pour inspirer de la résolution à sa Garnison & à son Mari, ne voulut pas survivre à la perte de sa Principauté, & se laissa mourir de faim ou de douleur. » Voilà en un Chapitre » l'abrégé des plus grands affronts, » que de mémoire d'homme la » France ait reçus par les Etrangers.« C'est d'Aubigné qui parle ainsi, en finissant le *Chapitre 9. du liv. 4. tom. 3.* de son Histoire, dans lequel il a rassemblé la prise du Catelet & de La-Capelle, la défaite de Dourlens, la prise d'Ardres, Cambrai, & Calais. Balagny dit à un Officier Espagnol, qui paroissoit étonné de lui voir emmener sa Maîtresse avec lui, & dans le même Bateau, que l'amour adoucissoit les traits de la fortune : » Vous avez raison, répartit l'Espa- » gnol, & sur-tout à présent que » vous aurez moins d'affaires que » vous n'aviez. « *P. Matthieu, tom. 2. liv. 2. p. 219.*

1595.

des Assiégeans; prit le seul parti qui lui restoit, de se jetter lui-même dans la Place, à la tête d'un Parti considérable. Il s'embarqua par deux fois dans ce dessein : mais le vent contraire le rejetta sur la terre. Comme il désesperoit de son entreprise; Matelet, Gouverneur de Foix, vint lui offrir d'essayer pour une troisiéme fois l'entrée dans Calais ; & lui promit que s'il vouloit lui donner quatre ou cinq cens Gentilshommes, il feroit tant, soit par Mer, soit du côté de la Terre, qu'il s'ouvriroit un passage. Le Roi l'ayant loué de sa résolution, lui donna l'escorte qu'il demandoit ; avec laquelle Matelet vint effectivement à bout de son entreprise, & entra dans Calais, après avoir surmonté mille obstacles (62): Mais il fit bien-tôt oublier sa belle action ; lorsqu'on vit qu'il ne s'étoit joint à la Garnison de cette Place, que pour partager sa peur & consentir à la Capitulation. Ainsi le Roi eut le chagrin de ne s'être avancé jusqu'à Calais, que pour le voir rendre sous ses yeux.

On me demandera où étoient pendant ce temps-là tous ces Seigneurs & Officiers François, qui s'étoient montrés si ardens à conseiller la Guerre ; & pourquoi ils laissoient Sa Majesté en supporter seule le fardeau, & recevoir échec sur échec. Il faut le dire à la honte du nom François : ils songeoient à tirer parti pour eux-mêmes, des malheurs que leur imprudence avoit causés, & que leur nonchalance augmentoit ; & ils tramoient cependant des desseins plus ruineux à l'autorité du Roi, que la Guerre Etrangere la plus cruelle. On va en être instruit dans un moment.

Le Roi superieur à la mauvaise comme à la bonne fortune,

(62) Les Historiens ne sont pas d'accord sur cette action : Les uns, comme De-Thou & d'Aubigné, n'en disant rien paroissent la révoquer en doute : D'autres l'attribuënt au Sieur de Campagnole le Cadet : Davila & nos Mémoires, à Matelet, Gouverneur de Foix. Elisabeth offrit de défendre Calais contre les Espagnols, à condition qu'on remettroit cette Place aux Anglois eux-mêmes. Sancy qui étoit alors Ambassadeur à Londres, répondit à cette Reine, que le Roi l'aimoit encore mieux entre les mains des Espagnols, que dans celles des Anglois : Et Henry IV. disoit aussi, que s'il avoit à être mordu, il aimoit autant que ce fût d'un Lion que d'une Lionne. Ce qui fut cause qu'Elisabeth refusa depuis d'assiéger cette Ville, pendant que Henry IV. assiégeoit celle d'Amiens; quoiqu'on lui offrit alors de la lui engager. *Matthieu, ibid, p. 223.*

(63) » Nous

tune, confola ceux qui étoient fortis de Calais; pourvut à la fûreté de Boulogne, Abbeville, Montreuil, Monthulin & autres Châteaux & Places. & marcha vers S. Quentin, dans la crainte que les Ennemis, qui n'étoient pas éloignés de ces Quartiers ne furpriffent quelqu'un des Seigneurs & Officiers Généraux, qui s'y rendoient enfin l'un après l'autre. Ils choifirent ce moment pour travailler auprès du Roi à l'éxécution du deffein qu'ils avoient formé enfemble avant que de partir de Paris. Ce fut le Duc de Montpenfier qui fe chargea de cette commiffion : non qu'il fût le plus mal-intentionné ; mais il étoit le plus facile & le plus foible. Il aborda le Roi à Saint-Quentin, & lui propofa de la part des principaux Seigneurs François, comme l'unique moyen de réfifter à fes Ennemis, d'abandonner aux Gouverneurs des Provinces la propriété de leurs Gouvernemens, à droit d'hérédité, & fans être obligés à rien envers le Roi, qu'à l'hommage-lige.

1596.

Villes & Fortreffes de Picardie.

On ne comprend pas comment une propofition qui tendoit fi vifiblement à rejetter la France dans l'état d'Anarchie qui l'avoit remplie de fang & d'horreur dans fes premiers fiécles, put fortir de la bouche d'un François, d'un Prince, & fur-tout d'un Prince du Sang. Henry ne trouva point de parole dans ce premier moment ; tant il fe fentit furpris & frappé de l'affront qu'on faifoit à la Dignité Royale. M. de Montpenfier continuant un difcours concerté de longue-main, voulut prouver à Sa Majefté que tous ces Gouverneurs, ou pour mieux dire, tous ces petits Princes, s'obligeant à lui tenir pour tous fes befoins, des Troupes toujours prêtes ; elle ne fe trouveroit plus dans la fituation où elle étoit actuellement, de paroître fans foldats devant fes Ennemis. De tous les fentimens qui agitoient l'efprit du Roi, ce Prince ne montra au Duc de Montpenfier que celui d'une grande compaffion, de lui voir faire un perfonnage fi indigne de lui. Il l'arrêta, en lui difant fans la moindre aigreur, qu'il n'en avoit déja entendu que trop : qu'il voyoit bien qu'on avoit abufé de fa facilité, pour le charger d'un rôle dont il n'avoit pas fenti toute la baffeffe ; lui Prince du Sang, & beaucoup plus proche de la Couronne, que n'en avoit été

Tome I. Ggg

autrefois Henry lui-même. Ce Prince ajoûta encore beaucoup de choses sur le même ton. Il étoit si éloigné de craindre de se voir jamais obligé à donner les mains à une pareille proposition, & si déterminé à périr mille fois, plutôt que de couvrir de cette infamie la Famille & la Dignité Royales, qu'il n'eut pas même la pensée d'entrer à cet égard dans aucune discussion, ni de répondre un seul mot sur le fond de la proposition (63).

M. le Duc de Montpensier sentit sa faute, par l'air & le ton dont Sa Majesté lui parloit: il en rougit; en demanda pardon; & pria le Prince d'oublier qu'il eût été capable de se dégrader ainsi lui-même de son rang. Le Roi après avoir fait connoître au Duc tout son tort, lui enseigna le moyen de le réparer en quelque maniere, auprès de ceux qui le lui avoient fait commettre: & pour lui, il assûra M. de Montpensier, qu'il vouloit bien l'oublier, & continuer à le regarder comme étant de son Sang. M. le Duc de Montpensier convint qu'à la premiere occasion où les Auteurs de la proposition le mettroient sur ce chapitre, il déclareroit, Qu'il avoit fait ses réflexions sur ce qu'ils avoient exigé de lui; Qu'ils pouvoient charger un autre d'une proposition qu'il désavouoit formellement: Que s'il en parloit jamais à Sa Majesté, ce ne seroit que pour l'en détourner: Et qu'ils devoient s'attendre qu'il en empêcheroit l'effet lui-même, par tous les moyens imaginables: ce qu'il éxécuta ponctuellement, & d'un air si naturel, qu'il déconcerta tous ces Seigneurs, & leur ôta pour toujours l'envie de tenter sa fidélité.

C'étoit donc pour jetter le Roi dans la nécessité de les rendre ses égaux, que les Princes & les Gouverneurs des Provinces de France, l'aidoient si mal des secours qu'ils lui avoient promis. Le Duc de Bouillon fut un de ceux qui se firent le plus acheter. Comme Sa Majesté ne doutoit pas de la part qu'il avoit dans le complot, elle en voulut tirer la conviction, de l'embarras du Duc; sans lui faire connoître qu'elle en eût rien appris d'ailleurs. Bouillon étoit assez diffi-

_____

(63) " Nous sommes tous Gentilshommes, " disoit quelquefois || Henry IV. devant les Princes du Sang.

mulé & affez beau parleur, pour bien cacher ce qu'il ne vouloit pas qu'on découvrît : Mais outre que Henry n'avoit pas moins de talent pour pénétrer jufque dans le fond du cœur de ceux qu'il entretenoit ; la préfence du Souverain eft feule un poids capable d'abatre un homme qui fe fent coupable. Le Roi commença par s'affûrer que M. de Montpenfier ne lui avoit point fait une feconde trahifon auprès du Duc de Bouillon. Il le mit enfuite fur la défaite de Dourlens ; en lui demandant fans détour & avec une efpéce de confiance, comment avoient pu manquer ces intelligences fi fûres, que lui Duc de Bouillon avoit dans Liége, Namur & tant d'autres Places du Luxembourg & du Hainaut ; & fur lefquelles, comme il fçavoit, on s'étoit porté à entreprendre la Guerre.

Bouillon embarraffé de la queftion & de l'air fimple dont elle étoit faite, au lieu de répondre jufte fur fes prétenduës intelligences, fe jetta dans de grands difcours fans fuite, qui le trahiffoient mieux que l'aveu le plus fincère. Il accufa tout le monde ; le Duc de Nevers, qui lui avoit, difoit-il, débauché fes Officiers, & empêché fes levées ; les Anglois, qui n'avoient point fait la diverfion qu'ils avoient promife ; les Hollandois, qui avoient profité de cette conjonƈture, pour s'aggrandir eux-mêmes du côté de l'Over-Iffel & de la Frife. Sur quoi le Duc de Bouillon, qui ne cherchoit qu'à détourner de plus en plus la converfation, dit au Roi, Que la premiere caufe de tout le malheur ne venoit que de ce que Sa Majefté n'avoit aucune perfonne de confiance & de poids à la Cour de Londres, pour hâter le fecours qu'elle avoit promis : & en même temps il s'offrit pour cette Ambaffade, & même la follicita inftamment. Le Roi jugeant qu'il étoit inutile de preffer davantage le Duc fur fa faute ; ceffa de lui en parler : & pour l'ambaffade d'Angleterre, il y confentit à la fin, confidérant qu'il perdoit fort-peu en perdant la préfence du Duc. Il lui en fit expédier la Commiffion ; & Bouillon partit peu de jours après pour l'Angleterre.

C'eft de la bouche de Sa Majefté, que je tiens le détail de cette converfation avec le Duc de Bouillon ; auffi bien que de celle qu'elle eut avec M. le Duc de Montpenfier, dont il vient d'être parlé. Le Roi n'eut pas pluftôt quitté Bouillon, qu'il fit réflexion que le Duc, au-lieu de le fervir utilement à la Cour de Londres, pouvoit bien ne demander cet emploi, que pour y donner de mauvaifes impreffions de fa conduite; ou du-moins, qu'il ne travailleroit que pour lui feul. Ce Prince m'envoya chercher de fort-grand matin par Jacquinot, pour me communiquer fa crainte. M'étant mis à genoux fur un carreau près du lit de Sa Majefté, il me demanda d'abord ce qu'on difoit, & ce que je penfois moi-même du long entretien qu'il venoit d'avoir avec le Duc de Bouillon. Je répondis que chacun en conjecturoit à fa maniere; & qu'apparemment l'affaire de Ham & de Dourlens, & la propofition faite par M. de Montpenfier, y avoit eu la meilleure part. Le Roi me dit que je me trompois; qu'il connoiffoit affez le Duc de Bouillon, pour ne point douter que les reproches qu'il lui auroit pu faire fur tous ces fujets, loin de le corriger, n'auroient fervi qu'à l'engager tout-à-fait dans la révolte. Enfuite Sa Majefté m'ayant redit prefque mot pour mot, tout ce qui s'étoit dit entr'eux fur l'Ambaffade d'Angleterre; elle me propofa d'y accompagner le Duc de Bouillon, pour éclairer fes démarches.

Tout fe fait par foûterrains à la Cour. Au fortir de fa converfation avec Bouillon, le Roi ayant dit à MM. du Confeil des Finances, qu'elle envoyoit le Duc en Angleterre; ces Meffieurs, après en avoir conferé enfemble, n'avoient trouvé rien de plus propre à fatisfaire leur jaloufie contre moi, que de perfuader au Roi qu'il devoit me joindre au Duc de Bouillon. Ma capacité dans les Négociations reçut de leur part des éloges, dont ils comptoient bien fe racquiter, d'abord qu'une fois ils feroient parvenus à m'éloigner du Roi. Ce Prince ne pénétrant point leur intention, trouva cette idée de fon goût: mais je ne donnai pas dans le piége. Je fis appercevoir à Sa Majefté le vrai motif de la feinte générofité de ces Meffieurs à mon égard. Dès le moment que le Duc de Bouillon auroit eu le moindre foupçon que je l'obfervois, & que je détruifois fon ouvrage; il n'auroit pas manqué d'éclater contre moi: & de l'efprit dont il étoit, fa haine ingénieufe auroit trouvé le moyen de me charger du mal

qu'il auroit fait, & du bien qu'il n'auroit pas voulu faire : 1596.
C'est ce que mes envieux avoient aussi bien senti que moi :
Sa Majesté en convint ; & s'étant renduë à mes raisons, elle
ne me pressa plus.

Messieurs du Conseil ne s'en tinrent pas-là. Lorsqu'ils revirent le Roi, ils furent les premiers à avouer qu'ils avoient
eu tort de vouloir me joindre avec le Duc de Bouillon : Mais
comme ce Duc ne devoit être que fort-peu de temps à Londres ; ils imaginerent de me faire remplir sa place, avec le
même titre & les mêmes honneurs. Tout leur étoit égal,
pourvû qu'ils fussent défaits de moi. Le Roi tomba encore
dans leur sentiment, & me déclara son intention quelques
jours après, avec un ordre de faire dès-à-présent tous mes
préparatifs pour ce voyage, de me pourvoir d'argent, & de
disposer mon Epouse à me suivre, si je jugeois à propos de
la mener avec moi : ce que Sa Majesté ne trouvoit pas nécessaire ; mon voyage ne devant être, disoit-elle, que de sept
ou huit mois au plus. Ce Prince qui s'apperçut d'abord de
ma répugnance, accompagna son ordre de tout ce qu'il put
imaginer d'obligeant. Il me dit que la nécessité des temps
l'empêchant de me charger seul de ses Finances, il se reprocheroit d'exposer aux dangers d'un Siége long & rude, le seul
homme de son Royaume, qu'il jugeoit digne de remplir cette
importante place. Sa Majesté venoit de se déclarer hautement
sur le Siége de La-Fère.

J'admirois pendant que le Roi me tenoit ce discours l'opiniâtreté de mes adversaires à me persécuter, & le fond de
leur malice. Sous l'apparence d'un titre d'honneur vain &
ruineux, ils éloignoient, & peut-être pour toujours, les occasions de m'avancer : Car qui auroit parlé pour moi en mon
absence ? Qui les auroit empêchés encore de prolonger à leur
gré mon séjour hors du Royaume ; jusqu'à ce que les affaires
ayant pris en France un état fixe & durable, il n'y eussent
plus laissé de part à un homme, qu'une si longue absence auroit fait regarder ensuite comme un étranger ? Toutes ces
pensées firent que je tins ferme. Je suppliai le Roi de ne me
point contraindre à un voyage, pour lequel je me sentois un
éloignement invincible : & j'eus le bonheur que Henry dis-

posé à croire de lui-même, que je lui ferois d'une plus grande utilité à Paris que dans Londres, pendant le Siège qu'il alloit entreprendre, m'y renvoya pour me faciliter la levée de l'argent, & l'envoi de toutes les choses nécessaires à faire réüssir ce Siege; pour y recevoir ses ordres, en faire part au Conseil, & y faire prendre de sages résolutions. Quand j'aurois choisi moi-même ma vengeance, je n'en aurois pas pu prendre une autre.

Fin du Septiéme Livre.

MEMOIRES
DE
SULLY.

LIVRE HUITIEME.

 E qui détermina le Roi à entreprendre un Siege aussi difficile que celui de La-Fère, c'est que les Ennemis ayant séparé leurs Troupes après leurs succès, Sa Majesté ne voulut pas laisser inutiles les siennes, qui s'étoient à la fin rassemblées ; & qu'il étoit important de rassûrer la Picardie ébranlée par tant de pertes. Le parti que j'aurois préféré à tout autre, eût été de demeurer pendant ce Siege auprès du Roi, dont je ne goûtois point les ménagemens pour ma personne ; mais je n'osai refuser la commission qui m'alloit retenir à Paris : & pour en adoucir l'ordre, Sa Majesté m'assûra que de longtemps il ne se feroit rien de considérable devant La-Fère ; & que je pourrois dans la suite y faire quelque voyage. En effet j'y en fis deux ou trois ; mais je n'y étois pas plutôt arrivé, que la nécessité de pourvoir à la subsistance des Trou-

1596.

pes, m'en faisoit repartir presqu'aussi-tôt. Ce qui m'en consola, c'est que rien n'ayant manqué dans l'Armée, moyennant les soins que je pris, je pus me flater d'avoir un peu contribué à la réüssite de ce Siége. Il dura six mois : c'est le plus long que Henry ait fait. Aussi cette Place, outre l'avantage de ses Fortifications, avoit une Garnison très nombreuse, composée de soldats choisis, & commandée par deux excellens Officiers ; l'un François (1), Sénéchal de Montelimart ; & l'autre Espagnol, nommé Osorio.

Béringhen (2) à la persuasion d'un Ingénieur son Ami, ou même son Parent, & venu exprès de Flandre où il demeuroit, se mit dans la tête qu'on pouvoit submerger La-Fére ; & il répondit si bien de la réüssite, sur la caution de son Ingénieur, que le Roi contre son sentiment se laissa aller à permettre qu'on tentât cette voie. Elle auroit en effet bien abregé le Siége : Mais on a pu remarquer que presque tous les projets de cette nature sont sujets à échouer : le plus leger mécompte suffit pour cela ; & il est fort rare qu'on n'y en fasse pas : C'est l'idée de détourner le Tésin, qui fit autrefois perdre une Bataille & la liberté à François I. Je trouvai cette proposition sur le tapis, dans un des voyages que je fis au Camp. J'en jugeai l'éxécution impossible ; & je la combattis de tout mon pouvoir : Mais l'Ingénieur ne manquoit point de raisons plausibles pour opposer aux nôtres. A l'entendre, c'étoit une affaire de peu de temps & de peine : Il ne s'agissoit que d'élever une Chaussée. On la fit donc ; & parce que l'eau la força deux ou trois fois, on la refit autant de fois. Une derniere se trouva à l'épreuve de l'eau : Qu'arrivat-il ? que l'eau ne put monter jusqu'à la hauteur qu'on s'étoit promis : il est vrai qu'il ne s'en falloit que six pieds ; mais on n'en fut pas moins contraint d'abandonner l'ouvrage (3), après y avoir consumé beaucoup de temps & d'argent.

Le

---

(1) Il se nommoit Colas : Les Espagnols avoient promis de le faire Comte de La-Fère.

(2) Pierre de Beringhen étoit lui-même Flamand, né à Bruxelles.

(3) D'Aubigné n'en parle pas d'une manière si méprisante, *chap.* 12. *ibid.* » La-Chaussée, dit-il, ayant fait » refouler la Riviere d'Oise dedans » la Ville de La-Fère, elle pourrit » tous les Magazins qu'ils tenoient » dans le bas ... C'étoit une grande » Machine de plus d'un quart de » lieuë de long ... Entreprise qui ne » sentoit ni un Roi ni un Royaume » abatu de tant d'incommodités. «

(4) Philippe

LIVRE HUITIEME. 425

Le Siége de La-Fère souffrit encore de la maladie qu'eut le Roi à Traversy, où étoit son Quartier. A la premiere Nouvelle qui m'en vint, je volai vers ce Prince; & je ne le quittai qu'après que je le vis entierement rétabli. Sa maladie fut assez considérable, pour me faire craindre la plus grande perte que la France pût faire. Le Gouverneur de La-Fère se voyant manquer de tout, remit enfin cette Place au Roi, qui la fit réparer à la priere de Madame de Liancourt, il en donna le Gouvernement à son fils César, dont Manicamp, Parent (4) de cette Dame, fit les fonctions, en qualité de Lieutenant.

1596.

Mieux; Travecy.

Sa Majesté s'avança ensuite vers la Frontiere d'Artois; emporta d'assaut le Château d'Imbercourt & crut en faire autant par le petard, de la Ville d'Arras. Le Maréchal (5) de Biron fut cause que cette derniere entreprise échoua; parce qu'il ne se munit pas d'une assez grande quantité de petards. Les trois premiers qu'on appliqua, jouerent assez heureusement : le quatriéme ayant été jetté sans effet dans le fossé, avec celui qui l'attachoit, tua & blessa plusieurs des nôtres. Il est triste qu'une conquête si considérable, & qui auroit garanti Amiens du malheur qui lui arriva bien-tôt après, ait été manquée, faute de deux ou trois petards de plus. Biron s'éloigna pour éviter les justes reproches qu'on pouvoit lui faire, & alla décharger sa colere sur le Pays des environs de Bapaume, où il fit un horrible dégât.

En Picardie.

Le mauvais succès d'Arras fut avantageusement compensé par plusieurs événemens favorables, arrivés sur la fin de l'année précédente, & au commencement de celle-cy, que je ne ferai qu'indiquer, à mon ordinaire : Je parle de la réduction de Toulouse (6); de la prospérité des Armes du Roi en Provence; & de la réunion des Chefs de la Ligue au Parti du Roi. Joyeuse (7) qui avoit quitté le froc pour endosser le harnois, & se payoit avec usure des mortifications du Cloître, fit son Traité avec le Roi en ce temps-là. Le Duc de Ne-

---

(4) Philippe de Longueval, Sieur de Manicamp.

(5) Biron à son tour en accusoit hautement, & avec murmures, l'avarice du Roi.

(6) Consultez sur ces faits les Hi- storiens cy-dessus nommés, *années* 1595. & 1596.

(7) Henry de Joyeuse. Il rentra chez les Capucins, & y mourut, sous le nom de P. Ange.

Hhh

1596.

Henry de Savoie-Nemours.

mours suivit : mais sur le point que le sien alloit être conclu, il mourut (8) de regret ; à ce qu'on croit, de voir tant de grands projets réduits à si peu de chose. Saint-Sorlin son Frere continua le Traité pour lui-même. La mort du Duc de Nevers (9) délivra encore le Roi d'un Serviteur aussi incommode qu'inutile : Enfin ce fut aussi en ce temps-là que le Duc de Maïenne, entiérement dégoûté de la mauvaise foi des Espagnols, commença à chercher sérieusement les moyens de rentrer dans les bonnes graces du Roi.

Il avoit paru si important au Roi de se rendre maître d'Arras, qu'après avoir essayé inutilement de le surprendre, il avoit formé le dessein d'en faire le Siége dans les formes. Je crois être le seul à qui il s'en ouvrit : Le secret étoit d'une si grande conséquence en cette occasion, que n'osant confier à personne le soin d'observer cette Place ; il s'en chargea lui-même. J'avois séjourné tout cet Hiver à Paris, occupé du service de Sa Majesté : je faisois seulement de temps en temps

(8) » Il jetta par la bouche & par » tous les pôres, jusqu'à la derniere » goutte de son sang. « *Perefixe, ibid.* Cayet en fait une description très-touchante, *ibid. p. 519.*

(9) Louis de Gonzague mourut de la dyssenterie, à Nesle, en 1595, âgé de cinquante-six ans ; de chagrin, dit-on, de ce que s'entretenant avec Henry IV. auquel il donnoit un conseil au sujet de la Ville de Calais ; ce Prince lui avoit répondu : » C'est bien à vous à me conseiller » là-dessus : vous qui n'avez jamais » approché de cette Place, de plus » près que de sept lieues. « Quoique M. De-Thou, *liv.* 113. & Brantôme, *tom.* 3. *p.* 259. loüent beaucoup ce Seigneur ; le reproche que lui fait le Duc de Sully, d'avoir toujours été un Serviteur extrêmement à charge à son Maître, se vérifie aisément, & par les propres Lettres de ce Général à Henry IV. dont nous avons un Recueil dans les Mémoires de Nevers, *tom.* 2. *pag.* 207, 376. » Si Votre Majesté, lui dit il dans » une de ces Lettres, ne peut ou ne » veut pas venir de-par-deçà, je m'en » éloignerai de telle sorte que l'on » n'aura plus sujet d'attendre aucun » secours de moi. En vérité, Sire, » vous ne me traitez pas de la façon » que je vous sers ; & il semble à » tout le monde que vous ne faites » pas grand état de moi... Jamais je » n'ai été traité de la façon que vous » me traitez, par les Rois vos Pré- » décesseurs : J'avois cependant reçu » d'eux plusieurs bienfaits, qui m'o- » bligeoient à les servir aveuglé- » ment ; & je suis encore à en rece- » voir le premier de Votre Majesté : » Si ses commissions ruineuses ne » sont les bienfaits & les faveurs » que je reçois d'Elle ; je vous dirai » librement que je n'en ai point reçu » d'autres, depuis qu'il vous a plû » de me commander de venir par- » deçà, &c. « *pag.* 348 : Et il y en a un assez grand nombre sur ce ton. C'est sur celles-là que le Duc de Sully, auquel Henry IV. communiquoit les secrets de son Cabinet, jugeoit des dispositions du Duc de Nevers ; & non sur celles qu'il écrivoit à differens Particuliers, lesquelles ne marquent en effet que beaucoup d'attachement & de zèle pour la Personne du Roi.

un tour à Moret, où je me plaifois beaucoup. Un jour que je m'y occupois à faire niveler les hauteurs, à deux mille pas de la maifon, pour y conduire deux ruiffeaux, qui font les deux nappes d'eau, qu'on voit aujourd'hui à côté de la grande allée; je vis arriver un Courrier de Madame de Liancourt, chargé d'une Lettre de cette Dame, & d'une autre de Sa Majefté, par laquelle Henry m'informoit de fes deffeins fur Arras, & des moyens de les faire réüffir. Je n'ai jamais vû ce Prince dans une auffi grande colère, qu'il me parut l'être dans cette Lettre, contre » les maletôtes & les friponneries, je » me fers de fes termes, de huit mangeurs, qu'il s'étoit don- » nés, difoit-il, au-lieu d'un feul qu'il avoit auparavant. » Ces coquins, ajoûtoit-il, avec cette prodigieufe quantité » d'Intendans qui fe font fourrés avec eux par compere & » par commere, mangent le cochon enfemble, & ont con- » fommé plus de cent mille écus; qui étoit fomme fuffifante » pour chaffer l'Efpagne de la France. « Il n'y a en tout ceci, rien qui ne foit éxactement vrai. Je ferai bien-tôt toucher fenfiblement la chofe au doigt, lorfque j'entrerai dans le détail des Finances : je vais feulement en rapporter d'avance deux ou trois traits.

Meffieurs du Confeil des Finances ne doutant point qu'ils ne fuffent chargés d'appurer les Comptes, pour les fourniffemens du Siége de La-Fère : en quoi pourtant ils furent trompés ; le Roi m'en ayant attribué feul la connoiffance; ils les firent prendre à Defcures, La-Corbiniere & autres Partifans; avec lefquels ils étoient fi bien d'accord, que ces derniers ne faifoient que leur prêter leur nom, ou tout au plus, n'y étoient intéreffés que pour une legere fomme. Enfuite ils traiterent, toujours fous ces noms empruntés, avec les Marchands & Pourvoyeurs qui les fourniffoient ordinairement, au plus bas prix qu'ils purent ; dans l'intention d'employer en compte le double ou le triple de ce qu'il en auroit réellement coûté au Roi.

Je tiens du Roi lui-même le fait que voici. Il étoit dû par le Tréfor Royal aux Suiffes, Reîtres & autres Etrangers à la folde de la France, des arrérages confidérables. Le Confeil apofta un nommé Otoplote, qui fit entendre aux Receveurs commis par ces Etrangers, qu'ils ne devoient pas s'attendre à être jamais payés; à moins qu'ils ne se réduisissent d'eux-mêmes à une somme si modique, qu'on pût la leur donner, sans épuiser l'épargne. On convint de la réduction : mais Messieurs du Conseil chargerent leur Compte de toute la somme dûë; & en déroberent ainsi le surplus au Roi, ou pluftôt aux légitimes Créanciers.

On pourroit joindre ici bien d'autres traits de cette espèce. Aussi ces Messieurs nageoient dans l'abondance; pendant que le Roi étoit, lui & sa Maison, dans la disette de tout. Ce Prince leur ayant mandé peu de jours avant celui où il m'écrivoit, qu'il avoit besoin de huit cens mille écus pour une entreprise importante (le Siege d'Arras); il les pria, les conjura de lui faire cette somme. Il parloit à des sourds : ils ne lui répondirent autre chose, sinon que bien-loin de pouvoir lui fournir ce qu'il demandoit, ils ne sçavoient plus comment faire rouler sa Maison. C'est une chose curieuse, de voir comment ils la faisoient rouler cette Maison. » Je suis, m'é-
» crivoit ce bon Prince, fort-proche des Ennemis; & n'ai
» quasi pas un cheval sur lequel je puisse combattre, ni un
» harnois complet que je puisse endosser : mes chemises sont
» toutes déchirées; mes pourpoints (10) troués au coude :
» ma marmite est souvent renversée; & depuis deux jours je
» dîne chez les uns & les autres; mes Pourvoyeurs disant
» n'avoir plus moyen de rien fournir pour ma table. « Celle de Messieurs du Conseil étoit sur un bien meilleur pied. Henry déploroit dans sa Lettre des abus si crians; moins à cause de lui, qu'à cause de ses Sujets, qu'il regardoit, disoit-il, comme ses Enfans; le Ciel ne lui en ayant point donné d'autres : & il me proposoit l'idée d'assembler les Etats du Royaume, pour chercher un remede à toutes ces malversations.

J'obéis à l'ordre que le Roi me donnoit de brûler sa Lettre; mais ce ne fut qu'après en avoir réservé une copie : & aujourd'hui que les raisons de garder le secret ne subsistent plus, je me fais un devoir d'en rapporter le contenu, comme un témoignage de la bonté & de la sagesse de ce Prince. La Lettre finissoit par un commandement de Sa Majesté de ve-

---

(10) » Je lui ai vu, dit Le Grain, » liv. 8. un pourpoint de toile blan- » che unie, étant tout sale de la Cui- » rasse, & déchiré par la manche; » & des chausses fort-usées, & rom- « puës du côté du port'épée. «

nir la trouver en Picardie, & d'y amener sa Maîtresse : Nous étions les seuls, avec lesquels ce Prince pût ouvrir librement son cœur. Pour le billet de Madame de Liancourt, il ne contenoit que deux mots : qu'elle partiroit le Mardi suivant, pour aller coucher le Mercredi à Maubuisson, où elle avoit une Sœur Abbesse ; & qu'elle m'attendroit jusques-là à Paris.

1596.

Angelique d'Estrées.

Je vins coucher le Samedi à Corbeil ; & je m'attendois à passer une partie du Dimanche, & même tout le Lundi, à Paris, où j'avois quelques emplettes à faire au Palais. En entrant dans la ruë de la Courtellerie, je rencontrai un Messager de Madame de Liancourt, qui me faisoit sçavoir que sur de nouvelles Lettres du Roi, & sur un avis de la maladie de l'Abbesse de Maubuisson, elle s'étoit déterminée à partir avant le jour désigné ; & que je pourrois la rejoindre à Pontoise. Je soupçonnai que cette Dame avoit peut-être intention de faire sa cour au Roi, aux dépens de ma paresse ; & changeant de dessein, je dis à mes Gens que je voulois aller dès ce même soir à Maubuisson, sans m'arrêter à Paris, qu'autant de temps qu'il en falloit pour manger un morceau, & pour faire repaître mes chevaux dans la premiere hôtellerie que je rencontrerois, qui fut les trois Pigeons : Je ne me serois pas souvenu de ce nom, sans une petite avanture comique qui m'arriva en cet endroit.

Etant monté seul dans une fort-grande chambre, j'y trouvai un homme qui s'y promenoit à grands pas, & si absorbé dans ses pensées, qu'il ne me salua ni ne m'apperçut, comme je crois. En le considérant plus attentivement, tout me parut singulier dans sa personne ; port ; physionomie ; habillement ; un corps long & effilé ; un visage sec & décharné ; une barbe claire & fourchuë ; un large chapeau, qui lui ombrageoit tout le visage ; un manteau boutonné jusqu'au collet ; des bottes énormes ; une épée traînante ; & dans sa main, une grande gibeciere double, de celles qu'on attache à l'arçon d'une selle. Je lui demandai assez haut s'il étoit logé dans cette chambre ; & pourquoi il rêvoit si profondement. Mon homme dédaignant la question, me répondit brusquement, & sans me saluer ni me regarder, qu'il étoit dans sa chambre ; & qu'il pensoit à ses affaires, comme moi aux miennes.

Quoiqu'un peu ému de la sottise du Personnage, je ne laissai pas de le prier fort-honnêtement de me faire part de la chambre, seulement pour le temps de dîner : proposition, qui fut reçûë en grondant, & suivie d'un refus des moins polis. Trois de mes Gentilshommes, mes Pages & quelques Valets, étant entrés en ce moment ; mon brutal crut devoir adoucir son visage & sa parole ; il ôta son chapeau, & m'offrit tout ce qui étoit à lui : puis tout-d'un-coup s'étant mis à me regarder fixement, il me demanda d'un air un peu égaré, où j'allois : » Trouver le Roi, lui dis-je. Quoi ! Monsieur, reprit-il, le » Roi vous a mandé ! je vous prie de me dire à quel jour & » à quelle heure vous avez reçu ses Lettres ; & aussi à quelle » heure vous êtes parti.

Il me fut aisé de reconnoître un Astrologue à toutes ces questions, qu'il me fit d'un air si sérieux, que rien ne fut capable de le faire sortir de sa gravité. Il fallut encore lui dire mon âge, & lui donner mes deux mains à considérer. » Vrai- » ment, Monsieur, me dit-il, après tout ce cérémonial, d'un air de surprise & de respect, » je vous cède bien volon- » tiers ma chambre : il y en aura beaucoup d'autres, avant » qu'il soit peu, qui vous quitteront leur place avec plus de » regret que je ne fais la mienne. « Plus je feignois être surpris de son habileté, plus il s'efforçoit de m'en donner des preuves : Il me promit richesses, honneurs, autorité : les devins pour l'ordinaire n'en sont pas chiches ; & il ajoûta que si je voulois lui envoyer l'heure de ma naissance, il me diroit tout ce qui m'étoit arrivé, & ce qui m'arriveroit : mais pourtant sans vouloir sçavoir mon nom, ni que je sçusse le sien, il jugea à propos de sortir assez précipitamment après ces paroles, en me donnant pour excuse de ce qu'il ne m'entretenoit pas plus long-temps, qu'il étoit pressé de porter des papiers à son Avocat & à son Procureur. Je ne cherchai point à le retenir : il n'en étoit pas de même de mes Gens, que je voyois saisis de respect & de crainte à chacune des paroles que proféroit cet extravagant. Je rejouïs mon Epouse de cette petite scène, dans la première Lettre que je lui écrivis.

J'arrivai le soir à Maubuisson, qui sert comme de Fauxbourg à Pontoise : j'y trouvai encore Madame de Liancourt, avec laquelle je pris le lendemain la route de Clermont. Je

LIVRE HUITIEME. 431

1596.

marchois sept ou huit cens pas devant la litiere ou étoit cette Dame, & qui étoit suivie, à quelque distance, d'un grand & lourd carrosse, où étoient ses femmes : devant & derriere le carrosse, marchoient quelques mulets chargés de bagage. A une lieuë de Clermont, dans un endroit où le chemin rétréci par un Côteau escarpé, & par un Vallon en précipice ne laisse que la place assez juste pour passer deux Voitures, le Cocher du Carrosse étant descendu pour quelques nécessités, un des mulets en passant à côté de ce carrosse arrêté, effraya tellement par son hennissement & par ses sonnettes, les chevaux qui malheureusement étoient jeunes & ombrageux, qu'ils prirent le frein aux dents : ils commencerent à emporter le carrosse & toute sa charge, avec une si grande roideur, que rencontrant d'abord deux des mulets, ils les culbuterent. Les femmes enfermées, qui comprirent le danger où elles étoient, en voyant mille abymes ouverts sous leurs pieds, se mirent à pousser des cris douloureux. Le Cocher & les Muletiers avoient beau crier, appeller, s'efforcer ; les chevaux ne s'arrêtoient point. Ils n'étoient déja plus qu'à cinquante pas de la litiere, dans le moment que Madame de Liancourt, effrayée du bruit qu'elle entendoit, mit la tête à la portiere : Elle jetta un cri épouvantable ; ne voyant aucun moyen d'empêcher sa litiere d'être précipitée. Je me retournai aussi, & je frémis du danger de cette Dame & de toute sa troupe ; mais sans pouvoir y apporter de reméde, à cause de la distance où j'étois : » Ah ! mon Ami, dis-je à La-» Font, que ferons-nous ? Voilà notre femme qui va être mise » en piéces : que deviendrons-nous ? & que dira le Roi ? « En disant ces paroles, je ne laissois pas de pousser mon cheval de toutes mes forces ; mais cela ne me servoit de rien, & je serois arrivé trop tard.

Par un de ces coups heureux, & qui tiennent du miracle ; dans le fort du danger, l'aissieu des petites rouës étant sorti des moyeux, par une violente secousse qui cassa les chevilles ; ces deux rouës tomberent chacune de leur côté : le carrosse donna en terre, & y demeura : un des chevaux de derriere fut renversé de la secousse, & retint l'autre : Les chevaux de volée rompirent les traits, & vinrent passer si près de la litiere, qui rasa le bord du précipice, qu'il est clair que s'ils avoient encore traîné le carrosse, elle en auroit été accrochée & renversée. Je les arrêtai, & les fis prendre par mes Domestiques; ensuite je courus rassûrer Madame de Liancourt, qui étoit demi-morte de frayeur. Je passai jusqu'au carrosse, d'où je tirai toutes les femmes, dont la peur n'étoit pas moindre : Elle penserent étrangler leur Cocher ; & j'eus la camplaisance de lui donner une volée de coup de canne. Enfin la peur étant entierement dissipée, & la Voiture bien raccommodée ; nous nous remîmes en marche : & jusqu'à Clermont, je ne quittai point la portiere de Madame de Liancourt.

Le Roi s'étoit avancé jusqu'en cet endroit au-devant de sa Maîtresse ; & il y arriva un quart d'heure après nous. Pendant le récit de l'avanture arrivée, dont on ne manqua pas de l'instruire d'abord, j'observois ce Prince ; & je le voyois se troubler & pâlir. A ces mouvemens, que je ne lui avois jamais remarqués dans les plus grands dangers ; il me fut facile de juger de la grandeur de sa passion pour cette femme.

Les premiers momens ayant été donnés à la tendresse, le Roi me mit sur ses affaires ; dont la plus pressante étoit l'avis qu'on lui donnoit par une Lettre écrite de Rouen, que le Duc de Montpensier, rengagé plus que jamais avec les factieux, tramoit contre sa Personne Royale, un dessein important, qu'on ne déclaroit pas ; & qu'il s'attachoit par toutes sortes de moyens des Créatures. Le Roi en ressentoit d'autant plus de chagrin, qu'il aimoit naturellement le Duc de Montpensier ; & que la Politique l'empêchant de s'allier par le mariage de Madame sa Sœur, avec le Comte de Soissons, ni avec aucun des Princes Lorrains, il s'étoit accoutumé à regarder ce Prince comme celui qui devoit être son Beau-frere. Il voulut que suspendant toutes les autres affaires pour celle-là, j'allasse à Rouen faire rentrer M. de Montpensier dans son devoir, ou rendre ses brigues inutiles.

J'y passai six jours ; & pendant ce temps-là j'eus lieu d'être pleinement convaincu, que l'imputation faite à ce Prince étoit absolument fausse, & un artifice de ceux qui cherchoient à jetter du trouble dans le Gouvernement. Ce Prince bien éloigné des sentimens dont on le taxoit, ne laissoit rien voir

dans

LIVRE HUITIEME. 433

1596.

dans ses démarches & dans ses discours, qui ne justifiât son attachement à la Personne du Roi : Ceux avec qui il avoit eu à ce sujet les plus étroites liaisons, n'osoient plus parler autrement en sa présence, & désespèroient de le gagner. Un jour qu'il m'avoit fait l'honneur de m'inviter à dîner, il me parla de ses dispositions, avec une candeur & une franchise, dont ceux qui l'ont connu, sçavent bien qu'il n'auroit pas été capable, s'il se fût senti criminel ; & quoiqu'il ne cherchât point à se justifier, l'innocence a certaines preuves muettes, auxquelles on ne peut guère se méprendre. Il m'embrassa plusieurs fois, comme un homme qui lui étoit cher par mon dévouement pour le Roi ; & en cette qualité, il me fit une promesse de son amitié, dont j'ai reçu depuis toutes sortes de preuves. Je lui parlai de son mariage avec Madame, comme d'une affaire dans laquelle le Roi conspiroit pour son bonheur autant que lui-même. Il m'avoua qu'il n'avoit jamais rien désiré si ardemment que la possession de cette Princesse ; mais qu'il n'osoit plus s'en flater ; ne voyant en lui, disoit-il, rien de capable de gagner son cœur, & de vaincre l'ascendant du Comte de Soissons sur lui. Je demeurai entierement satisfait des sentimens de M. de Montpensier ; & je résolus d'en rendre bon compte à Sa Majesté. J'employai le reste de mon séjour à Rouen, à renouer avec mes anciens Amis, le Premier Président de Boquemare, MM. de Lanquetot, de Grémonville, de Bourgtheroulde, de Berniere, tous membres du Parlement ; les Abbés de Tiron & de Martinbault ; les Sieurs de Motteville, Des-Hameaux, de Mesnil, Capitaine du Vieux Palais, de La-Haulle, de Menencourt, du Mesnil-basil & autres, dont je fus traité, & que je traitai à mon tour. J'étois descendu chez La-Pile, un de mes Amis particuliers.

Je trouvai encore le Roi à Amiens ; (11) où arriverent peu de jours après, des Députés des principales Villes de la Provence & du Languedoc, dont Sa Majesté reçut les complimens & les harangues avec sa bonté ordinaire. Le Député

---

(11) » Les Députés de la Ville d'A- » miens lui parlant (dans leur haran- » gue) de la bonté de Henry III. » Oui, leur dit-il c'étoit un bon » Prince ; mais il vous craignoit, & » moi je ne vous crains ni ne vous » aime. « *Le Grain, Décade d'Henry le Grand liv.* 10.

Tome I. Iii

de Marseille, qui parloit pour une Ville si ancienne, & de tout temps si fidèle à ses Souverains, fut celui qui se fit écouter avec plus de plaisir.

Le Roi non-seulement détrompé sur mon rapport, de tout ce qu'on avoit voulu lui faire croire contre M. le Duc de Montpensier, mais encore plus convaincu qu'auparavant de son affection, résolut de faire un dernier effort en sa faveur; & je fus assez malheureux, pour qu'il me chargeât de cette nouvelle commission. M'ayant fait venir un soir auprès de son lit, il me dit qu'il falloit que j'allasse trouver Madame Catherine, sous prétexte d'une simple visite de sa part; mais en effet pour l'obliger à prendre pour M. de Montpensier, les sentimens qu'elle conservoit toujours pour son (12) Rival, depuis le sacrifice de la Promesse de mariage. Après ce qui m'étoit arrivé à Chartres à ce sujet, je ne voyois que de la témérité à m'embarquer dans cette affaire, & une impossibilité absoluë d'y réüssir. Je conjurai le Roi de m'épargner auprès de cette Princesse & du Comte, cette derniere raison de me haïr éternellement. Il se refusa à mes instances, quelques pressantes quelles fussent; & me répondant par le Proverbe, *A bon Maître, hardi Valet*, il ne me laissa que le seul parti de l'obéïssance.

Mon dernier recours fut de demander ma commission par écrit; afin qu'elle me servît de préservatif contre le sort de tant de Courtisans, disgraciés pour avoir servi trop aveuglément leur Maître, contre des Personnes de ce rang. J'éxigeai du Roi qu'outre la Lettre de simple compliment pour la Princesse, dont il vouloit me charger, il m'en confiât encore une seconde, dans laquelle il déduisît le motif de mon voyage, la nature de ses ordres, la maniere & les raisons dont il vouloit que je les appuyasse. A cette proposition, ce Prince toujours un peu vif sur le point d'honneur, me répondit que ses plus grands ennemis ne lui avoient jamais demandé caution de sa parole. Je repliquai que je lui promettois de n'en faire usage qu'à l'extrémité; & que cet Ecrit pouvoit m'être nécessaire auprès de Madame, dans la sup-

---

(12) Elle disoit ordinairement à ceux qui lui en parloient de la part du Roi : "Avant toutes choses je " veux avoir mon Comte." *Matthieu tom. 2. liv. 2. 628.*

position qu'elle se montrât disposé à se rendre à sa volonté, pourvû que je la lui justifiasse clairement. Sa Majesté se rendit à cette derniere raison; & muni de cette Piéce autentique, je pris le chemin de Fontainebleau, où la Princesse étoit alors, extrêmement embarrassé de mon personnage.

1596.

Je ne séjournai que vingt-quatre heures à Paris; & j'arrivai près de Madame, qui m'attendoit avec quelque impatience; le Roi l'ayant fait prévenir quelques jours auparavant par Loménie sur mon voyage, sans lui en marquer le sujet. Elle se flatoit (car en amour si l'on craint tout, on se flate aussi de tout) que peut-être je venois rendre le Comte de Soissons heureux: & cette pensée me rendit heureux moi-même, tant qu'elle lui dura; c'est-à-dire, les deux premiers jours, que je crus devoir donner à la civilité & aux complimens. Elle changea de ton le troisiéme, lorsqu'elle vit que je ne la mettois sur le chapitre de ses Amours, que pour lui déclarer qu'au point où M. le Comte s'étoit fait haïr du Roi par toutes ses imprudences, elle ne devoit plus penser à en faire son Epoux: Car je crus devoir commencer par en éloigner un, avant que d'entreprendre d'en faire recevoir un autre.

Quoique j'usasse en parlant de M. le Comte de Soissons, de tous les termes les plus doux que je pusse imaginer; il avoit dans la personne de Madame, un ardent défenseur. Sa réponse ne fut qu'un tissu d'épithètes toutes des plus fortes, & de menaces de me faire perdre les bonnes graces du Roi. Etourdi d'un emportement si subit & si violent, je ne songeai qu'à l'appaiser, autrement ma commission eût été finie dès ce moment. Je la priai donc de m'écouter: & commençant un long discours, dont j'ignorois quelle alloit être la suite, je fis marcher avant tout, une longue & éloquente protestation de respect, d'attachement, de passion de la servir; pendant laquelle j'appellois inutilement mon imagination à mon secours, pour me fournir de quoi la calmer: parce que tout ce que j'avois de plus raisonnable à lui faire entendre, je veux dire les excès auxquels M. le Comte de Soissons s'étoit porté contre le Roi, étoit précisément ce qui la révoltoit le plus. Je franchis pourtant le pas; & la priai de faire sérieusement réfléxion, si ce Prince

Iii ij

par toute sa conduite, avoit mérité que le Roi travaillât à faire son bonheur. L'espérance seule qu'avoit la Princesse, qu'un discours si peu de son goût, finiroit peut-être d'une maniere plus agréable pour son amour, l'obligea comme malgré elle d'y prêter attention : je le jugeai par les fumées de colere, qui de temps en temps peignoient son visage de rouge & de pâle.

Je continuai à lui exposer avec toute la modération possible, tous les sujets de mécontentement que M. le Comte avoit donnés au Roi ; & en particulier, son écart en Bourgogne, certainement inexcusable, même à une Amante : avec la précaution de ne pas oublier à répéter souvent, que pour moi je croyois M. le Comte fort-éloigné des sentimens, qu'on pouvoit lui attribuer sur sa conduite. J'appuyai sur les suites qu'elle devoit naturellement avoir, dans la conjoncture du Procès actuellement intenté contre la Princesse de Condé; par lequel le Prince son Fils, encore Huguenot, vivoit incertain de son état, & dans une espéce d'éxil à La-Rochelle. Cette affaire étant de celles où le bon droit tout seul ne suffit pas ; les Partisans du jeune Prince auroient réüssi difficilement à dissiper les accusations faites contre la Mere, & à assûrer au Fils son rang de Premier Prince du Sang, & de présomptif Héritier de la Couronne; si le Roi, en supprimant les Pièces de ce Procès, comme il fit dans la suite, ne se fût mêlé lui-même de la justification de l'une, & de la défense de l'autre. Je fis sentir à Madame, que M. le Comte tenoit son sort entre ses mains ; mais qu'il usoit si mal de la bonne volonté du Roi à son égard, que dans une occasion où il ne s'agissoit de rien moins pour lui, que de prendre la place du Prince de Condé, il jetteroit infailliblement Sa Majesté dans les intérêts de son Concurrent. Enfin je crois pouvoir dire qu'avec tout autre, j'aurois mis le Prince dans son tort.

Madame qui pendant ce discours étoit tombée dans une rêverie, causée par un chagrin cruel, plustôt que par de sages réflexions, m'interrompit en cet endroit, pour hâter cette conclusion que je lui avois laissé entrevoir favorable, & qui s'éloignoit à mesure que je parlois. Quand une fois elle eut repris la parole, elle ne fut plus la maîtresse de s'arrêter : & son dépit se rallumant, elle éclata pour la seconde fois

contre moi, qui ne cherchois, disoit-elle, qu'à la tromper; 1596.
& contre le Roi son Frere, qui l'aimoit si fort, disoit-elle
ironiquement, qu'il ne pouvoit se résoudre à se défaire d'elle.
Elle s'engagea pour preuve, dans une longue énumération
des soûpirans qu'elle avoit eus, parmi lesquels, il m'auroit
été facile de lui montrer qu'elle avoit manqué son établissement par sa faute : comme, lorsqu'elle avoit refusé le Roi
d'Ecosse. Elle n'épargna ni la Reine sa Mere, ni le Roi
Henry III. qui avoient tous conspiré contr'elle pour le céli-
bat. Son cœur qui cherchoit des louanges après tant d'invectives, la ramena tout naturellement sur le Comte de Soissons : & cet article fut traité dans un goût opposé, encore
plus amplement.

Enfin elle se souvint qu'elle ne m'avoit interrompu, que
pour entendre les conseils, moyennant lesquels je lui avois
dit que le passé pouvoit se réparer ; & elle me les demanda
positivement, mais avec ce même ton de raillerie & de malignité, qui me fit encore mieux comprendre que son esprit
étoit atteint d'un mal incurable à toute l'éloquence humaine :
» En faisant, lui répondis-je, pressé par la question, tout le
» contraire de ce que M. le Comte de Soissons a fait jus-
» qu'ici. « Le temps que je mis à proférer ce peu de paroles,
suffit pour me persuader qu'inutilement je proposerois M. le
Duc de Montpensier. Je regardai ma commission comme
achevée, ou plustôt comme tout-à-fait manquée ; & je ne songeai plus qu'à me tirer de ce mauvais pas, avec des mots si
vagues & si généraux, que la Princesse n'en pût prendre aucun avantage sur moi, ni soûtenir après, que je n'avois pas
tenu ce que je lui avois promis. De tous les genres de discours, c'est celui-là qui coûte le moins. D'abord je me jettai sur les devoirs des Rois ; & je m'y étendis beaucoup,
quoique je n'en voulusse rien conclurre autre chose, sinon
que de ce côté-là, il n'y avoit aucun reproche à faire au Roi.
La conséquence devint elle-même un autre discours en forme, partagé en plusieurs parties, où la douceur de Henry
ne fut pas traitée légèrement. Pour finir par quelque chose
de plus positif ; puisque contre mon attente, Madame avoit
la bonté de ne point s'ennuyer d'une si longue harangue ; je
l'assûrai succinctement que du caractère dont étoit Henry, »

on en obtenoit facilement tout ce qu'on lui demandoit de raisonnable.

Madame surprise d'une chute si précipitée, me demanda, avec quelque raison ce semble, si je n'avois rien davantage à lui dire : car il est vrai que j'avois beaucoup marché, & fait peu de chemin. Je lui répondis qu'il me restoit encore une infinité de choses. Je voyois que la nuit étoit venuë pendant une si longue conversation ; & je comptois avoir assez lassé la Princesse, pour me faire donner un congé absolu : Je fus trompé ; elle ne me le donna que jusqu'au lendemain, & me congédia avec un air tout ensemble mutin & malin, qui accompagné d'un coup d'œil, & de quelques interjections que j'entendis en sortant, sur le tour que je lui avois joué à Chartres, me parut de très-mauvaise augure.

Il auroit fallu être le plus présomptueux de tous les hommes, pour se flater après tout cela de la persuader : aussi étois-je fort-éloigné de cette pensée ; & quelle joie n'aurois-je pas ressentie, si en me quittant, elle m'avoit ordonné de ne plus reparoître devant elle ! J'y retournai le lendemain, à l'heure qui m'avoit été marquée, à la sortie de son dîner. Madame étoit rentrée dans son Cabinet de meilleure heure que de coûtume, & s'y étoit enfermée avec Mesdames de Rohan, de La-Guiche, de La-Barre & de Neufvi ; toutes femmes, dont je n'attendois rien moins que de bons offices. Je demeurai dans sa chambre à m'entretenir avec Mesdames des Gratains & de Pangeac, & deux autres Demoiselles, aussi bien intentionnées que les autres l'étoient mal. Je leur dis que je n'aurois pas été fâché qu'elles eussent pris dans le Cabinet de Madame, la place de celles qui y étoient ; & que j'étois sûr qu'elles y donnoient en ce moment à la Princesse, de fort-mauvais conseils. Elles me répondirent que je ne devois pas le croire ; mais d'un ton qui me le confirma encore davantage.

Madame sortit au bout d'une heure au moins, qu'elle avoit employée à bien se préparer ; & m'appercevant, elle me dit qu'elle alloit me faire sa réponse : je pouvois la deviner aisément, à l'air composé, froid & méprisant, dont elle prononça ces paroles. Je la suivis, souffrant une cruelle peine. Elle m'épargna celle de lui parler ; & commença par me dire qu'elle me tenoit quitte de tout ce que j'avois promis de lui dire, & que je n'avois rien autre chose à faire que de l'écouter moi-même : puis mettant une nouvelle nuance de hauteur & de mépris sur son visage, elle me traita en présence de tant de témoins, je suis obligé de l'avouer, comme le dernier des hommes, qui tranchoit, dit-elle, de l'homme d'importance & d'habile Politique ; lorsque je n'étois en effet qu'un vil & lâche flateur, qui ne cherchois qu'à arracher de sa bouche l'aveu des fautes, que M. le Comte & elle n'avoient point commises, pour en faire ma cour au Roi, indigné lui même du personnage que je jouois. Madame ne put s'empêcher ici de se montrer femme, par l'abondance des paroles qui trahirent le maintien concerté qu'elle avoit pris. Il lui revint en mémoire quelque chose de ce que j'avois dit la veille, sur sa conduite, & sur celle de M. le Comte en Bearn, dont elle fit une apologie déplacée. Pangeac fut traité de gros buffle, qui n'avoit pas encore eu tout ce qu'il méritoit : Elle trouva mauvais que j'eusse censuré les Rcis. Elle revint de cet écart ; & me dit que pour tout renfermer en deux mots, & pour m'ôter l'envie de me vanter de ma commission, elle m'avertissoit que j'étois bien imprudent & bien étourdi de me mêler des affaires d'une Personne si fort au-dessus de moi : Que je n'étois qu'un simple petit Gentilhomme, dont le plus grand honneur étoit d'avoir été nourri jeune dans sa Maison ; & qui n'avois subsisté, aussi bien que les miens, qu'en faisant ma cour aux Princes de Navarre : Que le sort de mes pareils qui se méconnoissent, & osent mettre leurs doigts entre l'arbre & l'écorce, est d'être sacrifié tôt ou tard, sans avoir même l'honneur de l'éclat. Tout cet endroit étoit bien travaillé de main de femme. Comme Madame sçavoit bien qu'il n'y avoit personne, pas même le Comte de Soissons, tout Prince du Sang qu'il étoit, qui eût osé me tenir un pareil discours ; elle ajoûta, comme tout ce qu'elle put imaginer de plus sanglant, qu'en me parlant ainsi, ce n'étoit pas moins au nom de M. le Comte qu'au sien, qu'elle me parloit. La peroraison répondit à tout le reste : ce fut une menace très-emportée de m'accabler d'un seul mot auprès du Roi ; & une défense de paroître devant elle, partout où elle se trouveroit.

Je ne crois pas qu'il puisse y avoir de distinction de rang & de sexe, qui autorise à employer un tissu de termes si outrageans : Il n'y a pas assûrément de vanité de ma part, à les rapporter. Mais comme Madame joignit l'effet aux paroles, & qu'elle m'obligea pour ma défense à faire quelques démarches, où je m'éloignai pour la premiere fois, de la soûmission que je devois à une Princesse Sœur de mon Roi ; j'ai cru n'en pouvoir mieux justifier la nécessité, qu'en rapportant fidellement les conversations, & jusqu'aux propres paroles, qui y donnerent lieu. Quoique mon amour propre souffrît étrangement d'un si indigne traitement ; j'eus pour le moment assez de retenuë, & même assez de politique, pour n'en rien laisser paroître : je dis, assez de politique ; car pour peu que j'eusse montré d'altération sur mon visage, & d'aigreur dans ma réponse ; Madame se seroit éloignée sans m'entendre, & auroit remporté un triomphe, qu'il étoit naturel que je cherchasse du moins à rabaisser, devant les personnes qui en étoient complices, ou témoins.

Je repris donc la parole avec la fausse timidité d'un homme qui cherche à se disculper ; & pour engager la Princesse à m'entendre jusqu'au bout, je commençai par lui dire, Que j'étois bien fâché que de mauvais conseils lui eussent fait appercevoir dans mes paroles, ce que je n'avois eu aucune intention d'y mettre, & m'eussent attiré de sa part un traitement que je ne méritois point : Qu'il m'étoit facile de lui faire connoître mon innocence, sur tous les reproches qu'elle m'avoit faits : Que pour commencer par M. le Comte ; elle sçavoit que dans tout ce que j'avois dit à son sujet, j'avois ajoûté que personnellement j'étois persuadé de la droiture de ses intentions. J'arrêtai Madame par ce début : elle crut joüir du plaisir de me voir à ses pieds solliciter un pardon.

Je poursuivis avec le même sang-froid : Que pour lever le scrupule qu'elle sembloit avoir, qu'on eût député vers elle un petit Gentilhomme, indigne de l'approcher ; je lui apprenois que quoique par le mauvais ménage de mes Ancêtres, je n'eusse ni le bien, ni les dignités auxquelles je pouvois prétendre ; cependant il étoit sorti en différens temps, de ma Maison, plus de cent mille écus, qui avoient été portés

LIVRE HUITIEME. 441

1596.

tés par des Filles, dans les Maisons de Bourbon & d'Autriche (13): Que cette preuve tenoit lieu de mille autres, que je pouvois y joindre: Que loin d'avoir été à charge au Roi, depuis que j'étois à son service; ce Prince m'avoit quelquefois donné le plaisir de le voir recourir à moi dans ses besoins: Que j'avouois cependant, qu'aucune raison n'auroit pu me justifier d'avoir passé les ordres que j'avois reçus de Sa Majesté; si réellement j'avois été capable de le faire. En ce moment je tirai de ma poche un second Ecrit du Roi aussi en forme de Lettre, adressée à cette Princesse: Ensuite profitant de l'étonnement où je l'avois jettée, je lui dis que pour achever mon message, avant de la quitter pour toujours, je lui déclarois comme son Serviteur, Que le Roi lui tenant lieu de Pere, & étant d'ailleurs son Maître & son Roi, elle n'avoit point d'autre parti à prendre, que de se soûmettre à sa volonté: Que sans écouter tout ce que pouvoit lui suggerer M. le Comte de Soissons, elle devoit se résoudre, ou à prendre un Epoux de la main du Roi son Frere, ou à encourir sa disgrace: Qu'il lui seroit bien sensible en ce dernier cas, après avoir soûtenu un état de Reine, de se voir réduite à un Bien très-médiocre; puisqu'elle n'ignoroit pas qu'outre les largesses du Roi, ce Prince dans l'abandon qu'il lui avoit fait des Biens dont elle jouissoit, avoit plutôt consulté son cœur, que les Loix & les Coûtumes de Navarre, qui lui en auroient laissé fort-peu.

Ces dernieres paroles tirerent Madame malgré elle, de la froideur & du dédain qu'elle s'efforçoit de montrer; pour la faire entrer dans le plus grand emportement, dont une femme soit capable. Après avoir exhalé par tout ce que la colère peut inspirer, (car ce récit n'est déja que trop long); elle rentra furieuse dans son Cabinet: & moi, je me retirai doucement vers l'escalier. Comme je descendois, je vis accourir Madame de Neufvy, qui me dit que Madame l'envoyoit me demander la Lettre que je lui avois montrée: Nouvel artifice de ces quatre femmes, qui avoient persuadé à Madame, qu'elle travailleroit plus efficacement à ma perte auprès du Roi, si je pouvois paroître avoir sacrifié la Lettre

---

(13) Je renvoie sur ces paroles, à l'explication que j'ai donnée au commencement des Mémoires, de ces Alliances de la Maison de Béthune;

Tome I. Kkk

de Sa Majesté. Je sentis le piége ; & je répondis à Madame de Neufvy, qu'il me paroissoit fort-étonnant qu'après avoir refusé d'entendre le contenu de la Lettre, Madame me la fît demander au même moment : que je ne pouvois la communiquer qu'à la Princesse seule, & lui en faire une simple lecture ; en ayant besoin pour moi-même. Ce n'étoit pas là le compte de la Messagere, qui s'en retourna sans rien repliquer.

Je vins le même jour coucher à Moret, où étoit mon Epouse ; & après y avoir séjourné seulement vingt-quatre heures, je m'avançai jusqu'à Paris au-devant du Courrier, que j'avois fait partir de Fontainebleau, pour porter mes Dépêches au Roi. Au-lieu de mon Courrier, je fus fort-surpris de ne voir arriver que le jeune Boësse, Maître-d'Hôtel de Madame, chargé d'une Lettre, qui me surprit encore davantage, lorsque je reconnus qu'elle étoit du Roi : Je sçavois que Boësse étoit celui que de son côté, Madame avoit dépêché vers le Roi. Je vis que cette Lettre avoit été envoyée toute ouverte à la Princesse, & qu'on ne me la remettoit qu'après qu'elle avoit passé dans les mains de Madame, qui y avoit mis son cachet. A toutes ces marques, je ne doutai plus de mon malheur : un triste pressentiment m'en avertit encore ; & je n'ouvris la Lettre qu'en tremblant. Je n'en avois que trop de sujet. Au-lieu des louanges, des témoignages de bonté & de confiance, dont les Lettres du Roi pour moi étoient ordinairement pleines ; mes yeux ne furent frappés que d'un ordre rigoureux de faire satisfaction à Madame : Sa Majesté » ne pouvant souffrir (c'est ainsi qu'elle » s'exprimoit) qu'un de ses Sujets offensât une Princesse sa » Sœur, sans l'en punir aussi-tôt, s'il n'effaçoit sa faute par » ses soumissions. «

Je fus terrassé, je l'avoue, de ce coup accablant ; & d'autant plus, que ne pouvant présumer que mon Postillon n'eût pas porté ma Lettre au Roi, je voyois que c'étoit même après l'avoir luë, qu'il me traitoit ainsi. Quelles réflexions ne fis-je pas alors sur le malheur d'être employé à raccommoder les Grands, & sur le danger de servir les Rois? Je ne me reprochois rien à l'égard du Roi : Je l'avois servi pendant vingt-quatre ans, avec une assiduité & un zèle, que

LIVRE HUITIEME.

1596.

rien n'avoit refroidi. C'étoit malgré moi que je m'étois chargé d'un emploi si désagréable : Il y avoit dans l'Ecrit que je m'étois fait donner par Henry, mille choses plus dures que tout ce que j'avois dit à Madame ; & je les lui avois épargnées, dans un moment où j'aurois peut-être été excusable de les aggraver : Je n'étois coupable tout-au-plus, que d'obéir trop fidellement : Et cependant Sa Majesté me sacrifioit cruellement, sans aucun égard, ni pour mes raisons, ni pour ses propres ordres. J'étois pénétré de cette injustice : & toutes mes pensées alloient à former de fortes résolutions d'abandonner pour jamais la Cour.

Mais à peine les avois-je formées ces résolutions, que je trouvois aussi-tôt mille motifs pour les combattre. Henry comme je l'avois déja souvent éprouvé, avoit pris un si grand empire sur toutes mes volontés, qu'après mille sermens de ma part, un seul mot de la sienne me ramenoit à lui, comme par enchantement. A cette considération se joignoit celle de mon intérêt. J'allois donc m'exposer à perdre les justes récompenses de mes services, au moment même que j'y touchois ; & lorsque dépouillé de cinquante mille livres de rente, par l'exhéredation du Vicomte de Gand ; épuisé par un service long & coûteux ; ayant une Maison à rétablir ; menacé d'une nombreuse famille, par la fécondité de mon Epouse ; ces récompenses étoient toute ma ressource, & le seul fond que j'avois cultivé. Mais d'un autre côté, comment prendre sur soi d'aller essuyer en criminel les hauteurs d'une Princesse, avec laquelle je venois de soûtenir un personnage si different ; & que je ne pouvois douter qui ne rendît pour moi ce calice aussi amer qu'il le pouvoit être ? Je crois que tout le monde se met ici en ma place, & qu'on se peint facilement mon agitation & mon serrement de cœur.

Je pris enfin un parti assez sage ; mais qui n'étoit rien moins que capable de suspendre les chagrins dont j'étois dévoré : Je feignis d'être malade ; & il me prit dès ce moment une noire mélancolie, bien capable en effet de faire passer dans mon corps, une partie de la mauvaise disposition de mon esprit. Je ne m'ouvris à personne sur la cause de mes chagrins : j'envoyai chercher un Médecin, qui me faisant

Kkk ij

trembler sur les suites d'un mal, tout entier de ma façon, promit pourtant de m'en tirer à force de saignées & de purgations.

Sur les quatre heures après-midi arriva un autre Médecin, auquel il étoit reservé de me redonner la santé : c'est Picaut mon Courrier, que j'attendois impatiemment, pour prendre sur son rapport une derniere résolution ; & qui après m'avoir appris que l'accident qui lui étoit arrivé de se démettre le pied en route, l'avoit fait devancer auprès du Roi par le Courrier de Madame, me rendit une Lettre de la main de ce Prince, qui guérit tous mes maux. Henry me mandoit que je devois actuellement être bien en colère de sa premiere Lettre : qu'il l'avoit écrite dans un premier mouvement de vivacité que je lui connoissois, & sur les plaintes exagerées, jointes aux instances & à l'importunité de sa Sœur : mais que pour me rassûrer, il me donnoit sa parole de ne me desavouer en rien ; & qu'il me permettoit en ce cas, de me servir de sa Lettre même contre lui. Il finissoit par ces mots : » Venez me trouver, pour m'informer » encore plus particuliérement de tout ce qui s'est passé ; & » vous assurez d'être aussi-bien reçu de moi, que vous l'ayez » jamais été ; quand je devrois prendre la vieille Devise de » Bourbon, *Qui-qu'en grogne* : Adieu mon Ami. « A cet air de cordialité & de familiarité, je reconnus mon ancien Maître. Cette Lettre étoit datée du 17 Mai, & la premiere du 15 ; toutes deux d'Amiens, où je m'acheminai dès la pointe du jour, & où j'arrivai le lendemain. Je ne supprimai, ni ne déguisai rien de tout ce qui s'étoit dit & fait à Fontainebleau, entre Madame & moi ; & Sa Majesté me témoigna par un redoublement de caresses, qu'elle approuvoit toute ma conduite.

Pour ne pas couper trop souvent le fil de l'Histoire, par un récit qui peut trouver par-tout également sa place, j'acheve en peu de mots ce qui concerne cette affaire. La Varenne qui étoit chargé de veiller à la Cour aux intérêts de Madame Catherine, ne manqua pas de l'instruire du bon accueil que le Roi m'avoit fait, & de lui faire part en même temps de la Nouvelle qui se répandoit, que j'allois être le Dépositaire absolu des Finances. La Princesse comprit aisément fur ce rapport, non-feulement qu'il falloit renoncer à 1596. fa vengeance; mais encore que fon intérêt étoit de ménagér dans la fuite un homme, de la main duquel alloient fortir déformais toutes les Ordonnances pour l'entretien de fa Maifon : Ou elle convint de fon tort; ou bien fi elle perfifta à me l'imputer, elle eut la générofité de me le pardonner. Et de quelque maniere que ce foit, j'avouë à la louange de cette Princeffe, que c'eft une marque de grandeur d'ame, dont fort-peu d'autres auroient été capables. Si l'on avoit retranché du caractère de Madame les excès d'une vivacité qu'il lui étoit impoffible de furmonter, & qui dans l'affaire dont il s'agit, joignoit à fa force, celle de la plus impétueufe de toutes les paffions, on n'auroit plus trouvé qu'un cœur naturellement bon & facile, capable même d'amitié & de reconnoiffance.

Elle choifit Madame de Pangeac, qui étoit de mes amies, pour lui faire part de fon changement à mon égard; elle fit même les premieres démarches auprès de Madame de Rofny. Je l'avois laiffée en couche à Moret : Après qu'elle fut rétablie, elle alla un jour au Prêche à Fontainebleau, & s'en retourna fans voir Madame : prétextant une légere indifpofition, qui retenoit cette Princeffe au lit. Madame de Pangeac lui en ayant fait quelques reproches, comme d'elle-même, mais en effet par ordre de Madame; mon Époufe fe trouva obligée de lui répondre que les termes où Madame en étoit avec moi, lui défendoient cet honneur. A un fecond voyage que Madame de Rofny fit à Fontainebleau, Madame lui fit dire que la raifon qu'elle avoit apportée à Madame de Pangeac, ne devoit point l'empêcher de venir la voir; & elle lui fit un accueil tout-à-fait gracieux. Elle lui avoua naturellement qu'elle n'étoit pas encore entierement revenuë à mon égard; parce qu'elle avoit cru devoir attendre toute autre chofe de moi, pour les marques d'amitié que j'avois reçuës d'elle dans ma jeuneffe. Elle l'entretint de plufieurs parties de plaifirs, foit à Pau, foit chez M. de Mioffens (14), où elle m'avoit fait l'honneur de m'admettre avec elle, & en particulier, d'une Courfe de bague, où ayant remporté le prix, qui étoit une bague de médiocre valeur; & allant

(14) Henry d'Albret, Baron de Mioffens.

1596. la recevoir de la main de cette Princesse ; elle changea la bague, & en mit une de deux mille écus. Elle n'oublia pas que mon Pere avoit souvent porté la Reine sa Mere entre ses bras. Après tout cela, Madame dit fort-obligeamment à mon Epouse, que son ressentiment contre moi ne s'étoit jamais étendu jusqu'à elle, dont elle aimoit l'humeur & le caractère. Elle lui dit mille choses gracieuses, soit sur M. de Saint-Martin, Oncle de mon Epouse, qui avoit été Premier Gentilhomme de la Chambre du Roi ; soit sur Madame de Saint-Martin, Sœur de M. de Miossens, & par conséquent Parente assez proche de la Princesse.

Madame de Rosny se retira extrêmement satisfaite : Et résoluë de ne rien oublier, pour me faire rentrer dans les bonne graces de Madame, elle ne lui en marqua rien cette premiere fois ; mais dans la suite elle s'y employa utilement. Un jour qu'elle lui faisoit valoir l'attention que j'avois à expédier les Assignations pour le payement des Officiers de sa Maison ; & qu'elle lui représentoit qu'il n'y avoit eu que des ordres réiterés de Sa Majesté, qui m'avoient fait vaincre la répugnance que je sentois, à me charger de la commission qui l'avoit si fort offensée ; Madame de La-Force qui étoit en ce moment dans la ruelle de Madame, se joignit à mon Epouse. Elles furent appuyées par Madame de Pangeac ; & ce qui me surprit beaucoup, par Mesdames de Rohan & de La-Barre : & toutes ces femmes engagerent Madame à m'envoyer chercher à l'heure même. Depuis ce moment, où elle reconnut mon innocence, elle m'affectionna au point qu'elle n'eut plus d'autre Confident de tous ses secrets ; qu'elle proposa & favorisa de tout son pouvoir, le Mariage de ma Fille aînée avec le Duc de Rohan, son plus proche parent, (15) du côté de la feuë Reine sa Mere, & héritier de ses biens en Navarre. Le Roi ne goûta pas ce Mariage pour-lors ; & cependant il y revint de lui-même dans la suite. Enfin lorsque Madame partit pour la Lorrai-

(15) Henry II. du nom, Duc de Rohan, &c. qui épousa en effet Marguerite de Bethune, comme on le verra dans la suite de ces Mémoires, étoit Petit-fils de René I. du nom, Vicomte de Rohan, & d'Isabelle d'Albret, Fille de Jean, Roi de Navarre. Voyez dans tous les Généalogistes les autres alliances de cette illustre Maison, avec la Maison de France.

LIVRE HUITIEME.

1596.

ne, assez mécontente, comme l'on sçait, de la Cour de France ; elle dit hautement qu'elle n'avoit à se louer que de trois personnes : & j'étois l'une des trois.

Les hostilités entre le Parti du Roi & celui de la Ligue, continuerent pendant les années 1595 & 1596 dans les mêmes endroits du Royaume, que les années précédentes : En Bretagne, entre MM. d'Aumont & de Saint-Luc, & le Duc de Mercœur ; & dans les Provinces du Midi de la France, où il arriva mille petites rencontres entre MM. de Ventadour, de La-Rochefoucaut, de Châteauneuf, de Saint-Angel, de Lostange, de Chambaret, & autres Officiers pour le Roi (16) ; & MM. de Pompadour, de Rastignac, de Saint-Chamant, de Montpezat, de La-Chapelle-Biron, & autres Ligueurs. La défaite des Crocans, le Siége de Blaye, la prise d'Agen, la mort du Duc de La-Rochefoucaut, sont les évenemens (17) les plus remarquables, dans le Limosin & aux environs. Lesdiguières continua la Guerre avec le

(16) Anne de Lévis, Duc de Ventadour, Gouverneur du Limosin, & Lieutenant-Général pour le Roi en Languedoc : Il mourut en 1622. François de La-Rochefoucaut, Prince de Marsillac. René de Sainte-Marthe, Sieur de Châteauneuf. Charles de Rochefort de Saint-Angel. Louis-François de Lostange, ou Loustange. N. de Chambaret, ailleurs nommé Chambert, Gouverneur du Limosin. Louis, Vicomte de Pompadour. N. de Rastignac. Jean de Saint-Chamant, ou Antoine, son Frere : Ils passerent depuis dans le Parti du Roi. Henry Des-Prés de Montpezat. N. de Charbonniere, Sieur de La-Chapelle-Biron.

(17) La plûpart des événemens que l'Auteur indique ici, sont arrivés avant l'année 1595. Le Comte de La-Rochefoucaut étoit mort dès l'année 1591, tué, comme on l'a vû cy-devant, au Combat de Saint-Ytier-la-perche. Le Vicomte de Pompadour étoit aussi mort en 1591. La prise d'Agen, par le Comte de La-Roche, fils du Maréchal de Matignon est pareillement de l'année 1591. Blaye fut assiegé en 1593. par

le même Maréchal, qui malgré la défaite d'une Escadre Espagnole, fut obligé d'en lever le Siege. Les Crocans, ainsi nommés de Croc, Village en Limosin, où ils commencerent à s'attrouper, furent aussi défaits en ce temps-là par Chambert, ou Chambaret, Gouverneur de cette Province : & depuis, le Maréchal de Matignon acheva de les dissiper en Languedoc, plus par adresse que par la force. Consultez sur tous ces faits les Historiens cy-dessus cités. Cherchez-y encore, & dans l'Histoire particuliere du Connétable de Lesdiguieres, les Expéditions de cet homme célebre par les Victoires d'Epernon, de Pontcharra, de Vinon, &c : par les prises du Fort d'Exiles, de Cahours, & d'une infinité d'autres Places, qui le rendirent maître de toute la Savoie, & d'une partie de Piémont.

Outre la Guerre, la France fut affligée en cette année 1596 de la Peste & de la Famine, causées par le dérangement des Saisons. L'Etoile dit qu'on eût l'Eté en Avril, l'Automne en Mai, & l'Hiver en Juin.

même succès en Dauphiné, en Provence, dans le Piémont, tantôt contre le Duc de Savoie, tantôt contre le Duc d'Epernon. La fin de toutes ces Expéditions fut l'entiere défaite du Duc de Savoie, qui croyant profiter de la défunion des Ducs de Guise & d'Epernon, s'étoit avancé jusqu'en Provence, d'où il se vit chasser honteusement; & celle d'Epernon, qui succombant sous son Rival, le Duc de Guise, aidé du même Lesdiguieres, d'Ornano, & du Parti de la Comtesse de Sault, fut accablé sans ressource, & se vit réduit à implorer la clémence du Roi, par des Lettres extrêmement soûmises, que Sa Majesté reçut à Gaillon. Il suivit lui-même ses Lettres de fort-près, & vint se jetter aux pieds du Roi : ce qui fut une espèce de triomphe pour Henry, qui mettoit cette humiliation de d'Epernon, avec celle des Ducs de Bouillon & de La-Trémouille, au nombre des choses qu'il souhaitoit le plus passionnément.

Pendant son séjour à Amiens, le Roi fit plusieurs nouvelles démarches au sujet de mon entrée dans le Conseil des Finances. Ce Prince qui par un effet de sa droiture naturelle, ne pouvoit se représenter les hommes aussi corrompus qu'ils le sont; ni par un effet de sa douceur, recourir aux voies extrêmes, qu'après avoir tenté toutes les autres, se figura long-temps qu'il ameneroit enfin ce Corps, à administrer les revenus de l'Etat avec œconomie; & que cette importante réforme n'étoit pas si difficile, qu'elle ne pût être produite par le seul conseil d'un homme intègre & laborieux, qu'il associeroit à ceux qui le composoient. Dans cette vûë, il parla & en public & en particulier, à Messieurs du Conseil, de me recevoir parmi eux : Quelque répugnance qu'ils y eussent, ils n'oserent rejetter ouvertement une proposition, qui faite de cette maniere, ressembloit bien plus à une priere, qu'à un ordre.

J'avouë plus naturellement, que de ma part, ce tempéramment ne trouva pas tant de docilité. Sa Majesté m'ayant déclaré dans un entretien secret, qu'Elle exigeoit de moi que je recherchasse Messieurs du Conseil; que par quelque complaisance, je leur fisse perdre le soupçon qu'ils avoient, que je n'entrerois dans leur Société, que pour leur rendre de mauvais offices; afin que je les engageasse par mes maniè-

res,

res, à lui demander eux-mêmes mon affociation; je ne balançai pas à lui répondre, que je ne trouvois point de plus mauvaife voie d'être introduit dans le Confeil des Finances, que d'en avoir l'obligation à ceux qui les gouvernoient; & que connoiffant, comme je faifois, l'efprit de ce Corps, je ne pouvois en même temps le fervir, & fervir l'Etat. Le Roi qui n'aimoit pas à être contredit, & qui fe fouvenant d'ailleurs de mes démêlées avec le Duc de Nevers, s'imaginoit que je pouvois avoir quelque reffentiment contre ces Meffieurs; crut appercevoir dans ma réponfe de l'orgueil, ou du moins, de l'attachement à mon fens : il me répliqua affez vivement, qu'il n'avoit pas envie de fe mettre tout le monde à dos, pour moi feul : qu'ainfi fans fonger davantage à me faire entrer dans les Finances, il me chercheroit quelqu'autre emploi, pour occuper mon efprit, qui ne pouvoit, difoit-il, demeurer oifif.

Il étoit encore à demi fâché, lorfqu'au fortir de cette converfation, il entra chez Madame de Liancourt; qui en ayant fçu le fujet, lui repréfenta qu'il ne feroit en effet jamais bien fervi, jufqu'à ce qu'il eût rencontré un homme, qui par le pur motif de l'intérêt public, ne craignît point de s'attirer la haine des Financiers. Pour moi, je regardai après cela mon engagement dans les Finances, comme plus éloigné que jamais; & confidérant que mon emploi alloit déformais être réduit aux Traités & aux Négociations au-dehors : office qui mene à une ruïne prefque certaine, tout homme qui veut y foûtenir fon rang avec dignité, & fa réputation avec honneur; je réfolus de m'en ouvrir à Sa Majefté, & de lui faire agréer un projet, qui m'auroit affûré du moins le remhourfement de toutes mes avances. Mais Henry ne me donna pas le temps de lui faire ma propofition : Si-tôt que je l'eus abordé, il m'avoua que fur la repréfentation de Madame de Liancourt, il étoit revenu à mon avis; & que fans un plus long délai, il alloit déclarer publiquement fa volonté; après en avoir prévenu, pour la forme, le Connétable & Villeroi, à qui il appartenoit de m'expédier mes provifions. Ces deux Meffieurs entrerent fort-à-propos dans la Chambre du Roi; & reçurent cet ordre, le Connétable en baiffant la tête, & Villeroi en difant qu'il me mettroit mes

1596.

Provisions aux mains, si tôt qu'il en auroit recouvré un modelle.

L'après-midi, pendant que le Roi étoit à la Chasse, j'allai remercier la Marquise de Monceaux : c'est le nom qu'avoit pris depuis peu Madame de Liancourt ; & je crus devoir aussi une visite a M. de Villeroi, à qui je demandai, au défaut de Provisions, un Brevet qui fît le même effet. Villeroi biaisa dans sa réponse ; & pendant trois ou quatre jours que je le pressai, sur différents prétextes, il remit toujours l'affaire au lendemain. Au bout de ce temps, le Roi quitta Amiens pour venir à Monceaux, & passa par Liancourt, où Liancourt, son Premier Ecuyer, le reçut & le traita splendidement : C'est-là qu'on avoit résolu de faire contre moi les derniers efforts.

Liancourt à la sollicitation de Villeroi, fît venir chez lui pendant le séjour qu'y fît Sa Majesté, le Chancelier, qui étoit son ami intime ; & les autres Membres du Conseil s'y étant aussi rendus par ordre du Roi, ils profiterent de la liberté que cette occasion leur donna auprès de ce Prince, pour travailler efficacement à m'exclurre du Conseil. Le moyen dont ils se servirent, ne fut pas de m'attaquer directement, mais d'insinuer au Roi que je n'étois pas propre à cet Emploi ; dans lequel, disoient-ils, faute de cette expérience, qu'il n'y a que le long usage qui puisse donner, on ne peut éviter de commettre mille fautes, dont la moindre est capable de ruiner sans ressource le Crédit, & par conséquent de perdre l'Etat. Ces discours furent répétés si souvent en présence du Roi, (car on faisoit à dessein tomber la conversation sur cette matiere,) & avec une si grande apparence de sincèrité, que ce Prince se sentit à la fin ébranlé. Et lorsque dans le même temps, il voyoit ces Messieurs former avec facilité les plus magnifiques projets ; discourir avec beaucoup de netteté, sur les forces & les intérêts de l'Etat ; en calculer les revenus avec la derniere précision ; enfin posséder en apparence dans toute son étenduë, la science du Commerce, & les autres moyens dont on rend un Etat florissant ; & par dessus tout, s'entretenir entr'eux dans une Langue, qui n'étoit presqu'intelligible que pour eux seuls : ce Prince persuadé de plus en plus de cette longue préparation, qu'on lui représentoit comme absolument nécessaire pour entrer dans les Finances, retomba encore dans sa premiere irrésolution; & crut que le mal présent n'étoit pas le plus grand, dont les Finances pussent être menacées. Sa Majesté prenant avec cela tout ce que Messieurs du Conseil lui disoient, pour une marque de leur repentir, & comptant sur un notable changement de leur part, par la crainte qu'elle venoit de leur donner; elle se refroidit entierement à mon égard.

1596.

Villeroi qui étoit demeuré pendant ce temps-là à Amiens, mais qui n'en étoit pas moins bien informé de toutes les démarches d'un Corps, dont il étoit l'ame; prit cette occasion pour envoyer au Roi mes Provisions, qu'il ne pouvoit sans désobéïssance se dispenser d'expédier, après l'ordre formel qu'il en avoit reçu du Roi. Lorsqu'elles furent remises à ce Prince, il n'étoit plus à Liancourt, où il n'avoit passé qu'un jour, mais à Monceaux; où rempli de tout ce qu'il venoit d'entendre, il les donna à Béringhen; en lui disant de les garder sans m'en rien dire, jusqu'à ce qu'il reçût un ordre du contraire. Béringhen qui étoit de mes amis, me révéla le secret, que je lui gardai fidellement. Quinze jours se passerent de cette sorte, sans que le Roi parlât de rien à Béringhen: & Messieurs du Conseil aveuglés par leur bonne fortune, au-lieu de ce repentir si sincère que Sa Majesté attendoit d'eux, lui donnerent de nouvelles preuves de malversation, mais si claires qu'ils la forcerent eux-mêmes, pour ainsi dire, de les accabler du coup qu'il leur étoit si facile de parer. Le Roi découvrit que le Conseil venoit d'affermer les Aides de Normandie pour trente mille écus; & que pour frustrer encore l'Epargne de cette somme, si éloignée de la vraie valeur de la chose, ils l'avoient imputée toute entiere sur de vieilles dettes du Trésor-Royal. Avec un peu d'attention il se convainquit de plus, que les cinq grosses Fermes n'étoient de même qu'au quart de leur valeur; parce que Zamet, Gondy & autres Traitans, qui s'en étoient chargés, par connivence avec Messieurs du Conseil, partageoient avec eux les profits immenses qui en revenoient. L'avidité de ces Messieurs n'étant pas encore rassasiée; ils avoient accordé sur tous les autres revenus Royaux, des rabais si excessifs, sous ombre des pertes de Calais, Cambrai, Ardres &c. qu'il diminuoient à vuë d'œil, au-lieu d'augmenter.

Dans la juste indignation que cette connoissance donna au Roi, Sa Majesté me fit appeller ; & me commanda d'aller à Paris, sçavoir d'où provenoit une si grande dissipation de deniers, dont elle ne pouvoit se prendre qu'au Conseil. Je répondis à ce Prince, qu'ayant révoqué sans doute l'ordre qu'il avoit donné à Villeroi de m'expédier mes Provisions, puisque je ne les avois pas reçuës ; je n'avois aucun droit d'entrer dans le Conseil, ni de m'y faire écouter. « Comment ! dit Henry, en cachant le reproche qu'il se faisoit intérieurement ; Béringhen ne vous a-t'il pas donné il y a quinze jours, vos Provisions, avec une Lettre de Villeroi ? vous verrez que ce gros Allemand les aura oubliées. » Pendant que par ordre de ce Prince, j'allois me disposer à partir pour venir ce même jour coucher à Claye, Sa Majesté fit la bouche à Béringhen, qui consentit à paroître chargé de tout le tort. Dans ce peu de temps il me vint une pensée, que je communiquai au Roi, en retournant recevoir ses derniers ordres. Je lui dis qu'avant que le jour marqué pour l'ouverture des Etats, fût arrivé, il me paroissoit à propos que je me transportasse dans quelques-unes des principales Généralités du Royaume ; pour y prendre une connoissance plus sûre des revenus présens du Roi, de la diminution qu'ils avoient souffert, & des augmentations qu'on pouvoit y faire : afin que Sa Majesté reglât les demandes qu'elle avoit à faire aux Etats, sur cette opération ; qui toute imparfaite qu'elle étoit, pouvoit par proportion, donner des lumières sur les forces des autres Généralités plus reculées, & conséquemment de tout le Royaume : Qu'outre cet avantage, je ne désespérois pas de lui faire trouver dans ces seules Généralités que je visiterois, les trois ou quatre cens mille écus, qu'il avoit demandés inutilement au Conseil. Je jugeai, qu'en vain, & peut-être imprudemment, je me chargerois moi-même de cette vérification, sans une Piéce, qui me paroissoit être le seul vrai moyen de n'être point trompé ; je veux dire, sans un plein pouvoir de Sa Majesté, pour suspendre de leurs fonctions, ou même pour révoquer tout-à-fait les

Receveurs & Préposés rebelles, & pour récompenser la probité des mieux intentionnés.

1596.

Henry approuva fort le fond de ce dessein ; mais changeant quelque chose à la maniere de le proposer dans le Conseil, il voulut que j'y ouvrisse cet avis, de façon que ceux qui se piquoient le plus d'esprit, comme Sancy, Schomberg, Fresne & La-Grange-le-roi, en saisissent eux-mêmes la premiere idée, & pussent passer pour en être du moins en partie, les auteurs ; & qu'il n'y en eût aucun dans la Compagnie, qui ne se flatât que cette Commission ne pouvoit être donnée à personne qu'à eux-mêmes, ou par leur canal : à des Intendants & Maîtres des Requêtes à leur dévotion. Il n'y avoit rien de plus sage que ce tempérament, qui flatoit également la vanité de quelques-uns, & la cupidité de tous. Je vins prendre place dans le Conseil ; où par un prodige, qu'on ne voit qu'à la Cour, le cœur de mes Collégues, dévoré du chagrin le plus cuisant, ne laissa voir sur leurs visages, dans leurs paroles & leurs manieres, que des témoignages de joie. Je fus presque trompé moi-même aux louanges en tout genre, dont m'accabla le Chancelier, & au ton dont j'entendis prononcer, que j'étois attendu avec la plus vive impatience. Voilà la science des Courtisans : Ils sont convenus entr'eux, que couverts des masques les plus grossiers, ils ne se paroîtroient pourtant point risibles les uns aux autres.

C'est pendant le séjour du Roi à Monceaux, que fut consommé le Traité du Duc de Maïenne, déja arrêté auparavant. Dès le temps que Sa Majesté étoit à Amiens, le Duc lui avoit envoyé un nommé d'Estienne, pour lui demander en quel lieu elle auroit agréable qu'il vînt lui rendre ses obéissances ; & elle l'avoit remis à Monceaux, par égard pour l'incommodité du Duc, qui ne lui permettoit plus d'aussi longs voyages, que celui d'Amiens à Soissons, où il faisoit sa résidence. (18) Le Duc de Maïenne aborda le Roi qui se promenoit dans l'étoile du Parc, seul avec moi, & me tenant par la main ; mit un genou en terre ; lui accola la cuisse ;

(18) L'Etoile rapporte la chose autrement ; mais le Duc de Sully est plus croyable sur ce fait. Péréfixe s'est aussi trompé, lorsqu'il place cette entrevuë en 1595. Voyez la Chronologie Novenn. *Liv.* 8. *p.* 5991.

& joignit à l'assûrance de sa fidélité, un remerciment de ce que Sa Majesté " l'avoit délivré, disoit-il, de l'arrogance " Espagnole, & des ruses Italiennes. « Henry qui avoit été à sa rencontre, lorsqu'il le vit s'approcher, l'embrassa trois fois; se hâta de le faire relever; l'embrassa de nouveau, avec cette bonté qui n'a jamais tenu contre un repentir : puis le prenant par la main, il le promena dans son Parc, où il l'entretint familiérement des embellissemens qu'il alloit y faire. Le Roi marchoit à si grands pas, que le Duc de Maïenne, également incommodé de sa sciatique, de sa graisse, & de la grande chaleur qu'il faisoit, ne traînant qu'à grande peine sa cuisse, souffroit cruellement sans oser en rien dire. Ce Prince s'en apperçut, voyant le Duc rouge & tout en sueur : il me dit, en se penchant vers mon oreille : " Si je " promene encore long-temps ce gros corps-cy, me voilà " vengé sans grand peine de tous les maux qu'il nous a faits. " Dites le vrai, mon Cousin, poursuivit-il, en se tournant " vers le Duc de Maïenne; je vais un peu vîte pour vous. « Le Duc lui répondit, qu'il étoit prêt à étouffer; & que pour peu que Sa Majesté eût encore continué, elle l'auroit tué, sans y penser : " Touchez là, mon Cousin, reprit le Roi, d'un air riant, en l'embrassant encore, & lui frappant sur l'épaule; " car Pardieu ! voilà toute la vengeance que vous " recevrez de moi. « Le Duc de Maïenne, qu'une maniere si franche pénétra vivement, fit encore ses efforts pour s'agenouiller, & pour baiser la main que Sa Majesté lui tendoit : il lui jura qu'il la serviroit desormais contre ses propres Enfans. " Or sus, je le crois, lui dit Henry; & afin que vous " me puissiez aimer & servir plus long-temps, allez vous " reposer au Château, & vous rafraîchir; car vous en avez " bon besoin : je vais vous faire donner deux bouteilles de " vin d'Arbois; car je sçais bien que vous ne le haïssez pas : " Voilà Rosny que je vous baille pour vous accompagner, " faire l'honneur de la maison, & vous mener en votre cham- " bre; c'est un de mes plus anciens Serviteurs, & un de ceux " qui a reçu plus de joie de voir que vous vouliez me servir " & m'aimer de bon cœur. « Le Roi continua sa promenade dans le fond du Parc, & me laissa avec le Duc de Maïenne, que je fis reposer dans un Cabinet de verdure, & ensuite re-

LIVRE HUITIEME.

1596.

conduire à cheval au Château, aussi content du Roi & de moi, que nous l'étions tous deux de lui.

Monceaux parut un séjour si agréable au Roi, qu'il s'y arrêta plus long-temps qu'il n'avoit compté d'abord. Il y fit venir d'Amiens le Connétable & Villeroi ; & il ordonna au Conseil des Finances, de venir faire sa résidence à Meaux, pour être à portée de recevoir ses commandemens. Je n'y avois point encore proposé le projet de la visite des Généralités. Sa Majesté persuadée de plus en plus, qu'il ne pouvoit produire qu'un bon effet, se chargea d'en parler elle-même. A la première ouverture qu'elle en fit, les Conseillers qui s'attendoient que cet emploi ne pouvoit regarder d'autre personne qu'eux, & qui envisageoient chacun leur intérêt particulier, sans nuire à l'intérêt général du Corps, y donnerent les mains ; & furent bien surpris, lorsqu'ils virent que d'eux tous, le Roi ne nomma à cet effet, que La-Grange-le-roi, qui fut chargé de deux Généralités : les autres Commissions furent remplies par Sa Majesté, des noms de MM. de Caumartin (19) & de Bizouze, chacun pour deux Généralités, & de celui des deux autres Maîtres des Requêtes, chacun pour une Généralité : pour moi, je fus chargé de quatre des principales & des plus étendues. Ce fut pour lors que Messieurs du Conseil se repentirent de n'avoir pas empêché l'éxécution d'un plan, qui pouvoit mettre en évidence leur mauvaise foi. Ils réünirent tous leurs efforts pour le rendre inutile, ou du-moins pour le traverser. Ils me prirent pour le but de tous leurs coups ; parce que la confiance du Roi, & le principal rôle que je jouois dans cette affaire, leur firent deviner une partie de la vérité : Les accusations d'ignorance, de dureté, d'étourderie, & quelques autres qualifications plus fortes encore, ne me furent point épargnées. Je n'eus pas plustôt commencé à éxercer les fonctions de ma Charge, que je m'apperçus que leur prévoyance leur avoit fait prendre les devants auprès des Trésoriers de France, des Receveurs Généraux & Particuliers, Contrôleurs, Greffiers, &

---

(19) Louis le Fêvre, Seigneur de Caumartin, fut envoyé dans le Lyonnois, le Berry & l'Auvergne : Il en sera encore parlé cy-après. Il fut Garde des Sceaux en 1622, après la mort de M. de Vic ; & mourut l'année suivante, âgé de soixante-douze ans. Il a reçû des Historiens les mêmes éloges, que lui donne dans la suite M. de Sully.

jufqu'aux moindres Employés fubalternes. Tous ces gens qui pour la plufpart, leur étoient ou vendus, ou aveuglément dévoués, fe préterent à tout ce qu'ils éxigerent d'eux : Les uns s'abfenterent, & laifferent leurs Bureaux fermés : les autres me préfenterent des Etats compofés avec toute la fineffe, qu'on peut attendre de gens, qui fe font fait un art de la friponnerie : D'autres fe contenterent de me faire voir des ordres de M M. de Frefne, d'Incarville & Des-Barreaux, qui leur défendoient de communiquer leurs Regiftres & leurs Etats, à qui que ce pût être.

Je n'employai d'abord contre tant de malice que la voie de la douceur : J'exhortai, je cherchai à piquer d'honneur & de probité, des gens qui ne connoiffoient guère plus l'un que l'autre. Enfuite je fis courir un bruit, que les Etats du Royaume ne s'affembloient, que pour fupprimer ce nombre prodigieux de Bureaux & d'Employés, fur-tout les Tréforiers de France, le plus inutile de tous les Corps, & pourtant le plus indocile ; & qu'on ne conferveroit en place, que ceux qui s'en rendroient dignes, par une fincérité, qui feroit foi en cette occafion, de leur attachement au bien public. Cette menace n'ayant eu aucun effet fur des perfonnes, qui étoient fecrettement raffûrées & foutenuës par le Confeil même ; je fus obligé d'ufer du pouvoir que j'avois reçu : J'interdis la plus grande partie de ces mauvais Ouvriers ; dont je fis éxercer les fonctions par provifion, à deux de chaque Corps, que je choifis parmi tous ceux qui me parurent avoir les principes les plus fains, & la confcience la plus droite. Ainfi je me rendis maître de tous les Regiftres, de tous les Etats, de tous les Comptes ; & ils me fervirent de fil, pour entrer dans ce Dédale d'injuftices & de voleries.

Que ne vis-je pas alors ? & comment pouvoir détailler les rufes & les raffinemens d'un Art fi pernicieux, les déguifemens, les fuppreffions, les falfifications, les double-emplois : fans parler de cette fauffe confufion, fous laquelle les malfaicteurs cachés, voyoient très-clair ; pendant qu'ils ne préfentoient aux autres, qu'obfcurité & ténebres ? Il fuffit de dire que des deux feuls vieux Débets que je fis appurer, des Acquits & Lettres de Change, tant de l'année courante, que des trois précédentes, que je raffemblai ; j'amaffai fans peine plus de

cinq

LIVRE HUITIEME. 457

1596.

cinq cens mille écus, qui étoient perdus pour le Roi. A combien la somme auroit-elle monté, si l'on avoit exigé de tous ces Employés, les justes restitutions d'une si longue malversation, & sur tous les differens deniers qui leur avoient passé par les mains? puisque les Assignations pour vieilles dettes, Remboursemens de prêts, anciens Arrérages, Rescriptions en blanc, & payables au porteur, faisoient seuls un si gros produit.

Mes Associés ne furent pas aussi heureux, ou aussi fermes que moi. A l'exception de Caumartin, qui rapporta au Roi deux cens mille livres, ils ne payerent tous Sa Majesté, qu'en longs Mémoires d'améliorations à faire dans ses Fermes ; quoique le Roi eût apporté à ce choix, une singuliere attention. Je n'en suis point surpris. Pour oser s'exposer à toute la haine d'un Corps, aussi accrédité & aussi redoutable, que l'est en France celui des Financiers ; pour tenir bon contre les présens & les flateries, contre les détours & les artifices de toutes leurs Créatures, qui ne manquent pas d'intelligence pour la plûpart, & qui ne s'en servent que pour vous éblouïr, vous corrompre, ou vous tromper ; il est certain qu'il faut avoir un courage d'esprit, dont il y a peu de personnes capables.

Cependant Messieurs du Conseil, à qui rien de ce que je faisois dans les Provinces n'étoit caché, étoient dans une situation, qu'on imagine aisément : S'ils ne trouvoient le moyen de détruire mon ouvrage, ou de me détruire moi-même, avant mon retour ; il y alloit pour eux de toute leur réputation, & de tout leur intérêt. Mon absence leur donnoit pour cela, toute la facilité qu'ils pouvoient souhaiter. Que ne dirent & que ne firent-ils pas auprès du Roi, par eux & par leurs Emissaires ? On ne parloit de moi, que comme d'un Tyran, qui suçoit le sang du peuple par les exactions les plus violentes, & sans aucun profit pour le Roi ; puisque les sommes dont je remplissois avec tant de peine son Trésor, étant celles-là même, sur lesquelles étoient assignées les Pensions des Princes du Sang, & les Gages des Grands Officiers de la Couronne ; elles n'alloient entrer dans ses Coffres, que pour en sortir incontinent après. Malgré les cris & les impostures d'une Cabale si terrible, & dont toutes les démarches ne

Tome I. M m m

m'étoient pas inconnuës ; je continuois mon chemin, & je ne fongeois qu'à faire éxactement mon devoir : Seulement j'apportois toute la diligence imaginable à achever mon ouvrage, & les plus fages précautions pour pouvoir un jour fermer la bouche à mes accufateurs.

Pour Henry, il ne fe prêta point d'abord à leurs rapports : Enfuite il commença à craindre quelque mauvais effet de mon peu d'expérience ; & il m'invita fimplement par Lettres, à revenir au pluftôt. Mais enfin lorfque mes ennemis eurent fi bien lié la partie, par eux & leurs amis, qu'il fe fit comme un cri général à la Cour contre moi ; ce Prince vint à appréhender que je n'ufaffe de mon pouvoir, avec une dureté qui le rendît odieux lui-même : & alors aulieu d'une fimple invitation, j'en reçus un ordre des plus abfolus, de revenir à Paris. J'obéïs fans repliquer ; quoique bien fâché de me voir ainfi arrêter au milieu de mes recherches. Je fis dreffer promptement quatre Bordereaux pour mes quatre Généralités. Je les fis figner des huit Receveurs Généraux : & n'ayant pas eu le temps de convertir mes cinq cens mille écus en Efpeces de plus petit volume ; j'en fis charger foixante-dix charrettes, que je voulus que les huit Receveurs Généraux accompagnaffent, fous la garde d'un Prévôt & de trente Archers de la Maréchauffée, qui les conduifirent à Rouen, où le Roi venoit de fe rendre, pour l'ouverture des Etats.

De toutes les calomnies que Meffieurs du Confeil avoient inventées pour frapper le coup de ma difgrace, aucune ne leur avoit paru plus fpécieufe, que de faire entendre au Roi, que j'avois rempli les prifons des Officiers & Commis de fes Finances ; & ils jugerent à propos d'y ajoûter, que par une vaine bravade, j'entraînois à ma fuite cinquante des principaux, enchaînés. Le Roi ne foupçonnant aucun menfonge dans une imputation fi pofitive, me reçut lorfque j'allai le faluer en arrivant à Rouen, d'un air qui me fit juger que mes Envieux avoient fait jouer d'étranges refforts. Il me fit l'honneur de m'embraffer ; mais avec une indifférence & une froideur, qui ne lui étoient pas ordinaires. Il me demanda pourquoi je m'étois chargé fi inutilement d'un argent, que des perfonnes que je fçavois bien qu'il n'avoit pas envie de mortifier, étoient dans l'ufage de toucher par elles-mêmes : & il fut fort

LIVRE HUITIEME. 459

1596.

surpris d'entendre, que de tout ce que j'apportois, Sa Majesté n'en devoit pas un denier aux Princes du Sang, ni à aucun des Pensionnaires de l'Etat: qu'ils étoient tous payés du quartier d'Avril, & qu'ils le seroient aussi exactement de ceux de Juillet & d'Octobre; parce que je n'avois rien anticipé sur les fermages courans. » Pardieu ! reprit le Roi, après m'avoir » fait répeter plusieurs fois ces paroles, & même m'en avoir » fait jurer la vérité; voilà de méchantes gens, & d'impu- » dentes impostures! Mais, ajoûta-t'il, quant à tous ces Re- » ceveurs & Officiers que vous retenez prisonniers à votre » suite; qu'en ferez-vous? « L'étonnement que cette question me causa, fut capable seul de persuader au Roi, que cette accusation étoit sans aucun fondement. Il me fut aisé d'appercevoir en ce moment, que la malignité de Messieurs du Conseil retomboit toute entiere sur eux-mêmes; & qu'elle déceloit mieux au Roi leurs secrets motifs, que tout ce que je pouvois lui dire. Il ne me demanda aucun autre éclaircissement; au contraire il me combla de louanges & de caresses.

On lui avoit dit que la somme que j'avois levée, ne pouvoit être que très-médiocre. Sur la question qu'il m'en fit; je lui répondis, que n'ayant rien voulu retenir par mes mains, ni pour les frais, ni pour ma Pension, ni pour ma dépense; afin que les Receveurs Généraux retrouvassent la même somme qui étoit couchée sur les Bordereaux, & qu'ils apprissent de-là à ne jamais rien détourner de ses Finances; Sa Majesté en feroit elle-même la déduction, sur les quinze cens mille livres. Une somme si considérable fit beaucoup de plaisir au Roi, qui en avoit un besoin extrême. Il me dit qu'il auroit soin que toute ma dépense me fût payée; & qu'outre ma Pension de dix mille livres par mois, qu'il haussoit jusqu'à dix-huit-mille livres, il m'accordoit en pur don six mille écus, pour récompense de ce service. Il me défendit de rien dire de ce qui venoit de se passer entre lui & moi; & il m'envoya mettre à part sur cette somme, ce qu'il falloit pour la montre des six Compagnies Suisses, sur le pied de dix-huit cens écus chacune, pour faire dès le lendemain, ce payement qui pressoit.

J'allai retrouver mes Voitures, que les Archers gardoient dans deux cours du Sieur de Martinbault: Je fis décharger

M m m ij

& ranger par ordre les barriques, dans des appartemens, dont les serrures furent changées, & renforcées de gros cadenats à trois clefs : les deux Receveurs en eurent chacune une ; & moi, la troisiéme. J'envoyai dès le lendemain de grand matin aux Officiers Suisses, par trois Commis escortés de dix Archers, les dix mille écus qui leur étoient dûs.

Quelques momens après que j'eus fait partir cette escorte, Sancy à qui le Roi avoit dit qu'il falloit payer les Suisses, & qui étoit ordinairement chargé de cet Emploi, m'envoya un billet, par lequel il me mandoit de faire délivrer au Sieur Le-Charron, qui en étoit porteur, quatre-vingt-dix mille écus, pour la montre des Suisses. Ce Conseiller n'agissoit & ne parloit point autrement ; il auroit crû se dégrader, s'il étoit descendu à quelque politesse, ou à quelqu'explication avec ses Confreres. Je ne trouvai point de mon goût une Lettre si séche ; & encore moins l'effronterie, avec laquelle il me demandoit le triple de la somme, que je sçavois être duë. Je répondis aussi dédaigneusement au porteur, que je ne connoissois ni Sancy, ni son écriture, ni ses ordres. » Com-
» ment ! vous ne connoissez pas M. de Sancy ? « me dit Charron, en plaignant mon aveuglement : car à ce nom, tout trembloit dans le Conseil ; & Sancy y tenoit un rang, qui approchoit fort de la Surintendance. Comme il vit que je ne changeois rien à ma réponse, il vint la rapporter ; mais avec toute la timidité d'un Valet, qui craint un Maître de mauvaise humeur. Malheureusement pour Sancy, il se la fit faire devant plusieurs témoins, qui le furent aussi de son emportement. » Hé Pardieu ! dit-il, nous verrons s'il ne sçait
» pas qui je suis. « Après m'avoir traité comme il jugea à-propos, il vint de ce pas à Saint-Ouen trouver le Roi, qui lui dit, » Hé bien ! Sancy, n'allez-vous pas faire montre à nos
» Suisses ? Non, Sire, reprit Sancy d'un air mutin, je n'y vais
» pas : car il ne plaît pas à votre M. de Rosny, qui fait l'Em-
» pereur dans son logis, assis sur ces caques d'argent, comme
» un singe sur son bloc ; & dit qu'il ne connoît personne : &
» je ne sçais si vous y auriez plus de crédit que les autres.
» Que veut dire cela ? reprit le Roi ; je vois ce que c'est : on
» ne sera jamais las de faire de mauvais offices à cet homme-
» là ; parce que je me fie en lui, & qu'il me sert bien. « Sa

Majesté ajoûta, qu'elle avoit d'autant plus de peine à croire mon refus, que j'étois convenu avec elle-même, de donner cet argent aux Suisses. Sancy se fit appuyer de Le-Charron, qu'il avoit amené. Le Roi se doutant de quelque nouveau trait de malignité, se tourna vers ses Valets de chambre, & commanda à Biart de venir me chercher.

1596.

Du plus loin qu'il m'apperçut, il me demanda ce qu'il y avoit entre Sancy & moi. " Je vais vous le dire, Sire : " lui répondis-je hardiment : Et sans craindre le ressentiment du redoutable Sancy, je fis le récit de ce qui s'étoit passé, d'une manière qui dût mortifier sa vanité. Sancy n'étoit pas homme à plier : il ajoûta fierté sur fierté ; & le prenant sur un ton impérieux, il s'éleva bien-tôt entre nous deux une dispute si vive, quoiqu'en présence du Roi, que Sa Majesté fut obligée de nous imposer silence. Je cessai dans le moment même de parler à mon Adversaire ; & me tournant vers le Roi, je le priai de ne me point donner de Supérieur, dans les choses où j'agissois par son ordre. La Galerie de S. Oüen, où se passa cette scène, étoit remplie d'un monde infini ; dont la plûpart, las des hauteurs de M. de Sancy, étoient charmés de lui voir recevoir cette petite disgrace : " Il sera bien difficile, " disoient-ils, comme je l'ai sçu depuis, que ces deux esprits " exercent long-temps les mêmes fonctions ; sans que l'un " supplante l'autre : mais de l'humeur dont est le Roi, le " meilleur ménager sera son homme. " D'autres portoient envie à ma faveur naissante: d'autres enfin, qui vrai-semblablement se soucioient peu de l'un & de l'autre, disoient en riant de la nouveauté du spectacle : " Pardieu ! voilà un " Etourdi, qui en a trouvé un autre, qui ne lui quittera " pas aisément la partie. "

Le bruit des grandes sommes que j'avois fait revenir dans les Coffres du Roi, ne fut pas plûtôt répandu, que je me vis accablé d'un nombre infini de Créanciers sur le Roi, envoyés pour la plûpart, par Messieurs du Conseil ; qui outre l'envie qu'ils avoient de voir disparoître dans peu cette somme, étoient convenus avec tous ces Solliciteurs, qu'ils retireroient sur leurs Créances, leurs profits ordinaires. Ma principale vûë en levant cet argent, ayant été de faire un fond pour les entreprises militaires que le Roi devoit bien-tôt commencer,

M m m iij

1596. sans qu'on fût obligé de surcharger le peuple de nouveaux impôts; je n'eus garde de la laisser dissiper : je résistai aux importunités; & je tins bon contre les menaces & les fiertés : Mais après que j'eus fait réflexion, qu'il étoit indispensable de renvoyer enfin chez eux, les huit Receveurs Généraux, qui avoient seuls connoissance de l'emploi que je faisois de l'argent amassé; je craignis de donner trop de prise à la calomnie, en demeurant après leur départ, saisi seul d'une si grosse somme; & je résolus de la mettre au Trésor-Royal. Le Roi qui ne trouvoit son argent en sûreté, qu'entre mes mains, essaya plusieurs fois inutilement de vaincre mes scrupules : j'étois déterminé à prévenir sur ce sujet, jusqu'au moindre soupçon, & je persistai à en charger les deux Trésoriers, Morfontaine & Gobelin. Je rassûrai en quelque maniere Sa Majesté, en lui promettant que je veillerois si soigneusement à l'emploi de ces deniers, que rien n'en seroit perdu. J'en séparai en présence des Receveurs, ce qui étoit nécessaire pour payer le service actuel des Gens de guerre, les frais d'une Artillerie de vingt Pieces de canon, avec les équipages doubles, & trois mille coups de poudre à tirer; outre un convoi d'autres ustensiles propres à un Siege, comme pics, pelles &c. que je fis voiturer à Amiens. J'en ôtai encore cinquante mille écus, pour les usages particuliers & les menus plaisirs du Roi, qui ne consistoient qu'à gratifier à l'insçu des Catholiques, plusieurs vieux Officiers & Soldats Protestans, qui l'avoient utilement servi. Je calculai exactement ce qui restoit, (20) montant encore à quatre cens cinquante mille écus; & je gardai avec soin, tant mes anciens Bordereaux, que ceux qui constatoient les sommes prises sur le total. Mais voulant éprouver une seconde fois de quoi Messieurs du Conseil & leurs Receveurs Généraux étoient capables; j'affectai une fort grande négligence sur cette distraction de deniers : & lorsque ceux-cy prêts à partir pour leurs Bureaux, vinrent me demander un double de mes Bordereaux je leur répondis que ne prenant plus aucun intérêt à une somme, qui avoit passé en d'autres mains, & eux-mêmes ayant été présens à tous les emplois de deniers;

---

(20) Dans ce calcul, l'Auteur joint sans doute la somme portée par M. de Caumartin, à la sienne.

LIVRE HUITIEME. 463

1596.

j'avois déchiré toutes ces Pieces, comme inutiles : ce que ces Receveurs ne manquerent pas de faire sçavoir à leurs Maîtres.

Un mois se passa, pendant lequel on prit sur la somme portée au Trésor-Royal, le montant de quelques payemens, dont je feignois pareillement ne tenir aucun compte; Mais ici l'erreur étoit impossible; parce que rien ne se payant que sur les Ordonnances du Conseil, qu'on ne sçauroit supprimer, il suffisoit d'en tenir, comme je faisois, un Mémoire exact. Ces Ordonnances montoient à peu près, à cinquante mille écus; & par conséquent il en devoit rester encore dans la Caisse, quatre cens mille : Cependant le Roi ayant demandé quelques jours après, une somme de deux cens mille écus, pour être envoyée à Amiens, où l'on faisoit déja les préparatifs projettés, & en particulier celui de prendre Hedin; Sancy & les autres répondirent tous, qu'ils croyoient que cette somme pouvoit encore se trouver dans l'Epargne, mais aussi qu'après cela, elle alloit être à sec : & ils firent venir d'Incarville, qui devoit être plus au fait, comme tenant les Registres; & qui assûra qu'à grande peine restoit-il deux cens mille écus dans les Coffres. Le Roi à qui j'avois dit trois jours auparavant, qu'il devoit encore y avoir quatre cens mille écus, fut extrêmement surpris ; mais voyant l'assûrance avec laquelle ils lui parloient, il les crut, & me dit que je me trompois : J'étois si certain du contraire, que je soûtins en face à d'Incarville, devant tous mes Confreres que Sa Majesté avoit fait appeller, qu'il se méprenoit de moitié. D'Incarville repliqua que ses Registres étoient plus sûrs que ma mémoire; & offrit d'apporter le lendemain un Extrait de toute la dépense. Je voyois d'où leur venoit une si grande confiance ; & je voulus les laisser se flater jusqu'au dernier moment, qu'ils alloient remporter sur moi une pleine victoire : J'eus même assez de courage, pour cacher au Roi l'artifice dont je m'étois servi ; & pour essuyer, sans rien dire, tous les reproches qu'il me fit, de m'être défait contre son avis, de la somme entiere.

Les Etats ayant été apportés le lendemain, & bien vérifiés; il ne se trouva dans la Dépense aucune erreur : elle auroit été trop facile à découvrir : Elle étoit toute entiere dans la Recette ; fondée sur ce qu'on croyoit que j'avois réellement perdu les Bordereaux, qui faifoient foi de la quantité & de la qualité des Efpèces, portées à différentes fois au Tréfor-Royal. J'admirai fecrettement avec quelle fineffe on avoit jetté fur tout ce Chapitre de Recette, une obfcurité impénétrable à tout autre, qui n'auroit pas eu la preuve en main; & avec quel art on donnoit pourtant à cette obfcurité; un air de vérité, & même d'évidence. Je demandai à voir les Récépiffés, avec une feinte mauvaife humeur, qui paroiffoit à ces Meffieurs un aveu de ma défaite. Le Confeil offrit de faire dépofer les Receveurs Généraux, fur la quantité & la qualité des Voitures faites au Tréfor-Royal : Je répondis que la 'difcuffion feroit trop longue. D'Incarville à qui mon embarras fimulé donnoit beau jeu, répliqua que je vinffe donc fur les lieux, vifiter les Regiftres des Finances; parce qu'ils ne devoient point fortir du Bureau. Quoique je compriffe facilement, qu'il n'étoit pas impoffible que ces Regiftres mêmes, tout publics & tout authentiques qu'ils font, ne fuffent falfifiés comme le refte; je n'en imaginois pourtant pas trop la maniere : chacune des Voitures devant avoir fon Récépiffé, figné d'Arnaud & de L'Hôte, dont je connoiffois l'écriture : Je fus donc curieux de voir ces Regiftres. Tout m'y parut dans l'ordre & la forme ordinaires. Meffieurs du Confeil commencerent alors à m'infulter; & ils ufoient fort-mal de leur prétendu avantage.

Je crus qu'il étoit temps de leur fermer la bouche, & de les couvrir à leur tour d'une véritable confufion. Je produifis d'un côté, les Etats & Bordereaux fignés des Receveurs Généraux; de l'autre, un Mémoire fidèle de toutes les Ordonnances : ce qui fit tomber en un inftant toute leur arrogance. Ils alloient être réduits à convenir de leur friponnerie; lorfqu'ils s'aviferent d'un ftratagème fi groffier, qu'à mon avis, il leur en laiffe toute la honte. Un Commis dreffé par d'Incarville, vint trouver le Roi, & lui dit que L'Hôte, qui gardoit la clef de la Salle des Regiftres, s'étant trouvé abfent, un jour qu'il arriva une de ces Voitures, la plus confidérable; & les Receveurs qui la conduifoient, étant fort-preffés de s'en retourner; il avoit cru pouvoir infcrire la fomme contenuë dans la Voiture, fur une fimple feuille volante; dans le deffein de la faire enfuite vifer & figner de

d'Ind'Incarville, & inférer dans les Regiſtres : mais cu'étart 1596. allé lui-même chez d'Heudicourt, il en avoit perdu la mémoire ; dont il demandoit pardon à Sa Majeſté. Le Roi ſe contenta d'ordonner avec une légère réprimande, qu'on eût dans la ſuite plus de ſoin des Regiſtres ; & s'avançant vers le Connétable, qui entroit dans ce moment par le bout de la Galerie, où ceci ſe paſſoit, & qui s'étoit montré dans tout ce démêlé, plus favorable à Meſſieurs du Conſeil qu'à moi ; il lui cria de fort-loin, & en préſence de beaucoup de monde, que ſon argent étoit retrouvé, & qu'il alloit lui faire connoître une bonne fois, ceux à qui il devoit ſe fier.

Au milieu de toutes ces conteſtations, arriva le jour marqué pour l'ouverture des Etats du Royaume, ou pluſtôt, de l'Aſſemblée des Notables ; car c'eſt ainſi qu'on les appella : Et la raiſon de ſubſtituer ce nom (21) en la place du premier qu'ils devoient naturellement porter, vint uniquement des Gens de Robe & de Finance ; qui ſentant que leurs richeſſes & leur autorité pouvoient leur donner en cette occaſion, une ſupériorité ſur les autres Conditions, qu'ils ne vouloient partager qu'avec le Clergé, trouvoient honteux de ſe voir ravalés à la Claſſe du Peuple : ce qui ſeroit arrivé, ſi la forme uſitée dans les Etats, & ſur-tout la diſtinction des trois Ordres, avoient eu lieu. Ils y parurent en effet avec une pompe & une magnificence, qui firent qu'on compta pour

---

(21) Péréfixe dit, que c'eſt parce que le Roi n'avoit pas eu le temps d'aſſembler les Etats en Corps : « Les » Rois, dit d'Aubigné, avec ſa malignité ordinaire, uſent de telles ſortes d'Aſſemblées, quand celle des » Etats généraux leur eſt longue, » difficile, ou ſuſpecte. Le but de ces » petits Etats étant de trouver de » l'argent pour ſoûtenir la Guerre » contre l'Eſpagne ; il en fut propoſé » & arrêté diverſes inventions : La » Pancarte en fut la principale, très » mal reçûë en divers endroits du » Royaume. « &c. Tome 3. liv. 4. chap. 14. De-Thou n'en dit preſque rien, liv. 117. ni Davila non plus. Tout ce qui eſt dit dans ces Mémoires ſur cette Aſſemblée, ne ſe trouve, que je ſçache, nulle part ailleurs : Et pour le rendre encore plus ſenſible, j'ai uſé de la permiſſion que je demande dans la Préface de cet Ouvrage, de rapprocher les unes des autres, des idées que les Compilateurs des Ecrits de M. de Sully ont employées dans leurs Mémoires, ſans ordre & ſans liaiſon. Comme on doit ſuppoſer qu'elles avoient une ſuite, & auſſi leur objet, dans l'eſprit de ce Grand homme d'Etat ; c'eſt répondre à ſes vûës, que de les appliquer aux ſujets, auxquels elles conviennent naturellement : Et tout ce qu'on peut demander, ce me ſemble, c'eſt de ne jamais changer le fond des penſées de mon Original : A quoi je me ſuis principalement étudié.

Tome I. Nnn

rien la Nobleſſe, les Gens de guerre, & les autres Membres de l'Etat : ceux-cy n'ayant pour éblouir les yeux, ni le brillant des équipages, ni l'éclat de la dorure, ni l'appareil d'un train nombreux ; éternels objets de l'envie, des reſpects & des adorations du peuple, ou pluſtôt éternelle preuve de notre dépravation & de notre folie.

Voilà déja en grande partie, l'idée qu'on doit ſe former de ces grandes Aſſemblées, qu'on nomme Auguſtes. Ces hommes qu'on s'imagine devoir y apporter un eſprit plein de la ſageſſe, de l'amour du bien public, du zèle, dont étoient animés les anciens Légiſlateurs, ne s'y occupent pour la pluſpart que d'une ridicule montre de luxe, & d'un étalage de leur moleſſe, qui paroîtroit le comble de l'infamie, à des yeux moins prévenus que les nôtres. La deſunion des Corps qui compoſent ces Aſſemblées, la diſſention, l'oppoſition d'intérêt, l'envie de ſe ſupplanter, la brigue & la confuſion, qui achevent d'en donner une juſte idée, naiſſent de cette ſource impure; auſſi bien que la baſſeſſe, avec laquelle on y proſtituë l'éloquence. Par quelle fatalité arrive-t'il donc, que ce qu'un Siécle acquiert de lumieres, ſur ceux qui l'ont précédé ne tourne jamais au profit de la Vertu, & ne lui ſert qu'à raffiner le Vice ?

Ce n'eſt pas qu'il ne ſe trouve dans ces Aſſemblées, un petit nombre de Perſonnes également vertueuſes & capables; & qu'elles ne ſoient même connuës pour telles : Mais au-lieu de faire violence à leur modeſtie, on affecte pour eux un oubli & un mépris, qui étouffent avec leur voix celle de l'utilité publique. Auſſi connoît-on par une longue expérience, qu'il eſt fort-rare que la convocation des Etats du Royaume ait produit le bien, à quoi on l'a cruë propre. Pour cela il faudroit que ceux qui les compoſent, fuſſent partagés de lumieres égales ſur la bonne & la vraie Politique; ou du-moins, que l'ignorance & la méchanceté ſe tuſſent devant ce peu de Perſonnes intégres & éclairées. Mais malheureuſement parmi la multitude, pour un Sage, il y a une infinité de fous; & avec cela, la préſomption eſt le premier appanage de la folie : C'eſt-là plus encore que par-tout ailleurs, qu'il eſt vrai que les grandes vertus, au-lieu du reſpect & de l'émulation, n'excitent que la haine & l'envie.

D'ailleurs, si le Prince sous lequel se tiennent les Etats, est 1596. puissant & entêté de son pouvoir ; il sçaura bien les réduire au silence, ou rendre leurs projets inutiles : Si c'est un Prince foible, & qui ignore les droits de son rang ; la licence y prendra bien-tôt le plus court chemin, pour plonger le Royaume dans tous les malheurs qui suivent l'avilissement de l'autorité Monarchique. Il seroit donc nécessaire que le Souverain & les Sujets y parussent également instruits, & de leurs droits, & de leurs engagemens réciproques. La premiere Loi du Souverain, est de les observer toutes. Il a lui-même deux Souverains, Dieu & la Loi. La Justice doit présider sur son Trône : la douceur en doit être l'appui le plus solide. Dieu étant le vrai Propriétaire de tous les Royaumes, & les Rois n'en étant que les Administrateurs ; ils doivent tous représenter aux peuples celui dont ils tiennent la place, par ses qualités & ses perfections : Sur-tout ils ne règneront comme lui, qu'autant qu'ils règneront en Peres. Dans les Etats Monarchiques héréditaires, il y a une erreur, qu'on peut aussi appeller héréditaire : c'est que le Souverain est le maître de la vie & des biens de tous ses Sujets ; & que moyennant ces quatre mots, *Tel est notre plaisir*, il est dispensé de faire connoître les raisons de sa conduite, ou même d'en avoir. Quand cela seroit, y a-t'il une imprudence pareille à celle de se faire haïr de ceux, auxquels on est obligé de confier à chaque instant sa vie ? Et n'est-ce pas tomber dans ce malheur, que de se faire accorder de force une chose, en témoignant qu'on en abusera.

A l'égard des Sujets, la premiere Loi que la Religion, comme la raison & la nature, leur imposent, est sans contredit l'obéissance. Ils doivent respecter, honorer, craindre leurs Princes, comme l'image même du souverain Maître; qui semble avoir voulu se rendre visible par eux sur la terre, comme il l'est au Ciel, par ces brillans chef-d'œuvres de lumiere. Ils leur doivent encore ces sentimens par un motif de reconnoissance de la tranquilité & des biens, dont ils jouissent à l'abri du nom Royal. Au malheur d'avoir un Roi injuste, ambitieux, violent, ils n'ont qu'un seul remède à opposer, celui de l'appaiser par leur soumission, & de fléchir Dieu par leurs prières. Tous ces justes motifs qu'on croit avoir de leur résister, ne font, à bien les éxaminer, qu'autant de prétextes d'infidélité, très-subtilement colorés : & jamais avec cette conduite, on n'a ni corrigé de Princes, ni aboli d'impôts ; on a seulement ajoûté aux malheurs dont on se plaignoit déja, un nouveau dégré de misère ; sur lequel il n'y a qu'à interroger le menu peuple, sur-tout celui de la campagne.

Voilà sur quels fondemens il seroit facile d'établir le bonheur réciproque des Peuples, & de ceux qui les gouvernent ; si de part & d'autre, on se montroit bien pénétré de la vérité de ces Maximes, dans les Assemblées générales de la Nation : Mais dans cette supposition, la convocation des Etats seroit encore plus inutile ; puisqu'on n'y a recours, que dans le cas de la mésintelligence entre le Chef & les Membres. On peut conclurre de là, qu'autant que les Etats Généraux du Royaume sont une ressource vaine, par l'objet qu'on leur donne, & par la forme qu'on y observe ; autant pourroit-on en tirer de fruit pour le maintien de la discipline & des bonnes mœurs ; si le Prince alors véritablement Chef de tous les Membres réünis, ne s'y proposoit que de faire rendre à la face de tout un Royaume, par ceux qui sortent des Charges, un Compte de leur Administration : d'y choisir avec sagesse & discernement, ceux qui doivent les remplir : de les encourager à s'en acquitter dignement, & par ses discours, & par une distribution publique de la louange & du blâme, des récompenses & des châtimens (22).

En attendant le jour destiné pour ouvrir l'Assemblée des Notables, Henry fit un voyage à Arques, Dieppe, Caudebec, &c. pour voir les lieux, où s'étoient passées tant d'actions mémorables : Je l'accompagnai dans tous ces endroits.

Le Roi revint à Rouen, faire l'ouverture de l'Assemblée, par un discours prononcé avec toute la dignité d'un grand Prince, & avec une sincerité, que les Princes ne connoissent point. Il y déclara, Que pour éviter tout air de violence & de contrainte, il n'avoit pas voulu que l'Assemblée se fît par

(22) On ne peut, ce me semble, rien ajoûter à la justesse de ces idées : Il ne faut qu'y renvoyer ceux qui, comme Comines, Boulainvilliers &c. ont pris le parti des Etats & de l'autorité Aristocratique.

LIVRE HUITIEME.

1596.

Députés, nommés par le Souverain, & toujours aveuglément asservis à toutes ses volontés ; mais qu'on y admît librement toutes sortes de personnes, de quelqu'état & condition qu'elles pussent être : afin que les gens de sçavoir & de mérite, eussent le moyen d'y proposer sans crainte, ce qu'ils croiroient nécessaire pour le bien public : Qu'il ne prétendoit encore en ce moment leur prescrire aucunes bornes : Qu'il leur enjoignoit seulement de ne pas abuser de cette permission, pour l'abaissement de l'autorité Royale, qui est le principal nerf de l'Etat ; de rétablir l'union entre ses Membres ; de soulager les peuples ; de décharger le Trésor-Royal de quantité de dettes, auxquelles il se voyoit sujet, sans les avoir contractées ; de modérer avec la même justice, les Pensions excessives, sans faire tort aux nécessaires ; enfin d'établir pour l'avenir un fond suffisant & clair, pour l'entretien des Gens de guerre.

Le Roi ajoûta, Qu'il n'auroit aucune peine à se soûmettre à des moyens, qu'il n'auroit point imaginés lui-même ; d'abord qu'il sentiroit qu'ils avoient été dictés par un esprit d'équité & de désintéressement : Qu'on ne le verroit point chercher dans son âge, dans son expérience & dans ses qualités personnelles, un prétexte bien moins frivole, que celui dont les Princes ont coûtume de se servir, pour éluder les Réglemens : Qu'il montreroit au-contraire par son exemple, qu'ils ne regardent pas moins les Rois, pour les faire observer, que les Sujets, pour s'y soûmettre. (23)

Ce discours achevé, Henry se leva, en disant qu'il ne vouloit pas même assister, soit par lui, soit par son Conseil, à des Délibérations que rien ne devoit gêner : & il sortit en

---

(23) » Si je faisois gloire, dit-il, » de passer pour un excellent Orateur, j'aurois apporté ici plus de » belles paroles que de bonne volonté ; mais mon ambition tend à quelque chose de plus haut que de » bien parler ; j'aspire aux glorieux » Titres de Libérateur & de Restaurateur de la France ... Je ne vous » ai point ici appellés, comme faisoient mes Prédécesseurs, pour » vous obliger d'approuver aveuglément mes volontés : je vous ai fait » assembler pour recevoir vos conseils, pour les croire, pour les » suivre ; en un mot, pour me mettre » en tutelle entre vos mains : C'est » une envie qui ne prend guères aux » Rois, aux barbes grises, & aux » Victorieux, comme moi ; mais » l'amour que je porte à mes Sujets, » & l'extrême desir que j'ai de conserver mon Etat, me font trouver » tout facile & tout honorable. « *Peref. 2. Part.*

effet avec les Conseillers; me laissant seulement dans l'Assemblée, pour y communiquer les Etats, les Mémoires, & tous les Papiers de l'Etat dont on pouvoit avoir besoin.

Comme à l'occasion des derniers Etats tenus à Paris, je me suis étendu sur les pratiques, & sur les différentes manœuvres, qu'on met en usage dans ces grandes & nombreuses Assemblées; je me contente de dire qu'au sujet près, ceux-cy n'eurent rien de différent: Et lorsqu'il fut enfin nécessaire de venir à la conclusion, qui rouloit principalement sur la nature des Subsides, & sur la maniere de les répartir, aussi bien que sur celle de les lever; on crut qu'il n'y avoit rien de mieux à faire, que de compiler un tas d'anciens Reglemens inutiles, & même contraires à la conjoncture présente. Car au-lieu de faire réflexion que les Etats doivent se traiter comme les corps, pour lesquels il convient d'user de remèdes extraordinaires, contre des maladies nouvelles & inusitées; ou de changer d'opération, à proportion des progrès qu'on fait dans la connoissance de son méchanisme: telle est la force du Préjugé, qu'on s'obstine toujours à chercher la guérison des maux présens, dans des moyens, dont l'insuffisance est démontrée de cela seul qu'ils n'ont pu ni les prévenir, ni en arrêter le cours. Un respect inconsidéré pour l'antiquité; une fausse idée des causes, occasionnée, par l'éloignement des temps: un jugement peu réflechi sur le passé; le défaut de vûës plus nettes & plus justes pour l'avenir, dont l'amour propre empêche qu'on ne convienne: voilà ce qui éternise les anciens abus. Il ne faut, dit-on, rien changer aux Loix & aux Usages. Je suis grand partisan de ce Principe, excepté les cas où l'utilité, & encore plus la nécessité, demandent qu'on y déroge (24).

(24) Le caractere d'esprit de la Nation Françoise, dit-on encore, est tel, que cela seul peut rendre extrêmement dangereux pour nous, tout changement, même le plus utile & le plus nécessaire. Un Systême, dont il semble que tout le monde convient aujourd'hui que le fond étoit excellent, & qui malgré cela a eu des suites très-fâcheuses, fait qu'on insiste plus que jamais sur cette consideration. Le Duc de Sully qui a vécu dans un temps, où les preuves des défauts qu'on reproche à la Nation ne lui manquoient pas, auroit répondu à cela, que deux choses sont absolument nécessaires, & avec quelque Nation que ce soit, pour assurer le succès de ces sortes d'entreprises: La premiere; une autorité dans le Legislateur, assez grande pour qu'il ne se voie point obligé par crainte, par politique, par condescendance, à rien changer ni affoi-

On s'amusa donc à tirer de la poussiere les vieux Régle-mens, & on alloit grossir un Recueil déja infructueux : Mais une impossibilité réelle se présenta , & rompit le projet : c'est que la pluspart de ces antiques Constitutions n'ayant pour objet , qu'un Gouvernement, où l'Autorité Royale dé-corée d'un vain titre, n'étoit dans le fond qu'une véritable servitude ; elles ne pouvoient convenir à un temps, où l'inté-rêt public a établi pour base de la commune sûreté, & con-centré dans un seul, toute l'autorité , qui auparavant étoit répanduë sur une infinité de têtes.

A cette idée en succeda une autre, à laquelle on s'arrêta, par je ne sçais quoi de spécieux qu'elle offrit ; quoiqu'en effet les inconvéniens n'en fussent pas moindres : C'est l'établis-sement d'un Conseil, qu'on jugea à propos d'appeller Con-seil de Raison, dont les membres seroient nommés par l'As-semblée, & dans la suite, par les Cours Souveraines. Mais quoi ! n'y avoit-il pas déja un Conseil ? Et ce Conseil n'étoit-il pas lui-même la cause trop marquée du désordre des Fi-nances , & de la misére des peuples ? N'importe : toute cette multitude se laissa si fort éblouir par un beau nom, & par un choix nouveau, qu'on y proposa & qu'on y approuva de guérir le mal par le mal même. Il fut décidé, Que le nou-veau Conseil partageroit en deux portions égales, tous les Revenus Royaux, qu'on estima sans trop d'éxamen à (25) trente millions : Qu'il retiendroit la premiere par ses mains ; & qu'il en acquitteroit les Pensions, Gages d'Officiers, Ar-

blir dans son plan : La seconde ; une sagesse aussi grande à en préparer tous les moyens. Parmi un grand nombre de changemens réels , faits dans les differentes parties du Gou-vernement, qu'on verra dans la suite de ces Mémoires, on y remarquera un plus grand nombre encore de Projets, qui n'ont point été exécu-tés , quoique formés dès il y avoit long-temps. Pourquoi cela ? Parce que Henry le Grand & son Ministre voyoient & attendoient les temps , les circonstances, &c. qui devoient les rendre infaillibles. Je ne crain-drai point de dire que la parfaite ha-bileté n'est pas à imaginer mais à

connoître les risques de la trop gran-de précipitation & de la trop grande lenteur ; à sentir l'occasion, en un mot à sçavoir conduire, & préparer.

(25) L'Auteur a raison de dire que cette estimation n'est pas juste : puis-que malgré l'augmentation des re-venus Royaux , & l'extinction des dettes , arrivées sous son Ministere, & qu'on verra dans la suite de ces Mémoires , monter à une somme très considérable ; le Cardinal de Ri-chelieu n'évaluoit tous les revenus de l'Etat après les changemens que lui-même y avoit ajoûtés, qu'à tren-te-cinq millions. *Test. Pol. 2. Part. page 152.*

rerages, & autres dettes & engagemens de l'Etat : Qu'il prendroit encore fur cette fomme, de quoi faire & réparer les Villes, Bâtimens, Chemins, & autres Ouvrages publics; fans que le Roi ni les Cours Souveraines puffent jamais prendre connoiffance de cette fomme, ni en faire juftifier l'emploi. Quelle occafion de flater l'avidité des Membres de ce Confeil, qu'une difpofition fi abfoluë d'une moitié des revenus de l'Etat! Et fuppofez pour un moment une geftion infidelle ; que de parties en fouffrance! quelle confufion! quelle ruine!

On laiffoit avec une égale indépendance la feconde moitié au Roi, pour la régir par lui ou par fes Miniftres ; avec la charge de toutes les dépenfes militaires, en y comprenant l'Artillerie & les Fortifications ; des Affaires Etrangéres, Négociations & Ambaffades ; de l'entretien de fa Maifon, de fes Bâtimens, de fes Equipages ; enfin des gratifications de fes Officiers, & de fes menus plaifirs. Sur la levée & l'adminiftration de ces deux parts, on ne prefcrivoit rien à aucun des deux Partis ; pour ne pas bleffer cette mutuelle indépendance, dont les inventeurs s'applaudiffoient : comme fi la force d'un Royaume ne dépendoit pas de prêter fuivant l'éxigence des cas, aux parties affligées, le fecours dont elles ont befoin, & d'y faire couler, pour ainfi dire, le fang furabondant de celles qui font plus faines.

Comme les trente millions à quoi avoient été évalués les revenus Royaux, parurent une fomme un peu enflée ; il fut réfolu qu'on créeroit un nouvel Impôt: ce fut la levée du Sou pour livre, fur toutes les Marchandifes (26) & Denrées, venduës & achetées dans le Royaume, tant en gros qu'en détail. Lorfqu'on eut calculé le produit du Commerce des Particuliers & les dépenfes, foit de néceffité, foit de fimple commodité, ou même de luxe ; on crut ne rien rifquer, en eftimant ce nouvel Impôt à cinq millions : & on bénit mille fois une idée auffi heureufe ; quoiqu'elle ne fût pas moins chimérique, que le nouveau calcul étoit (27) défectueux.

Lorfque

(26) Le Bled feul en fut excepté.
(27) M. de Sully penfe & parle de l'établiffement du Sou pour livre, comme prefque tout le monde en penfoit & en parloit en ce temps-là, Le-Grain donne néanmoins fon fuffrage à cet Impôt. *Liv. 6.* Matthieu ne le défapprouve pas : & ce qui eft
d'un

LIVRE HUITIEME.

1596.

Lorsque l'Assemblée eut ainsi détaillé & perfectionné son Système ; elle envoya des Députés le proposer au Roi, qui les reçut au milieu de son Conseil. L'indignation qu'y causa le Projet, fut marquée dans l'instant par des cris & des murmures si confus, que le Roi eut beaucoup de peine à faire opiner séparément ceux qui le composoient. Le champ étoit vaste ; le chagrin & la colère rendirent tout le monde éloquent. Mon tour étant venu ; je me contentai de dire froidement que je n'avois rien à ajouter à tous ces beaux discours. Le Roi qui m'observoit attentivement, surpris de ma réserve, voulut m'entretenir avant que de joindre sa voix, qui devoit emporter la décision pour ou contre le projet de l'Assemblée des Notables ; & remit à achever la Délibération au lendemain, en présence des mêmes Personnes. Aussi-tôt que je fus seule avec ce Prince, il me demanda avec empressement les raisons de mon silence ; & je lui fis faire les observations suivantes.

Il est certain que dans l'Assemblée des Notables on étoit si fort infatué du nouveau Plan, qu'en suivant l'opinion du Conseil qui vouloit que le Roi le rejettât & l'annullât avec hauteur, Sa Majesté s'exposoit à y faire naître un mécontentement d'autant plus grave, que les Etats assemblés ne reconnoissent point de Supérieur qui ait droit de les réformer ; pas même le Roi. Une des plus importantes maximes pour le Gouvernement Monarchique, est que le Prince doit sur toutes choses, se donner de garde de réduire ses Sujets au point de lui désobéïr d'effet, ou seulement de parole. D'ailleurs le Roi alloit directement contre la parole qu'il avoit donnée, de se conformer aux résolutions de l'Assemblée. Enfin tous ceux qui avoient donné l'idée du Projet, & ceux qui l'avoient adopté, de cela seul que le Roi l'auroit rejetté, s'opiniâtreroient toujours à le regarder comme le vrai système des affaires, tant qu'un commencement de pratique ne

d'un plus grand poids, le Cardinal de Richelieu le trouve d'autant plus juste, qu'il est établi, dit-il, en différens Etats, & qu'il avoit déja été résolu en Corps d'Etat, sous François I. Cependant les obstacles & les inconvéniens dont M. de Sully fait mention dans la suite, sont réels, & en partie les mêmes qui font que Richelieu est le premier à détourner Louis XIII. de cet établissement. *Test. Pol.* 2. *Part. chap.* 9. *sect.* 7.

Tome I. Ooo

les détromperoit pas de cette opinion & ils feroient entendre dans la suite, qu'il n'avoit tenu qu'au Prince seul, qu'on ne vît enfin établi en France cet ordre, après lequel on soupiroit depuis si long-temps. On sçait assez quel est le penchant des peuples, sur-tout de ceux qui ont l'esprit vif, à médire des actions du Souverain.

D'un autre côté, il n'est pas moins certain que le Projet étoit également ruineux, & d'impossible exécution : il suffisoit pour en être pleinement convaincu, de la plus légère connoissance des affaires de Finance. Outre les obstacles que je viens de marquer, combien n'en devoit-il pas naître de la seule jalousie que produiroit le choix des Membres du nouveau Conseil, qui devoient être pris également de toutes les Provinces du Royaume ? Cette apparence d'égalité & de justice, qui remettroit nécessairement la conduite de l'Etat à des hommes nouveaux & sans expérience, combien ne devoit-elle pas occasionner de mécomptes & de bévuës, lorsqu'il s'agiroit d'appliquer au détail, un Projet simplement ébauché ? Il étoit indubitable que la tête tourneroit dès l'abord au nouveau Conseil ; & que toutes les démarches qu'il feroit, ajoûteroient faux pas sur faux pas.

De cette impossibilité même de tirer aucun fruit du Projet de l'Assemblée, je prenois le motif pour le Roi d'y donner pleinement les mains. Par là il remportoit devant tout son Peuple la gloire d'entrer avec douceur dans les vûës qu'il avoit tracées lui-même : & bien-loin que cette complaisance allât à la diminution de l'autorité Royale, elle ne pouvoit manquer de lui procurer dans la suite, l'avantage que toutes les parties des Finances lui reviendroient avec plus d'indépendance, lorsque le nouveau Conseil auroit fait la triste expérience de ses forces. Comme c'étoit l'Assemblée, & le Conseil qui en alloit être tiré, qui avoient fait eux mêmes la supputation des revenus Royaux ; & qu'on devoit supposer qu'ils avoient eu tous les égards nécessaires, pour les deniers d'un recouvrement plus difficile & plus coûteux : ils ne pouvoient trouver mauvais que le Roi choisît pour ses quinze millions, les effets qui lui agréeroient le plus. En composant sa part du revenu des cinq Grosses Fermes, des Parties Casuelles, du Domaine & des Aides; il pouvoit s'attendre, sans trop présumer, à la voir dans peu doubler, & même tripler : J'en parlois avec pleine certitude ; parce que je m'étois déja assûré de personnes solvables, qui s'étoient engagées à prendre ces Fermes à une augmentation considérable. Il n'en devoit pas être de même de tout ce qui resteroit au Conseil de Raison ; & je me serois bien rendu caution à Sa Majesté, que le Sou pour livre entr'autres, ne pouvoit rapporter de bon, tous frais faits, plus de deux cens mille écus.

La raison qui m'avoit porté à ne point opiner dans le Conseil conformément à cette idée, c'est que je crus qu'il étoit à propos qu'elle parût venir du Roi seul. Ce Prince après m'avoir écouté attentivement, craignit long-temps qu'avec cet avis, je ne le jettasse dans une fausse démarche, dont l'erreur auroit été en quelque sorte irremédiable : Mais après qu'il eut fait les réflexions les plus sérieuses sur les raisons que je lui avois alléguées, il se détermina à le suivre.

Le lendemain, le Conseil assemblé opina comme la veille, & moi, comme le Conseil. Le Roi déclarant qu'il ne pouvoit suivre l'avis de ses Conseillers, les laissa dans la derniere surprise ; & passa dans l'Assemblée, où il déclara hautement : Que dans la disposition où il étoit, de seconder de toutes ses forces, les inclinations d'un Corps si sage, il recevoit sans aucune restriction ni modification, le Projet qu'on étoit venu lui proposer ; & qu'il réduisit à trois Articles : l'érection d'un nouveau Conseil indépendant : le partage des facultés de l'Etat ; & la création du Sou pour livre : Que l'Assemblée eût à nommer dans vingt-quatre heures ses Conseillers, & à faire un Mémoire de trente millions ; en y comprenant le Sou pour livre, pour cinq millions : afin qu'il prît sa moitié : Qu'on verroit par sa conduite, s'il céderoit en œconomie au nouveau Conseil. On donna mille louanges à la bonté & à la facilité du Roi : & l'Assemblée se trouvant en quelque sorte finie, par un accord si unanime, qu'il ne laissoit plus de matiere de discussion, du moins entre le Maître & les Sujets ; on ne songea plus qu'à revenir à Paris, mettre la derniere main à ce chef-d'œuvre de Politique.

1596.

La formation du nouveau Conseil ne se fit pas avec la tranquilité qu'on s'étoit promise. L'altération des esprits qui en retarda l'exécution, fut si grande, que les plus éclairés convinrent dès ce moment, que la voix de la multitude n'avoit embrassé qu'une chimére. La nomination se fit à la fin : le Clergé s'y mêla fort avant ; & le Cardinal de (28) Gondy, connu par ses talens singuliers pour l'œconomie, en fut déclaré le Chef : comme si l'Etat se conduisoit par les mêmes loix, que la Maison d'un Particulier. Le Conseil de Raison tint des Assemblées régulieres dans un appartement du Palais Episcopal, que le Prélat céda à cet usage.

Mais dès qu'on eut commencé à mettre papiers sur table, pour le recouvrement de 1597 ; nos nouveaux Financiers se trouverent si embarrassés, qu'ils sçavoient à peine comment il falloit s'y prendre. A mesure qu'ils alloient en avant, leur embarras ne faisoit qu'augmenter : Ils ne trouverent personne qui voulut se charger du Sou pour livre : on leur demanda les autres Fermes ; mais à un rabais, qui les déconcerta. Malheureusement encore, la chose ne pouvoit souffrir de retardement : Tous les Pensionnaires de l'Etat leur tomberent sur les bras ; & ne parlerent que par millions, à des Gens qui n'avoient pas la premiere obole. Le chagrin & le dépit rompirent bien-tôt l'union dans le nouveau Conseil. Les contestations succéderent, avec les reproches mutuels d'ignorance & de précipitation.

La chose étant venuë après quelques semaines, au point que le Conseil de Raison ne pouvoit plus rien faire de raisonnable ; on eut recours à d'Incarville & à moi : & on nous supplia de venir du moins une fois la semaine, dans les Assemblées, pour y donner les mêmes conseils, avec lesquels on voyoit la part du Roi abonder & fleurir de jour en jour : Je m'en dispensai sur mon Emploi, qui me demandoit tout entier. On s'adressa au Roi, qui avec sa bonté ordinaire voulut que j'y allasse : mais je n'y perdis pas de vûë, ce que le bien de son service éxigeoit de moi en cette occasion. Je plaignis l'état des affaires du Conseil : je ne trouvai de dé-

(28) Pierre de Gondy, Evêque de Paris, Frere d'Albert de Gondy, Duc de Retz, Pair & Maréchal de France, dont il a été parlé cy-devant.

LIVRE HUITIEME.

1596.

bouché à rien ; & je ne fis valoir que les difficultés. Enfin trois mois s'étoient à peine écoulés, que ces habiles gens, à bout de toute leur subtilité, & succombant sous le faix, vinrent prier le Roi de les en décharger. Ce Prince qui commençoit à goûter, comme je le crois, le nouvel ordre qui le mettoit à son aise, les exhorta à avoir bon courage, & à surmonter des commencemens toujours difficiles : il les renvoya battus par leurs propres raisons. Ils revinrent à la charge, & convertirent leurs prières en importunité. Ils convinrent qu'ils avoient eu grand tort d'aspirer à gouverner un Royaume ; & témoignerent mille fois plus de joie, lorsqu'on eut reçu la démission de leur Emploi, qu'ils n'en avoient senti à le prendre.

Ce fardeau me revint avec celui dont j'étois déja chargé ; & mon travail devint si excessif, que je fus obligé d'y donner le jour & la nuit. Le rétablissement des Finances m'occupant avec une espéce de passion ; je fis des démarches prodigieuses dans les anciens Regîtres du Conseil d'Etat, des Parlemens, des Chambres des Comptes & des Cours des Aides, & même dans les Mémoires particuliers des anciens Sécrétaires d'Etat : car les nouveaux ne voulurent pas me communiquer les leurs. Je fis les mêmes opérations dans les Bureaux de Trésoriers de France, dans la Chambre du Trésor, & dans les papiers des Trésoriers de l'Epargne. (29) Je fouillai jusques dans ce recueil immense, où sont gardées inscrites toutes les Ordonnances. Dans le dessein où j'étois de travailler à la confection d'un Etat général des Finances pour l'Année 1595, qui étoit le motif de toutes ces recherches ; je crus ne devoir rien négliger, pour approcher le plus qu'il seroit possible, dès cette premiere année de ma gestion, de la justesse où je souhaitois passionnément que fût porté cet Etat Général. Quelque fraude & quelqu'erreur qui se fût glissée dans les Finances ; j'imaginois que ni l'une ni l'autre ne pou-

---

(29) " Rosny avant qu'il entrât " dans la Charge de Surintendant, " s'étoit pourvû de toutes les con- " noissances nécessaires pour s'en " acquitter : Il sçavoit parfaitement " tous les revenus du Royaume ; & " toutes les dépenses qu'il y falloit " faire : Il communiqua tout ce qu'il " en sçavoit au Roi, qui de son côté " avoit aussi bien étudié toutes ces " choses, &c. " *Peref.* p. 225.

voit être si secrette, ni si générale, qu'on n'en trouvât enfin la source & la conviction ; soit par la confrontation de toutes les Piéces que je viens de marquer ; soit par l'induction qu'on en peut tirer, en gardant toujours les proportions que demandent les temps & les conjonctures.

Messieurs du Conseil du Roi pâlirent à la vûë de mon projet ; & commençant à croire qu'il ne resteroit plus rien qui ne me fût dévoilé, ils s'accuserent plus fortement que jamais, de n'avoir pas fait encore tout ce qu'ils pouvoient faire, pour empêcher mon entrée dans le Conseil. Maisses à qui je rends la justice, qu'aussi-tôt qu'il eut pénetré mon intention, il joignit ses efforts aux miens, m'instruisit de leurs craintes & de leurs regrets. Pour les y confirmer davantage, je déclarai publiquement que j'avois trouvé des éclaircissemens si heureux sur les Finances, qu'on alloit les voir incessamment sur un autre pied ; & je demandai à travailler avec le Contrôleur Général, les Intendans des Finances, les Trésoriers de France & ceux de l'Epargne, & les Receveurs Généraux, à la confection de cet Etat géneral, qui étoit pour eux une si terrible Piéce : j'eus la précaution d'y tenir toujours la plume moi-même.

Je ne pus pourtant pas encore éviter de tomber cette fois dans plusieurs erreurs considérables, ni m'empêcher d'être la dupe de tous ces vieux routiers. Je ne crois pas qu'il y ait de la honte à en faire l'aveu. Ils firent encore cette année un profit d'un cinquiéme : ce qui est éxorbitant ; quoiqu'infiniment moindre que leurs profits accoûtumés. Je me proposai bien d'y remédier l'année suivante, aussi-bien qu'à une autre inadvertance que j'avois euë. Un des principaux artifices des Financiers, étoit de faire en sorte que la Dépense de l'année courante parût toujours excéder de beaucoup la Recette, & prendre sur l'année suivante ; afin de jetter sur la Dépense de cette année suivante, & succesivement de toutes autres, une confusion, dont ces Messieurs tiroient plusieurs avantages : Premierement, celui de paroître n'avoir jamais de deniers, qui ne fussent engagés de long-temps ; & de payer de cette raison, le Roi & tous ceux qu'ils n'étoient pas disposés à satisfaire : En second lieu de se servir de cet argent : Enfin d'acquitter à vil prix les anciennes dettes ; & cependant de les porter en entier sur leurs Etats. Ce défaut d'attention de ma part, coûta encore cette année au Royaume deux millions.

1596.

Je corrigeai cette faute l'année suivante, pendant mon séjour en Bretagne ; de maniere que dans la suite, le produit de la Recette quadra toujous éxactement avec celui de la Dépense : Et cependant pour remplir le vuide que cette méprise avoit fait, je retirai les Parties Casuelles, les Gabelles, les cinq Grosses Fermes & les Péages des Rivieres, des mains du Duc de Florence, qui les tenoit sous les noms de Gondy, Senamy, Zamet, Le-Grand, Parent, L'Argentier & autres anciens Partisans, qui n'eurent plus de part aux nouvelles Finances ; & j'augmentai heureusement ces Fermes des deux millions d'erreur. Ce dernier coup consterna les Traitans, & Messieurs du Conseil leurs associés : Mais pour cette fois leur courroux se perdit en l'air : le Roi m'appuyant depuis quelque temps, avec un éclat qui ne leur laissoit qu'une inutile desespoir. Le fruit de sa conduite à l'égard de l'Assemblée, avoit été de le rendre maître, non-seulement du prétendu Conseil de Raison, mais encore du sien propre, dont l'autorité étoit sur son déclin ; & Sa Majesté n'appréhendoit plus de voir échouer, comme auparavant, ses desseins par cet endroit.

Le dessein qui l'occupoit actuellement étoit le siége d'Arras ; qui ayant été proposé dans le Conseil de Guerre, où excepté le seul Secrétaire, il n'entroit aucun homme de plume, y avoit passé tout d'une voix : mais on tenoit cachée cette résolution ; parce que le secret seul pouvoit en assûrer la réüssite. Pour n'en rien donner à entendre aux Marchands avec lesquels je convins pour les fournissemens de toutes les provisions nécessaires, je leur nommai une grande quantité de Villes en Picardie & sur toute cette Frontiere, en mettant Arras du nombre ; où ils s'obligerent également ce rendre cinquante mille pains par jour, pendant toute une Campagne. Santeny, Robin de Tours, Mauleville & Lambert Chevalier du Guet d'Orleans, se chargerent de même de toutes les autres voitures, sur-tout de celle de vingt-cinq Ca-

1596. nons. Le Bail en fut passé à un prix si médiocre, que si le malheur qui arriva à Amiens bien-tôt après, n'avoit pas obligé à tourner contre cette Place, les forces destinées contre Arras, ils y auroient perdu considérablement ; au-lieu qu'ils firent encore un profit raisonnable.

Fin du Huitième Livre.

MEMOIRES
DE
SULLY.

✦✦✦✦✦✦✦✦✦✦✦✦✦✦✦✦✦✦✦✦✦✦✦✦✦✦✦✦✦✦✦✦✦✦✦

LIVRE NEUVIEME.

Es préparatifs de Guerre n'empêchoient pas qu'on ne goûtât à Paris, les plaisirs que l'Hiver amene ordinairement. La douceur du Gouvernement assûrant la tranquilité publique ; on s'y livroit sans aucun mêlange de cette amertume, qui avoit si long-temps empoisonné les divertissemens : La galanterie, les Spectacles, les jeux, partageoient tous les momens de la Cour ; & le Roi qui les aimoit par goût, les autorisoit par politique. Monsieur & Madame de Fervaques me prierent d'agréer la recherche, que M. de Laval (1),

1597.

---

(1) Guillaume de Hautemer, Comte de Grancey, & Seigneur de Fervaques, depuis Maréchal de France. Sa Femme étoit Andrée d'Allegre, Veuve de Guy, Comte de Laval, dont le Fils s'appelloit aussi Guy, vingtiéme de ce nom. Comte de Laval, de Montfort, &c. qui fut tué quelque tems après en Hongrie : En lui finit cette Branche

Tome I.   P p p

1597. Fils de cette Dame, faisoit de ma Fille aînée. Je les renvoyai au Roi, sans l'aveu duquel je ne pouvois plus disposer de ma Fille, depuis qu'il avoit été proposé par Madame Catherine, de lui faire épouser M. de Rohan. Le Roi pour-lors mécontent de ce dernier, donna son agrément à M. de Laval.

Plusieurs engagemens semblables donnoient à la Cour, chaque jour, le plaisir de nouvelles Fêtes. M. le Connétable en donna une des plus superbes, à l'occasion de la solemnité du Baptême de son Fils : mais on sçavoit qu'elle n'en étoit que le prétexte ; & qu'une jeune Dame des plus belles de toute la Cour, mariée depuis peu à un Vieillard, étoit l'objet de ces galanteries. Montmorency choisit pour son Bal, parmi tous les Courtisans, douze Seigneurs, qu'il crut devoir y paroître avec le plus de magnificence ; & il me fit commander par le Roi d'être de ce nombre. Je n'ai jamais rien vû de si bien ordonné dans ce genre, ni qui fît plus de plaisir, par cette justesse & cet à-propos, qui donne le prix à ces sortes de divertissemens : Celui-ci emporta hautement la préférence sur tous ceux qui l'avoient précédé : aussi fut-il le dernier ; & la fin en fut étrangement troublée.

Je m'étois retiré à deux heures après minuit ; & il y avoit environ une heure & demie que j'étois couché, lorsque je vis entrer Béringhen dans ma chambre, avec un visage si consterné, qu'il ne put me rien dire autre chose, sinon que le Roi me demandoit, & me répondre qu'il n'étoit rien arrivé de fâcheux à sa Personne : car ce fut la premiere question que je lui fis ; & sa réponse me consola en quelque manière d'avance ; ne voyant de maux absolument irrémédiables, que ceux qui menaceroient sa vie. Je m'habillai précipitamment ; & je courus au Louvre, avec une extrême inquietude. Etant entré dans la Chambre du Roi, je vis ce Prince qui se promenoit à grands pas, en deshabillé, les mains jointes & passées sur le dos, la tête baissée, & le visage couvert des marques d'un profond (2) chagrin : Les Courtisans étoient

de Laval, ou plutôt de Rieux, qui ne subsistoit plus que par les femmes : ce Guy Comte de Laval étant de la Maison de Coligny.

(2) "Etant comme étonné de ce coup, & regardant cependant à "Dieu, comme il fait ordinairement plus en l'adversité qu'en la prosperité, il dit tout-haut : Ce coup est du Ciel... Puis songeant un peu, dit : C'est assez fait le Roi de France, il est tems de faire le

LIVRE NEUVIÈME, 483

1597.

debout, de côté & d'autre, collés contre les murs, sans proférer une seule parole.

Le Roi s'avança aussi-tôt vers moi ; & en me serrant fortement la main : » Ah ! mon Ami, me dit-il, quel malheur ! » Amiens est pris. « Je l'avouë ; je demeurai frappé de ce coup imprévû, comme tous les autres : Une Place si forte, si bien pourvûë, si voisine de Paris, & la seule Clef du Royaume, du côté de la Picardie ; prise en un instant, & sans qu'aucune Nouvelle précédente eût appris seulement qu'elle étoit menacée ! Je ne trouvois rien de si incroyable ; & la consternation publique me paroissoit tout-à-fait bien fondée. Je pris pourtant fort-promptement mon parti ; & pendant que le Roi, qui avoit reçû cette Nouvelle, prêt à se mettre au lit, me contoit de quelle manière les Espagnols avec quelques sacs de noix, avoient surpris (3) cette importante Place ; je convins en moi-même, qu'au-lieu d'augmenter inutilement la terreur, le plus sage étoit de rassûrer les esprits, & de consoler le Roi. Je lui dis que fort-à-propos je venois de mettre la derniere main à un projet, qui pourroit sans peine lui rendre, non-seulement Amiens, mais encore plusieurs autres Places.

Cette ouverture seule parut ôter tout d'un coup la moitié du malheur arrivé : & quoiqu'elle n'empêchât pas que le Roi ne sentît vivement toutes des difficultés d'une entreprise, qui pouvoit avoir des suites très-fâcheuses ; cependant, comme la tête avoit tourné à tous les Courtisans, & qu'ils n'avoient eu rien que de desespérant à répondre au Roi lorsqu'il les avoit interrogés ; Sa Majesté se sentit extrêmement soulagée. Elle

» Roi de Navarre ; & se tournant » vers la Marquise qui pleuroit, il » lui dit : Ma Maîtresse, il faut quit- » ter nos Armes & monter à Cheval » pour faire une autre Guerre. » *Journal de l'Etoile ibid.*

(3) Le 11 Mars : Hernand-Teillo de Porto-Carrero, Espagnol, auteur de cette entreprise, fit déguiser en Paysans & Paysannes, apportant des denrées à vendre au Marché, une trentaine d'Espagnols ; qui embarrasserent une des Portes de la Ville, & amuserent le Corps-de-Garde, en versant à l'entrée, une Charrette chargée de sacs pleins de noix, dont l'un se délia : & pendant ce temps-là, des Troupes Espagnoles, cachées à la faveur des haies, s'approcherent, firent main-basse sur le Corps-de-Garde, & s'emparerent de la Ville. Voyez ce détail dans tous les Historiens, sous l'année 1597 : Hernand-Teillo fut tué en défendant courageusement cette Ville contre Henry IV. Il disoit que les trois plus grands Capitaines qu'il connoissoit, étoient Henry, pour la conduite d'une grande Armée ; le Duc de Maïenne, pour le Siége d'une Ville ; & le Maréchal de Biron, pour une Bataille. *Matvicu, tom. 2. liv. 2. p. 232.*

Ppp ij

1597.

me demanda quels étoient les moyens dont je prétendois me servir : Je lui répondis qu'elle en seroit informée par les Pièces mêmes ; & je sortis, comme pour les aller chercher ; laissant du moins l'esprit du Roi, dans une situation plus tranquile. S'il avoit été témoin de l'agitation où je me trouvai, lorsque je fus rentré dans mon Cabinet ; il auroit sans doute diminué quelque chose des louanges qu'il me donna, en parlant aux Courtisans, lorsque je l'eus quitté : Ce fût en ce moment que par les differentes réflexions dont mon esprit se remplit, je sentis tout ce qu'il y avoit d'accablant dans la conjoncture présente. Les Coffres du Roi étoient vuides : il n'avoit pas un seul Régiment en état de servir : Cependant il falloit de l'argent & des Troupes, l'un & l'autre abondamment, & sans délai.

Je feuilletai mes Mémoires : je repassai sur tous les moyens de recouvrer de l'argent, dont je m'étois occupé dans mon loisir ; comme prévoyant que le Roi en auroit bien-tôt besoin. On peut en général réduire ces moyens à deux espèces différentes : les uns plus simples, où il ne s'agit que de mettre une augmentation sur la Taille, & sur les impôts déja établis : les autres plus difficiles, qui consistent à imaginer de nouvelles sources, d'où l'argent puisse sortir. Il ne me paroissoit point qu'il fût de la bonne politique, d'avoir recours aux premiers ; parce qu'après tous les fleaux qui étoient tombés sur le Peuple de la campagne, le surcharger encore par une augmentation, dont il est la seule Victime, & dans le temps qu'il ne faisoit que commencer à respirer ; c'étoit achever de ruiner l'Etat, & ôter pour l'avenir au Roi lui même, ses plus fécondes, & en un sens, ses seules véritables ressources.

Je me tournai donc du côté des autres ; & je m'en tins au projet suivant : Demander un Don gratuit au Clergé pour une, ou même pour deux années ; en l'obligeant d'en faire l'avance : Faire une nouvelle Création d'Offices, par augmentation aux anciens ; quatre en chaque Cour Souveraine, outre quatre Maîtres des Comptes en chaque Chambre, deux dans chaque Bureau des Finances, deux Charges de Conseiller en chaque Présidial, d'Assesseur en chaque Siége Royal, & d'Elu en chaque Election : Ajoûter à tous les Officiers de

Finance, (4) un Triennal: Retarder d'une demi-année le payement des arrérages des sommes empruntées aux Partisans sous le dernier Règne: Augmenter le Sel de quinze sous par Minot, & même le laisser toujours sur ce pied ; parce qu'au moyen de cette augmentation, on pourroit dans la suite supprimer certains Offices, fort à charge à l'Etat : Tiercer les Entrées, & Droits des Rivieres, par une simple réappréciation : Et comme ces établissemens ne donnoient pour la plûpart, de l'argent qu'en espérance ; commencer par faire un emprunt de douze cens mille livres, sur les plus riches, tant de la Cour, que des principales Villes du Royaume ; & leur en assigner le remboursement, sur pareille augmentation, faite dans les Gabelles & les cinq Grosses Fermes : Et pour le surplus de ce qu'on auroit actuellement besoin de deniers comptant, obliger par les poursuites d'une Chambre de Justice, les derniers Traitans, qui avoient fait des fortunes considérables, à souffrir une Taxe, aussi en forme d'emprunt.

Ce Plan, comme on voit, étoit assez étendu ; & mon intention n'étoit pas qu'on mît tous ces moyens en usage à la fois : Mais ignorant combien de temps la Guerre devoit durer ; on pouvoit s'en servir successivement, en faisant précéder les moins onéreux. A l'égard des Troupes nécessaires ; je crus qu'on ne pouvoit mieux faire, que de les prendre dans les Provinces du Royaume, qui n'en avoient plus besoin pour leur défense. Ainsi je taxai l'Isle-de-France, en y joignant le Berry, à un Régiment complet. L'Orléanois avec la Touraine devoient en fournir un second ; & la Normandie seule, un troisieme. Ces Régimens devoient être de quinze cens cinquante hommes, fournis & entretenus aux frais de leurs Provinces, du jour de leur arrivée devant Amiens ; parce que ces Provinces joüiroient du droit de leur faire porter leur nom, & d'en nommer les Officiers.

Je portai cinq jours après, ce Projet au Roi, avec les preuves contenuës dans treize Etats, en bonne forme. Sa Majesté s'enferma pour les éxaminer avec moi, en présence de Fron-

---

(4) Les Offices de Finance étoient possedés par deux personnes en Charge : Le premier s'appelloit l'Ancien : le second, qui avoit été établi depuis, s'appella, Alternatif : & on romma ce troisiéme, Triennal ; parcequ'il rouloit de trois en trois ans, avec les deux autres ; auxquels seulement il fut permis de rembourser le Triennal.

1597. renac, d'Arambure, de Loménie, de Béringhen & L'Oferai. Après que j'en eus fini la lecture je dis au Roi qu'avec ces secours, rien ne devoit plus retarder son départ pour l'Expédition d'Amiens : puifque d'ailleurs toutes ses provisions étoient déja faites pour un Camp en Picardie ; de manière que j'ofois lui répondre que son Armée y trouveroit non-feulement des vivres en abondance, mais encore toutes les marchandifes qu'on cherche pour la simple commodité, avec la même facilité, & au même prix, que dans une Ville. J'ajoûtai, Que de quelque refsource que ce Projet fût pour le Roi dans les befoins préfens; Sa Majefté ne devoit pas penfer qu'il pût s'exécuter fans ajoûter encore aux anciennes plaies, dont il s'en falloit beaucoup que la France fût guérie : Qu'il fuffifoit de faire une légere attention aux dettes & aux engagemens immenfes, dont elle étoit furchargée : Que tout nouvel Impôt, de quelque manière qu'on le déguife, eft prefqu'égal pour un Etat épuifé ; Qu'on ne devoit donc recommencer la Guerre, que dans la vûë de parvenir plus facilement à une Paix avantageufe, devenuë abfolument néceffaire : Que quelque grande que fût la mifere publique, j'ofois répondre que douze ans d'une paix continuë, fuffifoient pour rendre les affaires du Royaume floriffantes.

Je ne doutai point que de la manière dont le Roi me paroifsoit difposé à fe conduire, les Ennemis, malgré leur avantage, ne fuffent bien-tôt les premiers à fouhaiter la fin de la Guerre : Et je m'ouvris dès ce temps-là au Roi, fur une penfée, dont l'événement vérifia la juftefse : c'eft que les premieres avances pour la Paix, fe feroient par le Roi d'Efpagne ; dont la Politique ne permettoit pas que dans l'état de caducité & d'infirmité, où le cours des chofes humaines l'avoit réduit, il expofât fa Couronne aux revers de la Guerre, toujours à craindre, mais plus ordinaires dans les commencemens du Règne d'un Prince encore enfant. Je m'avançai même jufqu'à prédire que l'Efpagne acheteroit la Paix, en rendant toutes les Villes, qu'elle avoit prifes fur la France.

L'idée du projet pour la levée de nouveaux deniers, fut trouvée par le Roi fi heureufe, qu'il voulut la propofer lui-même en plein Confeil. Il la communiqua auparavant dans une espèce de petit Conseil de Guerre, composé du Duc de Montpensier, de MM. de Montmorency, de Maïenne, d'Auvergne, de Biron, d'Ornano, de Bellegarde, de Saint-Luc, de Fervaques, de Roquelaure, & de Frontenac. Ensuite il assembla en Conseil extraordinaire, tout ce qu'il y avoit dans Paris de personnes capables d'y être admises, & sur-tout les Notables de l'Assemblée de Rouen, qui y séjournoient encore. Le Roi ne pouvoit s'y prendre plus heureusement, pour établir son autorité sur l'impuissance de cette grande Assemblée, reconnuë par elle-même. Il se contenta d'abord de déplorer la perte d'Amiens ; d'exposer la nécessité de reprendre cette Ville au pluſtôt ; avec le plan tout-à-fait juste de tout ce qui étoit nécessaire pour cela. Il finit par demander aux assistans, leur avis sur les moyens de le mettre en éxécution ; en se plaignant, pour mieux cacher ceux qu'il avoit à leur proposer lui-même, qu'il ne trouvoit jamais que des obstacles à ses entreprises les plus utiles.

1597.

Le Roi s'arrêta après ce discours, comme pour attendre les Délibérations de l'Assemblée, où l'on se regardoit sans dire un seul mot. Le silence ne fut rompu par les Grands, que pour remettre la chose aux Financiers, qui à leur tour, dirent qu'ils s'en rapportoient aux Grands. Henry redoublant ses instances ; on jetta quelques propositions vagues de nouvelles levées, qui furent aussi-tôt combattuës par une moitié : & tous les Conseillers recouvrerent la parole, pour fronder indistinctement, tout ce qui pouvoit être mis en avant par l'un & l'autre des Partis. Le Roi prit le moment, où l'animosité poussée de part & d'autre jusqu'où elle pouvoit aller ne laissoit plus d'apparence de conciliation ; & tirant le Mémoire de sa poche, il dit que quoique peu versé dans les matières de Finance, il alloit proposer son avis ; toujours prêt à l'abandonner pour un meilleur : & il se mit à en faire la lecture, qui jetta toute l'assistance dans une attention profonde, & ensuite dans une surprise qui la rendit comme immobile, & privée de l'usage de la parole. Henry laissa passer deux instans de silence, & déclara qu'il le prenoit pour un consentement unanime. Il ajoûta que comme il ne vouloit pas faire usage de tous ces moyens à la fois ; il alloit commencer par l'emprunt des douze cens mille livres. Il exhorta les Grands

& les Opulens du Royaume, à entrer d'eux-mêmes dans la nécessité présente, & à compter sur sa parole Royale, que les Prêteurs seroient remboursés dans deux ans de leur Principal, sans rien perdre des intérêts. Sa Majesté fit marcher ensuite par ordre, les quinze sous sur le Sel, l'établissement des Triennaux, & la recherche contre les malversateurs dans les Finances. L'affaire fut arrêtée, & l'Arrêt dressé sur ce plan. On eut dans fort-peu de temps, trois cens mille écus de prêt volontaire. La Création des Triennaux en jetta douze cens mille; & on en tira autant sur les Maletôtiers, en y joignant les Trésoriers de France, qui pourtant se taxerent eux-mêmes.

Le Conseil des Finances en possession de trouver sa joie dans la calamité du peuple, se consola bien-tôt de ces nouveaux Subsides; pourvû qu'ils lui passassent par les mains. Ils représenterent au Roi, en exaltant fort son Mémoire, que le succès dépendoit d'en charger des personnes d'une grande expérience, d'un travail prompt, & munies d'une pleine autorité. Le Roi leur répondit que quant à l'autorité, celui qu'il emploieroit, agiroit avec toute la sienne; & que pour les autres qualités, il n'en choisiroit point d'autre que moi, (j'étois présent à ce discours,) comme le plus laborieux & le plus soigneux, quoique le plus jeune. Il s'expliqua dans des termes encore plus forts à Schomberg; chez lequel Sa Majesté se transporta sur le point de son départ, parce que son incommodité (5) le retenoit au lit; & aux Conseillers qui se trouverent alors dans la Chambre du malade: Il leur dit que comme il ne vouloit s'en prendre qu'à moi seul, s'il venoit à manquer de quelque chose, pendant qu'il ne s'occuperoit uniquement qu'à se battre; aussi prétendoit-il que tout se reglât dans le Conseil, à ma volonté: & il ne partit

---

(5) Gaspard Schomberg, Comte de Nanteuil. Cette incommodité étoit une difficulté de respirer, provenant de ce que la membrane qui couvre le cœur étoit devenuë chez lui osseuse, du côté gauche du cœur, aussi bien que quelques-unes des autres parties voisines: ce qu'on reconnut, en ouvrant son corps après sa mort, qui arriva deux ans après. Il fut employé à la confection de l'Edit de Nantes, comme il sera marqué cy-après; & il rendit plusieurs autres services à l'Etat. M. De-Thou donne beaucoup de louanges au caractere de son esprit, & à son habileté dans la Guerre & dans les Affaires. *Liv.* 122.

(6) Isabell

LIVRE NEUVIEME.

1597.

partit qu'après m'avoir revêtu folemnellement de toute fon autorité : ce qui mortifia fi fort Schomberg, qu'il aima mieux aller fervir au Siége, que de voir les Finances foûmifes à mes ordres. Sancy difparut auffi du Confeil, & alla tenir fon rang de Colonel des Suiffes.

Je n'en avois que plus de fujet de me défier de Meffieurs du Confeil ; comme je l'éprouvai dans l'affaire des Triennaux. Après avoir fait vérifier l'Edit qui en ordonnoit la Création, je ne fongeai qu'à tirer le plus d'argent que je pourrois de ces Offices. Pour ôter à Meffieurs du Confeil tout moyen d'en gratifier à vil prix, comme c'étoit l'ordinaire, quelque Parent ou quelque Ami ; je tins moi-même la plume, comme auroit pu faire un Greffier, ou un Tréforier des Parties Cafuelles. Non-content de cette précaution, je donnois un Billet de ma main à l'acheteur, qui étoit obligé de le porter au Tréforier, dont il retiroit une Quittance, en lui donnant fon argent ; & l'un & l'autre devoit m'être repréfenté.

Toute furprife devenant inutile ; les Traitans eurent recours à un moyen, qui fans doute avoit manqué fort-rarement jufques-là de leur réüffir : ils effayerent de me corrompre par des préfens. Le boiteux Robin de Tours, gros Partifan, après en avoir conféré avec le Confeil, qu'il avoit mis dans fon parti, vint chez moi, & pria un de mes Sécrétaires de le faire parler à mon Epoufe ; à laquelle il offrit un diamant de fix mille écus pour moi, & un autre de deux mille pour elle ; afin que je ne m'oppofaffe point à ce que le Confeil lui adjugeât tous les Offices Triennaux des Géneralités de Tours & d'Orléans, pour la fomme de foixante & douze mille écus. Il me fut préfenté par Madame de Rofny, qui ne comprit le mal qu'on avoit voulu lui faire faire, que par la févere réprimande que je lui fis, en préfence du Traitant. Je ne l'épargnai pas lui-même, afin d'ôter à tous les autres l'envie de faire à l'avenir de pareilles tentatives ; & je le renvoyai fort étonné, comme je crois, & fort mécontent de mon procedé. Je venois de refufer d'un autre Partifan, foixante mille écus de la feule moitié, de ce qu'il me demandoit en total pour foixante-douze : & dès ce foir même, cette moitié me rendit quatre-vingt mille écus, parce que je la diftribuai en détail.

Tome I. Qqq

Cette occupation m'arrêta chez moi tout le jour & le lendemain ; & je crus devoir la faire marcher avant les prières que me fit faire par deux fois le Chancelier, par un Huissier du Conseil, de m'y rendre, pour conclurre une affaire, où le Roi devoit, disoit-il, toucher soixante-quinze mille écus, argent comptant. J'y courus, si tôt que je fus dégagé, ne pensant plus à Robin de Tours. Le Chancelier voulut me faire, en entrant dans la Chambre du Conseil, quelques petits reproches de négligence ; auxquels je répondis assez brusquement, que j'avois été plus utile au Roi dans mon Cabinet : » Nous ne l'avons pas moins été ici, repartit le Chancelier ; « & il affecta de me faire d'autant plus valoir son argent comptant, que le Roi en avoit demandé au Conseil, par deux Lettres consécutives. Lorsque je sçus que cette somme étoit la même que le Traitant de Tours étoit venu m'offrir, augmentée seulement de trois mille écus ; je fis sentir assez vivement à ces Messieurs, que ne pouvant ignorer que Robin s'étoit adressé à moi, il n'avoient pas dû conclurre sans moi, une affaire que je n'avois pas trouvée bonne.

Comme je vis qu'ils cherchoient à m'imposer, par un ton mêlé d'autorité & de plainte ; je leur dis plus nettement, que si j'avois été homme à me laisser gagner par des présens, le marché ne leur seroit pas revenu ; mais que puisque le Roi se reposoit sur ma fidélité, je l'étendrois jusqu'où elle devoit aller. Le Chancelier, Fresne & La Grange-le-roi, piqués au vif du reproche renfermé sous ces paroles, osèrent soûtenir d'abord, qu'un marché par lequel le Roi perdoit plus de moitié, lui étoit pourtant plus avantageux, lui étant payé argent comptant, que les miens, par lesquels je donnois ordinairement aux acheteurs, le terme de six mois, pour le payement de la seconde moitié. Ils ne s'en tinrent pas-là : ils me reprocherent de m'ériger en Réformateur des Finances ; & me déclarerent avec un air de mépris, qu'ils sçauroient bien soûtenir leur marché contre le mien, & qu'un simple Particulier ne devoit pas présumer de faire casser un arrêté de tout le Corps. Sur cela passant outre, le Conseil statua que son adjudication à Robin de Tours auroit lieu.

Je ne jugeai pas à propos de lâcher un seul mot davantage sur cette injustice ; non plus que sur le Règlement qui fut fait en conséquence, qu'on n'auroit déformais aucun égard dans le Conseil, aux Billets particuliers: Mais lorsque le Sécrétaire Fayet m'apporta ce bel Arrêt à signer; je refusai de le faire, jusqu'à ce que j'eusse reçu du Roi la réponse à une Lettre, dans laquelle, comme je le dis à Fayet, je n'épargnois ni la vérité, ni les personnes. Cette Lettre fit peur à Fayet; & je ne le disois pas à autre intention: il me pria de la lui montrer; & je feignis de me laisser aller à ses instances. Elle rouloit toute entiere sur les soûterrains que Robin avoit pratiqués, pour gagner Messieurs du Conseil, & que j'avois heureusement découverts. Le Roi y avoit appris que ce qui avoit mis le Conseil si fort dans les intérêts de Robin; c'est que ce Partisan étoit allé faire à la Marquise de (6) Sourdis, Maîtresse du Chancelier, les mêmes offres que j'avois rejettées; & qu'il y avoit joint d'autres présens à Madame de Deuilly, autre Maîtresse de Fresne, & parente du même Chancelier. Le contenu de ma Lettre ayant été rapporté par Fayet aux interessés; on le renvoya bien vîte me conjurer de ne pas faire partir la Lettre. L'Arrêt fut supprimé, avec le marché de Robin.

C'est ainsi que je partageois mon travail entre le soin de percevoir les deniers de l'Etat, & celui de les employer si utilement pour les besoins de l'Armée, qu'elle ne manquât de rien, soit pour les Vivres, soit pour l'Artillerie, pendant tout le temps que dura le Siége d'Amiens. Je faisois régulièrement tous les mois, un voyage au Camp; faisant voiturer avec moi chaque fois, quinze cens mille écus: ce qui m'attiroit l'amitié de tous les Colonels, peu accoûtumés à une si grande régularité dans le payement. J'étendis mon atten-

(6) Isabelle Babou de La-Bourdaisiere, Femme de François d'Escoubleau, Marquis de Sourdis: Elle avoit une Sœur aînée, nommée Françoise, qui fut mariée à Antoine d'Estrées, & Mere de la belle Gabrielle, & une cadette, qui épousa Claude de Beauvilliers, Comte de Saint-Aignan. Toute cette Famille est étrangement décriée dans les Amours du Grand Alcandre, & autres Libelles satyriques de ce temps-là; à remonter jusqu'à la Grand'mere de ces trois Dames, nommée Marie Gaudin. Toutes les filles de ce sang, eurent la beauté en partage. Leon X. fut si charmé de celle de Marie Gaudin, à Boulogne, où il la vit, lorsqu'il s'y aboucha avec François I. qu'il lui donna un diamant, appellé par tradition domestique, le diamant Gaudin. C'est Amelot de La-Houssaye qui parle ainsi; & il a ramassé sur toute cette Famille, plusieurs Anecdotes pareilles, auxquelles je renvoie le Lecteur curieux, à l'Article *Babou de La-Bourdaisiere.*

tion jufques fur le fimple foldat ; en établiffant dans le Camp, un Hôpital fi bien & fi commodément fervi, que plufieurs Perfonnes de qualité s'y retirèrent pour fe faire guérir de leurs maladies, ou de leurs bleffures. (7)

Le foin en quelque maniere exceffif, que le Roi prenoit pour la confervation de ma perfonne, me payoit avec ufure de toutes mes peines. Saint-Luc, entre les mains duquel le Comte de La-Guiche s'étoit démis de la Charge de Grand-Maître de l'Artillerie, m'ayant invité à dîner, dans le troifiéme de ces voyages ; il me mena voir tous fes logemens, fçachant mon affection pour cette partie de l'Art militaire : ce qui m'engagea fort-avant dans les Tranchées, & dans d'autres endroits qui n'étoient pas fans danger. Le Roi à qui on le rapporta, m'en fit une réprimande des plus févères ; & y joignit une défenfe très-pofitive de me trouver à aucun pofte, où il y auroit le moindre rifque à courir : il dit hautement à cette occafion, que j'avois des ennemis jufques dans le Camp, fi animés à me perdre, qu'ils s'expoferoient eux-mêmes volontiers à périr, pourvû qu'ils me fiffent partager ce danger avec eux. Il étoit bien difficile d'avoir été homme de Guerre, fans fentir rallumer fa premiere paffion, aux côtés d'un Prince, qui ne trouvoit aucune fonction au-deffous de lui ; & qui les rempliffoit toutes avec une affiduité & un courage, capables de réchauffer les plus infenfibles.

Son exemple ne produifit pourtant pas cet effet fur tout le monde. Il fe formoit au milieu de fon Camp même, une Cabale de Proteftans mutins, ayant à leur tête MM. de La-Trémouille, de Bouillon & Du-Pleffis, qui lui donnoit le plus cruel chagrin. Etant allé prendre congé de ce Prince, fur le point de mon départ pour revenir à Paris ; je le trouvai dans une profonde triftesse. Il venoit de recevoir des Nouvelles certaines que ces trois Meffieurs, de concert avec les deux Saint-Germain, de Clan & de Beaupré, (8) d'Aubi-

(7) D'Aubigné rapporte qu'on difoit alors, que Henry IV. avoit mené Paris devant Amiens ; pour marquer l'abondance qui regnoit dans fon Camp. Mais il fit auffi venir fa Maîtreffe à Pecquigny ; dont le Maréchal de Biron, & les autres Officiers Généraux, murmurerent beaucoup.

(8) C'eft l'Hiftorien d'Aubigné, toujours nommé d'Aubigny dans ces Mémoires, fon nom eft Theodore-Agrippa d'Aubigné. Sa naiffance, fes fervices & fon efprit, lui

LIVRE NEUVIEME. 493

1597.

gné, La-Cafe, La-Valliere, La-Sauſſaie, La-Bertichere, Preaux, Baſſignac, Regnac, Beſſais, Conſtant, & quelques autres Réformés, au nombre d'environ une vingtaine, avoient tenu une Aſſemblée de tout le Corps des Religionnaires; dans laquelle ils avoient ouvert & favoriſé de toutes leurs forces, l'avis de profiter de la conjoncture du Siége (9) d'Amiens, qui ne pouvoit être achevé ſans eux, pour arracher du Roi un Edit, qui donnât une entiere ſatisfaction; ou à ſon refus, ſe faire raiſon par les armes. Heureuſement cet avis avoit trouvé beaucoup d'oppoſans dans l'Aſſemblée; auſſi bien que dans une partie des grandes Villes, qu'on avoit tâché d'y amener: C'eſt ce qui raſſûroit un peu Sa Majeſté: mais elle avoit ſujet d'appréhender que les plus échauffés

acquirent beaucoup de crédit dans le Parti Calviniſte. Il ſe retira en 1620 à Genève; où il mourut en 1631, âgé de quatre-vingt ans; laiſſant un Fils, Conſtans d'Aubigné, dont feuë Madame la Marquiſe de Maintenon (Françoiſe d'Aubigné) étoit Fille. Abdias de Chaumont, Seigneur de la Bertichere, frere de Jean de Chaumont, Marquis de Guitry: ſa poſtérité ſubſiſte encore aujourd'huy. Hector de Préaux &c.

(9) Il eſt certain que c'eſt à la conjoncture du Siége d'Amiens, & aux mouvemens que ſe donnerent les Calviniſtes de France pour en profiter, qu'ils eurent l'obligation du fameux Edit de Nantes, qui leur fut accordé l'année ſuivante. Le Duc de Bouillon ne s'en défend pas: On peut voir toutes les raiſons dont il juſtifie cette conduite, dans Marſolier, liv. 5. La meilleure de toutes eſt la proteſtation que font le Duc de Bouillon & Du-Pleſſis-Mornai, que quelque parût être l'objet des Calviniſtes, dans ces Aſſemblées de Saumur, de Loudun, de Vendôme, convoquées coup ſur coup avec beaucoup de chaleur: ni eux, ni les autres Chefs du Parti, n'ont jamais eu intention qu'on y mît en délibération de prendre les Armes; mais ſeulement de travailler à obtenir à l'amiable des conditions équitables.

On ſouhaiteroit ſeulement pour l'entiere juſtification du Duc de Bouillon, qu'on n'eût pas à lui reprocher, qu'il refuſa de ſuivre le Roi à ſon expédition d'Amiens; & que la ſurpriſe de cette Ville par les Eſpagnols; n'eût pas été ſuivie de la part des Calviniſtes, d'une tranſaction de l'Aſſemblée Proteſtante de Vendôme à Châtelleraut; où les opérations furent ſi violentes, que le Roi fut obligé d'y envoyer Meſſieurs de Schomberg, De-Thou, De-Vic, de Calignon & de Montglat, chargés d'offrir des conditions qui ſuffiſent pour montrer que Henry IV. croyoit avoir tout à craindre de leur part. Lorſque les Calviniſtes ont rempli l'Europe de leurs plaintes, ſur la révocation de l'Edit de Nantes; c'eſt qu'un eſpace de temps de plus de quatre-vingt ans, leur avoit fait perdre de vûë les moyens dont ils s'étoient ſervis pour l'arracher. Voyez ſur la remarque précédente les Mémoires du Duc de Bouillon: Son Hiſtoire par Marſolier: Hiſtoire de l'Edit de Nantes: la Vie de Du-Pleſſis-Mornai: Procès verbal des Aſſemblées de Vendôme & de Châtelleraut &c. Mais ſur-tout, d'Aubigné, tom. 3. liv. 4. chap. 11. où il rapporte fort-au-long tous les projets du Corps des Calviniſtes, & le nouvel ordre qu'ils travaillerent à mettre dans leurs affaires.

Qqq iij

ne l'emportaſſent à la fin. Elle m'ordonna d'écrire à quelques-uns des principaux, pour leur faire prendre, s'il étoit poſſible, des ſentimens plus raiſonnables, & ſur-tout au Duc de La-Trémouille, qu'on ſçavoit être le principal promoteur du Complot.

J'avois conſervé juſques-là une aſſez grande liaiſon avec La Trémouille : Il avoit même cru devoir me faire part de ces Aſſemblées : mais il m'en avoit déguiſé le ſujet ; & il s'étoit ſervi en m'écrivant, de termes ſi concertés, qu'il m'étoit facile de juger que j'étois regardé de ces Meſſieurs, comme un homme infidèle à ſon Parti ; & que La-Trémouille n'étoit pas éloigné de ſe porter à la deſobéïſſance. Je ne laiſſai pas pour cela de me ſervir de ce reſte de commerce que j'avois encore conſervé avec lui, pour eſſayer de le faire rentrer dans ſon devoir. Je lui mandai, Que quand même il ſeroit vrai que le Roi fût à ſon égard, tel qu'il le ſuppoſoit ; il n'y avoit pour lui ni honneur, ni grandeur, à en extorquer une Déclaration, dûe à la ſeule néceſſité : Mais que ce Prince conſervoit pour tout le Corps, ſes anciens ſentimens : Qu'il n'étoit point la cauſe du peu de juſtice, que les Catholiques leur rendoient ; puiſqu'il n'en avoit pas moins à ſouffrir lui-même : Qu'au reſte il fît attention que les ſuites de cet Edit, obtenu à contre-temps, ne ſeroient pas autant à leur avantage, qu'ils ſe l'imaginoient : parce que les Catholiques, toujours plus forts qu'eux, étoient bien en état de l'empêcher pour le préſent ; & que pour l'avenir, le Roi juſtement indigné de la violence qu'on lui auroit faite, perdroit le deſſein de leur accorder un jour de ſon plein gré, ce qu'ils vouloient mal-à-propos anticiper aujourd'hui ; Qu'ils n'alloient faire autre choſe, que mettre en garde contr'eux, & jetter dans la défiance le Parti Catholique, par l'éclat d'une affaire manquée. Je rappellois à La-Trémouille, l'exemple de ces illuſtres Proteſtans, qui diſoient en toute occaſion, & montroient par leur conduite, qu'un Proteſtant qui conforme ſes actions à ſa croyance, ne perd jamais de vûë le bien de l'Etat, ni le véritable intérêt de ſon Roi. La-Trémouille peu touché de ma Lettre, la montra à tout le monde, & en fit des railleries publiques : Mais ces deſſeins échouèrent, faute d'un aſſez grand nombre de partiſans.

LIVRE NEUVIEME.

1597.

La Grande-Maîtrise de l'Artillerie vint à vaquer, pendant le quatriéme séjour que je fis au Camp. Saint-Luc (10) regardant entre deux Gabions, où à peine y avoit-il passage pour un boulet de Canon; son mauvais destin y en apporta un, qui le renversa mort. Je m'entretenois seul avec le Roi, lorsque Villeroi & Montigny vinrent lui apprendre cette Nouvelle : ce qu'ils firent en secret, à cause des priéres qu'ils avoient à y joindre, au sujet de cette Charge. M'étant rapproché, lorsqu'ils eurent quitté Sa Majesté ; elle m'apprit la mort de Saint-Luc, & la demande que Villeroi & Montigny venoient de lui faire, de la Grande-Maîtrise ; le premier, pour son Fils d'Alincourt, ou son Neveu Château-neuf-l'Aubepine (11); & Montigny, pour lui-même. Saint-Luc étoit homme d'esprit & d'invention, prompt, industrieux, plein de courage : On ne pouvoit lui reprocher que le défaut de se livrer si fort à l'abondance de ses idées, qui lui fournissoient projets sur projets, qu'il donnoit à l'imagination, une partie du temps que demandoit l'exécution : cependant le Roi ne trouvoit aucun des proposés, capable de le bien remplacer. D'Alincourt manquoit de fermeté, & » avoit, disoit ce Prince, les ongles trop pâles. « Château-neuf (12) cachoit un manque d'esprit réel, sous un extérieur composé d'affectation & de grimaces. Montigny étoit à la vérité, vaillant & affectionné : mais ces qualités destituées d'un esprit de ressource, d'ordre & d'œconomie, ne suffisent pas dans un Poste aussi considérable.

En discourant de la sorte avec moi, Sa Majesté ne me parut balancer à m'en gratifier moi-même, que parce qu'elle croyoit cette fonction, incompatible avec celle de Surintendant des Finances. Il ne me fut pas difficile de la détromper ; & elle me donna dès ce moment, sa parole : Mais elle remit cet effet de sa bonne volonté, après le Siége ; pendant lequel elle alloit laisser cette Charge, vacante : ma présence lui paroissant nécessaire à Paris. Je ne vis point le Roi, de tout le jour suivant ; & malheureusement pour moi, il vit

---

(10) François d'Epinai de Saint-Luc : On ne l'appelloit que, le brave Saint-Luc. Voyez son Eloge dans *Brant. Vies des Hommes Illustres*, Article, *Saint-Luc*, tom. I.

(11) Charles de L'Aubepine, Marquis de Château-neuf. François de La-Grange, Seigneur de Montigny.
(12) Il fut fait Garde des Sceaux en 1630, & s'en démit en 1633.

1597.

Madame de Monceaux, qui n'ômit rien pour le faire changer de résolution, en faveur du vieux d'Estrées (13), son Pere. Le Roi tint bon contre les prières, & même contre les larmes : mais il céda à la menace que la Dame fit, de se jetter dans un Couvent, s'il lui refusoit cette grace : & elle ralluma si bien par cette feinte, toute la passion du Prince pour elle, qu'elle obtint enfin la Grande-Maîtrise. Le Roi m'apprit le jour suivant, ce qui s'étoit passé, avec quelque confusion de sa foiblesse. Il avoit encore ménagé mes interêts, du moins en une chose : c'est la condition qu'il avoit mise, que M. d'Estrées, qui étoit en toute manière, incapable d'exercer cette Charge par lui-même, s'en déferoit pour la premiere Charge de la Couronne, qui viendroit à vaquer; & absolument, s'il survenoit une Guerre considérable, en faveur de celui que Sa Majesté lui nommeroit : & elle m'engagea de nouveau sa parole, qu'elle n'en nommeroit point d'autre que moi.

Je me contentai de cette assûrance : & je repris le chemin de Paris; où peu de jours après, je reçus du Camp, la Nouvelle de la mort de mon jeune Frere, Gouverneur de Mante (14), que j'avois laissé en bonne santé. De quatre Freres, cette seconde mort nous réduisit à deux. Le Roi refusa tous les prétendans au Gouvernement de Mante, pour m'en revêtir, même sans que je le lui demandasse : J'en reçus le don, par la même Lettre, que Sa Majesté m'écrivit sur cette mort, avec les Pièces nécessaires pour passer dans tous les droits de mon Frere, mort sans enfans. J'envoyai Baltazar, mon Sécrétaire, à Amiens, prendre les Provisions de Gouverneur : & si-tôt que je les eus reçues, j'allai me faire recevoir à Mante, où je ne voulois passer que quatre jours.

Messieurs

---

(13) Antoine d'Estrées. » Lui » mort (Saint-Luc); M. d'Estrées a » succédé à sa place, comme le mé- » ritant bien, pour l'avoir bien ap- » pris de son brave Pere : Ainsi quoi- » qu'il tarde, le droit & la vérité ren- » contrent leur tour; car on lui avoit » fait tort, qu'il n'eût cette Charge » après la mort de son Pere : Enfin » la vérité & le droit ont vaincu là » pour lui. « *Brant. Vies des Hommes Illustres*, tom. 1. pag. 227. article M. *d'Estrées*.

(14) Salomon de Bethune, Baron de Rosny, Gouverneur de Mante; c'est le troisième des quatre Freres, dont il est parlé au commencement de ces Mémoires : il n'avoit que trente-six ans, lorsqu'il mourut.

(15) Perefixe

LIVRE NEUVIEME. 497

1597.

Messieurs du Conseil, qui crurent que mon absence seroit beaucoup plus longue, & même qu'elle seroit suivie d'un abandon des affaires des Finances, n'en sentirent pas peu de joie : Et pour commencer à en profiter, ils prirent leurs mesures, pour s'approprier une partie des fonds destinés au Siége d'Amiens : Ils signerent tous une Lettre, écrite à Sa Majesté au nom du Conseil ; dans laquelle ils l'avertissoient, que n'ayant manqué de rien depuis cinq mois, elle ne devoit pas être suprise, en apprenant que ses fonds étoient entierement épuisés ; n'y ayant plus que quelques méchans restes & appoints de payemens. Henry qui ne me sçavoit point à Mante, & qui par un effet de sa vivacité ordinaire, n'éxamina point les signatures de cette Lettre, en fut d'autant plus surpris, que je l'avois assûré très-positivement, que j'étois en état de lui fournir les sommes ordinaires, pendant quatre mois ; qui étoit tout le temps, que pouvoit durer le Siége. Il invectiva contre Messieurs du Conseil, d'une étrange maniere, en présence des principaux Officiers de son Armée ; & pour cette fois, je ne fus guère plus épargné qu'eux : Mais ayant jetté les yeux, par réflexion, sur les noms souscrits dans la Lettre, parmi lesquels il ne trouva point le mien, & ayant sçu du Courier, que j'étois à Mante ; il condamna aussi-tôt sa précipitation : & afin que rien ne manquât à la réparation qu'il m'en fit, il lut ma réponse à la Lettre qu'il venoit de m'écrire, en présence des mêmes témoins.

Il étoit de son intérêt de les rassûrer : Un Siége assûrément très-pénible, les rebutoit quelquefois, eux & leurs soldats, au point que le tarissement des fonds auroit été capable de les faire déserter : puisque sur le moindre retardement des Voitures, le Roi ne pouvoit empêcher que plusieurs ne l'abandonnassent. Tout alla bien jusqu'à la fin : Si les Assiégés se défendirent avec vigueur, & firent sorties sur sorties, on les attaqua de même ; & ils furent toujours défaits.

La Sappe étoit poussée jusqu'aux Remparts, & les Assiégeans venoient de s'emparer de deux Casemates, qu'on rendoit inutiles aux Assiégés ; lorsque le Cardinal Archiduc, avec le Comte de Mansfeld, qui lui servoit de Lieutenant-Général, jugea qu'il étoit temps de faire un effort pour

Tome I.   R r r

1597. empêcher la réduction de la Place. Il s'y achemina, avec une Armée de douze à treize mille hommes d'Infanterie, & de deux mille cinq cens à trois mille Chevaux; & passa la Riviere d'Authie, dans l'intention de livrer Bataille, ou du moins de jetter un Secours considérable dans Amiens. Tous ceux qu'il essaya d'y faire entrer, furent repoussés (15). Le Roi alla reconnoître lui même l'Armée Ennemie : Il la vit par devant & par derriere : & il n'auroit pas balancé à l'attaquer malgré la supériorité du nombre ; parce qu'il trouva une multitude confuse, sans conduite, ni discipline : mais à la premiere démarche qu'il fit, l'Archiduc ne songea qu'à se retirer avec précipitation (16). Il n'étoit peut-

(15) Pérefixe rapporte encore ce fait très-différemment. » L'Archi- » duc, dit-il, se présenta au Quar- » tier de Long-pré (le 15 Septem- » bre, à deux heures après midi), » lorsqu'on ne s'y attendoit point… » Il ne tint qu'à lui de jetter trois » mille hommes dans Amiens : tant » l'épouvante fut grande au Camp. » Henry douta du succès de la jour- » née… Ah ! Seigneur, dit-il, à » haute voix, s'appuyant sur l'arçon » de sa Selle, ayant le chapeau à la » main, & les yeux levés au Ciel, » si c'est aujourd'hui que tu me veux » punir comme mes péchés le mé- » ritent ; j'offre ma tête à ta justice, » n'épargne pas le coupable : Mais, » Seigneur, par ta sainte Miséricor- » de, prens pitié de ce pauvre » Royaume, & ne frappe pas le » Troupeau par la faute du Berger… » Voyant que rien ne paroissoit, il » se retira mal satisfait, disoit-il ga- » lamment, de la courtoisie des Es- » pagnols, qui n'avoient pas voulu » s'avancer d'un seul pas, pour le » recevoir, & avoient refusé de » mauvaise grace l'honneur qu'il » leur faisoit. « Peref. 2. Part. Presque tous les Historiens conviennent que les Espagnols laisserent échaper une des plus belles occasions qu'ils eussent jamais eües, de battre l'Armée du Roi : Et ce Prince disoit lui-même depuis, qu'il y eût des principaux Officiers de son Armée, qui lui dirent, que tout étoit perdu. *Matthieu*, tom. 2. liv. 2. pag. 234.

(16) Le Roi dit du Cardinal-Archiduc, qu'il étoit venu en Capitaine, & s'en étoit retourné en Prêtre. La-Curée demanda au Roi avec instance, qu'il lui permît d'aller reconnoître l'Armée Ennemie ; en faisant souvenir Sa Majesté, que les Espagnols étoient entrés quatre fois en France, & que toutes les quatre fois il les avoit attaqués & battus le premier. Henry lui répondit : » M. » le Curé, ne vous mettez point en » colere. « Et le lui permit. La-Curée se fit remarquer en cette occasion, par sa bravoure, & par la belle Retraite qu'il fit devant cette Armée, campée à Bétancourt, à quatre lieuës d'Amiens. Il disoit pourtant ensuite là-dessus, que lorsque trois ou quatre cens hommes se retirent ainsi devant une Armée entiere, c'est la faute seule de cette Armée, s'ils ne sont pas défaits. C'étoit un homme intrépide : Il s'enfonça au milieu des Ennemis, un jour que son bras engourdi par son pistolet, ne lui permettoit pas de se servir de ses Armes. Il y avoit jusqu'à des femmes, qui combattoient dans l'Armée Françoise ; habillées en hommes : On en connoissoit quatre entr'autres, qui se distinguerent, jusqu'à faire des prisonniers de leur main : & une

LIVRE NEUVIEME. 499

1597.

être pas impossible de forcer les Espagnols au Combat, & de les battre sans discontinuer le Siége ; du moins Henry eut toujours cette opinion : Il se rendit néanmoins à l'avis du plus grand nombre, qui vouloit qu'on laissât retirer l'Archiduc. On ne s'attache donc plus après cela, qu'au Siége. Le Ravelin ayant été emporté, & les Mineurs attachés au corps de la Place ; Amiens se rendit à la fin de Septembre de cette année, que ce Siége avoit remplie presque toute entiere.

Lorsque je jette les yeux sur le grand nombre de Lettres, que je reçus du Roi pendant l'Expédition d'Amiens ; je suis surpris qu'un Prince, chargé des opérations d'un grand Siége, & du détail de tout un Camp, n'en fût pas moins appliqué à toutes les affaires du dedans de son Royaume, & qu'il embrassât avec la même facilité, des métiers si contraires. J'épargne au Lecteur, la peine de lire toutes ces Lettres ; & j'en userai de même à l'égard de celles que Sa Majesté m'a fait l'honneur de m'écrire dans la suite. J'en compte plus de trois mille, sans celles que j'ai négligé de ramasser, ou qui ont été perduës par la faute de mes Sécrétaires : il seroit trop ennuyeux de vouloir rendre compte de chacune au Public. Il y en a quelques-unes, à l'égard desquelles je respecte l'ordre, que ce Prince m'a donné de les supprimer ; parce qu'elles intéressent des Personnes, que Sa Majesté n'auroit pas voulu blesser ; & que je dois sans doute bien davantage m'abstenir d'offenser, en mettant au jour des brigues politiques, ou simplement des intrigues galantes, qui sont demeurées dans le secret : Et pour ce qui est de toutes les autres, elles ne roulent que sur des Emplois de deniers, des Comptes, des Payemens, des Pensions, & autres choses de cette nature ; si séches & si peu amusantes, qu'elles en deviennent un nouveau sujet de louanges pour Henry.

Sur le Chapitre de ses Finances, par exemple, on le verroit porter l'éxactitude, jusqu'à se faire rendre compte par moi

---

sur tout, connuë sous le nom de Capitaine Gascon. Ces particularités sont tirées du Vol. 8929. des Manuscrits Royaux. Voyez encore sur ce sujet, le 6e. Tome des Mémoires de la Ligue, où l'on donne de grandes louanges à l'habileté, à la promptitude, & à la valeur d'Henry IV.

R r r ij

tous les huit jours, des deniers reçus, & de leur usage (17). Il ne lui échappe pas que dans une fonte, on a voulu détourner une Piece de Canon. Dans une remise de six ou sept mille écus, que la nécessité obligea d'accorder au peuple sur les Tailles, il liquide lui-même ce qui doit revenir de gratification à certaines Paroisses plus affligées. Il calcule exactement chacun des Offices vendus, & l'argent qui en est provenu. Il ne perd de vûë aucun de ceux à qui l'Etat est redevable, ou qui rendent quelque service dans les Provinces éloignées, ou dans les Royaumes voisins; & il leur assigne à tous un fonds particulier, avec le dernier discernement. Son grand soin est qu'on n'affecte aucun payement étranger sur les fonds uniquement destinés pour la Guerre: comme il parut dans l'affaire où il s'agissoit de faire toucher une récompense au Sieur de Vienne, qui avoit fait rentrer la Ville de Tours dans l'obéïssance; ou lorsqu'il fut question de rendre à Madame de Beaufort, les quatre mille écus, qu'il avoit empruntés d'elle.

Par rapport à la Guerre, ces Lettres sont d'un détail immense. Ce qu'il lui faut d'argent, tant pour la confection des Tranchées & des autres Travaux, que pour la Solde militaire, y est toujours calculé si juste, qu'il ne faut point craindre de se tromper en le suivant. L'ordre de la Marche de ses Troupes n'y est pas reglé avec moins de prudence, que celui des Convois d'argent, qui arrivoient à son Armée; afin qu'ils ne fussent ni retardés, ni interceptés.

Tout cela ne faisoit encore qu'une partie de ses soins. La Lettre où il parle des réparations de Montreuil, de Boulogne & d'Abbeville: Celles où il s'étend sur la maniere de maintenir l'ordre dans les Provinces, l'obéïssance dans les Villes, la subordination dans les Corps, à l'occasion de la Chambre des Comptes, qui lui avoit manqué de respect: Celle où il dit, » Je ne prétends point mêler de Parties de » Mascarades, avec des deniers destinés pour mon Armée; « parce que Mortier, qui avoit fourni des habits pour une Fête, s'étoit fait inférer dans un Mémoire de frais militaires: Celle encore, où en répondant sur l'offre que lui avoit fait la Ville de Paris, par ses Prévôt & Echevins, de soudoyer

---

(17) On ne pouvoit pas dépenser cent écus, dit Pérefixe, sans qu'il sçût s'ils avoient été bien ou mal employés.

à ſes dépens douze cens hommes, il décharge cette Ville en conſidération de ce Service, du doublement des Aides; & mille autres de cette eſpèce, montrent que de la même main dont il ſçavoit tracer un plan d'attaque, il ne ſçavoit pas moins bien conduire les affaires du Cabinet.

Son entretien perſonnel étoit le ſeul, qu'on pourroit trouver qu'il négligeoit: il falloit pour l'obliger à y penſer, que Montglat ſon premier Maître d'Hôtel, l'avertît que *ſa Marmite*, c'eſt ainſi qu'il le dit dans quelques-unes de ſes Lettres, *eſt prête à donner du nez en terre*. Il ne rougit point d'avouer une choſe, dont il n'y avoit en effet que ſes Ennemis domeſtiques, qui duſſent rougir: qu'il étoit preſque nud, ſans Armes, & ſans Chevaux. Il trouva pourtant le moyen dans la ſuite, de ſe faire un Fonds pour ſa ſubſiſtance, qui ne pût être confondu avec aucun autre: c'eſt le Marc d'Or, provenant des Offices vendus, qu'il deſtine à cet uſage. Voilà le ſujet d'une partie des Lettres de cette année; ſur leſquelles on peut juger de toutes celles des années ſuivantes, que je garde ſoigneuſement en original, mais dont je ne communiquerai au public, que ce qu'il y a de plus important. Une choſe qu'il ne faut pas oublier de remarquer; c'eſt que quoiqu'elles ſoient en très-grand nombre, & pour la pluſpart, très-longues; elles ſont pourtant preſque toutes écrites de ſa main, ſur-tout celles qu'il adreſſe directement au Conſeil, ou à moi (18).

Je me trouvai au Conſeil, qui fut tenu après la priſe d'Amiens, ſur les opérations du reſte de la Campagne. On y mit trois choſes en avant; ſuivre l'Armée Ennemie; ſe ſaiſir

---

(18) J'ai marqué dans la Préface, les raiſons qui m'ont porté à ne pas tranſcrire ici ce grand nombre de Lettres. On peut les voir à la tête du nouveau Recueil de Lettres de Henry le Grand. Les Originaux de quelques-unes de ces Lettres ſe voyent encore aujourd'hui dans le beau Cabinet de M. le Duc de Sully, apoſtillés de la main de Maximilien de Béthune: Mais les Piéces de ce Cabinet, les plus précieuſes en ce genre, ſont, outre un aſſez grand nombre de Lettres originales de Henry III. & d'autres Princes de ce temps-là; des Papiers d'Etat, Lettres, Ecrits ſérieux ou galans, & autres Morceaux, écrits de la main de Henry le Grand & de celle de ſon Miniſtre, ou ſimplement ſignés & apoſtillés par eux. Nous avons déja parlé de ceux qui concernent l'accommodement de l'Amiral de Villars, & des autres Gouverneurs & Villes, ſur-tout de Normandie: Nous aurons encore occaſion dans la ſuite, d'en rapporter ou indiquer quelques autres.

1597.
Ville de Picardie.

par surprise, de quelques Villes d'Artois ; & assiéger en forme Dourlens. Sur quoi chacun proposa son avis : Le mien fut, Qu'il ne falloit pas espérer que le Cardinal Infant, qui avoit si opiniâtrément refusé le Combat, lorsqu'il ne lui restoit que cette ressource pour secourir Amiens, s'y laissât engager, maintenant qu'il sçavoit qu'il auroit sur les bras, toutes les forces du Roi ; & ayant eu tout le temps de prendre ses mesures pour l'éviter : Qu'il n'y avoit pas non-plus d'apparence, que ces entreprises sur les Villes d'Artois réussissent, dans le voisinage d'une Armée si nombreuse : Mais qu'enfin, l'un & l'autre me paroissoit préférable au projet d'assiéger Dourlens ; parce que quinze jours suffisoient pour voir ce qu'on devoit attendre de ces desseins, qu'on pouvoit d'ailleurs manquer sans honte : Au-lieu qu'on auroit infailliblement le regret d'avoir consumé inutilement pour le dernier, beaucoup de temps, d'argent & de Troupes. Il fut arrêté, qu'on tenteroit brusquement les deux premiers moyens ; sans pour cela renoncer au Siége de Dourlens. Les Espagnols se tinrent sur leurs gardes : & à cet égard, il ne resta aux François d'autre avantage, que l'honneur d'avoir cherché à finir la Guerre par une action, qui contribua bien autant que tout le reste, à faire desirer la paix au Roi d'Espagne.

Il en alla tout autrement de l'entreprise de Dourlens, à laquelle on s'obstina. Le Roi me manda à Paris où j'étois retourné, sa derniere résolution sur ce sujet. Je ne craignis point de lui représenter encore plus fortement, les raisons qui m'avoient empêché de goûter cette opinion : Que son Armée ayant considérablement souffert au Siege d'Amiens ; elle n'étoit point en état d'en entreprendre un second aussi rude, au mois d'Octobre, temps où les pluies rendoient impraticable le terrein de Dourlens, naturellement gras & gluant ; & en présence d'une Armée, qui ne cherchoit qu'à prendre sa revanche. Le Roi ne me sçut point mauvais gré de cette liberté : mais il ne se rendit point à mes raisons. Il me manda que l'Expédition de Dourlens étoit absolument nécessaire, pour conserver Amiens & Abbeville : Qu'en rassûrant la Picardie, elle faciliteroit la vente des nouveaux Offices : & qu'il tâcheroit de faire en sorte qu'elle ne durât pas aussi long-temps que je l'appréhendois.

LIVRE NEUVIEME. 503

1597.

Dourlens fut donc investi le neuf Octobre : & dès le treize, les pluies avoient tellement corrompu le terrein, & gâté les chemins, que les Travaux n'avançoient plus. Villeroi m'écrivit, qu'on se repentoit déja de cette tentative. En effet, le Roi partit presqu'aussi-tôt de son Quartier de Beauval; & vint à Belbat, où il donna les ordres pour la levée du Siége : Quoiqu'il eût peu duré; les Soldats avoient déja tant souffert, qu'ils furent prêts à se débander. Le Roi leur fit payer la montre; les mit en Quartier d'Hiver sur la Frontiere; y laissa sa Cavalerie-légere; retrancha une partie des Garnisons, que la surprise d'Amiens avoit obligé de jetter dans les Places voisines; & revint passer l'Hiver à Paris, prenant sa route par Rouen, & par Monceaux, où il séjourna une huitaine.

C'est de cet endroit qu'il me donna ses ordres, de faire lever les difficultés que le Chancelier de Chiverny faisoit au Parlement, d'ériger en Présidial, son Comté d'Armagnac, & de Lectoure; & de destiner les deniers qui en proviendroient, au payement des Dépens, auxquels Sa Majesté avoit été condamné au Parlement, envers le Sieur de Fontrailles, Comte d'Armagnac, pour un Procès porté en cette Cour. Comme Madame auroit pu avoir quelques droits sur cet argent, en vertu de la Cession que le Roi son Frere vouloit bien lui faire de tous ses Biens en cette Province : ce Prince m'ordonnoit de tenir la chose sécrette; & prit la même précaution, auprès de Fontrailles & du Chancelier : Celui-cy obéït fort-mal; mais son indiscretion fut inutile, Madame étant sortie peu après, de la Cour de France. Le Roi m'avertissoit dans la même Lettre, de payer Demeurat son Procureur à Riom; aussi-bien que la Corbiniere, qui étoit chargé de l'entretien des Troupes laissées en Picardie. C'étoit dans ces momens de loisir, qu'il portoit son attention jusque sur les plus petits objets. Il me fit donner au Sieur de Piles, ancien & fidèle Serviteur, une gratification de trois mille écus, & une autre de huit mille livres à Gobelin, qui entretenoit sa Maison; en le remboursant de seize mille livres, qu'il avoit avancées : Il n'y avoit point de nom, jusqu'à celui de la pauvre Receveuse de Gisors, qui n'eût droit de tenir quelque place dans ses Lettres.

Astrac de Fontrailles.

1597.

La misere du Peuple (19), qui assûrément étoit excessive, ayant jetté beaucoup de non-valeurs dans le recouvrement des Impôts; le Roi se douta que Messieurs du Conseil, qui étoient fort-ardens à représenter, & même à grossir ces non-valeurs, pouvoient bien, après en avoir obtenu une décharge pour le Peuple, en retirer dans la suite pour eux-mêmes des sommes considérables, par leur attention à cacher cette décharge: Il m'ordonna de m'instruire en premier lieu, Si le Peuple étoit véritablement autant en retard, pour les années 1594 & 95 que ces Messieurs vouloient le lui faire croire: ce qui étoit facile, en vérifiant éxactement les Etats de Recette & de Dépense des Receveurs Généraux & Particuliers, & en visitant les Elections de ces mêmes Généralités, où je m'étois déja transporté: Secondement, si ce vuide dans les Impôts, ne venoit point de fainéantise, ou de désobéissance, de la part du Peuple.

Enfin une autre affaire importante, dont Sa Majesté commença à s'occuper à Monceaux; c'est la confection des Articles dont il avoit envie de convenir avec les Protestans. Il en pressoit depuis long-temps le Chancelier & Villeroi; & j'étois chargé d'y tenir la main; mais il se seroit encore plaint long-temps, de ce que ces Messieurs répondoient si mal à son intention, s'il n'étoit pas venu exécuter lui-même son projet à Paris (20).

Ces deux dernieres affaires, qui concernent les Financiers & les Protestans, auroient demandé un loisir, dont le Roi se trouva bien éloigné, lorsqu'il fut arrivé à Paris. Il lui fallut s'appliquer à faire de nouveaux préparatifs, pour passer au Printemps suivant en Bretagne, où les Rebelles se sentant éloignés de la vûë du Souverain, perpétuoient impunément le désordre & la désobèissance. Le Duc de Mercœur, qui étoit à leur tête, n'osoit pourtant favoriser publiquement la revolte,

(19) Bongars décrivant dans ses Lettres, la désolation que les Guerres Civiles avoient causées dans le Royaume, assûre entr'autres choses, que les Grands-Chemins étoient si couverts de ronces & d'épines, qu'on avoit de la peine à en appercevoir la trace. *Epist.* 75. *ad Cameray.*

(20) » Il dit à la Maison-de-Ville, » qui vint le complimenter sur l'Ex- » pédition d'Amiens, en montrant » le Maréchal de Biron: M M. voilà » le Maréchal de Biron, que je pré- » sente volontiers à mes Amis & à » mes Ennemis. *Peref.* 2. *Part.*

(21) Un

révolte ; au contraire les Lettres qu'il écrivoit au Roi, n'é- 1598.
toient remplies que de témoignages apparens de soûmission :
& il ne s'étudioit depuis deux ans, qu'à l'amuser par de fein-
tes propositions, dont il sçavoit toujours éluder l'accomplissement. Le Roi de son côté avoit toujours pris le parti de
dissimuler avec le Duc ; & s'étoit contenté jusques-là, de tendre les bras aux Officiers de cette Province, qui rebutés des
longueurs de Mercœur, s'étoient adressés directement à Sa
Majesté : Mais enfin ce Prince jugea qu'il étoit temps d'aller
attaquer ce Sujet rebelle, jusques chez lui (21) : C'est à quoi
nous nous occupâmes, le plus secrettement qu'il fut possible,
pendant cet Hiver.

Il eût été inutile de l'entreprendre, sans un Corps de
douze cens hommes d'Infanterie, de deux mille de Cavalerie, & une Artillerie de douze Canons au moins : & ces
Troupes ne pouvoient être prises sur les six mille Fantassins,
& les douze cens Chevaux, que le Roi avoit jugés nécessaires à la défense de la Frontière de Picardie, & qu'il avoit
commis à la garde du Connétable, aidé des conseils de MM.
de Bellièvre, de Villeroi & de Sillery. Il falloit encore retrouver des fonds nouveaux, pour tous ces Gens de Guerre.
Il n'étoit plus guère possible d'augmenter les Impôts, autrement qu'en s'attachant à en diminuer les frais de perception ;
ce qui est une augmentation très-réelle, du moins pour le Roi.
Je m'appliquai avec cela à ramasser toutes les dettes restées
en arrière, & à rétablir les Parties égarées : à quoi je joignis quelques nouvelles Levées, mais en petit nombre & peu
gênantes.

Sans ces secours, le Roi auroit été obligé d'entendre à la
Paix : & elle ne pouvoit se faire alors, que d'une maniere
fort-avantageuse pour l'Espagne. Le Pape Clement VIII. la
desiroit ardemment : Dès long-temps avant la Campagne
de Picardie, il avoit envoyé le Cardinal de Florence, en qua- Alexandre
lité de Légat, la proposer au Roi ; pendant que Calatagi- de Medicis.

(21) Un des Amis du Duc de Mer-| Duchesse de Mercœur avoit pour
cœur, lui ayant demandé un jour, | Ayeule, Charlote, héritiere de la
s'il songeoit à se faire Duc de Bre-| Maison de Penthiévre, dont les droits
tagne ; il lui répondit : » Je ne sçais | prétendus sur le Duché de Bretagne,
» pas si c'est un songe, mais il y a | étoient apparemment, le fondement
» plus de dix ans qu'il dure. « La | de ceux du Duc de Mercœur.

ronne (22), Patriarche de Constantinople, prenoit par ordre de Sa Sainteté, la route d'Espagne, à même fin. Le commencement de la Négociation n'avoit pas été heureux : Le Roi plus irrité qu'abatu par l'invasion d'Amiens, s'étoit contenté de répondre fièrement au Cardinal de Florence, qu'il remettoit à l'écouter, après qu'il auroit repris cette Place. Le Roi d'Espagne de son côté, quoiqu'il n'eût vû recommencer la Guerre qu'avec chagrin, avoit fondé de grandes espérances sur ses succès en Flandre ; & en particulier, sur la surprise de la Ville d'Amiens, dont la possession pouvoit lui attirer celle de tout le Pays voisin, de l'Oise jusqu'à la Seine.

Les expéditions de la Campagne, plus favorables à la France, rapprocherent l'un & l'autre d'un raccommodement. Philippe connoissoit Henry pour un Prince, avec lequel il étoit aussi difficile de garder ses avantages, que d'y en joindre de nouveaux. D'ailleurs il avoit dès-lors un pressentiment, qu'il ne releveroit pas de la maladie, dont il se sentoit attaqué. Cette vûë le ramenoit sur le malheur de laisser en mourant, le Prince son Fils aux prises avec un ennemi tel que le Roi de France. Il prêta l'oreille aux conseils de Calatagironne, qui ne se fut pas plutôt assûré de ses dispositions, qu'il revint à Rome, en informer le Pape ; & en fut de nouveau député en France, pour instruire de ses succès le Cardinal de Florence, & travailler de concert avec lui.

Ces deux Eminences reprirent donc leurs premieres sollicitations auprès d'Henry ; & lui disoient souvent, que la paix ne dépendoit plus en quelque manière, que de lui. Le Roi qui étoit détrompé à son tour des grandes & flateuses idées, dont il s'étoit rempli sur la foi de ses Courtisans, les vit revenir avec plaisir; quoiqu'il se fît beaucoup rechercher. Enfin il déclara aux deux Négociateurs, qu'il ne s'opposoit point à la Paix; mais à condition, que l'Espagne lui rendroit tout ce qu'elle possédoit dans ses Etats. Les Légats lui laisserent entrevoir, qu'il pouvoit l'obtenir : & le Roi leur répondit, que sur ce plan, il consentoit qu'ils traitassent & conclusent avec les trois Ministres qu'il avoit laissés en Picardie,

---

(22) Le P. Bonaventure de Calatagirone, Général de l'Ordre de Saint- || François.

LIVRE NEUVIEME.

1598.

auxquels il les adreſſa ; pendant que pour ne pas perdre les Armemens qu'il avoit faits, ni conſumer en pourparlers en temps précieux, il partit pour la Bretagne.

On étoit au commencement de Mars. Le Roi prit ſa route par Angers ; & ordonna à ſon Armée de le ſuivre à petites journées. Il conſentit que ſon Conſeil ſuivît auſſi ; mais après qu'il auroit fait tous les arrangemens néceſſaires pour qu'il ne manquât de rien, ſoit à l'Armée de Bretagne, ſoit aux Troupes, & aux Commiſſaires de la Paix en Picardie. Comme j'en avois l'abſoluë direction, & que rien ne me traverſoit ; je mis en peu de temps les choſes au point, que je crus pouvoir ſans crainte aller joindre Sa Majeſté. Je m'attendois à la trouver déja fort-avant dans la Bretagne ; & ce ne fut pas ſans une grande ſurpriſe, que j'appris en approchant d'Angers, que le Roi n'avoit pas encore paſſé cette Ville. Le Duc de Mercœur étoit perdu ſans reſſource, ſans le ſervice que lui rendirent en cette occaſion, Meſdames de (23) Mercœur & de Martigues (24). Elles commencerent par obtenir par le moyen de la Marquiſe de Monceaux, un paſſeport pour venir trouver le Roi à (25) Angers. Lorſqu'elles y furent arrivées, elles acheverent de mettre la Maîtreſſe du Roi dans leur parti. La Ducheſſe de Mercœur lui offrit ſa Fille unique, pour en diſpoſer en faveur de celui que Sa Majeſté jugeroit à propos ; & ſous-main elle lui donna à entendre, qu'il ne tiendroit qu'à elle de marier cette riche Héritiere avec Céſar, ſon Fils. (26) Cette alliance flatoit ſi agréablement la Marquiſe de Monceaux, que dès ce moment, regardant l'affaire du Duc de Mercœur comme la ſienne propre, elle s'y employa avec ardeur ; tandis que les deux Dames mettoient en uſage de leur côté toutes les ſoûmiſſions, les promeſſes, & les larmes, qu'elles croyoient ca-

Françoiſe de Lorraine.

---

(23) Marie de Luxembourg, Fille de Sébaſtien de Luxembourg, Duc de Penthiévre, & Vicomte de Martigues, Femme de Philippe-Emmanuel de Lorraine, Duc de Mercœur.

(24) Marie de Beaucaire, Fille de Jean, Seigneur de Peguillon, Veuve de Sebaſtien de Luxembourg, Mere de la Ducheſſe de Mercœur.

(25) Elles y avoient devancé le Roi ; mais on leur en avoit refuſé l'entrée. Elles ſe retirerent au Pont de Cé, juſqu'à ce que le Roi fût venu à Angers.

(26) Les Fiançailles furent célébrées à Angers, avec la même magnificence, que ſi ç'eût été d'un Fils de France légitime : il n'avoit que quatre ans, & la Fille ſix. « *Péref. 2. Part.*

S ſſ ij

pables d'attendrir un Prince, connu par sa complaisance & son penchant pour les Dames. Henry se laissa désarmer; & ne se souvint plus de châtier le Duc de Mercœur.

Je n'eus pas plustôt mis pied à terre dans Angers, que j'allai saluer le Roi. Ce Prince qui dès ma premiere parole, & à l'air seul de mon visage, comprit tout ce que j'avois dans l'esprit, m'embrassa étroitement; & me pressant de ses deux bras la tête contre sa poitrine : « Mon Ami, me dit-il, soyez » le bien venu. Je suis très-aise de vous voir ici ; car j'y avois » bien affaire de vous. Et moi, Sire, « lui répondis-je, incapable de ces lâches ménagemens que la flaterie inspire ; » & » moi je suis très-fâché de vous y trouver encore. Il y a si » long-temps que nous nous connoissons, reprit ce Prince » en m'interrompant, que nous nous entendons à demi-mot » l'un & l'autre: Je me doute déja de ce que vous m'allez dire; » mais si vous sçaviez ce qui se passe, & combien j'ai déja » avancé les choses, vous changeriez d'opinion. « Je repliquai que quelques fussent les avantages dont il me parloit, il les auroit tous obtenus, & de plus considérables mille fois, si au-lieu de s'arrêter à Angers, il se fût présenté devant Nantes, à la tête de son Armée. Le Roi chercha à se disculper, sur le manque d'instrumens propres à faire le Siège de cette Ville. Je repartis qu'il n'en auroit pas été besoin ; parce que Nantes l'auroit prévenu, par une reddition volontaire ; & peut-être auroit livré le Duc de (27) Mercœur entre ses mains. Il y avoit plus que de l'apparence, sur-tout à l'égard du premier, que la chose seroit arrivée comme je le disois ; & le Roi en convint. » Je ne reconnois point ici, » ajoûtai-je après cet aveu, mon brave Roi; mais je me tais, » parce que je vois bien ce qui vous a retenu. « Je ne craignois point avec ce Prince, les effets d'une trop grande sincérité. Il m'avoua tout avec un peu de confusion, & en s'en prenant à sa pitié naturelle pour ceux qui s'humilioient, & à la crainte de désobliger sa Maîtresse.

Nous ne nous entretinmes plus après cela, que de Nou-

(27) Tous les Historiens conviennent, que Henry IV. étoit en état de faire repentir le Duc de Mercœur de sa désobéïssance. Il ne voulut jamais permettre que ce Duc envoyât à Vervins quelqu'un de sa part, & il protesta qu'il souffriroit plustôt éternellement la Guerre, que de consentir qu'un de ses Sujets parût traiter ainsi en Prince Etranger, avec lui.

velles : Sa Majesté venoit de recevoir des Lettres de la Reine d'Angleterre, par lesquelles elle lui donnoit avis de l'envoi qu'elle lui faisoit d'un Ambassadeur, pour le porter, comme on le conjecturoit avec beaucoup de vrai-semblance, à continuer la Guerre : D'autres Lettres de Belliévre & de Sillery, lui apprirent que les Légats offroient de la part de l'Espagne, de rendre toutes les Villes de France, prises pendant la Guerre, à l'exception de Cambrai. Le passage du Roi en Bretagne avec des Troupes, sans pour cela désarmer en Picardie, avoit extrêmement surpris l'Espagne, & satisfait la Cour de Londres, toujours attachée à abaisser la grandeur de cette Couronne. Je conseillai à Henry de ne pas manquer la Paix, pour une seule Ville, & de se contenter d'avoir mis l'Ennemi hors de la Picardie & de la Bretagne.

Cette derniere Province, qui soupiroit depuis long-temps après la tranquilité, sentoit tout ce qu'elle devoit à Sa Majesté, dont la présence à la tête d'une Armée, pouvoit seule lui procurer ce bien. Le Parti de Mercœur devenoit celui du Roi : Les Espagnols n'étoient pas en état de tenir long-temps contre leurs Troupes réunies. Blavet (28) & Douarnenès, les deux endroits, où ils étoient cantonnés en plus grand nombre, ne pouvoient manquer de subir bien-tôt le sort commun ; & quelques jours suffisoient pour purger entierement la Province, de tous les Ennemis étrangers. Elle avoit résolu d'assembler ses Etats, afin de témoigner sa reconnoissance au Roi, en lui accordant une subvention considérable. Sa Majesté m'ordonna de continuer ma route en Bretagne, où en attendant qu'elle y fut arrivée elle-même, je ferois faire la montre aux Troupes, & les logerois dans les Casernes, aux environs de Rennes & de Vitré, avec des ordres étroits d'y observer une éxacte discipline : Qu'ensuite je me rendrois à Rennes, pour tenir la place de Sa Majesté dans les Etats ; y hâter les Délibératitions des sommes promises, & prêter main-forte à en faciliter la levée. Pour Henry, il ne fut pas fâché de passer encore quelques jours à Angers ; & il se servit du prétexte, qu'il manquoit encore quelque chose au Traité du Duc de Mercœur.

(28) Blavet, aujourd'hui le Port-Louis, dans l'Evêché de Vannes : || Douarnenès, autre Port & Rade, dans l'Evêché de Quimper.

1598.

Je ne pouvois sçavoir mauvais gré à la Duchesse de Mercœur, d'avoir cherché à se faire accorder des conditions favorables : cependant j'avois un si grand ressentiment contr'elle, de ce que le Roi avoit été la dupe de ses caresses, que je serois parti d'Angers sans la voir, si le Roi ne m'y avoit pas obligé ; quoique je fusse Allié de cette Dame, par le même côté j'avois l'honneur de l'être à la Maison Royale ; c'est-à-dire, par la Maison de Luxembourg (19).

Il me remontra que si ce motif, avec celui de la politesse Françoise, ne me suffisoit pas pour me faire faire cette démarche ; la Duchesse de Mercœur le méritoit par ses sentimens pour moi, que la connoissance de mes intentions n'avoit pas été capable d'altérer. Effectivement, je fus reçu d'elle & de Madame de Martigues, avec une distinction & des égards infinis. Après quelques reproches doux & obligeans d'avoir cherché à ruiner elle & sa Fille, ma petite Parente ; Madame de Mercœur me dit, qu'elle n'avoit rien tant desiré, que de pouvoir remettre entre mes mains, les intérêts du Duc son Mari, pour achever son Traité avec le Roi, de la maniere dont je l'aurois jugé à propos. Je répondis à la Duchesse, que présentement que mon respect & mon attachement pour elle, n'étoient plus arrêtés par le service du Roi, qui fermoit mon cœur à toute autre considération, elle éprouveroit qu'il n'y avoit personne plus disposé à le servir que moi.

Dans l'Anjou.

Je vins coucher ce même soir à Château Gonthier, & le lendemain à Vitré Je voyois trop de quelle importance il étoit de mettre une extrême police dans les logemens des Gens de Guerre, pour rien négliger à cet égard. MM. de Salignac & de Mouy, Maréchaux de Camp, me furent d'un grand secours. Le calme fut si bien rétabli dans tout ce Canton, que les Paysans, qui s'étoient d'abord retirés & retranchés dans les Bois, où il étoient prêts d'en venir aux mains à chaque moment, retournerent dans leurs maisons : & la Ville de Rennes crut m'en devoir un remerciment. Elle me fit préparer, pour le séjour que j'allois faire en cette Ville, pendant la tenuë des Etats, un très-bel appartement

(19) Jeanne de Bethune, Fille de Robert, sixiéme Ayeul de M. de Sul- || ly, épousa Jean de Luxembourg.

chez Mademoiselle de La-Riviere : C'étoit une Femme spirituelle, enjouée & galante ; & qui cherchant les plaisirs pour elle-même, n'en étoit que plus propre à la commission dont elle s'étoit chargée de me faire goûter tous ceux qu'on trouve ordinairement dans des Villes aussi opulentes & aussi polies que Rennes.

Le Ministère, s'il ressembloit en tout au temps que je passai dans cette Ville, & qui fut d'environ six semaines, auroit réellement toutes les douceurs qu'on lui attribuë si faussement. Je n'avois d'autre occupation que d'assister aux Etats, qui se prêterent avec toute la gratitude possible, au Service qu'il s'agissoit de rendre au Roi ; & lui accorderent sans opposition, huit cens mille écus, dont cent le premier mois, autant le second, & deux cens chaque mois ensuite, jusqu'à fin de payement. On créa pour cette somme, un Impôt de quatre écus par pipe de Vin. Les Etats voulurent y en joindre une de six mille écus, pour me faire un Présent. Je n'examinai point si cette occasion étoit de celles, où je pouvois l'accepter sans conséquence : Je le refusai. Le Roi à qui l'on éxagera cette prétenduë générosité, & qui donnoit lui-même à ma conduite dans les Etats, beaucoup plus de louanges qu'elle n'en méritoit, voulut se charger de mon Présent ; & au lieu de six mille écus, il m'en donna dix mille. Je n'avois point encore reçu de don aussi considérable de Sa Majesté, depuis vingt-six ans que j'étois à son service. Il se fit en cette occasion, comme un combat d'honneur entre le Roi, & la Province de Bretagne, qui obtint que ces dix mille écus seroient encore ajoutés aux huit cens mille, qu'elle lui offroit.

Le Traité avec le Duc de Mercœur étant consommé, le Roi l'envoya pour être enregistré à la Chambre des Comptes de Rennes. Comme il y avoit dans ce Traité, quelques Articles secrets, sur lesquels il n'étoit rien énoncé ; cette Cour se crut en droit de ne point l'enregistrer, sans certaines modifications, par rapport à ces Articles. Henry qui connoissoit mieux qu'aucun Prince, l'étenduë du pouvoir des Cours Souveraines, & qui s'étoit toujours montré fort éloigné d'y donner la moindre atteinte, sentit ce refus aussi vivement qu'il le devoit ; & m'adressa, avec les dépêches que je recevois réglément chaque jour de sa part, une Lettre de jussion pour la Chambre des Comptes. Il y marquoit à cette Cour, qu'elle n'avoit pas dû ignorer, que pour les Traités & Actes, où il ne s'agit purement que de la Guerre, ou de la Personne du Roi, le Souverain en France ne prend conseil de personne, & ne demande l'enregistrement de ses Lettres, que comme une formalité d'ailleurs peu essentielle. Il taxoit de téméraire la conduite de ce Conseil, & lui ordonnoit de réparer sa désobéissance, par une soûmission pure & simple.

Le Roi ne montra pas moins de fermeté dans une autre occasion, où il s'agissoit encore des Cours Souveraines. Ces Corps prétendirent ne fournir d'abord, que la moitié de la somme à laquelle ils avoient été taxés par les Etats, pour leur contingent; & prendre des termes commodes & reculés, pour en achever le payement: Ils avoient fait les mêmes difficultés, pour leur part des contributions nécessaires à l'entretien des Gens de Guerre, qu'eux-mêmes avoient demandés. Henry comprit aisément, qu'ils n'avoient recours à cet artifice, que pour ne plus rien contribuer, si-tôt qu'ils l'auroient vû sortir de la Province; & me manda qu'il entendoit qu'ils fournissent aussi leur taxe en entier: ce qui fut éxecuté. Leur murmure au sujet du payement des Troupes cessa, lorsqu'ils eurent reconnu, que de cette régularité, dépendoit la tranquilité de leur Province; & ils furent ensuite les premiers à approuver ma conduite.

Ces différens ordres me furent adressés de Nantes, où le Roi s'étoit avancé, après la confection du Traité du Duc de Mercœur, pour y vaquer à deux affaires importantes, l'Edit pour les Réformés, & la reception des Ambassadeurs d'Angleterre & d'Hollande. Ce Prince qui croyoit sa présence nécessaire en Picardie pour l'avancement de la paix, dont les Négociations continuoient avec le même succès, comptoit s'y acheminer de Nantes dans un mois, sans faire le voyage de Rennes, qu'il regardoit comme inutile: & il avoit déja donné les ordres, pour se faire précéder par les cinq Régimens, de Navarre, Piémont, Isle-de-France, Boniface & Bréauté, qu'il tiroit de la Bretagne, pour en fortifier la Frontiere de Flandre. Sa Majesté m'ayant fait part de ce

LIVRE NEUVIEME.

1598.

ce dessein; je lui représentai au sujet de ces Régimens, que les apparences de la paix étant converties en certitude, il devoit songer à réformer une partie de ses Gens de Guerre, & à diminuer le nombre de ses Garnisons, comme une charge trop pesante pour le Royaume : qu'il suffisoit donc de deux de ces Régimens en Picardie. En effet les deux premiers y furent seuls envoyés, sous la conduite du Maréchal de Brissac. J'insistai de même sur la nécessité où étoit Sa Majesté, de se montrer du moins dans la Capitale de la Bretagne : en sorte que changeant son projet, le Roi résolut de venir y passer quelques jours, avant que de s'en retourner à Paris, & d'expédier pour cet effet, le plus promptement qu'il seroit possible, les deux affaires qui le retenoient à Nantes.

Il étoit devenu plus nécessaire que jamais, de régler celle qui regardoit les Protestans. Ce Corps prenoit en France une si grande licence, que le Roi même n'étoit pas à couvert de ses emportemens & de sa malignité. Les remontrances que Sa Majesté avoit faites aux Auteurs du Complot, dont il vient d'être parlé, loin de les faire rentrer dans leur devoir, sembloit n'avoir servi au contraire, qu'à leur faire faire les derniers efforts pour porter tout le Parti Protestant à prendre dans ses différens (30) Synodes, la plus violente résolution. Madame de Rohan n'avoit pas trouvé au-dessous d'elle, de briguer auprès des Particuliers, pour y faire agréer à la pluralité des voix, qu'on prît les Armes, & qu'on forçât le Roi à recevoir les conditions, qu'on prétendoit lui prescrire; en quoi elle avoit été merveilleusement secondée par d'Aubigné, connu par sa langue médisante & satyrique (31) : C'est lui, qui avoit osé soutenir dans ces Assemblées, qu'on ne devoit plus prendre aucune confiance en un Prince, qui avoit abjuré avec sa Religion, tout sentiment d'affection, de bonne volonté & de reconnoissance pour les Calvinistes : Que la seule nécessité le forçoit encore à avoir recours à eux, & à les ménager : Qu'après cela, il ne se soucieroit plus de rien faire pour leurs consciences, leurs vies

---

(30) A Saumur, à Loudun, à Vendôme, à Châtelleraut; & nous en avons parlé cy-devant à l'occasion des Cabales du Parti Protestant pendant le Siége d'Amiens.

(31) On le croit l'Auteur de la Confession de Sancy, des Avantures du Baron de Fœneste, & autres Libelles.

Tome I.   Ttt

1598.

& leur liberté : Que la paix, sur le point d'être concluë avec l'Espagne, alloit attirer sur tout le Parti, les dernieres miseres ; parce que le seul motif qui portoit Henry à la faire, étoit de s'unir ensuite avec cette Couronne & le Pape, pour les sacrifier à leurs ressentimens communs : Qu'il ne restoit donc plus qu'à profiter de l'embarras du Roi, pendant un Siége pénible, de la disette d'argent où il étoit, du besoin qu'il avoit d'eux, & du pouvoir qu'exerçoit encore le Duc de Mercœur en Bretagne, pour obtenir par la force, ce que Henry refuseroit ensuite de leur accorder.

Le Siége d'Amiens.

Pour mieux soulever ces Assemblées, on se croyoit permises, les plus noires calomnies : D'Aubigné ne rougissoit point d'y représenter Henry, comme un Prince indifférent à toutes les (32) Religions, & passionné pour celle qui lui assûroit un Trône : (33) voilà l'idée, qu'il vouloit qu'on eût de sa conversion. Les torts prétendus faits aux Protestans, ne laissoient point douter, selon lui, du nouveau système de Politique, qu'Henry s'étoit formé. Ces torts ouvroient un vaste champ à d'Aubigné : le moindre y étoit traduit sous le nom de l'outrage le plus marqué, & de la plus insigne perfidie ; & on y mettoit sans la moindre justice, sur le compte du Roi, tout ce qui partoit du seul Parti Catholique, ou de la Cour de Rome. Le Duc de Bouillon laissant aux autres les paroles, appuyoit d'Aubigné, par son adresse singulière à jetter de la division entre le Roi, & tous ceux qui l'approchoient, Catholiques ou Protestans ; & à lui susciter assez d'affaires, pour qu'il ne pût de long-temps se tourner contre lui. La prise de Mende, par Fosseuse, & l'équippée du Comte d'Auvergne, étoient le fruit de ses conseils.

Dans le Givaudan.

(32) M. de Sully est fort-louable, de sacrifier à l'Amour de la Vérité, tout intérêt & toute considération de Parti, comme il le fait ici, & en mille autres endroits de ses Mémoires ; sur-tout étant aussi fortement attaché à sa Religion, qu'il a toujours montré l'être : Mais il donne en tous ces endroits, des Armes bien fortes contre lui-même : Et après une pareille exposition des desseins & de l'esprit, par lequel le Corps des Réformés se conduisoit en France ; il n'y a personne, qui ne convienne, que l'État en devoit tout appréhender.

(33) » Il y a trois choses, disoit » Henry IV, que le monde ne veut » croire ; & toutefois elles sont » vrayes & bien certaines : que la » Reine d'Angleterre est morte Fille: » que l'Archiduc est un grand Capi-» taine : & que le Roi de France est » fort-bon Catholique. « *Journal de L'Etoile*, pag. 233.

LIVRE NEUVIEME.

1598.

Toutes ces personnes ne s'oublierent pas auprès des Ambassadeurs Anglois & Hollandois, si-tôt qu'ils les virent arrivés à Nantes; & ils comptoient d'autant plus sûrement les entraîner dans leurs vûes, qu'on n'ignoroit pas, qu'il leur étoit recommandé sur toutes choses, d'empêcher la Paix avec l'Espagne. Ces Ambassadeurs étoient, Milord Cecile (34), Secrétaire de la Reine Elizabeth, & Justin de Nassau, Amiral de la République : Ils envoyerent demander au Roi une audience, dans laquelle ils pussent conférer seuls avec Sa Majesté, ou du moins n'ayant avec elle, que Loménie & moi : Je ne pus pas m'y trouver, étant occupé à Rennes.

Si les deux Ambassadeurs en avoient cru les Protestans; ils n'auroient cherché qu'à intimider le Roi, & à le forcer par menaces à se prêter à tous leurs desseins : mais soit que cela ne fût point en leur pouvoir, ou qu'ayant reconnu l'injustice des Réformés, ils regardassent comme indigne d'eux, d'épouser leurs passions; ils ne dirent rien au Roi, de ce que ceux-ci leur avoient suggéré. Ils avoient d'ailleurs des offres à faire, bien plus capables de séduire un Prince, dont on connoissoit le penchant pour la Guerre. L'Ambassadeur Anglois offrit, de la part de la Reine sa Maîtresse, six mille hommes d'Infanterie & cinq cens de Cavalerie, éxactement entretenus & soudoyés; & Nassau, quatre mille hommes de pied, avec une Artillerie nombreuse, fournie & servie de tout point; outre un secours particulier, qu'on laissoit entrevoir qui seroit considérable, si Henry vouloit s'attacher à reprendre Calais & Ardres. Supposé que le Roi se fût montré touché de ces offres; les deux Ambassadeurs avoient ordre de conclurre à l'heure même, un Traité d'Alliance de l'Angleterre & des Pays-Bas avec la France, contre l'Espagne; & de ne pas oublier d'y stipuler, que l'une des trois Puissances ne pourroit entendre à aucune Trève, ni Traité avec l'Ennemi commun, que du consentement des deux autres.

Heureusement le Roi évita ce piége; & la considération de l'état présent de son Royaume, l'emporta sur toutes les

---

(34) Ce n'est pas ce Secretaire lui-même, qui s'appelloit Guillaume; mais Robert, son Fils. *De Thou, liv.* 120. Voyez aussi la Chronologie Septenaire *année* 1598, sur cet Entretien de Henry IV avec les Ambassadeurs Anglois & Hollandois.

Ttt ij

autres. Ce Prince en remerciant les Ambassadeurs, ce qu'il fit de la maniere la plus polie, commença par les assurer, que pour avoir refusé l'offre de leurs Souverains, il ne se départoit point de l'amitié, qui l'unissoit à eux depuis si long-temps; & que la Paix qu'il alloit conclurre avec l'Espagne, (car il ne leur cacha point en quels termes il en étoit avec Philippe) ne l'empêcheroit pas d'entretenir avec eux, la même correspondance qu'auparavant, ni de leur donner les mêmes secours d'argent, dans leurs besoins; avec la seule précaution, que ces prêts paroîtroient être faits à titre d'acquits de dettes, pour ne point donner de sujet de rupture à l'Espagne.

Il leur déduisit ensuite avec la même sincérité, tous les motifs qu'il avoit de finir la Guerre. Son Royaume, ainsi qu'il le leur représenta, n'étoit pas comme l'Angleterre & la Hollande, muni d'une barriere naturelle, contre les attaques de ses Voisins; mais ouvert de tous côtés; ses Places sans Fortifications, ni Munitions; sa Marine foible; ses Provinces désolées, & même en partie réduites en Desert. Il passa à une description plus particuliere des abus & des malheurs du Gouvernement : La licence des Guerres Civiles jointes aux Guerres Etrangeres, y avoit détruit toute subordination : son pouvoir y étoit encore incertain & chancelant; & l'autorité Royale n'y étoit pas plus respectée; que les Loix les plus sacrées de l'Etat : Pour peu qu'on tardât à apporter à ces maux, le remède que la Paix pouvoit seule offrir, la France faisoit vers sa ruine, peut-être les derniers pas; & sans que nul secours humain y pût après cela arrêter un mal, qui seroit parvenu jusqu'au Cœur. Henry n'oublioit pas à fortifier chacun de ses motifs, par la comparaison de sa situation présente, à chacun de ces égards, avec celle où se trouvoient l'Angleterre & la Hollande, dont le repos & l'intérêt s'accommodoient également bien d'une Guerre, qui faisoit leur plus grande sûreté : & c'étoit avec tant de netteté & de jugement, & une si parfaite connoissance des affaires de ces différens Etats que Henry faisoit ce parallele, qu'il rendoit la chose palpable, & que les deux Etrangers ne trouvant rien à répliquer, se regardoient l'un l'autre, avec le dernier étonnement. Il leur fit entendre, qu'il n'alloit s'occuper à rétablir les affaires de son Royaume, que pour revenir après, avec plus d'espérance de succès, à son premier projet contre l'Empire, & la Maison d'Autriche; mais que ces deux entreprises n'étoient pas de nature à pouvoir marcher ensemble. Les deux Ministres crurent devoir pour la forme, combattre la résolution de Sa Majesté : mais ce fut si foiblement, comme ayant été eux-mêmes frappés de la vérité, qu'avant que cet entretien finît, le Roi les amena à tous ses Sentimens, & leur fit avouer, que la Paix qu'il alloit faire étoit le bien de toute l'Europe. Ils repasserent la mer, presqu'aussi-tôt après; & remplirent les Pays Etrangers, de l'opinion avantageuse, qu'ils avoient conçuë de la capacité & de la sagesse du Roi de France.

En effet, quel déluge de maux ce Prince n'alloit-il pas attirer sur son Royaume, si écoutant plus le dépit & la vengeance que le conseil & la prudence, il eût en ce moment commencé une Guerre, qu'il ne dépendoit plus de lui d'éteindre ? Quelle idée s'offre à l'esprit, si la fortune, qui tient en ses mains les évenemens de la Guerre, l'eût renduë malheureuse pour la France ? Et même en la supposant heureuse, peut-on imaginer rien de si déplorable, que des succès, qu'un Prince achete par l'aliénation de ses Domaines, par l'anticipation & l'engagement de tous ses Revenus; par la ruine de son Commerce; par le déperissement de l'Agriculture & du Pâturage, qui sont les deux mammelles de la France; enfin par l'épuisement & la dévastation de ses Provinces ? Qu'avez-vous à mettre dans la balance, vis-à-vis de si grands malheurs ? Des conquêtes, dont la possession forcée renouvelle vos alarmes, à tous les instans; & qui demeurant comme autant de monumens odieux, qui rappellent à votre Ennemi, l'ambition & les offenses de celui qui les a faites, deviennent pour la suite un germe d'envie, de défiance, de haine, qui replonge tôt ou tard dans toutes ces mêmes horreurs, dont l'intérieur d'un Royaume gémit encore. Je ne crains point de dire par cette raison, qu'il est presque également triste pour les Princes de l'Europe, dans l'état où elle se trouve aujourd'hui, de réüssir ou d'échouer dans leurs entreprises; & que le véritable moyen d'affoiblir un Voisin

Ttt iij

1598.

puiffant, n'eft pas de fe charger de fes dépouilles ; mais de les laiffer partager aux autres.

Toute l'arrogance de la Cabale Proteftante tomba, lorf-qu'elle vit que les Ambaffadeurs, fur lefquels elle avoit fait tant de fond, étoient entrés dans tous les fentimens du Roi: Elle jugea que la paix alloit fuivre de près cet évenement ; & ne fongea plus qu'à en jouïr elle-même, à des conditions raifonnables : heureufe ! dans une conjoncture très-propre à la châtier de fes mauvais procèdés, d'avoir affaire à un Prince, dans lequel la raifon fe rendît toujours la maîtreffe du reffentiment On travailla donc de part & d'autre, à la compofition de cet accord fameux, fous le nom d'Edit de Nantes, par lequel les droits des deux Religions, alloient être auffi folidement établis dans la fuite, que nettement éclaircis. Schomberg, le Préfident De-Thou, Jeannin & Calignon furent chargés de le dreffer. Je n'en dirai rien davantage, finon que moyennant cet Edit, les Calviniftes François, qui jufques-là n'avoient fubfifté que par des Trèves reprifes & continuées, fe virent enfin un Etat fixe & durable (35). Il reftoit à faire vérifier & autorifer ce Traité, par les Parlemens & les Cours Souveraines, à commencer par celles de Paris : ce qui fut remis après le retour du Roi dans cette Ville.

Ayant fatisfait dans la plus éxacte juftice, à ce qu'il devoit aux Réformés, Henry crut qu'il ne devoit plus fi fort ménager les mutins (36) de ce Corps, & en particulier le

(35) L'Edit de Nantes fut figné le 13 Avril. De-Thou dit, que la vérification en fut remife après le départ du Légat, qu'on ne vouloit pas renvoyer mécontent. Ce que cet Edit a de plus favorable aux Calviniftes, que ceux qui leur avoient été accordés précédemment, c'eft qu'on les admet aux Charges de Judicature & de Finance. Tout le refte n'a rien d'effentiellement different de l'Edit de Pacification de 1577. Bayle fait honneur au Miniftre Chamier, de la compofition de l'Edit de Nantes. Voyez-le dans Matthieu, *Tom. 2. liv. 2.* & plufieurs autres Hiftoriens.

Il y eut auffi quelques Articles fecrets, dont le plus défavantageux pour les Calviniftes, eft celui qui leur défend l'exercice de leur Religion, dans plufieurs Villes & Territoires, comme Rheims, Soiffons, Dijon, Sens &c. parce que Henry IV. s'y étoit engagé par fes Traités particuliers, avec les différens Seigneurs de la Ligue.

(36) Le-Grain rapporte un bon mot de Henry IV. Un jour que les Proteftans l'importunoient de leurs demandes : » Adreffez-vous à ma » Sœur, leur dit-il, car votre Etat eft » tombé en quenouille. «

Duc de Bouillon, qui avoit le plus de reproches à se faire; & il se disposa à lui parler une fois en Maître: Il venoit d'en acquerir le droit, quand même sa qualité de Roi ne le lui auroit pas donné. Il attendit pour le faire, qu'il fût arrivé à Rennes, dont il prit la route sans tarder. Le Duc de Bouillon étoit logé chez l'Alloué, où sa Goutte le retenoit au lit. Sa Majesté s'y transporta, comme pour lui rendre visite: & après le premier compliment, ayant fait sortir tout le monde de la chambre du Malade, il lui dit d'écouter sans l'interrompre, tout ce qu'il avoit à lui dire; & commença par le détail de toutes ses différentes manœuvres, afin de lui faire voir qu'il n'en ignoroit aucune: Il s'arrêta principalement sur quelques démarches du Duc, d'autant plus criminelles, qu'il les avoit faites depuis l'Edit de Nantes, qui devoit lui avoir interdit toute pensée de se soulever contre un Prince, qui se prêtoit si généreusement à sa satisfaction. Le Duc voulut prendre la parole, pour s'excuser; mais il fut arrêté par Sa Majesté. qui lui dit que sans autre justification, de ce jour elle oublioit tout le passé; & qu'après avoir pardonné tout ce que la malice la plus noire avoit pu suggerer à ses Ennemis; elle n'avoit garde d'exclurre de ses graces un ancien Serviteur, dont elle avoit été long-temps satisfaite: mais ensuite le Roi avertit le Duc, en prenant ce ton d'autorité, qui lui sieoit d'autant mieux, qu'il le prenoit plus rarement, de profiter du Conseil qu'il vouloit bien lui donner, comme son Ami, de ne se souvenir de sa conduite passée, que pour en prendre une directement opposée: parce que s'il arrivoit qu'il se laissât encore aller à manquer de respect pour son Roi & son Maître; il étoit résolu pour l'en punir, d'user de toute la facilité, que la pacification de son Royaume lui en laissoit. Après quoi, ce Prince sans vouloir entendre les réponses du Duc, sortit, & l'abandonna à ses réflexions.

Les Bretons furent charmés de l'affabilité de leur Roi, & de sa complaisance à se trouver à toutes les Fêtes, dont les Dames s'empressoient à l'envi de le régaler. Henry partageoit son temps, entre les Assemblées de ces Dames, les Courses de Bague, les Balets, & le jeu de Paûme, sans cesfer son assiduité auprès de la Marquise de Monceaux, qui étoit fort-avancée dans sa grossesse.

Au milieu de tous ces plaisirs, il y avoit des momens où le Roi me paroissoit si rêveur, que je devinai sans peine, qu'il se livroit à quelque secret sentiment, qui l'inquiétoit. J'en doutois encore moins, lorsque Sa Majesté, qui prenoit aussi de temps en temps le divertissement de la Chasse, m'ordonna deux fois de l'y suivre, pour m'entretenir à l'écart ; & cependant ne me parla de rien. Je me rappellai, que la même chose étoit arrivée à Saint-Germain & à Angers ; & j'en conclus, qu'il étoit question de quelque dessein, sur lequel Henry sentoit quelque répugnance à s'expliquer avec moi ; connoissant avec quelle franchise j'osois quelquefois combattre ses sentimens : Mais je ne pouvois deviner quel étoit ce dessein. Au sortir de la visite au Duc de Bouillon, dont je viens de parler, le Roi étant au bas de l'escalier, d'où il me vit entrer dans la cour, m'appella ; & s'étant fait ouvrir un fort-beau & grand Jardin, il y entra en me tenant par la main, les doigts entrelassés dans les siens, selon sa coûtume : il fit refermer la porte sur lui, & défendit qu'on y laissât entrer personne.

Ce début me préparoit à quelque grande confidence. Henry n'y vint pas tout d'abord. Il commença, comme pour se rassûrer lui-même, à me parler de ce qui venoit de se passer, entre lui & le Duc de Bouillon. Ce discours fut suivi des Nouvelles des Négociations de Vervins ; & l'amena insensiblement sur les avantages, qu'un Gouvernement tranquille alloit procurer à la France. Une seule chose faisoit de la peine au Roi, disoit-il : c'est que n'ayant point d'Enfans de la Reine son Epouse, en vain il alloit se donner tant de peine à pacifier son Royaume, puisqu'après sa mort, il ne pouvoit manquer de retomber dans ses premieres calamités, par les disputes entre le Prince de Condé & les autres Princes du Sang, sur la Succession à la Couronne. Sa Majesté m'avoua, que cette raison lui faisoit souhaiter ardemment de laisser des Enfans mâles, sortis de lui. La dissolution de son mariage avec la Princesse Marguerite, étoit un Point, sans lequel le contentement étoit absolument interdit à ce

Prince :

Prince: Mais la facilité, que l'Archevêque d'Urbin, & MM. Du-Perron, d'Ossat & de Marquemont, ses Députés à Rome, lui avoient mandé qu'ils trouvoient à cet égard auprès du Pape, donnoient de grandes espérances pour la réüssite. En effet, Clement VIII. aussi bon Politique qu'aucun Prince de l'Europe, songeant aux moyens d'empêcher la France & les autres Royaumes de la Chrétienté, de retomber dans la confusion, d'où l'on étoit à peine sorti; n'en trouvoit point de meilleur, que d'assûrer la Succession de France, en autorisant Henry à s'engager dans un second Mariage, qui pût lui donner des Enfans mâles.

Notre conversation s'étant fixée sur ce Chapitre; il me fut aisé d'appercevoir, que c'étoit de-là précisément que partoit l'inquiétude de Sa Majesté; mais je ne pus sçavoir encore si-tôt, quel en étoit le véritable sujet. Le Roi commença à éxaminer avec moi sur quelle Princesse de l'Europe il pourroit jetter les yeux, pour en faire son Epouse; en supposant son Mariage avec Marguerite de Valois, dissous: Mais à dire le vrai, il faisoit marcher avec cet Examen, une déclaration, après laquelle le devenoit fort-inutile; c'est que pour n'avoir pas à se repentir, disoit-il, d'un Marché, aussi hazardeux que celui-là; pour ne pas tomber dans le malheur, qu'il appelloit le plus grand des malheurs, d'avoir une Femme, mal-faite de corps & d'esprit; il demandoit sept choses, dans celle qu'il épouseroit, qu'elle fût belle, sage, douce, spirituelle, féconde, riche & d'Extraction Royale: aussi n'en trouvoit-il pas une seule dans toute l'Europe, dont il se montrât entièrement satisfait. » Je m'accommoderois
» volontiers, disoit ensuite Henry, peu d'accord avec ses
» principes, de l'Infante d'Espagne, quelque vieille qu'elle
» puisse être; pourvû qu'avec elle, j'épousasse les Pays-Bas;
» quand ce devroit être à la charge de vous redonner le
» Comté de Béthune. Je ne refuserois pas non plus la Prin-
» cesse (37) Reibelle d'Angleterre, si comme on publie que

(37) La Marquise Aibelle, Arbelle, ou Arabelle Stuard: Elle étoit Fille de Charles, Comte de Lenox, Petit-Fils de Marguerite, Reine d'Ecosse, Sœur aînée d'Henry VIII. Jacques VI. Roi d'Ecosse, son Cousin-Germain, ayant été en 1602. déclaré légitime héritier d'Elisabeth; il se fit l'année suivante une Conspiration en faveur d'Arabelle, qui mourut en 1616. prisonnière dans la Tour de Londres. *Voyez les Historiens*.

» cette Couronne lui appartient, elle en avoit été seulement
» déclarée présomptive héritiere : mais il ne faut pas plus
» s'attendre à l'un qu'à l'autre. J'ai encore entendu parler
» de certaines Princesses d'Allemagne, dont je n'ai pas re-
» tenu les noms : mais les Femmes de ce Pays, ne me revien-
» nent nullement : je croirois toujours avoir un lot de Vin,
» couché auprès de moi ; outre que j'ai oüi dire qu'il y a
» eu une Reine de cette Nation, en France, qui la pensa
» ruiner : Tout cela m'en dégoûte. L'on m'a aussi parlé des
» Sœurs du Prince Maurice : Mais outre qu'elles sont toutes
» Huguenotes : ce qui donneroit de l'ombrage à la Cour de
» Rome, & aux zélés Catholiques ; & qu'elles sont Filles
» d'une Nonain ; quelqu'autre chose encore, que je vous
» dirai une autrefois, m'en détourne. Le Duc de Florence
» a encore une Niéce, que l'on dit être assez belle ; mais
» elle est d'une des moindres Maisons de la Chrétienté, qui
» portent le titre de Prince ; n'y ayant pas plus de soixante
» ou quatre-vingt ans, que ses Ancêtres n'étoient qu'au rang
» des meilleurs Bourgeois de leur Ville : outre qu'elle est de
» la même race que la Reine-Mere, Catherine, qui a tant
» fait de mal à la France, & à moi en particulier.

» Voilà, continua le Roi, voyant que je l'écoutois atten-
» tivement, toutes les Princesses étrangeres, dont j'ai con-
» noissance. A l'égard de celles qui sont en France ; vous avez
» ma Niéce de Guise, qui seroit une de celles qui me plai-
» roient le plus, (38) malgré le petit bruit que quelques ma-
» lins font courir, qu'elle aime bien autant les poulets en
» papier, qu'en fricassée : car pour moi, outre que je crois
» cela très-faux, j'aimerois mieux une Femme, qui fît un
» peu l'amour, qu'une, qui eût mauvaise tête : Mais j'ap-
» préhende la trop grande passion, qu'elle témoigne pour sa
» Maison, & sur tout pour ses Frères. « Le Roi parcourut
de suite & aussi inutilement, les autres Princesses. Il trou-

---

(38) Louise-Marguerite de Lorraine : C'étoit une trèsbelle Princesse.
Il fut proposé dans le temps du Siège
de Paris, de lui faire épouser Henry IV. pour reünir les deux Pattis.
Les Libelles satyriques de ce temps-
là lui reprochent un commerce de galanterie, avec le Duc de Bellegarde, Grand Ecuyer : Et ce que
Henry dit ici de Poulet, est d'après
une chanson qui fut faite contre Mademoiselle de Guise, & qu'on peut
voir dans l'Etoile ; année 1596.

voit les unes belles, grandes, bien faites; comme l'aînée des deux Filles du Duc de Maïenne, quoiqu'un peu noire, les deux d'Aumale & les trois de Longueville: mais ou bien elles étoient trop jeunes, ou bien elles ne lui plaisoient pas. Il nomma enfuite Mademoiselle de Rohan, la fille de Madame la Princesse de Conty, de la Maison de Lucé; Mesdemoiselles de Luxembourg & de Guèmené: mais la premiere étoit Huguenote; la seconde n'étoit pas assez âgée; les deux autres n'étoient pas de son goût: Enfin toutes eurent l'exclusion, pour quelques autres raisons particulieres; & le Roi finit ce dénombrement par dire, qu'après tout, quelques parfaites que lui paruffent toutes ces personnes, il ne voyoit rien qui pût l'assûrer, qu'elles lui donneroient des Enfans mâles, ni qu'il s'accommodât de leur humeur, & encore de leur esprit: Trois conditions des sept, sans lesquelles il ne se réfoudroit point à s'engager; parce qu'il prenoit une Femme, dans le dessein de partager avec elle, ses affaires domestiques, & que devant mourir avant elle, suivant le cours de nature, & peut-être laisser des Enfans en bas âge; il étoit nécessaire, qu'elle pût les élever & conduire l'Etat pendant une Minorité.

„ Mais quoi! dis-je enfin à ce Prince, las de chercher le but d'un discours, où il me paroissoit vouloir & ne vouloir pas tout ensemble. „ Que voulez-vous, Sire, avec tout ce
„ pour & contre? & qu'en puis-je conclurre moi-même,
„ sinon que desirant fort d'être marié, vous ne trouvez pour-
„ tant sur la terre, aucune Femme qui vous soit propre? Du
„ ton, dont vous avez parlé de l'Infante Claire Eugenie;
„ les riches Héritieres paroissoient être assez votre fait: mais
„ attendez-vous que le Ciel ressuscite une Marguerite de
„ Flandre, une Marie de Bourgogne &c. ou du-moins,
„ qu'il rajeunisse la Reine d'Angleterre?„ J'ajoûtai en riant, que quant à ces autres preuves de fait, qu'il demandoit, je ne trouvois point d'autre expédient, que de faire assembler les plus belles filles de France, depuis dix-sept jusqu'à vingt-cinq ans; de prendre le soin de connoître lui-même, par des conversations particulieres, la trempe de leur cœur & de leur esprit; se remettant du reste sur le rapport des Matro-

1598. nes expérimentées, auxquelles on a recours, dans des cas à peu près semblables. Je continuai, en reprenant la parole plus sérieusement, que pour moi, mon avis étoit : Que Sa Majesté pouvoit tout d'abord retrancher de son plan, les grands Biens & la naissance Royale : Qu'il suffisoit d'une Femme, qui pût se faire aimer, & lui donner de beaux Enfans ; mais qu'à cet égard, encore une fois, on devoit se contenter de la plus simple apparence ; se trouvant également & du grand nombre de belles Femmes stériles, & des Peres illustres, malheureux en Enfans : Au reste, que quelques fussent les siens, le Sang dont ils sortiroient les rendroit toujours l'objet du respect & de l'obéïssance des François.

» Or bien, interrompit le Roi, laissant à part votre avis
» sur cette Assemblée de filles, qui apprêteroit à rire, & vos
» galands hommes, qui n'ont pas eu de semblables Enfans
» (39) ; car j'espere en faire, qui vaudront mieux que moi :
» puisque vous convenez que ma femme doit être complai-
» sante, bien faite, & de taille à faire esperer des enfans ;
» songez un peu en vous-même, si vous n'en pourriez point
» connoître quelqu'une, dans laquelle tout cela se rencon-
» trât. « Je répondis, que je ne prononçois pas ainsi à la hâte, sur un choix qui demandoit tant de réflexion, & auquel je ne m'étois point encore appliqué. » Et que diriez-vous, ré-
» partit Henry, si je vous en nommois une, dont j'eusse une
» pleine connoissance sur ces trois choses ? Je dirois, Sire,
» repliquai-je tout naturellement, que vous avez eu avec
» elle, une plus grande familiarité que moi ; & que ce ne peut
» être qu'une Veuve : rien que cela seul, ne me paroît con-
» vainquant, sur le chapitre des Enfans. Ce sera tout ce que
» vous voudrez, reprit le Roi ; mais si vous ne pouvez devi-
» ner, je la nommerai. Nommez-la donc, lui dis-je ; car j'a-
» voue que je n'ai pas assez d'esprit pour cela. Oh ! la fine
» bête que vous êtes, s'écria le Roi ! vous le feriez bien, si

(39) L'Auteur cite assez mal-à-propos à ce sujet, Ninias, Anaxindaris, Nabuchodonosor, Cyrus, Alexandre, Trajan, Constantin, & Charlemagne. Je retranche aussi de cette conversation, comme de quantité d'autres endroits, plusieurs Discours trop diffus, & pleins d'une inutile érudition.

» vous vouliez ; & vous ne faites ainſi l'ignorant, que pour
» m'obliger à la nommer moi-même. Ne confeſſez-vous pas,
» que ces trois conditions ſe rencontrent dans ma Maîtreſſe ?
» non que je veüille dire par-là, pourſuivit ce Prince, confus
» ſans doute, de ſa foibleſſe, » que j'aye penſé à l'épouſer ;
» mais ſeulement pour ſçavoir ce que vous en diriez, ſi faute
» d'autre, cela me venoit quelque jour en fantaiſie. «

Il n'étoit pas difficile de voir, au travers de cette foible précaution, que Sa Majeſté n'avoit déja que trop penſé, & n'étoit que trop diſpoſée, à cet indigne Mariage, pour lequel elle ſembloit par toutes ſes paroles, demander grace. Ma ſurpriſe fut auſſi grande, qu'on peut ſe l'imaginer ; mais je crus devoir la cacher ſoigneuſement. Je feignis de trouver dans les dernieres paroles de Henry, un air de plaiſanterie, qui n'y étoit point, mais qui me donnoit occaſion de mettre dans ma réponſe, tout celle qui étoit néceſſaire, pour faire honte au Roi, de cette idée bizarre. Ma feinte ne me réüſſit pas : le Roi n'avoit pas fait l'effort d'un aveu ſi pénible, pour en demeurer-là. » Je vous ordonne, me dit il, de
» me parler librement : Vous avez acquis le droit de me dire
» mes vérités : n'appréhendez pas que je m'en fâche ; pourvû
» que vous ne le faſſiez qu'en particulier : devant le monde,
» je m'en fâcherois bien fort. «

Je répondis au Roi, que je ne ſerois jamais aſſez imprudent, pour dire rien à Sa Majeſté, en particulier, non-plus qu'en public, qui pût lui déplaire ; excepté les cas où il s'agiroit de ſa vie, ou du bien de l'Etat. Je lui fis enſuite enviſager dans le cas dont il étoit queſtion, la honte dont une Alliance criminelle le couvriroit, aux yeux de l'Univers, & les reproches qu'il auroit à eſſuyer dans la ſuite, de ſa propre part, lorſque les bouillons de l'Amour étant éteints, il jugeroit plus ſainement de ſon action. S'il n'avoit recours à ce moyen, que pour ôter à la France, tous les malheurs d'une ſucceſſion incertaine ; je lui fis voir, qu'il l'expoſoit à tous ceux qu'il vouloit éviter, & à de plus grands encore : la légitimation qu'il pourroit faire des Enfans, qu'il avoit eus de Madame de Liancourt, n'empêchant pas que l'aîné, incontestablement né dans un double adultere, ne fût par cet endroit, inférieur au second, qui n'avoit que la bonte du simple adultere ; & tous les deux, à ceux qu'il pourroit avoir dans la suite, de sa Maîtresse, devenuë sa Femme légitime : Ce qui, par l'impossibilité de jamais bien établir leur Etat, ne pourroit manquer de devenir une source inépuisable de querelles & de Guerre. » Je vous laisse, Sire, poursuivis-je, » faire vos réflexions sur tout cela, avant que de vous en » dire davantage. Ce ne sera pas trop mal-fait, « reprit le Roi, frappé du seul coup d'œil de ce que je venois d'exposer ; » aussi-bien vous m'en avez assez dit, pour la pre-» miere fois : « Mais, quelle est la tyrannie d'une aveugle passion ! il revint encore malgré lui dans le moment même, à me demander, si de l'humeur dont je connoissois les François, & sur-tout les Grands, je croyois qu'en épousant sa Maîtresse, il y eût quelque soulevement à craindre de leur part, de son vivant.

Cette question acheva de me convaincre, que Henry étoit mortellement atteint : Je le traitai comme tel : j'entrai dans des explications, qu'il faut épargner au Lecteur; aussi-bien il devine de lui-même, tout ce que je pus dire en cette occasion : Et cet endroit n'a sans doute, déja été que trop amplement traité. Nous demeurâmes près de trois heures, enfermés ; & j'eus la consolation de laisser le Roi persuadé de tout ce que je lui avois représenté.

La difficulté étoit de rompre des nœuds trop forts : Ce Prince n'en étoit pas encore venu là ; & il devoit souffrir auparavant, de terribles (40) combats avec lui-même. Tout

---

(40) Dans ce Combat intérieur, la voix de la raison & de la bienséance, ne fut pas la plus forte auprès de Henry IV. & même, quoique dise ici & ailleurs M. de Sully, on a toujours été persuadé, avec beaucoup de fondement, que si la mort n'avoit pas ôté à ce Prince, cette Maîtresse si tendrement aimée, ou il l'auroit épousée, ou il ne se seroit point remarié du-tout. Il ne s'en tint pas toujours là-dessus, au seul conseil du Duc de Sully ; du-moins si nous ajoû- tons foi à une Anecdote assez curieuse, qui se trouve dans le Vol. 9990. des Manuscrits de la Bibliot. du Roi. Elle marque : Que Henry IV. étant à Saint-Germain-en-Laye, (ce ne peut être que quelques mois au-plus, après son retour de Bretagne) il fit appeller ses trois Ministres, (Messieurs de Rosny, de Villeroi, & de Sillery) pour traiter avec eux cette question, si importante, de son Mariage : Que le premier (qui est à coup-sûr M. de Rosny) opina, com-

ce qu'il put faire, pour le moment préfent, fut de remettre à prendre une derniere réfolution, après qu'on auroit obtenu du Pape, cette permiſſion tant follicitée; & de garder jufques-là fur tous fes fentimens, le plus profond fecret. Il me promit, qu'il ne diroit rien à fa Maîtreſſe, des miens, de peur de me mettre mal avec elle. » Elle vous aime, me » dit-il, & vous eftime encore davantage; mais il lui refte » toujours quelque défiance, que vous ne lui foyez pas fa- » vorable dans les avantages, que je fuis porté à faire à fes » enfans & à elle : Elle me dit fouvent, qu'il femble, à vous » entendre mettre fans ceſſe en avant, mon Etat & ma gloi- » re, que vous préferez l'un à ma Perfonne, & l'autre à mon » contentement. « Je répondis encore, que je ne m'en défendois pas; que l'Etat & le Souverain ne devoient point être envifagés fous deux regards différens. » Songez, Sire, » ajoûtai-je, que votre vertu étant l'efprit qui anime véri- » tablement ce grand Corps; il doit vous rendre par fa » fplendeur, la gloire & la félicité, qu'il tire de vous, & que » vous ne pouvez chercher la vôtre ailleurs. « Cela fait, nous fortîmes du Jardin, & nous nous féparâmes pour aller fouper; laiſſant les Courtifans fe donner la torture, pour deviner le fujet d'un entretien auſſi long.

Nous n'avions fait aucune attention, le Roi ni moi, à une circonftance, dont le défaut a fouvent été un obftacle, dans de femblables occafions; je veux dire au confentement de

me il fait dans cet endroit de fes Mémoires : Que le fecond lui confeilla au contraire, de ne point fe marier, & de laiſſer fa fucceſſion au Prince de Condé, que le droit de fa naiſſance faifoit fon héritier : Que le troifiéme enfin (c'étoit Sillery, le plus fin Courtifan des trois) contredifant l'un & l'autre avis, lui dit, qu'il ne pouvoit mieux faire, que d'époufer fa Maîtreſſe, & légitimer l'aîné des Enfans qu'il avoit d'elle. Henry IV. (continuë l'Auteur de cette Anecdote, qui s'annonce pour être une perfonne, à laquelle l'un des trois Miniftres-mêmes fit part de ce qui venoit de fe paſſer entre le Roi & eux)

Henry IV. parut ému de ce difcours, & enfuite dit : » Je m'étois pro- » mis beaucoup de vos fuffifances & » fidélités, au confeil que j'ai défiré » prendre de vous, touchant mon » Mariage ... Et toutefois j'ai peur, » qu'au-lieu de me faire réfoudre, » vous n'ayez augmenté mon irréfo- » lution, par la contrariété de vos » opinions, accompagnées de rai- » fons fi puiſſantes, que je me trouve » bien empêché au jugement, que je » dois faire de la meilleure : A cela » donc, j'ai befoin d'un peu de temps » pour y fonger « &c. Ce qu'ayant dit, il fe leva & donna congé à ces Meſſieurs.

la Reine Marguerite, à la diffolution de fon Mariage : Je crus devoir entamer cette Négociation, en attendant le fuccès de celle qui fe pratiquoit à Rome. Je voulus d'abord fonder quels étoient les fentimens de cette Princeffe. La teneur de la Lettre, que je lui écrivis à ce fujet, étoit : Que fouhaitant paffionnément fon raccommodement avec le Roi, fur lequel la France fondoit fon efpérance d'un héritier de la Couronne, j'avois cru devoir la prier de m'employer pour y travailler : Si la difpofition des efprits étoit telle de part & d'autre, que cet effort fût impoffible, ou qu'il ne pût conduire à la fin que je lui marquois ; (ce qui étoit un point, dont je fçavois bien que la ftérilité de Marguerite, devoit la faire convenir fecrettement) Qu'elle ne s'offençât pas, fi je prenois dans la fuite, la liberté de la porter à un plus grand facrifice encore, que l'Etat attendoit d'elle. Je ne marquois point la chofe plus clairement : mais après ce que je venois de lui dire, fur la néceffité de donner des Enfans légitimes au Sang de France ; il n'étoit pas difficile de deviner, quel étoit ce facrifice.

La Reine fe donna tout le temps de délibérer fur un Parti de cette importance, avant que de me faire réponfe : Je ne la reçus que cinq mois après, elle étoit dattée (41) d'Uffon, où elle faifoit fa réfidence ordinaire ; & cette réponfe étoit telle, qu'on pouvoit la fouhaiter, fage, modefte & foumife. Marguerite, fans s'expliquer autrement que j'avois fait moi-même, fur une féparation, dont le bruit n'avoit point encore éclaté, fe contentoit de faire parler en fa place, une proteftation de fa foumiffion à toutes les volontés du Roi, jointes à des louanges, fincères de la conduite de Sa Majefté, & à des remercimens pour moi, des foins que je prenois.

Le féjour du Roi à Rennes ne fut que de fept ou huit jours ; après lefquels il fe hâta de retourner à Paris, pour fe

---

(41) Cette Princeffe s'étoit d'abord retirée plufieurs années auparavant, à Agen, & enfuite à Carlat. Le Roi Henry III. fon Frere, qui ne la traitoit pas mieux que Henry IV. fon Mari, la fit pourfuivre par-tout, & enfin renfermer dans le Château d'Uffon en Auvergne, où après fa mort, elle demeura volontairement.

(42) Je

LIVRE NEUVIEME.

1598.

se trouver en Picardie, au commencement de Mai. Il s'achemina par (42) Vitré, d'où je reçus ordre de ce Prince, de donner une gratification à la Garnison de Rochefort ; & ensuite, d'en faire raser le Château. De Vitré, Sa Majesté prenant le long de la Loire, se rendit à Tours par la Flèche, qu'elle se fit un plaisir de revoir, comme l'endroit où elle avoit passé une partie de sa jeunesse.

Pour moi, après avoir demeuré encore cinq ou six jours à Rennes, pour mettre ordre, soit aux Finances, soit au payement des Gens de Guerre, à leur départ de Bretagne, & à leur marche au travers des Provinces ; je vins trouver le Roi à Tours, où ce Prince me manda, pour une affaire importante. Je le laissai continuer sa route vers Paris ; où quelque chose qu'il fît, il ne put arriver, que sur la fin de Mai. J'étois si las (43) du cérémonial des grandes Villes, & des longues Harangues sur-tout, que prenant un chemin écarté, par le Maine & le Perche, je vins seul visiter ma Terre de Rosny, où mon Epouse étoit occupée à faire commencer la maison que j'y faisois bâtir, & avoit manqué à être écrasée sous les ruines du vieux bâtiment, qu'il avoit fallu abattre.

Je m'y arrêtai fort-peu ; & cependant je ne trouvai déjà plus le Roi à Paris : il ne fit qu'y passer, & prit aussi-tôt la route d'Amiens : Cet endroit lui parut commode, pour communiquer facilement avec ses Plénipotentiaires à Vervins, & en même temps, pour visiter toutes les Places frontieres ;

---

(42) Je substituë ce mot en la place de celui, de Villeroi, que porte l'Original. Il n'y a jamais eu d'endroit en Bretagne, qui ait porté ce nom : Et le chemin de Henry IV. s'adonnoit en effet par Vitré.

(43) Le Roi ne l'étoit pas moins. L'Etoile rapporte quelques reparties fort-agréables de Sa Majesté, à ces importuns Harangueurs : L'un d'eux l'ennuyoit par de longs titres d'honneur ; & repetant souvent, Roi très-benin, très-grand, très-clément &c. Ajoûtez, & très-las, lui dit Henry.

Un autre ayant débuté par ces mots : » Agesilaüs, Roi de Lacedemone, » Sire &c. « le Roi lui dit en l'interrompant : » Ventre saint-gris ! j'ai » bien ouï parler de cet Agesilaüs ; » mais il avoit dîné, & je n'ai pas » dîné moi. « Ayant dit par deux fois à un autre, qu'il abrégeât ; & voyant qu'il n'en faisoit rien, il le laissa-là, & s'en alla, en lui disant : » Vous direz donc le reste à M. Guil- » laume : « C'étoit le Bouffon de la Cour.

Tome I.

1598.

faciliter l'évacuation de celles qu'on alloit lui rendre par le Traité; & pourvoir à leur sûreté, pour l'avenir. Tout cela fut fait en huit jours : Et Sa Majesté ne revint point à Paris, que la Paix ne fût signée (44).

Le Traité étoit des plus simples : la remise de toutes les Places, que l'Espagne possédoit en France, en faisoit presque le seul Article considérable. On n'y statua rien sur l'affaire du Marquisat de Saluces. Le Roi ne jugea pas devoir manquer la Paix, pour cet Article, qu'on regardoit comme si peu important, que sur le Déni de justice de la Savoie, il pouvoit sans peine, disoit-on, se saisir de tout ce Marquisat, n'y trouvant plus d'obstacle de la part de l'Espagne : Seulement on en fit un compromis, entre les mains du Pape (45). Les Plénipotentiaires firent en cela une faute, qui rengagea Sa Majesté incontinent après la Paix, dans une Guerre qu'on auroit pu éviter. Je supprime au reste toutes les formalités d'usage entre les Plénipotentiaires ; (46) & je

(44) Elle fut signée le 2 Mai 1698, au nom du Roi, par ʼʼ Messire Pomponne de Bellièvre, Chevalier ; ʼʼ Sieur de Grignon, Conseiller en ʼʼ son Conseil d'Etat : & Messire Nicolas Brulart, Chevalier, Sieur de ʼʼ Sillery, aussi Conseiller dudit ʼʼ Sieur Roi, en son Conseil d'Etat, ʼʼ & Président en sa Cour du Parlement de Paris : Au nom du Cardinal d'Autriche, ayant pouvoir du ʼʼ Roi d'Espagne, par Messire Jean ʼʼ Richardot, Chevalier, Chef & ʼʼ Président du Conseil Privé dudit ʼʼ Sieur Roi; & de son Conseil d'Etat : Messire Jean-Baptiste de Taxis, Chevalier &c : Et Messire ʼʼ Louis Verreïken, aussi Chevalier ʼʼ &c. « Voyez ce Traité en entier dans les *Mémoires & Négociations de la Paix traitée à Vervins*, tom. 2. avec la Relation en forme de Journal, de tout ce qui se passa entre les Plénipotentiaires, depuis l'ouverture de cette Négociation, jusqu'à la Conclusion de la Paix.

(45) Ce qui regarde le Duc de Savoie, représenté par Messire Gaspard de Genève, Marquis de Lullin, Conseiller d'Etat &c. est à la suite de *l'article* 24, & porte : ʼʼ Que le surplus des autres différends, qui sont ʼʼ entre ledit Sieur Roi Très-Chrétien, & ledit Sieur Duc, sera remis au jugement de notre Saint ʼʼ Pere Clément VIII. pour être vuidés & décidés par Sa Sainteté dedans un an... Et demeureront les ʼʼ choses en l'état qu'elles sont à présent &c. «

(46) Il s'y trouva les mêmes difficultés pour le fond, & les mêmes obstacles pour les formalités, qui ont coûtume de se rencontrer dans ces sortes de discussions. On peut les voir dans les *Lettres de Messieurs de Bellièvre & de Sillery, & dans la Relation &c. ibid*. Ces deux Négociateurs ont été généralement loués de la conduite ferme & sage, qu'ils y firent voir. Ils déduisent dans leurs Lettres, & entre autres, dans celles datées des 7 Avril & 4 Mars, les motifs qui les portèrent à finir avec les Agens du Duc de Savoie, de la manière dont se plaint M. de Sully : Ce qu'ils ne

LIVRE NEUVIEME.   531

1598.

laisse à d'autres à louer ces marches fines & détournées que la Politique veut qu'on croye le Chef-d'œuvre de l'esprit humain.

Le Roi signa le Traité dans Paris, en présence (47) du Duc d'Arscot, & de l'Amiral d'Arragon. Le Cardinal Archiduc fit la même chose à Bruxelles, au nom du Roi d'Espagne & du sien, devant le Maréchal de Biron, à qui le Roi venoit de donner, pour le rendre digne de cette Cérémonie, le rang de Duc & Pair : Dignité, qui acheva de lui tourner la tête. MM. de Bellièvre & de Sillery y assisterent aussi. Le Duc de Savoie reçut solemnellement la Paix à Chambéry, en présence de Gadagne Bothéon (48), Gouverneur de Lyon, député de Sa Majesté, à cet effet.

C'est ainsi, que malgré une Ligue aussi puissante que celle du Pape, de l'Empereur, du Roi d'Espagne, du Duc de Savoie, & de tous les Ecclesiastiques de la Chrétienté, le Roi vint à bout de ses desseins (49), & les couronna par une Paix glorieuse. Il recompensa en Roi ceux qui y avoient travaillé; & afin que cette action n'aliénât pas de lui la République d'Hollande, il fit partir pour Amsterdam, Buzenval, qu'il chargea de maintenir la bonne intelligence avec les Etats

Paul Choart de Buzenval.

firent, que par des Ordres particuliers de Sa Majesté, dans sa Lettre du 9 Avril &c.

(47) Charles de Croy, Duc D'Arscot, Prince de Chimay. Dom Francisco de Mendoza & Cardona, Amiral d'Arragon. Henry IV. prêta le serment pour l'observation du Traité de Paix, le Dimanche 21 Juin; le Cardinal de Florence, Légat, Officiant de la manière la plus solemnelle : La Relation s'en trouve aussi, *ibid. tom. 2. p. 266. Mss. de la Bibliot. du Roi, Vol. 9361. Mém. de la Ligue, tom. 6. Mém. de Nevers, tom. 2. Matthieu, tom. 2. liv. 2. Cayet & autres.*

(48) Il est qualifié dans l'Acte du serment prêté par le Duc de Savoie le 2 Août, " Illustre Seigneur, Guil- » laume de Guadaigne, Seigneur de » Bothéon, Chevalier des Ordres » de Très-Haut & Très-Excellent » Prince Henry IV. Roi Très-Chré-

» tien de France & de Navarre, » Conseiller en son Conseil d'Etat, » Capitaine de Cinquante hommes » d'Armes de ses Ordonnances, & » son Lieutenant-Général au Gouvernement de Lyonnois, Forêt & » Beaujolois, Ambassadeur commis » & député &c. " *Mém. & Négociations &c. Tom. 2. p. 365.*

(49) Les Lettres que ce Prince écrivoit à ses deux Ministres à Vervins, pendant tout le temps que dura cette Négociation, en font foi : Elles sont rapportées dans les *Mém. & Négociations &c. ibid.* Il dit, " que d'un » coup de plume, il venoit de faire » plus d'Exploits, qu'il n'en eût pû » faire pendant une longue Guerre, » avec les meilleures épées de son » Royaume. " On disoit aussi sur ce Traité, que les Espagnols avoient vaincu par les Armes, & les François par la Négociation.

Généraux, & de payer la Pension, que Sa Majesté leur donnoit. On ne pouvoit se lasser de donner à ce Prince les louanges que méritoit son habileté, aussi-bien que sa diligence à se transporter, sur le moindre besoin, dans tous les endroits de son Royaume.

Fin du Neuviéme Livre.

MEMOIRES
DE
SULLY.

LIVRE DIXIEME.

 A Paix amena d'autres soins & d'autres Travaux. Le Roi commença par faire une réforme dans ses Troupes, tant Françoises, qu'Etrangeres : Les Suisses furent licentiés, à l'exception des trois Compagnies des Colonels Galati, Heid, & Baltazar de cent hommes chacune. Cette réforme ne fut pas aussi complette, que je l'aurois souhaité, & que la conjoncture paroissoit la demander : le Conseil que je donnai là-dessus, ne fut point goûté de Sa Majesté : Cependant si l'on considère, que le Trésor-Royal étoit dans le dernier épuisement, & malgré cela dans la nécessité de pourvoir à quantité de dépenses, si pressantes, qu'on fut obligé de faire de nouveaux emprunts d'argent; je crois qu'on ne sçauroit me reprocher en cela, une œconomie sordide & mal placée.

Ces dépenses étoient, le rétablissement des Fortifications

1598.

de quantité de Villes, & la réparation d'une infinité de bâtimens, menacés d'une ruine prochaine, par le malheur des derniers temps, dont il fallut sans délai travailler à prévenir la décadence. En faisant visiter les principales Rivieres du Royaume, pour en régler les differens droits, (emploi qui fut confié à quatre personnes d'une probité reconnuë), il se trouva aussi plusieurs Travaux à y faire, principalement sur la Charente.

Entr'autres Reglemens pour la Police, qui furent jugés nécessaires, le Roi mit des bornes à cette quantité immense de bled, qu'on étoit dans l'usage de faire passer hors du Royaume; & qui souvent exposoit la France à souffrir de grandes disettes (1) de ses propres Biens. Par un autre Réglement, le port d'Armes fut interdit sous de grandes peines, à ceux qui n'avoient aucun droit d'en porter (2).

(1) La conséquence la plus juste, qu'il semble qu'on puisse tirer de tous les raisonnemens qu'on lit & qu'on entend tous les jours, sur la Question du transport du Bled hors du Royaume, est celle que tire ici le Duc de Sully. Il ne seroit pas juste de priver ce Royaume, de l'une de ses plus heureuses ressources, & de l'un des plus riches soûtiens de son Commerce, en défendant tout transport de cette denrée: Il ne seroit pas plus prudent de le permettre sans mesure, ni proportion.

Si pour trouver ce juste milieu, les Magazins publics & Royaux, ne paroissent pas un moyen heureux, à cause des grandes dépenses, & des inconvéniens encore plus grands, à quoi ils exposent; il semble qu'on ne sçauroit en dire autant, de Commissaires qu'on établiroit, pour veiller à faire remplir, ouvrir, & fermer les Greniers des Particuliers, lorsque le besoin public le requiert. Cette partie de la Police, dont le grand & presque le seul objet seroit, de connoître & de maintenir la proportion entre le produit de la terre, & la consommation, en compensant les années differentes, & les differentes Provinces, n'est pas, je crois, d'une aussi grande difficulté, que d'abord elle le paroît.

(2) A ce Réglement sur le Port-d'Armes, bien des personnes croyent qu'il seroit à-propos, qu'on ajoûtât quelques marques distinctives dans la forme des habillemens, qui serviassent à faire connoître en public les differentes conditions.

Quant aux Sciences, Arts & Belles Lettres: s'il est vrai, comme il paroît qu'on ne sçauroit en douter, que c'est au soin qu'on a pris depuis quelques Siécles, de les cultiver en Europe, qu'on a l'obligation de la différence qu'on remarque aujourd'hui dans les Européens, du côté de la douceur dans les mœurs, de la politesse dans les manières, de leur liaison entre eux, & des moyens qu'un esprit plus pacifique a fait imaginer, pour discuter & terminer d'une manière moins cruelle, leurs differends respectifs; il semble que par toutes sortes de motifs publics, indépendamment de celui de la gloire, & de l'intérêt particulier qui en résulte, un grand Etat ne doit point perdre de vuë cet objet. Après les soins, dont on s'est occupé jusqu'à-présent dans ce Royaume, pour former & établir une Bibliotheque, des

LIVRE DIXIEME. 535

1598.

Les Belles-Lettres trouvèrent aussi place dans ces occupations du Roi. Il entendit parler de Casaubon; & sur la réputation de ce sçavant Homme, il le fit convier de venir s'établir à Paris avec sa Famille, où il le fixa par une pension, qui lui donna les moyens d'y vivre, comme il convient à un homme de son caractère, qui n'est pas appelé, disoit Henry, pour gouverner l'Etat.

Je suis obligé de supprimer un détail d'affaires moins importantes, qui iroit à l'infini, s'il falloit donner place dans ces Mémoires, à tout ce que me dit Sa Majesté, à tout ce qu'elle m'écrivit de Fontainebleau, de Monçeaux, & de Saint-Germain-en-Laye, où elle passa le reste de cette année ; & où elle m'appelloit de temps en temps, pour conférer avec moi, sur les différentes affaires qui se présentoient. Je m'en tiendrai à ma première promesse, de retrancher tout ce qui ne mérite pas de soi-même quelque considération ; & je me contenterai de marquer ici, que jamais peut-être, des Ministres d'Etat n'ont trouvé plus d'attention, ni plus de ressource dans l'esprit d'aucun Prince, sur tout ce qui est d'utilité, ou simplement de commodité pour un Royaume, que j'en ai toujours trouvé dans le Prince que j'ai servi. Ni la Paix, ni les affaires domestiques, ne lui faisoient point perdre de vûë tout ce qui se passoit hors du Royaume. (3) La question du

Cabinets, & des Recueils en tout genre, qui soient dignes du puissant Monarque qui le gouverne, pour instituer des Académies, où l'on s'applique à perfectionner les Sciences & les Arts ; on attend avec impatience, de voir exécuter le dessein, formé dès il y a long-temps, de mettre toutes ces différentes parties, un peu plus à la portée les unes des autres qu'elles ne le sont, dans une Ville de l'étendue de Paris, en les rassemblant toutes dans une même enceinte, où l'on pût trouver commodément tout-à-la-fois, les Livres, les Instrumens, les Imprimeries, & généralement toutes les Pièces nécessaires, avec les logemens des personnes préposées pour en prendre soin : Et sur-tout, de voir établir une espèce de Tribunal des Sciences &

des Arts, composé de personnes choisies dans les différentes Académies, & entretenuës par Sa Majesté, pour faire un éxamen exact, & porter un jugement sûr, de tous les Livres, découvertes, & productions, qui peuvent intéresser le Public. On eut d'abord intention de faire servir la Place Vendôme à ce Projet : Ensuite on y a destiné le vieux Louvre : mais des dépenses d'Etat, encore plus nécessaires, ont toujours depuis obligé à er différer l'éxécution.

(3) Cette question paroît présentement bien décidée, par l'autorité de presque tous les bons Historiens, qui ne doutent pas que le Roi Dom-Sebastien n'ait véritablement perdu la vie, dans la Bataille qu'il livra aux Maures, à Alcaçar, en 1578 : & par

1598.

vrai ou du faux Dom Sebaftien, faifant alors beaucoup de bruit en Europe, auffi bien qu'en Efpagne; il envoya (4) La-Trémouille en Portugal, pour tâcher d'éclaircir ce Myftere; afin de ne prononcer qu'avec pleine connoiffance, fur la juftice, ou l'iniquité du Confeil d'Efpagne, qui avoit commencé par faire arrêter le prétendu Roi de Portugal.

Henry n'ayant pas encore ouvert fon efprit aux grands deffeins, qu'il forma dans la fuite contre la Maifon d'Autriche; il voulut dans cette année, fe porter pour médiateur entre l'Efpagne & l'Angleterre; & propofa entre ces deux Couronnes, une Conférence à Boulogne (5), où il envoya pour y affifter de fa part, Caumartin & Jeannin. Je combattis encore inutilement cette idée, qui ne me paroiffoit point partir d'une faine Politique. Heureufement la Conférence n'aboutit à rien de ce qu'on s'y étoit propofé: La haine invéterée des deux Nations, fit élever tout-d'abord une difpute fi vive fur la préféance, qu'on fe fépara, avant même que d'avoir entamé le moindre préliminaire.

Les Jéfuites ne furent pas plus heureux, dans l'Application qu'ils prétendirent fe faire, de l'Article du Traité de Vervins, par lequel il étoit libre à tout François éxilé, comme à tout Etranger, de repaffer en France, & de s'y faire un établiffement: L'Arrêt du Confeil, qui intervint leur ôta cette reffource; & ils furent obligés de recourir à d'autres moyens, qui leur réüffirent mieux.

L'Affemblée du Clergé, qui fe tint cette année, & dura une partie de la fuivante, partagea encore l'attention de Sa Majefté

---

conféquent, que ce prétendu Dom-Sebaftien ne foit un impofteur, foûtenu alors & depuis par les Ennemis de l'Efpagne. Voyez les preuves de la mort de ce Roi de Portugal, dans M. De-Thou, *liv. 65. &c.* Il en fera encore parlé dans la fuite. La France pouvoit encore s'intéreffer à cette Queftion, par un autre endroit: Catherine de Médicis avoit prétendu avoir des droits légitimes fur la Couronne de Portugal, comme fe difant iffuë de Robert, Fils d'Alphonfe III. par Mahaud, fa premiere Femme,

morte en 1262; depuis lequel temps, Elle foûtenoit, que tous les Rois de Portugal n'avoient été qu'autant d'Ufurpateurs: C'étoient-là autant de points, bien difficiles à juftifier: auffi paroit-il, qu'Elle fit peu de démarches, pour faire valoir fes prétentions.

(4) Claude de La-Trémouille, Duc de Thouars, mort en 1606.

(5) Cette Conférence, ou Congrès, où furent admis les Etats des Provinces-Unies, ne fe tint qu'en 1599, aux mois de Mai & de Juin.

(6) François

LIVRE DIXIEME. 537

1598.

Majesté ; aussi bien que la promotion des Cardinaux. Le Fils de Madame de Sourdis (6) fut un des François, à qui ce Prince fit donner le Chapeau ; quoique par sa grande jeunesse il ne l'en jugeât pas trop digne. Madame de Sourdis n'en eût l'obligation, qu'à l'adresse qu'elle eût, de faire appuyer sa demande par la Duchesse de Beaufort.

C'est le nom qu'avoit encore pris la Maîtresse du Roi, en la place de celui de Marquise de Monceaux, depuis que la naissance d'un second Fils lui avoit attiré de la part de Sa Majesté, un redoublement de tendresse & de bienfaits. Depuis long-temps cette femme ne bornoit plus là son ambition : Elle n'aspiroit pas à moins, qu'à se faire déclarer Reine de France : & la passion de Henry, qui prenoit chaque jour de nouvelles forces, lui faisoit esperer d'y parvenir. Si-tôt qu'elle eût Nouvelle, que les Agens du Roi à Rome, avoient commission de solliciter la dissolution de son Mariage avec Marguerite ; & que Sa Majesté étoit sur le point de faire partir pour cette Cour, le Duc de (7) Luxembourg, avec le titre d'Ambassadeur, pour en presser la conclusion ; elle jugea cette occasion favorable : Mais comme elle se défioit des Agens, & apparemment, du nouvel Ambassadeur ; elle jetta les yeux sur Sillery, qui étoit déja fort dans ses intérêts, & que cette derniere marque de confiance ne pouvoit manquer d'y mettre encore davantage : Elle le fit venir ; & lui expliquant ses vûës, elle ne mit aucunes bornes aux récompenses, dont elle prétendoit payer son dévouëment & ses services. Comme elle connoissoit ce qui étoit le plus capable de tenter Sillery ; elle l'assûra des Sceaux, à son retour de Rome, au hazard de désobliger Madame de Sourdis même, sa Tante & son intime Amie ; & lui promit encore la dignité de Chancelier, si-tôt qu'elle viendroit à vaquer. Sillery s'engagea à ce prix, avec tous les sermens qu'elle éxigea de lui, de ne rien négliger pour obtenir du Pape, la légitimation des deux Enfans, qu'elle avoit eûs de Henry, avec la dissolution du Mariage de ce Prince. Ce premier pas une fois fait ; il ne lui en restoit plus que peu & de très-faciles à faire, pour se faire porter jusqu'au

---

(6) François d'Escoublau, Cardinal de Sourdis, Archevêque de Bordeaux, mort en 1628.

(7) Henry de Luxembourg, Duc de Piney, le dernier de cette branche de Luxembourg.

Tome I. Y y y

1598. Trône. Elle ne manqua pas de raisons, pour faire approuver au Roi, l'Ambassadeur qu'elle avoit choisi. Le Duc de Luxembourg ne laissa pas de partir; mais pour être rappellé, aussi-tôt que Sillery seroit en état d'aller le relever. La Duchesse ne s'embarrassa point de cacher à toute la Cour, le Titre dont elle venoit de décorer son Favori. Elle travailla elle-même à ses Equipages; & fit expédier par le Roi, les ordres nécessaires pour faire paroître Sillery, avec tout l'éclat & la grandeur, propres à assûrer le succès de sa Négociation.

En même temps la Duchesse de Beaufort, voulant préparer les François au changement d'état, qu'elle méditoit pour ses Enfans, obtint du Roi, qui n'avoit guère moins de tendresse pour eux, que pour la Mere, que le Baptême du second Fils, qu'elle venoit de mettre au monde, se feroit à Saint-Germain, où étoit alors Sa Majesté, avec toute la magnificence & tous les honneurs, qui sont particuliers dans cette cérémonie, aux Enfans de France. Je pardonne à cette Femme, une yvresse, où l'entretenoient les respects serviles des Courtisans pour ses Enfans, & les adorations qu'ils lui rendoient à elle-même. Je n'ai pas la même indulgence pour Henry, qui bien-loin de rien faire qui pût la détromper, accordoit les ordres pour le Baptême de cet Enfant, avec une complaisance, qui faisoit assez voir, combien la chose étoit de son goût. J'en dis mon avis assez hautement. Je m'attachai à combattre en public la conséquence, que je voyois que les Courtisans tiroient en faveur de ces Enfans, si chers au Roi, pour la succession à la Couronne. Ce Prince s'apperçut lui-même après la Cérémonie, qu'il avoit beaucoup trop permis; & me dit, qu'on avoit passé ses ordres: ce que je n'ai aucune peine à croire. L'Enfant fut nommé (8) Alexandre, comme l'aîné avoit été nommé César; & par une espèce de second Baptême, les flateurs lui donnerent le nom de Monsieur, qu'il n'est permis en France de porter, qu'au Frere unique du Roi, ou à l'héritier présomptif.

La Favorite ne s'en tint pas là : elle commença à prendre

---

(8) On l'appella le Chevalier de Vendôme : Il fut tenu sur les Fonts, par Madame Catherine, Sœur du Roi, & par M. le Comte de Soissons. Il mourut Grand-Prieur de France en 1629.

tous les airs de Reine ; moins à la vérité de son propre mouvement, (car je crois qu'elle se connoissoit assez, pour n'avoir osé d'elle-même concevoir cette idée,) que poussée à franchir ce pas, par les suggestions continuelles de ses Créatures & de ses Parens. Madame de Sourdis, Chiverny & Fresne la secondoient si bien de leur côté, qu'insensiblement il n'y eût rien de si public dans toute la Cour, que la Nouvelle, que le Roi alloit épouser sa Maîtresse ; & qu'il ne sollicitoit son divorce à Rome, que dans cette intention. Je fus révolté d'un bruit si injurieux à la gloire de ce Prince : J'allai le trouver, & je lui en fis sentir les conséquences. Il m'en parut touché, & même piqué : Son premier mouvement le porta à justifier Madame de Beaufort, qu'il m'assûra très-sérieusement n'y avoir contribué en rien : toute la preuve qu'il en avoit, c'est qu'elle le lui avoit dit : Il en mit toute la faute sur Madame de Sourdis, & sur Fresne, auxquels il montroit bien qu'il pardonnoit une hardiesse si peu respectueuse ; puisque connoissant combien ils étoient coupables, il n'en fit pas le plus petit châtiment.

Une circonstance donna beaucoup de poids aux démarches que je fis sur cette affaire, tant en public, qu'en particulier. La Reine Marguerite, avec laquelle la Question de la dissolution prochaine m'obligeoit à entretenir un Commerce de Lettres, sçut après tous les autres, ce qui se disoit & se faisoit à la Cour ; & m'écrivit qu'elle continuoit à donner les mains à la séparation d'avec le Roi : mais qu'elle se sentoit si indignée, qu'on pût penser à donner sa place à une femme aussi décriée, que l'étoit la nouvelle Duchesse, par son Commerce avec le Roi, Qu'elle, qui n'avoit point mis de conditions à son consentement, ne pouvoit présentement ne pas éxiger, qu'on lui accordât l'exclusion de cette femme ; & qu'elle avoit pris sur ce point, une si forte résolution, qu'on ne devoit pas s'attendre à la lui faire changer par aucun traitement, bon ou mauvais. Le Roi à qui je fis part de cette Lettre, en comprit encore mieux jusqu'à quel point ce Mariage, s'il venoit à s'éxécuter, souleveroit tous les honnêtes gens ; & commença à changer véritablement & d'avis & de conduite.

Je m'imaginai, qu'en faisant sçavoir le contenu de cette

même Lettre à Madame de Beaufort, elle produiroit peut-être dans son esprit, le même effet. Je ne voulus pas prendre ce soin moi-même, pour ne pas m'exposer à essuyer les hauteurs & l'emportement d'une femme, qui me regardoit comme une pierre d'achoppement à tous ses desseins. Je communiquai la Lettre à Chiverny & à Fresne, qui en informerent aussi-tôt Madame de Sourdis ; & celle-cy dans le moment même, la Duchesse de Beaufort : Mais tous les Conseillers de cette Dame, n'étoient pas si aisés à alarmer : Ils avoient bien compris, qu'une démarche comme celle qu'ils avoient entrepris de faire faire au Roi, ne pouvoit manquer de souffrir de grandes difficultés ; & ils avoient pris leur parti, sur chacune. Le résultat de toutes leurs Délibérations avoit été, Qu'il falloit presser fortement la conclusion ; persuadés, que quand une fois l'affaire seroit consommée, ils n'auroient aucune peine à la faire envisager sous une Face, qui la rendroit excusable : Qu'au pis aller, on s'en accommoderoit après quelques rumeurs, comme on fait de tout ce qui est sans remède. Ils connoissoient le génie du François, sur-tout du Courtisan, dont la premiere loi est de vouloir tout ce que veut le Souverain, & la plus forte passion, celle de lui plaire. Enfin ils crurent être assûrés de tout, pouvû que le Prince lui-même ne leur manquât point.

Fresne ayant dressé l'Ordonnance pour le payement des Hérauts, Trompettes, & autres Officiers subalternes de la Couronne, qui avoient servi dans la Cérémonie du Baptême ; elle me fut apportée comme les autres, afin que j'y misse mon Mandement pour l'acquitter. Je n'eus pas plutôt jetté les yeux sur cette Pièce, qu'un vif sentiment de douleur me la fit regarder, comme un monument de la honte du Roi, qu'on alloit conserver à la postérité. Je ne balançai pas : je la retins, & en fis faire une autre, modeste, comme elle devoit l'être, où les noms de *Monsieur*, de *Fils de France*, & tout ce qui pouvoit donner la même idée, étoit supprimé ; & conséquemment, l'honoraire des Hérauts réduit à la taxe commune : ce qui ne les satisfit pas. Ils ne tarderent pas à revenir ; & dans leur mécontentement, ils allèguoient & M. de Fresne, & la loi qui régloit leurs droits. Je me contins d'abord devant des Gens, dont je connoissois assez la mauvaise intention : à la fin la patience m'échappa ; & je ne pus m'empêcher de leur dire avec indignation : » Allez, allez ; » je n'en ferai rien ; sçachez qu'il n'y a point d'Enfans de France. «

1598.

Je n'eus pas pluftôt lâché la parole, que je me douta: qu'elle alloit me fufciter une affaire. Pour la prévenir, je fortis dans le moment, & vins trouver Sa Majefté, qui fe promenoit dans les Appartemens de Saint-Germain, avec le Duc d'Epernon : Je lui dis, en lui montrant l'Ordonnance de Frefne, que fi elle avoit lieu, il ne lui reftoit plus qu'à fe déclarer marié avec la Duchefse de Beaufort. » Il y a ici de la ma- » lice de Frefne, dit le Roi, après l'avoir lûë ; mais je l'em- » pêcherai bien. » Il m'ordonna de déchirer cet Ecrit ; & dit tout haut, en fe tournant vers trois ou quatre Seigneurs de la Cour, des plus proches : » Voyez la malice du monde, & » les traverfes que l'on donne à ceux qui me fervent bien : On » a apporté à M. de Rofny une Ordonnance, afin de m'offen- » fer, s'il la paffoit ; ou d'offenser ma Maîtreffe, s'il la refu- » foit. « Dans l'état où étoient les chofes, cette parole n'étoit pas indifférente : elle fit juger aux Courtifans, qui rioient de ma fimplicité, qu'ils pouvoient bien s'être trompés eux-mêmes ; & que le prétendu Mariage n'étoit pas encore fi proche, qu'ils fe l'étoient imaginé. Le Roi continuant à m'entretenir feul, me dit, qu'il ne doutoit point que Madame de Beaufort ne fût dans une violente colere contre moi : qu'il me confeilloit d'aller la trouver, & de chercher à la fatisfaire par de bonnes raifons : » Et fi cela ne fuffit, ajouta-t-il, » je parlerai en Maître. «

La Duchefse avoit fon Appartement dans le Cloître de Saint-Germain : je m'y en allai de ce pas. Je ne fçais quelle idée elle prit d'une vifite, qu'elle me vit commencer par une efpèce d'éclairciffement : Elle ne me donna pas le temps de l'achever : la colère dont elle étoit animée, ne lui permettant pas de mefurer fes termes ; elle m'interrompit, en me reprochant, que je féduifois le Roi, & lui faifois croire que le noir étoit blanc. » Ha! ho! Madame, lui dis-je, en l'in- » terrompant à mon tour, mais d'un air très-froid, puifque » vous le prenez fur ce ton, je vous baife les-mains ; mais je » ne laifferai pas pour cela de faire mon devoir : « Et je for-

Yyy iij

tis, sans vouloir en entendre davantage, afin de ne lui rien dire de mon côté, de plus dur. Je mis le Roi de fort-mauvaise humeur contre sa Maîtresse, en venant lui rapporter ses paroles : » Allons, me dit ce Prince, avec un mouvement dont » je fus très-satisfait, venez avec moi ; & je vous ferai voir, » que les Femmes ne me possedent pas. » Son Carrosse tardant trop à venir à son gré, Sa Majesté monta dans le mien ; & pendant tout le chemin, jusqu'à l'Appartement de la Duchesse, il m'assûra qu'on ne lui reprocheroit jamais d'avoir chassé, ni seulement mécontenté, par complaisance pour une femme, des Serviteurs qui comme moi, ne cherchoient que sa gloire & son intérêt.

Madame de Beaufort, qui s'étoit attendue en me voyant sortir de chez elle, à y voir bientôt arriver le Roi, avoit bien étudié son personnage pendant ce temps-là ; elle regardoit aussi bien que moi, la victoire que l'un ou l'autre allions remporter, comme le présage heureux, ou malheureux de sa fortune. Lorsqu'on lui annonça le Roi, elle vint le recevoir, jusqu'à la porte de la premiere Salle. Henry sans l'embrasser, ni lui faire les caresses ordinaires : » Allons, Mada- » me, lui dit-il, allons dans votre Chambre ; & qu'il n'y en- » tre que vous, Rosny & moi ; car je veux vous parler à tous » deux, & vous faire bien vivre ensemble. « Il fit fermer la porte : regarda s'il n'y avoit personne dans la Chambre, la Garde-Robe & le Cabinet : puis la prenant d'une main, pendant qu'il me tenoit de l'autre ; il lui dit, d'un air qui dut la surprendre beaucoup : Que le véritable motif qui l'avoit déterminé à s'attacher à elle, étoit la douceur qu'il avoit crû remarquer dans son caractère : Qu'il s'appercevoit, par la conduite qu'elle tenoit depuis quelque temps, que ce qu'il avoit crû véritable, n'étoit qu'une feinte ; & qu'elle l'avoit trompé : Il lui reprocha les mauvais conseils qu'elle prenoit, & les fautes considérables qui en étoient la suite. Il me combla de louanges, pour faire sentir à la Duchesse, par la différence de nos procédés, que j'étois seul véritablement attaché à sa personne : Il lui ordonna de surmonter son aversion pour moi, au point de se conduire par mes avis ; parce qu'assûrément il ne me chasseroit pas pour l'amour d'elle.

Madame de Beaufort commença sa réponse par des sou-

pirs, des sanglots & des larmes : elle prit un air carressant & soûmis : elle voulut baiser la main de Henry : elle n'omit rien de ce qu'elle connoissoit capable d'attendrir son cœur. Ce ne fut qu'après toutes ces petites façons qu'elle prit la parole, pour se plaindre amérement, de ce qu'au-lieu du retour qu'elle auroit dû attendre d'un Prince, à qui elle avoit donné toute sa tendresse, elle se voyoit sacrifiée à un de ses Valets : Elle rappella ce que j'avois dit & fait contre ses Enfans, pour aigrir l'esprit de Sa Majesté contre moi : puis feignant de succomber au desespoir, elle se laissa tomber sur un lit ; où elle protesta, qu'elle étoit résolue d'attendre la mort, après un aussi sanglant affront. L'attaque étoit un peu forte ; Henry ne s'y étoit point attendu : Je l'observois : je vis son cœur chanceler ; mais il se remit si promptement, que sa Maîtresse ne s'en apperçut point. Il continua à lui dire du même ton, qu'elle auroit pû s'épargner la peine de recourir à tant d'artifices, pour un si léger sujet. Ce reproche la piqua sensiblement : Elle redoubla ses pleurs : Elle s'écria, qu'elle voyoit bien qu'elle étoit abandonnée : Que c'étoit sans doute, pour augmenter encore sa honte & mon triomphe, que le Roi avoit voulu me rendre témoin des choses les plus dures, qu'on puisse dire à une femme : Il parut que cette idée la plongeoit dans un désespoir véritable. » Pardieu ! Madame,
» c'est trop, reprit le Roi, en perdant patience, je vois bien
» qu'on vous a dressée à tout ce badinage, pour essayer de me
» faire chasser un Serviteur, dont je ne puis me passer : Je
» vous déclare que si j'étois réduit à la nécessité de choisir,
» de perdre l'un ou l'autre, je me passerois mieux de dix
» Maîtresses comme vous, que d'un Serviteur comme lui. «
Il ne laissa pas passer le terme de Valet, dont elle s'étoit servie ; & trouva encore plus mauvais, qu'elle l'appliquât à un homme, dont la Maison avoit l'honneur d'être alliée à la sienne.

Après tant de paroles affligeantes, le Roi quitta la Duchesse brusquement ; & s'avança pour sortir de la chambre, sans être touché de l'état, où il la laissoit ; parce qu'apparemment la connoissance qu'il avoit de sa Maîtresse, lui découvroit tout ce qu'il y avoit d'affectation, & de grimace dans son procédé. Pour moi, j'y étois trompé jusqu'à en être

1598.

affligé; & je ne fortis d'erreur, que lorfque Madame de Beaufort voyant le Roi prêt à fortir de chez elle, fi irrité; qu'elle pouvoit appréhender que ce ne fût peut-être pour n'y plus jamais revenir, changea tout-d'un-coup de perfonnage: Elle courut l'arrêter; & fe jetta à fes pieds, non plus pour le furprendre, mais pour lui faire oublier fa faute: elle commença par s'excufer: elle montra un air doux, & un vifage ferein: elle jura au Roi, qu'elle n'avoit eû, ni n'auroit d'autre volonté que la fienne. Il n'y a jamais eû de changement de décoration fi fubit: Je ne vis plus qu'une femme agréable & complaifante, qui agit avec moi, comme fi tout ce qu'elle venoit de me dire n'étoit qu'un fonge: la paix fe fit avec une parfaite cordialité entre nous deux; & nous nous féparâmes tous fort-bons Amis.

Sur la fin d'Octobre, le Roi étant à Monceaux, reffentit quelques légeres atteintes de fièvre, qui aboutirent enfin à un accès des plus violens (9). On l'attribua au ravage qu'avoit fait une quantité prodigieufe d'humeurs, dont Sa Majefté s'étoit déchargée par une purgation: & comme la fièvre parut en effet diffipée, le Roi fe crût guéri. Il m'en écrivit à Paris, en ces termes; me marquant pourtant, qu'il lui étoit refté de fon indifpofition, un abattement morne, qui ne lui étoit pas ordinaire, & qu'il alloit chercher à diffiper en fe promenant, s'il en avoit de la force. C'étoit l'avant-coureur du mal, dans lequel il retomba peu de jours après fi violemment, qu'il fe vit en fort-grand danger; & que j'eus la douleur de le trouver en cet état, en arrivant à Monceaux avec Chatillon & d'Incarville, comme il me le mandoit par la Lettre dont je viens de parler. Je crûs long-temps que je n'étois venu, que pour voir mourir mon cher Maître entre mes bras: car il ne voulut point que je quittaffe Monceaux, tant que dura fa maladie; & il m'appelloit fréquemment auprès de fon lit. Dans un de ces momens, où le mal s'opiniâtrant par de continuels redoublemens, faifoit défefpérer que tout l'art des Médecins

---

(9) Voici comment l'Hiftorien Matthieu parle de cette maladie d'Henry IV. " En riant avec fa Maî- " treffe & Bellegarde, de Vers faty- " riques, il lui prit un grand dévoye- " ment, & fut fept heures en grand " danger; voulant toujours boire, " & jettant l'eau & le verre à la tête " &c. " *Tom. 2. liv 2. p. 277.*

(10) C'eft

LIVRE DIXIEME.

1598.

Médecins pût jamais le vaincre, & où ce Prince étoit perſuadé lui-même, qu'il touchoit à ſa dernière heure : » Mon
» Ami, me diſoit-il, je n'appréhende nullement la mort;
» vous le ſçavez mieux que perſonne, vous qui m'avez vû
» en tant de périls, dont il m'étoit ſi facile de m'exempter :
» mais je ne nierai pas que je n'aye regret de ſortir de la vie,
» ſans élever ce Royaume à la ſplendeur que je m'étois pro-
» poſée, & avoir témoigné à mes Peuples, que je les aime,
» comme s'ils étoient mes enfans, en les déchargeant d'une
» partie des impôts, & en les gouvernant avec douceur. «

Le bon tempérament de Henry prit enfin le deſſus, &
diſſipa le mal, comme ſi on l'avoit enlevé tout d'un coup (10);
enſorte que la joie de ſon rétabliſſement, ſuivit de fort-près
le chagrin où nous étions plongés. Il n'eût plus qu'une autre
petite récidive, mais ſans aucun accident fâcheux. Il m'en
donna encore avis à Paris, où j'étois retourné, ſi-tôt que je
le vis hors de danger : Et par une derniere Lettre du 6 Novembre, que Schomberg revenant de Monceaux, m'apporta à Paris, de la part de Sa Majeſté, elle me fit ſçavoir, qu'elle
étoit parfaitement rétablie, à un fond de mélancolie près,
dont elle ne pouvoit ſe défaire, quoiqu'elle pratiquât exactement tout ce que les Médecins lui conſeilloient. Les Sieurs
Mareſcot, Martin & Roſſet, étoient allés à Monceaux, ſur
la nouvelle de ſa maladie pour aider de leur avis, ceux qui
étoient d'Office auprès du Prince : Il eût l'attention de leur
faire payer leur voyage, en m'écrivant de leur donner chacun cent écus, & cinquante à Regnault, ſon Chirurgien.

Le Roi n'avoit pas encore quitté Monceaux, lorſque le
Cardinal de Florence, qui avoit eû tant de part au Traité de
Vervins, paſſa par Paris en revenant de Picardie, pour s'en
retourner de là à Rome, après qu'il auroit pris congé de Sa
Majeſté. Le Roi m'envoya à Paris, le recevoir, & voulut
qu'on le traitât avec les plus grands honneurs. Il avoit encore
beſoin auprès du Pape, d'un Cardinal auſſi puiſſant, que cette

---

(10) C'eſt pendant cette maladie, que Henry IV. fut extrêmement incommodé d'une carnoſité, qui ſervit de prétexte à la Ducheſſe de Beaufort, pour faire entendre à ce Prince, par La-Riviere, ſon premier Médecin, qu'elle avoit mis dans ſes intérêts, qu'il pourroit bien dans la ſuite n'avoir plus d'Enfans. *Amelot de La-Houſſaye*, num. 1. ſur la 243. *Lettre du Cardinal d'Oſſat.*

Eminence, qui parvint elle-même au Pontificat. Je n'oubliai donc rien, pour répondre aux intentions de Sa Majesté ; & le Légat ayant eû envie de voir Saint-Germain-en Laye ; je fis fçavoir à Momier, Concierge de ce Château, qu'il tendît les Salles & les Chambres, des plus belles Tapifferies de la Couronne. Momier éxécuta l'ordre, avec tant de ponctualité, mais avec si peu d'esprit, qu'il choisit pour parer la Chambre du Légat, une tenture que la Reine Jeanne de Navarre avoit fait faire, fort-riche à la vérité, mais qui ne représentoit, que des emblêmes & des devises contre le Pape & la Cour Romaine, également satyriques & ingénieuses. Le Prélat fit tout ce qu'il put pour m'engager à prendre une place dans le Carroffe, qui le conduifoit à Saint-Germain : ce que je refusai ; voulant prendre les devans, afin de voir si tout étoit en ordre ; dont je me fçus fort-bon gré : je vis la bévûë du Concierge, & y fis remédier promptement. Le Légat n'auroit pas manqué de regarder & de faire regarder au Pape, une femblable erreur, comme un deffein formé de l'infulter. Depuis confidérant qu'aucune différence de Religion, ne peut autoriser de pareils traits ; je fis effacer toutes ces devises.

Il y avoit long-temps que j'afpirois à joüir du loifir de la Paix, pour traiter enfin à fond la Finance de l'Etat. Tout ce que j'avois pû faire jufques-là, s'étoit réduit à adoucir le mal ; & loin de pouvoir creufer jufqu'à fa racine, pour l'extirper une bonne fois, les différens befoins de l'Etat, qui s'étoient toujours fuccédés les uns aux autres pendant la guerre, avoient fait regarder comme un grand coup, de pouvoir conduire les Finances, fans en augmenter la confufion. Il eft vrai, qu'à confidérer la chofe de près, elles paroiffoient atteintes d'une plaie abfolument incurable, & qu'on ne pouvoit même guère fonder, qu'avec un courage & une patience invincibles : Le premier coup d'œil n'offroit qu'un difcrédit univerfel, plufieurs centaines de millions dûs par le Tréfor-Royal, nulles reffources, une mifere exceffive, une ruine prochaine : Mais cet Etat même de defefpoir, étoit ce qui devoit le plus engager à ne pas perdre un feul inftant pour entreprendre ce grand ouvrage ; pendant que l'opportunité des conjonctures, laiffoit du-moins l'apparence de pouvoir réüffir.

JACQUES BONGARS.
Né a Orleans, Mort a Paris le 29. Juillet 1612.
agé de 58. ans.

A Paris chez Odieuvre, M.d d'Estampes rue Danjou Dauphine la deuxieme porte Cochere.

Babel invenit et Sculpsit.

LIVRE DIXIEME.

1598.

Tout étoit tranquile : l'entretien des Gens de Guerre considérablement diminué : la plus grande partie des autres dépenses militaires supprimée : le Conseil du Roi s'étoit enfin lassé de faire d'inutiles efforts, pour m'ôter la connoissance des affaires publiques : elles rouloient presque toutes sur moi. Ces Messieurs dédaignoient même de venir aux Assemblées, à moins que leur intérêt, ou celui de quelques Parens & Amis, ne les y conduisît : rien ne s'y proposoit plus sans mon avis ; & rien ne s'y éxécutoit, que par mon avis. Le Roi n'avoit aucun secret pour moi, ni aucune autorité, dont il ne me revêtît. Toutes ces considérations me firent croire, que si les malheurs causés par des Guerres Civiles, aussi longues & aussi cruelles, pouvoient être réparés ; ce seroit alors, qu'on en viendroit à bout, ou jamais.

J'ai reçu du Ciel un tempérament assez robuste, un corps capable de supporter (11) un long travail, & une grande

(11) Le portrait que nous fait M. de Péréfixe, de M. de Rosny, est tout-à-fait semblable à celui qu'on va voir tracé ici : » Sur-tout, dit-il, » il avoit le génie porté au maniment » des Finances, & toutes les qualités » requises pour cela. En effet, il étoit » homme d'ordre, éxact, bon ména- » ger, gardoit sa parole, point pro- » digue, point fastueux, point porté » à faire de folles dépenses, ni au » jeu ni en Femmes, ni en aucunes » choses qui ne conviennent pas à un » homme élevé dans cet Emploi. De » plus il étoit vigilant, laborieux, » expéditif, qui donnoit presque » tout son temps aux Affaires, & » peu à ses plaisirs : avec cela, il » avoit le don de pénétrer ces ma- » tières jusqu'au fond, & de déve- » lopper les entortillemens & les » nœuds dont les Financiers, quand » ils ne sont pas de bonne foi, s'étu- » dient à cacher leurs friponneries. « 3. *Port.* P. Matthieu ne lui donne pas de moins grands Eloges, *tom. 2. liv. 2 p. 278.*
» Le Roi lui donna, dit Le-Grain, » la Charge de Surintendant Géné- » ral de ses Finances, avec telle au- » torité qu'il ne s'en vit jamais une » pareille en telle Charge ; en la- » quelle il faut confesser, qu'il fal- » loit lors un homme qui eût les » yeux bandés, & qui ne regardât » rien que le profit du Roi, c'est-à- » dire, du Trésor public, qu'il étoit » nécessaire de remettre en vigueur ; » & qui fut plus rude que la dignité » des uns & le respect des autres, » n'eût pû porter en autre saison... » Et de fait, cette grande autorité » & puissance que le Roi lui donna, » rendit en peu de temps la force aux » nerfs de l'Etat &c. « Voyez tout ce que dit cet Ecrivain au sujet de M. de Sully, *liv. 7.*
» Il mit, ce sont les paroles de » d'Aubigné, *tom. 3. liv. 5. chap. 3.* les » Finances ès mains du Marquis de » Rosny, depuis Duc de Sully, pour » ce qu'il trouvoit en lui un esprit » fort-général & laborieux, & une » austerité naturelle, qui méprisant » les bonnes graces de tous, portoit » l'envie des refus ; & par-là fit la » bourse du Roi : A quoi le naturel » du Maître tenoit bien sa partie » &c. «
Voici comme il en est parlé dans un Discours qui se voit, *tom. 3. des Mém. d'Etat de Villeroi.* » Ce change-

1598. application d'esprit ; une inclination naturelle à l'ordre & à l'œconomie, encore cultivée par une étude particulière & cette science, depuis vingt-cinq ans que j'étois attaché à la Personne du Prince ; & s'il m'est permis de le dire, une passion encore plus forte pour la vertu & pour l'honneur : Voilà les dispositions que j'ai apportées pour le maniment des Affaires publiques. Avec elles, quoiqu'on ne soit pas exempt de commettre des fautes, & même d'assez considérables : Cependant (& l'expérience, aussi bien que le succès de mon travail me donnent droit de le dire) on peut assûrer que les Finances d'un Etat son tombées dans de bonnes mains, lorsqu'un peu de jugement, beaucoup de travail & d'éxactitude, plus de probité encore, sont les qualités qu'on remarque dans celui qui les gouverne. Je n'oserois me donner plus de part dans le portrait que je vais tracer, du véritable homme de Finance ; parce que, quoique je me le sois toujours proposé à imiter, je suis sincèrement très-éloigné de prétendre moi-même me donner pour modèle.

Il seroit bien plus court de dire, que l'homme appellé à la conduite des Affaires, doit être un homme sans passions ; mais pour ne pas le détruire, en le réduisant à une éxistence impossible & purement idéale ; disons seulement, qu'il faut qu'il connoisse du-moins toute la bassesse de l'orgueil, toute la folie de l'ambition, toute la foiblesse de la haine & de la vengeance. Comme je ne veux rien dire, que ce qui peut le regarder directement ; je ne releverai point ici l'indignité de maltraiter personne, de fait, ou seulement de parole, & de

» ment de visage, que ledit Sieur de
» Sully a donné à la France nécessi-
» teuse, la rendant opulente par son
» ménage & industrie, témoigne
» assez sa suffisance : Les remontran-
» ces qu'il faisoit aux volontés du
» Roi, & les résistances à tous les
» Grands, démontrent sa vertu...
» sa prudence & son courage. Ses en-
» vieux mêmes disent que lui seul est
» plus utile au Public, & sçait mieux
» les Affaires, que tous les autres
» ensemble &c. « Le Discours manuscrit que nous avons cité dans la
Préface, se rapporte à celui-ci ; & on
peut y ajoûter le témoignage de

presque tous les Historiens & Mémoires de ce temps-là. qui conviennent que M. de Sully a mérité en rigueur les noms de Ministre très-laborieux, très capable, très-intègre & sur-tout très-ferme. Les défauts de hauteur, de dureté, & de vanité, qui sont presque les seuls qu'on lui ait reprochés ; viennent de cette dernière qualité, poussée sans doute un peu trop loin. Nous aurons encore occasion d'en parler dans la suite : Mais j'ai cru devoir joindre d'avance ces témoignages, à la description qu'il fait en cet endroit, de ses mœurs & de sa conduite.

LIVRE DIXIEME.

1598.

ne point donner d'ordres à ses inférieurs, que la colere; ou la mauvaise humeur, ne les assaisonne de juremens : Puisqu'il vit pour le Public, il doit se rendre affable & accessible à tout le monde, excepté à ceux qui ne l'abordent, que pour chercher à le corrompre; & ne jamais perdre de vûë cette Maxime, qui tient un des premiers rangs dans le détail du Gouvernement : qu'un Royaume doit être conduit par des Règles générales; & que les exceptions seules produisent la plainte & le mécontentement.

La connoissance du rang, & des differens dégrés de distinction, non-seulement n'a rien de contraire à cette Maxime; mais encore elle lui est essentiellement nécessaire, tant pour observer la proportion dans les traitemens que la politesse Françoise a établis entre les Conditions, que pour se guérir de l'erreur, que ses richesses & sa faveur lui asservissent toutes les autres. Le penchant pour le sexe est une source de foiblesses & d'injustices, qui l'entraîneront indubitablement au-delà des bornes de son devoir. La passion du gros jeu l'exposera à des tentations mille fois plus difficiles encore à vaincre à un homme, qui manie tout l'argent du Royaume : Pour n'y pas tomber, je suis obligé de lui prescrire de ne connoître, ni les Cartes, ni les Dés.

Le dégoût du travail vient encore ordinairement de tout ce qui porte à la volupté, ou inspire la mollesse. L'Homme d'Etat doit donc chercher dans la sobriété, le remede contre la somptuosité & la délicatesse de la table, qui ne sont propres qu'à énerver également le corps & l'esprit : l'honnête homme ne connoît point l'yvrognerie. L'homme laborieux ne doit pas moins ignorer ce qu'on appelle ragoût & liqueurs. Comme il doit se rendre en tout temps, & même à toute heure, le séjour de son Cabinet, non pas simplement supportable, mais délicieux; il ne peut trop se donner de garde de ne pas se remplir la tête de Ballets, de Mascarades, & autres parties de plaisir : Il y a dans toutes ces bagatelles, je ne sçais quel attirail, qui amollit souvent le cœur des Philosophes & des Misantropes mêmes.

Je dis la même chose de la Chasse, des Equipages, des Livrées nombreuses, des Ameublemens, des Bâtimens, & de toutes les autres inventions du luxe. Le goût qu'on a pour une seule de ces choses, dégénere bientôt en une espèce de fureur, dont la perte du temps n'est que le moindre effet ; la prodigalité, la ruine, & le deshonneur, en sont les suites ordinaires. Il n'appartient qu'à un homme, qui ne peut se résoudre à vivre & à s'entretenir avec lui-même, de penser éternellement Galeries, Colomnes, Dorures, & de courir toute sa vie après des Statuës, des Antiques & des Médailles. Sçachez vous contenter d'un Tableau commun : la délicatesse de ramasser avec de grandes dépenses, & d'aussi grandes inquiétudes d'esprit, des Originaux & toute autre Pièce rare, ne vient que de préoccupation.

Je suis pourtant bien éloigné, avec toutes ces Maximes, de pousser la sévérité, jusqu'à défendre à l'homme en place, tout retour vers soi-même, & lui interdire toute sorte de plaisirs : Je veux qu'il se divertisse, & qu'il prenne soin de sa fortune ; pourvû qu'il fasse l'un, sans se répandre & se dissiper ; & l'autre, sans se flétrir & se dégrader. C'est un des avantages de l'esprit d'ordre & de modération, que celui qui le possede, pourvû qu'il vive long-temps, se trouve dans l'abondance, sans qu'il s'en apperçoive. Faire fortune, qui est un terme si odieux parce que souvent il n'offre qu'injustices, véxations & cruautés dans les Emplois, que lâches artifices, indignes flateries, basses servitudes, ou même fourberies & trahisons à la Cour, n'est plus qu'un effet naturel, & même une vertu, lorsqu'on n'y apperçoit que le prix du travail, & la récompense légitime des bonnes actions. J'ajoûte seulement, de peur d'équivoque, qu'ils y doivent être apperçus si clairement, qu'ils frappent les yeux, & arrachent l'aveu de nos plus grands ennemis (12).

Pour cela, il devroit être établi, que tout homme qui prend en main le maniment des Finances, ou de telle autre partie de Ministere, fît & renouvellât de temps en temps

(12) Une grande partie des Maximes, dont est rempli le *chap*. 8. 1. *Part*. du Testament Politique du Cardinal de Richelieu, qui traite du Conseil & des Conseillers du Roi, est visiblement tirée de cet endroit, & de plusieurs autres des Mémoires de Sully ; & principalement ce qu'il dit des quatre qualités requises pour faire le Conseiller parfait : Qui sont, la capacité, la fidélité, le courage ou fermeté, & l'application. J'aurai occasion dans la suite de faire quelques observations sur ce que les Maximes & les mœurs de M. de Sully paroissent avoir d'outré, par rapport à ce qu'on appelle luxe.

LIVRE DIXIEME.

une espèce de profession : je veux dire, qu'il commençât en entrant en place, par fournir un Mémoire exact & détaillé de ses facultés présentes ; & qu'il en donnât un second dans la même forme, en sortant du Ministère : En sorte que le changement arrivé dans son état, ne fût pas moins connu des autres, que de lui-même. J'ai déja eû soin de rendre compte au Public, de toutes les augmentations de Biens & de Dignités, qui me sont arrivées, à mesure que les différentes occasions les ont amenées ; & je ne veux pas me départir de cette méthode. Mais comme je crois la chose de nature à devoir être assujettie au calcul ; je vais mettre tout le monde en état de le faire foi-même, en attendant qu'on le voye parfait à la fin de ces Mémoires.

Le bien de mon Père ayant été partagé également entre moi, & le seul qui resta de quatre Freres que j'avois eûs ; ma Part, en y joignant la Dot de mon Epouse, qui consistoit en dix mille livres, ne monta qu'à quinze ou seize mille livres de rente : Et comme elle n'augmenta guère pendant cette vingtaine d'années, qui ne laissoit point au Roi d'occasions de récompenser ses Serviteurs ; voilà tout ce que j'avois, lorsque les Finances de l'Etat me furent remises. Je sçais que bien des personnes rougiroient d'un pareil aveu ; mais pour moi, je l'ai déja dit, je ne trouve à cet égard, qu'une seule chose dont on doive rougir, c'est l'infamie des biens mal acquis, ou douteux. Je n'appréhende le reproche ni de concussion, ni de confiscation, ni de profits équivoques : Tout ce que j'ai ajoûté à ce premier fond, ne sont que de purs bienfaits du Roi ; en sorte que je dois tout à un seul Dieu, & à un seul Maître.

Ce que j'avois déja pû y joindre, jusqu'à l'année présente 1598, montoit aux sommes suivantes : Deux mille livres d'appointemens, en qualité de Conseiller de Navarre : Autant, comme Conseiller d'Etat, avec les trois mille six cens livres de pension, que le Roi avoit attachées à cette Charge : Mes Gages, comme Membre du Conseil, ayant augmenté par dégrés, & à proportion des services que le Roi trouvoit que je lui rendois ; ils étoient alors portés à vingt mille livres. Le Roi doubla ma Compagnie de Gendarmes, qui d'abord n'étoit que de cinquante hommes ; & après qu'elle eût été incorporée à celle de la Reine, dont je fus fait Capitaine-Lieutenant, cette Compagnie me rapporta de Gages, cinq mille livres. Le Roi me fit encore Conseiller d'Honneur (13) au Parlement de Paris, mais sans Gages : ce fut dans le temps où le jeune Chauvelin fut le premier dispensé de la regle de quarante jours, moyennant quatre mille écus. Je ne ferai qu'un article du Gouvernement de Mante, dont je venois d'être pourvû, & de celui de Gergeau, que Sa Majesté me donna ensuite. Tel étoit alors l'état de ma Fortune; Le cours qui jusques-là en avoit été assez lent, devint très-rapide les années suivantes, par les grandes Charges dont Sa Majesté m'honora, & par des gratifications si considérables, que l'article que j'en formerai en les rassemblant, sera des plus importans : Je promets d'y comprendre ses plus petites libéralités, & jusqu'à celles des autres Personnes Royales. Avant que d'entrer dans la discussion des Affaires & dans le détail des Finances, à quoi je me suis engagé; je vais, puisque j'ai commencé à instruire le Pubic de mes dispositions personnelles, achever le tableau, en exposant, & mes occupations journalieres, & toute ma manière de vivre, depuis que je suis devenu Personne publique : C'est ici le véritable endroit de le faire ; quoique pour tout dire à-la-fois, je sois obligé de me supposer déja revêtu de toutes les Charges, qui ne me vinrent que quelque temps après.

Il n'y avoit aucun des six jours ouvrables de la Semaine, où il ne se tînt un Conseil, matin & soir. Le premier & le plus important de tous, est celui qu'on appelloit le Conseil d'Etat & des Finances, qui occupoit lui seul les Mardi, Jeudi & Samedi, par les deux Séances du matin & de l'après-midi. Le Roi en étoit le Chef, & y assistoit assez assidûment. Les Princes, les Ducs & Pairs, les Officiers de la Couronne, les Chevaliers des Ordres du Roi, ou ceux qui avoient un Brevet de Sa Majesté, y avoient entrée, & voix délibérative. On y recevoit, & l'on y éxaminoit toutes sortes de Requêtes,

sur

---

(13) Les Lettres Patentes, par lesquelles Henry IV. fait le Marquis de Rosny Conseiller d'honneur, lui donne l'entrée au Parlement &c, datées du 16 Mars 1602, se voyent dans les Registres du Parlement de Paris, ainsi que l'Enregistrement de ces Lettres, & sa Réception du 19 Mars de la même année.

(14) C'est

LIVRE DIXIEME.

1598.

sur quelque sujet que ce pût être ; mais principalement, sur ce qui concernoit les pensions de l'Etat, qui dès-lors commencerent à être acquittées avec un soin & une régularité qui les fit préférer à toute autre sorte de Biens, même aux Fonds de terre. Les trois autres jours de la Semaine étoient remplis de même, matin & soir, par differens Conseils, qu'on appelloit Conseils des Parties, composés d'un certain nombre de Conseillers particuliers: Là on éxaminoit ce qui étoit du ressort de chacun de ces Conseils : s'il y étoit porté quelque contestation, elle étoit renvoyée aux Tribunaux, auxquels il appartenoit d'en connoître, en veillant à ce qu'ils rendissent bonne & prompte justice.

J'étois de tous ces Conseils ; & j'y présidois ordinairement, lorsque le Roi ne pouvoit pas s'y trouver: ce qui arrivoit souvent, sur-tout pour les Conseils des Parties. Je ne manquois jamais au Conseil d'Etat, qui rouloit presqu'entiérement sur moi : C'étoit à moi qu'étoient adressées les Lettres & les Requêtes, qui devoient y être présentées : & comme les Questions qui demandent des Délibérations générales, ne sont pas fort-communes ; en faisant part de ces affaires, j'en apportois en même temps la solution ; souvent même j'y apportois les Arrêts tout dressés, afin que tout fût expédié dans une seule Séance ; & rarement on y changeoit quelque chose. J'ai toujours eû pour principe, que les réponses que l'on donne en sous-ordre aux Employés dans les grandes Affaires, ne peuvent être, ni trop promptes, ni trop précises : tout le temps passé en contestations, est un temps perdu.

On conçoit aisément combien ce seul travail demande de temps : Aussi m'accoûtumai-je à me lever à quatre heures du matin, soit en Hiver, soit en Eté ; & les deux premieres heures de la journée, étoient employées à nettoyer autant qu'il étoit possible, chaque jour le Tapis des affaires qui y étoient mises. Tout Ministre qui en usera autrement, laissera tout dans la confusion, & dans une perpétuelle indécision, par les differens embarras dont il se verra à la fin accablé. J'étois habillé à six heures & demie ; & en état de me rendre au Conseil, qui commençoit à sept pour finir d'ordinaire à neuf, & suivant l'importance des matières, à dix & quelquefois à onze. Il arrivoit assez souvent, qu'au-lieu d'y venir, Sa Majesté

Tome I. Aaaa

m'envoyoit enfuite chercher dès les neuf & dix heures, foit feul, foit avec fes deux autres Miniftres d'Etat (14); MM. de Villeroi & Sillery; & que fe promenant avec nous, elle nous faifoit entendre fes intentions, & donnoit fes ordres à chacun de nous, fur nos Emplois particuliers. Au fortir de là, je m'en venois dîner.

Ma table n'étoit pour l'ordinaire, que de dix Couverts; & comme elle étoit fervie avec une frugalité, qui eût pû déplaire aux Seigneurs de la Cour, fur-tout à ces fenfuels, qui fe font une occupation très-férieufe de raffiner fur tout ce qui fe mange & fe boit; je n'y conviois prefque perfonne; en forte que ces places n'étoient pour l'ordinaire remplies que par mon Epoufe, mes Enfans, & au-plus par quelqu'Ami, qui n'étoit pas plus difficile que moi. On a plufieurs fois effayé de me faire changer de conduite; mais je ne répondois à tous ces reproches, que par les paroles d'un Ancien : que fi les Convives font fages, il y en a fuffifamment pour eux; s'ils ne le font pas, je me paffe fans peine, de leur Compagnie.

Au fortir du dîner, je paffois dans ma grande Salle, où l'on fçavoit que je donnois une audience reglée; & qui par cette raifon, étoit toujours remplie à cette heure : Tout le monde y étoit admis; & fi l'audience étoit libre, la réponfe n'étoit pas moins prompte : En cela, mon goût fecondoit l'intention de Sa Majefté. Je commençois par les Eccléfiaftiques de l'une & de l'autre Religion : Les Gens de la campagne,

(14) C'eft le nom que portoient alors ceux qu'on a nommés depuis Secretaires d'Etat : Et ceux qu'on appelloit Secretaires d'Etat qui étoient Meffieurs Forget, Loménie, Beaulieu-Rufé & Potier, n'étoient proprement que quatre Secretaires des Finances, ou premiers Commis de Sa Majefté. Quoiqu'il paroiffe qu'aucun des trois Miniftres d'Etat, n'ait porté le nom de premier ou principal Miniftre, le partage des fonctions du miniftère étoit fi inégal entre M. de Sully, & fes deux Collegues, & Henry IV. donnoit au premier une fi grande part, & une fi grande autorité dans celles qui étoient de leur reffort, qu'on peut dire, qu'il n'y avoit que le nom tout feul de premier Miniftre, qui lui manquoit. Ce nom même n'étoit pas alors fort en ufage : Le Chancelier Du-Prat fous François I. le Connétable de Montmorency fous Henry II. &c. ne l'ont point porté; quoiqu'ils ayent eu toute la confiance de leurs Maîtres : M. de Villeroi étoit à la tête des Affaires Etrangeres, ayant auffi pour Adjoint, le Préfident Jeannin. M. de Sillery, avec M. de Bellièvre, qui peu de temps après fut Chancelier, avoient la direction des Affaires du dedans du Royaume.

qui reſtoient les derniers, n'y perdoient qu'un peu d'attente: je faiſois en ſorte que tout le monde fût expédié avant que je me retiraſſe; j'envoyois même avertir de s'approcher, ceux qui avoient laiſſé paſſer l'heure, dans la cour, ou dans le Jardin. Si la choſe qu'on me propoſoit, étoit juſte, & dépendoit de moi; en deux mots j'en promettois l'éxécution: ſi elle étoit injuſte; j'en faiſois quelque reproche avec politeſſe, & je me défendois honnètement de m'en mêler: ſi elle me paroiſſoit douteuſe, ou compliquée; j'appellois un Intendant, ou un de mes Sécretaires, que je chargeois des Papiers qui en pouvoient donner l'éclairciſſement; & je faiſois en ſorte que l'expédition que j'en promettois dans la Semaine, fût enfin achevée dans ce temps-là: Quelqu'épineuſe que fût la Queſtion, le Conſeil auquel elle étoit portée, ne la gardoit jamais au-delà du mois.

A l'égard des autres Conſeils, auxquels étoient affectés le Lundi, le Mercredi & le Vendredi; j'y vaquai tout auſſi long-temps que je pus, avant que mes Charges multipliées euſſent auſſi multiplié mes occupations, & même après: Mais lorſque la Direction de la Marine, de l'Artillerie, des Fortifications, des Bâtimens, des Ponts & Chauſſées, m'eut été confié perſonnellement, & qu'il fallut y joindre encore le détail de mes Gouvernemens; je fus obligé de ſubſtituer ces ſoins à l'autre, & de conſacrer la matinée de ces trois jours, à la connoiſſance des affaires dépendantes de ces Charges; parce que Sa Majeſté les trouvoit aſſez de conſéquence, ſur-tout celle de Grand-Voyer, & de Surintendant des Fortifications & Bâtimens, pour aſſiſter à l'appurement des Etats de chacune de ces Parties, qui ſe faiſoit en préſence des Gouverneurs & autres Officiers intéreſſés, appellés en Corps à ce ſujet: Mais pour cela ne perdois pas de vûë les autres Conſeils: j'avois ſoin qu'il ne s'y fît pendant que j'étois abſent, aucune Déliberation importante, ſur-tout lorſqu'il s'agiſſoit de la Guerre.

Je diſpenſois mon temps de maniere, que chacune de ces Parties me fournît encore du temps pour les autres, & même pour bien d'autres, que je n'ai pas encore nommées: Car combien d'affaires extraorcinaires & imprévûës? combien d'ordres, de conſultations & de Lettres de Sa Majeſté,

1598.

qui n'avoient rapport à rien de tout cela? On en jugera par l'aſſûrance générale, que non-ſeulement il n'arriva jamais rien à ce Prince, dont il ne me fît auſſi-tôt confidence; mais même qu'il ne ſe paſſa jamais rien dans ſon intérieur, (15) qu'il ne dépoſât dans mon ſein: Secrets, deſſeins, penſées, maladies cachées, plaiſirs & chagrins domeſtiques, craintes & eſpérances, amours, amitié & haine; tout enfin étoit confié à ma fidélité & à ma diſcrétion; je puis bien me ſervir de ces termes. C'eſt dans tous ces momens, que pour ſatisfaire aux beſoins & aux deſirs d'Henry, il falloit faire trêve avec toutes les occupations les plus preſſantes, imaginer des moyens; ſe prêter à des entremiſes; répondre à des Lettres; & entreprendre des voyages, qui auroient mis en ſouffrance toutes les autres affaires de l'Etat, ſi en donnant la nuit auſſi bien que le jour à ces nouveaux incidens, qui n'avoient ni mois, ni jours, ni heures reglés, une extrême diligence à réparer les affaires qui en avoient été interrompuës, n'eût remis toutes choſes dans leur état naturel.

On eſt ſurpris en faiſant ces réflexions, comment avec une ſi prodigieuſe œconomie du temps, il en reſte ſi peu pour les affaires purement domeſtiques. Le petit nombre d'inſtans que j'ai pu donner à celles-là, je n'ai jamais pu le rencontrer que par échappées, dans quelqu'une des après-dînées de ces trois mêmes jours. Auſſi fallut-il, que mon Epouſe s'accoûtumât à faire tout ce qu'il n'étoit pas de néceſſité abſoluë que je fiſſe moi-même, ou que je m'en repoſaſſe ſur des Gens d'affaires, ou ſur des Domeſtiques.

Quant aux récréations, & aux heures de délaſſement, qui doivent par néceſſité trouver place au milieu d'un travail ſi aſſujettiſſant; elles n'étoient pas moins reglées que les affaires mêmes, mais auſſi ſujettes à être dérangées: Lorſque j'avois le bonheur qu'elles ne le fuſſent point; je ne ſortois point de l'Arcenal pour les goûter. C'eſt dans ce Château

(15) " Jamais aucun Miniſtre n'a " eu plus parfaitement la confiance " de ſon Prince que celui-cy: & ja- " mais perſonne ne s'en eſt rendu " plus digne, par ſa fidélité, ſon " activité, ſon application con- " tinuelle aux Affaires, & ſon " deſintéreſſement dans toutes les " choſes où il s'agiſſoit du Service " du Roi &c. " *Hiſtoire de France de Châlons, tom. 3. pag. 255.*

LIVRE DIXIEME. 557

1598.

que j'ai fait ma demeure, depuis que j'ai reçu la Charge de Grand-Maître, jusqu'au temps où la mort de mon Roi m'a rendu au repos d'une vie privée. Les Exercices, dont l'Arcenal étoit une excellente Ecole pour la Jeunesse, etoient ce qui me délassoit le plus l'esprit ; sur-tout lorsque j'y voyois mêlés mes Enfans, mon Gendre, mes Parens & Amis particuliers : La bonne Compagnie qui se trouvoit les après-midi dans cette petite Enceinte, les fanfares qu'on y entendoit, l'air de gaieté sans molesse, & de plaisir sans nonchalance, qu'on y respiroit, est tout ce que je connois de plus propre à recréer un esprit, à qui l'habitude du travail rendroit insipides les divertissemens purement de paresse & d'indolence.

De quelque maniere que j'eusse passé l'après-midi, & que l'heure du souper fût venuë ; elle n'étoit pas plustôt arrivée, que je faisois fermer les portes ; & défendois qu'on laissât entrer personne, à moins que ce ne fût de la part du Roi. Depuis ce moment, jusqu'à l'heure du coucher, qui étoit toujours pour moi à dix heures, il n'étoit plus fait mention d'affaires ; mais de dissipation, de joie, & d'effusion de cœur, avec un petit nombre d'Amis de bonne & sur-tout d'agréable societé.

Le Ministère-Général, poste toujours fort-laborieux, n'est pas pourtant toujours chargé des mêmes difficultés : & on ne peut qu'envier le bonheur de ceux qui y sont appellés dans une conjoncture, où toutes les affaires se conduisant depuis plusieurs années, par un cours reglé & tranquile ; ils peuvent, paisiblement assis sur le timon, se contenter d'une inspection générale, & laisser le reste de la manœuvre à ce grand nombre d'ouvriers, qui travaillent sous leurs ordres. Je n'ai pas eu cet avantage : on s'en est déja apperçu par ce que j'ai eu occasion de dire en différentes fois : & pour ne point encore entamer le fait de la Finance, qui étoit alors une Mer sans fond ni rive ; je prie qu'on jette un coup d'œil sur les différens embarras qu'on rencontroit, sans sortir de l'intérieur du Royaume ; une Cabale de Révoltés à éclairer de près, & s'il se pouvoit, à réduire ; une Dispute de Religion à terminer ; un Parti puissant à satisfaire & à contenir ; une subordination & une police générales à établir & à faire

Aaaa iij

1598.

observer: La chose étoit au point, qu'on ne connoissoit rien de ce grand nombre d'Officiers de Guerre, de Police, de Finance, de Judicature, & de la Maison du Roi, pensionnaires, ou aux gages de l'Etat ; sinon que le nombre en étoit en effet infini, & qu'il falloit commencer par en rechercher les noms, & les comprendre tous dans un Registre, pour pouvoir ensuite en supprimer une partie.

Les affaires de la Guerre étoient dans le plus grand renversement ; & l'ordre qu'on y pouvoit mettre, ne dépendoit pas comme on se l'imagine peut-être, de réformer une grande partie des Troupes ; il falloit prendre connoissance de toutes les Villes & Places fortes, dont la plûpart étoient dans un état de ruine si prochain, que par cette raison, & pour diminuer la quantité des Garnisons qu'on entretient en France, il étoit nécessaire d'en démolir la partie qui étoit inutile : ce qu'on ne pouvoit pourtant faire, qu'après la mort de ceux à qui il auroit été dangereux d'en ôter le Gouvernement.

La Marine seule pouvoit occuper un Ministre entier, & pendant une longue suite d'années : car cette partie de l'Etat, qui demande une si grande sujétion, ne prend pas des progrès bien rapides ; elle ne les peut tirer que de l'aisance & de la splendeur, que le temps de la Paix, & un bon Gouvernement donnent à un Royaume (16). On ne conçoit point, jusqu'à quel point la Marine, & le Commerce qui en dépend, étoient oubliés en France. Je convins avec le Roi, Qu'on commenceroit cet établissement par tous les premiers principes : Qu'on feroit visiter les Côtes, examiner les Ports, afin de prendre les mesures pour leurs réparations : Qu'on en feroit de même du petit nombre de Vaisseaux & des Galeres délabrés qu'on y trouveroit encore, en attendant qu'on en pût construire de nouveaux : Après quoi l'on nommeroit des Officiers, & on chercheroit des Matelots & des Pilotes, dont on animeroit l'industrie par des

---

(16) « Il faut être puissant, dit le Cardinal de Richelieu après M. de Sully, pour prétendre à cet héritage, (de la possession de la Mer) les Titres de cette domination sont la force, & non la raison. » *Testament Politique de ce Cardinal*, 2. Part. chap. 9. sect. 5, & 6º. Le Cardinal d'Ossat dans plusieurs de ses Lettres conseille à Henry IV. de rétablir la Marine.

récompenses : En un mot, pour épargner un plus long détail, qu'on commenceroit à créer une Marine absolument nouvelle.

Tout cela ne pouvoit s'exécuter, que successivement & peu à peu : La Finance, comme la partie la plus malade du Corps de l'Etat, étoit aussi celle, à laquelle il falloit donner les premiers secours. On va juger de la grandeur du mal, par le Mémoire des sommes qui sortirent du Trésor-Royal, pour amener au Parti du Roi, les chefs & autres principaux Membres & Villes de la Ligue. Ce Mémoire a quelque chose d'assez curieux : il monte à plus de trente-deux millions de livres (17). Le voici :

Au Duc de Lorraine, & autres Particuliers compris dans son Traité, trois millions sept cens soixante-six mille huit cens vingt-cinq livres. Au Duc de Maïenne, & autres compris dans son Traité; compris aussi deux Régimens Suisses, que le Roi se chargea de payer, trois millions cinq cens quatre-vingt mille livres. Au Duc de Guise, & autres compris dans son Traité, trois cens quatre vingt-huit mille livres. Au Duc de Nemours, & autres, trois cens soixante dix-huit mille livres. Au Duc de Mercœur, pour Blavet, & autres Villes de Bretagne, quatre millions deux cens quatre-vingt quinze mille trois cens cinquante livres. Au Duc d'Elbœuf, pour Poitiers &c. neuf cens soixante & dix mille huit cens vingt-quatre livres. A MM. de Villars & le Chevalier d'Oise, pour Rouen & le Havre; y compris aussi les dédommagemens accordés à M. le Duc de Montpensier, au Maréchal de Biron, au Chancelier &c. trois millions quatre cens soixante dix-sept mille huit cens livres. Au Duc d'Epernon, & autres, quatre cens quatre-vint seize mille livres. Pour la réduction de Marseille, quatre cens six mille livres. Au Duc de Brissac, pour Paris &c. un million six cens quatre-vingt-quinze mille quatre cens livres. Au Duc de Joyeuse, pour Toulouse &c. un million quatre cens soixante-dix mille livres. A M. de La-Châtre, pour Orleans, Bourges &c. huit cens quatre-vingt-dix-huit mille neuf cens livres. A MM. de Villeroi & d'Alincourt, pour Pontoise &c. quatre cens soixante-

(17) Il y a ici une erreur de calcul d'environ cent mille livres dans les anciens Mémoires.

1598. seize mille cinq cens quatre-vingt-quatorze livres. A M. de Bois-Dauphin, & autres, six cens soixante dix-huit mille huit cens livres. A M. de Balagny, pour Cambrai &c. huit cens vingt-huit mille neuf cens trente livres. A MM. de Vitry & de Médavy, trois cens quatre-vingt mille livres. Aux Sieurs Vidame d'Amiens, d'Etournelle, Marquis de Trenel, Sesseval, Du-Pêche, Lamet &c. & pour les Villes d'Amiens, Abbeville, Peronne, Coucy, Pierrefont &c. un million deux cens soixante-un mille huit cent quatre-vingt livres. Aux Sieurs de Bellan, Quionville, Joffreville, Du-Pêche &c. & pour Troyes, Nogent, Vitry, Chaumont, Rocroy, Chateau-Porcien &c. huit cens trente mille quarante-huit livres. A MM. de Rochefort, & pour Vezelay, Macon, Mailly &c. quatre cens cinquante-sept mille livres. A MM. de Canillac, d'Achon, Lignerac, Monfan, Fumel &c. & pour la Ville du Puy &c. cinq cens quarante-sept mille livres. A MM. de Montpezat & de Montespan &c. & pour différentes Villes de Guyenne, trois cens quatre-vingt-dix mille livres. Pour Lyon, Vienne, Valence & autres du Dauphiné, six cens trente-six mille huit cens livres. Aux Sieurs Daradon, La-Pardieu, Bourcanny, Saint-Offange, pour Dinan &c. cent quatre-vingt mille livres. Aux Sieurs de Leviston, Baudoin & Beauvillers, cent soixante mille livres.

J'effrayerois mes Lecteurs, si je leur montrois que cette somme ne fait encore qu'une très-petite partie de celles qui étoient demandées au Trésor-Royal, soit par les François, soit par les Etrangers, à titre de Solde, de Pensions, de Prêt, d'Arrerages de Rente &c. & que le Total de toutes ces Sommes-là, après avoir fait quelques retranchemens, montoit par la supputation que j'en fis, à près de trois cens trente millions de livres. C'est un calcul que j'exposerois ici, si je ne jugeois qu'il trouvera mieux sa place, lorsqu'il s'agira de la discussion de toutes ces parties.

Voilà un beau champ, ouvert aux travaux d'un Surintendant des Finances? Mais par où commencer? L'exorbitance des dettes de l'Etat demandoit qu'on augmentât les Impôts: La misere générale demandoit encore plus fortement, qu'on retranchât des anciens; & tout bien pesé, je trouvai

LIVRE DIXIEME. 561

1598

vai que l'intérêt même du Prince vouloit qu'on écoutât le cri de la misère publique. Rien affûrément ne peut donner une idée de l'état accablant, auquel étoient réduites les Provinces, fur-tout celles de Provence, Dauphiné, Languedoc, & Guyenne, long & fanglant théatre de Guerres & de violences, qui les avoient épuifées. Je remis par tout le Royaume, le refte des Impôts de 1596, qui étoient encore à payer (18) : action autant de nécéffité, que de charité & de juftice. Cette gratification qui commença à faire refpirer le peuple, fit perdre au Roi vingt millions ; mais auffi elle facilita le payement des Subfides de 1597, qui fans cela feroit devenu moralement impoffible.

Après ce foulagement, je cherchai à procurer aux peuples de la campagne, tous ceux que je pouvois leur donner : Fortement perfuadé, que ce ne peut être une Somme de trente millions, perçûe tous les ans dans un Royaume de la richeffe & de l'étendue de la France, qui le réduit en l'état où je le voyois ; & qu'il falloit que les Sommes confiftant en véxations & faux frais, excédaffent infiniment celles qui entroient dans les coffres de Sa Majefté ; je pris la plume, & entrepris ce calcul immenfe. Je vis avec une horreur qui augmenta mon zèle, que pour ces trente millions qui revenoient au Roi, il en fortoit de la bourfe des particuliers, j'ai prefque honte de le dire, cent cinquante millions (19) : La chofe me paroiffoit incroyable ; mais à force de travail, j'en affûrai la vérité. Je ne fus pas furpris après

(18) Avec les arrérages des années précédentes, dont les particuliers avoient fait des Obligations aux Receveurs des Tailles. Ces Obligations dont, felon Le-Grain, quelques-unes montoient jufqu'à fept années, furent déclarées annullées, *liv.* 7.

(19) Cette fomme toute énorme qu'elle eft, ne paroitra pourtant point éxagerée, fi l'on fait attention, qu'outre les frais ordinaires de levée, qui étoient alors exceffifs, le Peuple avoit encore à effuyer un infinité de concuffions & d'extorfions. » La » France feroit trop riche dit le Cardinal de Richelieu, « *Teft. Pol.* 2.

» *Part. chap.* 9. *fect.* 7. & le peuple » trop abondant, fi elle ne fouffroit » point la diffipation des deniers pu- » blics, que les autres Etats dépen- » fent avec règle. Elle perd plus, à » mon avis, que des Royaumes, qui » prétendent quelqu'égalité avec el- » le, ne dépenfent à leur ordinaire. « Il rapporte là-deffus le bon mot d'un Ambaffadeur Vénitien : que pour rendre la France heureufe, il ne lui fouhaitoit autre chofe, finon qu'elle fçût auffi bien dépenfer ce qu'elle diffipoit fans raifon, que fa République fçavoit bien n'employer pas un feul Quadrain fans befoin & fans beaucoup de ménage.

Tome I. Bbbb

cela, d'où venoit la calamité du peuple, dans un temps où quoique le Commerce fût interrompu, l'industrie arrêtée ou persécutée, les fonds de terre négligés & sans valeur, les autres biens diminués à proportion, il avoit pourtant été obligé de fournir une somme si fort au-dessus de ses forces; parce qu'on s'étoit servi pour la lui arracher de la derniere violence.

Je me tournai contre les auteurs de cette violence, qui étoient tous les Gouverneurs & autres Officiers de Guerre, aussi-bien que de Justice & de Finance, qui jusqu'aux moindres, faisoient tous un abus énorme de l'autorité que leurs Emplois leur donnoient sur le Peuple; & je fis rendre un Arrêt du Conseil, par lequel il étoit défendu sous de grandes peines, de rien éxiger du Peuple, à quelque titre que ce pût être, sans une Ordonnance en forme, au-delà de ce à quoi il étoit obligé, pour sa part des Tailles & autres Subsides reglés par Sa Majesté: Enjoint aux Trésoriers de France, sous peine d'en répondre personnellement, d'informer de tout ce qui se pratiqueroit au contraire.

Cet Arrêt mit un frein à l'avidité de tous ces petits Concussionnaires: mais il leur donna contre moi un furieux ressentiment; & quoiqu'il y eût quelque chose de honteux pour eux à le témoigner, une grande partie fit éclater ses plaintes, comme si je les avois en effet dépouillés d'un bien légitime. Le Duc d'Epernon fut le premier qui se montra, & osa en venir avec moi jusqu'aux voies de fait. L'humiliation qu'il avoit essuyée, ne l'avoit pas défait de son humeur fiere & impérieuse. Les Provençaux avoient mille fois béni le moment où il étoit sorti de leur Province; il n'y avoit plus de malheureux, que ceux qui étoient ou ses vassaux, ou trop voisins de ses Terres: Il se faisoit tous les ans à leurs dépens, plus de soixante mille écus de revenu.

Il fut averti par Messieurs du Conseil, auxquels cet Arrêt faisoit la même peine qu'à lui, du jour où il devoit y être passé; & se promit bien de l'empêcher. Il vint prendre séance au (20) Conseil; & en s'adressant à moi, il fit une com-

(20) Le Démêlé dont il est question ici, arriva le Lundi 26 Octobre 1598, chez le Chancelier, où se tenoit le Conseil: " Le Duc d'Epernon ayant dit à M. de Rosny, qu'il " n'étoit pas obligé de l'aller trouver

LIVRE DIXIEME.

1598.

paraison pleine d'arrogance, & de mépris de la manière dont il soûtenoit son nom, avec celle dont j'avilissois le mien par la nouvelle profession que j'avois embrassée. Je répondis sans équivoque, à un discours si impertinent ; en lui déclarant

» chez lui, faisant beaucoup valoir
» sa qualité ; celui-cy lui répondit
» avec des gestes de Rodomont · qu'il
» étoit d'une des plus anciennes Mai-
» sons de France : Si m'avouerez-
» vous, Monsieur, lui répartit le
» Duc d'Epernon, qu'il y a quelque
» difference entre vous & moi. Sur
» le mot d'épée qu'il ajoûta en rele-
» vant les personnes de cette Profes-
» sion au-dessus des autres ; M. de
» Rosny reprit, qu'il sçavoit aussi se
» servir de la sienne : A quoi le Duc
» d'Epernon repliqua, qu'il ne débat-
» toit pas cela avec lui. Le Chance-
» lier les ayant appaisés, ils en vin-
» rent à des explications plus douces:
» Vous avez parlé à moi, lui dit M.
» de Rosny, comme si j'étois un pe-
» tit Financier : Non, lui répondit le
» Duc d'Epernon ; vous ne trouve-
» rez point que je sois venu à vous à
» pouilles, ni injures. Je ne suis point
» homme à pouilles, ni injures, in-
» terrompit M. de Rosny ; je ne le
» souffrirois d'homme du monde. Je
» ne vous dis pas cela, dit M. d'Eper-
» non... Je suis fort-aise, repart M.
» de Rosny, affectant de prendre
» les dernieres paroles de son Adver-
» saire pour une excuse, que vous ne
» m'ayez point offensé. Je n'offense
» personne, repliqua le Duc d'Eper-
» non ; & quand cela m'arriveroit,
» je porte dequoi contenter ceux qui
» sont de ma Condition, & satisfaire
» les autres, selon qu'ils sont. « C'est apparemment après ces dernieres paroles, qui sont très-piquantes, que tous deux porterent leur main sur la garde de leurs épées. Le Chancelier & les autres Conseillers les interrompirent souvent, & enfin les séparerent. *Le Vol. 805 5. des Manuscrits de la Bibliot. du Roi,* d'où je tire ces particularités presque mot pour mot, les rapporte avec quelques autres traits semblables pour preuve de l'hu-

meur brusque & fière du Duc de Sully : Aussi tout ce recit est fait d'une manière qui ne lui est pas avantageuse. Le-Grain a aussi en vûë ce fait dans les paroles que je vais citer. Mais quoiqu'il convienne qu'un Ministre doit avoir sur-tout la modestie en recommandation, il ne peut s'empêcher de justifier M. de Sully :
» Comment se pouvoit-il faire, dit-
» il, qu'il retranchât tant de pen-
» sions, tant de gages d'Officiers sans
» Service, rebutât tant de deman-
» deurs de récompenses, & veillât
» sur tant d'avis qui se donnoient
» aux Grands, lesquels avis il faisoit
» souvent tomber au profit du Roi,
» à leur mécontentement ; sans avoir
» une très-grande autorité, & sans
» montrer une façon fastueuse & ar-
» rogante. Le Roi le vouloit ainsi,
» afin que tout fût égal jusqu'à ce
» qu'il eût acquitté & enrichi son
» Royaume. Et partant, ce n'étoit
» aux Sujets à murmurer : Et d'au-
» tant que le Roi témoigna son ap-
» probation de toutes les actions de
» M. de Sully, quand Sa Majesté
» déclara à quelques Grands qui le
» vouloient quereller, qu'il seroit
» son second ; il ne nous est pas per-
» mis de juger d'icelles actions, &
» offenser la mémoire de Sa Majesté
» après sa mort, ni l'honneur du Duc
» de Sully durant sa vie ; puisqu'il
» n'a fait que le service de son Maî-
» tre... Dieu veuille, « ajoûte cet Ecrivain, après avoir montré la sagesse & la nécessité de la conduite du Roi & de son Ministre, » que ce
» Trésor soit conservé avec tel soin,
» qu'il a été acquis &c. « *Liv. 7.* J'ai crû cette remarque nécessaire, ayant à rapporter dans la suite de ces Mémoires, un grand nombre d'autres éxemples semblables au Démêlé qu'on vient de voir.

rant qu'en toutes manières, je me croyois du moins son égal. Des paroles aussi claires firent monter le feu au visage de d'Epernon, au-lieu du phlègme insultant qu'il avoit affecté d'abord ; & il passa à faire des menaces, que je n'entendis pas plus patiemment que le reste : J'y répondis vivement : il répliqua de même ; & sans plus longue explication, nous portâmes l'un & l'autre la main à la garde de nos épées. Si l'on ne se fût jetté au-devant de nous, & qu'on ne nous eût pas fait sortir du Conseil par deux côtés opposés ; on auroit vû une scène assez nouvelle dans l'endroit où ceci se passoit. Notre querelle ayant été rapportée au Roi qui étoit alors à Fontainebleau ; Sa Majesté me sçut si bon gré du zèle que j'avois témoigné en cette occasion pour la justice, qu'elle m'écrivit à l'heure même de sa main, en louant ma conduite, & " en m'offrant, disoit-elle, de me servir de second con- " tre d'Epernon, auquel elle alloit parler de façon à lui ôter " l'envie de me faire à l'avenir de pareilles incartades. " D'Epernon vit bien que ce Prince étoit vivement offensé de son procédé : il m'en fit excuse en présence du Roi, qui nous fit embrasser tous deux.

Outre ces Revenus, que les Princes du Sang, à commencer par Madame elle-même, & les Officiers de la Couronne, s'étoient ainsi faits gratuitement ; le Peuple en avoit encore à souffrir, jusques dans la perception de leurs Revenus effectifs. Il n'y avoit aucune de ces Personnes, qui ne fût pensionnaire du Roi à titre de leurs Emplois, de récompenses, de gratifications, ou de Traités faits avec Sa Majesté, en rentrant dans son obéïssance : & par un effet de la licence des derniers temps, l'usage étoit, qu'au-lieu de s'adresser pour le payement de ces Pensions, au Trésorier de l'Epargne, ces Officiers se payoient par leurs mains des deniers des Fermes, sur lesquelles on leur avoit assigné leur payement ; les uns sur les Tailles ; les autres sur les Gabelles ; d'autres sur les Traittes-Foraines, Domaines, cinq Grosses Fermes, Parties Casuelles, Péages de Rivieres, Comptables de Bordeaux, Patentes de Languedoc & de Provence &c. Le Roi s'étoit déchargé par même moyen, du payement de dettes encore plus considérables, qu'il avoit contractées envers les Etrangers : Tels étoient le Roi d'Angleterre, le

Comte Palatin, le Duc de Virtemberg, le Duc de Florence, les Suiſſes, la République de Veniſe & la Ville de Strasbourg. Sa Majeſté n'aquittoit point encore autrement les Penſions, que l'intérêt politique demandoit qu'elle fît aux Princes & Communautés Etrangères : car de tout temps la France s'eſt renduë débitrice volontaire de toute l'Europe : D'où il étoit arrivé, que tous ces différens Créanciers érigeant de nouvelles Fermes à leur profit, au milieu des Fermes mêmes du Roi; ils avoient leurs Commis & leurs Comptables, mêlés avec ceux de Sa Majeſté, & qui n'entendoient pas moins bien à piller le Peuple. Je ne ſçais ſi jamais on a vû un abus plus pernicieux, & en même temps plus honteux, que de laiſſer ainſi tout le monde, & particulièrement les Etrangers, mettre la main dans les Finances de l'Etat; de voir des Monopoleurs de toutes les Nations, multiplier les uſures & les prétentions, de la manière la plus criante, (21) & s'arroger impunément une partie de l'autorité Royale.

Je crus que rien ne preſſoit davantage, que de couper tout-d'un coup ce mal dans ſa racine par une ſeconde Déclaration, qui défendoit à tous Etrangers & Naturels, Princes du Sang, & autres Officiers, de lever aucun droit, à quelque Titre ou Créance que ce pût être, ſur les Fermes & autres Revenus de l'Etat, & leur enjoignoit de s'adreſſer au ſeul Tréſor-Royal pour être payés de leurs Penſions, Arrérages &c. Je vis tranquilement former l'orage, qu'une pareille Déclaration ne pouvoit manquer d'éxciter contre moi. En effet, l'Arrêt n'eut pas pluſtôt été rendu, que tout retentit des cris des Seigneurs, & des principaux Partiſans : comme ſi ç'avoit été les mettre à la mendicité, (car c'eſt en ces termes qu'ils s'en expliquoient) que de les réduire aux termes de leurs premieres Conventions, & de faire changer de fond à leur Créance. Le Roi naturellement ſenſible à la plainte, ne put s'imaginer que ces cris fuſſent auſſi déraiſonnables qu'ils l'étoient; & crut que par zèle, j'avois

(21) Cet abus devoit avoir quelque choſe de ſi ruineux, qu'on ne ſçauroit trop bénir la mémoire de celui qui a eû le courage de ſe charger de l'inimitié publique, pour l'extirper : au-lieu de lui faire un crime de la hauteur & de la mauvaiſe humeur, ſans leſquelles il lui auroit été impoſſible d'en venir à bout.

commis peut-être quelqu'imprudence. Il m'envoya chercher, & me dit, " Ah! mon Ami, qu'avez-vous fait?"

Il ne me fut pas difficile de faire sentir à Sa Majesté, Que ce que j'avois fait, procédoit d'un motif de justice & d'ordre : Que ses Finances ne devoient plus avoir tant de Maîtres, ni tant d'hypothéques différentes : Que ses Fermes lui jetteroient un produit plus considérable du double, si tôt qu'il les feroit valoir par ses mains : profit que tous ces différens Propriétaires ne faisoient pas eux-mêmes, mais bien leurs Agens & leurs Buralistes : Qu'enfin, quand cela seroit, ce n'étoit pas leur ravir leur Bien, que de leur ôter des profits qui ne leur appartenoient par aucun Droit. Le Roi comprit tout cela : mais l'embarras étoit, de ne point m'écontenter un Edmont, Agent de la Reine d'Angleterre ; certain grand Allemand, Facteur du Duc de Virtemberg ; Gondy, Fermier du Duc de Florence ; enfin le Connétable son Compere, les plus distingués de sa Cour, & sa propre Sœur.

Je priai Sa Majesté d'envoyer chercher quelqu'un d'eux, à qui je pusse parler en sa présence. Le Connétable ne faisoit que de sortir de l'appartement de Sa Majesté. On le rappella ; & le Roi lui dit : " Hé bien, mon Compere, en
" quoi vous plaignez-vous de Rosny ? Sire, je me plains, ré-
" pondit-il, de ce qu'il m'a mis au rang du Commun, en m'ô-
" tant une pauvre petite Assignation que j'avois en Langue-
" doc, sur une Imposition dont vous ne touchâtes jamais rien. " Je répondis très-poliment au Connétable, que je serois le premier à m'avouër coupable, si j'avois jamais eu l'intention de lui rien faire perdre. Je lui demandai, ce qu'il retiroit de cette Imposition : je sçavois bien qu'il étoit un de ceux, auxquels les Traitans vendoient le plus cher leurs services. M. de Montmorency satisfit à ma question : & je l'assûrai de mon côté, qu'il pouvoit s'attendre à être éxactement payé de la même somme. " Je trouve cela bon, reprit-il, mais
" qui m'assûrera d'en être payé à point nommé, comme je
" le suis ? Ce sera moi, lui répartis-je ? & je vous donnerai
" pour caution Sa Majesté, qui ne fera point banqueroute,
" je vous le promets, au moins si elle me laisse ménager ses
" Revenus, comme je l'entends ; & je lui servirai encore de
" contre-caution, parce que je m'attends bien qu'en la ren-

» dant riche, elle me fera tant de bien, que je ne serai jamais
» réduit au safran. «

Le Connétable, qui étoit un homme simple & droit, trouva ma réponse de son goût, & embrassa mon sentiment avec une véritable satisfaction : il m'avoua même, qu'il n'affermoit l'Imposition dont il étoit question, que neuf mille écus par an ; sur quoi il étoit encore obligé d'en donner deux mille au Trésorier. » Je sçavois bien tout cela, lui » dis je ; & ma résolution est de ne vous rien rabattre de vos » neuf mille écus : le Roi en aura encore dix-huit mille pour » lui ; & il en restera encore quatre mille pour moi. « Qui fut bien surpris ? Ce fut le Connétable : Il ne vouloit point convenir qu'il eût été dupe jusqu'à ce point : le Roi rioit cependant de tout son cœur : Mais dès le lendemain, j'amenai à Sa Majesté, un homme qui en sa présence prit cette Ferme à cinquante mille écus, au nom des Etats de Languedoc. Le Roi m'offrit sur cette somme les quatre mille écus, qui de ma part n'avoient point été proposés sérieusement, Je le refusai ; & je dis à Sa Majesté, que le mal que je cherchois à détruire dans les Finances étant venu en grande partie, de la facilité du feu Roi à affecter directement ses Fermes aux gratifications, qu'il accordoit à tous ceux qui l'approchoient, Financiers & autres ; on retomberoit infailliblement dans le même inconvénient, si l'on n'accoûtumoit pas tous les Gens d'affaires, qui serviroient utilement Sa Majesté, à ne recevoir que de sa seule main leurs récompenses. Ce Prince convint que j'avois raison ; & je n'y perdis rien : car lui ayant fait avancer douze mille écus sur cette même Ferme ; il envoya Béringhen m'en apporter quatre mille.

Je fis entendre raison à tous ceux qui étoient dans le cas de M. le Connétable. Eh ! quoi de plus raisonnable en effet, que Sa Majesté touchât elle-même ses Revenus ? Pour tous les autres, que leur intérêt rendoit sourds à une raison si sensible ; je ne m'embarrassai plus de les satisfaire. De cet Article, il se fit une augmentation de soixante mille écus dans les Revenus Royaux.

Cette peine n'est rien, en comparaison de celle que j'eus, à dévoiler les mystères des Gens mêmes du métier : Je ne trouvois pas de meilleur moyen d'y parvenir, que d'avoir enfin cet Etat Général des Finances fans erreur, dont j'ai déja parlé ; mais c'étoit la difficulté : Je n'étois point content de celui qu'on a vû que j'avois fait en 1596, pour 1597, ni même du suivant, quoiqu'il fût déja beaucoup plus éxact ; parce qu'enfin je n'avois pu faire autrement, que d'y travailler sur le rapport & sur les Etats des Intendans & des Tréforiers ; & qu'il n'y en avoit aucun sans exception, quelque attention que j'apportasse au choix, que je ne dusse craindre du côté de la fraude & de la surprise. Je me mis donc à y travailler de nouveau cette année. Je fis un recueil de toutes les Commissions des Tailles, qu'on envoyoit dans les Généralités, & de tous les Edits, en conséquence desquels se faisoient toutes les levées de deniers dans le Royaume : J'y joignis les Tarifs qui avoient été faits sur ces Edits, tous les Baux & Sous-Baux faits par le Conseil aux premiers & seconds Fermiers : je confrontai toutes ces Piéces, aidé des lumieres que mon premier travail m'avoit déja données sur cette matière ; & je crus enfin être parvenu cette fois, jusqu'à voir le fond de la chose. Il se commettoit quelques abus dans les Commissions ordinaires des Tailles ; mais c'étoit les moindres : il s'en commettoit de beaucoup plus considérables dans les Commissions, ou Lettres Extraordinaires, expediées en avance sur l'année suivante : Mais les plus grands excès me parurent venir des Sous-Baux. Les Fermiers qui les prenoient du Conseil, & les Tréforiers de France que ceux-cy employoient, retiroient presque deux fois autant que l'adjudication qui leur en étoit faite : & comme ces Fermiers Généraux resoufermoient encore ; cette suite d'Arriere-Baux à l'infini, augmentoit aussi les frais à l'infini, & ne produisoit d'autre fruit, que d'entretenir dans une abondance qui n'étoit méritée par aucun travail, Messieurs du Conseil d'abord, ensuite leurs Fermiers, & les autres de suite à proportion, qui gardoient le plus profond secret sur les mystères dans lesquels on les avoit initiés.

Je fus transporté de joye à cette découverte ; & muni de l'autorité du Roi, à qui j'en avois fait part, je fis arrêter tous les deniers des Tailles, payés sur Commissions extraordinaires ; & sans y avoir égard, je mandai aux Receveurs

qu'ils

LIVRE DIXIEME.

1598.

qu'ils en comptassent comme de tous leurs autres deniers, & qu'ils les fissent voiturer incessamment. Je cassai & pour toujours, tous les Arriere-Baux; & je voulus qu'à l'avenir chaque Partie n'eût qu'un seul Fermier, & un seul Receveur. Il y eut encore bien des clameurs jettées à cette occasion: Mais les plus avisés de tous ces Fermiers considérant que ces murmures n'aboutiroient à rien qu'à les faire remarquer, & que les Places alloient devenir rares, par la suppression d'une partie des Traitans; de peur de demeurer inutiles, ils se hâterent de venir me trouver; & contens de profits médiocres, ils reprirent de moi ces mêmes Fermes pour leur compte; avec la différence, que tous leurs profits passerent au Roi; les Fermes ayant été doublées. (22).

A mesure que l'expérience vint fortifier mon travail, je perfectionnai encore ces Etats Généraux des Finances. Je m'avisai de ne plus m'en rapporter aux Modéles de Comptes, que les Receveurs s'étoient faits eux-mêmes; mais de leur en envoyer de tous faits, où je m'étois étudié à ne rien oublier, ni pour le détail, ni pour la clarté. Je les examinois ensuite, lorsqu'ils m'étoient renvoyés, avec tant de rigueur sur les fautes même d'inadvertance, ou de la plus légère omission, que bien-tôt on n'y omit plus rien en effet, quelque petite & cachée que fut cette partie; parce que le tout devoit être justifié par les Piéces, que j'y faisois joindre, & que je confrontois ensemble avec la derniere attention. Ainsi j'éventois toutes les Mines secrettes des Receveurs: Elles étoient en grand nombre: Suppositions, prétenduës Nonvaleurs, mauvais deniers, frais de Domaines, Remises, Dons, Droits, Taxations, Attributions d'Offices, Payemens de Rente, frais de Voiture, Epices, Emolumens, & frais de reddition de Comptes; c'étoient-là autant de ressources utiles

---

(22) Quoiqu'on se soit convaincu de plus en plus de la justice qu'il y a, que le Roi tire pour son seul profit, tout le parti possible de ses Fermes & de ses autres Revenus; on trouve cependant avec quelque raison, ce semble, que depuis le Duc de Sully, l'on n'a pas fait dans cette partie tous les progrés que ses idées, & les soins qu'il s'est donnés, sembloient devoir faire attendre. Nous aurons occasion d'entrer là-dessus dans quelque discussion, lorsque l'Auteur parlera de la Ferme des Tailles & des autres Impôts, qui est la véritable cause de toutes les difficultés qu'on rencontre à parvenir au but qu'il s'étoit proposé, & que tous les Ministres se sont proposés après lui.

Tome I.

ment employées au profit des Commis ; parce qu'on ne s'étoit point donné la peine d'apprécier toutes ces Parties, qui abforboient, ainfi enflées, une partie de la Recette ; & que Meffieurs du Confeil, à qui il appartenoit de le faire, connoiffoient auffi l'utilité de ce jargon.

On tenoit fi mal la main aux Comptes des Receveurs, qu'il arrivoit fouvent qu'ils fortoient d'Emploi, chargés d'une infinité de recouvremens, qui étoient enfuite mis en oubli. J'abolis cette Coûtume. J'obligeai ceux qui entroient en place à rechercher ceux aufquels ils fuccédoient : & pour les y porter par le feul moyen efficace ; tant qu'il reftoit de ces débets, ils n'avoient point d'autres recours pour leurs appointemens & leurs remifes. Par-là ils fçurent bien empêcher ces petites banqueroutes, au-lieu de les favorifer, comme ils faifoient auparavant.

Différens Comptables, & ceux de la Chambre des Comptes par-deffus tous les autres, parce que c'étoit fur eux qu'étoient portées un grand nombre d'Affignations, avoient l'adreffe de rebuter les porteurs de ces Affignations, par des délais fréquens ; jufqu'à ce qu'ils les euffent obligés à fe contenter d'une partie feulement du montant de leurs Ordonnances, quoiqu'ils en reçuffent Quittance du tout. Je défendis de reculer les Payemens, comme auffi de conferver aucuns deniers à cet effet. Cette défenfe mit fin à tous ces Chapitres de remplacemens de deniers payables par Ordonnances de la Chambre, & à la multiplicité, tant des frais, que de redditions de Comptes ; avec lefquels il eft incroyable, combien il fe voloit d'argent fur le Roi : Dès-lors on commença à voir clair dans les Finances, & la confufion difparut.

Lorfque l'Etat général, dont je viens de parler, ces Réglemens, & tous ces différens Modèles, eurent été dreffés; j'allai en faire la lecture au Confeil ; le Roi abfent. Je remarquai aifément le dépit que mes Confreres reffentoient de ma diligence, & de ce que je ne les avois point appellés à mon travail. Ils fe contenterent de me répondre féchement, & comme en plaifantant, que mes Sécretaires étoient heureux avec moi : ces Pièces en effet, étoient toutes écrites de ma main (23) : Mais après que je fus forti, ils avoue-

(23) M. le Duc de Sully d'aujourd'hui conferve précieufement une

rent que mon travail étoit immense, & éxact ; & qu'il étoit désormais inutile de prétendre me rien déguiser. Je relus ces mêmes Mémoires deux jours après, Sa Majesté étant au Conseil ; elle leur demanda ce qu'ils pensoient de mes Etats. Ils convinrent qu'ils étoient bien ; & dirent, que pour un homme d'Epée je m'étois promptement mis au fait des affaires. Je ne sçais si c'est eux que je dois accuser d'une calomnie à laquelle on donna cours en ce temps-là, Que je faisois composer par (24) Du-Luat, un Livre, où sous prétexte d'exposer de nouvelles idées sur les Finances ; je décriois sans charité & sans ménagement, tous les meilleurs Serviteurs de Sa Majesté. Ce Prince m'assûra que quelque chose que fissent mes envieux, ils n'altéreroient jamais son amitié pour moi. En effet, de ce moment le Roi commença à agir avec moi d'une maniere à me le faire regarder plustôt comme Ami, que comme Maître : Il ne m'arrivoit, ni joie, ni déplaisir, qu'il ne me témoignât la part qu'il vouloit bien y prendre.

Pour le regard des Finances, je serois doublement ingrat, si je cachois toutes les obligations que j'ai à ce Prince : Elles ne se bornoient pas à appuyer tout ce que je faisois, avec fermeté, comme il arriva, lorsque les Prévôt & Echevins de la Ville de Paris refuserent de me communiquer leurs Regiftres, sous l'allégation qu'ils n'avoient rien de commun avec le Conseil des Finances ; ni à prévenir tous mes desirs ; ni enfin à me consoler avec bonté dans mes traverses : ce qu'il faisoit d'ordinaire en me proposant son exemple. Ses lumieres & ses conseils sur tout ce qui avoit rapport aux Finances,

grande partie de ces Manuscrits, avec beaucoup d'autres Originaux de M. de Rosny, qu'il se fait un plaisir de communiquer à ceux qui vont le voir. Il les regarde comme un des principaux ornemens du Cabinet, que son goût pour les sciences lui fait entichir tous les jours. Et ce sont en effet autant de monumens infiniment glorieux pour son illustre Maison.

(24) Ange Capel, Sieur Du-Luat. Il est parlé dans le *Vol. 8778. des Manuscrits de la Bibliot. du Roi*, c'un Livre, dans lequel il donnoit plusieurs Avis à Messieurs du Conseil, sur les Finances. C'est ce Livre sans doute, dont l'Auteur entend parler ici. Du-Luat nous est représenté dans les Remarques sur le *Chap. 9. de la Confession de Sancy*, comme un flateur enjoué & agréable, qui avoit comme enchanté, dit-on, le Duc de Sully son Maître, par une Généalogie, dans laquelle il le faisoit descendre de la Maison de Courtenay. *Journal du Regne d'Henry III. imprimé en 1720. tom. 2. p. 477.*

m'ont souvent été d'un si grand secours, que j'avoue naturellement que sans cela, j'aurois entrepris inutilement un ouvrage aussi difficile que celui de les réformer. Mes vûës me sont venuës en grande partie de lui (25); & je garde précieusement des Mémoires entiers, écrits de sa main, quoique fort-longs, sur les sujets qui nous occupoient également tous les deux.

Après cela je dois convenir de bonne foi, que la plus grande partie de la louange qu'a mérité l'administration des affaires, sous le régne de Henry le Grand, lui retourne de droit. D'autres y auroient travaillé sous lui avec la même fidélité, & bien plus d'habileté que moi : Car ce ne sont jamais les bons Sujets, qui manquent au Roi : c'est le Roi, qui manque aux bons Sujets. La grande difficulté sera toujours de rencontrer un Prince, qui ne cherche point dans le Ministre de ses affaires, le Ministre de ses goûts, & de ses passions ; qui unissant beaucoup de sagesse à beaucoup de pénétration, prenne sur lui de n'appeller à remplir les premieres places, que des personnes dans lesquelles il aura connu un aussi grand fond de droiture & de raison, que de capacité ; enfin qui ayant lui-même des talens, n'ait point le foible de porter envie à ceux des autres. Cette jalousie du mérite dans le Souverain, qui suppose pourtant qu'il en a lui-même, fait en un sens plus de mal dans un Etat, que la haine qu'on lui connoît pour certains vices, n'y fait de bien.

En partant de Bretagne, j'y laissai des Réglemens pour les Finances, différens suivant la nature & les priviléges de cette Province ; & j'y envoyai ensuite le Sieur de Maupeou, Maître des Comptes, tant pour les faire observer & pour mettre les Fermes de la Province en valeur, que pour accélerer le payement des deniers dont j'avois fait le fond. Je fis partir à même fin Coësnard, Auditeur des Comptes, pour le Poitou, & Bizouze, pour la Champagne. Je préposai Champigny au Péage des Rivieres, dans l'Orleannois & la Touraine : Mais pour cette fois, c'est assez parlé des Finances.

Passons à des faits d'un autre genre, qui par leur singularité rendirent cette année remarquable. On cherche encore de

---

(25) M. de Péréfixe assure de même, que Henry IV. avoit étudié profondément la matière de la Finance, *pag.* 125.

LIVRE DIXIEME.

quelle nature pouvoit être ce Prestige vû si souvent & par tant d'yeux, dans la forêt de Fontainebleau : C'étoit un Phantôme (26) environné d'une meute de chiens, dont on entendoit les cris, & qu'on voyoit de loin ; mais qui disparoissoit, lorsqu'on s'en approchoit. On prit sur la Côte d'Hollande, une Baleine (27) longue de quatre-vingt pieds ; Le Tybre se déborda, jusqu'à renverser un très-grand nombre de maisons, & inonder une partie de la Ville de Rome. Le bruit se répandit en Europe, que les Juifs, en haine des Chrétiens, avoient offert au Grand-Seigneur cinq cens mille Ducats, pour détruire le saint Sépulcre de Jérusalem.

Mais l'Evénement le plus intéressant, & par lequel finit cette année, est la mort de Philippe II. Roi d'Espagne, après huit ou neuf mois de souffrances (28) si cruelles, qu'il n'y a que le seul motif de la Religion, qui ait pû les lui faire supporter avec autant de patience, qu'il en témoigna pendant un si long temps. Cet héroïsme lui fut pourtant en pure perte

---

(26) Péréfixe en fait mention, & fait dire à ce phantôme, d'une voix rauque & épouvantable, *m'attendez-vous*, ou, *m'entendez-vous*, ou, *emendez-vous*. Il attribuë ces visions a des jeux de Sorciers ou de malins Esprits. *Ibid.* 3. *Part.* Voyez aussi le Journal d'Henry IV. & la Chronologie Septenaire, où il est dit, que le Roi & les Courtisans, qui s'en étoient moqués comme d'une fable, l'apperçurent en un jour distinctement entre des halliers, sous la figure d'un grand homme noir, qui leur fit tant de peur, que ce fut à qui fuiroit le mieux. *année 1599.* Matthieu assure qu'un jour à Fontainebleau le Duc de Sully entendant ce bruit, descendit, croyant que c'étoit le bruit de l'Equipage du Roi qui étoit de retour de la Chasse, *tom.* 2. *p.* 168. Bongars dit sérieusement, que c'étoit un Chasseur, qui avoit été tué dans cette Forêt du temps de François I. *Epist.* 184. *ad Camerar.*

(27) Voyez la description de ce poisson monstrueux, dans la Chronologie Septenaire, *pag.* 17. & celle de ce débordement du Tybre, dans les Lettres du Cardinal d'Ossat, *Part.*

365 : » Plus grand, dit-il, qu'aucun
» autre dont il soit mémoire : de fa-
» çon que toute la Plaine de la Ville
» de Rome fut toute en eau jusques
» à une pique de haut, par les ruës
» & dans les maisons : & n'y eût pas
» de cent, un qui pût oüir la Messe
» le jour de Noël. Cette inondation
» a porté des dommages inestima-
» bles &c. «

(28) » Il eut, dit Péréfixe, vingt-
» deux jours durant, un flux de sang
» par tous les conduits de son corps :
» Et un peu avant sa mort, il lui vint
» quatre apostumes en la poitrine,
» d'où il sortoit une continuelle four-
» millière de vermine, que tout le
» soin de ses Officiers ne pouvoit ta-
» rir, *ibid.* « M. De-Thou, *liv.* 120. y ajoûte la dyssenterie, le tenesme, l'hydropisie &c. & fait une description aussi touchante de l'état déplorable de ce Prince, que de sa patience & de ses sentimens religieux. Matthieu dit, qu'il n'avoit pas moins de sept fistules à deux doigts de la main droite ; & attribuë une si horrible maladie, aux débauches de sa jeunesse. Il mourut le Dimanche 13 Septembre.

1598. dans l'esprit du commun des hommes. Lorsqu'on faisoit réflexion, que les deux passions de l'avarice & de l'ambition jointes ensemble, lui avoient fait inonder tout le nouveau Monde du sang de ses malheureux habitans, & éxercer sur ses propres Sujets, des violences aussi barbares, à la vie près; on regardoit tous ces ulcères si infects, dont son corps étoit entièrement couvert, moins comme un accident naturel, que comme l'effet de la vengeance divine. Il laissa un Testament, qui me paroît une Piéce trop digne d'attention, pour la passer sous silence. On n'a pas sçû certainement s'il le dicta dans sa maladie, s'il le donna de sa main au Prince son Fils, ou s'il fut trouvé après sa mort, avec ses autres papiers secrets, dans la cassette dont il avoit saisi Dom Christophe de Mora, son Favori : mais ce fait peu important par lui-même, n'est encore d'aucune conséquence pour l'authenticité de cette Piéce, qui se prouve par une infinité d'autres endroits. La Copie qui m'en tomba entre les mains, me fut adressée par le même qui l'envoya au Roi : c'est Bongars, Agent de Sa Majesté auprès des Protestans d'Allemagne, qui la tenoit du Landgrave de Hesse ; & celui-cy, des Villes de Venise & de Gènes : Et elle est en tout si conforme à celles qui se répandirent de différens endroits, qu'elle acheve d'ôter tout doute, que cette Piéce soit un Ecrit supposé par les ennemis de Sa Majesté Catholique (29).

Philippe y commence par un détail très-sincère de toutes les fautes qu'il a faites : Il met en Tête cette Chimère de Monarchie Universelle, dont il cherche sérieusement à détromper son Successeur, & par son éxemple, & par celui de Charles-Quint, son Pere, dont il joint les leçons aux siennes ; quoique lui-même, comme il l'avouë, n'en ait point profité.

(29) Quelque chose que dise ici M. de Sully ; la Piéce qui dans ses Mémoires, a pour titre, *Testament du Roi d'Espagne*, n'est ni le véritable Testament de ce Prince, ni même un Extrait fidèle de ce Testament : Ce qu'on connoîtra facilement, en la raprochant de l'Extrait détaillé que nous en donne M. De-Thou, *liv.* 120. Mais il se pourroit bien faire que cet Ecrit, qu'on y nomme aussi *Instruction du Roi d'Espagne à son Fils*, en fût réellement une secrette, & qui n'a rien de commun avec le Testament de ce Prince, que d'avoir été dictée, comme il est visible, dans le même esprit, & sélon les mêmes maximes, sans la précaution qu'on apporte pour les Ecrits destinés à être publics. Elle est rapportée dans la Chronologie septenaire, de la même manière que dans ces Mémoires pour le fond des choses, mais d'un style & d'un arrangement différens.

LIVRE DIXIEME. 575

1598.

Il attache même à ce Testament, les Mémoires qui lui avoient été laissés par cet Empereur (30); afin que Philippe III. ne séparât point l'un de l'autre. Charles-Quint, Empereur, maître de l'Espagne & de l'Allemagne, dans la force de son âge, d'une complexion saine & vigoureuse, comblé de gloire & de succès, forme le projet de dompter les Infidèles, & de réünir toutes les Puissances de l'Europe à la sienne, ainsi que toutes les Religions à sa Religion. Après une longue suite d'années, passées dans de vains efforts, il se dépouille avec sa Couronne, de toutes ces chimériques idées. Philippe II. son Fils, se laisse surprendre au même appas, & y réüssit plus mal encore : c'est ce qu'il ne veut pas laisser ignorer à son Successeur. La différence des Religions, des Loix, des Mœurs des peuples Européens ; leur science à-peu-près égale dans l'Art militaire; le grand nombre de Villes fortes dont l'Europe est pleine, & qui demandent autant de Siéges fort difficiles ; la légereté de ses Peuples, toujours prêts à se livrer au premier venu, qui leur offrira de leur aider à secouer une domination établie avec des travaux immenses, sont autant d'obstacles à un dessein si flateur, que Philippe regarde comme absolument insurmontables.

Il convient qu'il n'en a pas toujours jugé de même : que le feu de la jeunesse l'avoit d'abord empêché de faire ces sages réflexions : qu'ensuite la conjoncture de deux grandes Batailles gagnées, & des divisions qui déchiroient la France avoient continué à le tenir dans l'aveuglement ; & lui avoient fait rejetter avec hauteur toutes les offres d'une Paix avantageuse, qu'on lui avoit faites : Et comme il croit avoir sujet de craindre que son Fils ne fasse pas un meilleur usage de la Raison ; c'est par l'exposition de tout ce qu'une ridicule prétention lui a fait follement entreprendre, qu'il cherche à l'en guérir.

Il s'accuse donc d'avoir travaillé à se faire déclarer Empereur de tout le nouveau monde ; à envahir d'Italie, sur l'allégation de droits frivoles ; à conquérir les trois Royaumes de la Grande Bretagne : projet qui lui avoit coûté vingt mil-

(30) M. De-Thou ne trouve rien dans le Testament de Philippe II. de comparable à la sagesse des dispositions, ni à la dignité de l'expression du Testament de Charles-Quint.

lions en six ans, dans les seuls préparatifs de la Flotte, dont il prétendoit foudroyer cette Puissance : c'est cette Flotte qu'on appelloit l'Invincible, & qui cependant fut comme anéantie tout-d'un-coup en 1588, dès sa premiere sortie ; à subjuguer les Pays-Bas ; à renverser la Monarchie Françoise, en profitant de la foiblesse de son dernier Roi, & révoltant contre lui ses Sujets, sur-tout les Ecclésiastiques ; Enfin à dépouiller de l'Empire son propre Oncle Ferdinand, & le Roi des Romains Maximilien, son Neveu (31). Il y joint la remarque des Sommes immenses, que toutes ces brigues lui avoient coûté : Elles montent à plus de (32) six cens millions de Ducats ; dont il avertit son Fils qu'il trouvera la preuve dans les Etats qu'il a laissés dressés & écrits de sa main dans son Cabinet. Il se reproche encore moins cette profusion, que celle du sang humain qu'il a fait répandre : Et véritablement c'est une chose qui perce le cœur, que l'aveu qu'il fait d'avoir sacrifié vingt millions d'hommes à sa passion, & réduit en désert plus de Pays qu'il n'en possedoit dans l'Europe.

Que lui étoit-il revenu de tout cela ? C'est la réflexion qu'il fait faire à son Fils : La Providence, comme si elle se fût crue intéressée à faire avorter des Projets si criminels, lui avoit fait manquer l'Allemagne, par la jalousie & l'aversion de son propre Sang ; l'Angleterre, par les vents & les tempêtes ; l'Irlande, par la trahison de ses Peuples, que l'éloignement mettoit à couvert de son ressentiment ; la France, par l'instabilité de ses habitans, jointe à leur antipathie pour une domination Etrangere, (33) enfin par les grandes qualités

---

(31) " On appelloit Philippe II. " le Démon du Midi, *Dæmonium Meridianum*, parce qu'il troubloit toute l'Europe, au Midi de laquelle l'Espagne est située. « Notes sur la *Henriade*.

(32) P. Matthieu dit, que les Indes produisirent au Roi d'Espagne deux cens soixante millions d'or en soixante-quatre ans ; & qu'il auroit conquis la Turquie entiere pour ce qu'il dépensa seulement en Flandre, *tom. 2. liv. 1. p. 266.*

(33) Il y a dans le véritable Testament de Philippe II. un Article par rapport à Henry IV. dont l'omission dans nos Mémoires suffit toute seule à prouver, que la Pièce à laquelle on donne ce nom, est supposée : C'est que ce Prince agité de violens remords sur l'usurpation du Royaume de Navarre, recommande à son Fils, ce qui lui avoit été recommandé à lui-même par son Pere, de faire éxaminer soigneusement cette Question par les plus habiles Jurisconsultes ; afin de restituer ce Royaume à son légitime Maître, si on doit le faire, selon les Loix de la Justice. Charles-Quint en avoit dit autant à Philippe II.

lités du Roi qui la gouvernoit : en sorte que cet épouvantable fracas, & ces torrens de sang, n'avoient abouti qu'à augmenter ses Etats, du seul petit Royaume de Portugal.

Philippe fait après ce a une application plus particulière de ces instructions, à sa Personne & à la situation de l'héritier de sa Puissance ; & réduit aux Articles suivans, la Politique dont aucun Roi d'Espagne ne doit jamais se départir, & Philippe III. moins encore que tous les autres, à cause de sa grande jeunesse : Maintenir avec le Roi de France, la Paix qu'il avoit crû devoir faire avant de mourir ; & cela autant pour son intérêt & son repos, que par égard pour ses Peuples : Ne jamais s'écarter de la bonne intelligence avec le Pape, & la fomenter en tenant un grand nombre de Cardinaux dans ses intérêts : Aimer l'Empereur & sa Famille ; mais pourtant ne pas faire passer par ses mains l'argent des pensions, que son intérêt demandoit qu'il continuât aux Electeurs, Princes & Prélats d'Allemagne ; afin qu'il se les tînt toujours attachés par cette largesse, en même temps qu'il auroit soin de les tenir divisés entr'eux ; double moyen de tourner à son avantage, les conjonctures que le temps pouvoit lui faire naître pour l'acquisition de l'Empire : Porter d'autant plus toute son attention du côté de l'Allemagne, que la multiplicité d'intérêts regne dans les Pays du Nord, plus que par-tout ailleurs.

La Pologne, le Dannemarc, & la Suéde, sont des Puissances dont il croit n'avoir rien à appréhender : La première, parce qu'outre l'éloignement, la Politique des Princes ses voisins, aussi bien que la sienne propre mal entenduë, rend le Roi de Pologne le Ministre plûtôt que le Maître de ses Sujets : Les deux autres, par la même raison du grand éloignement, joint à leur pauvreté, & à leur peu d'intelligence dans la Guerre. Il n'a garde de dire la même chose de la France, de l'Angleterre & de la Flandre, qu'il regarde comme les Puissances véritablement à craindre pour l'Espagne ; & avec lesquelles il veut qu'on soit continuellement sur ses gardes.

II. Ferdinand & Isabelle à Charles-Quint... Remettre ainsi l'effet d'une disposition qu'on reconnoit être juste, à un successeur qu'on est assuré qui n'y aura aucun égard ; c'est ce que M. De-Thou appelle ; se jouer impudemment de la Divinité.

Ce qu'il prescrit par rapport à (34) l'Angleterre : c'est de ne rien négliger pour empêcher la jonction des trois Couronnes qui comprennent les Isles Britanniques, sur une même tête : Evénement, dont ce fin Politique, par un esprit de prédiction, parloit, comme étant fort-proche : Pour cet effet, ne pas regretter l'argent qu'on répandoit dans ces Isles, pour se faire des Partisans ; & continuer à la remplir d'Espions ; mais autres que ceux qui y étoient alors, dont Philippe II. croyoit avoir des raisons de tenir la fidélité pour suspecte : Cultiver soigneusement tout ce que la diversité des Religions peut faire éclorre de divisions dans cet Etat, aussi bien que dans celui de France : il regarde celles qu'avoit produites la Ligue chez nous, comme un moyen désormais usé & inutile, par l'affermissement d'un Roi aussi capable de regner que Henry : Mais donner occasion à mille autres divisions civiles, dans chacun de ces deux Etats ; & sur-tout à celles qui peuvent les tenir en guerre l'un avec l'autre, ou du-moins en défiances & en soupçon : ce qu'on peut faire en favorisant les prétentions de l'une sur l'autre ; leur haine naturelle les y portant déja suffisamment : Regarder comme le dernier malheur, le coup qui uniroit d'intérêt avec les Provinces-unies, ces deux Puissances déja unies entr'elles ; parce qu'il ne peut qu'en résulter une Puissance capable, dit-il, de s'assujettir & la Mer & la Terre : Trouver le moyen d'exclurre tous les Princes de l'Europe, de la Navigation des deux Indes : ce qui ne peut souffrir de difficulté, que de la part de ces trois mêmes Puissances, moins pourtant de celle de France, que des deux autres, parce qu'elle n'a point de Marine : Nouveau motif de s'assûrer la possession des Pays-Bas, & plus encore de l'Angleterre.

Cependant dans tous ces conseils de Philippe, rien ne porte son Successeur à la Guerre ; non pas même avec les Rebelles des Pays-Bas. Au-contraire, il l'en détourne avec soin. La conduite qu'il veut qu'on tienne avec les Provinces, est d'y accorder un pardon général : de ne rien éxiger de ce Peuple, sinon qu'il reconnoisse la Domination Espagnole :

---

(34) On lui fait encore dire sur le point de mourir, en parlant de l'Angleterre: *Pacem cum Anglo, bellum cum reliquis.* » La Paix avec l'Anglois, & » la Guerre avec tout le reste. «

de veiller fur les Gouverneurs, Miniftres & Officiers qu'on y entretiendra: de ne pas les y laiffer trop long-temps, ni avec une autorité trop abfoluë ; parce qu'ils feroient ceux dont on auroit le plus à craindre, fi une fois ils s'avifoient de fe mettre à la tête du Parti.

Si pourtant l'Efpagne ne peut éviter d'entrer en Guerre ; Philippe ne veut pas priver fon Succeffeur, des lumieres que fon expérience lui a acquifes à cet égard. Il l'avertit que s'il veut n'y pas fuccomber, il ne doit l'entreprendre que dans ces conjonctures favorables, qui fe préfentent de temps en temps ; comme, changemens de Gouvernemens, Diffentions Civiles, Befoins & foibleffes des Souverains, &c. Cette Maxime de Philippe, qu'un Prince doit connoître parfaitement, jufqu'aux difpofitions les plus particulières des Princes fes voifins, eft fi vraie & fi importante, qu'il ne devroit jamais arriver de changemens dans les Etats qui l'environnent, qu'il ne s'y trouvât préparé, & en état d'en profiter dans le moment même. Il conclut cet Article, par faire envifager au nouveau Roi, qu'il eft refponfable au Tribunal d'un Dieu, qui juge les Guerres, & malheureufement n'en juge pas par les regles des Princes guerriers.

Après ces Maximes, qui n'ont rapport qu'au Gouvernement extérieur ; Philippe vient à celles qu'il croit néceffaires pour le Gouvernement intérieur. Il veut qu'un Roi d'Efpagne, ayant à commander à des Peuples auffi prodigieufement difproportionnés dans leurs Coûtumes, qu'éloignés de Climats, s'étudie à les gouverner chacun felon fon caractere ; & tous avec douceur & modération: Qu'il connoiffe par lui-même & choififfe fes Confeillers & fes Sécretaires : Qu'il expédie auffi lui-même fes Dépêches : Et qu'il fe rende verfé dans le Chiffre, pour ne pas expofer un Secret important à être trahi par un Confident : Qu'il cherche foigneufement les Gens d'honneur & de talent, pour leur donner les Emplois : Qu'il fe garde d'offenfer griévement perfonne, furtout perfonne de grande qualité : Il remarque, que le (35) Prince fon Fils aîné s'en étoit mal trouvé : Qu'il faffe une

---

(35) Dom Carlos, Prince d'Efpagne. Ce fut par l'ordre de fon propre Pere, qu'il perdit la vie : Et il paroît que fon crime étoit bien plûtôt de s'être trop attaché les Grands du Royaume, que de les avoir méprifés.

Dddd ij

juste distinction de l'ancienne Noblesse d'avec la nouvelle, afin d'avancer celle-là, comme étant plus communément susceptible de sentimens purs & désintéressés : Qu'il diminuë le nombre excessif des Gens de Justice, de Finance & d'Officiers de sa Maison : Il donne le même Conseil par rapport aux Ecléfiastiques ; & il y joint celui de ne pas plus les épargner que les autres, dans les nécessités de l'Etat, non-seulement parce qu'il leur est plus aisé de se passer de grands Biens ; mais même parce qu'ils le doivent, s'ils ne veulent pas éteindre le respect qu'on doit à leur Caractère, par le luxe, la mollesse, & l'impiété : fruits ordinaires des grands Biens & de l'oisiveté, où ils se plongent : Au-contraire, qu'il multiplie les Marchands, Laboureurs, Artisans & Soldats, dont l'industrie, le travail & l'œconomie soûtiennent seuls l'Etat, contre la ruine dont il est menacé par le déréglement des autres Conditions. Tous les principes, qui comme ceux-cy, vont à maintenir dans un Etat, la subordination & l'œconomie, contre la corruption & l'oisiveté, méritent d'être loués ; de quelque bouche qu'ils sortent.

 L'Article des dispositions domestiques, est celui par lequel Philippe ferme son Testament. Il enjoint à son Successeur, d'accomplir les promesses & autres clauses du Mariage de l'Infante sa Sœur. Il lui en propose pour lui-même, un dont il avoit déja fait les avances, & disposé sécretement tous les Articles, qu'il lui marque qu'il trouvera entre les mains de Loo. Il remarque, que jamais Roi n'a aimé le Favori de son Pere ; & cependant il ne laisse pas de lui proposer pour Confident Christophe de Mora, qui avoit été le sien. Philippe III. aima mieux déférer à la remarque, qu'à la récommandation ; & donna la place de Mora, au Marquis de Doria. Il exige aussi de son respect pour la mémoire paternelle, qu'il conserve en place, toutes les Personnes qui y avoient été mises de sa main : mais de la façon dont il s'en explique ; on voit bien qu'il le souhaite plus qu'il ne l'espere. Il lui recommande particulièrement les Docteurs Ollius & Vergius, qui l'avoient assisté dans sa maladie. Il lui parle (36) d'Antonio Perès, comme d'un homme dangereux, avec

---

(36) Antoine Perès avoit été principal Ministre de Philippe II. dont il encourut la disgrace, pour des raisons qui ne font rien au sujet de ce

LIVRE DIXIEME.

lequel il doit se raccommoder, & songer ensuite à ne le laisser demeurer ni en France, ni en Flandre, encore moins en Espagne, mais dans l'inutile Pays d'Italie. Une courte Maxime d'aimer Dieu, de chercher la Vertu, & de profiter des préceptes d'un Pere, est par où Philippe finit cette Piéce, qu'on ne peut nier qui ne soit remplie d'ailleurs de traits de (37) piété & de résignation aux ordres de Dieu, qui par miséricorde le châtioit, disoit-il, en cette vie, plustôt qu'en l'autre.

De ces dispositions, la premiere qu'on vit éxecuter au nouveau Roi d'Espagne, fut celle de son Mariage avec l'Archiduchesse de (38) Gratz. Il la fit demander aussi-tôt après la mort du Roi son Pere; & elle passa au commencement de l'année suivante en Espagne, accompagnée de l'Archiduc Albert, avec lequel elle relâcha sur la Côte de Marseille, pour respirer l'air de la terre. Le Duc de Guise, Gouverneur de la Province, qui en avoit eu avis, & en avoit informé le Roi, eut ordre de faire la reception la plus honorable à cette Princesse. Sa Majesté destina cinquante mille écus pour en faire les frais, & m'ordonna de les faire tenir à Marseille. J'étois prêt d'y envoyer La-Font, pour marquer l'usage qu'on devoit faire de cette somme, ou un autre de mes Domestiques, qui n'étoit encore que simple Laquais de mon Epouse, petit homme & sans figure, mais dans lequel j'avois démêlé tant de capacité, de fidélité & d'œconomie, que je crus devoir travailler à son établissement. Il n'en fut pas besoin : une Personne que j'avois sur les lieux, suffit ; parce que l'Archiduchesse malgré les instances du Duc de Guise & de la Ville de Marseille, ne voulut entrer dans aucune Ville, pour éviter le Cérémonial : Elle se fit dresser des Tentes sur le rivage, où elle se reposa, & entendit la Messe.

Mémoires : Il se refugia à Paris, où il mourut en 1611. Il étoit grand Politique, & de beaucoup d'esprit : C'est de lui qu'est la Maxime suivante, qui renferme un grand sens dans trois mots : *Roma, Consijo, Pielago* : S'attacher la Cour de Rome, bien former son Conseil ; & être Maître de la Mer.

(37) » Il fit apporter son Cercueil, » fait de cuivre, & mettre une tête » de mort sur un Buffet, & une Couronne d'or joignant «, dit la Chronologie Septenaire ; dans laquelle il faut lire aussi, avec le détail de tout ce que dit & fit ce Prince dans sa maladie, celui de sa Vie publique & privée, année 1598.

(38) Marguerite d'Autriche, Fille de l'Archiduc de Gratz.

1599.

Pour l'Archiduc, il eut la dévotion de visiter les Eglises de Marseille ; mais il y vint sans suite, & *incognito* ; & après avoir baisé les Reliques, il s'en retourna sans boire ni manger.

Ce Mariage unit les deux branches de la Maison d'Autriche par un double lien ; le feu Roi d'Espagne ayant déja fait épouser le cinq Mai de l'année précédente, l'Infante Isabelle sa Fille, à l'Archiduc Albert, qui avoit pour cela déposé la pourpre de Cardinal. Il lui avoit donné une très-riche Dot en apparence ; puisqu'elle ne consistoit pas moins que dans les dix-sept Provinces des Pays-Bas, la Franche-Comté & le Charolois : mais les clauses étranges qu'il y avoit mises ; que ce nouveau Souverain ne prendroit aucune part au Commerce des Indes, & ne souffriroit dans ses Etats aucune autre Religion que la Catholique, sans quoi la donation étoit déclarée nulle ; la réduisoient en effet à rien, par la difficulté de faire accepter aux Flamands, des conditions si dures.

En attendant que l'Archiduc pût passer en Flandre en Personne, pour lever tous les obstacles ; il y envoya en qualité de son Lieutenant-Général, l'Amirante (39) d'Arragon, qui fit quelques Exploits sur la Frontiere d'Allemagne ; & ensuite son Cousin le Cardinal André, qui y fit force Edits, mais sans exécution. Le mal commençant à paroître à la Maison d'Autriche, ne put souffrir de délai ; l'Archiduc vint enfin lui-même dans les Pays-Bas, & y amena sa nouvelle Epouse, le cinq Septembre de cette année, dont le reste se passa en menaces de sa part, d'aussi peu d'effet. Il fallut en venir à la force ouverte : Et ce fut le commencement de cette longue & sanglante Guerre, entre l'Espagne & les Flamands, dont j'aurai soin chaque année de marquer les progrès & les évènemens.

Au même temps que se faisoit en Espagne le Mariage de Sa Majesté Catholique, on célébroit aussi à Paris celui de Madame Catherine avec le Prince de (40) Bar. C'est par cet

---

(39) Consultez la Chronologie Septenaire, tant sur ces expéditions militaires, que sur tout ce qui est dit ici des Mariages du Roi & de l'Infante d'Espagne, *années* 1598, &

1599. *Matthieu, ibid.* p. 208. &c.

(40) Henry, Duc de Bar, ensuite de Lorraine après la mort de Charles II. son Pere. » Le Roi donna à » sa Sœur, en la mariant, trois cens

LIVRE DIXIEME.

1599.

Etablissement, que cette Princesse fixa enfin sa destinée, jusques-là si incertaine. On proposa d'abord du vivant de la Reine Catherine, de la marier au Duc d'Alençon : La chose manqua, par la haine de Henry III. pour son Frere. Ensuite on parla de la donner à Henry III. lui-même : La Reine-Mere n'y voulut pas consentir, par aversion pour la Maison de Navarre. La Princesse refusa à son tour le vieux Duc de Lorraine, qui lui fut offert ; parce, disoit elle, qu'il avoit des Enfans d'un premier Mariage. Le Roi d'Espagne la demanda pour lui, aux conditions d'une union étroite entre le Roi de Navarre & lui : à quoi le premier de ces Princes ne voulut point entendre. Après cela, cette Princesse fut recherchée par le Duc de Savoie ; mais dans des circonstances, où ce Mariage pouvant être préjudiciable à la Religion Protestante ; les Réformés y mirent obstacle. Elle ne voulut point du Prince de Condé : elle le trouvoit trop pauvre : Elle refusa de même, & sans aucune bonne raison, le Roi d'Ecosse. Le Prince d'Enhalt se mit aussi sur les rangs : Et dans les mouvemens de colère, qui animoient quelquefois cette Princesse contre le Roi son Frere ; elle lui reprochoit, qu'il l'eût volontiers mise entre les bras de deux ou trois autres Princes étrangers, ou, comme elle disoit, de deux ou trois Gentilshommes, pour payement de leur Solde. On a vû en dernier lieu, comment sa prévention pour M. le Comte de Soissons, lui fit fermer l'oreille à toutes les poursuites de M. le Duc de Montpensier, qui étoit un Parti sortable. Enfin la nécessité de prendre un Etat (41), la détermina à accepter le Prince de Bar.

Le dessein de ce Mariage n'eut pas plutôt été rendu public, que la différence de la Religion des deux Parties, fournit aux Ecclésiastiques en général, & en particulier aux Evêques de France actuellement assemblés à Paris, une raison d'en empêcher la conclusion, qu'ils ne laisserent pas échapper. Le premier moyen qu'ils employerent, fut de traverser de tout leur pouvoir à Rome l'expédition de la Dis-

» mille écus d'Or sol , « dit l'Historien Matthieu, *ibid. p.* 178.

(41) » Madame, dit au-contraire » la Chronologie Septenaire, *année* » 1599. montroit de son côté tout le

» contentement possible . . . Elle » avoit accoûtumé de dire : *Grata* » *superveniet qua non sperabitur hora* : » Etant ladite Dame très-bien ins- » truite au Latin. «

1599.

penſe, ſans laquelle ils croyoient qu'on ne paſſeroit point à la Célébration. Ils ne pouvoient à cet égard remettre leurs intérêts en de plus fidelles mains que de celles d'Oſſat, qui n'étoit pourtant en cette Cour, que pour y ſervir ceux du Roi : mais ce n'eſt icy ni la premiere, ni la derniere fois, que cet Eccléſiaſtique aura à eſſuyer de ma part le reproche d'avoir non-ſeulement paſſé, mais encore trahi ſes Commiſſions. Si j'en crois le Mémoire de Rome, dont j'ai déja parlé; D'Oſſat, au nom de tout le Parti, dont il étoit l'inſtrument, n'oublia rien pour détourner le Pape d'accorder la diſpenſe (42), qu'il étoit perſonnellement chargé de Sa Majeſté de ſolliciter. Toutes ces perſonnes faiſoient entendre à Sa Sainteté, qu'en ſe roidiſſant ſur cette grace, il en arriveroit deux choſes : l'une, que Madame ſe rendroit Catholique : l'autre, que ce changement ne pouvant paſſer

dans

(42) Le Cardinal d'Oſſat dans ſes Lettres, ne commence à parler de ſa Négociation pour obtenir la Diſpenſe en queſtion, que lorſque le Duc de Bar étant allé lui-même la ſolliciter à Rome en 1600, il recommença par ordre du Roi, à faire de nouvelles inſtances ſur cette affaire. Il nous apprend ſeulement en paſſant, ſur quelles raiſons s'appuya Sa Sainteté, pour refuſer la grace qu'on lui demandoit : » Sa Sainteté, dit-il, » nous ayant dit dès Ferrare à M. » de Luxembourg & à moi, lorſque » nous lui demandions ladite Diſ- » penſe, qu'il ne la devoit ni pou- » voir accorder ; pour ce que l'une » des Parties non-ſeulement ne la » demandoit pas, mais ne le recon- » noiſſoit point pour Paſteur de l'E- » gliſe Catholique & Apoſtolique, » ni pour avoir puiſſance de diſpen- » ſer ; comme auſſi ne croit-elle » point, que le Mariage ſoit un Sa- » crement, ni qu'il ſoit illicite de » contracter Mariage, même entre » Couſins germains. Ces raiſons du » Pape, ajoûte-t'il, durent encore » &c. « Et en toutes occaſions il eſt vrai qu'il les fait ſi bien valoir par tous les argumens Théologiques, qu'il n'y a point le Lecteur qui ne concluë, qu'un homme ſi bien perſuadé que le Pape ne pouvoit ſe rendre en conſcience, n'inſiſtoit que foiblement ſur ce point, & conſpiroit à mettre les Cours de France & de Lorraine dans la néceſſité de procurer enfin par toutes ſortes de moyens, la Converſion de la Princeſſe, ſans laquelle ſelon lui, cette affaire ne pouvoit jamais avoir une fin avantageuſe : Cependant on lui voit d'un autre côté, exécuter les ordres du Roi, & même les prévenir, avec tant d'aſſiduité & fidélité & de zèle, qu'on peut ſur ſes propres Lettres lui rendre la juſtice, qu'il ſervoit Sa Majeſté contre ſes propres ſentimens, autant qu'il le pouvoit faire. Une preuve de cela, qui ſeule vaut toutes les autres, c'eſt que malgré tous les obſtacles, il obtint enfin, bien long-temps après à la vérité, cette Diſpenſe, dont il avoit déſeſperé. Je trouve dans toutes les Lettres de ce Cardinal, bien moins de fondement encore au ſecond motif qu'on lui attribuë ici. Pour expoſer en gros, ce qui ſe développera par parties en ſon temps ; voici ce que j'ai jugé des ſentimens de ce Prélat ſur tous les différens ſujets, ſur leſquels on l'attaque; à s'en

tenir

LIVRE DIXIEME.

1599.

dans l'efprit des Proteſtans, que pour un effet de la violence dont auroit ufé à fon égard le Roi fon Frere : il accroîtroit la défiance que ceux-cy ne témoignoient déja que trop ouvertement de Sa Majefté ; acheveroit de leur faire regarder comme leur ennemi, & leur perfécuteur déclaré ; & attireroit enfin cette Guerre inteftine fi defirable, felon eux, pour les intérêts du Saint Pere, & de la bonne Religion.

L'autre moyen que le Clergé mettoit en œuvre, étoient des remontrances affez vives pour pouvoir mériter le nom de menaces. Sa Majefté eut la complaifance de les écouter, & de permettre une Conférence, où le Docteur Du-Val d'un côté, & le Miniftre Tilenus de l'autre, cherchant à faire valoir leur Caufe, s'échaufferent affez inutilement, ce me femble ; quoique l'un & l'autre fe vantât après, à l'ordinaire, d'avoir terraffé fon Adverfaire. J'en parle comme témoin ; parce que je me laiffai entraîner à la foule qui y accouroit, comme à un fpectacle tout-à-fait intéreffant : je n'y arrivai pourtant que fur la fin, lorfque les deux tenans commençoient à fuccomber à la fatigue. Je ne fçais par quelle raifon on voulut me faire faire en cette occafion, le perfonnage de Juge : Ce fut peut-être, parce qu'on fçavoit que c'étoit moi, que Sa Majefté avoit chargé de dreffer les Articles du mariage. On commençoit déja à me répéter tous les points d'une difpute, qui duroit depuis plufieurs heures : mais je priai très-férieufement qu'on m'épargnât, ou cet embarras, ou cet honneur : Je dis que s'il n'avoit pas été au pouvoir de deux fi fortes Têtes, de concilier avec la Sainte-Ecriture, tant de Canons & de Décrets de Papes, ou de juftifier comment cette conciliation étoit impoffible, afin de n'en plus parler ; on ne devoit pas l'attendre d'un ignorant comme moi : & je le penfe de même.

tenir toujours à la conjecture q'on peut tirer de fes Lettres : Il aimoit la Perfonne du Roi : Il ne trouvoit point de bonne Politique féparément de la Religion : Il étoit prévenu que les intérêts de celle-cy ne font nulle part en auffi bonnes mains, qu'en celles du Pape, des Jéfuites, & de tous ceux qui l'avoient foûtenuë du temps de la Ligue. Il n'aimoit point l'Efpagne, encore moins la Maifon d'Autriche & le Duc de Savoie ; & haïffoit fouverainement les Calviniftes. Voyez fur l'article de la Difpenfe les *pag.* 480, *& fuiv.* 492, 519, 596, 615, 701, 717, *& fuiv.* 727, 758, 769 *&c.*

Tome I.   Eeee

1599.

Quoiqu'il en soit, cette Conférence n'ayant pas produit tout le fruit que MM. du Clergé (43) s'étoient promis; & voyant aussi qu'ils ne réüssissoient pas mieux du côté de Rome, ils déclarerent que rien n'étoit capable de leur faire donner leur consentement à ce Mariage. On s'en seroit passé : mais il falloit trouver un Evêque, qui voulût bien faire cette Cérémonie : & comme tous ces MM. se tenoient par la main ; cela formoit une difficulté, sur laquelle ils fondoient leur derniere ressource.

Dans cet embarras, Sa Majesté s'avisa de s'adresser à l'Archevêque de (44) Rouen, & crut devoir en attendre plus de complaisance, comme étant son Frere naturel, & lui ayant obligation depuis peu de l'Archevêché ; outre que ce Prélat étoit connu de Sa Majesté, ainsi que de toute la France, pour être médiocrement scrupuleux, pour ne rien dire de plus. Cependant à la premiere proposition que ce Prince fit à l'Archevêque, il vit un homme qui d'un ton dévotement rebelle, l'accabla de citations bien ou mal faites, des Saints Peres, des Saints Canons, des Saintes Ecritures. Le Roi surpris, comme on peut se le figurer, d'un langage si nouveau dans la bouche d'un homme qui ordinairement parloit de toute autre chose, ne pouvoit presque s'empêcher de lui rire au nez, en lui demandant par quel miracle il étoit tout-d'un-coup devenu si sçavant, & si conscientieux. Il crut faire mieux répondant à l'Archevêque par des raisons sérieuses ; auxquelles celui-ci s'étant montré sourd, Sa Majesté éclata, & lui reprocha son ingratitude : « Puisque vous faites ainsi » l'entendu, ajoûta Henry, en revenant à sa premiere idée ; je » vais envoyer vers vous, un grand Docteur, votre Con- » fesseur ordinaire, & qui entend merveilleusement les Cas » de Conscience. » Ce grand Docteur & Directeur étoit Ro-

(43) Elle se faisoit en présence de Madame Catherine : » Mais, dit le » Journal d'Henry IV. parce que les » Docteurs de Sorbonne se servirent » d'expressions & de subtilités scho- » lastiques, auxquelles ladite Dame » n'a rien compris ; les Ministres » l'ont facilement persuadée de de- » meurer dans sa Religion. » Péréfixe dit, que le Roi n'ayant pû venir à bout de la convertir, quoiqu'il y employât les menaces, dit un jour au Duc de Bar : » Mon Frere c'est à » vous à la dompter. »

(44) Charles, Fils naturel d'Antoine de Navarre, & de Mademoiselle de La-Beraudiere de La-Guiche, autrement appellée La-Roüet, l'une des filles de la Reine-Mere.

quelaure, compagnon ancien & actuel de débauche de M. de Rouen, & à la priere duquel il avoit obtenu l'Archevêché. Le Prélat entendit parfaitement ce que signifioit cette petite menace; & son air un peu confus étoit une conviction, qu'il appréhendoit les grands avantages, que l'habitude & la familiarité pouvoient donner sur lui à Roquelaure ; sans ceux qu'il tireroit de cet esprit, que toute la Cour lui connoissoit, libre, ingenu, fécond en heureuses saillies, & que l'Archevêque lui-même n'avoit pas accoûtumé à outrer le respect dû au Caractère Episcopal.

1599.

Le Roi ayant quitté M. de Rouen, fit venir Roquelaure. & lui dit : Vous ne sçavez pas, Roquelaure, votre Ar- » chevêque veut faire le Prélat & le Docteur, & me veut » alléguer les Saints Canons, où je crois qu'il entend aussi » peu que vous & moi, & cependant par ce refus ma Sœur » demeure à marier : Je vous prie parlez lui comme vous » avez accoûtumé ; & le faites souvenir du temps passé. Ah ! » pardieu ! Sire, répondit Roquelaure, cela n'est pas bien ; » car il est temps au moins, selon mon opinion, que notre » Sœur Catelon commence à tâter des douceurs de cette » vie ; & je ne crois pas que dorénavant elle en puisse mou- » rir par trop grande jeunesse : Mais, Sire, dites-moi un peu » ce que dit ce bel Evêque, pour ses raisons : car il en est » quelquefois aussi mal fourni, que je sçaurois l'être. Je m'en » vais le trouver, pour lui apprendre son devoir. «

Il n'y manqua pas. Il dit à l'Archevêque dès en entrant dans la Chambre : » Hé quoi ! mon Archevêque, que veut » dire ceci ? On m'a dit que vous faites le fat : pardieu ! je ne » le souffrirai pas : il y va trop de mon honneur, puisqu'un » chacun dit que je vous gouverne : Ne sçavez-vous pas bien, » qu'à votre prière, je me rendis votre caution envers le » Roi, lorsque je lui parlai pour vous faire avoir l'Archevê- » ché de Rouen : Ne me faites-vous pas passer pour men- » teur, en vous obstinant ainsi à faire la bête ? cela seroit » bon entre vous & moi, qui nous sommes vûs quelquefois » ensemble aux bréches raisonnables, & les Dés à la main ; » mais il s'en faut bien garder, lorsqu'il y va du service du » Maître, & de ses ordres absolus. Hé ! vrai Dieu ! que vou- » lez-vous que je fasse, répondit M. de Rouen ? Quoi ! que

Eeee ij

1599. » je me fasse moquer de moi, & reprocher par tous les au
» tres Prélats, une action où tout le monde dit qu'il y va
» grandement de la conscience, n'y ayant eu aucun des Evê-
» ques auxquels le Roi en a parlé, qui ne l'ait aussi-tôt refu-
» sé ? Hô ! morbieu ! ne le prenez pas comme cela, inter-
» rompit Roquelaure : il y a bien de la différence d'eux à
» vous ; car ces Gens s'alambiquent tellement le cerveau
» après le Grec & le Latin, qu'ils en deviennent tous fous ;
» & puis vous êtes Frere du Roi, & obligé de faire tout ce
» qu'il commandera, sans balancer : il ne vous a pas fait
» Archevêque pour le sermoner, ni lui apprendre les Ca-
» nons ; mais pour lui obéïr, en tout où il ira de son ser-
» vice. Que si vous faites plus l'étourdi & l'entêté, je le
» manderai à Jeanneton de Condom, à Bernarde l'Eveil-
» lée, & à Maître Julien : m'entendez-vous ? Et ne vous le
» faites pas dire deux fois : sçachez que rien ne vous doit
» être si cher, que les bonnes graces du Roi : elles vous ont
» mieux valu avec mes sollicitations, que tout le Latin &
» le Grec des autres : Pardieu ! c'est bien à vous à parler des
» Canons, où vous n'entendez que du haut Allemand. «
M. de Rouen voulut reprendre la parole, pour lui persuader qu'il devoit abandonner avec lui ce ton de plaisanterie, qui étoit bon dans ses jeunes années ; & lui lâcha quelque chose de Paradis. » Comment, morbieu ! Paradis ! re-
» prit aussi-tôt Roquelaure, êtes-vous si aze que de parler
» d'un lieu où vous ne fûtes jamais, où vous ne sçavez com-
» ment il fait, ni si vous y serez reçu, quand vous y vou-
» drez aller ? Oui, oui, j'y serai reçu, dit encore l'Archevê-
» que, n'en doutez nullement. C'est bien discouru à vous,
» lui dit son homme, en le poursuivant de plus en plus : Par-
» dieu ! je tiens que Paradis a été aussi peu fait pour vous,
» que le Louvre pour moi : Mais enfin laissons-là un peu vo-
» tre Paradis, vos Canons & votre Conscience (45) pour
» une autre fois ; & vous résolvez à marier Madame : car si
» vous y manquez, je vous ôterai trois ou quatre méchans
» mots de Latin, que vous avez à toute heure à la bouche ;

(45) Il y a quelque chose d'original dans le tour de cette conversa-
tion : mais l'Auteur pouvoit bien, ce semble, supprimer certaines expressions, qui sentent un peu le li-
bertinage.

» plus n'en sçait ledit déposant : & puis adieu la Crosse &
» la Mitre, mais qui pis est, cette belle maison de Gaillon,
» & dix mille ecus de rente. «

Il se dit encore beaucoup d'autres choses entre ces deux hommes, dont on peut juger par cet échantillon. Roquelaure n'abandonna point l'Archevêque, qu'il ne lui eut fait promettre de marier Madame : & ce fut lui en effet qui fit la Cérémonie (46). Je reçus des deux côtés, des présens fort riches, pour récompense des peines que je m'étois données : entr'autres un cheval d'Espagne de grand prix, & magnifiquement enharnaché, que m'envoya M. le Duc de Lorraine. Je le renvoyai à Sa Majesté, qui m'ordonna de le garder.

Ce ne fut pas à cette seule occasion, que le Clergé tint tête à Sa Majesté. Il se roidissoit plus fortement & aussi plus essentiellement contre la vérification de l'Edit de Nantes, qui lui paroissoit toujours un morceau difficile à digerer. Comme depuis près d'un an qu'il se tenoit assemblé à Paris à ce sujet, il avoit eu le temps de prévenir le Parlement & les autres Cours Souveraines, aussi-bien que la Sorbonne, contre cet Edit ; tous ces Corps se soulèverent, dès qu'il eut été rendu public, & se donnerent des mouvemens qu'on peut mieux imaginer que décrire. On ne parla plus d'autre chose : Chacun s'attacha à critiquer la Piéce, & à la combattre par différens raisonnemens : Il s'en faut beaucoup qu'ils ne fussent tous justes, non-plus que tous les motifs que le Parlement apportoit, pour se dispenser de l'enregistrer ; mais la sincerité dont j'ai fait jusqu'ici profession, même dans les choses qui me touchent de plus près, m'oblige à convenir que toutes ces personnes n'avoient point tort en tout.

Il étoit, par exemple, permis aux Réformés, par un des

---

(46) » Un Dimanche, dit la Chronologie Septenaire, dès le matin
» il va prendre Madame sa Sœur à
» son lever ; & l'amenant par la main
» dans son Cabinet, où étoit déja ledit futur Epoux, il commance à
» M... Archevêque de Rouen, d'é» pouser &c... & qu'il voulut
» qu'ainsi fût. A quoi ledit Sieur Archevêque fit du commencement
» refus, & qu'il falloit y garder les
» solemnités accoûtumées : Surquoi
» le Roi repartit très-doctement :
» que sa présence étoit plus que toute
» autre solemnité, & que son Cabi» net étoit un lieu sacré. «

1599.

Articles de l'Edit, de convoquer & de tenir toutes fortes d'Assemblées Synodales & autres, en tel temps, tel lieu & toutes les fois qu'ils voudroient, sans en demander permission ni à Sa Majesté, ni aux Magistrats; & d'y admettre encore toute sorte d'Etrangers; sans en donner connoissance à aucun Tribunal supérieur : comme aussi d'aller assister de leur côté, sans congé, aux Assemblées qui se tiendroient chez les Etrangers. Il est clair qu'un point aussi directement contraire à toutes les loix du Royaume, que préjudiciable à l'autorité du Roi (47), aux droits de la Magistrature, à l'utilité & au repos du Public, ne pouvoit avoir passé que par surprise : Et c'est aussi sur ce point qu'insisterent principalement les Ennemis des Protestans, dans les différentes remontrances qu'ils firent à Sa Majesté; faisant valoir chacun les raisons qui les intéressoient le plus. Le Parlement remontra que cet Article achevoit d'anéantir son autorité, que le Clergé avoit déja si fort resserrée, aussi bien que celle du Roi, (car il prétend que ces deux autorités n'en font qu'une,) que sans les Appels comme d'abus, qui lui restoient encore, il n'en auroit plus, pour bien dire, que l'ombre. Le Clergé & la Sorbonne se plaignirent de la Supériorité, que cette Concession donnoit à l'Eglise Calviniste en France, sur l'Eglise Catholique, qui dans sa jurisdiction n'avoit jamais eu un pouvoir si étendu : Et on ne peut nier que cela ne soit vrai. Enfin on releva tous les mauvais effets, qu'étoit capable de produire cette indépendance absoluë des Huguenots François, soit entr'eux, soit dans leurs Associations avec tout ce que la France pouvoit avoir d'ennemis en Europe.

Le Roi n'avoit pas encore examiné l'Edit par lui-même,

---

(47) " Ce que le Maréchal de " Bouillon, dit le Septenaire, avoit " ménagé avec quelques-uns, qui ne " s'appercevoient peut-être pas du " danger, qui étoit en cela : Mais le " Sieur Berthier (Agent du Clergé " & Evêque de Rieux) le contesta " si vivement audit Sieur Maréchal " devant le Roi, que ses raisons " ouïes, & vû l'importance du fait .. " le Roi ... fit rayer &c. " année 1599. pag. 66. Ce récit de Cayet est conforme à celui de P. Matthieu, tom. 2. liv. 2. pag. 280. & suiv. Cet Article de l'Edit de Nantes, si fort contesté, est apparemment le quatre-vingt-deuxième, qui est présentement aussi désavantageux aux Calvinistes, qu'il leur étoit favorable; puisque cet Article leur interdit toutes Pratiques, Négociations, Intelligences, Assemblées, Conseils, Ligues & Associations, dedans & hors le Royaume; Cotisations, Levées de deniers &c. sans l'expresse Permission du Roi.

& il n'en avoit eu connoissance que par une simple lecture, dans laquelle on avoit sans doute glissé légérement sur cette Clause, & peut-être l'avoit-on omise tout-à-fait. Il témoigna par sa surprise à ceux qui lui parloient ainsi, qu'il avoit été trompé; & leur promit d'y pourvoir, & ensuite de leur rendre réponse. En effet eux sortis, il commença par m'envoyer chercher; & me montra l'Edit. Je ne déguisai aucun des sentimens que j'exprime ici: J'y ajoûtai même, qu'à force de s'attacher à rendre cet Article avantageux aux Protestans, il me sembloit qu'il leur devenoit nuisible, en ce qu'il ouvroit un vaste champ à toutes les calomnies, qu'on voudroit inventer contre les honnêtes Gens du Parti, de briguer contre l'Etat avec l'Etranger, ou de s'en laisser suborner. Henry encore confirmé dans son opinion, me renvoya; en m'ordonnant de me disposer à bien faire valoir tous ces motifs dans l'Assemblée des Protestans, qu'il voulut qu'on convoquât à l'heure même; pendant que de son côté, il en alloit demander l'explication à ceux qui avoient fabriqué l'Edit.

MM. de Schomberg, De-Thou, Calignon & Jeannin (car le Roi les fit incontinent venir tous quatre) demeurerent un peu déconcertés des reproches que leur fit Sa Majesté, d'avoir abusé de sa confiance. Schomberg & De-Thou prenant la parole au nom de tous, répondirent, qu'ils avoient été comme nécessités de le faire, par les menaces que leur avoient fait MM. de Bouillon & de La-Trémouille, de la part de tout le Corps, de rompre tout Accord, si on leur refusoit cet Article, & même de commencer la Guerre contre les Catholiques: Ce qui leur avoit paru de la derniere conséquence; la Paix avec l'Espagne souffrant alors de très-grandes difficultés. Le Roi se payant de cette excuse, chargea Berthier, Syndic du Clergé, de la rapporter à l'Assemblée; & d'y ajoûter de sa part, Que des quatre Personnes qu'il avoit commises à la formation de l'Edit, n'y ayant que le seul Calignon de Protestant; il n'avoit pas dû croire que les trois autres laisseroient à la Religion Réformée, cet avantage sur la Religion Catholique. La réponse des Evêques montra bien, qu'ils n'avoient pas de ces trois Messieurs, la même opinion que Sa Majesté: Ils furent traités en pleine

Assemblée, de faux Catholiques, d'accord avec les Calvinistes fur quantité de Points, & ne croyant rien du-tout fur les autres. En blâmant cette feconde imputation, (48) comme elle mérite de l'être ; convenons encore, qu'à l'égard de la premiere, tout parloit contre les Commiffaires de l'Edit ; & que leur réponfe à Sa Majefté, ne détruit point auffi bien l'opinion qu'on en peut avoir, que le filence qu'ils avoient gardé avec elle, lui donne de forces (49).

Ce n'eft pas que le Duc de Bouillon ne fût dans les fentimens où ils le repréfentoient. J'appris en travaillant à approfondir la verité, qu'il s'étoit effectivement montré d'une opiniâtreté infurmontable : Mais n'y avoit-il aucun moyen de rendre les autres plus raifonnables ? Alors qu'eut-il fait feul ? Si tous les Proteftans reffembloient au Duc de Bouillon ; que prétendoient les Commiffaires, par cette complaifance aveugle pour les volontés des Réformés ? Trahir par néceffité le Roi & l'Etat ? Comme il ne peut y avoir de plus grand mal que celui-là, aux yeux de Négociateurs habiles & bien intentionnés ; ou ne peut guère leur attribuer raifonnablement cette penfée. Pour moi, je crois Bouillon le feul fauteur du Projet contenu dans l'Article, comme il en étoit le feul inventeur : Je conjecture de plus, qu'il n'y envifageoit pas tant les autres, que lui-même : Et voici le but de toute fa Politique ;

Pour terminer à fon avantage la difpute fur le pas, entre lui, & les Ducs & Pairs de France, auffi bien que les Maréchaux de France plus anciens que lui ; le Duc de Bouillon

(48) Si certain difcours fecret, que d'Aubigné fait tenir par le Préfident De-Thou au Duc de La-Trémouille, lorfqu'il fut envoyé par Sa Majefté à l'Affemblée des Calviniftes, eft vrai ; les foupçons du Clergé ne feroient pas trop injuftes : » Vous avez » trop de jugement (ce font les ter-» mes du Préfident) pour ne con-» noître bien, qu'au point où les » Affaires font, & aux chofes que » nous vous ayons concédées, que » ce que vous pouvez défirer, ne foit » à fon plus haut dégré ... M. de » Schomberg eft Lutherien, & par » trop éloigné d'un bon Huguenot : » Pour moi, vous connoîtrez mon » ame « &c. *tom.* 3. *liv.* 5. *chap.* 1. Mais il y a bien apparence que d'Aubigné a rapporté ce Difcours, fur la foi de Perfonnes peu fûres ; ainfi que quelques autres traits de fon Hiftoire, qui attirerent en ce temps-là un Arrêt du Parlement contre cet Ouvrage.

(49) M. de Sully eft par-tout ici d'une fincérité qu'on ne fçauroit, à mon avis, affez admirer dans un Proteftant.

(50) Voyez

LIVRE DIXIEME.

1599.

lon avoit imaginé de faire déclarer sa Souveraineté de Sedan, (50) un Fief de l'Empire : Mais il ne falloit pas que cette prérogative lui ôtât toute communication avec les Seigneurs Réformés de France : autrement, il y auroit beaucoup plus perdu que gagné. Le tempérament qu'il avoit trouvé, pour accorder son interêt avec son ambition, étoit de laisser son Eglise de Sedan comprise avec les Eglises Réformées de France : Ce qu'il faisoit, à la faveur de l'Article en question, pendant qu'il continuoit à se faire traiter comme Prince Etranger.

Berthier revint rapporter au Roi la disposition des Prélats de l'Assemblée, avec le résultat de leur déliberation, qui étoit, qu'on ôtât aux quatre Commissaires, toute connoissance des affaires de Religion ; & qu'on réformât l'Edit, quant à cet Article & quelques autres moins essentiels : ce que Sa Majesté promit encore.

Cependant l'Assemblée des Principaux Protestans, alors à Paris, ayant été indiquée pour le lendemain même du jour où se fit l'éclaircissement entre le Roi & les Commissaires ; je reçus comme à l'ordinaire, un Billet d'invitation pour m'y trouver. J'avois cessé d'y assister, depuis que je m'étois apperçu que ma présence gênoit les trois ou quatre Personnes qui y avoient la grande main ; & qu'elle n'étoit propre qu'à y faire naître de l'altération. Je les trompai en me présentant à celle-cy : Le Duc de Bouillon comprit aisément le dessein qui m'y amenoit ainsi contre mon ordinaire, & me le fit entendre d'un ton amer & ironique, auquel je repartis, en m'excusant sur les affaires de mon Ministère, & en feignant de ne pas sçavoir quel étoit le sujet de la présente Assemblée. Sans paroître faire attention à l'air mutin & aux paroles que lâcha La-Trémouille, pour marquer qu'il n'étoit pas persuadé que je parlasse sincèrement ; j'allai me placer entre MM. de Mouy, de Clermont & de Sainte-Marie-du-Mont, qui en m'instruisant de la matiere qui alloit être mise sur le tapis, m'assûrerent que l'Article qui faisoit tant de bruit, étoit désapprouvé de presque tous les Protestans, & n'étoit opiniâtré que par MM. de Bouillon, de La-Trémouille, Du-Plessis & quelques autres de la Cabale,

(50) Voyez l'Histoire du Duc de Bouillon, déja citée plusieurs fois, *liv.* 5.

Tome I. Ffff

dans le dessein de porter les choses à une Guerre Civile. Ils n'en furent pas les maîtres, malgré leurs mouvemens & tous leurs cris : Lorsqu'on en vint aux opinions, l'avis contraire au leur l'emporta ; parce que les meilleures raisons furent de notre côté (51).

On apporta aussi quelques modifications aux autres Articles, dans lesquels le bien public parut n'avoir pas été assez ménagé. La conduite pleine de justice & de douceur de Henry fut sentie de tout le monde : Il voulut bien encore en expliquer les motifs au plus grand nombre, après que la chose eut été arrêtée : pour les autres, il ne songea qu'à les empêcher de faire pis.

Il se conduisit avec la même sagesse, à l'égard de quelques Catholiques mal-intentionnés, qui ne voulant pas paroître eux-mêmes, mirent en jeu une certaine Marthe Brossier, prétenduë Démoniaque, qui étoit devenuë l'objet de la curiosité du Public, toujours épris du Merveilleux, vrai ou faux. Il est surprenant, qu'un spectacle si ridicule en soi, qui ne méritoit pas les regards de la plus vile populace, ait pu se soûtenir pendant un an & demi, & devenir une Affaire d'E-

---

(51) L'Edit de Nantes fut enfin vérifié, le Jeudi 25 Février de cette année, après bien des difficultés du Clergé, de l'Université & du Parlement. C'est en cette occasion, que Henry IV. dit aux Evêques : » Vous » m'avez exhorté de mon devoir : je vous exhorte du vôtre : faisons » bien à l'envi les uns des autres. Mes » Prédécesseurs vous ont donné de » belles paroles : mais moi avec ma » Jaquette grise, je vous donnerai de » bons effets. Je suis tout gris au-de» hors, mais je suis tout d'or au-de» dans : Je verrai vos Cahiers, & j'y » répondrai le plus favorablement » qu'il me sera possible. « Voici ce qu'il répondit au Parlement, qui étoit venu lui faire des Remontrances : » Vous me voyez en mon Cabi» net où je viens vous parler, non pas » en Habit Royal, ni avec l'épée & » la Cappe, comme mes Prédécesseurs, ni comme un Prince qui » vient recevoir des Ambassadeurs ; » mais vêtu comme un Pere de Famille, en Pourpoint, pour parler » familièrement à ses Enfans. Ce » que j'ai à vous dire, est que je vous » prie de vérifier l'Edit que j'ai ac» cordé à ceux de la Religion : Ce » que j'en ai fait, est pour le bien de » la Paix : Je l'ai faite au-dehors, » je veux la faire au-dedans de mon » Royaume. « Après leur avoir exposé les raisons qu'il avoit eües de faire l'Edit, il ajoûta : » Ceux qui » empêchent que mon Edit ne passe, » veulent la Guerre ; je la déclarerai » demain à ceux de la Religion, » mais je ne la ferai pas, je les y en» verrai : J'ai fait l'Edit, je veux » qu'il s'observe ; ma volonté de» vroit servir de raison ; on ne la de» mande jamais au Prince, dans un » état obéïssant. Je suis Roi, je vous » parle en Roi, je veux être obéï. « *Peref. ibid. & Journal d'Henry IV. ibid.* Voyez aussi dans M. De-Thou & dans le Septenaire, les modifications apportées à l'Edit de Nantes, & tous les Discours tenus à cette occasion, année 1599.

tat: C'eſt qu'une moitié du monde ſe laiſſa réellement éblouïr par un ſurnaturel, ſeulement dans les apparences; & que l'autre en redouta les effets, non par la choſe même; mais par les motifs qui faiſoient jouer ce reſſort. Marthe Broſſier trouva des protecteurs en grand nombre dans le Clergé, & juſqu'à Rome, où elle ſe fit conduire. Le Roi donna ſans affectation à la vérité le temps & les moyens de ſe manifeſter: (52) Après quoi, le tout ſe termina à un grand mépris pour les Auteurs & pour l'Actrice de cette Comédie.

La mort de quantité de perſonnes conſidérables, donna matière à d'autres diſcours. Celles du Chancelier de Chiverny, de Schomberg & d'Incarville, tous trois du Con-

(52) Tout ce qui regarde cette prétenduë démoniaque, eſt rapporté d'une manière très-curieuſe dans M. De-Thou, au commencement du *Liv.* 123. *année* 1599. En voici un ſimple abregé : Jacques Broſſier, Boulanger à Romorantin en Sologne, s'étant dégoûté de ſon Métier, ſe fit Joueur de Gobelets, & ſe mit à courir le monde avec ſes trois filles Marthe, Silvine, & Marie : L'aînée, dont il eſt queſtion ici, profita ſi bien des leçons qu'il lui donna pour contrefaire la démoniaque, qu'elle trompa tout le monde à Orléans & à Cléri; mais non pas Charles Miron, Evêque d'Angers, qui découvrit l'impoſture, en ſubſtituant de l'eau commune à l'eau bénite, & de l'eau bénite à l'eau commune; en récitant un vers de Virgile, au-lieu du commencement de l'Exorciſme la touchant d'une clef, au-lieu de ſa Croix Epiſcopale &c. Cela ne l'empêcha pas de venir s'établir à Paris, où elle choiſit l'Egliſe de Sainte Génevieve, pour ſe donner en ſpectacle au peuple, qui y accourut auſſi-tôt. Elle en impoſa à tous les Eccléſiaſtiques crédules, aux Capucins, qui commencerent à l'éxorciſer de bonne foi; & même à quelques-uns des Médecins que Henry IV. envoya pour la viſiter; quoique tous les autres dépoſaſſent formellement contre elle, & ſur-tout Michel Mareſcot, l'un de ces Médecins, qui la convainquit publiquement de n'entendre ni Grec, ni Latin, de n'avoir que la force ordinaire de celles de ſon ſexe; en un mot, d'être une ſéductrice & une friponne. Le Parlement ne lui fut pas plus favorable. Mais malgré cela, les Religieux & les Prédicateurs avoient ſi bien ſçû intéreſſer la Religion dans cette affaire: & la prétenduë Poſſédée joua ſi bien ſon rôle, que l'Arrêt du Parlement qui lui enjoignoit, auſſi bien qu'à ſon Pere, de s'en retourner chez eux, tout juſte & tout ſage qu'il étoit, cauſa d'étranges murmures, & preſqu'une révolte dans Paris : ce qui donna d'aſſez grandes inquiétudes au Roi, qui voyoit que ce qu'il avoit eu d'Ennemis dans la vieille Ligue, reparoiſſoient à cette occaſion. Aléxandre de La-Rochefoucaut, Seigneur de Saint-Martin, des Comtes de Randan, oſa même entreprendre de reveiller cette affaire, en faiſant paſſer Marthe à Avignon, & de-là à Rome où elle trouva encore plus de Partiſans. Malheureuſement pour elle, le Cardinal d'Oſſat s'y trouva, qui s'employa ſi utilement dans cette affaire, qu'enfin Marthe & ſa famille ſe vit abandonnée de tout le monde, & vécut & mourut dans le mépris & la miſère. Voyez auſſi les autres Hiſtoriens.

seil des Finances, firent un changement dans les Affaires. Les Sceaux furent donnés à Bellièvre : la Charge de Contrôlleur-Général, qu'avoit d'Incarville, fut accordée à ma follicitation, à de Vienne ; & celle de Surintendant des Finances fut rétablie en ma faveur. Henry m'ayant fait appeller dans le Jardin des Tuilleries, où il étoit à fe promener, me dit qu'il étoit réfolu de remettre les Finances entre les mains d'un homme feul ; & feignant de prendre un ton fort-férieux, il me fit promettre que je lui dirois librement ce que je penfois de cet homme, quand il me l'auroit nommé. Le lui ayant promis ; il reprit auffi-tôt en foûriant, & en me donnant un petit coup fur la joue, que je devois bien le connoître, puifque c'étoit moi-même. Sa Majefté me gratifia encore de la Charge de Grand-Voyer, dont elle m'envoya les Provifions, avec celles de Surintendant des Fortifications : & comme Sancy livré à fes vertiges (53) ordinaires, jugea à propos de fe retirer du Confeil, & de fe défaire de fa Charge d'Intendant des Bâtimens ; le Roi la joignit encore aux autres bienfaits, dont il me combloit. Les appointemens de la Surintendance devinrent fixes, & furent de-vingt mille livres. Ceux de Grand-Voyer, & de Voyer particulier de Paris étoient de dix mille livres.

Sa Majefté fut fi contente de cette fixation, qu'elle voulut auffi en mettre une aux gratifications qu'elle avoit intention de m'accorder ; tant pour m'ôter l'envie, difoit-elle, de prétendre à une gratification pour chaque fervice confidérable que je lui rendrois, que pour s'épargner la peine de faire enregiftrer chacun des préfens qu'elle me faifoit, même les plus petits, fans quoi je ne voulois point les recevoir. Elle me déclara donc, que toutes ces gratifications & préfens feroient déformais confondus dans une gratification unique, fixe, & qui me feroit remife au commencement de chaque année, en forme de Lettres patentes vérifiées au Parlement ; & me demanda auparavant, fi j'étois content de la fomme, qui étoit de foixante mille livres ; en ajoûtant que fon intention étoit, que j'achetaffe de cet argent, des biens en fond de Terre, dont il me fût libre de difpofer en faveur

---

(53) Jofeph Scaliger parloit auffi bien que l'Auteur, de M. de Sancy, comme d'un Fanatique, fujet au vertige &c. ce font fes termes.

LIVRE DIXIEME. 597

1599.

de ceux de mes Enfans, qui s'en rendroient les plus dignes, afin qu'ils demeuraffent tous de plus en plus attachés à moi. Il ne me refta qu'à rendre d'humbles actions de graces à ce Prince : Cependant cette fixation de gratification dont je parle ici, ne fut faite qu'en 1600, & ne commença à avoir lieu qu'en 1601.

Mademoifelle de Bourbon (54) mourut auffi ; & M. d'Efpinac (55) Archevêque de Lyon, qu'on peut dire avoir tâté de toutes fortes de fortunes : enfin Madame la Connétable, & après elle, Madame de Beaufort. Ces deux dernieres mortes fur-tout firent un très-grand bruit. Quelques circonftances femblables dans la fin de ces deux Dames, & peu ordinaires ; c'eft-à-dire, une maladie violente, & de trois ou quatre jours de durée feulement ; des cheveux hériffés, des vifages fi beaux, devenus hideufement défigurés, & quelques autres fymptômes, qu'en tout autre temps on auroit jugés naturels, ou feulement un effet de poifon, firent répandre dans le monde, Que la mort de ces deux jeunes Dames étoit, auffi bien que leur élévation, l'ouvrage du Diable, qui étoit venu fe payer lui-même des courtes délices qu'il leur avoit fait goûter : Et la chofe paffa pour certaine, non-feulement parmi le Peuple fottement crédule ; mais parmi les Courtifans mêmes : tant la contagion qui portoit les efprits à la magie & aux fciences occultes, étoit forte en ce temps-là : & auffi, tant on portoit de haine & d'envie au rang qu'occupoient ces deux femmes.

Voici comme on rapporta celle de la (56) Connétable ; & ce fut, dit-on, les Dames mêmes affemblées alors chez elle : Comme elle s'entretenoit gayement avec elles dans fon Cabinet ; une de ces Femmes y entra avec un vifage effrayé, & lui annonça qu'un Quidam, qui fe difoit Gentilhomme, d'affez bonne mine, excepté qu'il étoit tout noir, & d'une

---

(54) Fille de Henry I. Prince de Condé, & de fa premiere Femme, Princeffe de Nevers, Marquife de l'Ifle &c.

(55) Pierre d'Efpinac : Il avoit été grand Ligueur : cependant Matthieu affure qu'il rendit de grands fervices à Henry IV. contre l'Efpagne, *tom*

2. *liv.* 2 .*p.* 308. où il fait l'Eloge de fes Vertus. M. De-Thou au contraire nous le dépeint, *liv.* 90. comme un inceftueux, fimoniaque, &c.

(56) Louife de Budos, feconde Femme de Henry, Connétable de Montmorency, Fille de Jacques de Budos, Vicomte de Portes.

Ffff iij

1599. taille gigantefque, venoit d'entrer dans fon antichambre, & avoit demandé à lui parler, pour des chofes d'une grande conféquence, qu'il ne pouvoit s'en ouvrir qu'à elle-même. A chacun des traits de ce Courier extraordinaire, que la Dame fe faifoit décrire avec foin; on la vit pâlir, & tomber dans un fi grand ferrement de cœur, qu'elle eut à peine la force de dire qu'on allât prier ce Gentilhomme de fa part de remettre fa vifite à un autre temps. A quoi il répondit d'un ton à faire mourir la Meffagere, de frayeur, que puifque la Connétable ne vouloit pas venir de bon gré, il alloit prendre la peine de l'aller chercher jufques dans fon Cabinet. Elle craignoit encore plus l'audience publique que le tête à tête; elle fe réfolut à la fin à paffer de l'autre côté; mais avec toutes les marques d'un véritable défefpoir.

Le Meffage affligeant étant achevé; elle revint trouver la Compagnie, fondant en larmes, & demi-morte: Elle n'eut que le temps de proférer quelques paroles, pour prendre congé de la Compagnie, & en particulier de trois de ces Dames, qui étoient fes Amies, & pour les affûrer qu'elles ne la verroient plus. Dans le moment elle eft faifie de douleurs aiguës; & elle meurt au bout de trois jours, faifant horreur à tous ceux qui la voyoient, par l'effroyable changement de chaque trait de fon vifage. Voilà l'hiftoire: Les Gens fenfés en croiront ce qu'il en faut croire.

Madame de Beaufort étoit la plus foible de toutes les Perfonnes de fon fexe, fur ce qui regardoit l'Aftrologie: Elle ne fe cachoit point pour confulter les Devins: elle en avoit une efcorte qui ne la quittoit point. Ce qu'il y a de plus furprenant; c'eft que, quoique fans doute elle les payât bien, ils ne lui annonçoient jamais que des chofes défagréables (57). L'un lui difoit qu'elle ne feroit mariée qu'une fois: l'autre, qu'elle mourroit jeune: celui-ci, qu'elle fe donnât de garde d'un enfant: celui-là, qu'elle feroit trahie par un de fes Amis: Ce qui la jettoit dans une mélancolie, dont elle ne fortoit prefque plus. Gracienne, l'une de fes Femmes, m'a dit depuis, que l'impreffion de tout ce qu'elle entendoit dire étoit fi forte, qu'elle renvoyoit tout le monde, pour

---

(57) Le foible de M. de Sully pour l'Aftrologie judiciaire, fe décele en mille endroits de fes Mémoires, malgré lui.

LIVRE DIXIEME.

1599.

passer seule les nuits entieres à s'affliger, & à pleurer amérement de toutes ces prédictions.

Comme elle étoit alors très-avancée dans sa grossesse ; bien des personnes n'iront pas chercher plus loin la cause du malheur qui fut joint à sa couche. Elle étoit même déja véritablement malade & de corps & d'esprit ; lorsque sur la fin du Carême, elle voulut être de la Partie de Fontainebleau, avec le Roi. Elle n'y fut que peu de jours. Le Roi qui ne voulut pas qu'on lui reprochât d'avoir gardé cette femme près de lui, pendant le temps de la Pâque, la pria de lui laisser passer les Fêtes à Fontainebleau, & de retourner les passer à Paris (58).

Madame de Beaufort reçut cet ordre, les larmes aux yeux : Ce fut encore pis lorsqu'il fallut se séparer. Henry de son côté, plus rempli que jamais de sa passion pour cette Dame, dont il avoit déja eu deux enfans mâles, & une fille, nommée Henriette, se faisoit une égale violence : Il la conduisit jusqu'à moitié chemin de (59) Paris : & quoiqu'ils comptassent ne se séparer que pour peu de jours ; ils en apprehendoient le moment, comme si ç'avoit dû être pour un très-long-temps. Ceux qui aiment à ajoûter foi aux pressentimens, ne passeront pas légerement sur tout ce détail. Les deux Amans s'accablerent de nouveau des plus tendres caresses ; & on a prétendu trouver dans toutes les paroles qu'ils se dirent en ce moment, des preuves de ce pressentiment d'une fatalité inévitable.

Madame de Beaufort parloit au Roi, comme si elle l'eût vû pour la derniere fois (60) : Elle lui recommandoit ses trois Enfans, sa maison de Monceaux, & ses Domestiques. Le Roi l'écoutoit ; & au-lieu de la rassûrer, il s'attendrissoit lui-même. Ils prenoient congé l'un de l'autre ; mais un mouvement secret les faisoit aussi-tôt se rapprocher. Henry ne se seroit pas facilement arraché de ses bras, si le Maréchal D'Ornano, Roquelaure & Frontenac, ne fussent venus l'en

---

(58) Selon P. Matthieu, . *tom.* 1. *liv.* 2. *pag.* 316 Elle vint à Paris pour y faire passer le Contract de l'acquisition de Châteauneuf, au Perche.

(59) Elle vint coucher la veille à Melun, d'où le Roi la conduisit au bateau, dans lequel elle s'embarqua, & vint descendre à l'Arcenal.

(60) D'Aubigné parle de la même manière de cette séparation. *tom. liv.* 5. *ch.* 3.

tirer comme de force. Ils lui firent enfin reprendre le chemin de Fontainebleau ; & les dernieres paroles qu'il dit, furent pour recommander fa Maîtreffe à La-Varenne, avec ordre de ne la laiffer manquer de rien, & de la remettre chez Zamet, choifi pour avoir foin de cette perfonne fi chere.

J'étois a Paris, lorfque la Ducheffe de Beaufort y arriva ; & j'en devois partir avec mon Epoufe peu de jours après, pour aller faire la Cène à Rofny, où je menois le Prince & la Princeffe d'Orange, à qui j'avois envie de faire voir les bâtimens, que les nouvelles libéralités du Roi me mettoient en état d'y faire élever. Je crus devoir prendre congé de cette Dame. Elle avoit oublié tout ce qui s'étoit paffé à Saint-Germain : Elle me fit l'accueil le plus careffant ; & n'ofant s'expliquer clairement fur la complaifance pour fes deffeins, à laquelle elle fouhaitoit paffionnément de pouvoir m'amener, elle fe contentoit de chercher à me mettre dans fes intérêts, en mêlant avec cet air de politeffe, dont elle ne gratifioit pas tout le monde, quelques mots à double entente, qui me faifoient envifager une fortune fans bornes, fi je voulois bien me relâcher fur la févérité des confeils que je donnois au Roi à fon fujet. Auffi peu touché des chimères dont cette femme fe rempliffoit, que de celles dont elle cherchoit à me remplir, je feignois de ne rien entendre d'un difcours fi intelligible, & je payois fes termes équivoques, de proteftations générales de refpect, d'attachement, & de dévoüement, qui ne fignifient que ce qu'on veut.

De retour chez moi, je fongeai que mon Epoufe devoit s'acquitter du même devoir envers la Ducheffe. Elle n'en fut pas moins bien reçuë. Madame de Beaufort la pria de l'aimer, & de vivre avec elle comme avec une Amie ; & entra dans des confidences, qui auroient pu paroître le dernier trait de l'amitié la plus intime, à ceux qui comme Madame de Rofny, ignoroient que la Ducheffe, qui au fond n'avoit que médiocrement d'efprit, n'étoit pas délicate fur le choix de fes confidens. Elle n'avoit point de plus grand plaifir, que d'entretenir les premiers venus, de fes projets & de fes efpérances : plus ceux à qui elle parloit étoient fes inférieurs,

plus

plus elle se trouvoit à son aise; parce qu'alors elle ne ménageoit plus ses termes; & se permettoit souvent d'y faire entrer celui de Reine.

Elle n'avoit pas plus de retenuë sur ce qui lui étoit arrivé effectivement, que sur ce qu'elle comptoit qui lui arriveroit. Trop de naïveté à cet égard, donna peut-être lieu aux bruits qui se répandirent dans le monde, sur l'irrégularité de quelques démarches de sa jeunesse. Je crois pourtant ces traits satyriques, un pur effet du déchaînement de ses Ennemis, par le peu d'apparence, qu'une femme ait pu porter l'imprudence & la distraction, jusqu'à dire de soi le bien & le mal indifféremment : Et je ne me reprochai point d'avoir retenu six ans à la Bastille, une femme de ses Domestiques, nommée la Rousse, & son mari, qui après la mort de cette Dame, continuoient à déchirer sa mémoire avec la derniere indignité; parce que quand même tout ce qu'ils en disoient auroit été incontestable; les égards qu'on devoit à sa famille, & plus encore à l'attachement que le Roi avoit témoigné pour elle, & aux enfans qu'il en avoit eus, étoient seuls capables d'imposer silence à la médisance.

Madame de Rosny ne laissa pas d'être bien surprise de tout ce qu'elle entendoit dire à Madame de Beaufort; & elle le fut encore davantage, lorsque faisant un assez mauvais assemblage de ces civilités, qui se pratiquent entre égales, & de ces airs de Reine; elle lui entendit dire, qu'elle pouvoit venir à son lever & à son coucher, toutes les fois qu'elle voudroit, & plusieurs autres choses semblables. Elle ne put s'empêcher d'en conclurre avec tout le monde, un changement prochain dans l'état de la Duchesse; & revint au Logis, pleine de ses pensés, qu'elle ne communiqua. J'avois eter du jusqu'à mon Epouse, le secret que j'avois gardé sur tout ce qui s'étoit dit à ce sujet, entre Sa Majesté & moi, aussi bien que la scène de Saint-Germain : Je lui promis de lui apprendre l'état des choses, pourvû qu'elle ne dît rien à la Princesse d'Orange, de tous les discours de Madame de Beaufort; & nous primes tous le chemin de Rosny.

Deux jours après, qui étoit le Samedi de Pâques, comme je m'acquittois de la parole que j'avois donnée à Madame de Rosny, en lui apprenant le dessein de Madame de Beaufort,

1599.

de se faire déclarer Reine ; tous les mouvemens que se donnoient pour cela ses parens & ses Créatures ; les combats que le Roi avoit soufferts intérieurement, & la résolution qu'il sembloit enfin avoir pris de se vaincre lui-même ; à quoi je joignois la réflexion des malheurs que la conduite contraire auroit attirés sur le Royaume ; j'entendis qu'on tiroit la sonnette de la premiere porte du Château, au-delà des Fossés : & parce qu'aucun des Domestiques ne répondit, le jour n'ayant point encore paru ; on redoubla avec force, & une voix s'écria à plusieurs reprises : *De la part du Roi.* J'éveillai moi-même un Laquais, & pendant qu'il alloit ouvrir, je me couvris d'une Robe de chambre, & descendis en bas, fort-inquiet de ce qu'on me vouloit si matin.

Le Courier me dit qu'il étoit venu toute la nuit, me dire de la part du Roi, que je me rendisse à Fontainebleau à l'heure même : il me parut avoir le visage si triste, que je crus que le Roi étoit malade. » Non, me répondit-il ; mais » il est dans le dernier chagrin : Madame la Duchesse est » morte. « Je me le fis répéter plusieurs fois, tant la chose me paroissoit peu vrai-semblable. Lorsque je n'en pus plus douter ; je sentis mon esprit partagé entre l'affliction de l'état où cette mort réduisoit le Roi, & la joie du bien qui en revenoit à toute la France. Ce dernier sentiment se rendit le plus fort ; parce que je convins en moi-même, que ce Prince alloit acheter par une douleur passagère l'exemption de mille déchiremens de cœur, plus cruels encore que ce qu'il souffroit actuellement. Je remontai dans la chambre de mon Epouse, occupé de ces pensées. » Vous n'irez point, » lui dis je, au lever, ni au coucher de la Duchesse : elle est » morte « Je fis monter avec moi le Courier ; afin que, pendant que je m'habillerois & qu'il déjeûneroit, il nous instruisît des circonstances de ce grand événement, que je vis encore mieux détaillées dans la Lettre que La-Varenne avoit écrite de Paris au Roi, & que Sa Majesté m'avoit renvoyée par le Courier, avec une seconde, aussi de La-Varenne, adressée à moi personnellement.

(61) Zamet avoit reçu son Hôtesse avec tout l'empresse-

---

(61) Sebastien Zamet, riche Partisan, étoit Italien, originaire de Lucques ; mais il se fit naturaliser en 1581, avec ses deux Freres, Horace

ment d'un Courtisan, qui cherche à plaire; & il n'oublia rien de ce qu'il jugea capable de lui faire passer le temps agréablement. Le Jeudi absolu, Madame de Beaufort après son dîner, où elle avoit mangé toutes viandes excellentes, & préparées à son goût, eut envie d'entendre les Ténèbres en Musique, au petit Saint-Antoine: Elle y fut prise de quelques éblouissemens, qui la firent revenir promptement chez Zamet. Elle n'y fut pas plutôt arrivée, que prenant l'air dans le jardin, elle fut attaquée d'une Apopléxie, qui pensa l'étouffer dans le moment: Elle revint un peu, par les secours qu'on lui donna, & fortement frappée de l'idée qu'elle étoit (62) empoisonnée, elle commanda qu'on la tirât de cette maison, & qu'on la portât au Cloître de Saint-Germain, chez Madame de Sourdis, sa Tante.

A peine eut-on le temps de la mettre au Lit, que des redoublemens terribles & précipités, des convulsions effrayantes, enfin tous les Symptômes de la mort, firent que La-Varenne qui prenoit la plume pour mander au Roi l'accident qui venoit d'arriver, n'eut en effet autre chose à lui dire, sinon que tous les Médecins desespéroient de la vie de sa Maîtresse, par la nature du mal, qui demandoit les remèdes les plus violens, & par la grossesse de la malade, qui rendoit mortel pour elle, tout ce qu'on pouvoit faire pour la soulager (63). Il n'eut pas plutôt fait partir la Lettre, que Madame de Beaufort touchant à sa derniere heure, fut reprise de nouvelles convulsions, qui la noircirent, & la

& Jean-Antoine. Il dit au Notaire qui faisoit le Contrat de Mariage de sa Fille, de le qualifier de Seigneur de dix-sept cens mille écus. Henry IV. avoit choisi sa maison, pour faire ses repas & ses parties de plaisir. Ce Prince l'aimoit d'ailleurs, parce qu'il étoit plaisant & enjoué.

(62) D'Aubigné le donne à entendre, lorsqu'il dit, qu'après s'être rafraîchie chez Zamet, en mangeant d'un gros citron, ou selon d'autres, d'une Salade, »elle sentit aussi-tôt »un tel feu au gosier & des tran- »chées à l'estomach si furieuses. que« &c. ce sont ses paroles. Mais ni De-Thou, ni Bassompierre, ni le

Septenaire, ni aucun Historien n'appuye ce sentiment sur le poison. Le-Grain attribué cet effet au suc crud & froid du Citron. Sauval dit avoir connu des Vieillards qui se souvenoient d'avoir vû la Duchesse exposée dans le Cloître de Saint-Germain.

(63) »Le Médecin La-Riviere »ayant couru à cet accident, dit »Daubigné avec autres Médecins »du Roi, & n'ayant fait que trois »pas en la chambre, & de là ayant »vû les accidens extraordinaires, »s'en retourna, disant à ses Compa- »gnons: *Hic est manus Domini*.« Tom. 3. *liv.* 5. *chap.* 3.

1599.

défigurerent si horriblement, que La-Varenne ne doutant point que sur sa Lettre, le Roi ne se mît aussi-tôt en chemin pour venir voir sa Maîtresse, jugea qu'il étoit plus à propos de lui mander par un second Billet, qu'elle étoit morte, que d'exposer ce Prince à un spectacle aussi accablant, & aussi révoltant en même temps, que l'est celui de voir une femme qu'on a tendrement aimée, expirer dans des agitations, des efforts & des saisissemens, qui ne lui laissoient presque rien d'humain dans la figure.

La-Varenne m'écrivoit par le même Courrier, & me mandoit qu'à la vérité la Duchesse n'étoit pas morte; mais qu'autant qu'il en pouvoit juger, elle n'avoit pas une heure à vivre (64) : Elle expira en-effet, peu de momens après, dans des révolutions & un bouleversement de la nature, capables d'inspirer l'horreur & l'effroi. Le Roi, qui n'avoit pas manqué, à la réception de la premiere Lettre de La-Varenne, de monter aussi-tôt à cheval, reçût la seconde, à moitié chemin ; & n'écoutant que sa passion, il vouloit, quelque chose qu'on pût lui dire, se donner la consolation de voir encore sa Maîtresse, toute morte qu'il la croyoit être (65). Les trois mêmes personnes, qui l'avoient déja reconduit la

---

(64) Le Samedi matin, les convulsions lui avoient tourné la bouche jusque sur le derriere du cou. On ouvrit son corps, où l'on trouva son Enfant mort. Voyez sur cette mort, *M. De-Thou, liv. 122. Matthieu, Ibid. Le-Grain, liv. 7. Le Septennaire, ann. 1599. Mém. de Bassompierre, &c.* De-Thou, Matthieu & Bassompierre, mettent sa mort un jour plustôt.

(65) Selon Bassompierre, qui en parle en témoin oculaire, Henry ne croyoit point que sa Maîtresse fût morte encore. Il dit que La-Varenne étant venu avertir le Maréchal D'Ornano & lui, qui avoit accompagné la Duchesse à Paris, qu'elle venoit de mourir ; ils monterent tous deux à cheval, pour aller annoncer cette fâcheuse Nouvelle au Roi, & l'empêcher de venir à Paris. » Nous » trouvâmes, dit-il, le Roi par de- » là La-Sauslaye, proche de *Vilejuif*, » qui venoit sur des courtauds, à » toute bride. Lorsqu'il vit le Ma- » réchal, il se douta qu'il lui ve- » noit dire la Nouvelle : ce qui lui » fit faire de grandes lamentations. » Enfin on le fit descendre dans l'Ab- » baye de La-Sauslaye, où on le mit » sur un lit. Enfin étant venu un car- » rosse de Paris, on le mit dedans, » pour s'en retourner à Fontaine- » bleau &c. « *Mém. de Bassompierre*, » *tom. I. pag. 69. & suiv.* Le-Grain ajoûte, qu'on dit qu'il s'évanoüit dans son carrosse, entre les bras du Grand-Ecuyer.

Sans vouloir en aucune maniere justifier la passion excessive de Henry IV. pour cette femme, la justice oblige pourtant à remarquer ici, que cet attachement n'étoit pas moins fondé sur les qualités du cœur & de l'esprit, que sur celles du corps ; & que la haine seule qu'on porte ordinairement à celles qui tiennent cette place, a fait dire d'elle tout le mal,

premiere fois à Fontainebleau, firent tant par leurs raisons 1599.
& leurs prières, qu'ils l'y ramenerent encore cette fois : &
c'est de cet endroit, qu'il m'avoit dépêché le Courrier qui
venoit d'arriver.

Je ne perdis pas un moment. Je vins déjeûner à Poissy,
& dîner à Paris : Je me servis du carrosse de l'Archevêque
de Glasco, pour me conduire jusqu'à Essonne, où je pris la
poste : & le soir, j'arrivai à Fontainebleau. J'abordai le Roi,
qui se promenoit dans la galerie, abymé dans une douleur,
qui lui rendoit toute compagnie insupportable. Il me dit,
Que quoiqu'il se fût bien attendu que ma vûë ne feroit d'abord
qu'aigrir son chagrin, & qu'il en fît l'expérience ; il sentoit
cependant qu'il avoit tant de besoin d'être consolé, dans
l'état violent où le mettoit la perte qu'il venoit de faire, qu'il
n'avoit pas balancé à m'appeller près de lui, pour recevoir
un secours, que je pouvois seul lui donner.

Je n'ignorois pas dans quelles sources il en falloit chercher
les motifs, avec un Prince également sensible à ses devoirs
Religieux & Politiques. Je lui rappellai quelques-uns de ces
passages des Saintes-Ecritures, où Dieu demande en Pere &
en Maître, cette confiance & ce parfait abandon, dont l'effet
est d'inspirer à l'homme Chrétien le mépris des choses d'icibas.
J'y joignis ceux qui donnent de la Providence Divine,
cette idée si propre à la faire reconnoître & adorer, dans les
plus terribles comme dans les plus heureux événemens. J'osai

que nous voyons dans ces Mémoires & dans les Histoires. Je finis cet article par les paroles de D'Aubigné, Ecrivain naturellement plus porté à blâmer qu'à louer : » C'est une merveille, dit-il, comment cette femme, de laquelle l'extrême beauté » ne sentoit rien de lascif, a pû vivre » plutôt en Reine qu'en Concubine, » tant d'années, & avec si peu d'ennemis. Les nécessités de l'Etat furent ses ennemis, &c. « il avoit dit auparavant, qu'elle usa fort modestement du pouvoir qu'elle avoit sur le Roi : Et Matthieu joint aux belles qualités qu'il remarque dans cette Dame, celle d'avoir souvent donné de fort-bons conseils à Henry IV. Ibid. » Elle ne put souffrir aucun

» autre auprès d'elle, dit aussi Le-
» Grain, liv. 8. quoique le Sieur de
» Liancourt fût de grand mérite, &
» de Maison fort-noble : de sorte que
» ce mariage fut dissolu, avant que
» d'avoir été consommé. « Quelques
Ecrits de ce temps-là parlent de Nicolas
d'Amerval, Sieur de Liancourt,
comme d'un homme, d'une
naissance distinguée à-la-vérité, &
très-riche ; mais dont l'esprit, disent-ils,
étoit aussi mal fait que le corps.
Mademoiselle d'Estrées ne l'épousa,
que pour se délivrer de la tyrannie
de son Pere ; & parce que le Roi lui
promit qu'il sçauroit empêcher que
ce mariage ne se consommât, &
même qu'il le feroit casser : ce qu'il
fit en effet.

Gggg iij

faire envisager à Henry l'accident qui causoit sa douleur, comme un de ceux dont il auroit peut-être un jour à la remercier davantage. Je cherchai à le placer dans cette conjonéture accablante, & pourtant inévitable pour lui, si sa Maîtresse avoit vêcu, dans laquelle, combattu d'un côté, par l'attrait de la plus forte tendresse, de l'autre, par la voix de l'honneur & du devoir, il lui eût fallu prendre un parti sur une chaîne, qu'il n'auroit pu rompre sans se déchirer le cœur, ni conserver sans se couvrir d'opprobre. Le Ciel venoit à son secours, par un coup des plus sensibles à la vérité, mais qui pouvoit seul ouvrir les voies au Mariage, d'où dépendoient le repos de la France, la joie de son Peuple, le destin de l'Europe, & le propre bonheur de Sa Majesté, à qui le bien d'une union légitime auroit toujours paru trop cherement acheté, par le délaissement d'une femme, digne d'ailleurs de son attachement, par mille bonnes qualités.

Je m'apperçus aisément que ce dernier motif, présenté d'une maniere avantageuse pour sa Maîtresse, en faisant impression sur le cœur de Henry, le soulageoit, par le plaisir d'entendre justifier son choix. Ce Prince m'avoua qu'il me sçavoit bon gré d'avoir mis son attachement pour Madame de Beaufort, au nombre de ceux qui sont formés par une véritable sympathie, & non point fondés sur un pur libertinage; & qu'il avoit craint que je ne cherchasse à le consoler, qu'en le couvrant de confusion. Cette premiere conversation fut fort-longue; & je ne me souviens pas de tout ce que je dis au Roi: Tout ce que je sçais, c'est qu'après ce premier soulagement qu'on doit donner à la douleur, de l'arrêter sur elle-même; je me servis utilement de l'obligation où se trouve un Prince & toute Personne publique, de conserver dans la plus juste affliction, la liberté d'esprit nécessaire pour vaquer aux Affaires de l'Etat. Henry n'avoit ni le foible de s'affliger par opiniâtreté (66), ni le défaut de se guérir par dureté: il écoutoit encore plus sa raison, que son cœur. Il parut déja beaucoup moins

---

(66) Henry IV. fit porter le deuil à toute sa Cour, pour la mort de la Duchesse de Beaufort: il le porta lui-même en noir, les huit premiers jours, & ensuite en violet. *Mém. de Chiverny.*

LIVRE DIXIEME.

1599.

triste à ceux qui le virent rentrer dans sa Chambre : & dans la suite, personne ne l'entretenant dans sa douleur, que ses occupations diminuoient chaque jour, il se trouva dans l'état où doit être tout homme raisonnable, qui a eu de grands sujets de s'affliger ; c'est de n'en condamner ni n'en flater la cause, & de n'affecter ni d'en rappeller ni d'en chasser le souvenir.

Joyeuse occupa aussi le Public. Après s'être fait Capucin (67), de Courtisan & de Guerrier, & ensuite, de Capucin être redevenu Guerrier & Courtisan des plus répandus dans le monde ; il reprit du goût pour le froc, dont on prétend que le Pape ne l'avoit dispensé, que pendant le temps que dureroit la Guerre : & cette fois, il le garda jusqu'à la mort. Le mariage de sa Fille (68), unique heritiere de la Maison de Joyeuse, avec M. le Duc de Montpensier, fut sa derniere action comme homme du monde. La Marquise de Bellisle (69) à son éxemple, prit l'habit de Feuillantine.

(67) Henry de Joyeuse, Comte du Bouchage, Frere puîné du Duc de Joyeuse, tué à Coutras. « Un » jour qu'il passoit à Paris à quatre » heures du matin, près du Couvent » des Capucins, après avoir passé la » nuit en débauche; il s'imagina que » les Anges chantoient Matines dans » le Couvent. Frappé de cette idée, » il se fit Capucin, sous le nom de » Frere-Ange. Depuis il quitta son » froc, & porta les armes contre » Henry IV. le Duc de Maïenne le » fit Gouverneur du Languedoc, » Duc & Pair & Maréchal-de-Fran- » ce. Enfin il fit son accommode- » ment avec le Roi : Mais un jour ce » Prince étant avec lui sur un bal- » con, au-dessous duquel beaucoup » de peuple étoit assemblé : Mon » Cousin, lui dit Henry IV. ces » gens-cy me paroissent fort-aises de » voir ensemble un Apostat & un » Renegat. Cette parole du Roi fit » rentrer Joyeuse dans son Couvent, » où il mourut. » Cette anecdote est tirée des Notes sur la Henriade.

(68) Henriette-Catherine de Joyeuse. Il ne vint de ce Mariage qu'une Fille : ce qui éteignit la branche de Bourbon-Montpensier.

(69.) Antoinette d'Orléans-de-Longueville, Veuve de Charles de Gondy, Marquis de Bellisle, Fils aîné du Maréchal de Retz. Mezeray nous apprend que la cause de sa retraite, fut le chagrin qu'elle eut de n'avoir pû venger la mort de son Mari ; un Soldat, dont elle vouloit se servir pour cela ayant été pris & pendu, sans qu'elle pût obtenir la grace du Roi : Le Marquis de Bellisle avoit été tué en 1596. au Mont-Saint-Michel, par un Gentilhomme Breton, nommé Kermartin. L'Etoile en parle comme d'une femme, qui faisoit l'admiration de toute la Cour, par sa beauté & par son esprit ; & qui fut un éxemple de dévotion & de pénitence, dans son Couvent.

Fin du dixiéme Livre, & du Tome premier.

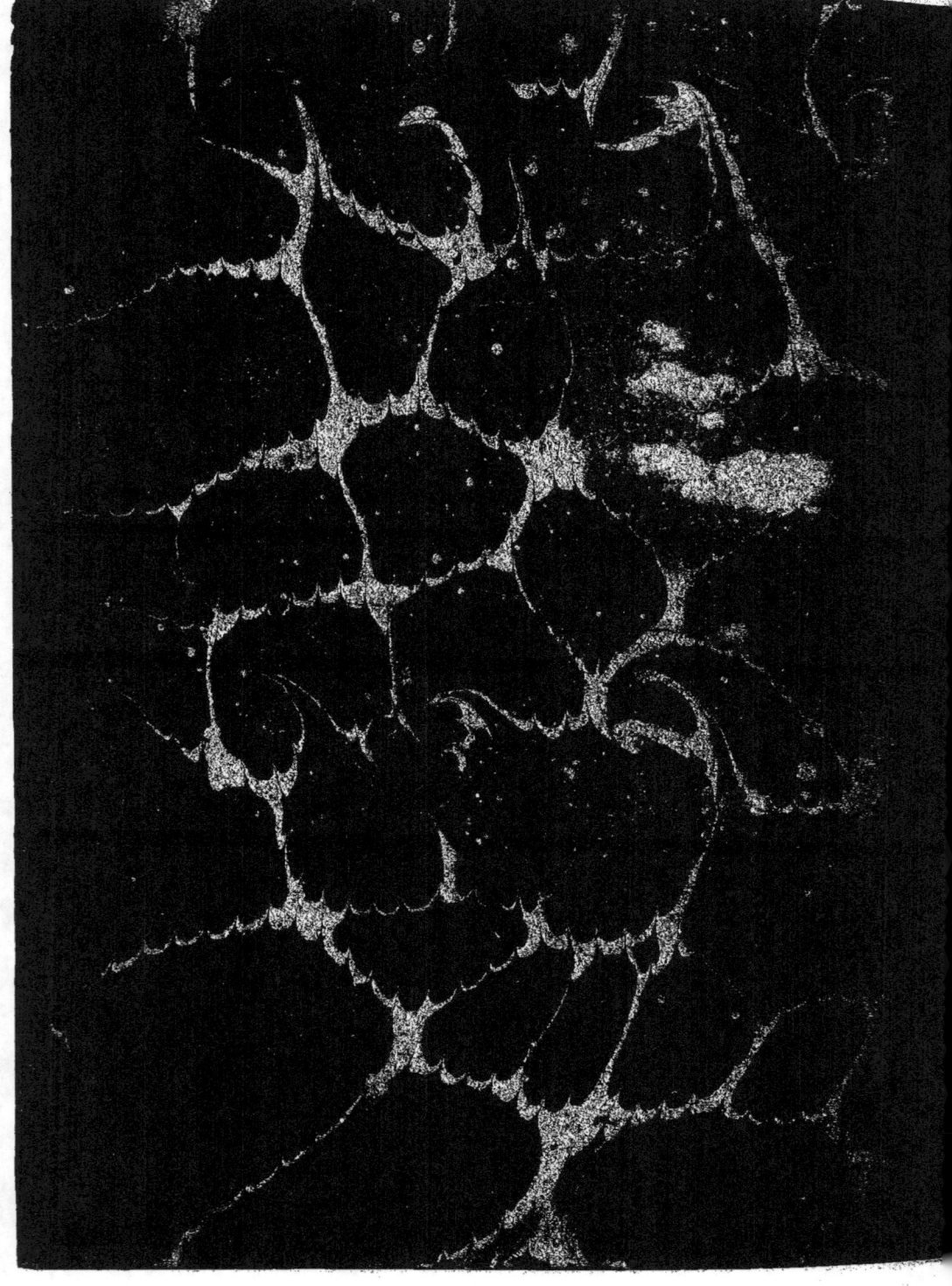

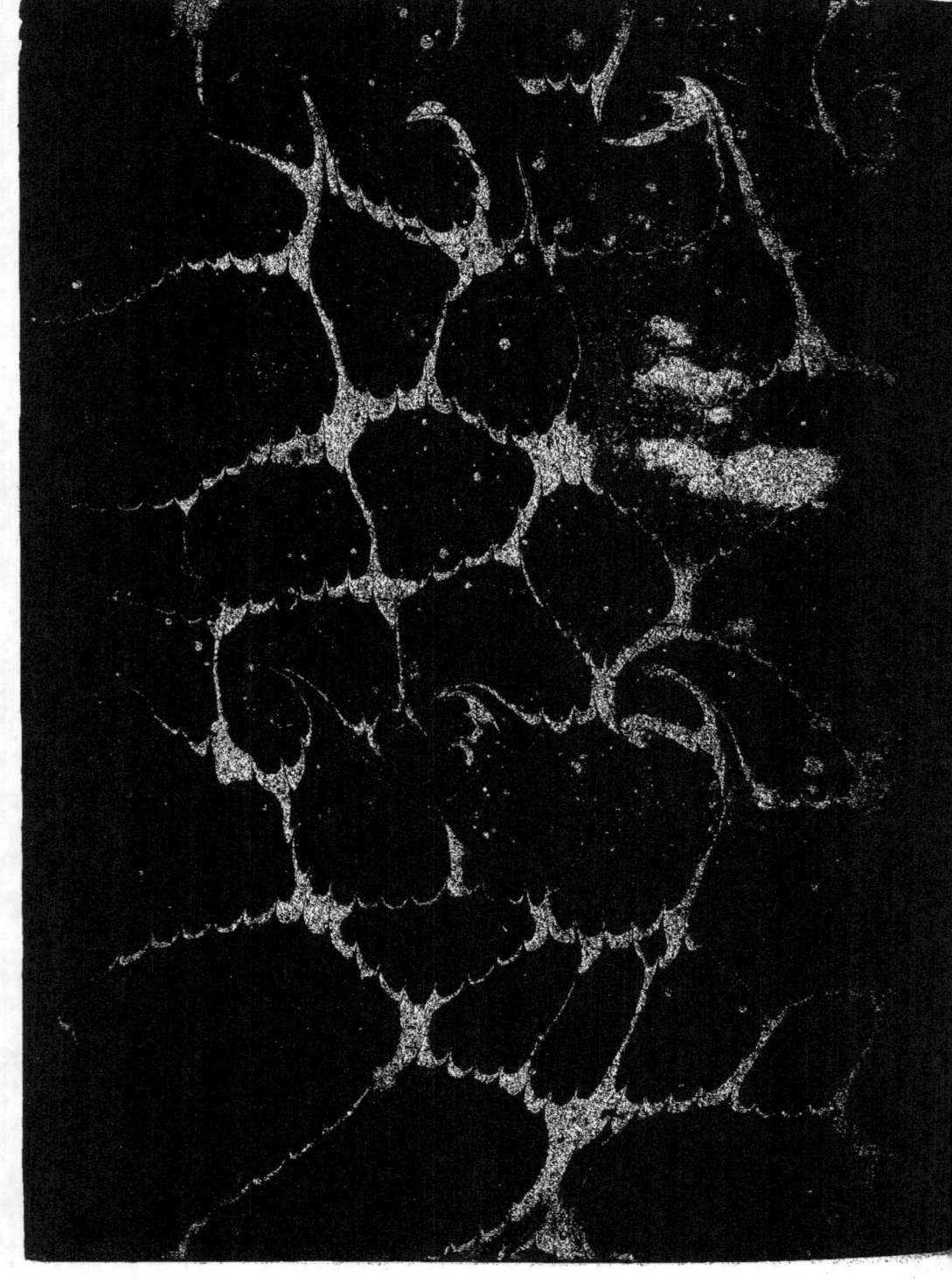

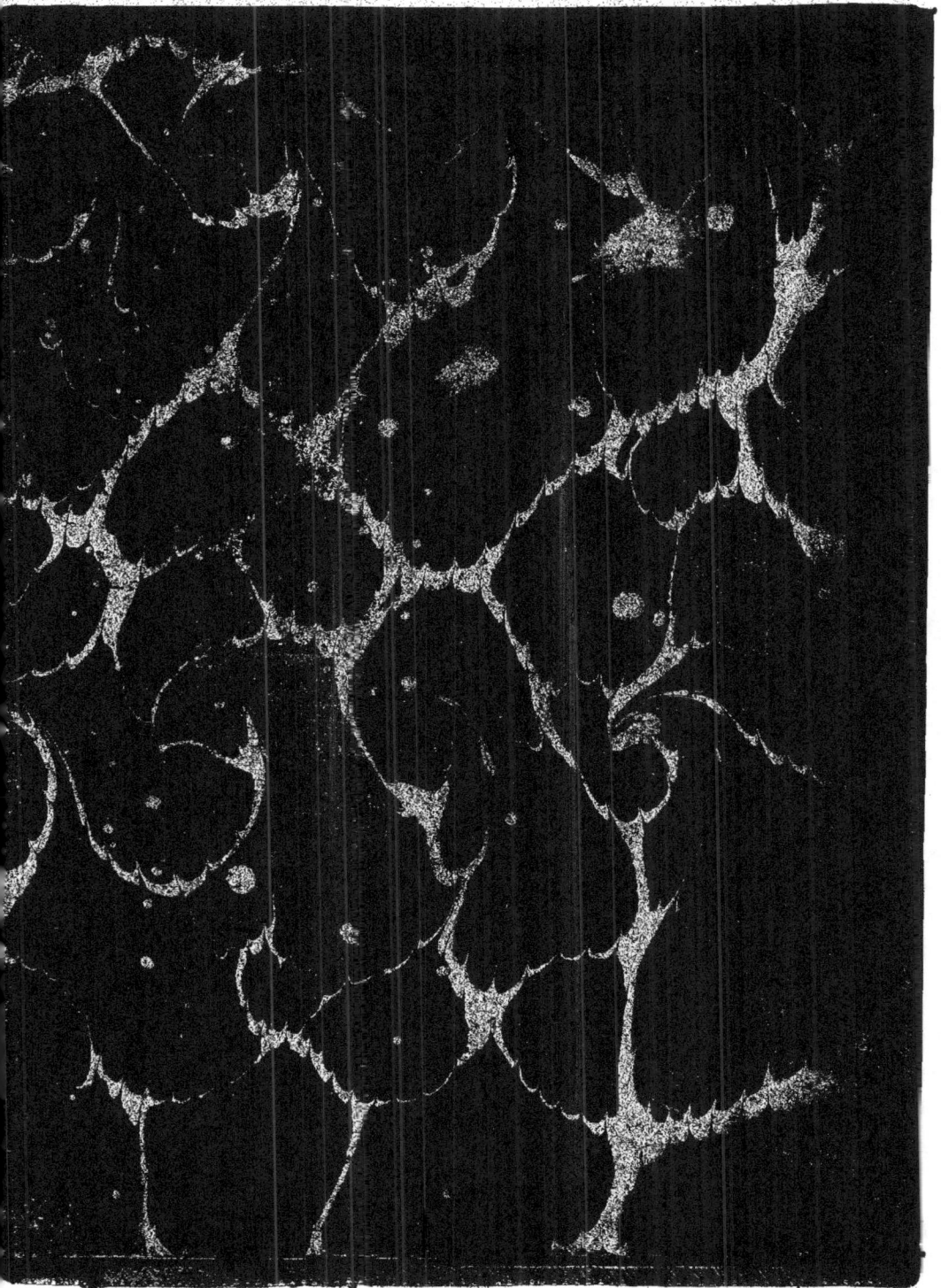

www.ingramcontent.com/pod-product-compliance
Lightning Source LLC
Chambersburg PA
CBHW071701300426
44115CB00010B/1281